Robert-Tarek Fischer **WILHELM I.**

Vom preußischen König zum ersten Deutschen Kaiser

BÖHLAU VERLAG WIEN KÖLN WEIMAR

Bibliografische Information der Deutschen Nationalbibliothek:
Die Deutsche Nationalbibliothek verzeichnet diese Publikation in der
Deutschen Nationalbibliografie; detaillierte bibliografische Daten sind
im Internet über http://dnb.d-nb.de abrufbar.

Umschlagabbildung: Wilhelm I. – Aufnahme aus dem Jahr 1858, als der spätere König und Kaiser
zum Prinzregenten aufstieg (©bpk).

Korrektorat: Rainer Landvogt, Hanau
Einbandgestaltung: Michael Haderer, Wien
Satz: Michael Rauscher, Wien
Druck und Bindung: General Nyomda, Szeged
Gedruckt auf chlor- und säurefreiem Papier
Printed in the EU

Vandenhoeck & Ruprecht Verlage | www.vandenhoeck-ruprecht-verlage.com

ISBN 978-3-412-51926-1

In dankbarer Erinnerung an Dr. Gisela Fischer (1937 – 2019)

Inhalt

Kind einer Zeitenwende 23 | Der Zusammenbruch Preußens 30 | Im
Schatten Napoleons I. 35 | Der Feldzug nach Frankreich 41 | Eine
Großmacht zweiter Klasse 47 | Charakter und Leidenschaften des jungen
Wilhelm 51 | Augusta 63 | Das Credo vom »Soldatengeist« 69 | Eine
Intrige vor dem Machtwechsel 73

Der Weg zum Abgrund 79 | Der Fall des »Kartätschenprinzen« 86 |
Exil und Rückkehr 94 | Gegenrevolution und Kaiserfrage 102 | Der
Feldzug nach Baden 110 | Die Herbstkrise 1850 114 | »Kann man immer
gegen den Strom schwimmen?« 119 | Familienpolitik 126 | Wilhelms
Aufrüstungsdoktrin 129 | Eine voreilige Schlussbilanz 134

Stellvertreter des Königs 137 | Aufrüstung 143 | Prinzregent und Beginn
der »Neuen Ära« 148 | Der Krieg in Italien 157 | Heeresreorganisation
und Gesellschaftspolitik 163 | König, Krönung und Staatskrise 168 |
Annäherung an Frankreich oder Österreich? 175 | »Permanenter
General-Inspecteur der Armee« 181 | Familienturbulenzen 186 | Die
Audienz von Babelsberg 189 | Verfassungskonflikt 194

Der Phantomfeldherr von Düppel 201 | Krieg gegen Österreich? 209 |
Ein einsamer Geniestreich 213 | Königgrätz 215 | Die Balance zwischen
Wilhelm I. und Bismarck 224 | Eine Million Gulden für Frankfurt 227 |

Das Drama von Bad Ems 237 | Der Weg nach Sedan 245 | Wilhelm I.
und die Ausübung der Kriegsherrnrolle 252

Versailles, 18. Januar 1871 262 | Macht und Ohnmacht des
Gründermonarchen 267 | Die Selbstinszenierung des Kaisers 275 |
Wilhelm I. und der preußisch-deutsche Militarismus 281 | Wilhelm I.
und die »Judenfrage« 289 | Der streitbare Summus Episcopus 303 | Der
greise Kaiser 306 | Wilhelm I., Friedrich III. und Wilhelm II. 312 | Der
Kriegsrat vom 17. Dezember 1887 321 | Ein sanfter Tod 328

Stammtafel des Hauses Hohenzollern 1797 – 1918

FRIEDRICH WILHELM III.
(1770 – 1840)
1797 – 1840 König von Preußen
∞ Luise von Mecklenburg-Strelitz

FRIEDRICH WILHELM IV.	WILHELM I.	CHARLOTTE	Vier weitere Ge-
(1795 – 1861)	(1797 – 1888)	(ALEXANDRA)	schwister erreichten
1840 – 1861 König	1857 – 1858 Stellver-	(1798 – 1860)	das Erwachsenen-
von Preußen, ab 1857	treter des Königs	1825 – 1855 Zarin	alter:
herrschaftsunfähig	1858 – 1861 Prinz-	von Russland	Carl (1801 – 1883),
∞ Elisabeth von	regent	∞ Nikolaus I. von	Alexandrine
Bayern	1861 – 1888 König	Russland	(1803 – 1892),
	von Preußen		Luise (1808 – 1870),
	1871 – 1888 Deut-		Albrecht
	scher Kaiser		(1809 – 1872)
	∞ Augusta von		
	Sachsen-Weimar-		
	Eisenach		

FRIEDRICH III.	LUISE
(1831 – 1888)	(1838 – 1923)
1888 Deutscher Kaiser	∞ Friedrich I. von Baden
1888 König von Preußen	
∞ Victoria von Großbritannien	
und Irland	

WILHELM II.	Fünf weitere Geschwister erreichen
(1859 – 1941)	das Erwachsenenalter:
1888 – 1918 Deutscher Kaiser	Charlotte (1860 – 1919), Hein-
1888 – 1918 König von Preußen	rich (1862 – 1929), Viktoria
∞ Auguste Viktoria von Schles-	(1866 – 1929), Sophie (1870 – 1932),
wig-Holstein	Margarethe (1872 – 1954)
∞ Hermine von Schönaich-	
Carolath	

22.03.1797	Geburt des Prinzen Wilhelm
1806	Niederlage Preußens gegen Frankreich, Flucht der Hohenzollern
1807	Eintritt Wilhelms in die preußische Armee
1810	Tod seiner Mutter, Königin Luise von Preußen
1814	Teilnahme am Winterfeldzug gegen Frankreich
1829	Heirat mit Augusta von Sachsen-Weimar-Eisenach
1830	Julirevolution in Frankreich
1840	Thronbesteigung Friedrich Wilhelms IV. – Wilhelm wird Thronfolger
1848	Revolution und Flucht nach London
1849	Niederwerfung der Badischen Revolution durch Wilhelm
1849–1857	Militärgouverneur von Rheinland und Westfalen
1857	Erkrankung Friedrich Wilhelms IV. – Wilhelm wird Stellvertreter des Königs
1858	Wilhelm wird Prinzregent, Aufrüstungsprogramm
1858–1862	»Neue Ära«
1859	Krieg in Norditalien
1861	Krönung Wilhelms I. zum König von Preußen
1862	Otto von Bismarck wird preußischer Ministerpräsident, Ausbruch des Verfassungskonflikts
1864	Krieg gegen Dänemark
1866	Schlacht bei Königgrätz, Sieg über Österreich
1869	Beilegung des Finanzstreits mit Frankfurt am Main durch Wilhelm I.
1870–1871	Krieg gegen Frankreich
1871	Gründung des Deutschen Reiches, Kaiserproklamation in Versailles – Wilhelm I. wird Deutscher Kaiser
1871–1873	Gründerzeit und Gründerkrach
1873	Einweihung der Berliner Siegessäule
1875	»Krieg in Sicht«-Krise
1878	Attentate auf Wilhelm I. in Berlin
1879	Zweibund mit Österreich-Ungarn
1879–1881	»Berliner Antisemitismusstreit«
1884	Beginn der deutschen Kolonialpolitik
1887	Kriegsrat, Abwendung eines Präventivangriffs auf Russland
09.03.1888	Tod Wilhelms I.

1: Marmorbüste Wilhelms I. aus dem Jahr 1869 von Karl Philipp Franz Keil (Deutsches Historisches Museum, Berlin).

2: Prinz Wilhelm wird von König Friedrich Wilhelm III. im Kindesalter zum preußischen Offizier ernannt (Relief von Adolf Brütt in der Berliner Kaiser-Wilhelm-Gedächtniskirche).

3: Das Berliner Stadtpalais Wilhelms I., heute Altes Palais genannt.

4: Krönung Wilhelms I. zum König in Königsberg 1861 (Ausschnitt eines Gemäldes von Adolph von Menzel).

6: Kronprinz Friedrich Wilhelm, der Sohn
5: Augusta von Sachsen-Weimar-Eisenach, die   Wilhelms I. und Augustas (Gemälde von Minna
Gemahlin Wilhelms I. (Porträt von Franz Xaver   Pfüller, undatiert).
Winterhalter, 1853).

Rechte Seite:
7: Zeitgenössische Karikatur am Vorabend des Krieges gegen Österreich 1866: »Eventualitäten: Wie
Berlin sich den Oesterreicher als Krieger denkt, und wie es sich natürlich den Preußen als Sieger
vorstellt.«

8: Schloss Babelsberg, die Sommerresidenz Wilhelms I. und seiner Gemahlin Augusta (südseitige
Ansicht): u.a. Schauplatz der berühmten Audienz vom 22. September 1862, in deren Verlauf der
König beschloss, Otto von Bismarck zum preußischen Ministerpräsidenten zu ernennen.

Eventualitäten.

Wie Berlin sich den Oesterreicher als Krieger denkt.   Und wie es sich natürlich den Preußen als Sieger vorstellt.

9: Flugaufnahme von Schloss Babelsberg und dem umliegenden Park – links oben im Bild die Pfaueninsel, von wo aus Prinz Wilhelm im März 1848 seine Flucht nach London antrat.

Rechte Seite:
10: Abreise König Wilhelms I. zur Armee am 31. Juli 1870 (Gemälde Adolph von Menzels).

11: Kaiserin Augusta und Kaiser Wilhelm I. bei einer Ausfahrt in Koblenz, 1885.

12: Die auffälligste architektonische Hinterlassenschaft Wilhelms I.: die Berliner Siegessäule.

Einleitung

V or einigen Jahren traf ich bei einer Weihnachtsfeier einen jungen, humorvollen Historikerkollegen. Ich freute mich über die Begegnung, denn Smalltalks mit ihm waren stets eine vergnügliche Angelegenheit. So auch diesmal. Irgendwann im Lauf des Gesprächs fragte er mich dann, an welchem historischen Thema ich gerade arbeite. Als ich ihm antwortete, dass ich eine Biographie über Kaiser Wilhelm I. schreibe, sah er mich erstaunt an.

»Tatsächlich?«, fragte er mit unüberhörbarer Skepsis. »Aber gibt Wilhelm I. denn genug für ein ganzes Buch her?«

Es war eine bezeichnende Reaktion. Das kollektive Gedächtnis nimmt Wilhelm I. seit Langem als historischen Nebenakteur wahr, von dem man meint, er habe im Schatten seines Regierungschefs Otto von Bismarck gestanden und sei überhaupt ein recht unpolitischer Mann gewesen. Diese Einschätzung stützt sich hauptsächlich auf den großen Handlungsspielraum, den er Bismarck gab, und auch auf den Umstand, dass Wilhelm I. des Öfteren Dinge mittrug, die ihm widerstrebten. Manchmal ließ er in solchen Fällen zwar zornigen Unwillen erkennen, lenkte dann aber meistens doch ein, so etwa bei seiner Auseinandersetzung mit Bismarck in Nikolsburg 1866, als dieser dringend davon abriet, Österreich nach dem Sieg von Königgrätz Territorien abzunehmen, oder bei der Kaiserproklamation 1871, die ihm in der von Bismarck vorgesehenen Form missfiel. Dieses mehrfache Nachgeben trug wesentlich zur nachträglichen Marginalisierung Wilhelms I. bei, ebenso Bismarck, der den Monarchen in seinen oft zitierten Memoiren *Gedanken und Erinnerungen* als lenkbar und entscheidungsschwach darstellte. Die Forschung bettete den Monarchen zumeist als eine Randfigur in eine Bismarck-zentrierte Darstellung der preußisch-deutschen Geschichte ein. Enervierend oft wird diese Darstellung durch die nicht zweifelsfrei nachweisbare Aussage Wilhelms I. ergänzt, wonach es nicht leicht sei, unter diesem Kanzler Kaiser zu sein. Auch die wenigen Biographien, die nach 1945 über Wilhelm I. verfasst wurden, tradierten in unterschiedlicher Qualität das Bild des vorwiegend passiven Herrschers.[1] Aus vielen allgemeingeschichtlichen Werken tritt uns der erste Deutsche Kaiser nach wie vor unscharf und eindimensional entgegen: soldatisch, pflichtbewusst, sparsam, manchmal störrisch, im Wesentlichen aber fremdgesteuert.

Doch diese Einschätzungen werden der historischen Realität nicht wirklich gerecht. Zwar waren der aktiven politischen Wirksamkeit Wilhelms I. vor allem in den 1870er und 1880er Jahren altersbedingt zunehmend engere Grenzen gesetzt. Auch ist an der Bedeutung des Ausnahmepolitikers Otto von Bismarck nicht zu rütteln. Trotzdem greift es zu kurz, Wilhelm I. auf die Rolle eines historischen Edelkomparsen zu reduzieren. Denn tatsächlich beeinflusste er die preußisch-deutsche Geschichte in Summe erheblich – und er war ungeachtet seiner Armeekarriere, die sein Leben jahrzehntelang prägte, weit davon entfernt, unpolitisch zu sein. Schon in jungen Jahren gab er in seinen Briefen zahllose, teils leidenschaftliche Kommentare zu aktuellen politischen Ereignissen und zu Grundfragen der Politik in Preußen und Europa ab. Anfänglich nahm er lange die Haltung eines Hardliners ein. Er trat als dermaßen vehementer Verfechter des Absolutismus in Erscheinung, dass er beim Ausbruch der Revolution 1848 als einziger Spitzenrepräsentant der Hohenzollerndynastie ins Ausland fliehen musste. Nach diesem tiefen Einschnitt begann er sich politisch umzuorientieren und neue, gemäßigtere Konzepte zur Positionierung des monarchischen Prinzips im Verfassungsstaat zu entwickeln.

Wilhelm zählte bereits 60 Jahre, als er erstmals monarchische Machtsbefugnisse in Preußen erlangte. Aufgrund seiner außerordentlichen Rüstigkeit waren ihm dann noch 30 weitere Lebensjahre und damit eine unerwartet lange Herrschaft beschieden. Sie lässt sich in drei Abschnitte einteilen, in denen er auf verschiedenen Ebenen tiefgreifende Akzente setzte.

Der erste Abschnitt stellte Wilhelms politisch aktivste Herrschaftsphase dar. Im Oktober 1857 übernahm er ein Jahr lang die Stellvertretung des schwer erkrankten Königs Friedrich Wilhelm IV. und leitete im Oktober 1858 die bis ins Jahr 1862 reichende »Neue Ära« ein, in der er zunächst als Prinzregent, ab 1861 als König ein Regiment führte, das einer Selbstherrschaft nahekam. In diesem Zeitraum und auch noch ein Stück weit darüber hinaus – der im September 1862 zum Ministerpräsidenten ernannte Bismarck bekam mitnichten sofort dominierende Gestaltungsmacht über die preußische Politik – nahm Wilhelm Weichenstellungen vor, deren Bedeutung für das Werden Deutschlands kaum überschätzt werden können. Dazu zählten die Beseitigung des reaktionären Regimes in Preußen, der ganz wesentlich von ihm mitbewirkte Durchbruch des Liberalismus, der von Wilhelm I. quasi im Alleingang losgetretene preußische Verfassungskonflikt und – vor allem – sein umfassendes Aufrüstungsprogramm, das die militärische Schlagkraft Preußens massiv erhöhte und ein Schlüssel für die deutsche Einheit war.

Der zweite Herrschaftsabschnitt Wilhelms I. wurde von den Einigungskriegen gegen Dänemark 1864, Österreich 1866 und Frankreich 1870/71 geprägt. Zu allen drei Waffengängen kam es nicht auf unmittelbares Betreiben des Königs, doch entfaltete er in seiner Funktion als Oberster Kriegsherr eine weitreichende militärische Wirkungsmacht und übte als letzter Monarch Europas im Krieg ein Armeeoberkommando aus, das mehr als eine reine Fiktion darstellte. Die Kriegsära brachte auch eine Verschiebung in Wilhelms Aufgaben mit sich. Da in den von Preußen 1866 annektierten deutschen Staaten viel Unmut über diese Vereinnahmung herrschte, brauchte es in den Folgejahren eine intensive Reise- und Besuchsdiplomatie des Königs, um die neuen Untertanen mit der Hohenzollernherrschaft auszusöhnen und ein inneres Zusammenwachsen zu fördern. Sie beschleunigte Wilhelms bereits zuvor begonnenen graduellen Rückzug vom politischen Tagesgeschäft, wodurch sich Bismarcks Stellung deutlich verstärkte.

Der teilweise Verzicht des Monarchen auf politische Gestaltung verleitete dazu, dessen Tätigkeiten in seiner dritten Herrschaftsphase, der von 1871 bis 1888 dauernden Kaiserzeit, nahezu vollends auszublenden. Dabei hatten auch sie keine geringe Bedeutung für den weiteren Verlauf der preußisch-deutschen Geschichte, dies vor allem in gesellschaftspolitischer Hinsicht. Wilhelm I., dessen Popularität jahrzehntelang teils heftig geschwankt hatte, erlangte als Kaiser großes Ansehen und wurde zur zentralen Integrations- und Identifikationsgestalt an der Spitze des jungen deutschen Nationalstaates. Dies versetzte ihn in die Lage, beträchtlichen Einfluss auf brisante gesellschaftliche Strömungen wie den preußisch-deutschen Militarismus auszuüben. Auch zwischen dem Kaiser und der so genannten »Judenfrage« gab es nicht zu unterschätzende Wirkungszusammenhänge, die bislang noch keiner genaueren Betrachtung unterzogen wurden.

In Summe steht man als Autor bei Wilhelm I. vor einer eigenwilligen Situation. Wegen seines Aufstiegs zum ersten Oberhaupt des modernen deutschen Nationalstaates ist er eine bekannte historische Persönlichkeit. Die konkreten Tätigkeitsbereiche des Mannes, der immerhin 30 Jahre über Preußen herrschte und 17 Jahre als Deutscher Kaiser fungierte, sind jedoch wenig bekannt, liegen teilweise sogar weitgehend im Dunkeln.

Von dieser ungewöhnlichen Ausgangslage ist auch das vorliegende Buch geprägt. Es weist Merkmale einer klassischen Biographie auf, greift aber an mehreren Stellen darüber hinaus und analysiert jene politischen Themenbereiche, denen Wilhelm I. seinen Stempel aufdrückte oder die er wesentlich mitgestaltete. Insgesamt lässt es sich auch als Studie über die tiefen Fußspuren, die Wilhelm I. in der preußisch-deutschen Geschichte hinterließ, verstehen.

* * *

Bei der Arbeit an diesem Buch wurde auf ungedruckte Quellen (Korresponden-zen, Immediatberichte oder Protokolle aus archivalischen Beständen), gedruckte Quellen (in erster Linie Quelleneditionen), Online-Quellen, Memoiren und Fachliteratur zurückgegriffen.

Die in den Fußnoten genannten Archive und archivalischen Bestände werden aus Gründen der Platzeffizienz mit Abkürzungen angeführt. Gleiches gilt für die häufiger zitierten Quelleneditionen.

Bei den einschlägigen Quelleneditionen ist insofern eine gewisse Schieflage gegeben, als einige Editionen jüngeren Datums originalgetreue Transkriptionen der ausgewählten Schriftstücke bieten, Werke aus dem späten 19. und frühen 20. Jahrhundert die originalen Schriften punktuell jedoch etwas geglättet darstel-len, so etwa durch das Aufheben von Abkürzungen. Dies hat zur Folge, dass die aus gedruckten Quellen zitierten Textstellen leichte Unterschiedlichkeiten auf-weisen, da die Texte aus neueren Quelleneditionen wie auch das ausgewertete Archivmaterial aus Gründen der Authentizität nicht ebenfalls geglättet, sondern bewusst im Original belassen wurden.

* * *

Das bewegte Leben und Wirken Wilhelms I. bietet wahrlich genug Stoff für ein Buch, mehr als genug eigentlich. Ich danke an dieser Stelle meiner Familie, die es verständnisvoll hinnahm, wenn mich das partout nicht erlahmende Interesse am deutschen Gründerkaiser wieder dazu brachte, mich in meinem Arbeitszimmer zu vergraben. Des Weiteren gilt mein Dank den hochversierten Fachkräften in jenen Archiven, die ich im Zuge dieser Arbeit aufsuchte. Neben der Bereitstel-lung einschlägigen archivalischen Materials waren vor allem ihre sachkundigen Hinweise und Tipps sehr hilfreich und trugen zur Verbesserung dieses Buches bei. Außerdem danke ich dem Deutschen Historischen Museum, o. Univ.-Prof. i.R. Dr. Wolfgang Häusler, Dr. Franz Putz, Dr. Rainer Landvogt und – last but not least – den Mitarbeiterinnen und Mitarbeitern der Verlagsgruppe Vandenhoeck & Ruprecht sowie des Böhlau Verlages, namentlich Dorothee Rheker-Wunsch, Julia Beenken, Ulrike Bade, Jacqueline Eller, Michael Rauscher und Carsten Schild.

Der Soldatenprinz (1797 – 1840)

Kind einer Zeitenwende

Am Vormittag des 22. März 1797 herrschte Anspannung im Haus Hohenzollern. Die preußische Kronprinzessin Luise lag in den Wehen. Eineinhalb Jahre früher hatte sie einem gesunden Sohn das Leben geschenkt, davor allerdings eine tote Tochter geboren. Wie würde diese Schwangerschaft ausgehen? »Die Kronprinzessin war schon während der Nacht leidend«, schrieb Luises Oberhofmeisterin und Vertraute, die 68-jährige Sophie Marie von Voß. »Als ich zu ihr hinauf kam, war ich überzeugt, daß sie heute niederkommen würde, aber sie lachte und wollte es mir nicht glauben«. Dann aber ging es doch rascher, als Luise vermutete. Zur Mittagszeit brachte sie ohne größere Komplikationen ein gesundes Kind zur Welt. »Es ist ein prächtiger kleiner Prinz! – Ueberall war große, große Freude«[1], jubelte die Oberhofmeisterin erleichtert.

Die Frage, wie das Kind heißen sollte, bereitete der Familie wenig Kopfzerbrechen. Bei der Namensgebung ihrer Söhne wurden die Hohenzollern seit jeher nicht von kreativen Spannungen geplagt. Alle preußischen Könige hießen entweder Friedrich, Wilhelm oder Friedrich Wilhelm. Bei zweitgeborenen Söhnen der Dynastie griff man ebenfalls gerne auf diese beiden Namen zurück. So auch diesmal. Das Neugeborene sollte Friedrich Wilhelm Ludwig heißen. Da aber Luises Mann, ihr erster Sohn und ihr Schwiegervater bereits Friedrich Wilhelm hießen, einigte man sich darauf, den kleinen Prinzen im täglichen Leben Wilhelm zu nennen, um Verwechslungen vorzubeugen.[2]

Die Welt, in die Wilhelm hineingeboren wurde, hatte in mancherlei Hinsicht noch vormodernen Charakter. In Berlin, das damals etwa 165.000 Einwohner zählte, gab es nur in den wohlhabenden Stadtteilen gepflasterte und beleuchtete Straßen, und auch hier verlöschten die meisten Lichter um Mitternacht. Man trug noch gepuderte Perücken, hatte mittelalterliche Hygienestandards, die Kindersterblichkeit war hoch und die Lebenserwartung gering.

Inmitten dieser archaischen Zustände regte sich aber schon die Moderne. Das Geistes- und Kulturleben expandierte. Das Theater erfreute sich wachsender Popularität. Lesegesellschaften und Leihbibliotheken sowie Wissenschafts-, Philosophie- oder Kunstvereine entstanden, die den Menschen die Möglichkeit mannigfaltiger Horizonterweiterung boten. Die Berliner begannen über Politik zu debattieren und ein von der Krone teilweise entkoppeltes Gesellschaftsleben zu führen. Mochte dahinter auch keine Auflehnung gegen die monarchisch-absolutistische Ordnung stecken (von einer Revolution à la Frankreich 1789 waren die Berliner anno 1797 noch weit entfernt), so stellte dies doch im Ansatz schon eine indirekte Schwächung der allumfassenden königlichen Macht dar.

Der Mittelpunkt dieser althergebrachten Autorität türmte sich im Zentrum der preußischen Hauptstadt auf: das Berliner Stadtschloss, ein vierstöckiges Gebäude von enormen Dimensionen, das den Hohenzollern als Wohnort diente und den weithin sichtbaren Ausdruck ihres absoluten Machtanspruchs darstellte.[3]

In diesem wuchtigen Bauwerk wurde Prinz Wilhelm am 3. April 1797 getauft. Zahlreiche Mitglieder des Herrscherhauses, Minister, Generäle und Höflinge fanden sich zu diesem Staatsakt im königlichen Audienzsaal ein. Als die Gesellschaft versammelt war, trug Oberhofmeisterin Voß das Kind in den Saal und übergab es jenem Mann, dem das Privileg zukam, den jüngsten Hohenzollernspross während der Taufe in seinen Armen zu halten: König Friedrich Wilhelm II. (👑 1786 – 1797).[4]

Wilhelms Großvater schätzte – im Gegensatz zu seinem Vorgänger Friedrich II. der Große (👑 1740 – 1786), der ihm eiserne Pflichterfüllung und Selbstdisziplin vorexerziert hatte – vor allem die schönen Dinge des Lebens. Er war ein versierter Cellist und ein großzügiger Mäzen, förderte die Opern- und Theaterwelt in Preußen, bedachte Ludwig van Beethoven und Wolfgang Amadeus Mozart mit Auftragskompositionen. Auch der Bau des heute weltberühmten Brandenburger Tors wurde auf seine Veranlassung 1788 in Angriff genommen. Das alles kostete freilich viel Geld. Da Friedrich Wilhelm II. außerdem noch große Feste, lukullische Eskapaden und amouröse Abenteuer liebte, war der ansehnliche Staatsschatz, den ihm Friedrich II. hinterlassen hatte, rapide dahingeschmolzen. Und auch er selbst musste seinem ausschweifenden Lebensstil mittlerweile Tribut zollen. Obwohl erst 52 Jahre alt, war Friedrich Wilhelm II. bereits ein hinfälliger Mann, extrem übergewichtig und an zahlreichen Krankheiten leidend.

An das politische Format seines großen Vorgängers reichte der genussfreudige König nicht heran. Friedrich II. hatte Preußen im Kontext des aufgeklärten Absolutismus modernisiert, die Effizienz der Verwaltung erhöht, die Folter abgeschafft, Glaubensfreiheit gewährt und den Hohenzollernstaat infolge der Eroberung Schlesiens und des Siebenjährigen Krieges in eine europäische Großmacht verwandelt. Unter Friedrich Wilhelm II. kehrte hingegen Stagnation ein. Das feudalabsolutistische System, das den Bauern noch die Leibeigenschaft aufzwang und dem Volk keine Repräsentationsorgane gab, erstarrte. Statt auf einen wohlstrukturierten Regierungsapparat mit klar verteilten Aufgaben zu setzen, verließ der König sich auf den Rat von Günstlingen.

Fatal wirkte sich der Stillstand auf militärischer Ebene aus. Das revolutionäre Frankreich besaß seit der Einführung der allgemeinen Wehrpflicht ein Massenheer, das zudem hochmotiviert war, da die Menschen aufgrund der umwälzenden Staatsreformen nun das Gefühl hatten, nicht mehr für abgehobene Bourbonen-Könige, sondern für ihr Land zu kämpfen. Mit dieser neuen französischen Kampfkraft wurde Preußen im Ersten Koalitionskrieg mehrfach konfrontiert, doch selbst empfindliche Fehlschläge wie die Schlacht von Valmy am 20. September 1792 brachten die preußischen Elitemilitärs nicht auf Reformkurs. Man zog sich aus dem Krieg zurück, unternahm aber keine Schritte zur Modernisierung und Stärkung der Armee. Für den Hohenzollernstaat, der von drei Großmächten umgeben war und keine natürlichen Grenzen hatte, war die militärische Stagnation eine existenzielle Bedrohung – dies umso mehr, als Frankreich wenig später auch noch ein militärisches Genie mit grenzenloser Expansionslust hervorbrachte: Napoleon Bonaparte.

Der Stern des Korsen ging um die Zeit von Wilhelms Geburt auf. 1797 brachte er den Ersten Koalitionskrieg zu einem siegreichen Abschluss, indem er Österreich nach diversen Schlachtensiegen in Italien zu einem Waffenstillstand zwang. Im November 1799 schwang sich der erst 30-jährige Bonaparte zum Ersten Konsul und damit zum faktischen Herrscher über Frankreich auf. Im Zweiten Koalitionskrieg behielt er abermals die Oberhand, krönte sich zum Kaiser der Franzosen (👑 1804 – 1814, 1815) und triumphierte 1805 auch im Dritten Koalitionskrieg, den er mit einem durchschlagenden Sieg über Russland und Österreich in der Schlacht bei Austerlitz für sich entschied.

Preußen blieb von all diesen Stürmen noch relativ unberührt. Beim Ausscheren aus dem Ersten Koalitionskrieg 1795 hatte Friedrich Wilhelm II. einen Friedensvertrag mit Paris unterzeichnet. Das brachte dem König zunächst reichen Profit. Er konnte unbehelligt an der Dritten Teilung Polens mitwirken und sich außerdem ganz Norddeutschland als eine von Frankreich anerkannte preußische Einflusszone sichern. Die Erkenntnis, dass dieser Erfolg auf Sand gebaut war, blieb Friedrich Wilhelm II. durch seinen frühen Tod am 16. November 1797 erspart. Sie sollte erst seinen Nachfolger, Wilhelms Vater, mit voller Wucht treffen.[5]

Friedrich Wilhelm III (👑 1797 – 1840) zählte 27 Jahre, als er die Herrschaft über Preußen antrat. Er war groß gewachsen, schlank und gutaussehend, rein äußerlich eine strahlende Erscheinung. Mit seinem Vater hatte er jedoch kaum etwas gemein. Für dessen ausschweifendes Leben, opulente Hofführung und Mätressenwirtschaft hatte er nur Verachtung übrig und bevorzugte einen schlichten Lebensstil. Er fühlte sich im Rampenlicht unwohl, betrieb nicht gerne Konversation, wirkte oft hölzern, hatte wenig Vertrauen in die eigenen Fähigkeiten. Entscheidungen zögerte er oft endlos lange hinaus, sodass man über ihn munkelte, dass seine liebste Zeit die Bedenkzeit sei.

Unter diesem gewissenhaften, aber wenig zupackenden Monarchen fanden Reformen nur im Ansatz statt, die größten Fortschritte gab es noch bei den Bauern in den Krondomänen, deren Leibeigenschaft stufenweise abgebaut wurde. Zu einem echten gesellschaftspolitischen Kurswechsel kam es jedoch nicht, und auch entscheidende Maßnahmen zur Stärkung der Wehrkraft blieben aus. Damit wurde Preußens militärtechnologischer Rückstand gegenüber Frankreich noch größer. Friedrich Wilhelm III. begegnete dieser Gefahr, indem er außenpolitischen Verwicklungen auswich und alles vermied, was den Frieden mit Paris hätte gefährden können.

Einige Jahre schien sich die Neutralität zu bewähren. Während in Europa der Zweite und Dritte Koalitionskrieg tobten, blieb Preußen eine Oase des Friedens – und machte noch einmal einen Gewinn: Als Napoleon am rechten Rheinufer eine Kette ihm gefügiger Staaten schuf und damit dem politisch zersplitterten Heiligen Römischen Reich einen schweren Schlag versetzte, war Friedrich Wilhelm III. schnell zur Zusammenarbeit bereit. Im Gefolge des Reichsdeputationshauptschlusses (1803), der fast alle geistlichen Territorien und unabhängigen Reichsstädte auflöste, trat Preußen einige linksrheinische Gebiete mit 130.000 Einwohnern an Frankreich ab, gewann aber rechtsrheinische Territorien mit rund 500.000 neuen steuerzahlenden Staatsbürgern dazu. Danach zog sich Friedrich Wilhelm III. von der außenpolitischen Bühne umgehend wieder zurück, zufrieden über sein vermeintlich gutes Geschäft und den anhaltenden Frieden mit Napoleon.[6]

Weitblickendere Zeitgenossen bezweifelten indessen, dass der König sich auf Dauer vom Konflikt zwischen Napoleon und den anderen Großmächten würde fernhalten können. Auf Johann Wolfgang von Goethe wirkte es fast surreal, wie Preußen sich abschottete, während in Europa Krieg auf Krieg folgte: »Zwar brannte die Welt in allen Ecken und Enden, Europa hatte eine andere Gestalt angenommen, zu Lande und See gingen Städte und Flotten zu Trümmern, aber das mittlere, das nördliche Deutschland genoß noch eines gewissen fieberhaften Friedens, in welchem wir uns einer problematischen Sicherheit hingaben.«[7] Die ungläubige Skepsis, die in Goethes Worten mitschwang, war nur zu berechtigt, wie sich bald zeigen sollte.

Immerhin aber währte der »fieberhafte Friede« lange genug, um Prinz Wilhelm eine behütete und relativ unbeschwerte Kindheit zu ermöglichen. Seine ersten neuneinhalb Lebensjahre verbrachte er im Abendrot des aufgeklärten Absolutismus, einer Welt, die in mancherlei Hinsicht noch auf jahrhundertealten Eckpfeilern ruhte. Im unmittelbaren Umfeld des Prinzen wehte dennoch ein Hauch der Moderne, und dafür zeichnete vor allem seine berühmte Mutter verantwortlich.

Königin Luise, die einzige preußische Monarchin, die zu einer Mythengestalt avancierte, inspirierte schon zu Lebzeiten zahlreiche Dichter, Maler und Bildhauer. Zeitgenossen beschrieben sie als lebhafte und heitere Frau von anmutiger Schönheit. Obwohl dem Luxus nicht abgeneigt, folgte sie dem Wunsch ihres Gemahls nach einem möglichst bescheidenen Leben. Ihre Tendenz zu ungezwungenen Umgangsformen führte zu manchen Kollisionen mit der höfischen Etikette, kam aber ihren öffentlichen Auftritten zugute, bei denen sich die junge Monarchin erfolgreich als liebenswürdige Landesmutter präsentierte. Mit ihrem Mann führte Luise in einer Zeit, in der Fürstenhäuser Ehen unter politischen Gesichtspunkten schlossen und Gefühle nebensächlich waren, eine ungewöhnlich glückliche Ehe, geprägt von tiefer wechselseitiger Zuneigung und Treue. Ein – für die Königin freilich kräftezehrendes – Resultat dieser Liebe war ihr rasch anwachsender Nachwuchs. Innerhalb von 15 Jahren brachte Luise nicht weniger als zehn Kinder zur Welt, von denen sieben das Erwachsenenalter erreichten: Thronfolger Friedrich Wilhelm (*1795) und Wilhelm sowie Charlotte (*1798), Carl (*1801), Alexandrine (*1803), Luise (*1808) und Albrecht (*1809).[8]

Aus Imagegründen hoben Friedrich Wilhelm III. und Luise ihren familiären, bürgerlich anmutenden Lebensstil gerne hervor. Diverse Gemälde jener Zeit, die sie im Kreis ihrer Kinder zeigen und Familienidylle pur transportieren, sind aber etwas übertrieben. Für die Pflege und Erziehung ihrer Söhne und Töchter wurde Personal herangezogen, wie es bei den damaligen Eliten üblich war. Luise und vor allem Friedrich Wilhelm III. brachten nur fallweise die Zeit und die Geduld auf, sich mit dem Nachwuchs eingehender zu beschäftigen. Aber es gab auch Momente, in denen die Königin am Morgen in ihrem eigenen Schlafzimmer ausgelassen mit ihren Kindern herumtollte oder sie mit Zärtlichkeiten bedachte. Und auch der etwas strenger auftretende König ließ seine Söhne und Töchter spüren, dass er echte Zuneigung für sie empfand. Gemessen an den früheren Zuständen im preußischen Herrscherhaus war das schon sehr viel. Im 18. Jahrhundert hatte die ältere Generation oft eisige Distanz zu ihren Nachkommen gewahrt oder gar zu brutalen Unterwerfungsmaßnahmen gegriffen. Friedrich II. etwa war von seinem Vater mit archaischen Methoden, die bis hin zur Inhaftierung reichten, zu absolutem Gehorsam gezwungen worden. Friedrich Wilhelm II. hatte seit dem frühen Kindesalter getrennt von seinen Eltern leben müssen und seinen Vater nie näher kennengelernt. Luise und Friedrich Wilhelm III. hingegen boten ihren Kindern ein vergleichsweise harmonisches Umfeld und trugen so entscheidend dazu bei, dass die im Haus Hohenzollern häufig auftretenden Generationenkonflikte bei ihnen nicht vorkamen.

In Ansätzen progressiv gingen Friedrich Wilhelm III. und Luise auch bei der Ausbildung ihrer Kinder vor. Als ihr ältester Sohn im fünften Lebensjahr stand, hielten sie Ausschau nach einem geeigneten Erzieher. Im Sommer 1800 fiel ihre Wahl auf den jungen Reformpädagogen Friedrich Delbrück, der Kinder durch einfühlsame Unterweisung zu Menschenfreunden erziehen und ihre natürlichen Anlagen, insbesondere die Vernunft, fördern wollte. In Abstimmung mit den Eltern konzentrierte Delbrück sich auf »lebensnahe« Unterrichtsfächer wie Deutsch, Französisch, Mathematik, Zeichnen, Geographie, Geschichte und Naturkunde. In seinem Wirken bekam Delbrück indessen weitgehend freie Hand. Er durfte die Umsetzung seines Ausbildungsplanes im Wesentlichen nach eigenem Gutdünken gestalten und Lehrer für jene Fächer aussuchen, die er nicht selbst unterrichtete.

Gleich bei seinem ersten Schützling sah sich Delbrück maximal gefordert. Kronprinz Friedrich Wilhelm war ein aufgeweckter und phantasievoller Junge. Allerdings besaß er auch ein überschäumendes Temperament. Friedrich Wilhelm folgte nicht gern, hatte seinen eigenen Kopf, neigte zu heftigen emotionalen Ausbrüchen. Nicht selten hatte der Pädagoge alle Hände voll zu tun, um seinen Schützling zu bändigen und ihm konsequentes Studium abzuringen. Außerdem ließ der Thronfolger kaum Interesse am Militär erkennen. Das bestürzte vor allem seinen Vater. Friedrich Wilhelm III. lebte die traditionell enge Verbindung der preußischen Monarchen zur Armee mit Überzeugung und wollte diese Passion auch bei seinem ältesten Sohn sehen. Alle diesbezüglichen Bemühungen Delbrücks und seines Erzieherteams sollten jedoch vergeblich bleiben. Beim Thronfolger trat im Lauf der Jahre eine künstlerische Ader zutage, doch seine innere Distanz zum Militär ließ sich nie wirklich überwinden.

Im Mai 1801 kam auch der vierjährige Prinz Wilhelm in Delbrücks Obhut. Bei ihm war dem König die Herausbildung von soldatischem Gedankengut fast noch wichtiger als beim Thronfolger. Da Wilhelm als Zweitgeborener aller Voraussicht nach nie herrschen würde, schien es auch nicht nötig, ihn auf die Tätigkeit eines Königs vorzubereiten. Er sollte, so befand der Vater, eine Armeekarriere einschlagen. Daher wurde er besonders früh mit der preußischen Heerestradition konfrontiert. Schon mit sechs Jahren bekam er Kleidungsstücke, die einer Uniform nachempfunden waren, und auch spielerisches Exerzieren stand bald auf seinem Tagesplan.

Zunächst sah es jedoch nicht so aus, als könnte Wilhelm die Erwartungen seines Vaters erfüllen. Er war ein zartes Kind mit überaus fragiler Gesundheit.

Schon im Alter von neun Monaten war er so schwer an Brustfieber erkrankt, dass die Eltern um sein Leben fürchteten. Ähnliches geschah gegen Ende des Jahres 1804 sowie im November 1805. Häufig wurde der blasse blonde Junge von fiebrigen Erkältungen geplagt, musste sich schonen und war zu Gymnastik oder Exerzierspielen außerstande. Für die Vorstellung, dass aus diesem kränklichen und schwächlichen Kind einmal ein strammer Eliteoffizier werden sollte, brauchte man viel Phantasie. Friedrich Wilhelm III. mag anfänglich zuweilen Mühe gehabt haben, seine Enttäuschung über Wilhelm zu verbergen.

Im Lauf der Jahre zeigte sich allerdings, dass der zweitgeborene Prinz doch einige Vorzüge hatte, die vor allem dem Vater gefielen. Er war fleißiger als sein älterer Bruder, weniger temperamentvoll und ausgeglichener.[9] Zudem fand er an den Vorformen des militärischen Drills Gefallen. Musste er wegen seiner schwankenden Gesundheit auch oft pausieren, so stachen sein beharrliches Wollen und sein wachsendes Interesse am Soldatentum Friedrich Wilhelm III. mehr und mehr positiv ins Auge.

Trotz seiner vielen Erkrankungen war Wilhelm ein fröhlicher Junge. Seine Mutter beschrieb ihn als »sehr kluges, komisches Kind, possirlich und witzig.«[10] Delbrück notierte einmal, dass der kleine Prinz trotz leichtem Kränkeln »viel gute Laune mit« in den Unterricht brachte, um ein anderes Mal zu beobachten, wie er »den Tag in Wohlseyn und Heiterkeit« verbrachte, und eines Tages im Sommer 1805 zu schreiben: »Man kann nicht angenehmer seyn als Prz. Wilhelm war.«[11] In Summe war Wilhelm ein recht pflegeleichtes Kind, dem es ein großes Anliegen war, die Eltern zufriedenzustellen. Als einen der schlimmsten Momente seiner Kindheit wertete er im Alter eine Anweisung, die ihm und dem Kronprinzen größere Distanz zu den Eltern auferlegte:

> Ein schwerer Tag ist mir lebhaft in der Erinnerung geblieben, an welchem unsere Erzieher uns sagten, wir sollten die Eltern von nun an »Sie« nennen, sie wünschten es so. Ob es Mama schwer wurde, weiß ich nicht; Fritz Wilhelm [Anm.: Kronprinz Friedrich Wilhelm] und mir aber, die zusammen zum König mußten, wurde es furchtbar schwer, und wir brachten das Wort kaum heraus.[12]

Doch auf Wilhelm wartete noch weit Dramatischeres. Im Oktober 1806 zerbrach der Friede mit Frankreich, und das behütete Leben des jungen Prinzen endete jäh.

Als Napoleon I. am 2. Dezember 1805 Russland und Österreich bei Austerlitz vernichtend schlug, war dies auch für das neutral gebliebene Preußen verhängnisvoll, denn es kam nun unter wachsenden französischen Druck. Napoleon ließ nach dem Dritten Koalitionskrieg starke Truppen im deutschen Raum stehen und nahm immer mehr Einfluss auf Berlins Politik. Zunächst sah sich Friedrich Wilhelm III. genötigt, seine Neutralität zugunsten eines Bündnisses mit Frankreich aufzugeben. Dadurch gewann er zwar das Kurfürstentum Hannover, musste aber die eigenen Häfen für britische Schiffe sperren, was ihm einen Konflikt mit London eintrug. Bald darauf forderte Napoleon von ihm die Entlassung des Außenministers Karl August von Hardenberg, der das Misstrauen des Kaisers erregt hatte. Wieder gab Friedrich Wilhelm III. nach, nahm aber geheime Bündnisverhandlungen mit Russland auf. Diese waren noch zu keinem Resultat gelangt, da versetzte der Korse im Juli 1806 dem Heiligen Römischen Reich durch die Schaffung des Rheinbundes, eines von Frankreich abhängigen Verbunds deutscher Klein- und Mittelstaaten, den Todesstoß. Als dann in Berlin auch noch bekannt wurde, dass Napoleon das gerade an Preußen übergebene Hannover an Großbritannien abtreten wollte, brachte dies das Fass zum Überlaufen. Mitglieder der Herrscherfamilie, hochrangige Politiker und Militärs forderten von Friedrich Wilhelm III. vehement, Napoleon mit Härte gegenüberzutreten. Und das tat der König dann auch. Am 26. September 1806 schrieb er einen zornigen Brief an Napoleon, in dem er den Rückzug Frankreichs hinter den Rhein bis zum 8. Oktober forderte.

Der Vorstoß kam im denkbar schlechtesten Moment. Ein Jahr früher, während des Dritten Koalitionskrieges, wäre er noch aussichtsreicher gewesen; zumindest hätte man damals an der Seite zweier Großmächte gegen Napoleon gekämpft. Jetzt jedoch stand man ihm de facto allein gegenüber. Österreich laborierte noch an der Niederlage von Austerlitz und schied als potenzieller Bündnispartner aus. Unterstützung durch Zar Alexander I. (👑 1801 – 1825) machte Friedrich Wilhelm III. mit seinem auf nicht einmal zwei Wochen befristeteten Ultimatum unmöglich, denn die russische Armee hätte beim besten Willen nicht so schnell mobilmachen und in den zentraldeutschen Raum marschieren können.

Zum Unglück des preußischen Königs nahm Napoleon den hingeworfenen Fehdehandschuh sofort auf. Bislang hatte der Kaiser eigentlich keinen Krieg mit Preußen angestrebt. Als Bewunderer Friedrichs II. hegte er sogar eine gewisse Schwäche für das Reich des »Alten Fritz« und hatte es als Juniorpartner in sein europäisches Imperium integrieren wollen. Nach dem Schreiben Friedrich Wilhelms III. setzte Napoleon jedoch seine Streitkräfte in Bewegung. Damit stand Preußen plötzlich vor der Situation, gegen die militärische Supermacht jener Jahre um die nackte Existenz kämpfen zu müssen.[13]

Prinz Wilhelm, mittlerweile neuneinhalb Jahre alt, nahm Preußens Aufbruch in den Krieg als spektakuläres Schauspiel wahr. Zusammen mit Delbrück und Kronprinz Friedrich Wilhelm sah er zu, wie die Streitkräfte in ihren bunten Uniformen wie bei einer Parade durch Berlin zogen. Tausende von Hufen der Kavallerie und der donnernde Marschtritt der Infanterie ließen die Straßen der Stadt erbeben, zackige Märsche erschallten, Zivilisten stimmten begeistert in die Kriegslieder der Soldaten ein. Euphorie lag in der Luft, die ihre Wirkung auf den jungen Prinzen nicht verfehlte.

Weit gedämpfter verlief die vorläufig letzte Begegnung mit den Eltern. Am 20. September nahmen Wilhelm und seine Geschwister im Schloss Charlottenburg Abschied vom Vater, der sich an die Spitze der Armee stellte, ebenso von der Mutter, die ihren Gemahl begleitete. Friedrich Wilhelm III. küsste seine Kinder unter Tränen, ehe sich auf sein Pferd schwang und davonritt.[14]

Grund zur Sorge hatte der König genug, denn die preußische Armee glich einem Potemkinschen Dorf. Hinter der beeindruckenden Fassade steckte eine seit Langem kaum modernisierte Streitmacht. An ihrer Spitze standen immer noch zumeist pensionsreife Generäle aus der Ära Friedrichs II., die ihre Truppen in starrer Linie vorrücken ließen. Gegen die flexibel operierenden Truppen Frankreichs war dieser behäbige Kampfapparat antiquiert – und marschierte geradewegs in das größte Fiasko der preußischen Geschichte: Am 14. Oktober 1806 wurden die Truppen Friedrich Wilhelms III. bei Jena und Auerstedt von Napoleon I. vernichtend geschlagen.[15]

Es dauerte drei Tage, bis die Nachricht von der Niederlage Berlin erreichte. Bis dahin herrschte in der Stadt Zuversicht. »Man rief unaufhörlich Vivat«, notierte Friedrich Delbrück, die Menschen ließen das Königshaus und die Armee hochleben, es herrschte »ein Jubel sonder Gleichen«[16]. Umso niederschmetternder war es, als am 17. Oktober die Wahrheit bekannt wurde. In Berlin fiel die Stimmung in den Keller, Sorge und Angst erfassten die Bevölkerung. Auf die Mitglieder des Herrscherhauses wirkte die Kunde von Napoleons Sieg wie ein Keulenschlag. Prinz Wilhelm wurde durch die Schreckensnachricht in tiefe Verwirrung gestürzt. Viele Jahrzehnte später erinnerte er sich an die einschneidenden Momente:

Die Nachricht von der Schlacht bei Auerstedt erreichte uns am 17. Oktober 1806 morgens in Berlin. Unsichere Kunden, von Sieg sprechend, hatten zuerst die Stadt erfüllt, dann aber traf die wehe Nachricht der furchtbaren Tatsache ein. Unsere Erzieher und

Begleiter waren sehr bestürzt. Ich erinnere mich, wie Fritz Louis [Anm.: Wilhelms Vetter Friedrich Wilhelm Ludwig] zu mir hereinstürzte, weinend und händeringend. Auch ich war sehr bewegt, doch verstand ich den ganzen Ernst der Sache noch nicht.[17]

Das Debakel der preußischen Armee stellte Wilhelms Leben auf den Kopf. Da nun ein Marsch Napoleons auf Berlin bevorstand, ließ der Gouverneur der Hauptstadt die Kinder des Königs sofort in Sicherheit bringen. Noch am selben Tag mussten sie von der vertrauten Umgebung Abschied nehmen, wurden in Kutschen gesetzt und in Begleitung Delbrücks nach Schwedt an der Oder gebracht, etwa 80 Kilometer nordöstlich von Berlin. In den folgenden Wochen flohen sie immer weiter nach Osten, zunächst nach Stettin, dann nach Danzig und schließlich nach Königsberg. Denn Napoleons Vormarsch schien unaufhaltsam: Am 27. Oktober zog der Kaiser in Berlin ein. Auf echten Widerstand stieß er dabei nicht, mehrere preußische Truppenverbände ergaben sich den Franzosen kampflos, die Kampfmotivation lag in weiten Teilen der Armee völlig danieder. Immer weiter rückte die französische Armee vor, auch Nachschubprobleme und spätherbstliches Schlechtwetter änderten daran nichts. Friedrich Wilhelm III. versuchte, aus den Resten seiner Streitmacht eine halbwegs schlagkräftige Armee zusammenzukratzen, und setzte seine Hoffnungen auf General Levin August von Bennigsen, den Zar Alexander I. mit einer stattlichen Streitmacht nach Ostpreußen entsandt hatte. Bennigsen wich aber einer Schlacht mit Napoleon lange aus. Schließlich wurde die Lage für Wilhelms Eltern dermaßen kritisch, dass sie ihr Hauptquartier Anfang Dezember ebenfalls nach Königsberg verlegen mussten. Wilhelm und seine Geschwister waren begeistert, zum ersten Mal seit Wochen die Eltern wieder zu Gesicht zu bekommen. Doch ihr Glück währte nur kurz. Unmittelbar nach ihrer Ankunft in Königsberg erkrankte Königin Luise an Typhus. Je näher Weihnachten kam, desto schlechter ging es der jungen Monarchin. Ihre lebensbedrohliche Krankheit und die inferiore militärische Lage ließ die Stimmung Friedrich Wilhelms III. auf den Nullpunkt sinken.

Für Wilhelm gab es wenige Tage später jedoch ein besonderes Geschenk. Er sollte am 22. März 1807, seinem zehnten Geburtstag, in die preußische Armee eintreten und entsprechend eingekleidet werden. Doch am Morgen des 1. Januar rief der König seinen Sohn zu sich und übergab ihm die speziell für ihn gefertigte Offiziersuniform schon jetzt. Aufgeregt zog sich Wilhelm um und trat dann voller Stolz in Uniform vor seine Eltern.[18] Er vergaß diese Momente nie. Obwohl seine formelle Ernennung zum Fähnrich wie geplant erst am 22. März erfolgte, markierte der 1. Januar 1807 für ihn lebenslang mental den eigentlichen Beginn seiner militärischen Karriere. An diesem Tag sei er »in die Armee eingetreten«[19], schrieb er noch fast 40 Jahre später in einer detaillierten Aufstellung seines militärischen Werdegangs.

Für Friedrich Wilhelm III. folgte noch am gleichen Tag der nächste Rückschlag. Bennigsen hatte den Franzosen bei Pultusk endlich ein Gefecht geliefert, dann aber den Rückzug angetreten. Damit war nun auch Königsberg unmittelbar bedroht. Wieder mussten die Hohenzollern fliehen. Diesmal hieß das Ziel Memel, gelegen im letzten nordöstlichsten Winkel Preußens.

Die Voraussetzungen für diese Fahrt konnten kaum ungünstiger sein. Dauerregen und Schnee hatten die Fahrwege im winterlichen Ostpreußen in einen einzigen Morast verwandelt. Dennoch wurden die Königskinder am Morgen des 3. Januar in einige Kutschen gesteckt und brachen gen Nordosten auf. Für Wilhelm zählte die Flucht nach Memel später zu den schlimmsten Erinnerungen seiner Jugend. Es regnete und stürmte. Neben Wilhelm und dem Kronprinzen, die mit Delbrück in einem Wagen saßen, fuhren ihre Schwester Charlotte sowie zwei Söhne von Friedrich Wilhelms III. Bruder Ludwig, deren Erzieher und Kammerdiener mit. Über tiefe Fahrwege erreichte man mühsam die Kurische Nehrung. Bis tief in die Nacht hinein schleppte sich der Konvoi über die etwa 100 Kilometer lange, bis knapp vor Memel reichende Landzunge.[20] In den Kutschen herrschte Weltuntergangsstimmung. Delbrück notierte düster: »Das Toben und Brausen des Meeres, das Heulen und Schmettern des Sturmwindes, das Rasseln der Schlossen, die Finsterniß des Himmels, welche den grausenvollen Aufruhr der Natur nur dem Ohre vernehmbar machte, und die langsame Bewegung der Wagen, langsamer wie ein Leichenzug – welch' ein fürchterliches Bild unserer gesamten Lage!«[21] Nach einer Übernachtung im Haus eines Dorfpfarrers fuhren die Kutschen langsam entlang der Ostseeküste weiter. Der Regen verwandelte sich in Schnee. Delbrück hielt Wilhelm und den Kronprinzen mit dem Auswendiglernen zweier Gedichte Friedrich Schillers beschäftigt, ehe ein Sturm hereinbrach und jeglichen Unterricht unmöglich machte. In Nidden nächtigten Delbrück und die Prinzen in einem kleinen Wirtshaus auf einem Strohlager. Tags darauf erreichte der kleine Konvoi das Ende der Kurischen Nehrung, und die blaublütigen Flüchtlinge setzten in einem kleinen Boot nach Memel über. Wenig Tage später trafen auch die nur langsam gesundende Luise und Friedrich Wilhelm III. hier ein.

Memel zwang die Königsfamilie zu Bescheidenheit. Es gab hier kein Gebäude, das annähernd groß genug für die Hohenzollern und ihre Begleiter gewesen wäre. Der König und die Königin quartierten sich daher im Haus eines Großkaufmannes ein, ihre Kinder und ihr kleiner Hofstaat wohnten in unmittelbarer Nähe in anderen Häusern der Stadt. Für Wilhelm und seine Geschwister hatte diese ungewohnte Situation auch positive Seiten, denn das Familienleben der Hohenzollern intensivierte sich in der beengten Umgebung. Die Eltern speisten nun öfter mit dem Nachwuchs. Sie unternahmen gemeinsame Spaziergänge und Ausflüge, verbrachten weit mehr Zeit miteinander als früher. Überdies machten die Königskinder neue Erfahrungen bei der sozialen Interaktion mit der Bevölkerung. Sie hatten bislang in einer weitgehend abgeschotteten Welt gelebt. Ihre Spielkameraden und Freunde waren in der Regel andere Kinder der weitverzweigten Hohenzollernfamilie gewesen. Nun jedoch lernten sie aus nächster Nähe das bürgerliche Dasein kennen, spielten mit den Kindern von Kaufleuten, wohnten Tür an Tür mit Normalsterblichen. Da die Hohenzollern ein ganzes Jahr in Memel ausharren mussten, hatte Wilhelm recht intensiv Gelegenheit, ein Gefühl dafür zu bekommen, wie das reale Leben seiner künftigen Untertanen aussah.

Über den gemeinsamen Familienaktivitäten lagen indessen Nervosität und Unsicherheit. Sowohl die Hohenzollern als auch ihre Bediensteten fragten sich beklommen, ob sie unter dem Druck Napoleons womöglich bald ins nahe Russland würden fliehen müssen. Die permanente Anspannung brachte manche auf krude Ideen. So meinte der Prinzenerzieher Delbrück eines Tages im kleinen Kreis, der König solle Preußen keinesfalls verlassen, sondern notfalls mit seinen minderjährigen Söhnen den Tod auf dem Schlachtfeld suchen.

Zu den Sorgen um die Zukunft Preußens und der Dynastie kam bald auch die Sorge um Prinz Wilhelm. Mitte Februar erkrankte er. Luises Leibarzt diagnostizierte Anzeichen von Typhus, von dem sich die Königin gerade erst erholt hatte. Es folgten einige Tage bangen Wartens, in denen Wilhelms Zustand phasenweise sehr ernst war, ehe die Typhus-Gefahr langsam wieder abklang. Dennoch dauerte es noch mehrere Wochen, bis er vollständig gesundete. Am 22. März 1807, seinem zehnten Geburtstag, wurde er zwar von seinem Vater wie geplant zum Fähnrich ernannt und avancierte so zum jüngsten Offizier der preußischen Armee, doch der Beginn seiner Ausbildung musste angesichts seines geschwächten Zustandes bis auf Weiteres verschoben werden.[22]

Auf militärischer Ebene geschah unterdessen Entscheidendes. Am 7. Februar 1807 prallte Napoleons Armee bei Eylau auf Bennigsens Streitmacht, die von einem 6000 Mann starken preußischen Korps unterstützt wurde. Zusammen trotzten sie dem Korsen ein Unentschieden ab. So schwer waren die französischen Verluste, dass der Kaiser Preußen Frieden anbot, wobei er freilich immer noch massive Gebietsabtretungen forderte, nämlich alle preußischen Territorien westlich der Elbe. Unter dem Eindruck des Teilerfolgs von Eylau lehnte Friedrich Wilhelm III. ab und schloss am 26. April ein formelles Bündnis mit dem Zarenreich. Doch der König taktierte abermals falsch. Am 14. Juni schlug Napoleon die russische Armee südöstlich von Königsberg. Zar Alexander I. bat daraufhin um Frieden. Damit brach Friedrich Wilhelm III. der entscheidende Bündnispartner weg. Das Schicksal Preußens war abermals ungewiss. Als Napoleon I. und Alexander I. am 25. Juni auf einem prunkvollen Floß auf der Memel nahe der ostpreußischen Stadt Tilsit Friedensgespräche aufnahmen, hing die Frage, ob es künftig überhaupt noch einen Hohenzollernstaat geben würde, einzig und allein von ihrem Verhandlungsergebnis ab.

Für Wilhelms Eltern folgte nun Demütigung auf Demütigung. Friedrich Wilhelm III. war zu den Gesprächen auf dem Floß nicht eingeladen und musste stundenlang am Ufer der Memel warten, um dann doch erst am nächsten Tag von Napoleon empfangen und wie ein Untergebener behandelt zu werden. Letztlich stimmte der Kaiser zwar zu, Preußen als Pufferstaat zwischen Frankreich und Russland zu erhalten, verlangte dafür aber alle westelbischen Gebiete und überdies die Übergabe aller 1793 und 1795 gewonnenen polnischen Territorien. Wilhelms Vater war über die Forderungen dermaßen verzweifelt, dass er sogar seine Gattin zum Kaiser schickte, um Erleichterungen zu erwirken, doch auch Luise konnte Napoleon nicht erweichen.

Am 9. Juli 1807 unterzeichnete Friedrich Wilhelm III. den Vertrag von Tilsit, der einem Offenbarungseid gleichkam. Durch die massiven Gebietsverluste schrumpfte Preußen auf einen Rumpfstaat zusammen, der unter französischer Besatzung stand. In späteren Verhandlungen musste Friedrich Wilhelm III. außerdem in eine Begrenzung seines Heeres auf 42.000 Mann und eine gewaltige Kriegsentschädigung einwilligen, die zusammen mit den französischen Besatzungskosten die jährlichen Staatseinnahmen der Hohenzollernmonarchie um ein Vielfaches überstieg. Preußen hatte zwar mit knapper Not seine staatliche Existenz gerettet, doch lag das vom Krieg ausgeblutete Land völlig am Boden.[23]

Im Schatten Napoleons I.

Angesichts der kapitalen Tiefschläge, die Preußen seit Jena und Auerstedt erlebt hatte, sah sich Friedrich Wilhelm III. zum längst überfälligen Staatsumbau gezwungen. Notgedrungen setzte er auf politische Reformer wie Heinrich Friedrich Karl vom und zum Stein sowie fortschrittliche Militärs wie Gerhard von Scharnhorst oder August Neidhardt von Gneisenau, unter deren Einfluss er eine Reihe tiefgreifender Modernisierungsmaßnahmen umzusetzen begann.

Im Kern zielte der Erneuerungsprozess darauf ab, Preußen in die Lage zu versetzen, die Dominanz Napoleons bald wieder abzuschütteln. Dafür musste aber der Widerstandswille der Untertanen gestärkt werden. Das Gros der Bevölkerung hatte den Zusammenbruch Preußens nach anfänglichem Schock achselzuckend hingenommen. Wollte man den Menschen Patriotismus einimpfen, musste man ihnen einen Staat geben, dem sie sich stärker verbunden fühlten und für den sie zu kämpfen bereit waren. So wurden die Bauern nach und nach aus der Abhängigkeit von ihren Gutsherren gelöst. Zudem gestattete die Regierung freien Grunderwerb sowie freie Berufswahl und schuf ein hochmodernes öffentliches Bildungssystem. Das bisherige Kabinettssystem, in dem Berater mit nicht klar definierten Aufgaben um die Gunst des Königs rangen, wurde zugunsten von fünf Ministerien mit eindeutigen Verantwortungsbereichen (Inneres, Äußeres, Finanzen, Krieg und Justiz) abgeschafft. In der Armee wurden die Führungskader verjüngt, Ausbildung, Taktik und Bewaffnung verbessert sowie die Adelsprivilegien zugunsten des Leistungsprinzips eliminiert, damit jeder Heeresangehörige ungeachtet seiner Herkunft in Spitzenfunktionen aufsteigen konnte. Mit dem Krümpersystem unterlief Preußen zudem die von Napoleon I. festgesetzte Truppenbegrenzung, indem es schubweise immer wieder größere Soldatenkontingente beurlaubte, an ihrer Stelle Rekrutenkontingente ausbildete und so eine stetig wachsende Reservetruppe aufbaute.

Zu manchen dieser Reformschritte musste Friedrich Wilhelm III. erst mühselig überredet werden. Vollends auf Granit bissen die Reformer bei ihm, als sie, um die Schlagkraft Preußens maximal auszuschöpfen, die Einführung der allgemeinen Wehrpflicht und die Schaffung bewaffneter Milizen anregten. Dem König war die Dynamik, die ein Waffengang des Volkes entfalten konnte, nicht geheuer. Was, wenn die hochgerüstete Bevölkerung auf den Gedanken kam, weitere innerpolitische Reformen mit der Waffe in der Hand zu erzwingen? Das war dem König zu unberechenbar. Er wiegelte ab.[24]

Die Hohenzollern blieben nach der Unterzeichnung des Vertrages von Tilsit noch einige Monate in Memel. Erst im Januar 1808 wagte Friedrich Wilhelm III. es, seine Residenz wieder nach Königsberg zu verlegen. Nicht ohne sentimentale Gefühle verließen Delbrück und seine Schützlinge das Haus der Kaufmannsfamilie Argelander, die ihnen ein Jahr lang Quartier geboten hatte.

Für Wilhelm hatte unterdessen das Leben als Offizier begonnen. Neben zivilem bekam er nun auch militärischen Unterricht, lernte das Exerzieren und nahm an ersten Paraden der königlichen Garde teil. Eifrig bemühte er sich, die in ihn gesetzten Erwartungen zu erfüllen.[25] Das fiel ihm nicht immer leicht. Zuweilen führten die Härten des Offiziersdaseins den Prinzen, den Luise noch 1807 als »immer körperlich schwächlich«[26] bezeichnete, an die Grenzen seiner physischen Möglichkeiten. Als er etwa am 1. Januar 1809 in Königsberg bei klirrender Kälte an einer Neujahrsparade teilnahm, gab er laut Delbrück »ein wahres Jammerbild« ab. Stolz registrierte der Erzieher jedoch, dass der Prinz die Zähne zusammenbiss: »Und doch wollte er seinen Platz nicht verlaßen bis zu dem Augenblick, wo er es mit Anstand konnte.«[27]

Friedrich Wilhelm III. war klug genug, das Wollen seines Sohnes höher zu bewerten als dessen körperliche Leistungsfähigkeit. Um seine Motivation zu stärken, beförderte er ihn bereits zu Weihnachten 1807 zum Leutnant, keine fünf Monate, nachdem dem einenhalb Jahre älteren Kronprinzen dieselbe Rangerhebung zuteilgeworden war. Wilhelm freute sich über diese anerkennende Geste mehr als über jedes andere Geschenk, das er an jenem Weihnachtsfest bekam.[28]

Allmählich wurde Wilhelms Konstitution dann doch etwas robuster. Kurz vor seinem zwölften Geburtstag hielt Delbrück in einer Zensur fest, der Prinz habe »sich in den jüngsten sechs Monaten auffallend verändert. An Körper und Geist hat er sichtbar gewonnen. Seine Gesundheit ist fester geworden, seine Thätigkeit reger und lebendiger, sein Wille unternehmender, und er ist nicht unmerklich gewachsen. Dabei hat er in Allem, was er treibt, gute Fortschritte gemacht.«[29] Bei alldem blieb Wilhelm weiterhin relativ pflegeleicht. Manchmal war er gegenüber Delbrück zwar etwas vorlaut. Als der Erzieher etwa ihm und dem Kronprinzen die von ihm verfasste Zensur vorlesen wollte und der Kronprinz fragte, ob darin nur das Negative vorkommen würde, warf Wilhelm keck ein, das verstünde sich ja wohl von selbst. Ansonsten aber machte er weiterhin kaum ernsthafte Probleme.[30] Bei Kronprinz Friedrich Wilhelm trat hingegen sein impulsiver Wesenszug zusehends stärker hervor. Immer öfter brach er Raufereien vom Zaun. Darunter hatte besonders Wilhelm zu leiden, denn er musste nicht nur den Prellbock für den Kronprinzen spielen, sondern wurde vom Erzieher dann auch noch als Schuldiger des Geschehens hingestellt. Den Erinnerungen der Hofdame Caroline von Rochow zufolge wurde er von Delbrück stark benachteiligt und musste »gewissermaßen den souffre-douleur von des Kronprinzen Heftigkeit« abgeben. »Bei jeder Szene sei ihm gesagt worden: ›Warum reizen Sie auch Ihren Bruder?‹, anstatt jenen in Schranken und Kampf gegen sich selbst zurückzuweisen.«[31]

Für Delbrück rächte sich die Nachgiebigkeit gegenüber dem Thronfolger bald. Das eruptive Verhalten des Kronprinzen versorgte all jene am preußischen Hof mit Munition, denen der relativ fortschrittliche Erzieher ein Dorn im Auge war. Vorwürfe, er vernachlässige die militärische Erziehung, könne Wissen nicht gut vermitteln und sei überhaupt zu weich, prasselten von konservativer Seite her auf Delbrück ein. Friedrich Wilhelm III. und Luise sahen sich zum Handeln gezwungen. Um die ständigen Reibereien abzustellen, trennten sie Wilhelm vom Kronprinzen und teilten ihm als neuen Schulkameraden dessen friedfertigeren

Vetter Friedrich Wilhelm Ludwig zu, den Sohn von Friedrich Wilhelms III. Bruder Friedrich Ludwig Karl von Preußen und Luises Schwester Friederike. Delbrück verlor seinen Posten. Um den Thronfolger langsam an seine späteren Herrscheraufgaben heranzuführen, wurde dessen Erziehung nunmehr dem politisch engagierten Theologen Friedrich Ancillon übertragen. Die Erziehung des künftigen Berufssoldaten Wilhelm hingegen lag fortan verstärkt in den Händen von Offizieren.[32]

Ende 1809 beendete die Königsfamilie ihr dreijähriges Quasi-Exil in Ostpreußen und kehrte nach Berlin zurück. Ganz freiwillig geschah das nicht. Napoleon I. hatte diesen Schritt verlangt, weil er Friedrich Wilhelm III. an der Spree besser kontrollieren konnte. Mit gemischten Gefühlen gab das Königspaar die relative Sicherheit nahe der russischen Grenze auf und begab sich nach Berlin, wo es am 23. Dezember von Teilen der Bevölkerung begeistert empfangen wurde.

Die umjubelte Rückkehr in die Hauptstadt konnte freilich nicht darüber hinwegtäuschen, dass das Land weiterhin massiv unter französischem Druck stand. Die von Napoleon geforderte Entschädigungssumme überstieg die Möglichkeiten Preußens so sehr, dass weitere Gebietsabtretungen an Frankreich im Raum standen, um einen Staatsbankrott abzuwenden. Außerdem hatte das Ansehen Friedrich Wilhelms III. bei nicht wenigen Menschen durch seine Flucht nach Memel schwer gelitten. Um sein ramponiertes Image aufzupolieren und seine monarchische Stellung zu betonen, gestaltete der König seine Hofhaltung besonders glanzvoll und gab eine Serie rauschender Feste, während sein Land unter den Kriegsfolgen und den Zahlungen an Napoleon stöhnte.[33]

Bei Luise war die Freude, wieder in der vertrauten Umgebung zu sein, sehr gedämpft. »Wir sind immer noch höchst unglücklich«, schrieb sie an Hardenberg. »Indessen ist das Leben hier in Berlin erträglicher als in Königsberg. Es ist wenigstens ein glänzendes Elend mit vielen schönen Umgebungen, die einen zerstreuen, während es in Königsberg wirklich ein elendes Elend war.«[34] Immer wieder hatte die Königin mit Gefühlsschwankungen zu kämpfen, doch sie ließ sich davon nicht unterkriegen. Im Wissen, wie verbreitet die Zweifel waren, ob Preußen überhaupt noch eine Zukunft hatte, ermahnte sie die Regierung zu maximalem Einsatz für den Erhalt des Staates. Gleichzeitig drängte sie ihren Mann zu mutigeren Personalentscheidungen und trug wesentlich dazu bei, dass Friedrich Wilhelm III. den umsichtigen und reformorientierten Hardenberg in die Regierung zurückberief und ihn im Juni 1810 zum Staatskanzler ernannte.

Im Frühsommer reiste die Königin nach Mecklenburg-Strelitz zu ihren Eltern. Bald darauf folgte ihr Friedrich Wilhelm III. nach, und man verbrachte ein paar unbeschwerte Tage auf Schloss Hohenzieritz, ehe der König wieder nach Berlin zurückkehrte. Doch dann erkrankte Luise. Sie bekam Fieber und zunehmende Atembeschwerden. Ärzte diagnostizierten eine Lungenentzündung. Schließlich wurde ihr Zustand so ernst, dass man ihren Gemahl alarmierte. Friedrich Wilhelm III., zutiefst schockiert, rief Wilhelm und den Kronprinzen zu sich, bestieg mit ihnen am frühen Abend des 18. Juli eine Kutsche, fuhr die ganze Nacht durch, erreichte frühmorgens um fünf Uhr Hohenzieritz. Dort bot sich ihnen ein erschütterndes Bild. Luise lag im Sterben. Sie konnte kaum noch Luft holen, Atemkrämpfe schüttelten ihren Körper. Fassungslos sank Friedrich Wilhelm III. neben ihrem Bett in die Knie und flehte sie an, ihn nicht alleinzulassen. Nur wegen ihr könne er noch Glück empfinden, nur wegen ihr habe sein Leben überhaupt noch irgendeinen Reiz. Aber es lag nicht mehr in Luises Macht, ihm diesen Wunsch zu erfüllen. Ihre Atemkrämpfe verschlimmerten sich, und dann, um etwa neun Uhr, verschied die Königin im Alter von nur 34 Jahren.

Für Friedrich Wilhelm III. und seine Kinder war Luises plötzlicher Tod die ultimative Katastrophe. In gewisser Hinsicht war sie das Kraftzentrum der Familie gewesen, eine unverzichtbare Stütze für ihren Gatten und eine eminent wichtige Bezugsperson für ihre Söhne und Töchter. Der König konnte ihr Ableben lange nicht verwinden, verbrachte Wochen und Monate in tiefer Trauer. Auch für den damals 13 Jahre alten Wilhelm war der Verlust eine Wunde, die lange nicht heilen wollte. Sein ganzes restliches Leben hielt er das Andenken an die Mutter in höchsten Ehren und hütete die Erinnerungen an sie wie einen Schatz.[35]

Ein wenig gelindert wurde sein Schmerz durch den Vater. Friedrich Wilhelm III. suchte nach Luises Tod intensiveren Kontakt zu seinen Kindern und behandelte seine beiden ältesten Söhne zunehmend als ernstzunehmende Gesprächspartner. Oft erzählte er ihnen von den laufenden Heeresverstärkungen, was vor allem Wilhelm sehr interessierte. Mit heißen Ohren lauschte er, wenn der Vater ihnen die neue Armeeorganisation, insbesondere das Krümpersystem, erläuterte. Sein älterer Bruder war von den militärischen Ausführungen weniger begeistert. »Der Kronprinz hörte kaum zu, er zeichnete beständig«[36], so Wilhelm.

Obwohl die Aufrüstung Preußens Fortschritte machte, blieb Friedrich Wilhelm III. noch vorsichtig. Keinesfalls wollte er vorschnell in den Kampf ziehen, denn bei einer neuerlichen Niederlage gegen Frankreich drohte eine völlige Zerschlagung Preußens. Auf Druck Napoleons stellte er Truppen für dessen Russland-Feldzug von 1812 und sagte zu, die Grande Armée bei ihrem Vormarsch mit Unterkünften und Lebensmitteln zu versorgen. Die Versorgung der gewaltigen Streitmacht überforderte die begrenzten Ressourcen des Landes bei Weitem. Als Napoleons Truppen die Herausgabe der letzten Lebensmittel mit Gewalt erzwangen und in Ostpreußen deshalb eine Hungersnot ausbrach, schlug bei vielen Preußen der Unmut über die Franzosen in Hass um. Der patriotische Widerstandswille der Bevölkerung regte sich immer stärker. Ende 1812, als die Grande Armée im Zarenreich scheiterte und im eisigen russischen Winter ungeheure Verluste erlitt, rückte der Augenblick der Wahrheit heran. Viele Preußen waren zu großen Opfern bereit, um den Kampf gegen den Imperator aufzunehmen. Führende Kräfte bestürmten Friedrich Wilhelm III., das Zwangsbündnis mit Frankreich aufzukündigen und an der Seite Russlands in den Krieg gegen Napoleon zu ziehen.

Wilhelm erlebte hautnah mit, wie sich die Lage zuspitzte. Am 2. Januar 1813 waren er und der Kronprinz gerade beim König, als diesen die Nachricht überraschte, dass der in Ostpreußen stehende General Johann David von Yorck, der den Rückzug der Grande Armée eigentlich hätte decken müssen, auf eigene Faust ein Stillhalteabkommen mit Russland vereinbart hatte. Außerdem gab sich Zar Alexander I. nicht damit zufrieden, die Grande Armée aus seinem Reich zu vertreiben. Stattdessen ging die russische Armee zur Gegenoffensive über und rückte in Ostpreußen ein, um der zertrümmerten Streitmacht Napoleons vollends den Garaus zu machen. Für Friedrich Wilhelm III. gab es jetzt nur noch eine realistische Option. Wollte er nicht von Osten her überrollt werden, musste er sich auf die Seite Russlands schlagen und den Kampf gegen Frankreich aufnehmen.

Angesichts des bevorstehenden Bündniswechsels fühlte sich der König in Berlin nicht mehr sicher. Gerüchte, wonach die Franzosen ihn gefangen nehmen wollten, bewogen ihn, mit seiner Familie nach Breslau auszuweichen. Voller Vorfreude reiste Wilhelm im Gefolge seines Vaters aus Berlin ab. Dass Preußen nach über sechs Jahren unter französischer Dominanz nun zum Befreiungsschlag ausholte, elektrisierte ihn, noch mehr die Hoffnung, selbst an diesem Waffengang teilzunehmen.

Friedrich Wilhelm III. schloss Ende Februar 1813 einen Bündnisvertrag mit Russland ab und ging damit auf Kriegskurs. Und nun, in dieser Ausnahmesituation, ließ der König auch etwas zu, wogegen er sich lange gesträubt hatte: Da Preußen gegen Napoleon alle Ressourcen ausschöpfen musste, wollte es ernstliche Siegchancen haben, initiierte er die Volksbewaffnung. Am 17. März gab er einen Befehl, der später für viele innenpolitische Dispute sorgen sollte, die bis in die Herrschaft Wilhelms I. hineinreichten: Der König gab grünes Licht zur Schaffung der Landwehr, einer parallel zur regulären Armee existierenden, vor allem aus Zivilisten bestehenden Streitmacht. Ihr sollten alle Männer zwischen 17 und 40 Jahren angehören, die weder in der regulären Armee noch bei den Jägern dienten. Dank dieser revolutionären Maßnahmen steigerte Preußen seine

Kampfkraft, insbesondere seine Mannstärke, noch einmal erheblich und konnte im Lauf des Jahres 1813 eine stattliche Streitmacht, knapp 280.000 Mann, stellen.[37]

Der Feldzug nach Frankreich

Für Wilhelm begannen die Befreiungskriege mit einer herben Enttäuschung. Seine Hoffnung, selbst gegen Frankreich ins Feld zu rücken, zerschlug sich. Der König befand, sein gerade 16 Jahre alt gewordener Zweitgeborener sei dafür noch zu schwächlich. Also musste der Prinz vorerst weiter in Breslau die Schulbank drücken. Besonders ärgerte ihn, dass Friedrich von Oranien – ein Sohn des späteren niederländischen Königs Wilhelm I., der größtenteils am preußischen Hof erzogen wurde – ebenfalls am Kampf gegen Napoleon mitwirken durfte, obwohl er nur wenige Tage älter war.

Frustriert sah Wilhelm aus der Ferne zu, wie Russland und Preußen knappe Niederlagen gegen Frankreich erlitten, im Juni 1813 einen Waffenstillstand schlossen und dann, verstärkt durch Österreich, abermals losschlugen, Napoleon schließlich in die Defensive drängten und dessen europäische Vormachtstellung im Oktober 1813 in der Völkerschlacht von Leipzig endgültig brachen. Der Triumph vertrieb Wilhelms Missstimmung vorübergehend. Restlos freuen konnte er sich darüber trotzdem nicht.[38] Sein Vater hatte ihm in Aussicht gestellt, im kommenden Frühjahr zu den Truppen zu stoßen, doch nach dem Sieg von Leipzig sah es nicht mehr so aus, als würde es dann überhaupt noch einen Krieg geben: »Leider, ja wohl leider komm ich zu spät«, seufzte er am 29. Oktober. »Im Frühjahr, wo ich mit Ersatzmannschaft kommen soll, – da ists vorbei.«[39]

Tags darauf traf Friedrich Wilhelm III. in Breslau ein. Ihm gefiel der feurige Eifer seines Sohnes, und so erlaubte er Wilhelm, ihn nach Frankfurt am Main zu begleiten, wo die Alliierten über das weitere Vorgehen gegen Napoleon zu beraten gedachten. Als zusätzliche Anerkennung beförderte er ihn kurzerhand auch noch zum Kapitän. Wilhelm vermochte sein Glück kaum zu fassen. »Ich wusste nicht, sollte ich weinen oder lachen vor Freude!«[40]

Am 13. November erreichte der junge Prinz im Gefolge seines Vaters Frankfurt, wo bereits Zar Alexander I. und Kaiser Franz I. von Österreich (1792–1806 Kaiser des Heiligen Römischen Reiches, 1804–1835 Kaiser von Österreich) weilten. Dort brachen zwischen den Alliierten zunächst Gegensätze in der Frage auf, wie man weiter verfahren sollte. Während Österreichs Außenminister Klemens Wenzel von Metternich mit Napoleon Frieden schließen wollte, drängten andere auf eine Fortsetzung des Krieges, um dessen Macht vollends zu zerstören. Letztlich gab Napoleon selbst den Ausschlag. Obwohl es mit seiner Sache seit Leipzig reißend schnell abwärtsging, ging er auf Metternichs Friedenssignale nicht ein und spielte so den Hardlinern im Lager der Verbündeten in die Hände, die eine Invasion in die Höhle des Löwen wagen wollten. Ein Feldzugsplan wurde ausgearbeitet, der vorsah, die alliierte Armee an verschiedenen Stellen in Frankreich einmarschieren zu lassen. Die Hauptstreitmacht der Verbündeten unter der Führung des österreichischen Feldmarschalls Karl Philipp zu Schwarzenberg sollte von der Schweiz aus vorrücken und ein vom draufgängerischen preußischen Generalfeldmarschall Gebhard Leberecht von Blücher geführter Truppenteil bei Mannheim, Kaub und Koblenz den Rhein überqueren.[41]

Wilhelm durfte neben dem Kronprinzen am Winterfeldzug der Verbündeten teilnehmen. Von einem echten Kampfeinsatz konnte freilich keine Rede sein. Die beiden Prinzen blieben während des gesamten Feldzugs eng an der Seite ihres Vaters im Großen Hauptquartier. Wilhelms Euphorie tat dies kaum Abbruch. Wie viele Landsleute hielt er den Einmarsch in Frankreich für die sehnlich herbeigewünschte Gelegenheit, sich an Napoleon für Jahre der Demütigung und Luises Tod zu rächen. Vor allem aber sah er die Invasion als großartiges Abenteuer. Die Briefe, die er, Kronprinz Friedrich Wilhelm und ihr Vetter Friedrich von Oranien einander 1813 und 1814 schrieben, strotzten vor flotten Sprüchen und unreflektierter Kriegsbegeisterung. Vom »Tanz nach Canonen-Donner« war die Rede und dem Wunsch, aus nächster Nähe Kugeln »pfeifen« zu hören.[42] Nur manchmal mischten sich differenziertere Einsichten in Wilhelms Briefe aus jenen Monaten, so etwa, als er in den frühen Morgenstunden des 1. Januar 1814 zusah, wie alliierte Truppen bei Mannheim den Rhein überquerten und eine französische Abwehrstellung stürmten. Fasziniert und bestürzt zugleich schrieb der Prinz über seinen ersten Eindruck von der Realität des Krieges:

> Nie vergeß ich den Anblick als wir bei den Truppen ankamen, und diese uns mit dem ungeheuersten Hurrah! empfingen; sie standen dicht am Rhein. Nun wurden sie übergesetzt. Papa und wir folgten ihnen; und kamen glücklich am linken Rhein-Ufer an! Als wir landeten erscholl aufs Neue von allen Hurrah! Wir gingen nach der Redute. Auch hier wurden wir von den braven Rußen mit Freudengeschrei empfangen. Aber bei der Schanze blieb man nicht so heiter, wenn man die vielen Todten, Sterbenden und Blessirten sahe.[43]

Danach begab sich Friedrich Wilhelm III. mit seinen beiden Söhnen nach Basel, da er wie Alexander I. und Franz I. beim alliierten Hauptheer sein wollte, das im

Januar 1814 von der Nordschweiz aus in Frankreich einmarschierte. Zunächst stießen die Verbündeten auf wenig Widerstand. Trotz tief winterlicher Verhältnisse rückten sie zügig nach Nordwesten vor. In der Champagne jedoch stellte sich ihnen Napoleon entgegen. Dass die alliierten Streitkräfte mehr als 250.000 Mann umfassten und ihm zahlenmäßig turmhoch überlegen waren, schreckte den Kaiser nicht ab. Mit vergleichsweise kleinen Armeen von 20.000 bis 30.000 Mann operierend, begann er einen quirligen Bewegungskrieg und zwang Ende Januar Blücher in einem Gefecht bei Brienne zum Rückzug. Daraufhin beschlossen die drei alliierten Monarchen, Blüchers Streitmacht vorübergehend mit einem Teil der Hauptarmee zu vereinigen und Napoleon am 1. Februar 1814 bei La Rothière zum Kampf zu stellen.[44]

Wilhelm erlebte von der Schlacht kaum etwas mit. Sein Vater ließ weder ihn noch den Kronprinzen in die Nähe der Front. Während der bei dichtem Schneetreiben tobenden Kämpfe »waren wir sehr weit hinten auf einem Hügel wo uns keine Katze erreichte«[45], notierte der Prinz verdrossen und tröstete sich mit der Tatsache, dass die Alliierten einen Sieg errangen.

Dem Erfolg bei La Rothière folgte eine Serie von Rückschlägen. Noch einmal demonstrierte Napoleon seine Brillanz als Feldherr. Binnen weniger Tage bereitete er Blücher mehrere Niederlagen und fügte dann auch dem Hauptheer unter Schwarzenberg eine empfindliche Schlappe zu. Die permanenten Misserfolge ließen die Moral bei den Alliierten sinken, sogar ein Waffenstillstand wurde erwogen.[46]

Am 27. Februar 1814 entbrannte nahe der Kleinstadt Bar-sur-Aube abermals ein Gefecht. Und hier geschah, worauf Wilhelm gehofft hatte: Er geriet mitten ins Kampfgeschehen – allerdings durch eine Fehlkalkulation seines Vaters.

Um den Schlachtverlauf besser beobachten zu können, ritt Friedrich Wilhelm III. mit seinen zwei Söhnen auf eine Anhöhe. Da sie mit einem Jägerregiment der Alliierten besetzt war, hielt er sie für relativ sicher. Doch dann stürmten französische Truppen den Hügel empor und nahmen die alliierten Soldaten in Beschuss. Damit gerieten auch die Hohenzollern schlagartig ins Schlachtgetümmel. In Friedrich Wilhelm III. erwachte der Krieger. Statt sich aus der Gefahrenzone zu entfernen, versuchte er persönlich, die in Unordnung geratenden Truppen zu sammeln und den Kampf im Sinne der Alliierten zu wenden. Als Schwarzenberg auf die Anhöhe eilte, um das zurückweichende Jägerregiment wieder in Stellung zu bringen, fand er, wie einer seiner Offiziere später schrieb, »hier mitten unter dem feindlichen Kugelregen den König von Preussen mit seinen beiden heldenmüthigen Prinzen in der nämlichen Beschäftigung.« Schwarzenbergs Drängen, sich und seine Söhne in Sicherheit zu bringen, wehrte der

König mit der Bemerkung ab: »›Wo Ihr Platz ist, mein lieber Feldmarschall, da ist auch der meinige!‹«[47] Erst das inständige Bitten eines Adjutanten ließ Friedrich Wilhelm III. innehalten. Im Davonreiten kam ihm jedoch eine weitere riskante Idee. Wilhelm sollte ja einmal erster Soldat Preußens sein. War diese ungeplante Schlachtbeteiligung nicht die passende Gelegenheit, um seinen Mut auf die Probe zu stellen? Der Blick des Königs fiel auf ein russisches Regiment, das die Franzosen attackierte und dabei schwere Verluste erlitt. Kurzerhand befahl er seinem zweitältesten Sohn, in die Kampfzone zurückzureiten und den Namen des Regiments herauszufinden. Wilhelm gab seinem Pferd daraufhin die Sporen, ritt schnurstracks ins Feuer hinein und holte vor Ort die Information ein. Ungeachtet des Kugelhagels verschaffte er sich auch noch einen Überblick über die Zahl der Verwundeten, ehe er zu seinem Vater zurückritt und ihm Bericht erstattete. Friedrich Wilhelm III. nahm die Meldung zufrieden entgegen. Sein Sohn mochte noch immer von fragiler Statur sein, doch an Kühnheit fehlte es ihm offenbar nicht.

Wilhelm begriff zunächst gar nicht, dass er gerade eine Bewährungsprobe abgelegt hatte, auch nicht, als nach seiner Meldung einige Offiziere aus dem Gefolge seines Vaters zu ihm kamen und ihm anerkennend die Hand schüttelten. Erst als Zar Alexander I. ihm einige Tage später einen Orden verlieh und sein Vater ihn obendrein mit dem Eisernen Kreuz auszeichnete, wurde ihm langsam klar, dass die Schlacht von Bar-sur-Aube seine offizielle Feuertaufe gewesen war.

Nach Bar-sur-Aube bezogen die Hohenzollern Quartier in Chaumont.[48] Unterdessen verlagerte sich das Kampfgeschehen nach Norden, wo der unermüdliche Blücher trotz seiner Niederlagen wieder offensiv gegen Napoleon operierte. Für Friedrich Wilhelm III. und seine Söhne gab es nun außer gespanntem Warten nicht viel zu tun. Wilhelm hatte immerhin einen individuellen Grund zur Freude. Mit dem Härtetest des Winterfeldzugs kam er besser zurecht als erwartet. Obwohl er Operationen bei frostigen Temperaturen miterlebt hatte und nicht nur einmal stundenlang im Schneegestöber unterwegs gewesen war, erfreute er sich bester Gesundheit. »Den ganzen Tag zu Pferde; und des Abends so satiguiert, daß man nur an seine Ruhe dachte. Mir ist dies alles herrlich bekommen«, schrieb Wilhelm seiner Schwester Charlotte am 5. März. Ganz ließen sich die Ängste aus seiner Kindheit aber noch nicht abschütteln: »Ich befürchte nur, daß ich jetzt wieder krank werde, da wir wieder so weit hinten und ganz ruhig sind«[49].

Immer nervöser warteten die Hohenzollern auf Nachrichten von der Front. Wilhelm hielt die Ungewissheit, ob Blücher diesmal Napoleon standhalten würde, kaum noch aus. »In welcher Erwartung und Spannung wir nun schon seit 5 Tagen sind über diese Gegenstände, kannst Du Dir leicht denken; und so weit hinten, es ist schrecklich!«[50], klagte er Charlotte am 8. März. Erst nach weiteren fünf Tagen traf die erlösende Nachricht ein, dass Blücher diesmal die Oberhand behalten hatte. Überrascht vom neuerlichen Vorrücken des vermeintlich schon besiegten »Marschall Vorwärts«, hatte der Kaiser wütende Anläufe unternommen, um Blüchers Truppen diesmal wirklich vernichtend zu schlagen, war aber nach schweren Kämpfen am 7. und 9./10. März gescheitert. Damit geriet Napoleon endgültig auf die Verliererstraße. Am 20. März eroberte er mit dem Mut der Verzweiflung Arcis-sur-Aube, musste aber tags darauf vor der anrückenden Hauptarmee Schwarzenbergs zurückweichen. Daraufhin begann er nach Osten zu marschieren, um seine stark gelichteten Reihen mit einigen noch am Rhein stehenden Truppenkontingenten aufzufüllen. Die Alliierten beschlossen ihrerseits, direkt nach Paris vorzustoßen und so die Kriegsentscheidung herbeizuführen.

Die Hauptarmee hatte ihren Vormarsch kaum begonnen, da stellte sich ihr am 25. März bei Fère-Champenoise eine französische Streitmacht entgegen. Noch einmal erlaubte Friedrich Wilhelm III. seinen Söhnen einen Kurzausflug in die Kriegspraxis. Die zwei Prinzen durften einige Kavallerieeinheiten des Zaren ins Gefecht führen, wobei Alexander I. ihnen persönlich zur Seite stand und sie entsprechend unterwies.[51] Das Vergnügen, das Wilhelm dabei empfand, wich jedoch bald Entsetzen angesichts des Gemetzels, das er nun aus nächster Nähe miterlebte: »Ein schrecklicher Anblick! Es war keine Schlacht sondern ein Schlachten zu nennen, und wir mitten drin!«[52]

Das Gefecht bei Fère-Champenoise endete wieder mit einem Sieg der Alliierten und machte den Weg nach Paris frei. Der Vormarsch an die Seine hielt auch für die Königssöhne keine Privilegien bereit. Fünf Tage verbrachten sie im Sattel, Mahlzeiten gab es nur unregelmäßig, übernachtet wurde zumeist auf Streu in kleinen Stuben französischer Bauernhäuser. Am 30. März kam Paris in Sicht. Die verbündeten Streitkräfte rangen den letzten Widerstand französischer Truppen nieder. Tags darauf marschierten sie in die französische Hauptstadt ein. Napoleon wollte selbst nach dem Fall von Paris noch weiterkämpfen, doch nun resignierten seine Generäle und kündigten ihm die Gefolgschaft auf. Der Kaiser musste am 6. April abdanken und sich ins Exil auf die Mittelmeerinsel Elba begeben.[53]

Am 30. Mai schlossen die Alliierten mit Ludwig XVIII. (👑 1814–1824), dem neuen Monarchen aus dem 1792 abgesetzten französischen Königshaus Bourbon, den Frieden von Paris. Bis dahin vertrieben sich die Hohenzollern die Zeit mit ausgedehnten Stadtbesichtigungen und nahmen die Tuilerien, den Louvre und Versailles in Augenschein. Mit ihrem Vater besuchten Wilhelm und der Kronprinz auch Napoleons ehemalige Gemahlin Joséphine de Beauharnais in Malmaison.

Nicht ohne Bewunderung beobachtete Wilhelm, wie die gefallene Kaiserin als vollendete Gastgeberin auftrat. Liebenswürdig und anmutig sei sie gewesen, gab er später zu Protokoll und reagierte betroffen, als er wenige Tage darauf erfuhr, dass er einer der letzten Besucher Joséphines gewesen war. Am 29. Mai 1814 hatte die 50-jährige einstige Monarchin nach kurzer Krankheit ein jäher Tod ereilt.

Im August 1814 kehrten die Hohenzollern wieder nach Berlin zurück. Während für Wilhelm nun wieder ein geordnetes Leben mit regelmäßigem Unterricht begann, reiste Friedrich Wilhelm III. mit Hardenberg nach Wien, wo die Großmächte darum rangen, die Grenzen in Europa neu festzulegen und ein stabiles Kräftegleichgewicht auf dem Kontinent herzustellen. Mitten in den Wiener Kongress platzte im März 1815 die Kunde, dass Napoleon Elba verlassen hatte und in Frankreich gelandet war. Innerhalb von nur drei Wochen gewann der Korse die Macht zurück und bezog wieder Quartier in den Tuilerien, aus denen Ludwig XVIII. kurz zuvor Hals über Kopf geflohen war. Die Alliierten machten daraufhin sofort wieder mobil.

Wilhelm war begeistert. Noch ein Feldzug gegen Napoleon! Und diesmal, so hoffte er, würde er nicht mehr nur als Beobachter mitziehen, sondern eine echte Anstellung in der Armee bekommen, um Felderfahrung zu sammeln und sich bei den Soldaten einen Namen zu machen. Als er aber seinen Vater am 8. April bat, mit einem eigenen Truppenverband ins Feld rücken zu dürfen, gab es eine kalte Dusche. Er werde beim bevorstehenden Feldzug dieselbe Rolle spielen wie 1814, teilte der König ihm mit. Und bevor er auch nur daran denken könne, wieder ins große Hauptquartier zu kommen, müsse er noch seine Konfirmation vollziehen. Es dauerte schließlich bis zum 22. Juni, ehe Wilhelm im Gefolge seines Vaters nach Frankreich aufbrechen durfte, und da war es bereits zu spät. Der König und sein Sohn hatten gerade erst Merseburg erreicht, als sie von Napoleons vernichtender Niederlage bei Waterloo erfuhren. Wilhelm hoffte vage, auf dem Weg nach Paris noch Gefechte zu erleben, aber auch das ergab sich nicht. Der Krieg war so schnell vorbei, wie er begonnen hatte. Als die Hohenzollern am 13. Juli in Paris ankamen, stand die Stadt bereits wieder unter alliierter Besatzung. Die Frankreich-Invasion von 1814 sollte jahrzehntelang Wilhelms einziges Kriegserlebnis bleiben.

Der Prinz verbrachte den ganzen restlichen Sommer 1815 in Paris. Während die Alliierten die Zweite Restauration unter Ludwig XVIII. durchsetzten und Frankreich weit härtere Friedensbedingungen als 1814 diktierten, war der Prinz mit Einkäufen und Besichtigungen beschäftigt. Zudem traf er diverse Male Spitzenrepräsentanten der Verbündeten und des französischen Adels. Dabei lernte er auch den gleichaltrigen russischen Prinzen und künftigen Zaren Nikolaus kennen, mit dem ihn später eine enge, aber nicht friktionslose Beziehung verband.[54]

Unmittelbar vor seiner Heimreise nach Preußen gönnte Wilhelm sich noch eine Impression der besonderen Art, nämlich einen Besuch des Musée Napoléon, wo der gefallene Kaiser Raubkunst aus ganz Europa ausgestellt hatte. »Das Museum siehet jetzt fürchterlich aus«, notierte der Prinz am 28. September. »Es sind nicht mehr die Hälfte der Bilder dort, seitdem die Niederländische Schuhle nach Hause gegangen, und Oestreich und Spanien seine Gäste zurückgenommen hat. Nun kann man recht sehen, wie sie gestohlen haben; es kommt einem jetzt vor, als wäre es eine Kunst-Ausstellung von Europa gewesen, die freilich sehr interessant zu sehen gewesen ist.«[55]

Mit dem Ende der Napoleonischen Kriege klang für Wilhelm eine bewegte Jugend aus. Sie hinterließ in seinem Denken dauerhafte Spuren. Der Zusammenbruch Preußens und die Flucht nach Memel hatten sich ihm tief eingebrannt, ebenso die Erkenntnis, wie gefährdet die Existenz des von mächtigeren Staaten umgebenen Hohenzollernstaates war. Die neuerliche Machtübernahme des Hauses Bourbon in Frankreich hielt er für absolut gerechtfertigt, in der alten Herrscherdynastie erblickte er die rechtmäßigen Herren Frankreichs. Durch den Sieg über Napoleon sah er sich im Prinzip der Legitimität und des Gottesgnadentums bestätigt. Ebenso klar besetzt waren für den Prinzen mittlerweile auch die Freund-Feind-Rollen. Frankreich, das sowohl die Revolution als auch Napoleon hervorgebracht hatte, hielt er zeitlebens für einen Hort des Aufruhrs und damit für einen potenziellen Kriegsgegner. Russland hingegen, das bis zu einem gewissen Grad zum Überleben Preußens beigetragen hatte, galt ihm fortan als befreundete Macht schlechthin.

Hinsichtlich seiner eigenen Zukunft gab es bei Wilhelm keine Zweifel. Friedrich Wilhelm III. hatte nie große Überzeugungsarbeit leisten müssen, um seinem Zweitgeborenen eine enge Bindung zum Militär einzuimpfen. Spätestens seit dem Frankreich-Feldzug von 1814 aber war es gänzlich überflüssig, ihm die vorgezeichnete Armeekarriere schmackhaft zu machen. Das auf ihn zukommende Dasein eines Berufsoffiziers erfüllte ihn mit Begeisterung. Wilhelm hatte seine Lebensaufgabe gefunden.[56]

Eine Großmacht zweiter Klasse

D er Sturz Napoleons I. leitete in Europa einen neuen Geschichtsabschnitt ein. In Preußen fiel der Epocheneinschnitt von 1815 besonders tiefgreifend aus und wirkte jahrzehntelang nach.

Die Eckpfeiler des neuen Zeitalters wurden während des Wiener Kongresses unter Metternichs Federführung errichtet. Die Ära der Restauration begann. Sie zielte darauf ab, die Resultate der von Frankreich ausgehenden Revolution rückgängig zu machen, nationale und demokratische Bestrebungen zu unterdrücken sowie die monarchische Macht zu stärken. Um Kriege zu vermeiden, sollten alle Konflikte künftig durch Diplomatie gelöst werden. Die zentrale Rolle spielte dabei die Pentarchie, das auf Kräftegleichgewicht ausgerichtete Konzert der fünf europäischen Großmächte, die fortan die Geschicke des Kontinents bestimmten. Zu diesem exklusiven Klub zählten Russland, Österreich, Großbritannien, Frankreich und auch das vergleichsweise kleine Preußen.

Doch die Hohenzollernmonarchie galt im Kreis der Großmächte nicht als vollwertig. Das zeigte sich schon, als beim Wiener Kongress die Frage von Preußens künftigen Grenzen aufkam. Auf russischen Druck musste Friedrich Wilhelm III. das Gros seiner polnischen Gebiete an das Zarenreich abtreten. Sein Plan, sich im Gegenzug ganz Sachsen einzuverleiben, scheiterte am Veto der anderen Siegermächte. Preußen bekam schließlich den Norden Sachsens, das nördliche Vorpommern mit der Insel Rügen – und ein ausgesprochenes Danaergeschenk: Da sich Österreich aus den Niederlanden zugunsten einer Expansion in Italien zurückzog, entstand am Rhein ein Machtvakuum, das im Falle neuerlicher Expansionsversuche Frankreichs bedenklich erschien. Auf Betreiben Großbritanniens und Österreichs musste Preußen in die Bresche springen und ein großes Stück Land am Rhein übernehmen. In Berlin sorgte dies für reichlich saure Mienen, denn die »Wacht am Rhein« war nach den Napoleonischen Kriegen keine reizvolle Aufgabe. Außerdem waren Preußen und das Rheinterritorium durch einen schmalen Landstreifen, der zum Kurfürstentum Hessen und dem Königreich Hannover gehörte, voneinander getrennt. Die Hohenzollernmonarchie hatte somit im Gegensatz zu den anderen Großmächten eine gespaltene Territorialgestalt.

Auch bei der politischen Neuordnung Deutschlands mussten Friedrich Wilhelm III. und Hardenberg zurückstecken. Eigentlich wollten sie im neugeschaffenen Deutschen Bund als gleichberechtigter Partner Österreichs eine duale Hegemonie über die kleineren deutschen Staaten ausüben. Doch im zentralen Organ des Bundes, der Bundesversammlung in Frankfurt am Main, dominierte fortan die Donaumonarchie.

Friedrich Wilhelm III. konnte gegen die geballte Durchsetzungskraft der anderen Großmächte wenig unternehmen. Preußen war nicht nur die kleinste europäische Großmacht, sondern ächzte auch noch unter einem riesigen Schuldenberg. Die jahrelange napoleonische Besatzung, die Kontributionszahlungen an Paris und die Befreiungskriege hatten das Land finanziell erschöpft und erz-

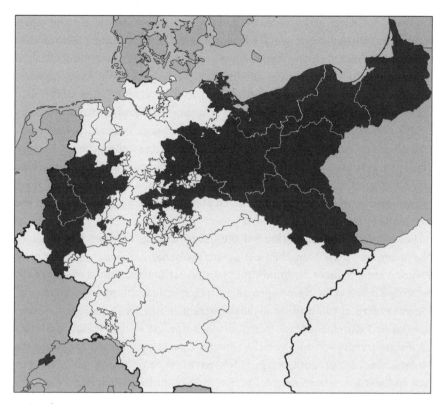

13: Preußen 1815–1866.

wangen einen rigiden Sparkurs. Außerdem war der König nach den Erfahrungen
der vergangenen Jahre überzeugt, dass sich die Existenz Preußens nur in enger
Anlehnung an St. Petersburg gewährleisten ließ. Daher setzte er alles daran, sich
mit den Romanows gut zu stellen. Bereitwillig gründete er mit Russland und
Österreich im September 1815 die Heilige Allianz, die die Wiedererrichtung der
absolutistischen Ordnung auf ihre Fahnen schrieb. Ebenso bereitwillig nahm
Friedrich Wilhelm III. in Kauf, dass er in diesem Dreierbündnis der Dritte war.
1817 verheiratete er seine älteste Tochter Charlotte mit dem späteren Zaren Nikolaus I., um so eine noch engere Bindung mit der russischen Herrscherdynastie
herzustellen. Selbst Einmischungen St. Petersburgs in die preußische Innenpolitik akzeptierte er fortan.

Die Fügsamkeit des Königs gegenüber Russland und auch Österreich lag auch
darin begründet, dass er mit der rückwärtsgewandten Politik St. Petersburgs
und Wiens konform ging. Die nach 1806 begonnenen Staatsreformen waren von
Friedrich Wilhelm III. nur akzeptiert worden, weil alle potenziellen Kraftquel-

len Preußens hatten genutzt werden müssen, um gegen Frankreich zu bestehen. Nach dem Fall Napoleons sah der König keinen Grund mehr, das Reformwerk fortzusetzen, und verfolgte fortan einen reaktionären Kurs, auch deshalb, weil während der Befreiungskriege in der Bevölkerung ein politisches Bewusstsein erwacht war, das er nun wieder nach Kräften unterdrücken wollte. Dieser Prämisse folgend, führte er keine Verfassung ein, obwohl dies die Wiener Schlussakte von 1820 den Staaten des Deutschen Bundes eigentlich vorschrieb. Ebenso wenig erfüllte Friedrich Wilhelm III. sein 1815 abgegebenes Versprechen, ein gesamtstaatliches Parlament zu gründen. Lediglich zur Einrichtung von Landtagen in den preußischen Provinzen ließ er sich 1823 herbei, doch hatten diese weder Gesetzgebungs- noch Steuerbewilligungsrecht, sondern nur beratende Funktion.

Besonders irritierend wirkte auf die Staatsführung, dass der Kampf gegen Napoleon bei vielen Menschen ein gesamtdeutsches Empfinden erzeugt hatte. Preußen konnte dieser Strömung auf emotionaler Ebene kaum etwas entgegensetzen. Es besaß keine eigene Sprache, kein eigenes Brauchtum, keine eigene Folklore, sondern nur künstliche Identitätsmerkmale wie Recht, Ordnung, Gründlichkeit und das eigene Staatswesen, die weit weniger starke Gefühle auslösten als die grenzübergreifende deutsche Sprache. Umso empfindlicher reagierten die Hohenzollern auf gesamtdeutsche Patrioten. Als erste Rufe nach nationaler Einheit laut wurden, setzten sie mit Österreich 1819 im Deutschen Bund die Karlsbader Beschlüsse durch, die Verfechter nationaler, aber auch liberaler und demokratischer Ideen als Aufrührer brandmarkten und strenge Zensurmaßnahmen einführten.

Friedrich Wilhelm III. erzeugte mit seinem restaurativen Kurs keinen Widerstand. Im nachnapoleonischen Mitteleuropa stießen Repressionen kaum auf Gegenwehr. Nationale oder Liberale waren damals noch eine Minderheit, und die Mehrheit der Deutschen verspürte nach den schier endlosen Napoleonischen Kriegen keine Kampfeslust mehr. Als die Reaktion mit den Karlsbader Beschlüssen verstärkt gegen politische Aktivitäten vorging, zogen sich viele Menschen resigniert ins private Schneckenhaus zurück. Die Biedermeierzeit brach an, in der weite Teile des Bürgertums häusliches Idyll und Familienleben kultivierten und Distanz zur Politik hielten.

Eine lückenlos arbeitende Unterjochungsmaschine im Stil modernerer Diktaturen stellte Preußen dennoch nicht dar. Die staatliche Zensurbehörde etwa war für Publizisten zwar eine Plage, von flächendeckender Effizienz aber weit entfernt. Eine Auflösung der 1813 eingeführten Landwehr, die viele Menschen als politische Teilhabe am Staatswesen empfanden, wagte die Regierung nicht. Die

Rheinländer sträubten sich derart hartnäckig gegen eine totale Eingliederung in den Hohenzollernstaat, dass sie das preußische Rechts- und Administrationssystem nicht übernehmen mussten. Bei der Wissensvermittlung agierte Berlin sogar ausgesprochen fortschrittlich, öffnete die Grundschule für alle Bevölkerungsschichten und senkte den Analphabetismus im Land damit kräftig.[57]

In Summe gesehen, war Preußen nach 1815 ein widersprüchliches Staatswesen. Konservativ geführt, wies es ein paar hochmoderne Einsprengsel auf. Nach außen war es souverän, ließ sich aber von Russland dermaßen stark bevormunden, dass von echter Souveränität keine Rede sein konnte. Im Deutschen Bund fungierte es als eine zentrale Kraft der Reaktion, verhielt sich jedoch außenpolitisch weitgehend passiv. Flächenmäßig dominierte es den norddeutschen Raum, hatte aber eine zerrissene und äußerst verwundbare Territorialgestalt. Bis 1866 sollte sich daran ebenso wenig ändern wie am Status Preußens als zweitrangiger Großmacht.

Charakter und Leidenschaften des jungen Wilhelm

Eines Tages im März 1818 sprengte ein junger Gardeoffizier hoch zu Ross über einen Berliner Exerzierplatz. Vor den Augen Hunderter von Soldaten legte er seinen kurzen Ritt besonders schneidig an. Die Forschheit des Reiters missfiel jedoch seinem Pferd. Es scheute und ging mit ihm durch. Der Offizier konnte sich zwar im Sattel halten, bekam die Situation aber nicht mehr in den Griff. Das verstörte Ross galoppierte mit ihm vom Exerzierplatz weg und in eine Baumgruppe hinein. Dort prallte es gegen einen Stamm, und der Reiter stürzte zu Boden.

Nach einem gehörigen Schreckmoment stellte der junge Mann erleichtert fest, dass er Glück gehabt hatte – schon wieder: Nur zwei Tage zuvor war er beim Versuch, eine Barriere im Sprung zu nehmen, ebenfalls aus dem Sattel katapultiert worden, aber unverletzt geblieben. Auch diesmal kam er wieder glimpflich davon. Gut gelaunt notierte er: »Durch dieses Glück im Unglück werde ich noch immer dreister, bis ich [mir] einmal den Hals brechen werde, was der Himmel verhüten möge.«[58]

Der Jungoffizier, der sich zwischen den Bäumen aufrappelte, mochte in diesem Moment etwas derangiert aussehen. Ansonsten aber war er ein auffallend stattlicher Mann – 1,88 Meter groß, breite Schultern und kräftige Gliedmaßen. Kaum jemand hätte bei seinem Anblick vermutet, welch zartes und schwächliches Kind er einst gewesen war.

Für Prinz Wilhelm war die Art, wie sich seine Physis entwickelt hatte, ein Gottesgeschenk. Bei der königlichen Garde dienten nur überdurchschnittlich große Männer. Wenn Wilhelm klein und schmächtig geblieben wäre – also kein »Gardemaß« erreicht hätte –, wäre es ihm trotz seiner Herkunft wohl nicht leichtgefallen, bei dieser besonders angesehenen Truppe zu reüssieren und einen überzeugenden Eliteoffizier abzugeben. Genau das wollte er aber unbedingt, manchmal fast schon zu sehr: Bei öffentlichen Auftritten verströmte er zackige Dynamik. Stets präsentierte er sich mit straffer Körperhaltung und schwungvollem Schritt. Seinen eher weich gezeichneten Mund kaschierte er, sobald es ihm möglich war, mit einem Schnurrbart. Bezeichnend auch seine Reaktion auf seinen verunglückten Barrieresprung: Kaum aus dem Sattel gestürzt, stieg er sofort wieder auf sein Pferd und nahm, um »Spott der Anwesenden zu unterdrücken«[59], die Barriere gleich zwei Mal hintereinander.

Ungeachtet seiner zuweilen etwas verkrampften Bemühungen, als strammer Offizier aufzutreten, genoss Wilhelm in den ersten Nachkriegsjahren sein Leben in vollen Zügen. Mit Begeisterung widmete er sich allen Zerstreuungen, die der preußische Hof zu bieten hatte. Er besuchte zahllose Bälle, Soupers und Kostümfeste. Mit Verve schwang er das Tanzbein und machte zuweilen die Nacht zum Tag. In der Damenwelt kam der große, blonde junge Mann mit ebenmäßigem Gesicht gut an, dies nicht zuletzt, weil er eine gewinnende Art hatte, die sein soldatisches Auftreten etwas abmilderte.[60] Die Hofdame Caroline von Rochow, die in ihren Memoiren mit manchen Hohenzollern streng ins Gericht ging, schwärmte über Wilhelms »hübsche, vornehme Haltung, das verständige Wesen, das stets im Gegensatz zu dem ungebundenen seines älteren Bruders stand und ihn immer die äußeren Formen so gleichmäßig beobachten ließ, daß er frühzeitig einen bedeutenden Ruf erlangte.«[61]

Von seiner einnehmenden Seite bekamen den Prinzen allerdings nur Auserwählte zu sehen –Familienmitglieder, enge Vertraute, Vertreter der Hocharistokratie und ranghohe Offiziere. Während der bescheiden auftretende Friedrich Wilhelm III. in der Bevölkerung einige Sympathien genoss, verhielten sich Wilhelm und auch dessen Brüder gegenüber ihnen nicht standesgemäß scheinenden Menschen oft hochnäsig und abgehoben.[62] »Man klagt hier in der vornehmen Welt über das Benehmen unserer Prinzen, die ohne Achtung für Alter und Amt alle Personen höchst leicht behandeln, jemanden fragend anreden, und mitten aus der Antwort davongehen, kurz, jedermann fühlen lassen, daß sie sich etwas erlauben dürfen«[63], notierte der liberale und über höfische Angelegenheiten wohlinformierte Publizist Karl August Varnhagen von Ense am 30. Dezember 1826.

Wilhelm hatte wie seine Geschwister ein starkes Majestätsbewusstsein. Nur selten kam es vor, dass er seinen Standesdünkel für einige Momente vergaß. Als er etwa eines Morgens im November 1826 von seinem Fenster aus ein brennendes Haus bemerkte, beschränkte er sich nicht darauf, Untergebene zum Brandort zu schicken, sondern rannte selbst los, war laut Varnhagen »einer der ersten Hülfeleistenden« vor Ort und »half den Leuten packen und räumen, wie der Geringste«.[64] Auch ein gewisses Mitgefühl für Notleidende machte sich bei Wilhelm zuweilen bemerkbar. Am 31. Januar 1830 berichtete er seiner Schwester Charlotte über die Auswirkungen einer Frostperiode in Preußen: »Die Armen sind schrecklich daran! Man tut, was man kann. Aber das ist ein Tropfen im Sand. Ich habe schon für 600 Taler Holz verteilen lassen.«[65]

Seine monarchische Stellung machte es Wilhelm schwer, außerhalb der königlichen Familie echte Freundschaften zu schließen. Die Chance dazu sah er offenbar nur im kleinen Kreis seiner militärischen Ausbilder. Mit Johann von Brause, der von 1813 bis 1817 als sein Gouverneur fungierte, verband ihn ein lebenslanges Vertrauensverhältnis, ebenso mit Eugen von Röder, dem langjährigen Kommandeur des 1. Garderegiments zu Fuß, bei dem auch Wilhelm diente. Dass zwischen ihm und den zwei deutlich älteren Offizieren diese Bindung entstand, lag nicht zuletzt daran, dass sie ihm Freundschaft ohne Hintergedanken boten und »nie etwas von mir gewollt«[66] haben, wie Wilhelm viele Jahre später zu Protokoll gab. Zu einem väterlichen Freund wurde auch Oldwig von Natzmer, ein lebenslustiger Flügeladjutant des Königs, der dem Prinzen während des Frankreich-Feldzuges von 1814 als Begleiter beigestellt wurde und bei ihm große Sympathien erweckt hatte.[67]

Einer der wenigen Menschen, denen Wilhelm nahezu unbegrenzt vertraute, war seine 16 Monate jüngere Schwester Charlotte. Sie war für ihn eine wichtige Gesprächspartnerin in jeder Stimmungslage. Sie teilten eine Vorliebe für den Berliner Witz und konnten sich, wie Caroline von Rochow beobachtete, einen ganzen Abend lang »über kleine Geschichten und Erinnerungen aus diesem Gebiet totlachen«[68], hatten einander aber auch in ernsten Momenten viel zu sagen. Es war kein Zufall, dass Charlotte, als sie 1817 anlässlich ihrer Heirat mit dem späteren Zaren Nikolaus I. nach Russland zog, von Wilhelm begleitet wurde. In den folgenden 42 Jahren standen die beiden Geschwister in einem nie versiegenden Briefwechsel, der eine der wichtigsten Quellen für Einblicke in Wilhelms Gedankenwelt darstellt, denn in seinen Briefen an Charlotte behandelte er private und politische Angelegenheiten in einer Offenheit, die er gegenüber keinem anderen Briefpartner zeigte.[69]

Schwierigere Beziehungen hatte Wilhelm zu seinem älteren Bruder, dem Thronfolger. »Verschiedener kann man nicht sein als wir sind«[70], schrieb er einmal dazu und übertrieb damit nicht. Zwischen den beiden Brüdern gab es kaum Gemeinsamkeiten.

Friedrich Wilhelm war im Grunde ein Zerrissener. Er hatte nicht wie Wilhelm das Glück, leidenschaftliches Interesse für seinen künftigen Beruf zu empfinden. An der auf ihn zukommenden Herrscheraufgabe fand er wenig Gefallen. Hinzu kam, dass der nüchtern-trockene Vater mit seinem phantasievollen Thronerben wenig anzufangen wusste, ihn von der Politik fernhielt und seiner Meinung wenig Gewicht beimaß. All dies bewirkte bei Friedrich Wilhelm eine Tendenz zur Realitätsflucht. Statt sich auf die Staatsgeschäfte vorzubereiten, beschäftigte er sich mit Architektur, Religion, Literatur und Mittelalter-Romantik. Er verschlang Bücher, die das Rittertum mit seiner streng gegliederten Feudalordnung idealisierten, und verfasste einen unvollendet gebliebenen Roman, in dem er das Bild einer entrückten Märchenwelt zeichnete. Auf religiöser Ebene stand er der Erweckungsbewegung nahe und sehnte sich auf politischer Ebene nach dem 1806 versunkenen Heiligen Römischen Reich mit seiner ständischen Struktur zurück. In seinem Sozialverhalten war der Kronprinz schwer berechenbar. Er konnte jovial und humorvoll sein, war aber Frauen gegenüber gehemmt. Zudem brach sein heftiges Temperament immer wieder durch. Nicht selten steigerte er sich in wilde Wutanfälle hinein, überschüttete seine Untergebenen mit Schimpftiraden, schlug sie zuweilen auch, wie man sich erzählte.

Wilhelm konnte mit den Interessen seines Bruders wenig anfangen. Sehnsucht nach dem Mittelalter und dem Heiligen Römischen Reich war ihm fremd, frömmlerisches Gehabe mochte er schon gar nicht. Friedrich Wilhelm wiederum konnte das Faible seines jüngeren Bruders für die Armee nicht nachvollziehen. Überdies sagte man ihm selbst in vorgerücktem Alter noch Eifersucht auf Wilhelm nach, der im Umgang mit Frauen unverkrampft war.[71] Die beiden ungleichen Brüder taten sich stets schwer miteinander. Meistens bemühten sie sich um ein halbwegs gedeihliches Auskommen, doch ihren gegenseitigen Zuneigungsbekundungen haftete oft etwas Pflichtschuldiges und Gekünsteltes an.

Zu seinem Vater hatte Wilhelm oberflächlich gesehen ein leidlich gutes Verhältnis. In gewisser Hinsicht war er der Lieblingssohn des Königs, weil er ihm in seiner Liebe zum Militär ähnelte. Friedrich Wilhelm III. traute seinem zweitältesten Sohn auch auf diplomatischer Ebene einiges zu und beauftragte ihn im Lauf der Jahre mehrfach mit politisch bedeutsamen Reisen nach St. Petersburg oder Wien. Eine wirkliche Nähe resultierte daraus dennoch nicht, denn der ohnehin menschenscheue König wurde mit zunehmendem Alter immer introvertierter, auch gegenüber seinen Nachkommen. »Sonderbarerweise wußte er überhaupt nicht so recht mit seinen Kindern zu leben«, merkte Caroline von Rochow dazu an. »Die Töchter mußten wohl immer um ihn sein; ob es aber je zu einem recht vertraulichen Wesen zwischen ihnen kam, weiß ich nicht und möchte es bezweifeln. Mit den Söhnen aber verkehrte er noch weniger, und je erwachsener und selbständiger sie wurden, je geringer blieb der innere Zusammenhang ihres Lebens.«[72] Im täglichen Leben hatte das distanzierte Verhalten Friedrich Wilhelms III. zur Folge, dass seine Söhne und Töchter oft keine Gelegenheit hatten, mit ihm direkt zu sprechen. Stattdessen mussten sie ihm ihre Anliegen über seine Vertrauten zu Gehör bringen. Das führte zu beträchtlichen Kommunikationsproblemen, die für Wilhelm vor allem bei seiner großen Herzensangelegenheit schmerzhaft spürbar wurden: Prinzessin Elisa.

Elisa Radziwill war um 1820 eine der auffälligsten Erscheinungen am preußischen Hof, eine schlanke Frau mit großen blauen Augen und aschblondem Haar, deren Anmut und Charme von Zeitgenossen gepriesen wurden. Von der liebreizenden Prinzessin besonders beeindruckt war Wilhelm. Er verliebte sich Hals über Kopf in die sechs Jahre jüngere Elisa und wollte sie unbedingt heiraten. Sein Vater war davon jedoch wenig begeistert, denn Elisa schien ihm nicht standesgemäß. Als Tochter einer Hohenzollernprinzessin hatte sie zwar ebenfalls königliches Blut in ihren Adern, doch ihr Vater, der reiche polnische Magnat und Statthalter des Großherzogtums Posen Anton Radziwill, konnte keine fürstliche Souveränität aufweisen. Eine Heirat Wilhelms mit Elisa entsprach daher nicht den Wünschen Friedrich Wilhelms III. Allerdings war der König nicht willensstark genug, um in der Sache sofort reinen Tisch zu machen. Stattdessen wurden mehrere Gutachten ausgearbeitet, die sich eingehend mit der Ebenbürtigkeitsfrage befassten. Lange wurde erwogen, Elisa einen standesgemäßen Rang zu sichern, indem man sie von einer hochgestellten Persönlichkeit adoptieren ließ, von Zar Alexander I. etwa oder auch Elisas Onkel, dem Prinzen August von Preußen. Die Folge war, dass die beiden Liebenden auf eine Berg- und Talfahrt zwischen Bangen und Hoffen gerieten, die sich umso quälender gestaltete, als sie sich auf Geheiß des Königs jahrelang nicht sehen durften. Schließlich beendete die Politik Wilhelms Traum: Sein jüngerer Bruder Carl warb um Prinzessin Marie von Sachsen-Weimar-Eisenach. Deren Mutter, die dem russischen Herrscherhaus entstammte, wollte ihre Tochter jedoch in der höfischen Rangordnung Berlins nicht hinter einer Prinzengemahlin sehen, die aus dem unterworfenen Polen stammte. Noch einmal kam es zu zähen Debatten auf höchster Ebene. Schließlich hatte Friedrich Wilhelm III. von dem Dauerthema genug und befahl seinem Sohn im Juni 1826, Elisa aufzugeben, und das, obwohl er selbst zwei Jahre zuvor eine morganatische Ehe mit einer Frau aus dem niederen Adel geschlossen hatte, die ihm nicht annähernd ebenbürtig war. Wilhelm bäumte sich gegen die Weisung trotzdem nicht auf. Er fügte er sich und verzichtete auf seine große Liebe Elisa.[73]

Auf beruflicher Ebene behandelte der Vater seinen Sohn ungleich besser. Generell schob Friedrich Wilhelm III. seine Sprösslinge in atemberaubendem Tempo die militärische Karriereleiter empor. Rangerhöhungen erfolgten bei ihnen in zeitlichen Abständen, von denen Normalsterbliche nur träumen konnten. Bei Wilhelm ging der Aufstieg jedoch besonders schnell vonstatten. Nach dem Ende der Napoleonischen Kriege hatte er die unteren Offiziersränge schon hinter sich gebracht und rückte in leitende Funktionen auf. Im März 1817 wurde er zum Oberst befördert. Im Februar 1818 avancierte er zum Kommandanten der prestigeträchtigen 1. Garde-Infanterie-Brigade. Nur wenige Wochen später, am 30. März 1818, wurde er zum Generalmajor ernannt. Damit gehörte der gerade 21 Jahre alte Prinz bereits zur Generalität, der höchsten Offiziersrangklasse.[74]

Johann von Brause, Wilhelms väterlicher Freund, stand diesem Beförderungs-Stakkato einigermaßen skeptisch gegenüber. Seiner Ansicht nach war der Prinz für Spitzenfunktionen in der Armee noch zu jung und unerfahren. Tatsächlich unterlief Wilhelm anfänglich so mancher Patzer. Als er beim Herbstmanöver des Jahres 1821 erstmals eine Kavalleriedivision in eine simulierte Kampfsituation führte, ließ er seine Truppe hochgemut auf breiter Front angreifen. Dabei stieß sein linker Flügel auf ein von ihm nicht einkalkuliertes Hindernis in Form eines Kartoffelfeldes, woraufhin seine gesamte Attacke an Schwung verlor und kläglich verebbte. Bei einem anderen Manöver ließ Wilhelm die von ihm kommandierte Infanterie trotz drückender Hitze 45 Kilometer marschieren. Dabei brachen Hunderte von Soldaten zusammen, zumindest drei Männer überlebten die Strapazen nicht. Ein öffentlicher Aufschrei folgte. Es hagelte Kritik an Wilhelm. Der Prinz fühlte sich ungerecht behandelt, dies vor allem, weil selbst sein Vater, auf den der fatale Marschbefehl eigentlich zurückging, ihm nun vorhielt, preußische Offiziere dürften bei allem Diensteifer nie die Menschlichkeit außer Acht lassen.[75]

Ungeachtet derartiger Vorfälle ließ Wilhelm bald einiges militärisches Talent erkennen. Seine Gaben bei der Operationsführung im Kampf waren zwar begrenzt, doch im Bereich der Armeeentwicklung wuchs er im Lauf der Jahre zu einem erstrangigen Experten heran. Sein Wesen half ihm dabei. Wilhelm besaß weder herausragenden Intellekt noch Phantasie, dafür war er praktisch veranlagt und mit Urteilsschärfe ausgestattet. Und er war tüchtig: Unermüdlich machte er sich mit den diversen Aspekten des Armeewesens vertraut, diente bei den verschiedenen Waffengattungen, debattierte in zahllosen Generalkommissionen über Wehrpolitik, Organisation, Bewaffnung, Ausbildung, Taktik oder verschiedene Aspekte der Wehrgesetzgebung. Mit Feuereifer machte er sich auch über Feinheiten her, konnte tagelang über Details wie die Neugestaltung von Schulterklappen brüten. Die größeren Zusammenhänge verlor Wilhelm dennoch nie aus den Augen und demonstrierte dabei Sinn für Modernität. Gingen liebgewonnene Traditionen, veraltete Waffen, überkommene Schlachtordnungen oder Organisationsstrukturen zulasten der Effizienz, gehörte er zumeist zu jenen, die sich für entsprechende Reformen einsetzten.[76]

Ein scharfes Auge für Neuerungen stellte der Prinz schon früh unter Beweis. So wirkte er Mitte der 1820er Jahre maßgeblich daran mit, dem Offizierskorps ein neues Strategiespiel näherzubringen, das detailgenau Schlachtensituationen simulierte und in manchen seiner Spielmechanismen die heutigen Computer- und Online-Kriegsspiele vorwegnahm. Aufmerksam wurde der Prinz darauf bereits 1811, als der Breslauer Kriegsrat Georg von Reiswitz den Königssöhnen einen ersten Prototyp des Spiels vorstellte. Der damals 14-jährige Wilhelm drängte den Erfinder daraufhin, es weiterzuentwickeln und dem König zu präsentieren, was Reiswitz denn auch tat und womit er großen Anklang fand. Friedrich Wilhelm III. verbrachte mit seinen Söhnen, Offizieren und Adjutanten viele Abende mit dem neuen Kriegsspiel. Nachdem auf Betreiben Wilhelms, der Reiswitz' Erfindung für ein gutes militärstrategisches Schulungswerkzeug hielt, der Armeespitze ein weiter verfeinerter Spieltyp als Trainingsinstrument empfohlen wurde, setzte es sich auch hier rasch durch. Bald frönten viele Offiziere dem taktischen Kriegsspiel in eigens gebildeten Vereinen, unter ihnen auch der junge Helmuth von Moltke.[77]

Höchst interessiert reagierte Wilhelm auch, als er 1829 ein neuartiges, vom preußischen Erfinder Johann Nikolaus Dreyse entwickeltes Gewehr zu Gesicht bekam. Es wies einen revolutionären Zündmechanismus auf, der das seit jeher bestehende Problem behob, dass Schützen durch die Zündflamme beim Schießen geblendet, manchmal sogar verletzt wurden. Dreyse hatte nunmehr den Zündvorgang ins Laufinnere verlegt. Dadurch wurde die Waffe nicht nur sicherer, sondern auch witterungsunabhängiger und damit zuverlässiger. Wilhelm nahm das Gewehr sofort auf einen Jagdausflug mit, um es selbst ausgiebig zu testen. Höchst angetan von den Ergebnissen kehrte er zurück und bestellte ein Exemplar für sich. Zudem versprach er, Dreyses Erfindung dem preußischen Kriegsministerium zu empfehlen.[78]

Im Lauf der 1820er und 1830er Jahre wuchs Wilhelms militärische Reputation kontinuierlich an. Seine zunehmende Sachkunde in vielen Fragen des Heereswesens verschaffte ihm im Offizierskorps Glaubwürdigkeit und Anerkennung. Mit diversen Publikationen, die ihn als kompetenten Fachautor zeigten, steigerte er diesen Effekt noch. Ab den späten 1820er Jahren hatte der Soldatenprinz seine

Position so sehr gefestigt, dass er bei allen Entscheidungen über gravierende Veränderungen in der preußischen Armee präsent war und diese mitbeeinflusste.[79]

Seine steile Armeekarriere befriedigte Wilhelms Ehrgeiz. Dass die Führung des Staates aller Voraussicht nach nie bei ihm liegen würde, bereitete ihm, dem Zweitgeborenen, offenbar keine schlaflosen Nächte. Er wolle gar nicht in die Verlegenheit geraten, jemals selbst regieren zu müssen, schrieb er Charlotte im März 1823, »da ich durchaus nicht die Fähigkeiten in mir fühle, die in mir« für den Herrscherberuf »wohnen müssten«.[80]

Wilhelms demonstratives Desinteresse, die Macht im Staat selbst auszuüben, bedeutete jedoch keineswegs Desinteresse an der Macht an sich. Politik ließ ihn alles andere als kalt. Seine Briefe waren gespickt mit Kommentaren zu politischen Fragen. Nicht selten wurde er dabei emotional, so etwa, wenn er über die Stellung Preußens in Europa schrieb. Und wenn es um die Positionierung des Königtums gegenüber demokratischen, nationalen und liberalen Strömungen ging, wurde sein Interesse geradezu brennend.

Wie bereits ausgeführt, erhielt Wilhelm in der Ära der Napoleonischen Kriege lebenslange Prägungen hinsichtlich seiner Haltung zum Militär, aber auch zu Russland und Frankreich. Für das Erkennen komplexer innenpolitischer Zusammenhänge war er damals aber noch zu jung gewesen. Man hatte sich auch nicht die Mühe gemacht, sie ihm oder dem Kronprinzen näher zu erläutern. So blieb ihnen die Notwendigkeit der 1807 einsetzenden Staatsreformen weitgehend verschlossen, ebenso die damalige Dringlichkeit, die Beziehung zwischen Staatsführung und Bevölkerung zu verbessern. Als Wilhelms politische Bewusstseinsbildung einsetzte, hatte sein Vater bereits die Abkehr von der Reformära vollzogen und das Bestreben, dem Volk politische Teilhabe zu verwehren, zur Priorität erhoben. Davon wurde die politische Haltung des Prinzen entscheidend beeinflusst. Er entwickelte sich rasch und ohne innere Widerstände zu einem Mann der Restauration.

Dennoch würde es zu kurz greifen, Wilhelm einfach nur als Konservativen zu bezeichnen. Der preußische Konservativismus des frühen 19. Jahrhunderts war kein monolithischer Block, sondern zerfiel in verschiedene Gruppierungen, deren Ansichten teils stark divergierten. Zwei Hauptströmungen stachen heraus. Auf der einen Seite gab es die Ultrakonservativen, die sich vor allem aus dem ostelbischen Landadel rekrutierten. Sie wollten die Ereignisse seit 1789 und die Stein-Hardenberg'schen Reformen am liebsten ungeschehen machen und zum vormodernen Staat mit nahezu unbegrenzten Adelsprivilegien zurückkehren. Die Landwehr, die eine Partizipation des Volkes an der Armee darstellte, lehnten sie ab. Dass ihre Abschaffung die Wehrfähigkeit des Staates reduziert hätte, schien aus ihrer Sicht sekundär, denn sie befürworteten ohnehin ein Preußen, dass sich

14: Prinz Wilhelm in jungen
Jahren (nach einer Kreidezeich-
nung von Franz Krüger).

WILHELM I.
ALS PRINZ

den autokratischen Großmächten Russland und Österreich anpasste und daher,
wie manche meinten, auch kein großes Heer benötigte. Auf der anderen Seite
gab es die Staatskonservativen, die sich um das Königshaus und die Hochbüro-
kratie scharten. Sie dachten zwar ebenfalls in repressiven Bahnen – Niederhalten
der Opposition, keine Verfassung, kein Parlament –, erkannten aber, dass sich
das Rad der Zeit nicht mehr bis ins 18. Jahrhundert zurückdrehen ließ und eine
Eliminierung der Stein-Hardenberg'schen Reformen oder eine Zerschlagung der
Landwehr eine gefährliche Kluft zur Bevölkerung aufreißen konnte.

Wilhelm gehörte der staatskonservativen Denkschule an, entwickelte aber
eine teils durchaus eigenständige Haltung, die in einigen Punkten der Position
seines Vaters widersprach.[81]

Mit dem innenpolitischen Kurs Friedrich Wilhelms III. ging der Prinz weitgehend konform. Die Schaffung eines gesamtstaatlichen Parlaments lehnte er ebenso
ab wie die Einführung einer Verfassung, die den Handlungsspielraum des Königs
zwangsläufig genauer definiert und damit begrenzt hätte. Oppositionelle Forderungen nach politischer Mitsprache hielt er für gefährlichen »Ideenschmutz«, den
es zu bekämpfen galt. So meinte er etwa im Mai 1820, man müsse bei der Verfolgung Oppositioneller »Energie zeigen, die ich leider noch bei uns vermisse«[82].

Eine gewisse Einsicht in den gesellschaftspolitischen Wandel, der seit der Französischen Revolution in Europa Platz gegriffen hatte, gab es bei Wilhelm dennoch. Ihm war bewusst, dass die Krone die öffentliche Meinung nicht mehr ignorieren durfte, wie sie es in früheren Zeiten getan hatte: »Auch das Volk hat seine Stimme und Ansichten, und diese darf man nicht gering schätzen.«[83] Allzu unpopuläre Regierungsmaßnahmen müsse man meiden, um sich der Bevölkerung nicht zu entfremden. Heikel sei es vor allem, die Menschen mit »Abgaben zu belästigen, daß es jedem einzelnen schmerzhaft fühlbar wird«. Dieser im Jahr 1820 formulierte Gedanke basierte auf der freilich noch eindimensionalen Erkenntnis: »Der gemeine Mann weiß nichts von Konstitution und Volksrepräsentation. Er ist zufrieden, wenn ihm recht geschieht und er sein gehöriges Auskommen hat.«[84]

Relativ tolerant war Wilhelm in Glaubensfragen – ganz im Gegensatz zum Vater, der eine sehr dirigistische Religionspolitik betrieb: Friedrich Wilhelm III. wollte die lutherische und die calvinistische Konfession zu einer einheitlichen evangelischen Kirche verschmelzen, auch um die Bedeutung der stark wachsenden katholischen Minderheit und der damals zugkräftigen Erweckungsbewegungen zu verringern. Des Königs Religionseifer schlug bis in Familienangelegenheiten durch. So brachte er 1823 die Heirat des Thronfolgers mit Elisabeth von Bayern beinahe zum Scheitern, weil er von der katholischen Prinzessin den Übertritt zur evangelischen Kirche verlangte, wogegen diese sich zunächst heftig wehrte. Auch Wilhelm war über das Vorgehen des Vaters bestürzt. Zu Recht fürchtete er, eine erzwungene Konversion Elisabeths könnte einen verheerenden Eindruck in den neuen, überwiegend katholischen Rheinprovinzen machen. Eine gemischte Ehe hingegen betrachtete er als einen wertvollen Beitrag zur Annäherung und Versöhnung der verschiedenen Kirchen, weswegen er für eine Heirat ohne vorherigen Kirchenübertritt plädierte.[85] Unglücklich war er auch über das Projekt einer einheitlichen evangelischen Kirche: »Zwang in Religionssachen aufzuerlegen ist entsetzlich«[86], so Wilhelm subsumierend.

Ein für den Prinzen zentrales Thema stellte die Landwehrfrage dar. Sie ragte tief in den gesellschaftspolitischen Bereich hinein und war ein Reizthema in Preußen. Während politische Sprecher des Bürgertums in der Landwehr den unverzichtbaren Kern eines partizipatorischen Staatswesens erblickten, hielten konservative Offiziere den militärischen Wert uniformierter Zivilisten für gering. Friedrich Wilhelm III. sah die Volksbewaffnung nach wie vor mit Unbehagen. Die daraus resultierende Verstärkung für den Ernstfall ließ sich allerdings schwerlich ignorieren, zumal das reguläre Heer damals stagnierte. Preußen war nach 1815 finanziell dermaßen angeschlagen, dass es im Gegensatz zu den anderen Großmächten die Armeestärke nicht einmal dem Bevölkerungswachstum anpassen konnte, sondern sie bei etwa 130.000 Mann einfrieren musste. Wollte Preußen ein gewisses militärisches Gewicht in Europa bewahren, verbot sich die Auflösung der Landwehr von selbst. Für Wilhelm zählte vor allem dieses Argument. Zwar zweifelte auch er am realen Kampfwert bewaffneter Zivilisten, doch kam eine Auflösung der Landwehr für ihn aus machtpolitischen Gründen nicht in Frage.[87] Kurz und bündig brachte er seine Sicht im Dezember 1819 auf den Punkt:

> Unser ganzes Landwehrprinzip ist auf ein formidables Heer mit den geringsten Kosten (die dennoch enorm sind) berechnet. Ohne ein formidables Heer können wir aber nicht existieren, wenn wir unsere Stellung als eine Hauptmacht erhalten wollen. Ist also den Landwehren der Untergang geschworen, so sehe ich uns in folgender Alternative: Entweder wir verstärken unsere Linienarmee in dem Maße, daß sie mächtig genug ist, dem Ausland zu imponieren, und dann sind ungeheure Summen erforderlich; oder wir beschränken uns aus Mangel an Geld auf eine kleine Armee und treten damit in die Kategorie der 2. Mächte zurück.[88]

Letzteres sah Wilhelm freilich nur als blanke Theorie. Seiner Ansicht nach musste Preußen auf Augenhöhe mit anderen Großmächten agieren und auf diplomatischer Ebene entsprechend aktiv auftreten. Zu seinem Verdruss tat Friedrich Wilhelm III. aber genau das nicht. Bei den Kongressen der Nachkriegsjahre in Troppau (1820), Laibach (1821) und Verona (1822) fiel der preußische König in erster Linie durch Passivität auf. Entweder gab er sich nur kurz die Ehre oder er erschien gar nicht erst. Da er so den gerade aktuellen Verhandlungsstand nicht kennen und keine Entscheidungen treffen konnte, trug er seinen Vertretern einfach auf, sich dem Standpunkt einer anderen Macht anzuschließen, sofern dieser mit den Interessen Berlins vereinbar war. Dass diese Teilnahmslosigkeit für eine weitere Schwächung Preußens sorgte, das ohnehin als Leichtgewicht unter den Großmächten galt, störte Wilhelm sehr. In seinen Briefen an Vertraute übte er heftige Kritik an dem ansonsten hoch verehrten Vater. Gegenüber Charlotte beklagte er im Februar 1823 dessen »Bequemlichkeit«, die ihn davon abhalte, »der Welt durch sein persönliches Erscheinen und Verweilen auf den Kongressen zu beweisen, daß er noch regen Anteil an den allgemeinen Angelegenheiten nimmt.« Sichtlich aufgebracht schrieb der Prinz: »So sind wir denn nun jetzt in Metternichs Hände gespielt, der nicht unterläßt, Preußen bei jeder Gelegenheit hintenanzusetzen und lächerlich zu machen, – weil man es sich gefallen läßt, Gleichgültigkeit zeigt und nie mit Festigkeit auftritt.«[89] Ein Jahr später schrieb Wilhelm mit einem bitteren Rückblick auf die Befreiungskriege vertraulich an seinen väterlichen Freund Natzmer: »Hätte die Nation Anno 1813 gewußt, daß nach 10 Jahren, von einer damals zu erlangenden u. wirklich erreichten Stufe des Glanzes, Ruhms u. Ansehns, nichts als die Erinnerung u. keine Realität übrig bleiben würde, wer hätte damals wohl Alles aufgeopfert, um solchen Resultates halber?« Eigentlich müsse man doch alles daransetzen, Preußen den Platz zu erhalten, den es im Kampf gegen Napoleon unter den Großmächten errungen hätte.»Aber hieran will man nicht mehr denken; im Gegentheil man muß hören, daß es lächerlich sei mit elf Millionen eine Rolle zwischen Nationen von 40 Millionen spielen zu wollen!«[90]

Wilhelms Credo einer selbstbewussten preußischen Außenpolitik wies allerdings einen seltsamen Widerspruch auf: seine nahezu grenzenlose Bewunderung für das strikt autokratisch herrschende Zarentum. Zum Teil ging sie zurück auf das Jahr 1817, als er anlässlich Charlottes Hochzeit ein halbes Jahr in Russland weilte. Die Romanows scheuten damals weder Kosten noch Mühen, um Wilhelm den Wert einer engen Verbindung Preußens mit Russland zu verdeutlichen. Sein Aufenthalt im Zarenreich war gefüllt mit rauschenden Festen, üppigen Bällen, glanzvollen Paraden und ausgiebigen Besichtigungen der Metropolen St. Petersburg und Moskau, mit deren Glanz sich Berlin nicht messen konnte. Das alles ging an dem jungen und beeindruckbaren Prinzen nicht spurlos vorüber. Seine seit dem gemeinsamen Frankreich-Feldzug ohnehin schon lebhafte Sympathie für Russland wurde noch stärker. Alexander I. war für ihn ein weiser Hüter der monarchischen Ordnung und unverzichtbarer Rückhalt der Restauration in Europa. Engste Beziehungen zu den Romanows hielt er fortan wie sein Vater für absolut zwingend, dies wohl auch, weil er während seiner Reise einen ungefähren Eindruck von der Militärmacht und der enormen Ausdehnung des Zarenreiches bekommen hatte.

Strategisch gesehen ließ sich Wilhelms Sichtweise kaum von der Hand weisen. Nach dem Sturz Napoleons war Russland die stärkste europäische Kontinentalmacht. Für das viel kleinere und finanzschwache Preußen lag es daher nahe, sich mit dem mächtigen Nachbarn im Osten gut zu stellen. Eine derart intensive Beziehung, wie Wilhelm sie propagierte, bedeutete jedoch eine faktische Unterordnung unter den politischen Willen Russlands. Wilhelms dezidiert prorussische Haltung lief daher genau auf das hinaus, was ihm eigentlich widerstrebte – dass Preußen von außen bevormundet wurde und schon allein deshalb kaum als erstrangige europäische Großmacht gelten konnte.

Wilhelms Russland-Nähe war aber auch noch in anderer Hinsicht bemerkenswert. Sein Briefverkehr mit der seit 1817 in St. Petersburg lebenden Charlotte hatte jahrelang kaum politische Bedeutung, da ihr Gemahl Nikolaus in der Armee diente, nicht als Thronfolger vorgesehen war und an den Staatsgeschäften keinen Anteil hatte. Das änderte sich im Dezember 1825, als Zar Alexander I. starb und zur allgemeinen Überraschung nicht dessen ältester Bruder Konstantin, sondern Nikolaus die Nachfolge antrat (⚰ 1825 – 1855). Damit tauschte sich Wilhelm plötzlich mit der neuen Zarin aus. Nun war er nicht der einzige Hohenzoller, der in regem Briefkontakt mit Charlotte stand – dasselbe tat etwa auch der Kronprinz –, doch bei Wilhelm hatte der Kontakt mit dem Zarenhof eine besondere Intensität, ein Umstand, der durch Friedrich Wilhelm III. tatkräftig gefördert wurde. Wenn es darum ging, einen seiner Söhne nach St. Petersburg zu schicken, entschied sich der König oft für seinen zweitältesten Sohn. Nach dem Tod Alexanders I. war es Wilhelm, der dem neuen Zaren Nikolaus I. im Namen des preußischen Königshauses seine Aufwartung machte und diesem die Festigkeit der preußisch-russischen Freundschaft versicherte.

In Berlin war Wilhelms Russland-Affinität alles andere als mehrheitsfähig. Die Öffentlichkeit schätzte die russische Bevormundung ebenso wenig wie den Umstand, dass Friedrich Wilhelm III. sich diese anstandslos gefallen ließ, ja sie teils sogar förderte. Als Berlin etwa im Jahr 1822 in St. Petersburg und Wien um Erlaubnis fragte, ob man einen portugiesischen Diplomaten in Berlin annehmen solle, sorgte dies bei patriotischen Preußen für Kopfschütteln.[91] »Man freut sich jedesmal, den König gegen das Ausland, und besonders gegen Rußland, nicht zu nachgiebig zu finden«, notierte Varnhagen 1826.»Der häufig gekränkte Nationallehrgeiz heftet sich eifrig auch an den geringsten Vorfall«[92], der ein wenig Selbstbewusstsein Friedrich Wilhelms III. gegenüber St. Petersburg erkennen ließ.

Für Wilhelm war Russland dennoch in vielerlei Hinsicht das Nonplusultra. Dass das Zarenreich in mancherlei Hinsicht äußerst rückständig war – hohe Analphabetenrate, hohe Leibeigenenrate, geringe Industrialisierung – konnte oder wollte der Prinz nicht wahrhaben. Auch den Umstand, dass sich das in der Mitte Europas gelegene und finanzschwache Preußen schon aus wirtschaftlichen Gründen einen derart rigiden Regierungskurs schlichtweg nicht leisten konnte, blendete Wilhelm lange Zeit aus. In Summe haftete seiner Russland-Affinität etwas Irrationales, ja Verbohrtes an.

Augusta

»Lieben kann man nur einmal wirklich«[93], stellte Wilhelm gegenüber Charlotte fest, nachdem er den Traum von Elisa hatte aufgeben müssen. Er war zutiefst desillusioniert. Unvorstellbar erschien es ihm, mit einer anderen Frau Erfüllung zu finden. Das Thema Liebe war für ihn erledigt, das Thema Heirat aus seiner Sicht in weite Ferne gerückt.

Sein Vater drängte jedoch. Wilhelm war mittlerweile fast 30 Jahre alt – Zeit, endlich unter die Haube zu kommen, befand Friedrich Wilhelm III. Außerdem kam eine dynastische Priorität hinzu, mit der man wenige Jahre zuvor noch nicht hatte rechnen können: Die 1823 geschlossene Ehe von Kronprinz Friedrich Wilhelm mit Elisabeth von Bayern war nach drei Jahren noch immer kinderlos geblieben. Immer deutlicher zeichnete es sich ab, dass Wilhelm dereinst Thronfolger sein würde. Dass er nun bald für männlichen Nachwuchs sorgen sollte, war für den König daher umso wichtiger. Eine potenzielle Braut hatte Friedrich Wilhelm III. bereits ins Auge gefasst. Marie von Sachsen-Weimar-Eisenach, um die Wilhelms jüngerer Bruder Carl warb, hatte eine jüngere Schwester namens Augusta. Als Carl im November 1826 wieder nach Weimar reiste, musste Wilhelm auf Geheiß des Vaters mitfahren, um die erst 15 Jahre alte Prinzessin in Augenschein zu nehmen und ernsthaft über eine Ehe mit ihr nachzudenken.

Wilhelms Begeisterung hielt sich in Grenzen. Augusta war hochintelligent und gebildet, ein apartes Mädchen mit dunklem Haar, aber Feuer fing der Prinz nicht. Außerdem kostete er nach dem Abschied von Elisa ohnehin lieber die Vorzüge des Junggesellendaseins aus, vor allem durch eine Liaison mit Emilie von Brockhausen, einer Hofdame von Kronprinzessin Elisabeth.

Was folgte, war ein Katz-und-Maus-Spiel zwischen Vater und Sohn. Friedrich Wilhelm III. forderte von Wilhelm, in der Heiratsfrage aktiver zu werden. Der Prinz begab sich daraufhin im Sommer 1827 auf Brautschau, blieb aber nach der Begutachtung mehrerer hochgeborener Töchter weiterhin indifferent. Friedrich Wilhelm III. lenkte das Gespräch immer wieder auf seine Wunschkandidatin Augusta. Wilhelm wollte sich dem nicht direkt widersetzen, wich einer endgültigen Zusage aber aus. Eine ausgedehnte Russland-Reise bot ihm die Gelegenheit, seine Entscheidung noch ein paar Monate länger hinauszuzögern, und auch, sich zwei weitere Liebschaften zu genehmigen, wie man sich erzählte. Danach gab er dem Wunsch des Vaters schließlich nach und hielt um Augustas Hand an.

Die blutjunge Prinzessin wird insgeheim wohl ihre Zweifel gehabt haben. Der gutaussehende Prinz ließ sie zwar nicht kalt, doch dessen weithin bekanntes Liebesdrama mit Elisa Radziwill war ihr natürlich nicht verborgen geblieben.[94] Aus ihrer Sicht stand zu befürchten, dass Elisa als eine Art Damoklesschwert über ihrer Ehe schweben würde. Dennoch gab sie Wilhelm am 25. Oktober 1828 das Jawort, wobei bei ihr der Optimismus mitschwang, ihrem Bräutigam die verlorene große Liebe ersetzen zu können.

Eine Weile schien es sogar, als könnte dieses hochfliegende Vorhaben Erfolg haben. Je besser Wilhelm seine künftige Gemahlin kennenlernte, desto mehr zeigte er sich von ihr angetan, pries sie in Briefen als herzlich, heiter und gefühlvoll. Recht positiv gestimmt verlobte er sich mit ihr, und als sie am 11. Juni 1829 in der Kapelle des Schlosses Charlottenburg heirateten, zeigte er sich entschlossen, alles zu tun, um Augusta glücklich zu machen.[95]

Doch die Ehe des Prinzenpaares war von Beginn an mit Problemen belastet. Augusta hatte größte Schwierigkeiten, sich in Berlin einzuleben. Sie war an einem Hof aufgewachsen, der Prunkentfaltung schätzte, liberalem Gedankengut anhing und in regem Austausch mit literarischen Größen der Zeit stand. Mit der sparsamen, konservativen, militärischen und wenig kunstsinnigen Welt der Hohenzollern konnte sie wenig anfangen. Zudem vermisste sie konkrete Betätigungsmöglichkeiten. Ein karitatives Wirken, wofür sie sich besonders interessierte, blieb ihr versperrt, weil die Berliner Wohlfahrtseinrichtungen Kronprinzessin Elisabeth unterstanden. Zudem kamen Augustas intellektuelle Ansprüche und liberale Anschauungen bei ihrer neuen Familie schlecht an. Vor allem Prinz Carl ließ eine gewisse Feindseligkeit spüren. Der in besonders reaktionären Bahnen denkende jüngere Bruder Wilhelms trat gegenüber seiner recht weltoffenen Schwägerin zunehmend angriffslustig und zynisch auf. Augusta begegnete diesen Problemen, indem sie nach fehlerloser Pflichterfüllung strebte und in ihrem Auftreten alles ausmerzte, was ihr irgendwie als Schwäche ausgelegt werden konnte. Das hatte wiederum zur Folge, dass sie selbst von wohlmeinenden Zeitgenossen als zwar kluge und gebildete, aber kühl-distanzierte Frau wahrgenommen wurde.

Schwer fiel es Augusta zudem, in ein halbwegs harmonisches Eheleben mit Wilhelm zu finden. Zu den 14 Jahren Altersunterschied kamen grundlegend verschiedene Interessen; die beiden hatten einander im Grunde wenig zu sagen. Es dauerte Monate, bis sie sich zu duzen begannen. Hinzu kam das Thema Elisa. Erstaunlicherweise kamen die beiden Frauen zwar recht gut miteinander zurecht und begegneten sich mit ausgesuchter Höflichkeit.[96] Wilhelm aber glaubte, seiner Frau Elisa »als Muster von Weiblichkeit und Ergebung«[97] vor die Nase halten zu müssen, was auf Augusta wohl sehr verletzend gewirkt haben dürfte.

In dynastischer Hinsicht zeitigte die Ehe dennoch den gewünschten Erfolg. Am 18. Oktober 1831 brachte Augusta einen Sohn zur Welt, der in klassischer Hohenzollerntradition den Namen Friedrich Wilhelm erhielt. Das Baby hellte das Eheleben seiner Eltern eine Weile auf. Wilhelm schwelgte im Glück über seinen Sohn, und das wirkte auch auf Augusta ansteckend: »Unsere ganze Existenz hat sich verändert, seit wir diesen kleinen Engel besitzen. Wilhelms Freude ist wahrhaft rührend und verdoppelt die meinige.«[98]

Während das Prinzenpaar im Elternglück schwelgte, begann Elisas Gesundheit zu zerbrechen. Wilhelms große Liebe erkrankte an der Tuberkulose. Wie schlimm ihr Zustand war, erlebte der Prinz im März 1833 aus nächster Nähe mit.

Als die Familie Radziwill bei ihm dinierte, erlitt Elisa vor den Augen des entsetzten Wilhelm einen Zusammenbruch, als ein harmlos scheinender Hustenanfall in einen massiven Blutsturz mündete. Immer mehr verwandelte sich ihr Leben in ein quälendes Siechtum. Am 27. September 1834 starb Elisa Radziwill im Alter von nur 30 Jahren. Wilhelm sollte sie nie vergessen. Bis zu seinem Tod stand ein Bild von ihr auf seinem Schreibtisch.[99]

Für Außenstehende gaben Wilhelm und Augusta ein strahlendes Bild ab. Varnhagen, der ihnen im Sommer 1836 auf der belebten, von Touristen gesäumten Promenade von Bad Ems begegnete, notierte beeindruckt: »Die Fremden sind ganz erstaunt über das schöne stattliche Paar, das in der That den vortheilhaftesten Eindruck macht.«[100]

Hinter der attraktiven Fassade trat aber zwischen den beiden Ehepartnern zunehmend ein Konfliktpotenzial auf, mit dem Wilhelm anfänglich ganz und gar nicht gerechnet hatte: Augusta interessierte sich immer mehr für Politik, und nicht nur das – ihre Haltung unterschied sich grundlegend von der seinen. Anders als ihr Gemahl plädierte sie für einen weltoffeneren Regierungskurs und setzte sich für liberal geprägte Reformen ein. Die daraus resultierenden Spannungen waren phasenweise so stark, dass Augusta ihrem Gemahl aktuelle politische Einschätzungen manchmal nur noch brieflich mitteilte, um »uns beiden dadurch eine mündliche Erörterung zu ersparen«, so geschehen am 30. Juni 1847. Wilhelm versicherte Augusta daraufhin am 2. Juli, für ihre politischen Ratschläge »stets dankbar« zu sein und auch ihre »redliche Absicht« zu schätzen. »Wenn Du aber oft Deine Absicht nicht erreichtest, mich zu Deinen Ansichten zu bekehren, so liegt dies erstens in unserer sehr verschiedenen Auffassung der politischen, dynastischen und gouvernementalen Verhältnisse, kurzum in der ganzen Auffassung, was zur gedeihlichen und fruchtbringenden Existenz der Staaten gehört.« Es sei nun einmal ein Faktum, dass »Du seit Jahren der progressiven Richtung zugetan bist, während ich der konservativen angehöre.«[101]

Was bei diesem Briefwechsel neben veritabler Gereiztheit auch durchklingt: Augusta setzte sich mit ihren politischen Meinungen bei Wilhelm kaum durch. Die später oft vertretene Ansicht, sie hätte ihn diesbezüglich stark beeinflusst – Otto von Bismarck etwa wurde nicht müde, dies in seinen Memoiren zu betonen –, ist schwer nachvollziehbar, denn in seinem politischen Agieren war bei Wilhelm bis 1848 liberales Gedankengut nicht einmal ansatzweise erkennbar. Wenn Augusta einen ihrer damaligen politischen Briefe an Wilhelm mit der Bemerkung einleitete, »Du wirst mir zürnen oder wenigstens meine Mitteilung gänzlich unbeachtet lassen, das weiß ich im voraus«[102], spiegelte dies ihre realen Einflussmöglichkeiten wohl ziemlich zutreffend wider.

Dass Wilhelm nicht auf die politischen Anregungen seiner Frau hörte, lag auch daran, dass er ihren Ansatzpunkt wenig überzeugend fand, der alles andere als frei von Standesdünkel war. Augusta wollte Reformen, aber sie sollten nicht ihre eigenen Privilegien oder ihren Status mindern. Mit sichtlichem Verdruss schrieb Wilhelm am 8. Juni 1837 an Charlotte über Augustas widersprüchliche Haltung:

> Konfusion von Begriffen von Freiheit, Jagd nach falscher Popularität bei den niederen Ständen. Dann aber wieder Stolz, wenn von Beeinträchtigung der höheren Stände die Rede ist und ihrer selbst. Große Empfindlichkeit, wenn man sie aufmerksam macht, daß soetwas die natürliche Folge ihrer eigenen Prinzipien sei usw. Kurzum, es ist dies eine Materie, die mir viel unangenehme Augenblicke macht, vorzüglich weil es bei ihr teils Laune, Lust zur Opposition und Eingabe von persönlichen Rücksichten ist, die ihre Politik macht.[103]

Zu Streit kam es aber auch wegen anderer Anlässe. Wilhelm empfand seine Frau als schwierig. »Es gibt Momente, wo man sich von Augustes Launen gar keinen Begriff macht«, vertraute er Charlotte einmal an. »Dann ist sie gerade wie stumm und taub. Nicht Herzlichkeit, nicht Überredung, nicht Ernst, nichts, nichts nimmt sie dann an.« Eines Tages im März 1833 etwa wollte Augusta, obwohl sie mit Grippe daniederlag, einen Ball besuchen und

> machte mir und dem Arzt eine Szene im Bett, die ich von einer vernünftigen Person wie Auguste für unmöglich gehalten hätte. Ich sagte ihr nachher allein recht ordentlich meine Meinung, worüber sie furios ward. Und nun klagte sie an Adine, Elis, Marie über meine Härte, ihr den Ball zu verbieten, den der Arzt erlaubt hatte! Ja, wie hat er es erlaubt. Als er sah, daß alle Vernunft ein Ende bei Auguste hatte, sagte er, sie möge nur gehen. – Ich gäbe, ich weiß nicht was, wenn sie sich nicht so vor dem Arzt und den Frauen gezeigt hätte. Ein Eigensinn, Kinderei und Unart sondergleichen. Und das eines Balles halber![104]

Was Wilhelm als Launenhaftigkeit deutete, ging in Wahrheit tiefer. Augustas Stimmungsschwankungen gingen auf ein psychosomatisches Problem zurück, das sie immer wieder tagelang in tiefe Schwermut stürzte. »Er setzt sich überall fest«, vertraute sie ihrer Mutter im November 1840 über einen dieser Anfälle an. »Im Kopf, im Herzen, im ganzen Körper; ich wollte arbeiten, es war einfach unmöglich. In einigen Tagen wird der Anfall vorüber sein, dann kann ich Atem schöpfen, brauche nur gegen die gewöhnlichen Alltagsschwierigkeiten, nicht gegen Schreckgespenster anzukämpfen.«[105]

Wilhelm war nicht gänzlich blind gegenüber dem Zustand seiner Frau. Dass es sich dabei um eine – im frühen 19. Jahrhundert noch kaum erforschte – manisch-depressive Erkrankung handelte, konnte er natürlich nicht wissen, doch spürte er, dass sich Augusta in Berlin unterfordert fühlte. Um ihr Betätigungsfelder zu verschaffen, überließ er ihr die innere Ausgestaltung der beiden Heimstätten, die Mitte der 1830er Jahre für das Prinzenpaar errichtet wurden, fast zur Gänze. Das Innere ihres Hauptwohnsitzes, des 1837 fertiggestellten Palais an der Prachtstraße Unter den Linden, trug Augustas Handschrift. Sie ließ die Räume mit Parkettböden, Mahagonisesseln, Marmorstatuen, einem Wintergarten und einem maurischen Bad ausstatten. Hinzu kam ein prunkvolles Schlafgemach für die Prinzessin, während Wilhelm in seinem Schlafzimmer ein schlichtes Feldbett vorzog. Auch ihre Sommerresidenz auf dem Potsdamer Babelsberg wurde nach den Vorstellungen Augustas gestaltet.[106] Die genaue Planung ihrer künftigen Wohnsitze nahm Augustas Aufmerksamkeit jahrelang in Anspruch und tat ihr gut. Zufrieden schrieb Wilhelm an Charlotte am 31. Dezember 1837: »Auguste geht von Tag zu Tag vorwärts in jeder Beziehung. Ihre sonst kaum zu ertragenden Launen, die mich wirklich unglücklich machten, sind bis auf seltene Fälle verschwunden und der Trieb, ihr Herr zu werden, ist unverkennbar.« Die »immer günstiger sich gestaltende häusliche Zufriedenheit«[107] führte schließlich zu einer zweiten Schwangerschaft. Am 3. Dezember 1838 brachte Augusta ein Mädchen zur Welt, das zu Ehren von Wilhelms Mutter Luise getauft wurde.

Auch bei der Erziehung der Kinder gab Wilhelm seiner Frau größtenteils freie Hand. Augusta, die sich als aufmerksame und liebevolle Mutter zeigte, nahm sich intensiv der geistigen und religiösen Ausbildung der beiden Kinder an, koordinierte die Erziehung, wählte ihre Lehrer aus. Wilhelm bestand lediglich darauf, dass sein Sohn früh auch eine militärische Ausbildung erhielt, ansonsten ließ er Augusta den Vortritt.

Mit dem Gestaltungsspielraum, den er seiner Gemahlin gab, wurde das Eheleben etwas friedlicher. Problembeladen blieb ihr Miteinander dennoch, dies auch, weil dem Prinzenpaar kein weiterer Kindersegen mehr beschieden war. 1842 und 1843 hatte Augusta Fehlgeburten, die ihr emotional sehr zusetzten. Zudem sorgten die politischen Unstimmigkeiten immer wieder für Spannungen zwischen den beiden ungleichen Ehepartnern. Überdies ging Wilhelm im Lauf der Jahre dazu über, dem Ehealltag zuweilen durch amouröse Abenteuer zu entfliehen. Dabei achtete er zwar auf Diskretion, doch ganz verborgen blieben Augusta die Seitensprünge ihres Gemahls dennoch nicht.[108]

Trotz aller Schwierigkeiten, die es zwischen ihnen gab, entwickelten Wilhelm und Augusta aber doch auch ein gewisses Maß an Vertrauen zueinander. Vor allem bei äußeren Krisen rückten sie enger zusammen, und in ihrem Briefverkehr blitzte im Lauf ihrer 59 Jahre dauernden Ehe so etwas wie Zuneigung auf. Am

15: Prinz Wilhelm mit seiner Frau
Augusta von Sachsen-Weimar-Eisenach
(Lithografie, um 1845).

19. Juni 1842 etwa schrieb Augusta ihrem Gemahl, der gerade zu einer Russland-Reise aufgebrochen war:

Ach, lieber Wilhelm, ich glaube immer, Du weißt nicht, wie gut ich es wirklich mit
Dir meine, wie mir Dein Wohl, Dein Beruf am Herzen liegt, wie mich Dein Vertrauen
glücklich macht, wie ich das Leben jetzt von einer so ganz anderen, von einer so ernsten Seite betrachte, und danach strebe, meine Pflichten treu zu erfüllen. Dir Dein
Leben zu erleichtern, Deine Achtung zu besitzen, Gottes Willen zu tun, das ist ja mein
höchster Wunsch und mein Ziel. Diese Trennung ist mir in mehr als einer Hinsicht
schwer geworden![109]

Das Credo vom »Soldatengeist«

Im Juli 1830 kam es in Frankreich zu einem Paukenschlag, der den Vormärz
einleitete. König Karl X. (👑 1824 – 1830) erregte mit neoabsolutistischer Politik wachsenden Unmut im Land. Als er am 25. Juli die Abgeordnetenkammer
auflöste sowie das Wahlrecht und die Pressefreiheit einschränkte, eskalierte die

Lage. Arbeiter, Handwerker und Studenten erhoben sich in Paris gegen die Verordnungen des Königs. Dessen Versuch, die Revolte gewaltsam niederzuwerfen, scheiterte. Nach dreitägigen Barrikadenkämpfen sah sich Karl X. zur Abdankung gezwungen. Im Abgang wollte er noch seinem minderjährigen Enkel den Thron sichern, doch an die Macht kam schließlich ein entfernter Verwandter Karls X., der liberaler orientierte »Bürgerkönig« Louis-Philippe (▨ 1830–1848) aus dem Haus Orléans. Das alteingesessene, 1814/15 wieder auf den Thron gehievte Herrscherhaus Bourbon war neuerlich gestürzt, diesmal endgültig.

Wenig später sprang der revolutionäre Funke auch auf andere europäische Staaten über. Im Süden des Königreichs der Vereinigten Niederlande brach ein Aufstand aus, der zur Bildung des neuen Staates Belgien führte. Auch in mehreren deutschen Städten kam es zu schweren Unruhen, die einen derartigen Druck erzeugten, dass in vier Mittelstaaten – darunter in den Königreichen Hannover und Sachsen – Verfassungen eingeführt wurden.

Der europäischen Hocharistokratie fuhr angesichts der Revolutionswelle der Schrecken tief in die Glieder. 15 Jahre nach dem Sieg über Napoleon I. war das Prinzip der Legitimität abermals schwer erschüttert worden. Anfängliche Impulse, in Frankreich zugunsten der Bourbonen militärisch zu intervenieren, mündeten jedoch nicht in Taten. Da es in Paris zu keinem totalen Umsturz kam und die Monarchie erhalten blieb, fand man sich mit der neuen Lage notgedrungen ab. Auch auf die Unruhen in den südlichen Niederlanden und in Deutschland reagierten die Regierungen in St. Petersburg, Wien und Berlin abwartend. Anders verhielt es sich, als es zu Unruhen im eigenen Einflussbereich kam. Ein Aufstand im russischen Teil Polens wurde vom Zarenreich blutig niedergeworfen. Als eine Massendemonstration auf dem Hambacher Schloss im Mai 1832 die deutsche Einheit sowie Freiheit und Demokratie forderte, erließ der Deutsche Bund neue Gesetze, die die Rechte der landständischen Vertretungen beschnitten, politische Versammlungen verboten und die Zensur verschärften.[110]

Prinz Wilhelm war das zu wenig. Er fand es fatal, dass die Großmächte keine Anstalten machten, in Frankreich zu intervenieren und den Enkel Karls X. auf den Thron zu setzen: »Was soll daraus werden, wenn die Könige sich ihre Rechte nicht mehr untereinander erhalten und sich nicht unterstützen?« Als die Revolte in Belgien ausbrach, versuchte Wilhelm seinen Vater vergeblich zu einer bewaffneten Intervention im Nachbarland zu überreden. Der Schock der Julirevolution ging dem Prinzen tief unter die Haut. Die Aussicht, dass es vielleicht auch in Preußen einen Aufstand geben könnte, war für ihn fortan ein regelrechtes Schreckgespenst. Mehr denn je glaubte er, dass man Forderungen nach politischer Mitbestimmung keinesfalls nachgeben durfte, denn: »Wer erst den Finger hingegeben hat, muß bald die ganze Hand nachreichen«[111].

Wilhelm beließ es nicht bei reinen Abwehrreflexen, sondern ging noch weiter. 1832/33 forcierte er eine Art Gegendoktrin zu den demokratischen und liberalen Ideologien, die den im späten 19. Jahrhundert aufkommenden preußisch-deutschen Militarismus vorwegnahm.

Der unmittelbare Anlass für seinen Vorstoß war der Plan des preußischen Kriegsministers Karl Georg von Hake, wegen der anhaltenden staatlichen Finanzmisere bei der Armee zu sparen und die dreijährige Wehrdienstpflicht zu verkürzen. Wilhelm hielt es für falsch, gerade im Windschatten der Julirevolution einen derartigen Schritt zu tun. Mehr denn je betrachtete er das Militär als die beste Waffe, die dem Königtum gegen Umsturzversuche zur Verfügung stand. Außerdem galt ihm ein möglichst langer Präsenzdienst bei der Armee als ideales Mittel, um Wehrdienern Loyalität zum Königshaus einzuimpfen. Dies schien ihm umso wichtiger, als es die Opposition seiner Ansicht nach nur darauf anlegte, das Königtum seiner Machtbasis zu berauben: »Die Tendenz der revolutionären oder liberalen Partei in Europa ist es, nach und nach alle die Stützen einzureißen, welche dem Souverän Macht und Ansehen und dadurch im Augenblicke der Gefahr Sicherheit gewähren«, schrieb er Hake im April 1832.

Daß die Armeen die vornehmlichsten dieser Stützen noch sind, ist natürlich; je mehr ein wahrer militärischer Geist dieselben beseelt, je schwerer ist ihnen beizukommen. Die Disziplin, der blinde Gehorsam sind aber Dinge, die nur durch lange Gewohnheit erzeugt werden und Bestand haben und zu denen daher eine längere Dienstzeit gehört, damit im Augenblick der Gefahr der Monarch sicher auf die Truppe rechnen könne.

Nur mit der Beibehaltung der dreijährigen Dienstpflicht könne, wie Wilhelm im Oktober 1832 seinem Vater schrieb, halbwegs sichergestellt werden, dass der Präsenzdiener

auch den Soldatengeist in sich aufnehme und trotz seiner jahrelangen Beurlaubung in sich bewahre, da ohne diesen Geist eine wohldisziplinierte und schlagfertige Armee nicht gedacht werden kann. Daß aber dieser Soldatengeist während einer dreijährigen Dienstzeit kaum geschaffen wird, beweist die Erfahrung, wie viel weniger wird es also eine noch kürzere Dienstzeit vermögen.[112]

Der Gedanke, die Präsenzdiener zu Obrigkeitsgehorsam und unbedingter Loyalität zu erziehen, war nicht neu. Dies fand in der preußischen Armee, aber auch in den Streitkräften anderer Staaten längst schon statt. Ungewöhnlich und bis zu einem gewissen Grad neu war aber die Radikalität, mit der Prinz Wilhelm diese Indoktrinierung vorantreiben wollte. Denn was ihm vorschwebte, lief auf eine Art Gehirnwäsche hinaus. Die Ausbildung beim stehenden Heer sollte intensiv dazu benutzt werden, den Wehrdienern allfällige liberale oder demokratische Tendenzen gründlich auszutreiben und sie in blind gehorchende Soldaten zu verwandeln, die im Fall eines Bürgerkriegs nicht zögerten, auf aufsässige Zivilisten zu schießen. Und, aus Wilhelms Sicht ein weiteres Plus: Im Lauf der Zeit würde die preußische Gesellschaft mit immer mehr radikal disziplinierten Soldaten in Zivil durchsetzt und so in ihrer Gesamtheit von stetig zunehmendem »Soldatengeist« beseelt sein.

Solchen Argumenten wollte in der Präsenzdienst-Debatte der frühen 1830er Jahre kaum jemand folgen. Einige führende Armeevertreter konnten einer flächendeckenden Militarisierung der preußischen Gesellschaft insgeheim zwar etwas abgewinnen, doch die meisten unter ihnen schätzten die Revolutionsgefahr weniger dramatisch ein als Wilhelm, akzeptierten die gebieterische Notwendigkeit des Sparens und stimmten einer Verkürzung des Wehrdienstes zu.

Obwohl sich die Reihen um ihn lichteten, hielt Wilhelm an seiner Linie verbissen fest. In flammenden Aufrufen beschwor er den König, Hake und andere Entscheidungsträger, an der dreijährigen Präsenzzeit festzuhalten. Erst im April 1833, als die Diskussion bereits über ein Jahr andauerte, gab der in dieser Frage mittlerweile völlig isolierte Prinz-General nach und stimmte der Verkürzung des Wehrdienstes auf zwei Jahre zähneknirschend zu – freilich nicht ohne anzumerken, dass es sich nur um eine einstweilige Maßnahme handeln dürfe, bis es der Finanzhaushalt erlaube, die dreijährige Präsenzzeit wiederherzustellen.[113]

Wilhelm, der ultimative Hardliner?

Der Prinz konnte auch anders. Wenige Monate nach seinem Rückzug in der Dienstzeitfrage spielte er bei seinen Überlegungen um maximalen Machterhalt plötzlich eine völlig konträre Idee durch: Preußen solle eine »Revolution von oben« durchführen – und zwar durch die Schaffung eines gesamtstaatlichen Parlaments! Der Zeitpunkt für einen derartigen Schritt sei günstig, meinte der Wilhelm am 7. November 1833 in einem Schreiben an Charlotte. Drei Jahre seien seit der Julirevolution vergangen, in Preußen herrsche Ruhe, also könne man ohne Druck von außen »eine reichsständische Versammlung konstituieren« und deren Errichtung als natürlich gewachsene Entwicklung präsentieren. Sie würde »als letzte Stufe unserer Kommunal-, Städte- und Provinzial-Stände-Einrichtung zu betrachten sein, im Zusammenhang mit denselben stehen und aus denselben hervorgehen.« Diese Überlegung basierte auf der Erkenntnis, dass es nur eine

Frage der Zeit war, bis sich der Wunsch nach einer gesamtstaatlichen Volksvertretung in Preußen immer machtvoller äußern würde. War es da im Sinne des Machterhalts nicht klüger, dem Zeitgeist beizeiten entgegenzukommen – freiwillig und damit aus einer Position der Stärke heraus? Dann, so die Überlegung des Prinzen, würde man auf pflegliche Weise einen innenpolitischen Ausgleich erreichen und gleichzeitig die Befugnisse eines gesamtstaatlichen Parlaments eng begrenzen können. »Wird man überhaupt um solche Institutionen herumkommen in Preußen? Ich kann nur mit Nein antworten«, führte Wilhelm weiter aus. Auf Dauer könne man nicht »gegen den Strom« schwimmen. »Man muß mit ihm schwimmen, aber so steuern, daß man Herr des Fahrzeugs bleibt. Schwer ist es, aber nicht unmöglich.«[114] Golo Manns Aussage, Wilhelm sei einer der »vergleichsweise Gescheitesten« unter den »schärfsten Konservativen«[115] Preußens gewesen, ist angesichts solcher Zeilen kaum von der Hand zu weisen.

Allerdings handelte es sich dabei um eine Eintagsfliege. Wilhelm verwarf seinen progressiv angehauchten Gedankengang rasch wieder. Dabei schwang vermutlich die Erkenntnis mit, dass die Schaffung eines Parlaments mit Friedrich Wilhelm III. nicht zu machen war. Letztlich war die Idee einer »Revolution von oben« aber wohl auch Wilhelm selbst zu kühn, um sie ernstlich weiterzuverfolgen.

Keineswegs ad acta legte der Prinz jedoch sein Credo vom »Soldatengeist«. Obwohl die verkürzte Wehrpflicht jahrzehntelang aufrecht blieb, hielt er innerlich an der Rückkehr zum dreijährigen Präsenzdienst eisern fest. Ein Vierteljahrhundert später, als er zum Herrscher Preußens aufstieg, sollte er mit dieser Überzeugung sein Land quasi im Alleingang in eine der tiefsten politischen Krisen seiner Geschichte stürzen.

Eine Intrige vor dem Machtwechsel

N ach der Julirevolution 1830 und den darauffolgenden Revolten in manchen Teilen Europas, die da und dort begrenzte Veränderungen, aber keinen grundlegenden politischen Wandel herbeigeführt hatten, begann für den Kontinent abermals eine Phase tiefen Friedens. In Frankreich kehrte unter dem neuen König Louis-Philippe wieder relative Ruhe ein. Russland, Österreich und Preußen bekräftigten im September 1833 auf der Konferenz von Münchengrätz das restaurative System. In den deutschen Ländern hatte die Ära des Biedermeier noch eine Weile Hochkonjunktur.

Dennoch stellte gerade diese scheinbar so ereignislose Epoche eine Zeitenwende dar. Die Welt fing an, sich zu verändern. Die Industrialisierung setzte ein. Maschinen begannen die traditionelle Handarbeit zu verdrängen, was ein sprunghaftes Ansteigen der Produktivität zur Folge hatte. Die Schwerindustrie wurde zu einem Wirtschaftsfaktor, die Nachfrage nach Eisen und Stahl stieg steil an, die Eisenbahn revolutionierte den Nah- und Fernverkehr.

In Preußen fiel der Aufbruch in die Moderne besonders kraftvoll aus. Die 1815 übernommenen Länder am Rhein wurden ab den 1830er Jahren zu einem Motor des Industriezeitalters, und auch im bislang agrarischen preußischen Kernland entfaltete der Fortschritt erhebliche Dynamik. Ab den späten 1830er Jahren wurden in und um Berlin die ersten Eisenbahnlinien errichtet, die Bevölkerung der Hauptstadt schwoll in der ersten Jahrhunderthälfte durch Geburtenüberschüsse und Zuwanderung um mehr als 140 % auf über 400.000 an. Die Bevölkerung Preußens wuchs zwischen 1816 und 1840 von gut 10 auf fast 15 Millionen Einwohner.

Mit der Industrialisierung geriet auch die preußische Gesellschaftsstruktur in Bewegung. Neben dem Landadel und der bäuerlichen Schicht entstand in den Ballungszentren eine Industriearbeiterschaft. Das Bürgertum begann im Lauf der 1830er Jahre seine politische Passivität abzulegen. Teile der Gesellschaft fingen an, Unmut über den repressiven Regierungskurs der Hohenzollern zu äußern. Petitionen wurden in den Landtagen eingereicht, in denen Ärger über die herrschenden Zustände artikuliert wurde. Zwischen Königtum und Bevölkerung tat sich allmählich eine tiefe Kluft auf.

Friedrich Wilhelm III. nahm diese ersten Alarmzeichen nicht ernst. Die wachsende Unzufriedenheit in Teilen der Bevölkerung war noch keine ernstliche Bedrohung für die Herrschaft der Hohenzollern, und so sah der alternde Monarch keine Notwendigkeit, einem Konflikt mit dem eigenen Volk durch Reformen beizeiten vorzubeugen.

Einen wichtigen Impuls gab es gegen Ende der Ära Friedrich Wilhelms III. dennoch: Am 1. Januar 1834 erfolgte die Gründung des Deutschen Zollvereins. Auf diesen handelspolitischen Zusammenschluss zahlreicher deutscher Staaten hatte Preußen jahrelang hingearbeitet, mit wirtschaftlichem Druck, zäher Beharrlichkeit und unter Umgehung Österreichs. In den Folgejahren stießen weitere Bundesstaaten zum Zollverein, der schließlich bereits annähernd die Fläche des späteren deutschen Kaiserreiches umfasste. Eine Vorstufe zur deutschen Einheit stellte die Initiative indessen kaum dar, denn die Mitglieder des Zollvereins nahmen die Vorteile des freien Güterverkehrs gerne an, ließen sich aber mehrheitlich auf keine engere Beziehung zu den Hohenzollern ein. Dennoch: Durch die Gründung des Zollvereins zeichneten sich erstmals Konturen einer preußischen Deutschlandpolitik ab. Der Abbau der Zollschranken zwischen den deutschen Staaten wurde nicht nur zu einem Kerninstrument preußischer Außenpolitik, sondern auch zu einem Hebel, um gegenüber Österreich, der bislang übermächtigen Großmacht im Deutschen Bund, zu punkten. Angesichts der Konsequenz, mit der die Regierung Friedrich Wilhelms III. das Vorhaben verfolgte und umsetzte, drängte sich liberalen und fortschrittlicheren Bürgern kleinerer deutscher Staaten die Erkenntnis auf, dass Preußen trotz seiner konservativ-reaktionären Herrschaft doch auch eine progressive Kraft in der deutschen Politik sein könnte.[116]

Zu weiteren außenpolitischen Akzenten war Berlin vorderhand allerdings nicht mehr imstande. In den späten 1830er Jahren verbreitete sich in der preußischen Regierung Lethargie. Die Minister und Beamten, die ihrem König die Schaffung des Zollvereins nahegelegt und ihm auch einige Reformen etwa in der Verkehrs- und Wirtschaftspolitik abgerungen hatten, waren betagt und müde geworden. Friedrich Wilhelm III. selbst, mittlerweile hoch in seinen Sechzigern, begann zu kränkeln und ergab sich der Passivität. Mehr als vier Jahrzehnte dauerte seine Herrschaft bereits an, und nun, am Ende seiner Tage, senkte sich vollends bleierne Stagnation auf Berlin herab.

Angesichts des bevorstehenden Endes der Ära Friedrich Wilhelms III. richteten sich die Blicke vermehrt auf den Thronfolger. Welche Politik er künftig als König verfolgen würde, blieb jedoch im Dunkeln. Friedrich Wilhelm war selbst für wohlinformierte Beobachter schwer durchschaubar. Er stellte oft Überschwänglichkeit und Redseligkeit zur Schau, garnierte seine Briefe mit verschlungenen Wortkaskaden und unzähligen Ausrufezeichen, doch welche Überzeugungen sich hinter dieser theatralischen Fassade verbargen, vermochte niemand recht zu sagen.[117]

Diese Ungewissheit plagte auch die nächste Umgebung des Königs. Vor allem Wilhelm zu Sayn-Wittgenstein-Hohenstein, der seit 1819 als Minister des königlichen Hauses fungierte und viel Einfluss bei Friedrich Wilhelm III. besaß, befürchtete, dessen Nachfolger würde das reaktionäre Regiment beenden und eine reformorientierte Linie verfolgen. Um einem Kurswechsel vorzubeugen, wollte Wittgenstein die Macht des künftigen Königs noch vor dessen Herrschaftsbeginn begrenzen. Einen starken Verbündeten fand er in Prinz Wilhelm, der ebenfalls eine Machtbegrenzung für einen künftigen König Friedrich Wilhelm IV. anstrebte. Eine Idee, wie sich dies realisieren lassen könnte, bekam er im März 1835, als er im Auftrag seines Vaters anlässlich des Thronwechsels in Österreich nach Wien reiste. Da der neue Kaiser Ferdinand I. (👑 1835–1848) als herrschaftsunfähig galt, hatte dessen Vater Franz I. die Bildung einer dreiköpfigen Staatskonferenz verfügt, die fortan die eigentliche Leitung der Regierungsgeschäfte übernehmen sollte. Nun war der preußische Thronfolger nicht geistesschwach, wie man es Ferdinand I. fälschlicherweise nachsagte, weshalb eine faktische Entmündigung keine Option darstellte. Doch ein gewisses Maß an Mitbestimmung, vorzugsweise für die Brüder des kommenden Monarchen, würde sich vielleicht fixieren lassen, so Wilhelms Kalkül. Ein erster Anlauf, dieses Ziel zu erreichen, scheiterte jedoch. Als Wilhelm in einem Brief an seinen Vater das österreichische Herrschaftsmodell in höchsten Tönen pries, zeitigte dies kein konkretes Resultat.[118] Daraufhin versuchte es der Prinz auf anderem Weg: Er begann, den Thronfolger bei der mächtigen russischen Verwandtschaft anzuschwärzen. Schon seit Langem störte ihn, dass sich sein Bruder mit Sympathisanten der Erweckungsbewegung umgab. Über deren Tendenz, ihren Glauben offensiv zur Schau zu stellen, hatte er bereits 1824 grimmig geschrieben: »Wer wahre Religion hat, der trägt sie im Herzen und richtet sein ganzes Leben und jeden Schritt und jede Handlung danach ein, ohne sie stets im Munde zu führen, was gänzlich unziemlich und unpassend für so hochheilige Dinge ist.«[119] Nun machte Wilhelm aus der Vorliebe seines Bruders für Frömmler ein Politikum. Am 29. März 1838 stellte er den Thronfolger in einem Brief an seine Schwester Charlotte als willenloses Werkzeug seiner frömmelnden Freunde dar:

> Sie haben es gewusst, sich seiner ganzen Person und regen Phantasie zu bemeistern, so daß er nur bei diesen Leuten schwört, alles durch ihre Brillen sieht und dermaßen gegen alles eingenommen und guidiert ist, was nicht diese Farbe trägt, daß bereits viele, die ihren Weg zu machen gedenken und den künftigen Souverän im Auge haben, sich [...] nach diesem System benehmen und mit der Zeit ihr Ziel auch nicht verfehlen werden.[120]

Unverhohlen klang dabei die Botschaft durch, dass der Thronfolger allzu leicht auch zu massiven politischen Zugeständnissen gebracht werden könne. Als Zar Nikolaus I. wenig später Berlin besuchte, legte Wilhelm nach. Er raunte seinem Schwager ins Ohr, Friedrich Wilhelm habe konstitutionelle Tendenzen. Aus einem Gespräch mit dem Thronfolger zog der Zar den Schluss, dass dieser Hinweis stimmte. Darob schockiert, drängte er Wittgenstein, von Friedrich Wilhelm III. entsprechende testamentarische Verfügungen zu erwirken, um der Reduktion der Kronrechte vorzubeugen. Ausgestattet mit dieser Rückendeckung, gingen Wilhelm und Wittgenstein zum Angriff über. Der Minister des königlichen Hauses setzte eine Denkschrift auf, in der er den Kronprinzen als beeinflussbar hinstellte und die Befürchtung äußerte, dieser werde das alte Verfassungsversprechen des Vaters einlösen. Wilhelm sekundierte, indem er in einer schriftlichen Replik vor allzu großer Nachgiebigkeit des Kronprinzen gegenüber den Liberalen warnte und mit Unterstützung Prinz Carls den Vater drängte, die Entscheidungsgewalt des künftigen Monarchen beizeiten einzuschränken.[121]

Am Ende dieses Intrigenspiels stand ein von Wittgenstein verfasstes Schriftstück, in dem der König testamentarisch verfügte, dass seine Nachfolger nur nach Abstimmung mit der engen männlichen Verwandtschaft an den Eckpfeilern der innerstaatlichen Machtverhältnisse rütteln dürften:

> So bestimme ich hierdurch, daß kein künftiger Regent befugt seyn soll, ohne Zuziehung sämtlicher Agnaten in dem Königlichen Hause eine Änderung oder Einleitung zu treffen, wodurch eine Veränderung in der jetzigen Verfassung des Staates, namentlich in Beziehung auf die ständischen Verhältnisse und die Beschränkung der Königlichen Macht bewirkt oder begründet werden könnte.[122]

Für Wilhelm war das Testament ein Erfolg. Der König hatte seinem Nachfolger eine Fessel angelegt und gleichzeitig dafür gesorgt, dass er, der Soldatenprinz, in verfassungsrechtlichen Fragen ein Veto einlegen und so machtpolitisch relevante Reformen verhindern konnte. Das Dokument hatte indessen den Makel, dass eine Unterschrift Friedrich Wilhelms III. fehlte. Es wies aber eigenhändige Randbemerkungen des Königs auf, aus denen hervorging, dass der Text seine Zustimmung fand, woran sich ein gewisses Maß an Verbindlichkeit ablesen ließ.[123]

Auch in anderer Hinsicht erlebte Wilhelm gegen Ende der Herrschaft des alten Königs eine beträchtliche Aufwertung: Am 30. März 1838 wurde er von seinem Vater zum Kommandierenden General des Gardekorps ernannt. Damit bekleidete er die prestigeträchtigste Position im gesamten preußischen Heer. Das war ein durchaus ungewöhnlicher Schritt. Preußischen Königssöhnen blieb das Kommando über die Garde in der Regel vorenthalten – und das aus gutem Grund: Sollte die Staatsführung im Fall von Unruhen die Armee einsetzen, würde die Garde dabei an vorderster Front stehen. Ein Prinz, der die Garde kommandierte und für Schießbefehle gegen die Bevölkerung direkt verantwortlich zu machen war, konnte dabei rasch in ein tiefes Popularitätsloch stürzen. Bei Wilhelm schien dieser Aspekt noch bedenklicher, da er in Bälde Thronfolger sein würde.[124] Dennoch avancierte Wilhelm zum ersten und einzigen Dynastievertreter unter den insgesamt 16 Kommandierenden Generälen, die das Gardekorps zwischen 1814 und 1918 führten – eine unorthodoxe Maßnahme des soldatischen Königs Friedrich Wilhelm III., die als besonderer Gunstbeweis für seinen noch soldatischeren Sohn zu werten ist.

Am 22. Mai 1840 traf Wilhelm überdies noch eine persönliche Entscheidung: Er trat den Freimaurern bei. Dass bereits Friedrich II., der Große, den er sehr verehrte, diesem Bund angehört hatte, dürfte seinen Schritt mitmotiviert haben. Die fünf Grundideale des Ordens – Freiheit, Gleichheit, Brüderlichkeit, Toleranz und Humanität – standen nach seinem Dafürhalten nicht im Widerspruch zu seiner konservativen Grundhaltung. Entgegen kam ihm dabei, dass der Freimaurerorden seine Grundsätze um die Mitte des 19. Jahrhunderts eher abstrakt auslegte, weshalb sowohl politisch fortschrittlich denkende Menschen als auch Konservative sich damit identifizieren konnten. Aufgrund seiner hohen Stellung im Staat wurde Wilhelm gleich bei seiner Aufnahme zum Protektor aller drei preußischen Großlogen ernannt.[125]

Um die Mitte des Frühjahrs 1840 verfiel der zuletzt immer hinfälliger werdende Friedrich Wilhelm III. in hektische Betriebsamkeit. Trotz einer schweren Grippe verordnete er seinem Land Ende Mai für den 1. Juni eine Nationalfeier. Dabei sollte der Grundstein für ein Monument Friedrichs II. gelegt werden. Doch der Festakt überstieg die schwindenden Kräfte des 69-jährigen Königs. Während der Feierlichkeiten erlitt er einen Ohnmachtsanfall. Von diesem Zusammenbruch sollte er sich nicht mehr erholen. Am 7. Juni 1840 starb Friedrich Wilhelm III. im Kreis seiner Familie.

Wilhelm ging der Tod des Vaters sehr nahe. Obwohl er mit Friedrich Wilhelms III. Herrschaft vor allem im Bereich der Außenpolitik nicht immer glücklich gewesen war, hatte er dessen konservative Grundhaltung doch nahezu vollständig geteilt und großen Respekt für ihn empfunden.[126]

Der Zukunft sah der Soldatenprinz indessen zuversichtlich entgegen. Sich als eine Art Gralshüter der alten Ordnung sehend, wollte er gemäß dem Willen seines Vaters über die Eckpfeiler des preußischen Staatswesens wachen und die Hohenzollernmonarchie auf konservativem Kurs halten. Optimistisch war er auch, den neuen König Friedrich Wilhelm IV. von Zugeständnissen an den Zeitgeist abhalten zu können. Seiner Ansicht nach besaß sein älterer Bruder nicht die Stärke, einem energisch auftretenden konservativen Lager, das fast alle Schlüsselpositionen im Staat besetzt hatte, zu widerstehen. Unmittelbar nach der Inthronisierung seines älteren Bruders schrieb Wilhelm selbstbewusst an Charlotte: »Wir werden ihn Sprünge machen sehen, vor-, rück- und seitwärts, so daß man irre an ihm werden könnte. Aber er wird sich immer wieder fangen oder einfangen lassen (denn das ist seine größte Eigenschaft, daß er hört und überlegt), und somit wird alles gut gehen!«[127]

Doch das war ein Irrtum. Friedrich Wilhelm IV. ließ sich nicht »einfangen«, und es ging auch nicht alles »gut«. Stattdessen begann das quasiabsolutistische Herrschaftssystem, das Wilhelm unbedingt bewahren wollte, an der Basis zu beben.

Der Thronfolger (1840 – 1857)

Der Weg zum Abgrund

Als der 44-jährige Friedrich Wilhelm IV. (📷 1840 – 1861) seine Herrschaft über Preußen antrat, waren die Erwartungen im Land immens. Durch das lange und starre Regiment Friedrich Wilhelms III. hatte sich in der Bevölkerung viel Frustration aufgestaut. Immer noch besaß Preußen keine Verfassung. Immer noch gab es eine rigide Zensur. Immer noch sahen sich Oppositionelle als »Demagogen« verfolgt. Nun aber, mit der Inthronisation des neuen Königs, würden die drückenden Repressionen beseitigt werden, hofften viele Menschen.

Tatsächlich setzte Friedrich Wilhelm IV. einige Akzente, die darauf schließen ließen, dass er die Zeichen der Zeit erkannt hatte und die wachsende Kluft zwischen der Krone und der Bevölkerung schließen wollte. Er beendete die Demagogenverfolgung, ließ politische Gefangene frei und lockerte die Zensur. Hoffnungen erweckte auch das Auftreten des Königs. Bei den traditionellen Huldigungen der preußischen Stände in Berlin und Königsberg ließ er es im Frühherbst 1840 nicht einfach dabei bewenden, sich dem Volk schweigend zu zeigen. Stattdessen ergriff er zur allgemeinen Überraschung das Wort und wandte sich mit spontanen Reden direkt an die Anwesenden. Diese scheinbare Volksnähe sorgte weithin für Begeisterung. In der allgemeinen Hochstimmung wurde gerne übersehen, dass die Durchführung der pompösen Huldigungszeremonien eigentlich auf eine rückwärts gerichtete Herrschaftsauffassung Friedrich Wilhelms IV. hindeutete.

Der erste Dämpfer ließ denn auch nicht lange auf sich warten. Als der Königsberger Landtag den König um ein gesamtstaatliches Parlament ersuchte, reagierte dieser zuerst mit unverbindlich-freundlichen Worten. Obwohl sie eigentlich keine konkrete Zusage beinhalteten, fachten sie die Hoffnungen auf einen Staatsumbau nach liberalem Muster weiter an. Friedrich Wilhelm IV. strebte jedoch in eine ganz andere Richtung. In Anlehnung an die mittelalterliche Ständeordnung sah er sich als von Gott geweihter Vater des Staates, der sein Handeln nur vor Gott verantworten musste. Die Schaffung eines Parlaments war ihm ebenso zuwider wie die Einführung einer Verfassung. Echte politische Mitsprache hatte in seinem gesellschaftlichen Ordnungsmodell keinen Platz. Irritiert von der Euphorie, die seine vage Antwort an den Königsberger Landtag ausgelöst hatte, gab er am 4. Oktober 1840 bekannt, dass er eine Nationalversammlung ablehne.[1]

Die daraus resultierende Enttäuschung im Land wurde zunächst von einem außenpolitischen Konflikt überlagert, der den Hohenzollernstaat erstmals seit 1815

in einen Krieg zu stürzen drohte: der Rheinkrise. Am 15. Juli 1840 hatten Großbritannien, Österreich, Russland und Preußen vereinbart, gegen den ägyptischen
Machthaber Muhammad Ali Pascha (📖 1805 – 1848) vorzugehen, der dem Osmanischen Reich Palästina und Syrien entrissen hatte. Im proägyptischen Frankreich
brach ein Entrüstungssturm los, der sich noch verstärkte, als eine britisch-öster-
reichische Streitmacht im Nahen Osten zu intervenieren begann. Paris fühlte sich
vom Schulterschluss der anderen Großmächte gedemütigt und wollte die Schmach
im Orient mitten in Europa tilgen, und zwar durch einen Vormarsch zum Rhein,
für den Ministerpräsident Adolphe Thiers hektisch rüsten ließ. Damit stand Preußen plötzlich vor der Situation, einen Krieg um die Rheinprovinzen führen zu
müssen. Die Führung in Berlin war entsetzt. Griff Frankreich am Rhein an, musste
man zunächst alleine standhalten. Es würde Wochen dauern, ehe von den geogra-
phisch ferneren Großmächten Truppenhilfe zu erwarten war. In dieser Lage kam
es den Hohenzollern sehr gelegen, dass die Pariser Drohgebärden im deutschen
Westen eine hitzige deutsch-patriotische Gegenbewegung hervorriefen. Friedrich
Wilhelm IV. griff diese Stimmung auf, beschwor eine gemeinsame deutsche Vertei-
digungsfront gegen Frankreich und zeigte sich begeistert von Dichtern, die sich in
flammenden Aufrufen zum Abwehrkampf gegen Frankreich überboten.

Auch Wilhelm sah im aufschäumenden deutschen Patriotismus eine wertvolle
Hilfe in einem allfälligen Krieg gegen Frankreich. Dazu kam es dann zwar nicht.
Paris zog die Notbremse. König Louis-Philippe, erschrocken über die Aussicht
auf einen Krieg gegen die Viererkoalition von London, entließ am 21. Oktober
Ministerpräsident Thiers und sorgte so für ein langsames Abflauen der Rheinkrise.[2] Als Wilhelm danach Bilanz zog, sah er den gesamtdeutschen Patriotismus,
den er zu Zeiten des Hambacher Festes noch verabscheut hatte, jedoch mit anderen Augen. »Die wahrhaft nationale Stimmung, welche sich in Deutschland
durchgängig jetzt gezeigt hat«, sei »ein ganz unberechenbares Glück für jetzt und
hoffentlich für alle Zeiten«, schrieb er am 15. Januar 1841. Sie könne auch in
Zukunft ein wirkungsvolles Mittel »gegen den Einbruch der Revolution von außen«[3] sein. Von nun an sah er deutsch-patriotische Kräfte nicht mehr nur als Bedrohung, sondern auch als potenziellen Aktivposten für Preußen und vor allem
für den ungeschmälerten Erhalt des Königtums.

Mit dem Ende der Rheinkrise rückte für Wilhelm die Innenpolitik stärker
denn je in den Vordergrund. Seit dem Thronwechsel verfügte er über eine beträchtliche Machtfülle, weit größer, als sie zweitgeborenen Hohenzollernprinzen
üblicherweise zukam. Als Thronfolger war der Prinz von Preußen, wie sein Titel
jetzt lautete, nunmehr die Nummer zwei im Staat. Er bekam Sitz und Stimme im
Staatsministerium. Seine Stellung als Kommandierender General des Gardekorps

wies ihn als ersten Soldaten Preußens aus. Einflussreiche Minister, die schon unter seinem Vater gedient hatten, zählten zu seinen Verbündeten, unter ihnen Wittgenstein sowie Finanzminister Albrecht von Alvensleben und Innenminister Gustav von Rochow. Überdies begegnete Friedrich Wilhelm IV. ihm mit demonstrativer Freundlichkeit, sprach ihm eine Sonderstellung im Zeremoniell des preußischen Hofes zu und lud ihn des Öfteren zu politischen Besprechungen ein.[4]

Zunächst war das Miteinander der beiden ungleichen Brüder durchaus von Harmonie geprägt. Wilhelm zeigte sich vom Herrschaftsbeginn Friedrich Wilhelms IV. angetan. »Hinreißend« seien dessen überraschende Ansprachen bei den Huldigungsfeiern gewesen, schwärmte er. Einige Entscheidungen seines älteren Bruders, etwa die Freilassung politischer Gefangener, gefielen ihm zwar nicht unbedingt, doch räumte er ein, der König habe mit seinen ersten Maßnahmen »alle Parteien für sich momentan gewonnen« und das sei »unendlich viel wert.«[5]

Die Vorschusslorbeeren Friedrich Wilhelms IV. welkten unterdessen rasch. Nach seinem Nein zum gesamtstaatlichen Parlament wuchs die Unzufriedenheit im Land bald wieder an. Die zuvor nur vereinzelten Rufe nach Reformen vervielfachten sich. Die meisten Provinziallandtage verlangten mit entsprechenden Resolutionen die Gewährung der Pressefreiheit. Besonderes Aufsehen erregte die Schriftstellerin Bettina von Arnim mit ihrem 1843 publizierten Werk *Dies Buch gehört dem König*, das die tristen Verhältnisse beschrieb, unter denen die Berliner Unterschicht ihr Leben fristen musste. Friedrich Wilhelm IV. selbst erntete Kritik und auch Hohn, wie es keiner seiner Vorgänger erlebt hatte. Man spottete über das wenig vorteilhafte Äußere[6] des korpulenten Königs und sagte ihm einen starken Hang zum Alkohol nach. Eine Karikatur aus dem Jahr 1844 stellte ihn als betrunkenen gestiefelten Kater dar, der eine Sektflasche in der Hand hielt und erfolglos in die Fußstapfen Friedrichs des Großen zu treten versuchte.

Friedrich Wilhelm IV. reagierte auf die wachsende Missstimmung mit Härte. Bald galten für Bilder wieder strenge Zensurvorschriften. Majestätsbeleidigungen wurden mit mehrmonatigen Haftstrafen geahndet. Als im Juni 1844 in Peterswaldau rund 3000 schlesische Weber gegen Lohnkürzungen revoltierten, warf die Armee die aus reiner Not resultierenden Unruhen gewaltsam nieder. Elf Menschen kamen dabei ums Leben, Dutzende wurden mit Haft oder Peitschenhieben bestraft.[7]

Unterdessen kam es auch zu wachsenden Spannungen zwischen dem König und dem Thronfolger. Prinz Wilhelm trat als eiserner Wächter von absolutistischer Zucht und Ordnung auf. Kamen bei den Sitzungen des Staatsministeriums Themen zur Sprache, welche die Vormachtstellung der Monarchie berührten, legte er sofort Einspruch ein, wenn er einen Reformansatz witterte. Oft beschwor er den König, auf Proteste oder Reformvorschläge keinesfalls nachgiebig zu reagieren, und warnte davor, bei den Bündnispartnern Russland und Österreich durch konstitutionelle Anwandlungen in Misskredit zu geraten. Seinem Bruder ging er mit seinen permanenten Vorhaltungen bald gehörig auf die Nerven. Dessen anfängliche Bereitschaft, sich mit ihm über politische Fragen abzusprechen, schwand rapide dahin. In seinen Briefen an Charlotte klagte Wilhelm über mehrere königliche Vorhaben, die trotz seiner Bedenken umgesetzt werden sollten. Gleichzeitig kamen ihm wichtige Bündnispartner abhanden. Wittgenstein verlor seinen unter Friedrich Wilhelm III. beträchtlichen Einfluss, und die einst dominierenden Minister Alvensleben und Rochow schieden 1842 aus ihren Ämtern. Völlig ignorieren konnte Friedrich Wilhelm IV. seinen Bruder dennoch nicht, denn an dessen Sonderstatus als Thronfolger ließ sich nicht rütteln. Zudem besaß Wilhelm starken Rückhalt in der Armee. Die Generalität sah den soldatischen Prinzen von Preußen als Gegengewicht zum unmilitärischen König, zudem agierte er als ihr Interessenvertreter und legte oft Protest ein, wenn die Staatsführung Sparmaßnahmen bei der Streitmacht erwog. All dies verschaffte ihm nicht nur hohes Ansehen bei der Offizierselite, sondern auch einen Hebel, um seinen Ansichten Geltung zu verschaffen.

Die Unstimmigkeiten zwischen König und Thronfolger eskalierten, als sich Friedrich Wilhelm IV. genötigt sah, gemeinsame Sitzungen sämtlicher Provinziallandtage zuzulassen. Die Regierung musste für den Bau eines Eisenbahnnetzes hohe Kredite aufnehmen. Dazu brauchte es gemäß dem Staatsschuldengesetz vom 17. Januar 1820 jedoch die Billigung einer gesamtpreußischen Ständeversammlung. Nach langem Zögern beschloss Friedrich Wilhelm IV. Ende 1844 daher, innerhalb von drei Jahren alle Provinziallandtage in Berlin einzuberufen. Wilhelm witterte darin die Einführung des Parlamentarismus durch die Hintertür und pochte auf das Testament Friedrich Wilhelms III., wonach grundlegende Änderungen im Staatsgefüge erst vorgenommen werden könnten, wenn alle königlichen Prinzen zugestimmt hätten.[8] In einem wutentbrannten Brief vom 16. Februar 1845 hielt Friedrich Wilhelm IV. fest, Wilhelm scheine zu glauben, dass er das Land »wie ein Pinsel regiere«, und verlangte von ihm, die »unseelige u. strafbare FamilienOpposizion«[9] einzustellen.

Wilhelm ignorierte diese Forderung. Als das Staatsministerium und eine Kommission für ständische Angelegenheiten am 11. März 1846 Verhandlungen über die Einberufung der Provinziallandtage aufnahmen, protestierte er abermals. Allerdings stand er mit seiner ablehnenden Haltung ziemlich alleine da. Fast alle anderen Sitzungsteilnehmer meinten, dass sich die zumindest temporäre Schaffung eines Vereinigten Landtages angesichts der gegebenen Rechtslage nicht umgehen ließ. Wilhelm trat daraufhin einen taktischen Rückzug an und stimmte zu, um an der weiteren Diskussion über die konkrete Gestalt des Vereinigten Landtages teilzuhaben und diese beeinflussen zu können. Das gelang ihm jedoch nur teilweise. Als das Staatsministerium am 28. März die Frage behandelte, ob man den Ständen das Steuerbewilligungsrecht übertragen solle, sprach er dem Ministerium empört die Kompetenz ab, über ein Majestätsrecht zu debattieren. Eine knappe Mehrheit der Minister ließ sich davon nicht beeindrucken und beschloss das Bewilligungsrecht.[10] Erfolgreicher war Wilhelm mit seiner Forderung, im Vereinigten Landtag ein Zwei-kammersystem zu installieren. Neben einer Dreiständekurie, die den Landadel, das Bürgertum und die Bauernschaft repräsentierte, sollte es seiner Ansicht nach un-bedingt auch eine »Herrenkurie« geben, der Mitglieder des Königshauses und des Hochadels angehörten. Damit werde »alles, was etwa in der 2. Bank Bouleversi-ves und Revolutionäres ersonnen werden wird, durch das Feuer der Läuterung der 1. Bank gehen«[11] müssen. Als Anfang 1847 ein Patent zur Einberufung des Vereinig-ten Landtags als Entwurf vorlag, drohte er Friedrich Wilhelm IV., seine Unterschrift zu verweigern, sollte er nicht die von ihm gewünschten Modifikationen vornehmen. Es endete mit einem Kompromiss. In der Frage des Steuerbewilligungsrechts gab Wilhelm nach, bekam aber beim Thema Herrenkurie seinen Willen.

Damit war der Weg zur Einberufung des Vereinigten Landtags frei. Wilhelm stand nun vor der unbequemen Aufgabe, dem Zarenhof seinen Beitrag daran erklären zu müssen. Am 26. Januar 1847 verfasste er einen entsprechenden Brief mit vielen relativierenden Worten und konnte doch nicht verhindern, dass seine bislang hohen Beliebtheitswerte in St. Petersburg fielen. Die Romanows verur-teilten die Bildung des Vereinigten Landtags als Abkehr der Hohenzollern vom alten russisch-preußischen Herrschaftseinklang. Selbst Charlotte nahm an Wil-helms Verhalten massiv Anstoß und sah ihn nun als Anwalt des Fortschritts.[12]

Wie absurd dieser Vorwurf war, zeigte sich, als der soziale Unmut in Preußen im Frühjahr 1847 einen neuen Höhepunkt erreichte. Missernten hatten die Getreide-und Kartoffelpreise steil nach oben schießen lassen. Trotz der wachsenden Hun-gersnot führte die Regierung nur wenige Getreideankäufe durch. Das erzeugte in der Bevölkerung das Gefühl, die Staatsspitze sei entweder unfähig oder stünde dem Schicksal der Menschen gleichgültig gegenüber. Am 21. und 22. April 1847 eskalierte die Lage in Berlin. Wütende und verzweifelte Horden durchstreiften die Stadt, überfielen auf der Suche nach Lebensmitteln Marktstände, Geschäfte, La-gerräume und hinterließen eine Spur der Verwüstung. Viele strömten auch zum Palais des Thronfolgers, denn niemand in der Staatsspitze erregte größeren Zorn als Wilhelm: Dass er besonders vehement für die Beibehaltung einer absolutis-tischen Herrschaftsform eintrat, war kein Geheimnis. Viele Menschen sahen in ihm den bösen Geist des Hauses Hohenzollern, der den vermeintlich schwachen König von Reformen abhielt. Außerdem war Wilhelm der Spitzenrepräsentant der Armee, die in der Bevölkerung zunehmend als Unterdrückungsinstrument empfunden wurde. In ihrer Wut rotteten sich zahllose Demonstranten vor seinem Palais zusammen und warfen mit Steinen mehrere Fenster ein. Wilhelm tobte. Auf seine Veranlassung trieb der energische General Karl Ludwig von Prittwitz die vermeintlichen Aufrührer mit mehreren Kavallerieattacken auseinander. Danach kehrte zur grimmigen Zufriedenheit Wilhelms wieder Ruhe in der Stadt ein.[13]

Bald darauf scheiterte zur Freude des Prinzen von Preußen auch der Vereinigte Landtag. Schon bei der Eröffnungszeremonie am 11. April 1847 im Berliner Schloss hatte Friedrich Wilhelm IV. klargestellt, dass es regelmäßige Tagungen des gesamtstaatlichen Landtags nicht geben werde, sondern das Gremium nur dann tagen sollte, wenn er dies für nötig hielt. Auch dem weitverbreiteten Verfassungswunsch erteilte der König eine Absage. Niemals werde er es zulassen, schmetterte er den über 600 Delegierten entgegen, dass »sich zwischen Unsern Herr Gott im Himmel und dieses Land ein beschriebenes Blatt, gleichsam als eine zweite Vorsehung eindränge, um Uns mit seinen Paragraphen zu regieren und durch sie die alte, heilige Treue zu ersetzen.«[14] Viele Abgeordnete ließen sich von der schroffen Rede des Königs jedoch nicht einschüchtern. Der Vereinigte Landtag wurde von gemäßigten Liberalen dominiert, und diese beharrten darauf, regelmäßig zu Sitzungen einberufen zu werden und so die Schaffung eines gesamtstaatlichen Parlaments herbeizuführen. Außerdem verlangten sie legislative Vollmachten und die Beseitigung von ständischen Diskriminierungen. Als Friedrich Wilhelm IV. keine Kompromissbereitschaft zeigte, blockierten sie die Pläne der Regierung. Die von ihr gewünschte Eisenbahn-Anleihe, die für die meisten Volksvertreter auf inhaltlicher Ebene durchaus Sinn machte, wurde mehrheitlich abgelehnt. Der erboste König löste daraufhin am 26. Juni 1847 den Vereinigten Landtag wieder auf.[15]

Der Prinz von Preußen jubelte. »Unsere ernste neue Zeit ist in ihrer ersten Erscheinung geschlossen! Und das Gouvernement geht triumphierend aus derselben hervor, indem alle Machinationen und Drohungen, den König zu Konzessionen zu zwingen, fruchtlos geblieben sind«, schrieb er vergnügt an Charlotte. »Somit sind also alle faktiösen Demonstrationen der Opposition nutzlos verschossene Munition gewesen, da sie ihren Zweck nicht erreicht hat.«[16] Augusta konnte die Hochstimmung ihres Gemahls nicht nachvollziehen und warnte: »Möge sich Dein jetziger Triumph nicht dereinst in bittere Enttäuschung verwandeln.«[17]

Wilhelms Gemahlin war weiser, als sie selbst ahnte. Im Herbst und Winter 1847/48 begannen sich Revolten in Europa zu häufen. Im Königreich beider Sizilien kam es zu Aufständen, die das Herrscherhaus Bourbon zur Einführung einer Verfassung zwangen. In der Schweiz brach ein Krieg zwischen den konservativen Kantonen des Sonderbundes und der liberalen Mehrheit der Kantone

16: König Friedrich Wilhelm IV.
(Daguerreotypie, 1847).

aus, der nach mehrwöchigen Kämpfen zur Umwandlung der Schweiz in einen Bundesstaat mit liberaler Verfassung führte. In Frankreich gärte der Unmut über König Louis-Philippe und dessen Regierungschef François Guizot, die sich einer liberalen Wahlrechtsreform entgegenstemmten.[18]

Prinz Wilhelm beobachtete die Konflikte, die sich in Europa an der Frage politischer Mitbestimmung entzündeten, mit Unbehagen. Sie erschienen ihm wie Vorboten noch größeren Unheils. »Die Lage Europas seit wenig[en] Monaten ist so ernst und schwierig, daß es mir wie vor einem Gewitter zumute ist!«, schrieb er Charlotte am 14. Februar 1848. Einen beunruhigten Blick nach Paris werfend, fügte er hinzu: »Wenn nun noch Guizot fällt, so ist alles in Frage gestellt.«[19]

Nur wenige Tage später war es dann auch schon so weit. In Frankreich vereinigten sich Bürger und Arbeiter zum Kampf gegen das Regime. Nach kurzen, aber heftigen Barrikadenkämpfen zwischen Aufständischen und königlichen Truppen trat Guizot am 24. Februar zurück.

Doch der Umbruch in Paris überstieg Wilhelms Befürchtungen noch. Kurz nach dem Abgang Guizots dankte auch Louis-Philippe ab und floh nach England. Das französische Königtum war Geschichte. Es folgte die Ausrufung der Zweiten Republik.

F ür die Hohenzollern hatte der neuerliche Umsturz in Frankreich etwas Apokalyptisches an sich. »Der Satan ist wieder los«[20], schnappte Friedrich Wilhelm IV. nach Luft. »Die Nemesis hat furchtbares Gericht gehalten!!!«[21], stöhnte Wilhelm. Hektische Beratungen setzten in Berlin ein. In Erinnerung an Napoleon I. sowie an die Rheinkrise von 1840 fürchteten die Hohenzollern zunächst, Frankreich würde abermals zum Krieg gegen Deutschland rüsten. Eilig ging Friedrich Wilhelm IV. daran, die preußische Westgrenze zu sichern. Er ließ die am Rhein stehenden Truppen in Alarmbereitschaft setzen und beschloss, Wilhelm zum Militärgouverneur in Rheinland und Westfalen zu ernennen.

Doch die Tage vergingen, und im Westen blieb es ruhig. Die neue republikanische Regierung in Paris machte keine Anstalten, ihre Armee zum Rhein marschieren zu lassen. Die französische Februarrevolution hatte jedoch eine Konsequenz, die für die Hohenzollern noch erschreckender war als ein Krieg. Wie in den frühen 1830er Jahren schwappte die Revolution wieder von Frankreich nach Deutschland über, diesmal noch heftiger und flächendeckender. In den südwestdeutschen Staaten, die wegen ihrer Nähe zu Frankreich von Louis-Philippes Sturz als Erste hörten, kam es zu Massendemonstrationen gegen die Regierungen, die sich daraufhin dem Willen des Reformen verlangenden Volkes beugten. Ermutigt von den Erhebungen in diversen deutschen Städten, begannen bald auch die Berliner in Volksversammlungen politische, rechtliche und konstitutionelle Reformen zu verlangen.

Friedrich Wilhelm IV. und seine Berater wussten nicht, wie sie darauf reagieren sollten, und ließen die Aufläufe heftig debattierender Menschen zunächst unbehelligt. Zur Beruhigung der Lage kündigte der König an, die 1847 noch abgewiesene Forderung nach regelmäßigen Sitzungen des Vereinigten Landtages zu erfüllen. Das genügte der Opposition nun jedoch bei Weitem nicht mehr. Immer lauter wurde der Ruf nach umfassenderen Veränderungen.[22]

Zu den wachsenden Spannungen in Berlin trug Wilhelm erheblich bei. Am 13. März suchte er mehrere Kasernen auf, um vom Gardekorps vorübergehend Abschied zu nehmen. Er hatte unterdessen seine Ernennung zum Militärgouverneur von Rheinland und Westfalen erhalten, für die Dauer seiner Abwesenheit wurde General Prittwitz mit dem Kommando über die Garde betraut. Bei seinen Abschiedsansprachen erwähnte Wilhelm einen möglichen Krieg. Seine Worte verbreiteten sich in Windeseile und wurden dahingehend gedeutet, dass er nicht von einem eventuellen Verteidigungskampf gegen Frankreich, sondern gegen aufsässige Berliner gesprochen habe, was viel böses Blut machte. Zwei Tage später goss er zusätzliches Öl ins

Feuer, als er Ernst von Pfuel, dem Gouverneur von Berlin, mitten im Schlosshof vor zahlreichen Zeugen lautstarke Vorwürfe machte, weil dieser einen Truppenteil der Garde vor Steine werfenden Demonstranten zurückgezogen hatte.

Mit seinen unbedachten Äußerungen ruinierte Wilhelm sein Image vollends. Mehr denn je galt er als ultimativer Scharfmacher, der alle Kompromisse ablehnte und jeden Widerstand mit Waffengewalt brechen wollte. Oppositionelle Gruppierungen, die in ihm das Rückgrat der autoritären Monarchie erblickten, schürten die Missstimmung weiter, um ihn zur Abdankung zu zwingen und so die Stellung der Krone zu destabilisieren. Der Hass auf Wilhelm strebte dem Siedepunkt entgegen. Am 16. März versammelten sich Tausende von Demonstranten vor seinem Palais. Der Prinz sah sich dermaßen bedroht, dass er seine Familie zum sichereren Stadtschloss brachte. Wenig später marschierte eine Kompanie zu seinem Palais, wurde von einem Steinhagel empfangen und reagierte mit einer Schusssalve, woraufhin die Menge auseinanderstob.[23]

Friedrich Wilhelm IV. wusste angesichts der sich zuspitzenden Lage nicht mehr aus noch ein. Zusätzlich verunsichert wurde er durch die Nachricht, dass in Wien eine Revolution ausgebrochen war und Österreichs Staatskanzler Metternich, der wie kein anderer Politiker im deutschen Sprachraum als Symbol für Repression galt, aus der Donaumetropole geflohen war. Als Innenminister Ernst von Bodelschwingh drängte, der Bevölkerung substanzielle Zugeständnisse zu machen, gab der König nach und stimmte Reformpatenten zu, die für ihn wenige Tage zuvor noch undenkbar gewesen waren: Einführung des konstitutionellen Systems, Abschaffung der Zensur, Einberufung des Vereinigten Landtags am 2. April.[24]

Von Wilhelm kamen keine Proteste mehr. Auch er war mit seinem Latein mittlerweile am Ende und begann einzusehen, dass die Uhr für das starre Blockieren abgelaufen war. Mühsam rang er sich dazu durch, wie sein königlicher Bruder die Reformpatente zu unterzeichnen und so einem tiefgreifenden Umbau des preußischen Staates zuzustimmen.[25]

Unterdessen hatte eine Bürgerversammlung beschlossen, am 18. März eine große Demonstration auf dem Schlossplatz abzuhalten. Um diesem Vorhaben den Wind aus den Segeln zu nehmen, gab die Regierung am Morgen des 18. eilig die neuen Zugeständnisse bekannt. Die geplante Kundgebung ließ sich in der kurzen Zeit jedoch nicht mehr aufhalten. Um die Mittagszeit füllte sich der Schlossplatz mit Tausenden von Menschen. Friedrich Wilhelm IV. trat auf den Balkon des Stadtschlosses und hielt eine Rede. Zugleich wurden auf dem Platz Abschriften der Reformpatente verteilt, die den Menschen deutlich machten, dass der König die meisten ihrer Kernwünsche erfüllen würde. Jubel brach aus. Die Gefahr einer Eskalation schien überwunden.

In einer Hinsicht jedoch ging das Wollen beider Seiten immer noch weit auseinander. Die Demonstranten wollten neben politischen Reformen auch ein Ende der massiven Truppenpräsenz in Berlin. Dass während der Versammlung auf dem Schlossplatz starke Kampfverbände zu sehen waren, erregte ihren Unmut. Der Ruf »Militär zurück!« erscholl, vereinzelt zunächst, dann immer lauter. Entgeistert sah Friedrich Wilhelm IV. zu, wie sich die erwartete Dankbarkeitskundgebung unter seinem Balkon in eine handfeste Protestveranstaltung verwandelte.

Wilhelm geriet in Rage. Dass das Volk, statt die königliche Gnade zu preisen, neue Forderungen erhob, bewies aus seiner Sicht die Sinnlosigkeit von Kompromissen. Er drängte Friedrich Wilhelm IV., die Demonstranten mit Militäreinsatz in die Schranken zu weisen. Dazu sei es unbedingt nötig, Pfuel zu entmachten. Statt des Gouverneurs von Berlin, den Wilhelm als zu weich empfand, sollte Prittwitz den Oberbefehl über alle Truppen in und um die Hauptstadt übernehmen.

Friedrich Wilhelm IV., bei dem die Nerven ebenfalls blank lagen, sah die Dinge ähnlich. Er übertrug Prittwitz das militärische Kommando und befahl ihm, den Schlossplatz zu räumen. Der General ließ die Kavallerie im Schritttempo und mit nicht gezogenen Gewehren vorrücken. Da fielen zwei Schüsse. Es konnte nie wirklich geklärt werden, ob sie von Soldaten oder Demonstranten, versehentlich oder absichtlich abgegeben wurden. Das Resultat war jedenfalls verheerend. Die Schüsse lösten unter den Tausenden von Menschen Panik aus. Rasend schnell verbreitete sich in der Stadt die Kunde, auf dem Schlossplatz sei auf friedliche Bürger geschossen worden. Jetzt kippte die Lage endgültig. Die Revolution, von Wilhelm so lange gefürchtet – jetzt brach sie aus. Als der Abend herabsank, hatten die Berliner unzählige Barrikaden errichtet und lieferten der Armee erbitterte Gefechte.

Während in der Stadt der Bürgerkrieg tobte, herrschte im Stadtschloss das Chaos. Eine aufgeregte Besprechung jagte die nächste, zahllose Menschen strömten ins Schloss, um Nachrichten zu überbringen, Befehle entgegenzunehmen oder den König anzuflehen, den Kampf zu stoppen. Dazu war Friedrich Wilhelm IV. zunächst noch nicht bereit. Das änderte sich erst, als Prittwitz ihm um Mitternacht einen ernüchternden Lagebericht gab. Dessen Truppen hatten zwar die Innenstadt unter Kontrolle gebracht. Die Eroberung ganz Berlins hielt der General jedoch angesichts des zähen Widerstandes der Aufständischen und der fehlenden Übung der Armee im Straßenkampf für unrealistisch. Prittwitz' Vorschlag lautete: Die Stadt wäre einzukesseln und mit schwerem Geschütz zur Kapitulation zu schießen. Das war dem König zu drastisch. Er setzte sich an seinen Schreibtisch und tat das genaue Gegenteil dessen, was der General empfohlen hatte. Eigenhändig verfasste er den versöhnlichen Aufruf »An Meine lieben Berliner«, in dem er ankündigte, die Armee von jeder Barrikade, die von den Revolutionären aufgegeben würde, abzuziehen. Eilig ließ er seine Proklamation von der Hofdruckerei vervielfältigen. Bereits am nächsten Vormittag hingen in Berlin Hunderte von Exemplaren seines Friedensangebotes.[26]

Wilhelm hielt die Proklamation für eine beispiellose Demütigung. Noch am Vorabend hatte er Garderegimenter von Potsdam nach Berlin befohlen, um die Revolution nach Tagesanbruch endgültig niederzuwerfen. Dass der König den Aufständischen nun auf einmal auf ganzer Linie nachgeben wollte, betrachtete er als Schandfleck für die Krone und die Ehre der Armee. Die nächste kalte Dusche für ihn folgte am Vormittag des 19. März, als Bodelschwingh einen Befehl des Königs bekannt gab, wonach sich alle Truppen ohne jede Gegenleistung zurückziehen sollten. Konsterniert entgegnete der Prinz, zumindest zentrale Plätze wie das Stadtschloss müssten doch von der Armee gehalten werden. Er wollte den König zur Rede stellen. Als er ihn nach längerem Suchen im weitläufigen Schloss fand, erklärte dieser, keine anderen Befehle als jene in der Proklamation erteilt zu haben. Mittlerweile hatte seine angebliche Anordnung jedoch die Truppen erreicht, und diese befanden sich bereits in vollem Rückzug. Alle von ihnen geräumten Positionen wurden umgehend von Aufständischen in Besitz genommen. Kaum hatte der Kronprinz diese Nachricht halbwegs verdaut, hörte er plötzlich Trommelwirbel aus großer Nähe. Er stürzte zu einem Fenster und sah zu seinem Entsetzen, wie die Gardetruppen sogar vom Schloss abmarschierten.[27]

Damit war die Staatsspitze der Bevölkerung schutzlos ausgeliefert. Vor allem Wilhelm musste mittlerweile ernstlich um sein Leben fürchten. Infolge der blutigen Barrikadenkämpfe hatte sich der allgemeine Hass auf ihn zur Hysterie gesteigert. Man schrieb ihm kriegerische Entschlossenheit bis zum Letzten zu. Varnhagen zufolge hatte Wilhelm auf die Nachricht vom Rückzug der Armee dem König seinen Degen wutentbrannt vor die Füße geworfen und geschrien: »Bisher hab' ich wohl gewußt, daß du ein Schwätzer bist, aber nicht, daß du eine Memme bist! Dir kann man mit Ehren nicht mehr dienen!«[28] Viele gaben ihm die Hauptschuld an den Kämpfen in Berlin. Einem Offizier, der die Kämpfe vom 18. März an vorderster Front miterlebte, fiel im Zuge einer Kampfpause auf, mit welcher Wut das Volk über den Thronfolger sprach: »Alles vergossene Bürgerblut (?!), alle vorgeblichen Mißhandlungen der Bürger während der früheren Straßenkrawalle bürdeten sie dem Prinzen auf.«[29] »Der Prinz von Preussen gab den Befehl zum Angriff u. plötzlich wurde das nichts ahnende Volk von den Dragonern mit Säbelhieben auseinandergetrieben«[30], schrieb der junge Revolutionär Rudolf Virchow seinen Eltern. »Man glaubt allgemein, daß der Prinz von Preußen auf Vorschreiten des Militärs mit Kartätschen und Granaten gedrungen«[31] habe, hielt der Barrikadenkämpfer Moritz Steinschneider in einem am 19. März verfassten Brief fest. Die weitverbreitete Überzeugung, dass der Thronfolger für die blutige Eskalation verantwortlich sei, trug ihm bald den Schmähnamen »Kartätschenprinz« ein, der lange an ihm haften blieb.[32]

Wilhelm selbst versank nach dem Rückzug der Armee in Apathie. Ein General sah den Prinzen am Nachmittag des 19. März »still und in tiefstem Nachdenken versunken« auf einem Stuhl sitzen, »der Ausdruck eines sonst bewährten energischen Willens lag nicht auf seiner Stirn.«[33] Als er den Adjutanten des Prinzen Albrecht, Edwin von Manteuffel, erblickte, schreckte er kurz aus seinem dumpfen Brüten auf und fragte ihn, wo sein jüngster Bruder Albrecht sei. Manteuffel erwiderte, diesen seit dem Abmarsch der Truppen nicht mehr gesehen zu haben. »So, mein Bruder Karl ist auch fort, das ist sehr bequem von den Herren«, erwiderte Wilhelm verächtlich. »Ich weiß, daß, wenn die Rotten jetzt eindringen, sie mich in hundert Stücke zerreißen, aber ich bleibe doch hier, denn mein Platz ist bei dem König.«[34]

Letzteres sah Friedrich Wilhelm IV. inzwischen jedoch anders. Als er vom Anmarsch einer Bürgerdelegation erfuhr, die ihn auffordern wollte, Wilhelm das Thronfolgerecht zu entziehen, schrillten bei ihm die Alarmglocken. Noch immer stand die Situation in Berlin auf Messers Schneide, und die Gefahr eines neuen Gewaltausbruchs war umso stärker, als der König die Forderung abzulehnen gedachte, weil er sich keine Änderungen der monarchischen Personalstruktur aufzwingen lassen wollte. Erblickten die Deputierten nun Wilhelm an seiner Seite, so fürchtete der König, könnte dies die aufgebrachten Massen dazu verleiten, das Schloss zu stürmen und ihre Forderung mit Gewalt durchzusetzen. Friedrich Wilhelm IV. beschwor seinen Bruder, Berlin zu verlassen. Wäre er nicht greifbar, ließe sich das Begehren der Deputation am besten abwehren.

Wilhelm war über das Ansinnen des Königs alles andere als glücklich. Eine Flucht würde wie ein Schuldeingeständnis wirken, gab er zu bedenken. Schließlich fügte er sich trotzdem. Mit seiner Gemahlin und wenigen Begleitern schlüpfte er durch einen Hinterausgang aus dem Schloss, stieg in eine Kutsche und fuhr in Richtung Brandenburger Tor davon. Ab sofort war er ein Getriebener, der aus Sicherheitsgründen an keinem Ort länger verweilen konnte. Zunächst kam er in der Zitadelle von Spandau unter. Das begann sich jedoch schon am nächsten Tag in der Stadt herumzusprechen. In der Nacht zum 21. März türmte er daher abermals und gelangte über Schleichwege zur Pfaueninsel. Wie tief sein Sturz war, wollte Wilhelm zu diesem Zeitpunkt nicht wahrhaben. Noch hoffte er, sein gewohntes Leben bald wieder aufnehmen zu können. Der Zorn der Berliner, so meinte er, werde bald wieder abflauen.[35]

Doch diese Illusion platzte rasch. In Berlin war der Thronfolger nach wie vor das Reiz- und Angstthema Nummer eins. Einmal wollten wütende Massen sein

Palais in Schutt und Asche legen, was im letzten Moment durch besonnenere Revolutionäre verhindert wurde, die das Haus im Namen des Volkes besetzten. Dann wieder löste das Gerücht, Wilhelm schicke sich an, mit der Armee die Hauptstadt zu stürmen, eine Massenpanik aus. Angesichts der wilden Emotionen, die sein Bruder auslöste, beschloss Friedrich Wilhelm IV., ihn außer Landes zu schicken. Um dies der Bevölkerung so rasch wie möglich mitzuteilen, gab er seine Order in der Zeitung bekannt. Am Abend des 21. März erschien zudem ein königlicher Gesandter auf der Pfaueninsel und überbrachte dem Thronfolger den Befehl, sofort nach England zu reisen. Wilhelm fühlte sich ungerecht behandelt. Alle Aufständischen seien ungeschoren davongekommen, schrieb er seinem Bruder bitter, während er, der König und Vaterland treu geblieben sei, ins Exil müsse. Sauer stieß es ihm zudem auf, dass der Befehl bereits publik war, denn so konnte er dagegen nicht protestieren, ohne Friedrich Wilhelm IV. zu kompromittieren. Zähneknirschend teilte er seinem Bruder mit, er werde den Abreisebefehl sofort befolgen, verlangte aber aus Gründen der Optik, dass seine Fahrt nach England zumindest als diplomatische Mission deklariert werde.

Am Abend des nächsten Tages nahm Wilhelm auf der Pfaueninsel Abschied von seiner Frau, seinem 16-jährigen Sohn und seiner neunjährigen Tochter. Dabei flossen viele Tränen. Keiner von ihnen wusste, wie lange die Trennung dauern würde. Nach Einbruch der Dunkelheit bestieg Wilhelm ein Boot, um sich an das Nordufer des Wannsees übersetzen zu lassen.[36] Er ahnte, dass ihm eine gefährliche Fahrt bevorstand. Um sie möglichst unauffällig zu gestalten, bestieg er einen einfachen, von zwei Ackergäulen gezogenen Pferdewagen. Er ließ sich nur von zwei Männern begleiten, seinem Kammerdiener Krug und Major August Oelrichs, einem Offizier seines Stabes, der ihm so ähnlich sah, dass Wilhelm als dessen Bruder auftreten wollte. Als zusätzliche Vorsichtsmaßnahme trugen sowohl er als auch Oelrichs Zivilkleidung, Wilhelm hatte außerdem noch seinen charakteristischen Backenbart abgeschnitten.

Aber der Kronprinz hatte schlechte Voraussetzungen für ein glaubwürdiges Inkognito. Seine auffällige Körpergröße ließ sich nicht kaschieren. Ebenso fiel es ihm schwer, sein herrschaftliches Auftreten abrupt abzulegen und sich wie ein einfacher Mann aus dem Volk zu verhalten. Außerdem hatte er bei den hastigen Vorbereitungen für seine Flucht übersehen, dass auf einem seiner Gepäckstücke, einem Nachtsack, *Prinz von Preußen* zu lesen stand.

Zunächst ging trotzdem alles gut. Etwa die Hälfte des Weges nach Hamburg verlief ohne Zwischenfälle. Dann aber wurde die Fahrt zu einem Spießrutenlauf. In Perleberg mussten die Pferde gewechselt werden. Während Krug vor Ort auf die frischen Rösser wartete, gingen Wilhelm und Oelrichs entlang der Chaussee

in Richtung Grabow voraus. Nach einer Weile kam Krug ihnen aufgeregt nachge-
rannt und berichtete, in Perleberg halte man den Wagen fest, da man den Kronprinzen erkannt habe. Oelrichs eilte daraufhin zurück und stellte fest, dass die
Perleberger den verräterischen Nachtsack entdeckt hatten. Während der Major in
hitzige Debatten verwickelt wurde, ging Wilhelm mit Krug weiter, da sah er auf
der Landstraße einige Reiter heransprengen. In Sorge, es würde sich um Verfolger
aus Perleberg handeln, verließen die beiden Männer die Chaussee und flohen auf
getrennten Wegen querfeldein weiter. Es war der wohl demütigendste Moment
in Wilhelms ganzem Leben. Wie ein Verbrecher hetzte er allein durch sumpfige
Wiesen, stieg über Hecken und Gräben, ließ die Landstraße immer weiter hinter
sich. Sollte eine Gefangennahme drohen, war er wild entschlossen, sich bis aufs
Blut zu wehren. Keinesfalls wollte er von Revolutionären lebendig nach Berlin
zurückgebracht werden. Schließlich erreichte er das Dörfchen Quitzow, wo er
auch Krug wiedertraf. Wilhelms Situation war mittlerweile so verzweifelt, dass
er in die Dorfkirche ging, sich dem Pfarrer zu erkennen gab und ihn um Hilfe
bat. Er hatte Glück. Der Pfarrer half ihm, dem weithin verhassten Prinzen von
Preußen, indem er seine Weiterfahrt über abgelegene Feldwege nach Grabow organisierte. Dort begegnete ihm Oelrichs wieder, der sich in Perleberg erfolgreich
herausgeredet hatte. Hastig fuhr das Trio per Pferdewagen weiter nach Nordwesten und bestieg in Hagenow einen Zug. Während der Fahrt kam dem Prinzen
wieder ein preußischer Untertan zu Hilfe, indem er ihn davor warnte, mit der
Eisenbahn bis nach Hamburg zu fahren. Auch dort herrsche mittlerweile helle
Aufregung. Tausende von Menschen würden dort jeden aus Berlin kommenden
Zug erwarten, um dem Thronfolger einen heißen Empfang zu bereiten. Wilhelm
stieg mit seinen beiden Begleitern daraufhin bereits in Bergedorf aus, schlich sich
bei Nacht und Nebel in Hamburg ein und verbrachte im Haus eines preußischen
Diplomaten seine vorläufig letzten Stunden auf deutschem Boden.[37] In einem eilig niedergeschriebenen Brief an Charlotte ließ Wilhelm seinen Gefühlen freien
Lauf: »Diese Lage ist zu fürchterlich! Ich bin wie vernichtet! Gar keine Aussicht
auf Zukunft!«[38] Am Abend des 24. März ging er mit seinen Begleitern an Bord
des britischen Dampfschiffs *John Bull* und verbarg sich während der Überfahrt
nach London in seiner Kajüte.[39]

Die Revolutionäre und ihre Sympathisanten in Berlin feierten Wilhelms Flucht
unterdessen als rauschenden Erfolg. Am 23. März brachten sie die Broschüre *Der
Prinz von Preußen und die Berliner Revolution* in den Straßenverkauf, in der sie den
Thronfolger als Spitzenvertreter des russischen Absolutismus und der verhassten
Garde beschrieben, ihm die Schuld für den Ausbruch der Revolution gaben und
behaupteten, er habe am 18. März durch das Winken mit einem Taschentuch die

Armee gegen die Bevölkerung in Marsch gesetzt. Der Thronfolger galt in jenen Tagen als eine Art Teufel in Reinkultur, dem buchstäblich alles zuzutrauen war.[40]

Mittelfristig jedoch sollte das Sperrfeuer auf den »Kartätschenprinzen« den Revolutionären mehr schaden als nutzen. Denn indem sie dessen reale Machtstellung im Vormärz überzeichneten und seine Flucht als den entscheidenden Sieg darstellten, lenkten sie den Volkszorn vom wahren Machthaber ab: dem König. Und dieser profitierte davon. Friedrich Wilhelm IV. sah sich zwar zu einigen Demutsgesten gezwungen – er musste den gefallenen Revolutionären seinen Respekt erweisen und den Schutz des Stadtschlosses einer neu gebildeten Bürgerwache anvertrauen –, doch seine königliche Stellung blieb gewahrt. Als er am 21. März dann auch noch erklärte, fortan die deutsche Nationalbewegung zu unterstützen und mit einer schwarz-rot-goldenen Trikolore durch die Straßen Berlins ritt, begannen manche zu glauben, er sei über Nacht ein anderer geworden. »Friedrich Wilhelm steht wie ein Herrscher da, der den Lug endlich erkannt hat, von dem er jahrelang umgeben war«, schrieb ein Mitglied der Bürgerwache am 23. März begeistert. »In der letzten Nacht hatte ich mit wohl hundert Studenten und Bekannten die Wache im Schloß und in den königlichen Gemächern. Spätabends noch erschien unser jetzt konstitutioneller König, um uns zu inspizieren und uns für unseren Schutz zu danken.«[41]

Andere Mitglieder der Dynastie demonstrierten im Windschatten der Volkserhebung noch größere Geschmeidigkeit. Sie luden revolutionäre Studenten in ihre Paläste ein, gaben sich ihnen gegenüber plötzlich höchst liberal und traten als devote Gastgeber auf. Der Student Paul Boerner notierte in seinen Memoiren süffisant, dass sie »täglich mehrere Male sich erkundigen kamen, was wir vielleicht noch wünschten, höchst eigenhändig die kostbarsten Zigarren brachten und sich bemühten unsere Freundschaft zu erlangen«. Besonders Prinz Albrecht, Wilhelms jüngster Bruder, »zeichnete sich durch eine Gastfreundschaft aus, deren Splendidität unübertroffen blieb.«

Von Solidarität für den Kronprinzen war bei seinen Brüdern wenig zu merken. Ihnen war es nur recht, dass Wilhelm den »Sündenbock für die Vergehen der ganzen Dynastie sowohl als der der Regierung«[42] abgab. Prinz Carl versuchte sogar, die von der Revolution in Frage gestellte Thronfolgeordnung vollends auszuhebeln. Nach Wilhelms Flucht drängte er Augusta ebenfalls zur Abreise, ihre Präsenz gefährde die gesamte Familie. Augusta ließ sich von dem heftig vorgetragenen Ansinnen ihres Schwagers dermaßen verunsichern, dass sie es erst auf Anraten mehrerer Generäle zurückwies.[43] Prinz Albrecht seinerseits glaubte etwas später, eine ganze Tischrunde unterhalten zu müssen, indem er Wilhelms Flucht nach England vom preußischen Generalkonsul aus Hamburg in allen demütigenden Einzelheiten schildern ließ. Laut Varnhagen waren die Anwesenden davon eher abgestoßen denn amüsiert: »Die brüderliche Theilnahme erschien des Meisten als brüderliche Bosheit, dies alles an voller Tafel wiederholen zu lassen!«[44]

Exil und Rückkehr

Im Morgengrauen des 27. März warf das Dampfschiff *John Bull* in London Anker. Wilhelm wurde zusammen mit Oelrichs und zwei Zuckerbäckergesellen aus Bremen per Boot an Land gebracht und begab sich zum preußischen Gesandtschaftsgebäude. Dort stiftete sein Erscheinen heillose Verwirrung. Der Gesandte Christian Karl Josias von Bunsen lag noch in seinem Bett, als ihm gemeldet wurde, eine hochrangige Person aus Berlin sei eben in seinem Palais eingetroffen. Bunsen kränkelte und schickte seinen Legationssekretär ins Empfangszimmer, um in Erfahrung zu bringen, um wen es sich eigentlich handelte und ob es wirklich nötig war, deswegen aufzustehen. Wenig später kam sein Untergebener zurück und meldete verdattert, der Besucher sei der Prinz von Preußen. Bunsen fiel aus allen Wolken. Niemand hatte ihn über das Kommen des Thronfolgers informiert. Nach einer raschen Morgentoilette lief er ins Empfangszimmer, um Wilhelm, der mittlerweile eine halbe Stunde gewartet hatte, zu begrüßen und ihm sowie seinen Begleitern einige Zimmer im Gesandtschaftspalais anzubieten.[45] Sollte Bunsen befürchtet haben, der Kronprinz werde wegen der Wartezeit ungehalten sein, sah er sich getäuscht. Wilhelm hatten die umwälzenden Ereignisse seit dem 18. März Bescheidenheit gelehrt. Als für ein gemeinsames Frühstück ein Armsessel für ihn herbeigeschafft wurde, stellte er ihn selbst wieder weg, zog demonstrativ einen der normalen Sessel heran und bemerkte dabei: »Man muß jetzt Demuth üben, denn die Throne wackeln«[46].

Zu Wilhelms Erleichterung nahm das offizielle Großbritannien ihn mit offenen Armen auf. Prinz Albert von Sachsen-Coburg und Gotha, der Gemahl von Königin Victoria (🎞 1837 – 1901), lud ihn schon am Tag seiner Ankunft herzlich in den Buckingham-Palast ein. Wilhelm wurde sogar kurz zur Königin vorgelassen, obwohl sie wenige Tage zuvor ein Kind geboren hatte und noch bettlägerig war. Man fühlte sich dem prominenten Flüchtling aus Preußen bis zu einem gewissen Grad verbunden. London erlebte zu Beginn des Frühjahrs 1848 ebenfalls turbulente Tage. Die Arbeiterschaft begehrte gegen soziale Missstände auf, eine von den Chartisten organisierte Massendemonstration am 10. April weckte beim Establishment Ängste, die Revolution könnte von Kontinentaleuropa auch auf die Insel übergreifen. In dieser Situation trat die britische Hocharistokratie dem Prinzen von Preußen mit Sympathie gegenüber. Nach seiner Audienz im Buckingham-Palast standen zahlreiche Minister und Mitglieder des Hofes Schlange, um ihn kennenzulernen. Wilhelm setzte alles daran, die ihm günstige Stimmung zu festigen. Mit Charme, monarchischer Würde und einem Schuss Selbstironie nahm er die oberen Zehntausend des Empire rasch für sich ein. Er erhielt so viele Einladungen zu Diners, festlichen Empfängen und Bällen, dass er auf Wochen hinaus restlos ausgebucht war. Innerlich graute ihm vor einem dauerhaften Dasein als heimatloser Salonlöwe. Die erzwungene Untätigkeit im goldenen Londoner Käfig nagte an ihm. Des Öfteren schlich er heimlich aus der Gesandtschaft, um die Detektive abzuschütteln, die auf Weisung der britischen Regierung über seine Sicherheit wachen sollten, und wanderte dann stundenlang alleine durch die Straßen von London. Dabei grübelte er unablässig darüber nach, wie er seine Rückkehr nach Preußen bewerkstelligen konnte.[47]

Vorderhand war das freilich völlig unrealistisch. Die Demontage des Thronfolgers setzte sich in den ersten Tagen und Wochen nach der Revolution ungebrochen fort. Aufständische in Berlin verlangten seine Entlassung aus Staatsdienst und Armee. Geistliche sprachen beim sonntäglichen Kirchengebet keine Fürbitte für den Thronfolger mehr aus. Ladenbesitzer entfernten Schilder mit der Aufschrift *Hoflieferant Sr. Königlichen Hoheit des Prinzen von Preußen* aus ihren Geschäften. Selbst die Freimaurer gingen auf Distanz zu ihrem langjährigen Protektor.[48]

Gegen diese massive Anti-Wilhelm-Stimmung war zunächst auch Friedrich Wilhelm IV. machtlos. Der König wollte seinen Bruder so bald wie möglich wieder nach Berlin zurückholen, weil es aus seiner Sicht nicht anging, dass der Thronfolger dauerhaft im Exil leben musste. Doch einstweilen hatte er noch alle Hände voll zu tun, um seine eigene Position wieder zu sichern. Friedrich Wilhelm IV. bildete das »Märzministerium« unter der Führung des rheinischen Liberalen Ludolf Camphausen, gestattete die Ausarbeitung einer Verfassung, ließ den Vereinigten Landtag wiedereröffnen und gab den Weg zur Bildung einer preußischen Nationalversammlung frei. Überdies begann er im Auftrag des Deutschen Bundes den Aufstand der Herzogtümer Schleswig und Holstein gegen die dänische Herrschaft zu unterstützen.[49] An eine Rückholung Wilhelms, die neuerlichen Aufruhr zu verursachen drohte, war unter diesen Umständen zunächst nicht zu denken.

Etwas widersprüchlich verhielt sich Augusta, während ihr Gemahl im Exil weilte. In den ersten Tagen nach seiner Flucht schickte sie ihm eine Serie verzweifelter Liebeserklärungen hinterher. »Ich bin Dir nie so liebevoll ergeben gewesen wie in dieser Zeit des Unglücks«[50], schrieb sie Wilhelm am 24. März. Sie sei »eine Seele die der Schmerz inniger mit Dir verbunden hat, als es das Glück jemals vermochte«[51], formulierte sie zwei Tage später, und am 29. März: »Hätte ich jetzt die freie Wahl unsres gemeinschaftlichen Unglücks oder eines getrennten

Glücks, nie würde ich letzteres wählen.«[52] Als sich aber der erste Schock etwas gelegt hatte, wurde sie über den Plan einer Gruppe von Liberalen um Georg von Vincke informiert, der vorsah, auf Druck des Vereinigten Landtags die Abdankung Friedrich Wilhelms IV. zu erzwingen und – in Umgehung von Wilhelms Thronfolgerecht – Augusta die Regentschaft für ihren noch minderjährigen Sohn Friedrich Wilhelm zu verschaffen. Augusta zögerte. Nicht wenige hielten einen konstitutionellen Neuanfang unter Friedrich Wilhelm IV. für unglaubwürdig, eine Thronfolge durch den verhassten Wilhelm für gänzlich unrealistisch. Unter diesem Gesichtspunkt gesehen mag der Plan, die Regentschaft zu übernehmen, für Augusta etwas Verführerisches an sich gehabt haben. Über mehr als unsichere Erwägungen ging sie trotzdem nicht hinaus. Für einen faktischen Umsturz wäre kühne Tatkraft nötig gewesen, die ihr in diesem Ausmaß fehlte. Letztlich waren es wohl auch zu starke Skrupel gegenüber ihrem Gemahl, die sie davon abhielten, ein derart umwälzendes Vorhaben in Angriff zu nehmen.[53]

Wilhelm erlebte unterdessen in seinem Exil eine Art Schulprogramm in Sachen konstitutioneller Monarchie. Der Gesandte Bunsen, der dem gemäßigten Liberalismus zuneigte, versuchte ihn am Beispiel Großbritannien von den Vorzügen einer Regierungsform mit Verfassung und Parlament zu überzeugen. Ähnliche Anstrengungen unternahm Prinz Albert. Wilhelm wurden zudem einige Aha-Erlebnisse zuteil, so etwa die Erkenntnis, dass eine Monarchie nicht nur mit dem Adel, sondern auch mit dem Bürgertum verbündet sein konnte; anschaulich bekam er dies bei der Chartisten-Demonstration vom 10. April zu sehen, als viele bürgerliche Freiwillige der Obrigkeit halfen, das Aufbegehren der Arbeiterschicht zu unterbinden, da sie den »Druck von unten« ebenfalls fürchteten. Das Umdenken fiel dem Prinzen von Preußen dennoch schwer. Mühsam machte er sich mit der Tatsache vertraut, dass das Königtum zumindest einen Teil der Macht abtreten und dem Volk ein gewisses Maß an politischer Mitbestimmung überlassen musste.[54]

Weitaus schneller reifte in Wilhelm nach der Märzrevolution die Überzeugung, dass er seine Selbstinszenierung ändern musste. Angesichts seiner katastrophalen Beliebtheitswerte in Preußen empfahl es sich dringend, verstärkt Öffentlichkeitsarbeit in eigener Sache zu machen. Dabei zeigte sich kurioserweise, dass ausgerechnet der »Kartätschenprinz« ein gewisses Talent für Imagebildung besaß. Vor allem ein Grundprinzip erfolgreicher Eigen-PR begriff er instinktiv: keine unglaubwürdigen Übertreibungen. Wilhelm polierte sein Bild fortan auf, indem er positiv besetzte Eigenschaften oder Ansichten in den Vordergrund rückte, gab aber nicht vor, über Nacht ein anderer Mensch geworden zu sein. Damit handelte er klüger als etwa Prinz Albrecht, über den Augusta im Mai 1848 verächtlich schrieb, dass er »Wein auf die Barrikaden schickte, daß er mit Juden und gemeinen Leuten in der Stadt spazieren geht, in Uniform seine Pfeife an der irgendeines Proletariers anzündet, in der 2. Klasse der Eisenbahn fährt und dgl. mehr. Er hat sich so gemein gezeigt, daß es selbst in der Bürgerschaft empfunden worden ist.«[55] Wilhelm hingegen präsentierte sich fortan als partiell Geläuterter, ohne plötzlich den begeisterten Modernisierer zu mimen, den ihm ohnehin niemand abgekauft hätte. Seine Kernbotschaft lautete, dass er dem alten Preußen innerlich verbunden blieb, es aber als seine patriotische Pflicht sah, dem neuen Preußen mit ganzer Kraft zu dienen. »Hin ist hin!«, schrieb er Otto von Manteuffel, dem Direktor im preußischen Innenministerium, am 7. April. »Man kann darüber noch lange in preußischen Herzen trauern, aber zurückzubringen ist nichts; möge man jeden Versuch der Art aufgeben!« Es sei aber »die Aufgabe jedes Patrioten«, betonte Wilhelm und meinte damit auch sich selbst, »das neue Preußen anzuschauen wieder aufbauen [zu] helfen«[56]. Das klang zumindest plausibel. Indem er darauf verzichtete, seine Persönlichkeit durch jähe Brachial-Volksnähe à la Albrecht schönzufärben, blieb Wilhelm authentisch und machte sein Einlenken halbwegs glaubwürdig.

Um seine Rückkehr nach Preußen zu bewerkstelligen, brauchte es freilich mehr als schöne Worte. Zu hohe Wogen hatte der Hass auf ihn geschlagen, um diese mit ein paar moderaten Tönen wieder zu glätten. Außerdem, so fürchtete Wilhelm, lief ihm langsam die Zeit davon. Es mochte angehen, in diplomatischer Mission einige Wochen in London zu verweilen. Dauerte sein Auslandsaufenthalt aber allzu lange, würde es zusehends schwieriger werden, seinen Status als Thronfolger zu sichern, auf den Prinz Carl weiterhin begehrliche Blicke warf. Am 28. April bat er Friedrich Wilhelm IV. inständig, alles Nötige zu veranlassen, um seine Heimkehr nach Preußen zu ermöglichen.

Der König sah sich mittlerweile in der Lage, diesem Wunsch zu entsprechen. Mit seinen politischen Zugeständnissen und der Berufung einer vergleichsweise progressiven Regierung unter der Führung des bürgerlichen Liberalen Ludolf Camphausen hatte er die Lage in Berlin etwas beruhigt. Wilhelms Rückholung schien mittlerweile ein halbwegs kalkulierbares Risiko zu sein. Anfang Mai verlangte Friedrich Wilhelm IV. vom Staatsministerium, die entsprechenden Schritte zu tun, um die Heimkehr seines Bruders auf offiziellem Wege zu veranlassen. Camphausen und seine Minister waren davon keineswegs begeistert, doch wollten sie den Umbau Preußens in eine konstitutionelle Monarchie nicht erschweren, indem sie den König vor den Kopf stießen. Es schien ihnen klüger, in dieser Frage nachzugeben. Am 10. Mai gab das Staatsministerium bekannt, es werde den Prinzen von Preußen zur Rückkehr nach Berlin auffordern.[57]

Wie es der Zufall wollte, führte Wilhelm an diesem 10. Mai in London ein eigentümliches Gespräch. Er traf Metternich, den es nach seiner Flucht aus Wien ebenfalls nach England verschlagen hatte. Der einstige österreichische Staatskanzler und »Kutscher Europas« trug seinen Fall mit demonstrativer Gelassenheit. Mit ihm sei es vorbei, meinte der 74-jährige Politveteran während des Gesprächs nüchtern, er habe »nur eine Vergangenheit und keine Zukunft« mehr. Im nächsten Moment gab er eine Prognose ab, die den Prinzen aufhorchen ließ: »Von mir sagte er, sei es gerade umgekehrt, indem meine Zukunft vielleicht reicher als die Vergangenheit sein könne!«[58]

Wilhelm mochte an die Richtigkeit dieser Vorhersage zunächst nicht recht glauben. Denn in der Heimat sorgte die Verlautbarung des Staatsministeriums, den Kronprinzen wieder nach Berlin zurückholen zu wollen, bei republikanisch und liberal gesinnten Kräften für einen Aufschrei. Auf zahlreichen Plakaten und Flugblättern wurde das Vorhaben der Regierung scharf kritisiert. Vor dem Brandenburger Tor protestierten über 10.000 Menschen gegen die Rückkehr des Thronfolgers.

Doch den Protesten fehlte die überwältigende Durchschlagskraft des 18. März. Seit der Revolution hatte sich das Reformlager fragmentiert. Es gab liberale Vereine, die nur den Zeitpunkt der Rückkehr, nicht aber die Rückkehr des Thronfolgers an sich kritisierten.[59] So kündigte *Der politische Verein* aus Potsdam an, er werde gegen dessen Einreise so lange ankämpfen, »als nicht das Grundgesetz unseres Staates entworfen und beschworen ist.« *Die Bürger-Gesellschaft* aus Berlin verlangte, Wilhelm müsse die neuen Zustände noch vor seiner Rückkehr feierlich akzeptieren, gestand ihm aber grundsätzlich »das unantastbare Recht« zu, »sich im ganzen Lande nach freiem Belieben aufzuhalten«[60]. Ein anonymer *Offener Brief an den Prinzen von Preußen* forderte, Wilhelm müsse die Revolution anerkennen und außerdem die Gründe für seine Flucht sowie für seine Rückkehr offen erläutern, dann könne er mit einem Erfolg rechnen: »Das Volk wird Ihnen glauben, weil es selbst noch in seinem Hasse Sie für einen Ehrenmann hält und weiß, daß Sie einer Unwahrheit unfähig sind.«[61]

Mit dieser uneinheitlichen Protestwelle hatte die Regierung leichtes Spiel. Sie versicherte am 15. Mai durch eine Proklamation, der Prinz werde dem neuen konstitutionellen System noch vor seiner Rückkehr ausdrücklich zustimmen. Das reichte letztlich, um die Demonstrationen abflauen zu lassen. Tags darauf hatte sich die Lage in Berlin wieder halbwegs beruhigt, und Friedrich Wilhelm IV. trieb sein heikles Projekt weiter voran. Ermutigend mochte auf ihn auch der Umstand wirken, dass das Gros der Landbevölkerung wenig Sympathien für die vor allem in den Städten ausgebrochene Revolution hegte, seine Loyalität zur Krone mittlerweile lautstark zum Ausdruck brachte und die Rückkehr des Thronfolgers demonstrativ begrüßte.[62]

Zudem erhob sich eine machtvolle Stimme für Wilhelm: die Armee. Dort herrschte Frustration. Viele Uniformierte waren verärgert, dass sie sich am 19. März vor den Revolutionären hatten zurückziehen müssen. Besonders schlechte Stimmung herrschte bei der Garde, deren Kernaufgabe, für den Schutz des Königs zu sorgen, mittlerweile von der Bürgerwehr wahrgenommen wurde. Überdies hatte Friedrich Wilhelm IV. am 25. März im Potsdamer Schloss vor den versammelten Gardeoffizieren auch noch gesagt, er sei »niemals freier und sicherer gewesen als unter dem Schutze meiner Bürger.«[63] Das alles ließ bei den Truppen die Sehnsucht nach der Rückkehr des Thronfolgers wachsen, dessen enge Verbundenheit mit dem Heer, anders als beim König, außer Zweifel stand. Wilhelms Popularität in der Armee kletterte in lichte Höhen. Ein von einem Gardeleutnant komponiertes Jubellied fand bei Liniensoldaten und auch Landwehrmännern enormen Anklang: »Prinz von Preußen, ritterlich und bieder,/Kehr zu Deinen Truppen wieder,/ Heißgeliebter General!/Weilst Du gleich an fernem Strande,/Schlagen doch im Vaterlande/Herzen für Dich ohne Zahl!«[64] Immer energischer traten die Militärs für ihr Idol ein. Das Lied *Prinz von Preußen* wurde in den Straßen von Berlin gesungen, begleitet von donnernden »Hurra«-Rufen. Der Hofschauspieler und Militärpublizist Louis Schneider verlangte öffentlich die Rückkehr des Thronfolgers, unter lauter Zustimmung von 3000 Landwehrmännern.[65] In liberalen und republikanischen Kreisen war man über Wilhelms wachsenden Rückhalt entsetzt. »Für den Prinzen von Preußen wird geschrieben, geschrieen, geworben, Geld über Geld ausgestreut«[66], notierte Varnhagen am 26. Mai kopfschüttelnd. Kampfeslustige Revolutionäre konterkarierten das Wilhelm-Lied mit einer Eigenkomposition: »Schlächtermeister, Prinz von Preußen,/Komm doch, komm doch nach Berlin!/ Wir wolln Dich mit Steinen schmeißen/Und die Barrikaden ziehn.«[67]

Zwischen König und Thronfolger wurde unterdessen noch die Frage debattiert, wie man die Rückkehr am besten in Szene setzen könnte. Mehrere Varianten kamen zur Sprache, darunter auch die Idee, Wilhelm als Statthalter der Provinz Pommern zu installieren. Das wies der nunmehr imagebewusste Thronfolger jedoch ab, da es ihm unklug schien, mit einer vergleichsweise konservativ gesinnten Provinz so eng in Verbindung gebracht zu werden. Schließlich setzte sich der von einigen Loyalisten aus Wirsitz in Posen entwickelte Plan durch, Wilhelm für die Wahl zur neuen preußischen Nationalversammlung als Kandidaten für ihren Wahlkreis aufzustellen. Der Prinz gewann die Wahl denn auch prompt und besaß damit ein Argument für seine Rückkehr, das gerade in liberalen Kreisen kaum von der Hand zu weisen war – denn wenn man ein gesamtstaatliches Parlament wollte, dann lag es auf der Hand, dass dessen Abgeordnete in Preußen lebten, um ihre Funktion wahrnehmen zu können.[68]

Am 28. Mai brach Wilhelm seine Zelte in London ab. Seine Heimreise verlief in mehrerlei Hinsicht turbulent. Zunächst erreichte ihn abermals eine Forderung des preußischen Staatsministeriums, noch vor seiner Rückkehr eine ausdrückliche Erklärung abzugeben, dass er mit der Umwandlung Preußens in eine konstitutionelle Monarchie einverstanden sei. In den vergangenen Wochen waren bereits mehrere Textentwürfe zwischen Berlin und London hin und her geschickt worden, doch Wilhelm hatte sein Ja zum Verfassungsstaat aus der Sicht der Regierung nicht klar genug zum Ausdruck gebracht.[69] Von Brüssel aus sandte der Thronfolger am 30. Mai schließlich folgende Erklärung nach Berlin:

> Ich gebe mich der Hoffnung hin, daß die freien Institutionen, zu deren festerer Begründung Ew. Majestät jetzt die Vertreter des Volkes berufen haben, unter Gottes gnädigem Beistande sich zum Heile Preußens mehr und mehr entwickeln werden. Ich werde dieser Entwickelung mit Zuversicht und Treue alle meine Kräfte widmen und sehe dem Augenblicke entgegen, wo ich der Verfassung, welche Ew. Majestät mit Ihrem Volke nach gewissenhafter Beratung zu vereinbaren im Begriffe stehen, die Anerkennung erteilen werde, welche die Verfassungsurkunde für den Thronfolger festsetzen wird.[70]

Während der Weiterreise durch Belgien bekam Wilhelm am 1. Juni eine Nachricht, die er als echte Ohrfeige empfand: Friedrich Wilhelm IV. hatte ihm sein formell noch bestehendes Kommando über das Gardekorps entzogen und es General Prittwitz übertragen. Wilhelm war außer sich vor Zorn. Dieser Schritt sei nichts anderes »als ein Mißtrauens Votum gegen mich, damit ich nicht meine alten Truppen benutze, um Reaction zu machen«[71], schäumte er in einem Brief an seinen Bruder. Doch für das Handeln Friedrich Wilhelms IV. gab es triftige Gründe. Wilhelms katastrophaler Imageverfall war ja auch auf die Tatsache zurückzuführen gewesen, dass er als Kommandant der weithin verhassten Garde eine besonders exponierte Funktion innegehabt hatte. Mit Rücksicht auf die Stimmung in der Bevölkerung musste es dem König gefährlich erscheinen, seinem jüngeren Bruder diesen heiklen Posten einfach wieder zurückzugeben, als ob in der Zwischenzeit nichts geschehen wäre.

Eine weitere Überraschung erwartete den Prinzen bei seiner Einreise in Preußen. Er hatte sich innerlich darauf eingestellt, bei seiner Rückkehr unangenehme Momente zu erleben, mancherorts vielleicht sogar mit Steinwürfen oder Schüssen in Empfang genommen zu werden. Zu seiner nicht geringen Verblüffung widerfuhr ihm das Gegenteil. Überall entlang seiner Reiseroute rückten Bürger- und Bauernschaften aus, um ihn festlich zu begrüßen. In manchen Städten wurde er regelrecht bejubelt und erlebte Triumphzüge, die er selbst kaum glauben konnte.[72]

Wilhelm reagierte auf den unerwartet herzlichen Empfang mit einer sorgfältig austarierten Botschaft. So betonte er gegenüber dem Magistrat und den Offizieren der Garnison Wesel, er schließe sich »mit vollem Herzen den neuen Verhältnissen an«, strich jedoch gleichzeitig heraus: »Aber Recht, Ordnung und Gesetz müssen herrschen, keine Anarchie; dagegen werde ich mit meiner ganzen Kraft streben, das ist mein Beruf.«[73] Das ließ freilich einigen Interpretationsspielraum offen, denn die Begriffe »Recht«, »Ordnung« und »Anarchie« wurden im politischen Diskurs des Frühjahrs 1848 sehr unterschiedlich verstanden.

Am 7. Juni traf Wilhelm in Charlottenburg ein und rief sofort das preußische Offizierskorps in das Schloss von Potsdam, jenen Ort also, wo der König seine verunglückte Rede vom 25. März gehalten hatte. In der Hoffnung, von Wilhelm andere Töne zu hören, warteten die Offiziere gespannt auf sein Erscheinen. Einige unter ihnen hofften auf einen flammenden Appell, den Kampf um Berlin wiederaufzunehmen. Als der Prinz von Preußen den Saal betrat, reagierte sein Publikum mit Begeisterung. Was folgte, wirkte auf das Offizierskorps zunächst weniger elektrisierend. In Wilhelms Ansprache war keine Rede von einem neuerlichen Kampf um Berlin. Stattdessen betonte der Prinz, er selbst sei der erste und gehorsamste Untertan des Königs und schwor die Armee auf unbedingte Loyalität zu Friedrich Wilhelm IV. ein. Das war nicht die Botschaft, die manche von ihm hören wollten. Doch Wilhelm traf den richtigen Ton und erweckte bei seinem Publikum das Gefühl, dass nur Einigkeit zwischen Krone und Armee »zu einem guten Ziel führen« könnte, notierte der anwesende Offizier Kraft zu Hohenlohe-Ingelfingen: »Als der Prinz geschlossen hatte, war das Hurra noch donnernder als vorher.«[74]

Nach diesem Heimspiel wartete ein weitaus heiklerer Auftritt auf den Prinzen. Da er zum Abgeordneten für Wirsitz gewählt worden war, müsse er nun umgehend in der Nationalversammlung erscheinen, um sein Mandat auszuüben, befand das Ministerium Camphausen. Freudlos willigte Wilhelm ein. Als man ihn aber auch noch dazu bringen wollte, in Zivil vor die Abgeordneten zu treten, schaltete er auf stur. Er legte seine Generaluniform an und ließ sich in einem offenen Wagen nach Berlin hineinfahren, sodass jeder ihn sehen konnte. Obwohl sein Auftritt nicht angekündigt war und daher keine Demonstrationen gegen ihn organisiert werden konnten, war es riskant, in derart provokanter Manier in der Hauptstadt aufzutauchen. Gespannt fuhr Wilhelm in die Stadt ein, aus der er knapp drei Monate zuvor hatte fliehen müssen – und stellte erleichtert fest, dass sich die Situation hier ebenfalls zu seinen Gunsten verändert hatte. Zwar gab es bei seinem Anblick keine Jubelszenen, aber auch keine Hassausbrüche.

Als Wilhelm im Sitzungssaal der preußischen Nationalversammlung erschien, blieben manche Abgeordnete demonstrativ sitzen, einige andere ließen unwilliges Gemurmel vernehmen. Der Kronprinz zeigte sich davon unbeeindruckt und hielt eine recht freundliche, aber kurze Ansprache. Er dankte für das Vertrauen, das ihn in dieses Haus berufen habe, hieß die aus allen Provinzen und Ständen des Landes kommenden Abgeordneten willkommen und versicherte, der konstitutionellen Monarchie all seine Kräfte zu widmen. Seine anderen Pflichten würden es ihm allerdings nicht erlauben, regelmäßig an den Sitzungen der Nationalversammlung teilzunehmen, fügte er hinzu. Deshalb ersuche er darum, seinen Stellvertreter einzuberufen.[75] Dann beendete er seine Rede auch schon wieder und verließ den Saal. »Von der Rechten ertönten einige Hochs. Selbst die wüthendsten Republikaner waren starr vor Erstaunen und konnten nicht umhin, einen solchen Muth zu bewundern«[76], hatte Hohenlohe-Ingelfingen Mühe, sein Frohlocken über den Auftritt des Prinzen zu bezähmen. Varnhagen kommentierte nüchterner: »Als er ging, wollten ihm viele Abgeordneten Bravo nachrufen, aber Zischen von der Linken dämpfte es.«[77]

Was die Parlamentarier zu diesem Zeitpunkt nicht wussten: Wilhelms Hinweis, wegen Zeitmangels kaum an den Sitzungen der Nationalversammlung teilnehmen zu können, war stark übertrieben. In Wahrheit besaß der Thronfolger mehr Zeit, als ihm lieb war, denn sein einstiger Wirkungsradius wurde vom König kräftig gestutzt. Neben der Aberkennung des Kommandos über das Gardekorps schloss Friedrich Wilhelm IV. ihn nun auch von den Regierungsberatungen aus: Bis auf Weiteres nahm der Prinz von Preußen an den Sitzungen des Staatsministeriums nicht mehr teil.[78]

Damit war Wilhelms Position im Staat sowohl auf politischer als auch auf militärischer Ebene erheblich reduziert. Wütend zog er sich nach Babelsberg zurück und schrieb Charlotte erbittert: »Meine ganze Stellung beschränkt sich darauf, mit Fritz zu konversieren über die Verhältnisse und mit den Ministern, wenn ich sie zufällig sehe, was sehr selten vorkommt, wo ich ihnen meine Meinung freilich deutlich sage.«[79]

Gegenrevolution und Kaiserfrage

Während Wilhelm in Babelsberg grollte, strebte die Stimmung in Berlin neuerlich einem Siedepunkt entgegen. Die Nationalversammlung debattierte heftig über die Frage, ob die Revolution und ihre Errungenschaften formal anzuerkennen seien. Das Thema ließ auch in den Straßen Berlins die Wogen hochgehen. Eine erboste Menschenmenge attackierte Außenminister Heinrich von Arnim-Suckow, der sich öffentlich gegen eine derartige Anerkennung ausgesprochen hatte. Als der Berliner Polizeipräsident daraufhin die Ansammlung größerer Menschenmengen verbot, kam es am 14. Juni in der Hauptstadt zu Tumulten. Sie gipfelten in einem Sturm auf das Berliner Zeughaus und der Plünderung des dort eingelagerten Waffenarsenals.

Derartige Eskalationen ließen die Sympathien für die Revolution vor allem im bürgerlichen Mittelstand langsam schrumpfen. Menschen, die nicht an der Armutsgrenze lebten, sondern etwas zu verlieren hatten, begannen sich geordnetere Zustände zu wünschen. Die Kritik am Militärsystem wurde allmählich leiser, ebenso die Zustimmung für umwälzende Reformpläne.

Auch die Stellung der liberalen Regierung litt. Ihr im April noch parteiübergreifender Einfluss wurde durch die schleichende Aufsplitterung der Revolution in verschiedene Interessengruppen untergraben. Schwieriger wurde es für das Ministerium Camphausen auch, zwischen den gegensätzlichen Zielen von Krone und Nationalversammlung einen Ausgleich zu finden. Das zeigte sich vor allem beim Versuch, dem Staat eine Verfassung zu geben. Zunächst musste man zähe Verhandlungen mit dem König führen und dabei einige Kompromisse eingehen, und als man dann endlich einen entsprechenden Entwurf erarbeitet hatte, wurde dieser von der Nationalversammlung abgelehnt, weil die Abgeordneten ihn mehrheitlich für zu schwächlich hielten. Nach dem Scheitern des Verfassungsentwurfs trat Ministerpräsident Camphausen am 20. Juni 1848 zurück.

Camphausens Nachfolger Rudolf von Auerswald erlebte noch stärkeren Gegenwind, denn die Nationalversammlung entwickelte mit der Charte Waldeck einen eigenen Verfassungsentwurf, der die Macht der Krone weit stärker als der Camphausen-Entwurf eingrenzte. Zudem machte sie auch gegen die Armee mobil. Mit zwei Resolutionen forderte sie, man möge den Militärs befehlen, reaktionären Tendenzen abzuschwören und alle Offiziere mit nichtkonstitutioneller Gesinnung zu entlassen. Auerswald versuchte die Lage noch zu retten, indem er die Nationalversammlung um mehr Zurückhaltung bat. Doch die Abgeordneten verlangten am 7. September von der Regierung, den beiden Resolutionen ohne Wenn und Aber Folge zu leisten. Auerswald sah sich gescheitert. Im Wissen, dass der König diese Forderungen ablehnen würde, stellte er sein Amt zur Verfügung.

Friedrich Wilhelm IV. wäre es schwergefallen, den Resolutionen zu entsprechen, selbst wenn er es gewollt hätte. Akzeptierte er eine parlamentarische Kontrolle über die Armee, musste er ernstlich befürchten, vom Militär gestürzt zu werden. Denn dort hatte der Unmut über ihn bedenkliche Ausmaße angenommen. Von General Prittwitz etwa hieß es, er sei bereit, gegen die Revolution neuerlich in den Kampf zu ziehen, aber nicht, solange ein König da sei, auf den kein Verlass sei. Dass er Wilhelm für verlässlicher hielt, musste Prittwitz, der den

Prinzen von Preußen als seinen eigentlichen Chef betrachtete, nicht eigens erwähnen.[80] Friedrich Wilhelm IV. spürte die Gefahr im Nacken. Im September sagte er seinem Vertrauten Leopold von Gerlach: »Für die Armee ist Eile nöthig, denn ich kann es ihr nicht verdenken, daß sie, wenn sie glaubt, daß ich sie hier preisgebe, Wilhelm auf den Thron setzt.«[81]

Ein Thronwechsel in Preußen wurde mittlerweile auch in St. Petersburg gewünscht. Zar Nikolaus I. hielt Friedrich Wilhelm IV. für einen Schwächling, der sich von Revolutionären auf der Nase herumtanzen ließ. Seine Gemahlin sah die Dinge ähnlich und schrieb Wilhelm am 12. Juli: »Der Wunsch, daß Fritz abdizieren möchte, wird immer deutlicher und spricht sich unverhohlener aus. Das ist höchst traurig, aber eine Folge seiner bewiesenen Charakterschwäche!«

Wilhelm reagierte auf Charlottes brisantes Schreiben ausweichend. »Du sprichst in Deinem Brief von einem Fall, der bei uns sehr stark besprochen werden soll«, antwortete er der Zarin am 7. August. »Ich kenne, darf und will solche Ideen nicht hören. Tritt er ein, so wird Gott mir Kraft und Einsicht hoffentlich verleihen, so zu handeln, wie Du es Dir denkst!«[82] Das war kein klares Nein, doch einen Umsturz peilte Wilhelm trotzdem nicht ernstlich an. Abgesehen von den damit verbundenen Unwägbarkeiten hätte es seinem Verständnis von Tradition und Gottesgnadentum eklatant widersprochen, als erster Hohenzoller überhaupt seinen königlichen Bruder zu stürzen.

Ansonsten aber wurde der Thronfolger rasch wieder aktiv. Die Passivität, in die ihn sein Bruder hineingedrängt hatte, hielt er angesichts der turbulenten Ereignisse in Berlin nicht lange aus. Schon im Juli drängte er in die politische Arena zurück und bombardierte Auerswald und Friedrich Wilhelm IV. mit flammenden Appellen, die Machtbefugnisse der Krone zu erhalten. Vor allem die Kommandogewalt über die Armee müsse dem Königtum unbedingt bewahrt werden. Als die Resolutionen der Nationalversammlung gerade diese Kompetenz in Frage stellten, regte sich in Wilhelm wieder der Hardliner. Er hielt es nunmehr für geboten, den Bruch mit dem Parlament zu vollziehen. Um diesem Ziel näherzukommen, trat er in engere Fühlung mit der Kamarilla, einer kleinen Gruppe hochkonservativer Berater des Königs rund um Leopold von Gerlach, die ebenfalls einen Staatsstreich anpeilte. Gemeinsam entwickelte man ein gegenrevolutionäres Programm.[83] Am 17. September schrieb Wilhelm an Charlotte:

> Der einzuschlagende Weg ist nun der: Das Programm des neuen Ministeriums wird in der Kammer verlesen, die Botschaft des Königs eingebracht, und nun der Erfolg erwartet. Unterwirft sich die Kammer, dann ist der Sieg unblutig und die Klubs werden geschlossen, die Mauerliteratur untersagt und das Versammlungsrecht beschränkt. –

Unterwirft sie sich nicht, so wird sie aufgelöst. Dann gibt es wahrscheinlich Rebellion in Berlin, welches sodann zerniert wird, das Martialgesetz [Anm.: Kriegsrecht] publiziert, die Bürgerwehr aufgelöst und entwaffnet usw. Dies kostet alles Blut! Aber nur so kommen wir zum Ziel![84]

Ernst von Pfuel, von Friedrich Wilhelm IV. nach dem Rücktritt Auerswalds am 21. September zum Ministerpräsidenten ernannt, strebte eine pfleglichere Lösung an. Er versuchte den Konflikt mit der Nationalversammlung friedlich beizulegen und gab einer parlamentarischen Kernforderung nach, indem er den militärischen Kommandostellen die Unterbindung reaktionärer Tendenzen in der Armee auftrug. Er scheiterte allerdings rasch, denn die Nationalversammlung erhob eine neue Forderung, nämlich, dass in der kommenden Verfassung der Wortlaut »von Gottes Gnaden« in der Titulatur des Königs nicht vorkommen dürfe. Die Kamarilla überzeugte Friedrich Wilhelm IV. daraufhin, Pfuel zu entlassen und General Friedrich Wilhelm von Brandenburg, einen Mann mit klar antirevolutionärer Ausrichtung, an die Spitze des Staatsministeriums zu berufen. Wilhelm, von Leopold von Gerlach sorgfältig auf dem Laufenden gehalten, signalisierte ebenfalls Zustimmung. Am 1. November ernannte Friedrich Wilhelm IV. Brandenburg zum neuen Ministerpräsidenten – und handelte sich einen stärkeren Regierungschef ein, als ihm lieb war.

Brandenburg, ein illegitimer Sohn König Friedrich Wilhelms II., blickte auf eine jahrzehntelange Armeekarriere zurück. Nennenswerte politische Erfahrung besaß er eigentlich nicht. Dennoch hatte er ein Konzept vor Augen, wie nun im Sinne der Krone vorzugehen sei, und schritt sofort zur Tat. Zunächst handelte er ähnlich, wie Wilhelm bereits im September skizziert hatte: Am 9. November zwang Brandenburg der Nationalversammlung eine über zweiwöchige Sitzungspause auf. Es folgten die Besetzung Berlins durch die Armee, die Verhängung des Belagerungszustandes, die Auflösung der Bürgerwehr und das Verbot politischer Vereine. Widerstand gegen die Machtdemonstration der Obrigkeit blieb in Berlin aus, denn der revolutionäre Eifer war in weiten Teilen des Bürgertums mittlerweile weitgehend erloschen. Im Umfeld des Königs wurde gejubelt. Brandenburg jedoch blickte weiter. Anders als viele Konservative am Hof erkannte er, dass man nicht einfach zu den Zuständen des Vormärz zurückkehren konnte, sondern der Bevölkerung etwas bieten musste, um ihr Stillhalten langfristig sicherzustellen. Ohne Umschweife teilte er dem König mit, dass nun eine Verfassung zu erlassen sei. Friedrich Wilhelm IV. protestierte vehement. Er hatte in seiner Euphorie über den gelungenen Staatsstreich schon davon geträumt, seine Versprechen vom März wieder zurückzunehmen. Doch Brandenburg setzte sich durch und holte am

5. Dezember zum großen Schlag aus, indem er die Nationalversammlung endgültig auflöste und gleichzeitig eine von der Staatsspitze ausgearbeitete Verfassung in Kraft setzte.

Inhaltlich gesehen war die oktroyierte Verfassung eine Momentaufnahme des Herbstes 1848. Sie spiegelte die damals noch große Sorge der Staatsführung wider, mit der Zerschlagung der Nationalversammlung eine neuerliche Revolution auszulösen. Daher orientierte sie sich in wesentlichen Teilen an der noch von der Nationalversammlung entwickelten Charte Waldeck und übernahm davon einige liberale Elemente. So wurde den Bürgern weitgehende Meinungs- und Pressefreiheit, Versammlungsfreiheit, freie Religionsausübung, die Unverletzbarkeit der Wohnung oder die Unabhängigkeit der Wissenschaft und der Lehre garantiert. Zudem sollte die Nationalversammlung durch einen aus zwei Kammern bestehenden Landtag ersetzt werden. Die Mitglieder der Ersten Kammer waren durch Provinzial-, Bezirks- und Kreisverwaltungen zu wählen, die der Zweiten Kammer durch allgemeine Wahlen. Die in der Charte Waldeck vorgesehene Eingrenzung der Krongewalt wurde hingegen eliminiert. Statt einem nur aufschiebenden Veto besaß der König bei der einfachen Gesetzgebung nun ein absolutes Vetorecht, außerdem den Oberbefehl über die Armee und ein weiterhin fast unbegrenztes Recht zum Erlassen von Notverordnungen.

Brandenburgs Rechnung ging auf. Die oktoyierte Verfassung stieß in der Bevölkerung dank ihrer liberalen Elemente auf recht positive Resonanz, sodass die Auflösung der Nationalversammlung für keinen großen Aufruhr sorgte. Anders als in Wien, wo die monarchische Autorität im Oktober 1848 erst nach schweren Kämpfen wiedererrichtet werden konnte, ging die Gegenrevolution in Berlin ohne größeres Blutvergießen vonstatten.[85]

Wilhelm beobachtete Brandenburgs Kraftakt mit einem lachenden und einem weinenden Auge. Von dem Staatsstreich an sich war er angetan, und er teilte auch Brandenburgs Auffassung, wonach der König seine Märzversprechen einzulösen habe. »Was einmal von neuen Institutionen verheißen worden ist und namentlich, was ich am 18. März unterschrieb, muß zur Ausführung kommen«, schrieb er Charlotte am 9. November. Allerdings irritierte ihn die in der Verfassung enthaltene Bestimmung, wonach die Mitglieder der Ersten Kammer gewählt und nicht vom König ernannt werden sollten. Seine Versuche, das Ministerium Brandenburg diesbezüglich umzustimmen, blieben vergeblich. Die Regierung teilte ihm mit, »man werde in der Zukunft eine bessere 1. Kammer erlangen können«, hielt aus taktischen Gründen aber an den Wahlbestimmungen fest. Für Wilhelm war das ein Fehler: »Was im ersten Wurf verloren ist, bekommt man niemals wieder!«[86]

Ambivalent stand der Kronprinz auch dem Plan der seit Mai 1848 in der Frankfurter Paulskirche tagenden deutschen Nationalversammlung gegenüber, Friedrich Wilhelm IV. die Kaiserkrone zu übertragen.

Um die Mitte des 19. Jahrhunderts war in bürgerlichen Kreisen der Gedanke weitverbreitet, den ersehnten bürgerlich-parlamentarischen deutschen Gesamtstaat mit dem Mythos des 1806 untergegangenen Heiligen Römischen Reiches zu koppeln. Die bis auf Karl den Großen zurückreichende Kaiserwürde verströmte für viele, ja eigentlich fortschrittsorientierte Liberale eine derartige Magie, dass sie einen Kaiser an die Spitze Deutschlands stellen wollten. Dafür kam nach Auffassung Heinrich von Gagerns, seit 15. Dezember 1848 Reichsministerpräsident und Anführer der kleindeutschen Partei, nur der König von Preußen in Frage. Österreich hätte sich im Rahmen einer großdeutschen Lösung de facto in deutsche und nichtdeutsche Landesteile spalten müssen, für Habsburgs Ministerpräsidenten Felix zu Schwarzenberg war jedoch nur die Einbeziehung des gesamten Kaisertums Österreich in einen deutschen Nationalstaat denkbar. In der Paulskirche setzte sich schließlich die kleindeutsche Lösung mehrheitlich durch. Am 28. März 1849 wählte das erste frei gewählte gesamtdeutsche Parlament Friedrich Wilhelm IV. zum deutschen Staatsoberhaupt. Unmittelbar darauf machte sich eine hochrangige Delegation der Paulskirche auf den Weg nach Berlin, um ihm die Kaiserkrone anzutragen.

Friedrich Wilhelm IV. hielt dies für anmaßend. Seiner Meinung nach war die Paulskirche gar nicht befugt, eine Kaiserkrone zu vergeben.[87] Auch Wilhelm vertrat die Ansicht, dass die Vergabe einer Kaiserkrone nur den Fürsten zustand. Auf ihn wirkte das Angebot der Paulskirche trotzdem verführerisch. Denn das Kaisertum würde Preußen die Chance bieten, die Vormachtstellung in Deutschland zu erlangen und zu einer erstrangigen Großmacht aufzusteigen. Seiner Ansicht nach musste das Angebot zwar noch nachgeschärft werden – das neue Deutschland durfte nur als lockerer Staatenbund gebildet werden, in dem Preußen seine staatliche und militärische Selbstständigkeit wahren konnte[88] –, doch die mit der Kaiserwürde verbundenen Machtoptionen reizten Wilhelm so sehr, dass er seinen Bruder mit allen möglichen Argumenten zu deren Annahme zu überreden versuchte. Die meisten deutschen Fürsten hätten bereits Zustimmung signalisiert, und auch in der Ersten Kammer des preußischen Landtags sei ein klarer Trend in diese Richtung erkennbar. Und außerdem, schrieb er seinem Bruder am 19. März: »Was würde die unausbleibliche Folge sein, wenn Preußen sich weigerte, die Stellung anzunehmen, die 30 Fürsten ihm biethen? Ein unabsehbares Interregnum, wehrend welcher Zeit die rothe Republik ungeheure Fortschritte machen müßte.«[89]

Friedrich Wilhelm IV. ließ sich aber seine Abneigung gegen eine von Parlamentariern vergebene Krone nicht ausreden. Am 3. April empfing er die Delegation der Paulskirche im Berliner Stadtschloss und lehnte die Kaiserwürde mit freundlichen, aber bestimmten Worten ab.[90]

Wilhelm tat sich schwer, dem Nein seines Bruders zu folgen, und versuchte, die Kaiserchance irgendwie am Leben zu erhalten. Bereits am 20. März hatte er Karl Friedrich von Vincke, seinen liberalen Kontaktmann im preußischen Landtag, damit beauftragt, der Ersten und Zweiten Kammer klarzumachen, dass die Kaiserkrone zwar nur von Fürsten vergeben werden könne, dass »in einer abweisenden Antwort an die Paulskirche« aber »noch keine Ablehnung der Sache enthalten«[91] sei. Am 3. April bat er die Delegation der Paulskirche nach dem Nein seines Bruders zu sich und versuchte ihre Enttäuschung zu lindern, indem er ihr den Standpunkt des Königs erläuterte, dabei aber besonders entgegenkommend auftrat. Am 23. April machte er dem preußischen Handelsminister August von der Heydt deutlich, dass es Veränderungen in der Reichsverfassung brauchte, um die Position eines preußischen Kaisers zu stärken. Auch wenn diese für die Paulskirche kaum annehmbar gewesen wären – absolutes Vetorecht des Kaisers, anderes Wahlgesetz, kein Eid der Armee auf die Reichsverfassung –, so spricht schon aus ihrer Nennung der Wunsch, das Erbkaisertum irgendwie doch noch in preußische Hand zu bekommen. Demselben Ziel folgte auch sein Einsatz für Friedrich Daniel Bassermann, den Präsidenten des Verfassungsausschusses der Nationalversammlung, der nach Berlin gekommen war, um Friedrich Wilhelm IV. durch umfangreiche Konzessionen und Verfassungsänderungen doch noch zur Annahme der Kaiserwürde zu bewegen. Wilhelm bat den König am 5. Juni, Bassermann anzuhören, doch der König zeigte kein Interesse.[92]

Wilhelms Aktivitäten wurden zu diesem Zeitpunkt allerdings schon von der Realität überholt. Die Paulskirche geriet infolge des preußischen Neins zur Kaiserkrone in eine Abwärtsspirale. Immer mehr deutsche Staaten zogen ihre Abgeordneten aus Frankfurt ab. Gagern trat am 10. Mai zurück. Die deutsche Nationalversammlung schmolz zu einem Rumpfparlament zusammen. Um den Traum eines demokratischen deutschen Staates zu retten, rief die radikale Linke die »Reichsverfassungskampagne« aus. Noch einmal schwappte eine Revolutionswelle über Deutschland. In mehreren deutschen Staaten und Regionen brachen Aufstände aus und brachten die Regierungen in erhebliche Bedrängnis. Zu schweren Unruhen kam es auch im preußischen Rheinland. Doch das focht die Hohenzollern nicht mehr ernstlich an. Sie saßen mittlerweile wieder dermaßen fest im Sattel, dass sie nicht nur die Aufstände im Rheinland rasch in den Griff bekamen, sondern auch anderen Fürstenhäusern beistanden, so etwa in Sachsen, wo preußische Truppen bei der Niederwerfung des Dresdner Maiaufstandes mithalfen.

Der Prinz von Preußen hatte mittlerweile längst eine Kehrtwende vollzogen. Da die Kaiserkrone von der politischen Agenda verschwunden war, ließ er seiner grundsätzlichen und nie abgelegten Abneigung gegen die Frankfurter Paulskirche freien Lauf und trug den Kampf gegen die Reichsverfassungskampagne mit vollkommener Überzeugung mit.[93]

Die Paulskirche und die Kaiserkrone waren für Wilhelm Vergangenheit – nicht jedoch die Vision der deutschen Einheit unter preußischer Führung. So schrieb er am 20. Mai 1849 seinem alten Freund Oldwig von Natzmer: »Wer Deutschland regieren will, muß es sich erobern; à la Gagern geht es nun einmal nicht. Ob die Zeit zu dieser Einheit schon gekommen ist, weiß Gott allein! Aber daß Preußen bestimmt ist, an die Spitze Deutschlands zu kommen, liegt in unserer ganzen Geschichte«[94].

Auch Friedrich Wilhelm IV. fand diese Vision attraktiv. Angespornt wurde er darin durch seinen langjährigen Berater Joseph von Radowitz, der den Plan entwickelt hatte, Gagerns kleindeutsche Lösung unter konservativen Vorzeichen umzusetzen. Ihm schwebte vor, eine engere deutsche Union unter preußischer Führung durch eine fürstliche Einigung zustande zu bringen, die im Rahmen einer weiteren Union lose mit Österreich verbunden sein sollte. Friedrich Wilhelm IV., von dieser Idee angetan, gab Radowitz den Auftrag, die neue preußische Unionspolitik umzusetzen. Radowitz nahm daraufhin Verhandlungen mit den vier kleineren deutschen Königreichen Bayern, Württemberg, Hannover und Sachsen auf, die zu einem raschen Teilerfolg führten: Am 26. Mai 1849 schloss Friedrich Wilhelm IV. mit den Monarchen von Sachsen und Hannover in Erfurt das Dreikönigsbündnis ab. Sie einigten sich auf eine Reichsverfassung, die neben einem Parlament auch die Bildung eines Fürstenkollegiums vorsah und den Monarchen das absolute Vetorecht gegen Parlamentsbeschlüsse zusicherte. Begünstigt wurde das Vorhaben durch den Umstand, dass Österreich zu diesem Zeitpunkt noch durch die Revolution in Ungarn abgelenkt war und dem Bündnis nicht kraftvoll entgegenwirken konnte.

Prinz Wilhelm hatte gegen Radowitz zunächst Vorbehalte, hielt dessen Konzept für zu liberal angehaucht. Doch dann begann auch er sich mit der Unionspolitik immer mehr anzufreunden. Eine preußisch geführte Einigung Deutschlands, die zudem »von oben« statt von einem Nationalparlament initiiert wurde, gefiel ihm ohnehin besser als das versunkene Kaiservorhaben der Paulskirche.[95]

Anfang Juni 1849 war die Reichsverfassungskampagne in Nord- und Mitteldeutschland weitgehend niedergeschlagen. Anders lagen die Dinge im Südwesten. In der linksrheinischen Pfalz hatte eine Revolutionsregierung Anfang Mai die Kontrolle an sich gerissen und die Abspaltung des Landes von Bayern durchgesetzt. Noch kraftvoller fiel die revolutionäre Erhebung im Großherzogtum Baden aus, denn sie vermochte die Armee auf ihre Seite zu ziehen, was bislang keiner deutschen Aufstandsbewegung gelungen war. Großherzog Leopold von Baden floh außer Landes. Eine provisorische Revolutionsregierung unter der Führung von Lorenz Brentano übernahm das Kommando und verzeichnete starken Zulauf durch Republikaner aus anderen deutschen Ländern.

Die Provisorische Zentralgewalt, die von der Nationalversammlung im Frühsommer 1848 gebildete gesamtdeutsche Regierung, reagierte auf den badischen Aufstand, indem sie Truppen mehrerer deutscher Staaten zu einem Reichskorps vereinigte und nach Süden in Marsch setzte. Dem geflohenen Großherzog von Baden reichte das aber noch nicht. Er bat auch Preußen um Hilfe. Friedrich Wilhelm IV. stimmte zu und sah den Einsatz zweier preußischer Armeekorps vor.[96] Zu ihrem Oberkommandierenden ernannte er am 8. Juni 1849 den Prinzen von Preußen.

Wilhelm war sogleich Feuer und Flamme. Mit der Übernahme dieses Kommandos konnte er das seit Jahrzehnten gelernte Kriegshandwerk erstmals in der Praxis ausüben. Außerdem war es ihm eine Genugtuung, die verhasste Revolution, vor der er 1848 hatte fliehen müssen, nun persönlich niederzuwerfen. Hochmotiviert eilte er in den deutschen Südwesten – und lief beinahe in sein Verderben: Bei Ingelheim nahe Mainz lauerte ihm ein Heckenschütze auf. Doch Wilhelm hatte Glück. Der Attentäter, der sich in einem Getreidefeld versteckte, ging etwas tolpatschig ans Werk. Zuerst hielt er einen Adjutanten für den Prinzen von Preußen, und als er abdrückte, traf er nicht den Adjutanten, sondern schoss dem Postillon durch den rechten Oberschenkel und traf obendrein ein Kutschpferd. Danach flüchtete der Attentäter. Er konnte nie identifiziert werden.[97]

Der Feldzug gegen die Revolutionäre im Südwesten Deutschlands ging nicht ohne Querelen vonstatten. Problematisch war es schon, gegenüber der Öffentlichkeit das Operationsziel zu definieren. Während Preußen die Revolution niederwerfen wollte, sah die Provisorische Zentralgewalt das Vorhaben zwar als Kampf gegen die Anarchie, aber gleichzeitig auch als Kampf für die Reichsverfassung und die Errungenschaften der Märzrevolution an. Die Zentralgewalt, zu diesem Zeitpunkt noch ein ernstzunehmender Machtfaktor, setzte sich schließlich weitgehend durch. Freudlos gab Wilhelm bekannt, das Unternehmen würde

»der Befestigung der constitutionellen Freiheiten des großen Vaterlandes«[98] dienen. Laut und vernehmlich knirschte es zudem in seiner Kooperation mit dem Kommandanten des Reichskorps, dem bisherigen Reichskriegsminister Eduard von Peucker. Von Beginn an war man sich uneins, wer das Oberkommando über die gesamte Interventionsstreitmacht innehaben sollte. Diesen Streit entschied Wilhelm für sich, indem er durchsetzte, dass die Regierungen Nassaus, Hessens, Kurhessens und Mecklenburgs ihre Truppenverbände aus dem Reichskorps abzogen und seinem Kommando unterstellten.[99]

Ging es um die Operationen im Feld, rissen sich Wilhelm und Peucker halbwegs zusammen, pflegten eine weitgehend funktionierende Zusammenarbeit und stellten damit sicher, dass die Interventionsarmee ihre numerische und waffentechnische Überlegenheit ausspielen konnte. In der Pfalz hatten die Revolutionäre keine Chance, ihr Paroli zu bieten. Ein kleineres Gefecht bei Kirchheimbolanden am 14. Juni reichte aus, um den Kampfeswillen der Aufständischen zu brechen. Die Besetzung des Landes erfolgte ohne nennenswerten Widerstand.

Den revolutionären Kampfverbänden in Baden gelang es hingegen, sich dem Eindringen der Interventionsarmee im Norden des Großherzogtums mehrere Tage entgegenzustemmen. Am 21. Juni mussten sie infolge des Gefechts von Waghäusel dann doch den Rückzug antreten, lieferten den vorrückenden Interventionstruppen in den folgenden Tagen aber noch Kämpfe bei Ubstadt und Durlach.[100]

Bei den Gefechten in Baden zeigte sich erstmals eine Eigenheit Wilhelms, die auch später während der Einigungskriege mehrfach zutage treten sollte, nämlich die Neigung, allzu nahe an die Kampfzone heranzurücken und sich gegnerischem Feuer auszusetzen. Als die Interventionstruppen am 23. Juni Ubstadt einnahmen, ritt Wilhelm zum Dorfrand, um das Geschehen zu beobachten, und geriet prompt ins gegnerische Schussfeld. Auf dem Kirchturm des Dorfes hatten sich einige Schützen postiert und nahmen den Prinzen mitsamt seiner Suite unter Feuer. Wilhelm reagierte nicht wie ein prinzlicher Oberkommandierender, sondern mehr wie ein Offizier. Statt sich in Sicherheit zu bringen, griff er persönlich in das Gefecht ein und ließ mehrere Kanonenschüsse auf den Kirchturm abgeben. Beinahe entschuldigend schrieb er tags darauf dem König:

Ich vermuthe, daß meine Umgebungen klagen werden, daß ich mich etwas exponirt habe; ich kann mich aber rechtfertigen, indem man unmöglich fortreiten kann, wenn zufällig das Gefecht da wo man sich befindet, momentan heftiger wird, u. dann sahen mich diese Truppen zum ersten mal im Feuer u. ich sie, so daß es vielleicht gerechtfertigt war, zu zeigen, daß man mit ihnen theilt.[101]

Der massive Druck der Interventionsarmee zeigte bald Wirkung. In der badischen Revolutionsregierung kam es zu Konflikten über das weitere Vorgehen. Regierungschef Brentano trat zurück und floh in die Schweiz. Noch einmal versuchten die badischen Kampfverbände entlang des Flüsschens Murg im Nordschwarzwald eine Verteidigungslinie aufzubauen, doch nach einigen erfolglosen Gefechten am 28., 29. und 30. Juni mussten sie auch diese letzte Defensivstellung aufgeben. Teile von ihnen zogen sich in Richtung Schweiz zurück, Teile von ihnen verschanzten sich in der Festung Rastatt. Abgesehen von dieser letzten revolutionären Hochburg war jetzt das Großherzogtum Baden Wilhelms Zugriff ausgeliefert.

Viele Menschen hatten Angst, was nun kommen würde. Sie waren entnervt von dem kriegerischen Chaos, das über sie hereingebrochen war, ebenso vom wenig zimperlichen Regiment der Revolutionsregierung, die vor Requisitionen und Gesetzlosigkeiten nicht zurückschreckte, um ihre Stellung zu behaupten. Über den »Kartätschenprinzen« kursierten die wildesten Gerüchte. So erzählte man sich, das Attentat bei Ingelheim habe gar nicht stattgefunden; der dabei verletzte Postillon sei nicht von einem Heckenschützen angeschossen worden, sondern von Wilhelm, weil er zu langsam gefahren sei. So groß war die Furcht vor ihm, dass selbst Nichtrevolutionäre über den Rhein nach Frankreich flohen, um nur ja nicht in die Hände des »Kartätschenprinzen« zu fallen.[102]

Wilhelm hingegen lagen Gewaltakte gegen die Bevölkerung schon im Eigeninteresse fern. Die Interventionsarmee hatte ja verkündet, die Anarchie bekämpfen und die Ordnung wiederherstellen zu wollen; ziellose Gewaltexzesse hätten diese Rechtfertigung sofort zunichtegemacht. Die Revolutionäre allerdings hatten allen Grund zur Furcht. Für den Prinzen von Preußen waren sie nichts weiter als Verräter, die die legitime Fürstenherrschaft angriffen und die es zu bestrafen galt. Härte hielt er vor allem gegenüber den aufständischen badischen Militärs für angebracht, die mit ihrem Bruch des Eides auf den eigenen Fürsten ein für ihn unverzeihliches Verbrechen begangen hatten. »Diese in der neueren deutschen Geschichte ungekannte Treulosigkeit muß auf eine eklatante Weise behandelt werden«, teilte er Großherzog Leopold von Baden am 11. Juli mit. »Es verlangt dies nicht nur die Ehre der Treugebliebenen, die Ehre Badens, sondern es verlangt dies die Ehre aller deutschen Armeen. In unserer wühlerischen Zeit muß es den Wühlern wie den Truppen gezeigt werden, daß die Treulosigkeit und Eidvergessenheit ein ernstes, strenges Gericht trifft.«[103]

Ein besonders strenges Gericht wartete auf die Garnison von Rastatt, das letzte Bollwerk der badischen Revolution. Am 30. Juni umzingelten preußische Truppen unter dem Kommando des Generals Karl von der Gröben die Festung, in der rund 6000 Menschen ausharrten, unter ihnen zum Äußersten entschlossene Revolutionäre, aber auch die Bewohner der Stadt, die mehrheitlich nur ihren Frieden haben wollten und ein rasches Ende der Kämpfe herbeisehnten, in der Festung aber nichts zu bestimmen hatten. Es folgte eine über drei Wochen dauernde Belagerung, die von vereinzelten Gefechten, wechselseitigem Artilleriebeschuss und viel Abwarten geprägt war. Lange hofften die Verteidiger von Rastatt auf Entsatz durch die Volksarmee, doch diese wurde immer weiter nach Süden abgedrängt. Nach drei Wochen setzte sich bei ihnen die Erkenntnis durch, dass der Kampf mangels Erfolgschancen sinnlos geworden war. Um die Mittagszeit des 23. Juli kapitulierten sie.

Die Sieger verloren keine Zeit und bestraften die Unterlegenen umgehend. Unverzüglich wurden in Freiburg, Mannheim und Rastatt drei Sondergerichtshöfe gebildet und mehr als zwei Dutzend Todesurteile vollstreckt.[104] Das war ganz im Sinne des Prinzen von Preußen. Manche seiner Kommentare verdeutlichen, dass ihm noch mehr Hinrichtungen nicht unrecht gewesen wären. So äußerte er sich kritisch über den Umstand, dass der prominente Revolutionär Gottfried Kinkel lediglich zu lebenslänglicher Festungshaft verurteilt wurde, obwohl er »blessirt gefangen wurde, also fechtend ergriffen ward. […] Es ist zum verzweifeln, was unsere Juristen machen!«[105]

Wilhelms Baden-Feldzug wurde von Zeitgenossen aus der Region sehr kontrovers beurteilt. Die damals in Freiburg lebende Schriftstellerin Henriette Feuerbach, die bei der badischen Revolutionsregierung »barbarische Roheit« und »Terrorismus« ortete, bewertete die preußische Intervention in einem Brief vom Juli 1849 als Rückkehr von Gesetz und Ordnung: »Die Preußen sind eingerückt, Gott weiß es, in diesem Moment ein Rettungsengel. Es ist so weit gekommen, daß ich fast vor Freuden weinen mußte, als wir die ersten Vorposten passierten. Sie betragen sich sehr human und zeigen großes Mitleid gegen unser armes Volksheer, das so planlos und unverantwortlich ins Feuer geführt, doch so brav sei.« Nun müsse man nicht mehr »zittern vor Gewalttätigkeit an Leben und Eigentum.«[106] Für den Revolutionär Ludwig Pfau hingegen hatte insbesondere die Belagerung von Rastatt etwas Apokalyptisches an sich. In seinem *Badischen Wiegenlied* zeichnete er das Bild eines Landes, das infolge der preußischen Intervention in Friedhofsruhe erstarrte: »Schlaf, mein Kind, schlaf leis!/Dort draußen geht der Preuß!/ Deinen Vater hat er umgebracht,/Deine Mutter hat er arm gemacht,/Und wer nicht schläft in stiller Ruh,/Dem drückt der Preuß die Augen zu.«[107]

Wilhelm selbst war nach dem Feldzug zufrieden mit sich und der Welt. 16 Monate zuvor hatte er vor der Revolution fliehen müssen, nun hatte er mit der Eroberung von Rastatt den letzten revolutionären Brandherd in Deutschland ausgetreten. Mit stolzgeschwellter Brust nahm er am 18. August 1849 in Karlsruhe Großherzog Leopold von Baden in Empfang, der mit viel Pomp wieder in seine Residenz einzog.

Unterdessen stand Friedrich Wilhelm IV. in Berlin vor der Frage, welche Aufgabe Wilhelm fortan im Staat ausüben sollte. Sein Bruder hatte ihm seit einiger Zeit mit der Bitte in den Ohren gelegen, ihn wieder mit einer Funktion auszustatten, vorzugsweise mit einem militärischen Kommando. Dem Thronfolger abermals die Leitung des Gardekorps zu übertragen kam für den König weiterhin nicht in Frage. Letztlich reaktivierte er seinen wegen der Revolution nicht mehr ausgeführten Entschluss vom März 1848, Wilhelm nach Westen abzukommandieren. Noch während dieser sich in Baden aufhielt, ernannte Friedrich Wilhelm IV. ihn zum Militärgouverneur von Rheinland und Westfalen. Wilhelm war darüber hochfreut und dankte seinem Bruder überschwänglich.[108]

Man darf vermuten, dass Friedrich Wilhelm IV. bei dieser Entscheidung auch Hintergedanken hatte. Wie der gut informierte Varnhagen im Sommer und Herbst 1849 mehrfach notierte, war der König von Wilhelms nach wie vor starker Position mehr als nur irritiert. Demzufolge geriet er einmal außer sich vor Wut, als er einem nicht näher spezifizierten Vorschlag eifrig zustimmte und Ministerpräsident Brandenburg trocken anmerkte, die Zustimmung des Königs sei nicht genug, man müsse erst noch hören, was der Prinz von Preußen dazu meine. Ein anderes Mal beklagte Friedrich Wilhelm IV., dass Wilhelm ihm gegenüber mit mangelndem Respekt auftrat. Auch empfand er laut Varnhagen Neid auf seinen Bruder, weil er glaubte, diesem würde bei öffentlichen Anlässen mehr gehuldigt als ihm selbst.[109] Dass der neue Einsatzort des Thronfolgers weit weg von Berlin gelegen war, dürfte der König nicht unbedingt als Nachteil angesehen haben.

Die Herbstkrise 1850

Im März 1850 übersiedelte Wilhelm mit seiner Familie nach Koblenz und nahm im Kurfürstlichen Schloss Quartier. Die malerische, am Zusammenfluss von Rhein und Mosel gelegene Stadt mit etwa 20.000 Einwohnern sollte mehr als sieben Jahre lang sein Hauptwohnsitz sein.

Von seiner neuen Rolle als Militärgouverneur von Rheinland und Westfalen war Wilhelm nicht nur deshalb angetan, weil er nun wieder eine klar definierte und dauerhafte Aufgabe besaß, sondern auch, weil der König ihm außerdem den Oberbefehl über die in Baden stehenden preußischen Streitkräfte übertragen hatte. Somit stand Wilhelm an der Spitze einer veritablen Truppenpräsenz nicht nur im Westen, sondern auch in jener Region, die als Brückenkopf der Erfurter Union nach Süddeutschland und damit in Österreichs Einflusszone hineinragte. Das alles befriedigte sein Ego und ließ ihn außerdem glauben, mit diesen Kompetenzen die Erfurter Union festigen zu können.

Im Rheinland und in Westfalen hielt sich die Begeisterung über Wilhelms Ankunft in engen Grenzen. Die preußische Herrschaft war bei den Einheimischen ohnehin schon unpopulär, und dieser Unmut zog sich quer durch alle Bevölkerungsschichten. In der Handwerker- und Arbeiterschicht hasste man die preußische Armee und sah handgreifliche Auseinandersetzungen mit Soldaten als eine Art Volkssport. Die zumeist katholischen Adeligen und Großunternehmer der Region wiederum waren verärgert, weil sie vom evangelischen Hof in Berlin ignoriert wurden.[110] Und nun entsandte der König ausgerechnet den berüchtigten »Kartätschenprinzen« als Militärstatthalter an den Rhein …

Die Skepsis beruhte auf Gegenseitigkeit. Wilhelm waren die Rheinländer seit jeher suspekt. Er hielt sie für illoyal und hochnäsig, stand ihnen voller Misstrauen gegenüber und meinte ihnen vor allem mit Härte begegnen zu müssen. Am 13. April 1850, wenige Wochen nach seiner Ankunft in Koblenz, schrieb er Charlotte über »die eitelen Rheinländer«, er sei angesichts »der Gesinnungslosigkeit der hiesigen Einwohner nicht im entferntesten der Ansicht, sie für mich oder für die Regierung gewinnen zu können.« Sein Hauptziel bestand darin, ihnen »Respekt vor der Autorität«[111] einzubläuen.

Zum Glück für die Rheinländer hatte Wilhelm zunächst kaum Gelegenheit, sich mit ihnen näher zu befassen. Denn als er nach Koblenz kam, brauten sich über der Erfurter Union bereits dunkle Wolken zusammen. Berlin hatte es zwar geschafft, die meisten kleineren deutschen Fürstentümer an Bord zu holen, nicht aber die Mittelstaaten. Bayern und Württemberg waren auf Distanz geblieben, Sachsen und Hannover hatten das im Mai 1849 vereinbarte Dreikönigsbündnis wieder aufgekündigt. Vor allem aber gab es die günstigen Rahmenbedingungen, unter denen die Union ein Jahr zuvor entstanden war, nicht mehr: Österreich hatte die Revolution in Ungarn mittlerweile niedergeworfen und strebte unter der Führung des tatkräftigen Ministerpräsidenten Felix zu Schwarzenberg machtvoll auf die deutsche Bühne zurück, um dort wieder die Führungsrolle an sich zu reißen und – vor allem – die Erfurter Union zu zerschlagen, die den Machtinteressen Habsburgs diametral entgegenstand. Einen Bündnispartner fand Schwarzenberg in Zar Nikolaus I., der schon die Umwandlung Preußens in einen Verfassungsstaat für ein Unding gehalten hatte. Dass dieser Verfassungsstaat nun auch noch versuchte, seinen Einfluss in Deutschland auszudehnen, war für den russischen Herrscher ein rotes Tuch. Um die Hohenzollern wieder auf Linie zu bringen, beraumte er für Ende Mai 1850 ein Gipfeltreffen der Heiligen Allianz bei Warschau an.

Friedrich Wilhelm IV. wollte die Unionspolitik trotz des zunehmenden Gegenwinds nicht aufgeben. Wilhelm teilte diese Meinung mit maximaler Überzeugung. Für ihn war die Aussicht, dass Preußen die Erfurter Union auflösen und wieder hinter Österreich zurücktreten sollte, schier unerträglich.[112] Die Haltung des Zaren machte allerdings auch ihm Sorgen. Als sein Bruder ihn beauftragte, als Vertreter Preußens am Gipfeltreffen bei Warschau teilzunehmen und dort mit Nikolaus I. zu verhandeln, machte sich Wilhelm mit flauem Gefühl auf den Weg: »Seine Ansichten sind ebenso prägnant wie die unsrigen und meinigen. Wo soll da eine Verständigung herkommen!?«[113]

Nikolaus I. fuhr beim Gipfeltreffen denn auch schwere Geschütze auf. Sekundiert von Schwarzenberg, verlangte der Zar von Preußen klipp und klar die Auflösung der Erfurter Union. Die Konstitution müsse beseitigt werden, notfalls auch mit Waffengewalt. Außerdem ließ der Zar durchklingen, dass er, sollte die Erfurter Union einen Krieg zwischen Österreich und Preußen auslösen, Wien unterstützen werde. Wilhelm sah sich von Nikolaus I. und Schwarzenberg in die Defensive gedrängt, blieb aber insofern standhaft, als er deren Hauptforderungen nicht zustimmte. Preußen strebe keinen deutschen Bruderkrieg an, betonte er, werde sich aber gegen einen Angriff mit allen Mitteln verteidigen. Er betonte seine Abneigung gegen die Konstitution, machte aber gleichzeitig deutlich, dass man sie nicht mit Gewalt bekämpfen dürfe. Das war nicht die Botschaft, die Nikolaus I. von Preußen hören wollte. Das Gipfeltreffen endete ohne substanzielle Einigung.[114]

Wilhelm gab sich trotzdem der Hoffnung hin, den Konflikt ein wenig entschärft zu haben. Unheil verkündend wirkte auf ihn jedoch eine abschließende Bemerkung Schwarzenbergs. Als der Prinz bei der Verabschiedung betont freundlich seiner Überzeugung Ausdruck verlieh, dass Österreich und Preußen trotz ihrer Differenzen ein friedliches Nebeneinander beibehalten würden, erwiderte der österreichische Ministerpräsident auffällig kurz und trocken: »Ich will es wünschen.«[115]

Der vagen Drohung folgten höchst konkrete Taten. Mit mathematischer Präzision ging Schwarzenberg daran, Berlin in die Enge zu treiben und der Erfurter Union den Garaus zu machen. Zunächst initiierte er am 2. September 1850 die Wiederbegründung des Deutschen Bundes und stellte der Union so einen eigenen Machtblock gegenüber. Den nächsten Schlag führte er über Hessen. Dort hatte Kurfürst Friedrich Wilhelm I. (👑 1847–1866) mit seinem ultrareaktionären Regiment einen Aufstand ausgelöst. Als er den Deutschen Bund um militärische Intervention bat, erkannte Schwarzenberg sofort die Chance, die sich ihm bot. Kurhessen ragte wie ein Keil in die zweigeteilte Hohenzollernmonarchie hinein. Besetzte man das Land, waren die Verbindungsstraßen Preußens zum Rheinterritorium blockiert. Auf Betreiben Schwarzenbergs nahm die Bundesversammlung den Hilfsantrag am 21. September an und bereitete den Einmarsch österreichischer und bayerischer Bundesexekutionstruppen ins Kurfürstentum vor.[116]

Berlin reagierte auf Schwarzenbergs knallharten Machtpoker zunächst mit einer starken Geste. Joseph von Radowitz, seit 26. September Außenminister, drohte Wien mit der Mobilisierung der preußischen Armee. Das war ganz im Sinne Wilhelms. Leidenschaftlich sprach er sich dafür aus, das Kurfürstentum sofort zu besetzen. »Stehen wir erst mit 30.000 M[ann] in Hessen, so wird man uns nicht so leicht Gesetze vorschreiben«, schrieb er Radowitz am 29. September. »Erst handeln und dann räsonieren, heißt es jetzt«[117]. Selbst gegenüber Charlotte schlug Wilhelm martialische Töne an. Angesichts des wachsenden Gegenwinds aus Wien und St. Petersburg rief er ihr und damit auch dem Zaren am 21. Oktober zu: »Uns wird und kann dies nicht schwankend machen, auf die Gefahr hin, wie Friedrich der Große fast allein gegen Europa zu fechten!«[118]

Zu derart wildem Heroismus neigte der König nicht. Friedrich Wilhelm IV. ließ zwar preußische Truppenkontingente nach Kurhessen vorrücken. Die Entscheidung über eine Mobilmachung der gesamten Armee wälzte er in einem Kronrat am 2. November jedoch auf seine Regierung ab; das Staatsministerium solle darüber abstimmen. Eine stürmische Debatte entbrannte. Wilhelm sprach sich vehement für eine Mobilmachung aus. Radowitz äußerte sich ähnlich. Ministerpräsident Brandenburg riet jedoch davon ab, und in einer Abstimmung stellte sich die Mehrheit der Minister hinter ihn. Laut Varnhagen explodierte Wilhelm daraufhin regelrecht, »zerbrach alles was er in die Hände bekam, schleuderte einen Stuhl fort, und war so außer sich, daß er« den Ministerpräsidenten als »Landesverräther« bezeichnete und Kriegsminister August von Stockhausen, der ebenfalls gegen die Mobilisierung gestimmt hatte, »die geballte Faust unter die Nase«[119] hielt.

Der Kronrat vom 2. November hinterließ im Staatsministerium tiefe Spuren. Radowitz warf nach seiner Abstimmungsniederlage das Handtuch und stellte sein Amt als Außenminister zur Verfügung. Sein Hauptkontrahent Brandenburg hatte zwar die Oberhand behalten, doch die Aufregung überstieg seine Kräfte. Er erkrankte nach dem Kronrat schwer und starb völlig überraschend am 6. November.

Während die preußische Staatsführung ins Chaos stürzte, erhöhte Schwarzenberg den Druck und verlangte den Rückzug der nach Kurhessen vorgerückten preußischen Truppen. Dieser Forderung wollte Friedrich Wilhelm IV. nicht entsprechen. Auch die Regierung schwenkte zögernd um. Am 6. November willigte sie doch noch in die eben erst abgelehnte Mobilmachung ein,[120] zur grimmigen Genugtuung Wilhelms, der nun dafür plädierte, durch die Mobilisierung der gesamten Armee Druck auf Österreich auszuüben. Die Haltung seines Bruders bereitete ihm jedoch einige Sorgen. Inständig bat er ihn am 23. November: »Nur kein Nachgeben jetzt mehr, sonst ist Preußen moralisch todt«[121].

Doch Schwarzenberg legte Friedrich Wilhelm IV. nun wirklich die Daumenschrauben an. Er verlangte die Freigabe der zentralen preußischen Etappenstraße in Kurhessen, was einem Zurückweichen Preußens vor den österreichisch-bayerischen Bundesexekutionstruppen gleichkam. Die Entschlossenheit des österreichischen Ministerpräsidenten zermürbte Friedrich Wilhelm IV. Den Krieg, zu dem Schwarzenberg offensichtlich bereit war, wollte er selbst letztlich doch nicht führen. Er strich die Segel und schickte Innenminister Otto von Manteuffel, den er nach Radowitz' Rücktritt provisorisch mit den außenpolitischen Agenden betraut hatte, zu Verhandlungen mit Schwarzenberg ins böhmische Olmütz (28./29. November 1850). Das finale Resultat: Preußen akzeptierte unter dem Druck Wiens und St. Petersburgs die Intervention des Bundes in Kurhessen, demobilisierte die eigene Armee, gab die Erfurter Union auf und trat dem Deutschen Bund bei.[122]

Friedrich Wilhelm IV. fiel nach dem kläglichen Ende der Erfurter Union in eine Depression, die wochenlang anhielt. Selbst als er sich langsam davon erholte, war es unübersehbar, welch tiefe Spuren die Revolution und die darauffolgenden Turbulenzen bei ihm hinterlassen hatten. Der König ging aus den Krisenjahren 1848 bis 1850 als sichtlich gealterter Mann hervor. Er war reizbarer als früher, zeigte sich vergesslich und zerstreut, reagierte auf schwierige Entscheidungen mit Erschöpfungszuständen.[123] »Der König sah sehr schlimm aus«, notierte Varnhagen über einen öffentlichen Auftritt Friedrich Wilhelms IV. im November 1852, »verzerrte Züge – vom gewaltsamen Lachen und verstellten Lächeln – und der Ausdruck frühen Greisenthums.«[124]

Der Prinz von Preußen war im Spätherbst 1850 vor allem wütend. Er empfand Olmütz als eine unerträgliche Demütigung für Preußen. Besonders aufgebracht war er über Otto von Manteuffel, den preußischen Verhandler in Olmütz, dem er eklatante Schwäche vorwarf – und der von Friedrich Wilhelm IV. trotzdem zum Ministerpräsidenten und Außenminister ernannt wurde.[125]

Als sein erster Zorn über Olmütz verraucht war, richtete Wilhelm seinen Blick wieder nach vorne. In einer Denkschrift vom 20. Februar 1851 legte er seine

Vorstellung dar, wie die Deutschlandpolitik Berlins nun aussehen sollte. Preußen dürfe trotz seiner Niederlage das Ziel einer echten deutschen Einigung unter der Führung Berlins nicht aus den Augen verlieren. Nur ein vereintes Deutschland könne »Kraft, Macht, Würde und somit Ansehen und Gewicht in der europäischen Politik« erlangen. »Indem Preußen diesen Weg für Deutschland vorzeichnet, wird es sich die Sympathien desselben erwerben und dadurch allerdings für sich die beste Eroberung machen, nämlich die moralische Eroberung Deutschlands. Eine physische Eroberung, d.h. Ländervergrößerung durch Mediatisierung, wäre dagegen das Verderblichste, was Preußen tun könnte.« Mit Österreich müsse Preußen bis auf Weiteres kooperieren, dürfe sich dabei aber nicht »einschüchtern und zur Nachgiebigkeit zwingen« lassen. »Nur wenn Preußen diesen Weg geht, wird es mit der Zeit eine Stellung des Vertrauens wiedergewinnen, welche es jetzt in Deutschland eingebüßt hat, und so doch dem Ziele entgegengehen, welches ihm von der Vorsehung vorgezeichnet ist, nämlich Deutschlands Lenker und Führer zu werden.«[126] Es war ein streckenweise unscharf formuliertes Konzept, doch enthielt es bereits den Grundgedanken der »moralischen Eroberungen«, den Wilhelm bei seiner Machtübernahme 1858 wieder aufgreifen sollte.

»Kann man immer gegen den Strom schwimmen?«

N ach der erfolgreichen Gegenrevolution leitete Friedrich Wilhelm IV. eine reaktionäre Ära ein. Er hasste das konstitutionelle Prinzip und sehnte sich nach der autoritären Monarchie zurück. Dabei konnte er allerdings nicht so weit gehen, wie er wollte. Die oktroyierte Verfassung vom Dezember 1848 wurde in einigen Punkten im konservativen Sinn verändert und am 31. Januar 1850 neu erlassen, hatte aber immer noch genug liberale Grundfärbungen, um keine Proteste im Bürgertum auszulösen. Nur mit größtem Widerwillen legte Friedrich Wilhelm IV. seinen Eid auf die revidierte Verfassung ab. In weiterer Folge wagte er es zwar nicht, die Konstitution wieder abzuschaffen, wie es etwa Kaiser Franz Joseph I. (📖 1848 – 1916) in Österreich tat, doch verwandelte er sie in wesentlichen Teilen in totes Recht: Diverse Bereiche der Verfassung waren an den Erlass von Ausführungsgesetzen gekoppelt, die den rechtlichen Vollzug dieser Bereiche definieren sollten. Diese Gesetze kamen aber jahrelang einfach nicht zustande, so blieb beispielsweise die in Artikel 61 vorgesehene Möglichkeit, Minister im Fall eines Amtsmissbrauchs durch den Beschluss einer Kammer anzuklagen, mangels eines entsprechenden Ausführungsgesetzes nicht vollziehbar. Gleichzeitig nahm die Politik des Staatsministeriums zunehmend autoritäre Züge an. Zum

Scharfmacher vom Dienst wurde Innenminister Ferdinand von Westphalen, der die Beamtenschaft einer strengen politischen Kontrolle unterzog und eine repressive Pressepolitik betrieb.[127]

Prinz Wilhelm ging mit dem Vorgehen des Königs zunächst noch weitgehend d'accord. Auch er war über die mit starken liberalen Elementen versehene Verfassung von 1848 unzufrieden gewesen und hatte in einer Denkschrift vom 11. Dezember 1849 eine Begrenzung des Versammlungs- und Vereinsrechtes sowie »die Bildung einer wahrhaft konservativen Ersten Kammer«[128] verlangt. Mit der revidierten Verfassung vom 31. Januar 1850 war er immer noch nicht recht glücklich und forderte, die Regierung müsse weiterhin bestrebt sein, »aus der Verfassung die noch zu demokratischen Elemente zu entfernen.«[129] Anders als der König erkannte Wilhelm aber die Zeichen der Zeit bis zu einem gewissen Grad. Ihm war klar, dass das konstitutionelle Prinzip im Volk zu stark an Terrain gewonnen hatte, um das Regime der Restaurationsära wieder zu errichten. Klar war ihm auch, dass die Verfassung nicht völlig zahnlos sein durfte, um entsprechende Akzeptanz zu finden, und dass die Krongewalt bei einer konstitutionellen Modernisierung einige Abstriche machen musste. »Reformen sprechen sich von Zeit zu Zeit in der Weltgeschichte deutlich aus. Dies zu erkennen, ist die Aufgabe der Staatsweisheit«, schrieb er Charlotte am 26. November 1849. Seufzend fügte er hinzu: »Leicht ist diese Erkenntnis nicht, ja sie kommt oft erst nach langen, schweren und schmerzlichen Erfahrungen, da es nicht möglich ist, sich von dem rasch und unbesonnen zu trennen, was man lange als das Bleibende angesehen hatte.«[130]

Wilhelm war um 1850 vor allem ein Suchender. Vorsichtig tastete er sich an die Ausgestaltung einer erneuerten politischen Position heran. Ein gutes Stück weiter kam er dabei ausgerechnet an seinem neuen Dienstort, dessen Bevölkerung er zunächst so sehr misstraute. Noch im April 1851 schrieb Wilhelm über die Rheinländer: »Sie werden mich achten – le cas échéant, fürchten lernen!«[131] Doch es kam anders. Statt einer Konfrontation setzte Tauwetter ein, und das lag vor allem an seiner Gemahlin.

Augusta blühte im liberaleren Klima am Rhein auf. Außerdem musste sie in Koblenz nicht hinter Königin Elisabeth zurückstehen, sondern konnte sich uneingeschränkt wohltätigen Aufgaben widmen und fand so endlich ein befriedigendes Betätigungsfeld. All das beflügelte sie. Ohne sich von konfessionellen Scheuklappen den Blick verstellen zu lassen, unterstützte Augusta sowohl katholische als auch evangelische Wohltätigkeitsvereine. Sie förderte den Wissenschafts- und Kulturbetrieb in Koblenz und trat dem Adel der Region aufgeschlossen und freundlich gegenüber. Die Rheinländer kamen aus dem Staunen nicht heraus. Einheimische Adelige, Wissenschaftler und Künstler, vom preußischen

Hof bislang links liegen gelassen, sahen sich plötzlich mit einer preußischen Kronprinzessin konfrontiert, die ihnen gegenüber echte Herzlichkeit demonstrierte. Überrascht und erfreut ergriffen sie Augustas ausgestreckte Hand. Rasch entwickelte sich im Kurfürstlichen Schloss zu Koblenz ein reges Kommen und Gehen. Die Beliebtheitswerte der Kronprinzessin kletterten steil nach oben.[132] »Ich kann gar nicht sagen, wie sehr die vielen Zeichen der Anhänglichkeit, wo ich vor sechs Monaten als Fremde ankam, mich rühren«[133], schrieb sie ihrer Mutter beseelt und schritt umso motivierter auf ihrem Weg der Toleranz voran.

Für Augusta war es kein Nachteil, dass ihr Gemahl wegen der Krise um die Erfurter Union zunächst selten im Rheinland weilte. Wenn er zwischendurch nach Koblenz kam, mag er etwas verdutzt über die diplomatischen Erfolge seiner bislang im Volk eigentlich nicht übermäßig beliebten Frau gewesen sein. Ein wenig fand Wilhelm sich vielleicht auch vor vollendete Tatsachen gestellt. Letztlich gelangte er aber zur Einsicht, dass es keinen Sinn machte, die von Augusta gebauten Brücken wieder einzureißen, zumal er selbst davon profitierte. Warum auch Menschen das Fürchten lehren, bei denen man sich wachsender Popularität erfreute? Dem Vorbild seiner Gemahlin folgend, begann sich der Prinz gegenüber den Rheinländern von seiner zugänglicheren Seite zu zeigen. Er griff die von Augusta initiierte Einladungspolitik auf, fand sogar selbst Gefallen daran. Nicht ohne Gusto machte er das Kurfürstliche Schloss zum Schauplatz glanzvoller Feste. Allein im Winter 1852/53 veranstaltete er vier Bälle, die nicht zuletzt dazu dienten, bei den Spitzen der einheimischen Gesellschaft Sympathien für das preußische Herrscherhaus zu erwecken. Außerdem machte Wilhelm auf politischer Ebene sichtbar, dass er ein gutes Stück toleranter war, als man ihm in der Rheinprovinz zugetraut hatte: Mehr und mehr kam er mit Männern ins Gespräch, die in gemäßigt liberalen Bahnen dachten. Wesentlich angetrieben wurde dies durch Augusta, die das vorsichtige Umdenken ihres Gemahls fördern wollte. Nicht zuletzt auf ihr Betreiben sammelte sich am Koblenzer Hof ein kleiner Kreis von relativ fortschrittsorientierten Männern, von denen einige zu Wilhelms engen Vertrauten wurden. Zu ihnen zählten die Diplomaten Alexander von Schleinitz und Albert von Pourtalès, der Historiker Max Duncker sowie der Rechtsprofessor Moritz August von Bethmann-Hollweg, Kopf der so genannten Wochenblattpartei, die sich ausdrücklich für den Verfassungsstaat aussprach.[134] Der Kontakt mit dem Koblenzer Kreis trug dazu bei, das Weltbild des Thronfolgers noch ein Stück moderater zu machen und ihm die Ängste vor einer allzu starken Erosion der Krongewalt zu nehmen. Für Wilhelm wurde es immer mehr zu einem Faktum, dass man den Menschen zur dauerhaften Befriedung Preußens eine konstitutionell garantierte Mitbestimmung geben musste. Diese Mitbestimmung sollte keineswegs zu umfassend ausfallen, doch die Notwendigkeit ernstzunehmender Zugeständnisse an die Bevölkerung – Grundrechte-Katalog, Rechtssicherheit, teilweise Kontrolle des Königs durch das Parlament – wuchs für ihn zu einer Überzeugung heran. Ebenso begann bei Wilhelm die Erkenntnis zu reifen, dass bei manchen Themenbereichen das in der Verfassung angekündigte Erlassen von Ausführungsgesetzen nicht einfach ignoriert werden konnte.[135]

Einigen einflussreichen Männern in Berlin ging das Umdenken des Thronfolgers viel zu weit. Der hochkonservativen Kamarilla unter der Führung des königlichen Generaladjutanten Leopold von Gerlach war der vergleichsweise liberal anmutende Koblenzer Hof ein Dorn im Auge. Gleiches galt für die *Kreuzzeitung* und die Kreuzzeitungspartei, die, geführt von Ludwig von Gerlach und Friedrich Julius Stahl, ebenfalls strikt reaktionäre Positionen vertraten. Und auch Friedrich Wilhelm IV. war über Wilhelm zunehmend verärgert. Er warf ihm eine oppositionelle Haltung vor und verlangte von ihm, den Koblenzer Hof, den er immer mehr für einen Hort potenzieller Umstürzler und verkappter Demokraten hielt, zu säubern. Zudem versuchte er, seinen jüngeren Bruder wieder zurück nach Berlin zu locken, um ihn und Augusta besser kontrollieren zu können. Wilhelm sträubte sich gegen all das vehement. Er lehnte Umbesetzungen in seinem Hofstaat rundweg ab und empfahl dem König stattdessen unverblümt, Innenminister Westphalen und Kultusminister Karl Otto von Raumer wegen ihrer reaktionären Haltung zu entlassen, was Friedrich Wilhelm IV. entrüstet zurückwies. Wilhelm wiederum lehnte ein Angebot seines Bruders, das Präsidium des Staatsrates zu übernehmen, mit dem Hinweis ab, dass er auf diese Weise Gefahr laufe, gegenüber den Kammern Gesetzesentwürfe mittragen zu müssen, die seinen Überzeugungen widersprachen.[136] Und mit der Kamarilla sowie mit der Kreuzzeitungspartei war seiner Ansicht nach ohnehin kein Staat zu machen. Die »Ultrarechten« hätten »nichts gelernt«, zürnte der Thronfolger am 23. Oktober 1851. »Nach großen Zeitbegebenheiten« müsse man »das Alte mit dem Neuen liieren«, statt einfach nur »zum Alten purement zurückzukehren«, wie es »Ultras wie Gerlach, Stahl etc.« wollten. Seinen teilweisen Gesinnungswandel brachte er Charlotte gegenüber einprägsam auf den Punkt: »Kann man immer gegen den Strom schwimmen?«[137]

Wilhelms zunehmende Distanzierung von Berlin fiel in außenpolitisch unruhige Zeiten. Zunächst gab es in Frankreich ein spektakuläres Comeback des Hauses Bonaparte. Am 2. Dezember 1851 unternahm Louis Napoleon Bonaparte, der seit drei Jahren als Staatspräsident der Französischen Republik fungierte, einen Staatsstreich und erweiterte seine Vollmachten erheblich. Ein Jahr später ließ er sich zum Kaiser der Franzosen ausrufen und nannte sich fortan Napoleon III.

(👑 1852–1870), um Kontinuität zu seinem legendären Onkel Napoleon I. zu suggerieren.

In Berlin sah man dieser Entwicklung einigermaßen fassungslos zu. Männer wie Leopold von Gerlach hielten Napoleon III. buchstäblich für einen Teufel in Menschengestalt, der die Revolution verkörperte und früher oder später mit Waffengewalt bekämpft werden musste. Friedrich Wilhelm IV. dachte ähnlich, folgte aber widerwillig seinem Ministerpräsidenten Otto von Manteuffel, der für halbwegs normale Beziehungen mit Napoleon III. plädierte.[138] Wilhelm dachte ebenfalls in pragmatischeren Bahnen. Er empfand für das neue napoleonische Regime zwar wenig Sympathie, betrachtete es aber als Garanten dafür, dass in Frankreich so bald keine weitere Revolution mehr vorkommen würde. Gleichzeitig hielt er Napoleon III. für keine reine Kopie Napoleons I. und glaubte nicht recht daran, dass der neue Kaiser es allzu rasch auf einen Krieg in Mitteleuropa ankommen lassen würde.[139]

Tatsächlich stellte sich bald heraus, dass Napoleon III. seinem Onkel nur bedingt ähnelte. Anders als Napoleon I. entstammte er nicht der Armee. Er war vielmehr ein Nur-Politiker, der einen gewissen Sinn für das Machbare hatte. Eine Annexionspolitik à la Napoleon I. würde, wie er klar erkannte, zu einer übermächtigen antifranzösischen Allianz führen, weshalb er den Aufbau eines neuerlichen Grand Empire nicht ernstlich anpeilte. Ehrgeizig war er dennoch. Napoleon III. wollte das System von 1815 zum Einsturz bringen und Frankreich zur Führungsmacht Europas machen. Für diese Zwecke schreckte er auch keineswegs vor Waffengewalt zurück. Das zeigte sich beim Krimkrieg (1853–1856), der für das europäische Mächtesystem zu einer Zeitenwende werden sollte.

Losgetreten wurde der Krieg durch den Expansionsdrang St. Petersburgs. Russland wollte dem siechen Osmanischen Reich seit Langem den Balkan und einen Zugang zum Mittelmeer abjagen. Im Frühsommer 1853 nahm Zar Nikolaus I. einen Streit wegen Schutzrechten über christliche Minderheiten in Palästina zum Anlass, um in die osmanisch kontrollierten Donaufürstentümer Moldau und Walachei einzumarschieren. Das rief die zwei westeuropäischen Großmächte auf den Plan. Großbritannien fürchtete um das Kräftegleichgewicht in Europa, ebenso Napoleon III., der überdies die traditionellen französischen Machtinteressen im östlichen Mittelmeerraum bedroht sah. Im März 1854 erklärten London und Paris Russland den Krieg. Wenig später landeten alliierte Streitkräfte unter französischer Führung bei Warna, schließlich auf der Krim, um die russische Expansion zurückzudrängen. Begrenzte Unterstützung bekamen die Westmächte durch Österreich. Die Angst vor einem russischen Machtzuwachs auf dem Balkan wog für Wien schwerer als die Hilfe, die St. Petersburg

1849 gegen den Ungarnaufstand und 1850 gegen Preußen gegeben hatte. Franz Joseph I. zog Truppen an der russischen Grenze zusammen und band so erhebliche Kräfte des Zarenreiches.

Preußen geriet durch den Krimkrieg in ein Dilemma. Es hatte als einzige europäische Großmacht keine Interessen am Balkan oder im Orient und wollte mit dem Waffengang im Grunde nichts zu tun haben. Das jedoch nahmen weder Russland noch Großbritannien und Frankreich hin. Friedrich Wilhelm IV. geriet zunehmend unter Druck, sich für eine Seite zu entscheiden und diese mit Truppen zu unterstützen. Genau das wollte der König jedoch nicht. Nach vielen hektischen Beratungen mit dem Staatsministerium und der Kamarilla entschloss er sich Anfang 1854, neutral zu bleiben.[140]

Wilhelm hingegen tat etwas, was noch wenige Jahre zuvor für ihn undenkbar gewesen wäre: Er wandte sich vom Zarenhof ab. Für ihn war der russische Feldzug gegen das Osmanische Reich von Anfang an ein Unding gewesen. Schon der vordergründige Auslöser des Krieges traf bei ihm auf Unverständnis. »Das Schwert wird also entscheiden müssen!!«, schrieb er Charlotte am 24. Februar 1854 entsetzt. »Und was soll es entscheiden?? Ob Rußland etwas mehr oder etwas weniger Rechte über die griechische Kirche in der Türkei ausüben soll!!«[141] Regelrecht erschreckend war für Wilhelm die Aussicht auf einen durchschlagenden Sieg des Zaren. Großer Territorialgewinn auf Kosten Konstantinopels oder gar eine Zerschlagung des Osmanischen Reiches würde, so meinte Wilhelm, Russland eine absolute Vormachtstellung in Europa verschaffen. In diesem Fall werde »Rußland uns allen den Frieden diktieren«, schrieb er am 16. März 1855, »dann muß Europa nur noch nach seiner Pfeife tanzen«[142]. Preußen müsse sich unbedingt der Westallianz anschließen, um das Zarenreich zum Einlenken zu zwingen und um in Europa nicht in Isolation zu geraten.[143]

In der aufgeheizten Stimmung, die der Krimkrieg auch in Preußen erzeugte, eskalierten die Spannungen zwischen König und Thronfolger. Die Kreuzzeitungspartei schoss sich auf Wilhelm ein und verdächtigte ihn der Unzuverlässigkeit. Gleichzeitig wurden seine Vertrauensleute aus Spitzenämtern verdrängt oder kamen gar nicht erst dorthin. Wilhelms Versuch, Albert von Pourtalès oder den von ihm ebenfalls hochgeschätzten Diplomaten Guido von Usedom auf den vakanten Posten eines Unterstaatssekretärs zu hieven, scheiterte. Bunsen, der sich – allerdings völlig eigenmächtig – um ein Bündnis zwischen Großbritannien und Preußen bemühte, wurde seines Botschafterpostens in London enthoben. Als der König dann auch noch den *Wochenblatt*-affinen Kriegsminister Eduard von Bonin entließ, weil dieser gemeint hatte, eine Übereinkunft Preußens mit Russland sei auszuschließen, platzte Wilhelm der Kragen. In einem geharnischten Brief protestierte er bei Friedrich Wilhelm IV. Sich dabei ausdrücklich auf seinen Status als erster Offizier der Armee berufend, verlangte er von seinem Bruder, Bonins Entlassung sofort rückgängig zu machen. Andernfalls werde er Berlin verlassen, nach Baden reisen und sich vor aller Welt von der Politik des Königs distanzieren. Damit überspannte Wilhelm den Bogen gehörig. Für den König konnte es nicht akzeptabel sein, dass der Thronfolger gegen ihn opponierte, und das auch noch während eines europäischen Krieges, der Preußen in eine prekäre Lage brachte. Außerdem durfte ein preußischer Offizier niemals gegen eine königliche Anordnung aufbegehren – auch nicht, wenn er den Hohenzollern angehörte. Allein für diesen Ungehorsam hätte Wilhelm vor ein Kriegsgericht gestellt werden können. So weit wollte Friedrich Wilhelm IV. freilich nicht gehen. Ein Bruch mit dem Kronprinzen drohte eine schwere Staatskrise heraufzubeschwören, die sich Preußen gerade während des Krimkriegs nicht leisten konnte. Der König entschloss sich zu einer maßvollen Reaktion. Er verzichtete auf drakonische Maßnahmen und stellte es seinem Bruder frei, nach Baden zu reisen, forderte aber eine Entschuldigung. Darauf wollte Wilhelm anfänglich nicht eingehen. Er antwortete mit weiteren Beschwerden über die Gerlachs und ihre Freunde und bestritt vehement, ungehorsam gewesen zu sein. Schließlich sah er aber ein, dass er mit der Forderung des Königs eigentlich noch gut bedient war. Da er es ebenfalls nicht zum Äußersten treiben wollte, entschuldigte er sich beim König. Dass er gleichzeitig betonte, von seinen Ansichten nicht abzuweichen, überhörte Friedrich Wilhelm IV. geflissentlich. Bei einer Familienzusammenkunft anlässlich des Todestages ihres Vaters am 7. Juni empfing er seinen Bruder mit demonstrativer Herzlichkeit und begrub damit den Streit.[144]

An den Spannungen zwischen König und Thronfolger änderte sich trotz der demonstrativen Aussöhnung wenig. Friedrich Wilhelm IV. fühlte sich durch den Eklat in seiner Haltung, Wilhelm von politischen Entscheidungen fernzuhalten, nur bestätigt. Um ihn ausschließlich mit militärischen Aufgaben beschäftigt zu halten, ernannte er ihn zum Inspekteur der preußischen Infanterie. Wilhelm tröstete sich mit dem Gedanken, so wenigstens keine Politik mittragen zu müssen, die er für falsch hielt. Zurückhaltender wurde er dennoch nicht. Er übte Kritik, als Innenminister Westphalen bei der Landtagswahl im Jahr 1855 durch massiven Druck und Repressionen eine Zweite Kammer mit mehrheitlich konservativen Abgeordneten schuf. Er mischte sich in die Frage ein, wer zum Präsidenten des Herrenhauses ernannt werden sollte. Er machte in der Öffentlichkeit seinem Unmut Luft, als einige hochrangige Offiziere trotz des Krimkriegs an einem Tedeum in der russischen Botschaft teilnahmen. Und er machte kein Hehl aus seiner Nähe zur Wochenblattpartei.[145]

Friedrich Wilhelm IV. trieb das renitente Verhalten seines Bruders buchstäblich zur Weißglut. Mehrfach wies er ihn zurecht, so etwa am 14. Januar 1856:

Ich muß Dich auf das Allerherzlichste u. Ernsteste bitten, dergleichen Ausbrüche übler Laune u. klar als Opposizion gegen meine Person ausgedeuteten Betragens zu unterlassen, ja da, wo es irgend möglich – und es ist möglich – zu repariren. Greif' an Dein Herz, theuerster Wilhelm. Wie würdest Du als König solch Auftreten der Prinzen nehmen? Würdest Du Dich mit freundschaftl[icher] Warnung begnügen?[146]

Aber es half nicht viel. Wilhelm wehrte die Vorwürfe des Königs zumeist mit dem Hinweis ab, nicht unrechtmäßig oder illoyal gehandelt zu haben – und übte weiterhin Kritik, wenn er es für nötig hielt. Einig waren sich die beiden Brüder eigentlich nur noch in ihrer Absicht, nicht vollständig miteinander zu brechen.

Familienpolitik

K aiserin Eugénie, die Gemahlin Napoleons III., war angetan. Im Dezember 1856 erschien der 25-jährige Sohn des preußischen Thronfolgers bei ihr in Audienz, und er gefiel ihr ausgesprochen gut. »Der Prinz ist ein großer, schöner Mann«, schrieb sie einer Freundin, »fast einen Kopf größer als der Kaiser, schlank, blond, strohfarbener Schnurrbart, ein Germane, wie ihn Tacitus beschreiben soll, von ritterlicher Politesse«. Doch die Kaiserin hatte einen scharfen Blick, der über Äußerlichkeiten hinausreichte. Sie ortete bei ihrem Gast auch »einen Hamletschen Zug«[147], der mit seiner strahlenden Fassade nicht recht zusammenzupassen schien. Damit traf Eugénie ziemlich genau ins Schwarze, vor allem im späteren Leben des Prinzen sollte dieser »Hamletsche Zug« immer deutlicher zutage treten.

Friedrich Wilhelm musste schon von Jugend an Ansprüchen gerecht werden, die in mancherlei Hinsicht völlig gegensätzlich waren. Während sein Vater ihm militärischen Drill verordnete und ihn bereits als Siebenjährigen zum Grenadier im 1. Garde-Landwehrregiment ernannte, hielt seine Mutter bei ihm auch ein hohes Bildungsniveau für unabdingbar. Friedrich Wilhelm – in zeitgenössischen Quellen oft auch Fritz genannt – bemühte sich sehr, den hohen elterlichen Ansprüchen zu genügen, konnte aber vor allem jenen Augustas nie wirklich gerecht werden. Er machte beim Lernen eher langsame Fortschritte und absolvierte auf Betreiben seiner Mutter pflichtschuldig ein mehrjähriges Studium in Bonn, ohne davon sonderlich zu profitieren.[148] Augusta war enttäuscht von ihrem Sohn. Sie lobte seine

Folgsamkeit, beklagte aber seinen »Mangel an geistiger Energie«[149]. Zufriedener war Wilhelm, weil Fritz mehr ihm nachgeriet und Begeisterung für die Armee zeigte. Eine gewisse Ambivalenz empfand indessen auch der Vater. In einem am 6. April 1851 verfassten Brief an Charlotte merkte er zwar rühmend an, Fritz sei »Soldat mit Leib und Seele« und »so durch und durch Preuße, daß nichts ihn wankend macht«. Allerdings schrieb er darin auch, »er entwickelt mehr Charakterfestigkeit als ich glaubte«, was schon ein eher zwiespältiges Lob war, ebenso die Aussage, dass »es ihm nicht leicht wird, mit neuen Verhältnissen und Menschen rasch sich zu finden, – außer bei der Truppe, wo er ein angeborenes Taktgefühl hat«. Außerdem schrieb über seine damals zwölfjährige Tochter Luise, sie sei »von Herzen und Gemüt ebenso gutartig als ihr Bruder; aber viel lebendiger, voller Verstand und komisch«[150], was auch nicht unbedingt ein Kompliment für den 19-jährigen Fritz darstellte. Offenbar hatte Wilhelm zuweilen etwas Mühe, in seinem Sohn eine kommende Führungspersönlichkeit zu sehen. Gleichzeitig gab es aber durchaus auch Momente, in denen er sich ihm sehr verbunden fühlte. Neben dem soldatischen Wesen Friedrich Wilhelms, das ihn mit Stolz erfüllte, freute es ihn auch, als sein Sohn am 5. November 1853 in den Freimaurerbund aufgenommen wurde. Im Zuge einer feierlichen Zusammenkunft, die im Palais des Prinzen von Preußen stattfand, ließ Wilhelm es sich nicht nehmen, in seiner Funktion als Protektor der drei heimischen Großlogen selbst die Weihe seines Sohns vorzunehmen.[151]

Bald darauf wurde die hochpolitische Frage aktuell, wen der künftige König von Preußen zur Frau nehmen sollte. Augusta wünschte für ihren Sohn eine Eheverbindung mit dem liberalen britischen Herrscherhaus, genauer gesagt, mit Königin Victorias gleichnamiger Tochter. Wilhelm, der seit seinem Exil in England in engerer Verbindung zur Queen und ihrem Gemahl Albert stand, hatte nichts dagegen. Allerdings meinte er, dass die beiden royalen Sprösslinge doch auch wirkliche Gefühle füreinander empfinden sollten. Und dass sich sein Sohn in die britische Prinzessin verlieben würde, bezweifelte er, denn er selbst fand die klein gewachsene, etwas pummelige Victoria nicht sonderlich attraktiv. Zu seinem Erstaunen geschah aber genau das. Während eines England-Aufenthaltes im Spätsommer 1855, der dazu diente, den beiden jungen Leuten ein unverbindliches Kennenlernen zu ermöglichen, verliebte sich Friedrich Wilhelm Hals über Kopf in Victoria, und sie erwiderte seine Gefühle.[152] Schon am 29. September fand im Schloss Balmoral unter Einwilligung der Queen und ihres Gemahls Albert die Verlobung statt. Wilhelm war etwas verblüfft über diese Gefühlsexplosion, doch das tat seiner Freude keinen Abbruch: »Nach menschlichen Berechnungen dürfen wir diese Zukunft für eine glückliche rechnen, denn nur die Neigung der Herzen hat entschieden.«[153]

Zur selben Zeit lief auch das Heiratsprojekt für die Tochter des Kronprinzen-paares auf vollen Touren. Prinzessin Luise war der Augenstern sowohl der Mutter als auch des Vaters. Augusta fühlte sich ihr emotional und geistig stark verbun-den, wobei wohl auch der Umstand mitwirkte, dass Luise mehr ihr nachgeriet. Bei ihrem Vater hatte die kleine Prinzessin ohnehin leichtes Spiel. Wenn Wilhelm über seine heranwachsende Tochter schrieb, kam er aus dem Schwärmen kaum heraus. Er rühmte ihr Aussehen, ihre Klugheit, ihr Auftreten. Als potenziellen Gemahl für Luise hatten Augusta und Wilhelm Prinz Friedrich von Baden ins Auge gefasst, von liberalem Zuschnitt, gebildet und kultiviert, ein idealer Schwie-gersohn vor allem aus Sicht Augustas. Zum Entzücken der Eltern funkte es auch diesmal nachhaltig. Am 30. September 1855 wurde im Koblenzer Schloss die Verlobung der erst 16 Jahre alten Luise mit Friedrich gefeiert, der ein knappes Jahr später die Hochzeit folgte.

Im Umfeld des Königs wurde die Heiratspolitik des Kronprinzenpaares nicht sonderlich goutiert. Insbesondere die Verlobung Friedrich Wilhelms mit der aus liberalem Haus stammenden Prinzessin Victoria rief in den Reihen der Hoch-konservativen Unwillen hervor. Friedrich Wilhelm IV. ließ sich davon aber nicht beeinflussen. Er gönnte seinem Neffen das Liebesglück und legte der sich ab-zeichnenden Heirat keine Steine in den Weg.[154]

Ging es um die private Zukunft des kommenden Monarchen, herrschte zwi-schen König und Thronfolger ungeahnte Harmonie. Für Spannungen sorgte Friedrich Wilhelm IV. aber, wenn er von seinem Recht als Oberhaupt des Hauses Hohenzollern Gebrauch machte und seinem Neffen selbst ausgewählte Männer als Adjutanten beistellte. Im Frühjahr 1855 entschied sich der König für Oberst Helmuth von Moltke, einen dünnen, groß gewachsenen und schweigsamen Ge-neralstabsoffizier. Für Moltke sprach viel. Er besaß außerordentlichen Intellekt, war vielseitig gebildet, beherrschte mehrere Sprachen fließend und hatte sich als Buchautor profiliert. Um seine Entscheidung dem Kronprinzenpaar schmack-haft zu machen, lobte Friedrich Wilhelm IV. Moltke in einem ausführlichen Schreiben an Augusta in den höchsten Tönen, strich dessen umfangreiche Er-fahrung heraus und pries dessen Liebenswürdigkeit. Wilhelm war über die Ent-scheidung seines Bruders dennoch aufgebracht. Er ortete in der Initiative des Königs eine unerwünschte Einmischung und argwöhnte, dass auf diese Weise ein Vertrauter der Kamarilla in sein Haus eingeschleust werden sollte, um seinen Sohn in hochkonservativem Sinn zu beeinflussen.[155] Als Wilhelm den neuen Adjutanten seines Sohnes dann aber kennenlernte, verflog sein Zorn. Moltke legte glaubwürdig dar, dass er kein Kamarilla-Mann war, und zum Politisieren neigte er auch nicht. Außerdem hatte er die Gabe, seine Gesprächspartner in eleganter Manier zu beeindrucken. Das gelang ihm etwa beim Besuch von Wilhelms Sohn bei Kaiserin Eugénie, die danach anmerkte, Moltke sei »ein wortkarger Herr, aber nichts weniger als ein Träumer; immer gespannt und spannend, überrascht er durch die treffendsten Bemerkungen«[156]. Die Mischung aus dezenter Zurückhaltung und bestechender Intelligenz kam auch bei Wilhelm an. Vor der England-Reise seines Sohnes vom September 1855, die zu dessen blitzartiger Verlobung mit Victoria führte, erklärte er sich bereits aus eigenem Antrieb damit einverstanden, dass Moltke dabei als Begleiter des jungen Prinzen fungierte.[157] Als ihn nach der Verlobung die Neugier umtrieb, warum Fritz so »enorm verliebt« in Victoria war, »was ich bei der eigentlich nicht hübsch sein sollenden Braut kaum glauben konnte«, fragte er dessen Adjutanten, der sich in England ein Bild von der Prinzessin hatte machen können, vertraulich aus. Moltke bewies bei dem delikaten Gespräch kluges Einfühlungsvermögen. Er strich die »geistigen und moralischen Eigenschaften« Victorias heraus und sagte über ihre weibliche Anziehungskraft, dass »die Prinzeß, ohne hübsch zu sein, doch etwas so Anziehendes, Angenehmes habe, daß er Fritzens Passion sehr wohl begreife.« Die Antworten Moltkes, »der natürlich ruhiger sah«[158], stellten Wilhelms Neugier zufrieden und vertieften seine Wertschätzung für den durchgeistigten Generalstabsoffizier. Es ist anzunehmen, dass bei den Begegnungen der beiden Berufsoffiziere zuweilen auch militärische Dinge zur Sprache kamen und Moltke so auch seine Brillanz in Armeefragen aufblitzen lassen konnte. Der positive Eindruck, den er während seiner zwei Jahre dauernden Adjutantentätigkeit bei Wilhelm hinterließ, hatte jedenfalls nicht unerheblichen Anteil daran, dass seine Karriere bald darauf Flügel bekam.[159]

Wilhelms Aufrüstungsdoktrin

Am 30. März 1856 endete der Krimkrieg mit dem Frieden von Paris. Der äußerst blutige Konflikt veränderte das 1815 geschaffene Kräftegleichgewicht in Europa. Das geschlagene Russland verlor seine Vormachtstellung an Frankreich. Die Heilige Allianz lag aufgrund der Weigerung Österreichs und Preußens, Russland militärisch zu unterstützen, in Trümmern. Und, für die Hohenzollern besonders bedeutsam: Österreich ging angeschlagen aus dem Krieg hervor. Dass es sich gegen Russland gestellt hatte, obwohl der Zar dem Kaiser 1849 beim Ungarn-Aufstand geholfen hatte, erzeugte in St. Petersburg tiefen Hass, den Österreich bis zum Ersten Weltkrieg nicht mehr abbauen konnte. Außerdem hatte die Mobilmachung im Krimkrieg Wien finanziell dermaßen belastet, dass nun empfindliche Sparmaßnahmen beim Heer nötig waren. Von dieser doppelten Schwächung Österreichs sollte Preußen in späteren Jahren nachhaltig profitieren.

Ohne Blessuren kam jedoch auch Berlin nicht davon. Zwar gelang es relativ rasch, die Beziehungen mit Russland wieder zu normalisieren. Zudem hatte die Neutralitätspolitik das preußische Budget weit weniger belastet als jenes in Österreich.[160] Die Reputation der Hohenzollernmonarchie in Europa war jedoch schwer beschädigt. Durch die Nichtbeteiligung am Krimkrieg galt Friedrich Wilhelm IV. als konfliktscheu. Die britische Presse etwa zerriss ihn regelrecht in der Luft. Der *Punch* karikierte ihn als Monarchen, der lieber Sekt trank, als Krieg zu führen, die *Times* bezeichnete ihn im Oktober 1855 als »degenerierten Nachfolger Friedrichs des Großen« und stellte kategorisch fest: »Preußen hat seinen Status als Macht ersten Ranges so vollkommen eingebüßt, dass seine Teilnahme an den europäischen Gremien eigentlich Betrug ist.«[161] Bei den Regierungen der anderen Großmächte sah man das ähnlich. An der Pariser Konferenz zur Beendigung des Krimkrieges durfte Preußen wochenlang nicht teilnehmen. Erst am 18. März 1856, als alle entscheidenden Fragen bereits geklärt waren und die Unterzeichnung des Friedensvertrages unmittelbar bevorstand, wurde die preußische Diplomatie an den Verhandlungstisch geladen.[162]

Der Imageverlust der Hohenzollernmonarchie wurde durch den Zustand ihrer Armee verstärkt. Im 19. Jahrhundert beruhte das Ansehen eines Staates noch auf dessen militärischer Schlagkraft. Wollte ein Staat als Großmacht gelten, brauchte er imponierende Streitkräfte, die sich als effizientes Druckmittel einsetzen ließen. Ein derartiges Abschreckungspotenzial aber besaß Berlin nur mehr bedingt. Da das ohnehin kleine Preußen jahrzehntelang darauf verzichtet hatte, die Truppenstärke dem Bevölkerungswachstum anzupassen, umfasste die reguläre Armee immer noch nur etwa 140.000 Mann. Im Vergleich zu Österreich, Frankreich und Russland war dies sehr bescheiden. Zudem hatte man gravierende Erhöhungen des Militäretats unterlassen, obwohl sich die nach 1815 triste Finanzlage dank der rapide fortschreitenden Industrialisierung längst viel freundlicher darstellte. Waffentechnische oder infrastrukturelle Modernisierungen waren daher nur mit halber Kraft erfolgt. Preußen hinkte also den anderen Großmächten in puncto Truppenstärke weit hinterher, ohne dieses Versäumnis auf waffentechnischer Ebene halbwegs wettzumachen.[163] Dieses doppelte Manko war umso bedenklicher, als das Zerbrechen der Heiligen Allianz deutlich machte, dass Preußen fortan auf sich allein gestellt in Europa bestehen musste.

All das störte Wilhelm sehr. Als preußischem Patrioten, der sein Land seit jeher als erstrangige Großmacht sehen wollte, war ihm die fehlende Bereitschaft, die Armee zu reformieren und zu verstärken, unverständlich – dies umso mehr, als Berlin längst nicht mehr so rigide sparen musste wie zu Zeiten der Restauration. Preußen stehe mittlerweile auf solider finanzieller Grundlage und könne sich eine kräftige Stärkung der Armee durchaus leisten, befand der Prinz. Für ihn war es daher höchste Zeit, das Land in militärischer Hinsicht auf Augenhöhe mit den anderen Großmächten zu bringen.[164]

Gänzlich unrealistisch war dieses Ziel nicht. Preußens Nachbarn besaßen zwar größere Armeen, doch wiesen diese gravierende Schwächen auf: Russland hatte seine Riesenstreitmacht seit 1815 kaum modernisiert, die Truppen waren schlecht ausgebildet, mangelhaft organisiert und mussten auf veraltete Waffen zurückgreifen. Großbritanniens Landarmee litt an sinkenden Militäretats und auch an extremer Überdehnung, weil es das globale Empire schützen musste. In Österreich wurden eigentlich dringend nötige Militärreformen durch Sparzwänge, aber auch durch fehlende Modernisierungsbereitschaft des Kaisers und seiner Armeeführung verhindert. Frankreichs Armee schnitt in puncto Bewaffnung und Organisation zwar vergleichsweise recht gut ab, erkaufte den Sieg auf der Krim aber mit ungeheuren Verlusten, die durch weitere militärische Abenteuer Napoleons III. in Vietnam und vor allem Norditalien noch zusätzlich anwuchsen.[165]

Wilhelm befasste sich in den 1850er Jahren intensiv mit den Defiziten und Chancen der preußischen Armee. Er entwickelte daraus eine Aufrüstungsdoktrin, die teils auf Überzeugungen basierte, die er schon seit vielen Jahren mit sich herumtrug, teils auf neueren Erkenntnissen, die er während der Revolution, des Baden-Feldzugs und der Mobilisierung von 1850 gewonnen hatte, bei der seiner Ansicht nach viele Mängel zutage getreten waren.[166]

Wilhelms Konzept hatte mehrere Stoßrichtungen. Das Offizierskorps brauchte seiner Vorstellung nach Personalaufstockungen und eine bessere Ausbildung. Die ursprünglich eigenständige Wehrorganisation der Landwehr sollte endgültig eliminiert werden; Wilhelm, der von der Kampfkraft und Einsatzbereitschaft ziviler Zeitsoldaten wenig hielt, hielt es für geboten, die Landwehreinheiten mit der regulären Armee zusammenzuführen und diese dem Kommando von Linienoffizieren zu unterstellen. Hinsichtlich der Wehrpflicht forderte der Prinz von Preußen nach wie vor die dreijährige Dienstzeit; an seiner Überzeugung, dass man zivilen Teilzeitkriegern in zwei Jahren keinen echten »Soldatengeist« einimpfen konnte, hatte sich nichts geändert. Für unabdingbar hielt er es außerdem, die Mobilität der Armee zu verbessern. Bei Truppenverlegungen sollte man nicht mehr auf Pferde und Fuhrwagen, sondern auf die Eisenbahn setzen; Hand in Hand mit dieser Überzeugung ging die Forderung, den Ausbau des Bahnnetzes energisch voranzutreiben.

Die größte Chance, die preußische Kampfkraft entscheidend zu verstärken, erblickte Wilhelm im Bereich der Infanteriebewaffnung. Um 1850 waren die Armeen der Großmächte noch mit Vorderladern ausgestattet, deren Gebrauch ebenso riskant wie ineffizient war: Pulver, Schusspflaster und Kugel mussten von vorne in den Lauf eingefüllt werden, was sich nur im Stehen erledigen ließ. Somit stand der Infanterist, während er sich mit dem umständlichen Nachladen abmühte, um seiner Waffe zwei Schuss pro Minute zu entlocken, als lebende Zielscheibe im Gelände.

Preußen verfügte über eine Trumpfkarte, um diesem Missstand abzuhelfen: Johann Nikolaus Dreyse, von dessen Erfindergeist Wilhelm bereits 1829 erstmals beeindruckt gewesen war, hatte bald darauf ein revolutionäres Zündnadelgewehr entwickelt, das nach dem Hinterladerprinzip funktionierte. Er ließ sich nicht nur im Liegen bedienen, sondern konnte einfacher nachgeladen und obendrein bis zu sieben Mal pro Minute abgefeuert werden. Doch Preußen nutzte diese Trumpfkarte Wilhelms Ansicht nach zu wenig. Zwar hatte Friedrich Wilhelm IV. bereits im Jahr 1840 den Kauf von 60.000 Hinterladern angeordnet, nicht wenige Eliteoffiziere hielten aber ihre hohe Schussfrequenz für eine Einladung zur Munitionsverschwendung oder lehnten die Waffe ab, weil sie hinsichtlich Reichweite und Zielgenauigkeit Mankos aufwies. Die Folge war, dass die Dreyse-Gewehre jahrelang im Berliner und im Magdeburger Zeughaus verstaubten, ehe man sie ab 1848 an einzelne Truppenkontingente ausgab. Im Jahr darauf beobachtete Wilhelm während des Baden-Feldzuges den Kampfeinsatz des Hinterladers und kam dabei zu dem Schluss, dass dessen Vorteile die Nachteile eindeutig überwogen. Seitdem trat er entschieden dafür ein, die gesamte preußische Infanterie mit dem Dreyse-Gewehr auszustatten.

Wilhelms Aufrüstungskonzept war das Werk eines Fachmanns, aber nicht ohne Schwachpunkte. Vor allem in Sachen Personalpolitik schwangen bei ihm Vorurteile mit; bei der Besetzung höherer Offiziersstellen hielt er es für geboten, wieder verstärkt auf die alten preußischen Offiziersfamilien und den Landadel zurückzugreifen, da er ihnen mehr strammen Soldatengeist zutraute als der Beamten- und Bürgerschicht. Insgesamt gesehen waren die Vorschläge des Prinzen aber wohldurchdacht und wiesen in die Zukunft. Umso frustrierender war es für ihn, dass kaum etwas davon umgesetzt wurde. Lediglich die faktische Integration der Landwehr in die Linienarmee wurde 1852 Realität. Ansonsten drang der Prinz mit seinen Ideen nicht durch, obwohl er phasenweise hart darum rang.

Besonders starken Einsatz zeigte Wilhelm, als das Vorhaben, die preußische Armee umfassend mit dem Zündnadelgewehr auszustatten, ins Stocken geriet. Mitte der 1850er Jahre wurden in der Generalität Stimmen laut, die dafür plädierten, die bei einigen Truppenteilen weiterhin eingesetzten Vorderlader mit Minié-Geschossen auszustatten; auch auf diese Weise könne man das Laden erleichtern und die Schussleistung erhöhen, zudem sei diese Maßnahme billiger und rascher umsetzbar als die Komplettausstattung der Infanterie mit dem Zündnadelgewehr, so ihre Argumentation. Als Wilhelm zu Ohren kam, dass Friedrich Wilhelm IV. geneigt war, dem Vorschlag der Generalität zuzustimmen, setzte er alle Hebel in Bewegung, um diesen Kurswechsel zu verhindern, aber vergeblich. Eine hochrangige Kommission entschied sich mit der Stimme des Königs und gegen die Stimme des Thronfolgers für die Vorderlader-Variante. Letztlich kam eine Zwitterlösung dabei heraus. 1856 war die Linienarmee zu drei Vierteln mit Hinterladern ausgestattet, der Rest der Linienarmee sowie die Landwehr erhielten die optimierten Vorderlader.[167]

Wilhelm wollte diesen Zustand nicht hinnehmen. Am 18. Dezember 1856 drängte er den König, dass »die ganze Infanterie mit Zündnadel Gewehren armirt werde u. daher die sofortige Verausgabung an die Regimenter erfolge, die sie noch nicht besitzen«. Er habe schon während des Baden-Feldzuges mit eigenen Augen gesehen, »welche Resulthate diese Waffe in Händen selbst ganz ungeübter Mannschaften« brachte. Die Miniégewehre hingegen seien alles andere als zuverlässig. Bei den ihm unterstellten Truppen hätten Praxistests gezeigt, dass es beim Laden gravierende Probleme und beim Schießen einen heftigen Rückstoß gebe. Obendrein trete nach 20 bis 30 Schüssen »eine theilweise Gefechtsunfähigkeit« ein, die sich nur durch drastische Mittel beheben ließe, nämlich durch »Laden mit 2 Händen, durch 2 Leute, mittels eines Hammerschlages auf den Ladestock usw. alles Mittel, die im Gefecht nicht anwendbar sind.«[168]

Die Reaktion des Königs war wenig ermutigend. In seinem Antwortschreiben ging er auf das Thema Zündnadelgewehr nicht einmal ein.[169] Noch mehr Unheil verkündete aus Wilhelms Sicht aber, dass mit dem neuen königlichen Generaladjutanten Friedrich Adolf von Willisen ein ausgesprochener Gegner der Dreyse-Hinterlader auf den Plan trat, der Friedrich Wilhelm IV. von einem noch stärkeren Kurswechsel zu überzeugen versuchte. Abermals zeigte sich der König nicht abgeneigt. Er beauftragte Willisen am 6. Juni 1857, ein entsprechendes Konzept auszuarbeiten und ihm im Herbst des Jahres Vortrag zu halten. Wilhelm war alarmiert, konnte aber nicht effizient gegensteuern, weil Willisen von Friedrich Wilhelm IV. hochgeschätzt wurde und dessen Vertrauen besaß. Wie es also in der Bewaffnungsfrage im Herbst des Jahres weitergehen würde, war ungewiss. Die Haltung Willisens ließ aus Wilhelms Sicht nichts Gutes vermuten. Der Generaladjutant hatte bei einer internen Besprechung am 28. Mai deutlich erkennen lassen, dass er das Zündnadelgewehr am liebsten ganz aus der preußischen Armee beseitigen wollte.[170] Angesichts seiner starken Stellung beim König ließ es sich nicht ausschließen, dass Willisen dieser Kraftakt im Herbst 1857 gelingen würde und der Thronfolger nichts dagegen unternehmen konnte.

Eine voreilige Schlussbilanz

Für Wilhelm war die Endphase der Herrschaft Friedrich Wilhelms IV. eine trübe Zeit. Das Verhältnis zwischen ihm und dem ultrakonservativen Berliner Hof war heillos zerrüttet. In der Kamarilla hielt man den Thronfolger wegen seiner moderater gewordenen politischen Ansichten für einen Mann ohne Ehre. Wilhelm seinerseits verabscheute das in Berlin herrschende Regiment und die zahlreichen Intrigen, die es dort gab. Er ortete am Hof einen üblen Sittenverfall. Bestätigt sah er sich durch einen Bespitzelungsskandal, der zuerst das Umfeld des Königs erschütterte und dann auch noch eine zweite Bespitzelungsaktion auffliegen ließ, in der er selbst das Opfer war.

Der erste Skandal kam im November 1855 mit der Verhaftung zweier Männer in Gang, die als Diener für die zur Kamarilla zählenden Leopold von Gerlach und Marcus Niebuhr gearbeitet hatten. Ihnen wurde vorgeworfen, seit über zwei Jahren vertrauliche Papiere ihrer Arbeitgeber abgeschrieben und an Dritte weitergeleitet zu haben. Bei den Ermittlungen stellte sich heraus, dass Ministerpräsident Manteuffel, der die Kamarilla verdächtigte, gegen ihn zu intrigieren, in die Bespitzelungsaktion verwickelt war. Außerdem ging aus den sichergestellten Papieren hervor, dass ein Journalist namens Emil Lindenberg in Gerlachs Auftrag Prinz Wilhelm bespitzelt und behauptet hatte, der Thronfolger sei selbst an einer Verschwörung beteiligt, die das Ziel habe, die Kamarilla zu diskreditieren. Der fassungslose Wilhelm erwartete, dass der König Gerlach eine strenge Rüge erteilen und Lindenberg bestrafen würde. Doch Friedrich Wilhelm IV. schlug ihm nur trocken vor, doch einen Prozess gegen Lindenberg anzustrengen. Einigermaßen konsterniert folgte Wilhelm dieser Anregung (die mit dem rechtsstaatlichen Prinzip freilich besser harmonierte als seine Ansicht, der Monarch solle den Journalisten persönlich zur Rechenschaft ziehen). Der Prozess zog sich letztlich bis Februar 1857 hin. Lindenberg wurde in zweiter Instanz zu neun Monaten Haft verurteilt. Doch bevor der Journalist seine Gefängnisstrafe antreten musste, griff der König ein und begnadigte ihn – eine Maßnahme, die in der Bevölkerung Unverständnis auslöste und von Wilhelm als Affront aufgefasst wurde.[171]

Als weitere Kränkung empfand es der Prinz von Preußen, wie der König mit ihm während der Krise um das Fürstentum Neuenburg (Neuchâtel) umging. Neuenburg gehörte als Kanton zur Schweiz, doch besaß auch der Hohenzollernkönig hier Hoheitsrechte. Im September 1856 unternahmen ortsansässige Royalisten einen dilettantischen Putsch und wurden inhaftiert. Als Berlin ihre Freilassung forderte, lehnte die Kantonsregierung Neuenburg ab. Daraufhin schwoll die Affäre zu einer internationalen Krise an, Preußen begann sich auf einen Krieg gegen die Schweiz vorzubereiten. Wilhelm war elektrisiert. In der Erwartung, wie beim Baden-Feldzug den Oberbefehl über die Interventionsstreitmacht zu bekommen, entwarf er schon eifrig einen Feldzugsplan. Zu seiner Enttäuschung übertrug der König das Oberkommando dann aber nicht ihm, sondern General Karl von der Gröben. Friedrich Wilhelm IV. erklärte ihm diese Entscheidung zwar in einem freundlich-einfühlsamen Brief, aber Wilhelm fühlte sich trotzdem übergangen und geringgeschätzt.[172] Da bereitete es ihm auch kaum noch Kopfzerbrechen, als die Krise zuungunsten Preußens ausging. Auf Druck der Großmächte ließ Neuenburg die Putschisten frei, doch musste Berlin die Hoheitsrechte über den Kanton endgültig aufgeben. Der Thronfolger notierte dazu am 17. Februar 1857 lapidar:»Wir sind froh, dass unsere Neuchâteler Frage sich friedlich löste. Für die Armee freilich hätte ich den Krieg sehr gewünscht. Politisch und menschlich ist es aber besser so.«[173]

Am 1. Januar 1857 jährte sich Wilhelms Dienstantritt in der preußischen Armee zum 50. Mal.[174] Wenig später, am 22. März 1857, beging Wilhelm seinen 60. Geburtstag. Zu diesen beiden Anlässen gab es große Feiern für ihn. Er bekam Glückwunschadressen aus dem ganzen Land und Auszeichnungen von den führenden Fürstenhäusern Europas. Nach außen gab sich Wilhelm geschmeichelt. Innerlich plagte ihn die Melancholie. Um die Mitte des 19. Jahrhunderts war der Tod im siebenten Lebensjahrzehnt selbst für privilegierte Menschen nicht ungewöhnlich. Wilhelm wähnte sich im Dezember seines Lebens. Ein paar Tage nach seinem Geburtstag verfasste er eine *Letztwillige Aufzeichnung* und zog eine kurze Lebensbilanz.[175] Sie fiel zwiespältig aus. Dank seiner Thronfolgerrolle, aber auch aufgrund eigener Leistung hatte er mehr Macht als andere zweitgeborene Hohenzollernprinzen erlangt, eine starke Stellung in der Armee erworben und phasenweise auch auf die Politik einigen Einfluss ausgeübt. An die endgültige Niederwerfung der Revolution 1849 dachte er immer noch mit Stolz zurück. Vieles war ihm dennoch nicht geglückt. Vor allem die 1850er Jahre, als er sich intensiv mit politischen Fragen befasst, Alternativen zum reaktionären Regiment entwickelt und detaillierte Aufrüstungspläne entworfen hatte, wiesen einen eklatanten Unterschied zwischen Ambition und Resultat auf. Besonders schmerzlich für Wilhelm: Es war ihm nicht vergönnt gewesen, sich im Feld zu bewähren. Am Frankreich-Feldzug 1814 hatte er nur als Zaungast mit der Lizenz zu gelegentlichen Mutproben teilgenommen. Die Intervention in Baden 1849 war mehr eine Polizeiaktion denn ein echter Feldzug gewesen. Im Grunde blickte er auf ein Leben als Kasernengeneral zurück. Wilhelm machte sich diesbezüglich nichts vor. Als sein Freund Natzmer ihn mit dem Beispiel des österreichischen Feldherrn Radetzky aufmuntern wollte, der seine größten militärischen Triumphe erst mit über 80 Jahren erzielt hatte, winkte der Kronprinz resigniert ab. Nein, ein Radetzky würde aus ihm kaum mehr werden, ahnte er. Man blickte auf 42 Friedensjahre zurück, »der Krieg für Preußen scheint abgeschafft zu sein.«[176]

In der öffentlichen Wahrnehmung war der Prinz von Preußen im Frühjahr und Sommer 1857 kaum noch präsent. Er galt weithin als Mann, der auf dem Abstellgleis stand. Am meisten Aufmerksamkeit erregte noch, als er am 25. September in Vertretung des gesundheitlich verhinderten Königs in Baden mit Napoleon III. zusammentraf. Ansonsten sah und hörte man vom Thronfolger nicht viel.[177]

Wilhelm selbst hatte an das Leben keine großen Erwartungen mehr. »Einige Jahre werde ich es vielleicht noch mitmachen können, aber das Gute liegt doch wohl dahinter bereits«[178], hatte er einige Wochen nach seinem 60. Geburtstag geschrieben.

Umso mehr bemühte sich der Prinz von Preußen, die kleinen Freuden des Lebens zu genießen. Am 30. September 1857 saß er in Bingen am Rhein eher lustlos mit der Feder in der Hand an einem Schreibtisch. Er hatte für den König ein detailliertes Protokoll seiner Unterredung mit Napoleon III. verfasst und musste noch ein Begleitschreiben dazu aufsetzen. Eigentlich aber war er in die von malerischen Weinbergen umgebene Kleinstadt gekommen, um hier mit Augusta deren 46. Geburtstag zu feiern. Außerdem lachte vor seinem Fenster die Sonne vom Himmel, es war ein prächtiger Spätsommertag. Wilhelm beschloss, die Arbeit abzukürzen und mit Augusta einen Ausflug zu unternehmen. Das Begleitschreiben an Friedrich Wilhelm IV. fiel daher sehr kurz aus und endete mit dem Hinweis: »Verzeihung der Eile, aber Geburtstag und Partie bei herrlichem Wetter entschuldigen mich!«[179]

Als Wilhelm mit Augusta vergnügt in die Bingener Weinberge aufbrach, ahnte er nicht, dass er gerade seinen letzten größeren, politisch relevanten Brief an Friedrich Wilhelm IV. geschickt hatte. Ebenso wenig ahnte er, dass seine Lebenskraft noch für stolze 30 Jahre reichen sollte und eine neue Karriere auf ihn wartete, die sich in schwindelerregende Höhen hinaufschrauben sollte.

Und der Beginn dieser Karriere nahte schon mit Riesenschritten heran.

Machtübernahme und Selbstregierung
(1857 – 1863)

Stellvertreter des Königs

Am Vormittag des 6. Oktober 1857 herrschte im Berliner Bahnhof reges Treiben. Friedrich Wilhelm IV. traf mit seinem Hofstaat an der Station ein, ebenso Zar Alexander II. (👑 1855 – 1881), der mit seiner Familie seit einigen Tagen in Preußen weilte. Gemeinsam wollten die beiden Monarchen zu einer Bahnfahrt nach Schlesien aufbrechen.

Aber Friedrich Wilhelm IV. zögerte, in den wartenden Zug zu steigen. Ihm ging es nicht gut. Schon die Kutschfahrt von Potsdam nach Berlin war eine Qual für ihn gewesen. Kopfschmerzen, Schwindelgefühle und Übelkeit plagten ihn. Er fühlte sich dermaßen unwohl, dass er die Reise am liebsten absagen wollte. Aber sollte er seine hohen Gäste wirklich im letzten Moment versetzen? Der König rang mit sich. Doch je länger er am Bahnsteig stand, desto weniger fühlte er sich imstande, die Fahrt nach Schlesien körperlich durchzustehen. Schließlich nahm er von den Romanows Abschied und fuhr zurück nach Sanssouci.

Für die engsten Wegbegleiter Friedrich Wilhelms IV. kam dessen massive Unpässlichkeit nicht völlig überraschend. Der Gesundheitszustand des 61-jährigen Königs erregte bereits seit einiger Zeit Sorge. Er schwankte zwischen Passivität und extremer Reizbarkeit, zeigte sich zunehmend vergesslich, ließ manchmal Artikulationsprobleme erkennen. Im Juli 1857 hatte er einen leichten Schlaganfall erlitten, sich allerdings relativ rasch wieder davon erholt.

Diesmal konnte von baldiger Genesung keine Rede sein, im Gegenteil. Dem König ging es immer schlechter. Er übergab sich, konnte kaum noch sprechen, bekam Fieber. Am Abend des 8. Oktober schien Friedrich Wilhelm IV. dem Tode nah. Er wurde bewusstlos, sein Gesicht verfärbte sich dunkel. In Panik griff sein Leibarzt zum letzten Mittel, das ihm noch einfiel, dem Aderlass. Zur Erleichterung der Anwesenden schien die archaische Therapie tatsächlich zu wirken. Der König erlangte sein Bewusstsein wieder. Sein körperlicher Zustand begann sich halbwegs zu stabilisieren. Doch in geistiger Hinsicht war er nicht mehr derselbe. Seine zuvor gelegentlich auftretenden Artikulationsprobleme hatten sich dramatisch verschärft und traten jetzt nahezu permanent auf. Nur sporadisch gelang es ihm noch, Sätze mit klarem Sinn zu formulieren.

An eine aktive Herrschaft Friedrich Wilhelms IV. war unter diesen Umständen nicht mehr zu denken. Am Hof setzten hektische Beratungen ein. Was sollte man jetzt tun? Etwa Wilhelm die Regentschaft übertragen, wie es die Verfassung eigentlich vorsah, wenn der König regierungsunfähig wurde? Das reizte unter den Wegbegleitern des Monarchen niemand. Ein Regent hatte umfassende Handlungsbefugnisse. Er konnte eine neue Regierung bilden und den Hof personell umgestalten. Erlangte Wilhelm die volle Regierungsgewalt, mussten bislang führende Männer damit rechnen, in der politischen Versenkung zu verschwinden. Auch Königin Elisabeth lehnte eine Regentschaft ab, da sie ihrem Mann das faktische Abdanken nicht zumuten wollte und verzweifelt hoffte, er könnte doch noch genesen. Rasch einigte sie sich mit Leopold von Gerlach und Otto von Manteuffel darauf, die Verfassung zu ignorieren und Wilhelm lediglich zum Stellvertreter des Königs zu ernennen. Als solcher sollte er weder den Regierungskurs ändern noch Minister austauschen dürfen, sondern, befristet auf drei Monate, nur für eine geordnete Abwicklung der Staatsgeschäfte sorgen.[1]

Die Vertrauten des Kronprinzenpaares registrierten die sich anbahnende Schaffung der Platzhalterrolle für Wilhelm mit Sorge. Besonders beunruhigt war der 52-jährige Diplomat Guido von Usedom, der einige Jahre als preußischer Gesandter beim Papst fungiert hatte. Über die Vorgänge rund um den erkrankten König bestens informiert, schickte er Augusta in jenen Tagen mehrere warnende Situationsberichte vom Berliner Hof. Das Staatsministerium wolle »mit Zuziehung doch ohne Machtausübung des Prinzen«[2] arbeiten. »Die Partei am Ruder hält einen solchen Zwischen Zustand für sehr glücklich«, weil Wilhelm in dieser Situation »nichts gegen sie thun wird, sie vielmehr Zeit hat sich zu befestigen, seine Freunde zu verdrängen und ihn möglichst zu gewinnen.«[3] Mit der verfassungswidrigen Stellvertreterfunktion wolle sie ihn de facto »zu ihrem ›Mitschuldigen‹« machen und ihn so »in ihre Gewalt«[4] bringen. Und außerdem: Sei der »illegale Modus« einmal in Kraft, werde der Prinz »gar keinen geeigneten Moment mehr« finden, »wo er die wirkliche Regentschaft antreten kann.«[5] Kategorisch stellte Usedom am 21. Oktober fest: »Es giebt für den Prinzen keine falschere Position als eine Geschäftsführung die nicht Regentschaft ist u. er muss eine solche möglichst vermeiden.«[6]

Doch Wilhelm wehrte sich gegen die ihm zugedachte Platzhalterrolle nicht. Von Skrupeln erfüllt, wollte er keinesfalls den Eindruck erwecken, die Krankheit des Königs auszunutzen, um die Regentschaft einzufordern und so die Macht an sich zu reißen. Außerdem machte ihn die plötzlich auf ihn zukommende Führungsverantwortung nervös. Er hatte sich zwar seit Langem intensiv mit Politik auseinandergesetzt, dabei aber vor allem grundsätzliche Fragen behandelt. Über die genauen Abläufe der Regierungsarbeit wusste er hingegen so wenig, dass es ihm schon viel Bauchweh bereitete, auch nur die Stellvertreterrolle anzunehmen.[7] Am 23. Oktober 1857 schließlich geschah genau dies. Im Namen Friedrich Wilhelms IV. wurde ihm mitgeteilt:

> Da Ich nach Vorschrift der Aerzte Mich wenigstens drei Monat von allen Regierungs Geschäften fern halten soll, so will Ich Euer Königl. Hoheit und Liebden, wenn nicht wider Erwarten Meine Gesundheit früher wiederum befestigt werden sollte, während dieser drei Monate Meine Stellvertretung in der oberen Leitung der Staats Geschäfte übertragen. Euer Königl. Hoheit und Liebden ersuche Ich hiernach das Erforderliche zu veranlassen.[8]

Es war ein bemerkenswert unscharfes Schriftstück. Wenn Friedrich Wilhelm IV. in früheren Zeiten ins Ausland gereist war, hatte er Wilhelm recht klar umrissene Handlungsanleitungen für die kurzfristige Wahrnehmung der Regierungeschäfte gegeben.[9] Diesmal gab es im Grunde keine Einschränkung für den Thronfolger, die Phrase »das Erforderliche zu veranlassen« konnte alles und nichts bedeuten. Wilhelm jedoch teilte dem Staatsministerium am 24. Oktober schriftlich mit, dass er die Regierungsgeschäfte »unter gewissenhafter Beobachtung der Landesverfassung«, gleichzeitig aber auch »nach den Mir bekannten Intentionen Seiner Majestät«[10] führen werde. Damit erlegte er sich eine Selbstbeschränkung auf, die sich aus dem Auftrag des Königs nicht zwingend ergab.

Von den Botschaftern der Großmächte wurden die ungewöhnlichen Ereignisse am Berliner Hof genau beobachtet. Besonders aufmerksam sah die Gesandtschaft Österreichs zu, jener Macht, die zwischen 1850 und 1866 besonders heikle und komplexe Beziehungen zu Preußen unterhielt. Sie setzte einiges daran, über die innenpolitischen Vorgänge an der Spree bestmöglich informiert zu sein, hatte am Hof ein Netz von Informanten und belieferte das Wiener Außenministerium mit Berichten, die interessante Einsichten in Wilhelms Betrauung mit den Regierungsgeschäften und seine ersten Herrschaftsjahre bieten. Über die Fixierung der Stellvertreterrolle am 23. Oktober schrieb der österreichische Gesandte August von Koller, dass dieser Schritt rascher und unkomplizierter vonstattengegangen sei als weithin vermutet. Noch zwei Tage zuvor sei »die Ansicht geltend geworden«, dass sich Friedrich Wilhelm IV. wegen des »von seinem Gefühle der Eifersucht nicht ganz freien Verhältnisse zu dem Prinzen von Preußen«[11] dagegen sträuben werde. Nachdem der König sich dann doch dazu durchgerungen hatte, wurde Wilhelms neue Rolle nach außen äußerst zurückhaltend kommuniziert. Man kam zwar nicht umhin, sie im amtlichen *Königlich Preußischen Staats-Anzei-*

ger bekannt zu geben,[12] spielte sie ansonsten aber geradezu mit der Brechstange herunter. Das diplomatische Korps wurde über die Stellvertretung nicht einmal offiziell informiert, um »den vorübergehenden Charakter so viel als möglich zu bewahren und sie durch keine besondere Förmlichkeit«[13] aufzuwerten, so Koller.

Wilhelm seinerseits fand nach einigem Überlegen offenbar, dass er dem Staatsministerium in seinem Schreiben vom 24. Oktober zu viel Zurückhaltung signalisiert hatte. Als er den Ministern wenig später persönlich gegenübertrat, teilte er ihnen mit, dass er »zwar nach den bekannten Intentionen Seiner Majestät des Königes, jedoch niemals gegen die eigene Ueberzeugung vorzugehen entschlossen«[14] sei. Das war eine bedeutende Ergänzung, die auf die späteren Ereignisse hindeutete. Vorerst aber war von einem derart selbstbewussten Auftreten Wilhelms wenig zu sehen. Beklommen tastete er sich an seine neue Aufgabe heran und wollte dabei so wenig wie möglich auffallen. Zunächst blieb er nahe bei seinem Bruder, quartierte sich in Sanssouci ein und wählte dabei ein kleines Zimmer, das ein Arzt des Königs zuvor als minderwertig abgelehnt hatte. Nur zwei bis drei Mal pro Woche verließ er den Palast, um zu Vorträgen der Regierungsmitglieder nach Berlin zu fahren.

Im Lauf des November wurde die Atmosphäre im Schloss des Königs immer bedrückender. Friedrich Wilhelm IV. blieb ein Schatten seiner selbst. Je mehr die Hoffnung auf seine Genesung schwand, desto einsamer wurde es um ihn. Altgediente Höflinge reichten ihren Abschied ein oder laborierten selbst an schweren Krankheiten. Morbide Stille senkte sich auf den Palast des Königs herab, wo wenige Wochen zuvor noch reges Treiben geherrscht hatte.

Die bleierne Tristesse in Sanssouci wurde Wilhelm schließlich doch zu viel. Mitte November verließ er das Schloss des Königs und verlegte seinen Dienstort nach Berlin, um sich den Staatsgeschäften aktiver zu widmen.[15] Die Herausforderungen, die sich ihm dabei stellten, trieben ihm anfänglich die Schweißperlen auf die Stirn. Er musste im Regierungsalltag Tritt fassen, dem Rat von Ministern vertrauen, die er nicht ausgewählt hatte, und Finanz- und Wirtschaftsfragen behandeln, die ihm weitgehend fremd waren. »Ich bin wie ein gehetztes Wild in diesen Tagen«[16], gestand er seinem Schwager, Großherzog Karl Alexander von Sachsen-Weimar-Eisenach (🕮 1853–1901), am 19. Dezember.

Nachdem die anfängliche Schockstarre von ihm abgefallen war, begann Wilhelm dann aber doch, da und dort erste kleine Akzente mit liberalem Anstrich zu setzen. So ließ er die bisher betriebene Polizeiüberwachung von Gottesdiensten der Reformjuden einstellen oder tadelte die Regierung für die repressive Medienpolitik der vergangenen Jahre. Zuweilen sorgte er auch für Überraschungen. Bei einer seiner ersten Sitzungen mit dem Staatsministerium etwa machte er auf unorthodoxe Weise deutlich, dass er Hinrichtungen verabscheute. Als ihm einige Aktenstücke mit Todesurteilen vorgelegt wurden, packte er sie vor den Augen der verdutzten Minister kurzerhand ein, arbeitete sie zu Hause eigenhändig um und begnadigte alle Todeskandidaten zu lebenslanger Haft.

Zudem ließ Wilhelm langsam erkennen, dass er nicht völlig bar jeglichen Machtwillens war. Als seine befristete Stellvertretung im Januar 1858 ablief und Königin Elisabeth mit der Regierung plante, ihn als Mitregenten einzusetzen oder auf unbestimmte Zeit mit der Stellvertretung zu betrauen, lehnte er ab. Auf derart schwammige Regelungen ohne klare Kompetenzverteilung, die überdies die Gefahr in sich bargen, ihm echte Machtbefugnisse auf Dauer vorzuenthalten, wollte sich Wilhelm nicht einlassen. Er bestand darauf, seine Stellvertretung um klar definierte Zeiträume, nämlich um jeweils drei weitere Monate, zu verlängern. Ab dem Frühjahr tat er immer offener kund, die Stellvertreterrolle maximal ein Jahr ausüben zu wollen und dann, falls der König immer noch regierungsunfähig war, die Regentschaft zu verlangen.[17]

Wenig angetan zeigte sich der Thronfolger zudem von den seltenen Anläufen seines schwerkranken Bruders, sich in die Politik einzumischen. Einmal wollte Friedrich Wilhelm IV. die Entsendung des preußischen Zeremonienmeisters Rudolf von Stillfried-Rattonitz nach Lissabon anlässlich der Vermählung Stephanies von Hohenzollern-Sigmaringen mit König Peter V. von Portugal (🖼 1853–1861) unterbinden, doch Wilhelm ignorierte dieses Ansinnen einfach und schickte Stillfried trotzdem auf die Reise. Der Vorfall zeigte, dass ihm die Hilflosigkeit des Königs eigentlich fast unbegrenzte Handlungsspielräume verlieh. Friedrich Wilhelm IV. habe de facto »keine Handhabe, kein Mittel, sich in die Regierung zu mischen«, notierte Leopold von Gerlach am 27. Juni 1858. »Der Prinz kann jetzt schon alles thun, was er will«.[18]

Wilhelm schöpfte dieses Machtpotenzial jedoch nur teilweise aus. Weder versuchte er, bereits während seines Stellvertreterjahres eine politische Kurskorrektur vorzunehmen, noch machte er Anstalten, im Staatsministerium personelle Veränderungen zu erzwingen. Stattdessen bemühte er sich, mit der Regierungsmannschaft seines Bruders halbwegs gedeihlich zusammenzuarbeiten. Leicht fiel ihm das nicht immer. Der Prinz habe die ihm während des Depeschen-Skandals »zugefügten Beleidigungen« keineswegs vergessen und sei jetzt »von Männern umgeben, deren Er mehrere haßt und verachtet«, brachte es der österreichische Gesandte Koller auf den Punkt. Er habe

bei diesen persönlichen Berührungen es bisher großherzig verschmäht, irgendein Rache Gefühl durchblicken zu lassen, welches hemmend auf die Geschäfte einwirken könnte, deren Oberleitung Er unter so schwierigen Bedingungen übernommen. Sehr werden sich aber jene täuschen, welche auf diesen Anfang-Hoffnungen auf das Fortbestehen ihres Einflusses gründen wollten.[19]

In der Bevölkerung sorgte Wilhelms Zurückhaltung nicht unbedingt für Begeisterung. Da sich die Debatten um die Stellvertreterregelung oder um die Mission Stillfrieds weitgehend hinter den Kulissen abspielten, konnte man glauben, der Thronfolger sei gänzlich inaktiv.

Die vermeintliche innenpolitische Windstille, die in Preußen von Oktober 1857 bis Oktober 1858 herrschte, sorgte nicht nur bei Zeitgenossen für Unmut, sondern hatte außerdem zur Folge, dass dieses Jahr von der Geschichtswissenschaft weitgehend unbeachtet geblieben ist. Da die Hohenzollernmonarchie damals auch auf außenpolitischer Ebene eine kurze Ruhephase erlebte, wird dieser Zeitraum in allgemeinhistorischen Werken oft nicht erwähnt – ein kleiner blinder Fleck in der Geschichte Preußens. Trotzdem lohnt es sich, gerade dieses scheinbar so ereignislose Jahr genauer zu betrachten. Denn bereits als Stellvertreter des Königs nahm Wilhelm Weichenstellungen vor, die für die Zukunft Preußens von entscheidender Bedeutung waren.

Im Mai 1858 richtete der Prinz von Preußen seine Aufmerksamkeit auf die im November des Jahres anstehende Parlamentswahl. Er wollte verhindern, dass Innenminister Westphalen mit Repressionen und Wahlverfälschungen abermals ein dem reaktionären Regiment genehmes Abgeordnetenhaus erzwang, wie dies bei der Wahl des Jahres 1855 geschehen war. Das Staatsministerium geriet in der Causa nun plötzlich doppelt unter Druck. Der Thronfolger ordnete an, diesmal auf die gesetzeskonforme Abwicklung der Wahlen zu achten, außerdem erschien unmittelbar darauf ein Artikel in der *Kölnischen Zeitung*, der seine Forderung landesweit publik machte. Die Regierung argwöhnte, dass Wilhelm bei der Veröffentlichung dieses Artikels seine Finger im Spiel gehabt hatte. Der Prinz dementierte, lehnte aber einen Vorschlag Manteuffels, dem Artikel offiziell zu widersprechen, mit dem Hinweis ab, die *Kölnische Zeitung* habe seine Ansicht durchaus treffend wiedergegeben. Als ihm zu Ohren kam, dass das Staatsministerium dennoch einen dementierenden Artikel veröffentlichen wollte, schickte er einen Vertrauten mit der Weisung ins Innenministerium, dies zu unterlassen. Dem Innenminister selbst teilte er mit, er werde von seiner Entscheidung nicht abweichen – egal, ob dies dem König recht sei oder nicht. Daraufhin lancierte das alte Regime Artikel in deutschen Tageszeitungen, die seine Anordnung in Frage stellten. Wilhelm beharrte dennoch auf seiner Forderung und untersagte es Westphalen strikt, die Wahlen mit Tricks wie der Bestimmung von Wahlorten, die für die Stimmberechtigten schwer bis gar nicht erreichbar waren, zu beeinflussen. Angesichts seines resoluten Auftretens gab das Staatsministerium schließlich nach und traf entsprechende Vorsorge, die Parlamentswahl in weitgehend korrekter Manier durchzuführen.[20] Damit begann sich auch die politische Landschaft Preußens zu verändern. Liberale und demokratische Gruppierungen, die an der Parlamentswahl 1855 wegen der Repressionen Westphalens gar nicht erst teilgenommen hatten, wurden durch Wilhelms Kampf ermutigt, diesmal zur Wahl anzutreten. Das sollte erdrutschartige Folgen haben, von denen noch zu sprechen sein wird.

Historisch gesehen fast noch folgenreicher aber waren die Initiativen, die Wilhelm während seines Stellvertreterjahres auf militärischer Ebene ergriff: Er stellte die ersten Weichen für das Projekt, Preußen in eine erstrangige Großmacht zu verwandeln.

Aufrüstung

In den ersten Wochen nach dem Zusammenbruch Friedrich Wilhelms IV. zeigte sich Wilhelm in seinen Privatbriefen bestürzt und niedergeschlagen. Ausführlich und gewiss auch aufrichtig beschrieb er, wie schwer ihn das Schicksal seines Bruders traf und wie sehr ihn die nun ihm zufallende Regierungsverantwortung verunsicherte. Was er in seinen Briefen taktvoll verschwieg, war die Erkenntnis, dass ihm die Erkrankung des Bruders auch eine riesige Chance eröffnete: Nun, da de facto niemand mehr über ihm stand, konnte er seine Aufrüstungsdoktrin in die Tat umsetzen.

Wilhelm ging nicht sofort mit voller Kraft ans Werk. Insbesondere jene Bereiche, in denen er andere Ansichten als der König vertrat, mied er zunächst, vermutlich aus Gründen der Pietät. Insbesondere das umstrittene Thema Zündnadelgewehr griff er vorerst nicht auf, obwohl es ihm vermutlich unter den Nägeln brannte, diese Frage endlich in seinem Sinn zu klären.

Einige militärische Dinge lagen bei der Übernahme der Stellvertretung als unerledigte Aufgaben auf dem Schreibtisch des Königs. Dazu gehörte eine Personalangelegenheit. Der Chef des Generalstabs, General Karl von Reyher, war am 7. Oktober gestorben. Die sich nun stellende Nachfolgefrage hatte damals noch nicht die überragende Bedeutung, die sie im späteren 19. Jahrhundert haben sollte. 1857 war der Generalstab eine kleine, kaum mehr als fünf Dutzend Offiziere umfassende Einheit mit begrenztem Einfluss. Ihr Chef hatte kein Vortragsrecht beim Monarchen, sondern musste seine Ansichten dem Kriegsminister darlegen, der dann entschied, ob er sie dem König weiterleitete oder ob er sie unter den Tisch fallen ließ. Inhaltlich gesehen hatte der Generalstab dennoch einiges Gewicht, da er sich mit verschiedenen Kernaspekten der Kriegführung befasste, so etwa mit der Aufmarsch- und Transportplanung sowie der Entwicklung detaillierter Landkarten.

Für einige prominente Militärs wie General Karl von der Gröben oder Leopold von Gerlach hieß der Idealkandidat Helmuth von Moltke. Fachlich gesehen brachte der 57-jährige Generalmajor in der Tat beste Voraussetzungen für den Posten mit. Von einigen Unterbrechungen abgesehen, diente er bereits seit Jahrzehnten im Generalstab, kannte dessen komplexe Aufgabenbereiche im Detail und hatte sich als ebenso präziser wie progressiv denkender Militärtheoretiker profiliert. Gegen ihn sprach allerdings sein für diese Funktion zu niedriger Dienstgrad. Moltke selbst rechnete daher nicht ernsthaft damit, von Wilhelm als Kandidat in Betracht gezogen zu werden.

Trotzdem geschah genau das. Wilhelm, der von Moltke einen blendenden Eindruck hatte und sich wohl auch über dessen Fähigkeiten als Generalstäbler zumindest ansatzweise im Klaren war, schob das Thema Dienstgrad kurzerhand beiseite. Er beschloss, dem zurückhaltenden Offizier eine Chance zu geben. Und er handelte rasch. Am 29. Oktober 1857, nur sechs Tage nachdem er die Stellvertretung des Königs übernommen hatte, ernannte er Moltke zum provisorischen Leiter des Generalstabes und verhalf ihm so zum entscheidenden Karriereschritt.[21]

Unmittelbar darauf schlug Wilhelm auch bei der Armeestruktur erste Pflöcke ein. Den Anlass dazu bot ihm ein Immediatbericht des Generalfeldmarschalls Friedrich von Wrangel, der im Juli 1857 die Kavallerie in den westpreußischen Provinzen besichtigt und danach den Zustand der Landwehrkavallerie kritisiert hatte. Wilhelm reagierte darauf am 30. Oktober mit der Aussage, dass nicht nur die Landwehrkavallerie, sondern überhaupt die gesamte Landwehr zu reformieren sei, und forderte vom Kriegsministerium entsprechende Vorschläge ein. Das Ressort legte im Februar 1858 ein Konzept vor, welches auf einem schon vor der Erkrankung Friedrich Wilhelms IV. entwickelten Entwurf des Oberstleutnants Carl von Clausewitz basierte, der im Kriegsministerium die Armeeabteilung leitete. Clausewitz' Ideen konzentrierten sich auf eine Verbesserung des Aushebungssystems. Da die Zahl der jährlich einberufenen Rekruten trotz des Bevölkerungswachstums bei rund 40.000 Mann stagniere, herrsche Wehrungerechtigkeit. Viele unverheiratete Jünglinge würden der Dienstpflicht entgehen, während viele ältere Familienväter als Angehörige der Landwehr weiterhin stellungspflichtig blieben, im Fall eines Krieges an die Front ziehen und ihre Familien in Not zurücklassen müssten.

Wilhelm hatte an diesem Befund wenig auszusetzen, wohl aber an dem darin enthaltenen Lösungsvorschlag: Wolle man das Aushebungssystem optimieren und gleichzeitig die Truppenstärke erhöhen, müsse man die jährlichen Aushebungen steigern, sich aber mit einer Wehrdienstzeit von zwei Jahren begnügen, um eine Kostenexplosion zu vermeiden. Wilhelm gedachte sein langjähriges Credo der dreijährigen Dienstpflicht nicht aufzugeben.[22] Bestätigt sah er sich in dem Umstand, dass bereits seit der Mobilmachung 1850 Forderungen laut geworden waren, die seiner Sichtweise entsprachen. Damals hatten führende Militärs Ausbildungsmängel bei der Landwehr geortet, zur Beseitigung dieses Defizits die Anhebung der Dienstpflicht auf drei Jahre empfohlen und die Zustimmung Friedrich Wilhelms IV. erwirkt. Danach war das Vorhaben durch zähe Debatten um seine Finanzierung jahrelang verschleppt worden. Erst die Krise um das Fürstentum Neuenburg hatte die Einwände gegen den Plan verstummen lassen. Angesichts des Konflikts mit der Schweiz, der zeitweise in einen Krieg umzuschlagen drohte, hatten beide Kammern des Landtages einem erweiterten Staatshaushaltsetat für das Jahr 1857 zugestimmt, in dem die für die dreijährige Dienstzeit anfallenden Kosten berücksichtigt waren. Wilhelm sah dies als willkommene Gelegenheit, sein altes Wunschziel zu erreichen, um das er in den frühen 1830er Jahren vergeblich gekämpft hatte. Am 3. Mai 1858 ließ er die Rückkehr zur dreijährigen Dienstzeit gesetzlich festlegen und hatte damit Erfolg. Der fügsame, noch durch Westphalens Wahlmanipulationen 1855 geprägte Landtag erhob gegen die gesetzliche Wiederherstellung der dreijährigen Dienstpflicht keine nennenswerten Proteste.[23]

Unmittelbar nach der Dienstpflichtcausa packte Wilhelm das Thema Zündnadelgewehr an. Mittlerweile war es bereits zwei Jahre her, dass man die Ausgabe der Dreyse-Hinterlader gestoppt und einen Teil der Linientruppe sowie die Landwehr mit modernisierten Vorderladern ausgerüstet hatte. Welcher Waffe man letzten Endes den Vorzug geben würde, war seitdem ungeklärt geblieben. Wilhelm hielt es für hoch an der Zeit, diesen Zustand endlich zu beseitigen, und er wollte damit nicht warten, bis ihm die Regentschaft übertragen wurde. Also beschloss er, in der Bewaffnungsfrage schon jetzt echte Herrschaft auszuüben und eine Entscheidung zu treffen, die den Intentionen seines erkrankten Bruders widersprach: Per Kabinettsordre vom 3. Juni 1858 machte er mit den vom König zuletzt favorisierten Minié-Vorderladern Schluss und befahl, alle Infanterieeinheiten der regulären Streitkräfte mit Hinterladern auszustatten. Und flott sollte es gehen. Nach dem Willen des Prinzen von Preußen musste dieser Schritt noch vor Ablauf des Jahres vollzogen sein und danach sofort damit begonnen werden, die Zündnadelgewehre auch an die Landwehr auszugeben.

Damit waren die Würfel endgültig gefallen. Die vorübergehend unterbeschäftigte Waffenfabrik Johann Nikolaus Dreyses in Sömmerda arbeitete umgehend wieder auf Hochtouren. Zusätzlich zu den rund 170.000 Gewehren, die sie bis 1855 angefertigt hatte, produzierte sie bis 1866 etwa 230.000 weitere Hinterlader. Spät, aber doch machte Preußen vollen Gebrauch von der langjährigen Option auf einen Rüstungsvorsprung gegenüber den anderen Großmächten und verschaffte sich so eine Trumpfkarte, die im Krieg von 1866 gegen Österreich fulminant stechen sollte.[24]

Bei einem anderen Kernstück seiner Aufrüstungsdoktrin, nämlich der Heeresreorganisation, die auf eine Umstrukturierung und eine Vergrößerung der preußischen Armee abzielte, hielt sich der Prinz von Preußen vorderhand noch zurück. Nach Erhalt des für ihn unbefriedigenden Clausewitz-Plans setzte er das Kriegsministerium nicht unter Druck und wartete die Übertragung der Regentschaft ab, die ihn in die Lage versetzen würde, einen Mann seines Vertrauens zum Kriegsminister zu ernennen.

Einen Schritt tat Wilhelm aber schon vorab in Sachen Heeresreorganisation, der in der historischen Rückschau für viele Missverständnisse sorgte: Am 25. Juni 1858 beauftragte er Generalmajor Albrecht von Roon, den er seit Jahren als Mann mit royalistischer Gesinnung und beachtlichem Intellekt schätzte, ihm schriftlich Vorschläge zum Thema Armeereform zukommen zu lassen.[25] Die von Roon daraufhin verfassten *Bemerkungen und Entwürfe zur vaterländischen Heeresverfassung* wurden später als Initialzündung und Grundlage der preußischen Aufrüstung oder gar als Startschuss für die Gründung des Deutschen Kaiserreichs bewertet und die Maßnahmen zur Heeresreorganisation nicht selten als »Roon'sche Reform« bezeichnet.[26] Die Realität sah anders aus. In Wahrheit hatte das Werk vor allem den Charakter eines Bewerbungsschreibens.

Albrecht von Roon befand sich 1858 in einer frustrierenden Lage. Er war ein rhetorisch gewandter, hochgebildeter Offizier, hatte an der Kriegsschule gelehrt und Unterrichtsbücher verfasst, versauerte aber seit zwei Jahren als Brigadekommandant in Posen. Als Wilhelm ihn aufforderte, seine Gedanken zur Armee zur Papier zu bringen, war dies für den 55-jährigen Offizier die große Chance, sich dem kommenden Herrscher Preußens als wertvoller Gefolgsmann zu empfehlen und so vielleicht doch noch einen größeren Karriereschritt zu schaffen. Roon griff mit beiden Händen zu. Um den Prinzen von Preußen ja nicht zu lange warten zu lassen, verfasste er seine Denkschrift binnen weniger Tage während eines Badeurlaubs, auf sich allein gestellt, ohne über Detailinformationen aus dem Kriegsministerium zu verfügen. Seinen zwangsläufig begrenzten Wissensstand überspielte er, indem er Töne anschlug, die bei Wilhelm ankamen. Er plädierte für einen Ausbau der Linienarmee, kritisierte die Leistungsfähigkeit der Landwehr und meinte generell, Preußen dürfe im Interesse seiner Großmachtstellung keine Investitionen in die Armee scheuen. Auf inhaltlicher Ebene ließ sein Werk hingegen viele Fragen offen. Es beinhaltete Reformüberlegungen für die Infanterie, nicht aber für die anderen Waffengattungen. Es schlug eine Verschmelzung eines Teils der Landwehr mit der Linie vor, führte jedoch nicht aus, in welchem Umfang und mit welchen Aufgaben die Miliz weiterexistieren sollte. Hinsichtlich der Umsetzungskosten präsentierte es nur vage Schätzungen, die sich später als unrealistisch herausstellten. Insgesamt hatten die *Bemerkungen und Entwürfe* viel zu große Lücken, um eine echte Basis für die Heeresreform zu sein. Roon war sich dessen voll bewusst. In realistischer Selbsteinschätzung wies er den Thronfolger ausdrücklich darauf hin, sein Werk sei nur als Entwurf zu verstehen und erhebe keineswegs den Anspruch, viele neue Gedanken zu bringen.

Wilhelm nahm daran keinen Anstoß. Wenn es um seine Aufrüstungspläne ging, erwartete er von anderen ohnehin keine geistigen Bocksprünge. Die Reformeckpfeiler – flächendeckende Verbreitung des Zündnadelgewehrs, Ausbau der Linienarmee, Stärkung des Offizierskorps, dreijährige Dienstzeit, Zurückdrängung der Landwehr – standen für ihn längst fest. Er wollte vielmehr loyale Unterstützung für sein Vorhaben. Aus den für ihn enttäuschenden Reformvorschlägen des Kriegsministeriums hatte er allem Anschein nach den Schluss gezogen, dass er fähige Unterstützer brauchte, die ausschließlich ihm zuarbeiteten. Sein Schreibauftrag an Roon war ein Versuchsballon, um herauszufinden, ob dieser ihm sympathische Mann mit Potenzial inhaltlich auf einer Linie mit ihm lag, ob es lohnte, ihn bei der Heeresreorganisation als zentralen Vertrauensmann einzusetzen. Und diesen Test bestand Roon mit seiner Denkschrift. Er sollte dafür reichen Lohn erhalten und eine steile politische Karriere machen. Auf die inhaltliche Gestaltung der Heeresreorganisation übte er aber weder 1858 noch später bestimmenden Einfluss aus.[27]

Gegen Ende seines Stellvertreterjahres wandelte Wilhelm auch noch Helmuth von Moltkes provisorische Stellung als Generalstabschef in etwas Dauerhaftes um. Er war von dessen Arbeit angetan, vor allem von seinen Modernisierungsimpulsen. Dass Moltke entgegen der traditionellen Ansicht, man könne einen Krieg erst bei dessen Ausbruch planen, schon vorab Detailkonzepte für diverse Kriegsszenarien auszuarbeiten begann; dass er die weitverbreitete Überzeugung, wonach der Fußmarsch immer noch die zentrale Fortbewegungsart der Truppen sei, für veraltet hielt; dass er das preußische Eisenbahnnetz in die Aufmarschplanung integrierte – all das fand den Beifall Wilhelms. Am 18. September 1858 ernannte er Moltke mit lobenden Worten zum definitiven Chef des Generalstabes, überzeugt davon, einen hochversierten Militärtheoretiker an die richtige Stelle gesetzt zu haben. Dass Moltke auch das Zeug zu einem überragenden Feldherrn hatte, ahnte Wilhelm zu diesem Zeitpunkt allerdings noch nicht. Im Grunde war das kein Wunder. 1857/58 lag es nicht unbedingt nahe, in dem zurückhaltenden, stets ein wenig verhärmt wirkenden Generalstabschef einen kraftvollen Oberbefehlshaber zu erblicken. Er hatte bislang kaum Kommandopraxis gesammelt und galt zudem als etwas führungsschwach, als Mann, der seinen Befehlen manchmal zu wenig Nachdruck verlieh.[28] Kaum jemand kam damals auf die Idee, dass ausgerechnet in ihm ein Jahrhundertfeldherr stecken könnte. Auch für Wilhelm lag die Erkenntnis, welch immenses Zusatzpotenzial in seinem Generalstabschef steckte, noch in der Zukunft.

Prinzregent und Beginn der »Neuen Ära«

Im Frühjahr und Sommer 1858 wurde es immer unwahrscheinlicher, dass Friedrich Wilhelm IV. je wieder imstande sein würde, selbst zu herrschen. Seine massiven Artikulationsprobleme vertieften sich, zudem wurde er zusehends lethargischer und teilnahmsloser. Dass seine Ära der Vergangenheit angehörte, war mittlerweile selbst seinen engsten Wegbegleitern klar. Dennoch machten sie weiterhin keine Anstalten, einen geordneten Machtwechsel einzuleiten.

Die Preußen hatten den scheinbar endlosen Schwebezustand an der Staatsspitze mittlerweile gründlich satt. Im Spätsommer kritisierten viele Zeitungen die nun schon fast ein Jahr dauernde Stellvertreterregelung als verfassungswidrig und forderten immer unverhohlener die Einsetzung einer Regentschaft. In weiten Teilen der Bevölkerung erzeugte das reaktionäre Regime, das sich schier endlos an die Macht zu klammern schien, nur noch grenzenlosen Überdruss.[29] Als bekannt wurde, dass Friedrich Wilhelm IV. eine lange Erholungsreise nach Italien antreten würde, rief dies eher makabre Reaktionen hervor. »Die Theilnahme für den König scheint ganz erloschen«, notierte Varnhagen am 1. Oktober 1858. »Ungeduld tritt an die Stelle. Man wünscht ihm glückliche Reise, nach Meran oder Como, am liebsten in die andere Welt.«[30]

Ungeduldig war mittlerweile auch Wilhelm. Er begann Druck auf Königin Elisabeth und die Regierung auszuüben, ihn endlich mit der vollen Regierungsgewalt auszustatten. Die Zeit drängte aus seiner Sicht. Trat der Landtag nach der Sommerpause wieder zusammen, würden die Abgeordneten vielleicht selbst Schritte zur Herstellung einer verfassungskonformen Regentschaft unternehmen. Dem wollte er zuvorkommen. Für ihn hatten monarchische Angelegenheiten vom Herrscherhaus, nicht von der Volksrepräsentation geregelt zu werden. Zur Eile mahnte auch die bevorstehende Italienreise des Königs, die mehrere Monate dauern sollte. Fuhr Friedrich Wilhelm IV. ins Ausland, ohne einer Regentschaft zugestimmt zu haben, drohte eine Ausdehnung der Stellvertreterreglung bis weit ins Jahr 1859 hinein. Wilhelm setzte daher alles daran, vor der Abreise seines Bruders klare Verhältnisse zu schaffen. Am 18. August stellte er dem Staatsministerium die Rute ins Fenster. Im Oktober werde die Krankheit des Königs bereits ein Jahr andauern, dessen Wiederübernahme der Regierung sei nicht absehbar. Außerdem ende das Mandat der Abgeordneten Anfang Oktober, Neuwahlen hätten danach zu erfolgen. »Es muß sich daher die Frage aufdrängen, ob der gegenwärtige Zustand ohne Verletzung der Landes-Verfassung und ohne dem Landtage gegründete Veranlaßung zu einer unter allen Umständen unangenehmen Initiative in dieser Angelegenheit zu geben, noch ferner verlängert werden kann«, betonte Wilhelm und machte zudem auf »die ohnehin in dieser Beziehung schon gespannte öffentliche Meinung«[31] aufmerksam. Die Antwort, die er zunächst bekam, entsprach nicht seinen Wünschen. Nur drei Regierungsmitglieder votierten für die Regentschaft, nämlich Ministerpräsident Manteuffel, Handelsminister August von der Heydt und Justizminister Ludwig Simons. Die Majorität des Staatsministerium tat hingegen kund, Friedrich Wilhelms IV. »seit Jahr und Tag bestehende Verhinderung – ihrer langen Dauer ungeachtet – nur als eine vorübergehende zu betrachten, daß mithin die Nothwendigkeit der Regentschaft aus dem Wortlaut des Artikel 56. der Verfassungs-Urkunde nicht zu folgern sei.«[32] Leopold von Gerlach, der langjährige Generaladjutant des Königs, bestürmte Manteuffel, Wilhelms Drängen keinesfalls nachzugeben. Der Prinz von Preußen sei ohnehin »schon jetzt im vollsten Besitz der Königlichen Gewalt«[33], eine »unbestimmte Verlängerung der Vollmacht«[34] sei daher ausreichend. Doch der Widerstand der Regierung gegen die Regentschaft bröckelte, denn Wilhelm legte nach und verlangte vom Staatsministerium eine verbindliche Zusicherung, allfälligen Forderungen des Landtages zur Einrichtung einer Regentschaft rechtlich überzeugend und erfolgreich widerstehen zu können. Das konnte die Regierung natürlich nicht garantieren. Am 20. September stimmten fast alle Minister der Regentschaft zu, nur Innenminister Westphalen sträubte sich weiterhin dagegen.

Auch Königin Elisabeth sah widerstrebend ein, dass sich der Machtwechsel nicht länger aufschieben ließ. Mittlerweile glaubte selbst sie nicht mehr an eine Genesung ihres Mannes und schickte sich ins Unvermeidliche. Sorge bereitete jedoch die Reaktion Friedrich Wilhelms IV., wenn man von ihm verlangte, seine Macht offiziell abzutreten. Manche seiner Wegbegleiter fürchteten, der schwerkranke König würde darüber in höchste, vielleicht sogar tödliche Aufregung geraten. Wenige Tage vor der gemeinsamen Abreise ins Ausland sprach Elisabeth ihren Gemahl vorsichtig auf das sensible Thema an und legte ihm eine bereits vorbereitete Order zur Übertragung der Regentschaft an Wilhelm vor.[35] Sie war für den König so schonend wie möglich formuliert worden: Da er wegen seines Gesundheitszustandes »jetzt noch« nicht imstande sei, sich den Regierungsgeschäften zu widmen, und ihm die Ärzte eine lange Reise nach dem Süden verordnet hätten, ersuche er Wilhelm, »die Königliche Gewalt [...] in Meinem Namen als Regent« auszuüben, »so lange, bis Ich die Pflichten Meines Königlichen Amtes wiederum Selbst werde erfüllen können«[36]. Friedrich Wilhelm IV. dürfte wohl bewusst gewesen sein, dass er nie wieder selbst herrschen würde. Er unterschrieb die Order scheinbar gefasst. Dann jedoch übermannte ihn die Emotion. Er schlug die Hände vor das Gesicht und brach in Tränen aus, beruhigte sich zur Erleichterung aller Beteiligten aber bald wieder.

Tags darauf, am 8. Oktober 1858, vollzog Wilhelm den Machtwechsel. Er berief das Staatsministerium ein, um die angesichts seiner Übernahme der vollen Herrschaftsgewalt nötigen Erlässe und Formalitäten zu besprechen. Danach unterzeichnete er innerlich stark aufgewühlt erstmals ein Dokument mit seinem neuen Titel »Prinzregent«.[37]

Dem neuen Herrscher Preußens gelang ein guter Start. Gleich seine erste Maßnahme hatte starke Symbolkraft: Er entließ den ultrareaktionären, äußerst unpopulären Innenminister Ferdinand von Westphalen. An seine Stelle rückte der weit gemäßigtere Eduard Heinrich Flottwell, der zuletzt als Oberpräsident der Provinz Brandenburg fungiert hatte. Die sofortige Entlassung Westphalens machte viel Aufsehen im Land, bekam weitreichende Zustimmung und wurde als Auftakt für die Beendigung der Reaktionsära gesehen.[38]

Einige Tage später hatte Wilhelm seinen ersten großen öffentlichen Auftritt als Prinzregent. Am 20. Oktober trat er vor die beiden Kammern des preußischen Landtages und informierte die versammelten Abgeordneten über den Machtwechsel. Über seine Ansprache berichtete August von Koller nach Wien: »Die Takt- und Würde volle Haltung des Prinzen von Preußen, der neben dem Throne stehend, nicht ohne innere Bewegung, aber mit klarer und fester Stimme die Rede verlas, hat allgemein einen sehr günstigen Eindruck gemacht.« Die Stimmung unter den Abgeordneten konnte »unbedingt eine gute genannt werden«[39], so der österreichische Gesandte.

Am 26. Oktober legte Wilhelm vor dem Landtag den Eid auf die Verfassung ab. Friedrich Wilhelm IV. hatte dazu Anfang 1850 erst mühsam überredet werden müssen, den Schwur dann mit einer langen Klagerede garniert und seinem Bruder nahegelegt, die Eidesleistung zu verweigern. Wilhelm ignorierte diesen Ratschlag und erklärte ohne relativierende Kommentare:»Ich, Wilhelm, Prinz von Preußen, schwöre hiermit als Regent vor Gott, dem Allwissenden, daß Ich die Verfassung des Königreichs fest und unverbrüchlich halten und in Uebereinstimmung mit derselben und den Gesetzen regieren will, so wahr Mir Gott helfe!«[40]

Bereits bei diesen ersten beiden Anlässen trat eine der größten Stärken Wilhelms zutage: Er konnte überzeugend repräsentieren und die Krongewalt mit königlich-vornehmem Auftreten glänzend verkörpern. Für gut Eingeweihte wurde aber schon jetzt deutlich, dass sein Instinkt flackerte, wenn es um politische Fragen ging: Bei der Zusammenstellung seiner Regierung schrammte er nur knapp an einem schlimmen Schnitzer vorbei. Zunächst wollte er Ministerpräsident Otto von Manteuffel im Amt belassen oder ihm zumindest das Außenministerium anvertrauen, und das, obwohl dieser weithin als Schlüsselfigur der Reaktionsära galt. Hätte Wilhelm an Manteuffel festgehalten, wäre seine Herrschaft von Anfang an mit einem schweren Makel versehen gewesen. Ein Ende der Reaktionsära hätte sich so keinesfalls glaubwürdig kommunizieren lassen. Zu seinem Glück erhoben seine engsten Berater aber dermaßen energisch Einspruch, dass Wilhelm Manteuffel schließlich doch entließ.[41]

Am 8. November trat die neue Regierung zu ihrer ersten Sitzung zusammen. Ihre Zusammensetzung spiegelte den Wunsch des Prinzregenten nach breiter Unterstützung in der Bevölkerung wider. Mit Außenminister Alexander von Schleinitz, Kultusminister August von Bethmann-Hollweg, dem Wortführer der Wochenblattpartei, oder Finanzminister Robert von Patow, der der Märzregierung von 1848 angehört hatte, waren liberale Kräfte an Bord, die auf Sympathien des aufstrebenden Bürgertums zählen konnten. Gleiches galt für Wilhelms Jugendfreund Rudolf von Auerswald, den Kurzzeit-Regierungschef vom Sommer 1848, der nun als Minister ohne Portefeuille fungierte, und Kriegsminister Eduard von Bonin, den Wilhelm mit Gusto wieder in die Funktion hievte, aus der er 1854 entlassen worden war. Um die gemäßigt Konservativen im Land anzusprechen, hatte Wilhelm mit Handelsminister von der Heydt und Justizminister Simons zwei Mitglieder der alten Regierung im Amt behalten. Als Ministerpräsident fungierte Karl Anton von Hohenzollern-Sigmaringen, der als katholisches Mitglied der Herrscherfamilie eine gewisse Integrationskraft bei den Katholiken in Preußen besaß.

Die bunte Personalmischung mochte helfen, mehr Zustimmung zu erlangen, als dies bei einer rein liberalen Regierung der Fall gewesen wäre. Sie ging jedoch zulasten der politischen Einheit des Kabinetts, was sich später als Manko erweisen sollte. Eine weitere Eigenart der neuen Regierung war der Umstand, dass ihr Ministerpräsident eine Schattengestalt blieb. Karl Anton von Hohenzollern-Sigmaringen sah sich nicht als Politiker und trat als Regierungschef kaum in Erscheinung. Die faktische Leitung der Staatsgeschäfte übernahm Rudolf von Auerswald, auf den der Prinzregent große Stücke hielt.[42] Die Sonderstellung, die Auerswald im Staatsministerium einnahm, zeigte sich auch an der Tatsache, dass er von Anfang an das Gehalt eines Ministerpräsidenten bezog.[43] Ein Motiv für diese eigenwillige Regelung mag gewesen sein, dass Wilhelm das relative Machtvakuum auf dem Posten des Ministerpräsidenten als Hebel ansah, um selbst möglichst großen Einfluss auf die Arbeit des Staatsministeriums auszuüben.

Bei der Auftaktsitzung seiner Regierung am 8. November wartete Wilhelm mit einem Novum auf. Als erster preußischer Herrscher verlas er bei seinem Machtantritt ein Regierungsprogramm. Von ihm selbst und Auerswald entwickelt, wahrte es ebenfalls eine Balance zwischen liberalen und konservativen Werten. Einerseits kam darin Mäßigendes vor. »Es soll nur die sorgliche und bessernde Hand angelegt werden, wo sich Willkürliches oder gegen die Bedürfnisse der Zeit Laufendes zeigt. Sie Alle erkennen es an, daß das Wohl der Krone und des Landes unzertrennlich ist, daß die Wohlfahrt beider auf gesunden, kräftigen, konservativen Grundlagen beruht«, betonte der Prinzregent und strich auch das »Königthum von Gottes Gnaden« gesondert heraus. Andererseits skizzierte Wilhelm einige Reformvorhaben, die dem Liberalismus entgegenkamen. So kündigte er eine auf Ausgleich zwischen Protestanten und Katholiken bedachte Kirchenpolitik an, ebenso eine eigenständigere Kommunalverwaltung sowie eine Bildungsoffensive durch Investitionen ins Schulwesen. In außenpolitischer Hinsicht propagierte Wilhelm unabhängiges Handeln: »Preußen muß mit allen Großmächten im freundschaftlichsten Vernehmen stehen, ohne sich fremden Einflüssen hinzugeben und ohne sich die Hände frühzeitig durch Tractate zu binden.« Hinsichtlich der Deutschlandpolitik griff der Prinzregent den schon 1851 entwickelten Gedanken auf, Preußen durch populäre Maßnahmen Sympathien zu verschaffen:

In Deutschland muß Preußen moralische Eroberungen machen, durch eine weise Gesetzgebung bei sich, durch Hebung aller sittlichen Elemente und durch Ergreifung von Einigungs-Elementen, wie der Zollverband es ist, der indeß einer Reform wird unterworfen werden müssen. Die Welt muß wissen, daß Preußen überall das Recht zu schützen bereit ist. Ein festes, consequentes und, wenn es sein muß, energisches Verhalten in der Politik, gepaart mit Klugheit und Besonnenheit, muß Preußen das politische Ansehen und die Machtstellung verschaffen, die es durch seine materielle Macht allein nicht zu erreichen im Stande ist.

Um diese Ziele zu erreichen, brauche es aber auch eine starke Armee, um im Bedarfsfall über ein wirksames Druckmittel zu verfügen: »Preußens Heer muß mächtig und angesehen sein, um, wenn es gilt, ein schwerwiegendes politisches Gewicht in die Wagschale legen zu können.«[44]

Wilhelms programmatische Ansprache war zunächst nicht zur Veröffentlichung bestimmt. Allerdings tauchten einige Tage später in zwei preußischen Zeitungen einige Grundgedanken daraus auf. Dabei handelte es sich vor allem um jene Textstellen, die geeignet schienen, allzu weit reichende liberale Hoffnungen zu dämpfen.[45] Sollte die Regierung einige ausgewählte Teile der Ansprache weitergegeben haben, um genau dies zu erreichen, so verfehlte sie ihr Ziel: Wilhelms schließlich doch zur Gänze verbreitete Ansprache sorgte bei vielen liberal denkenden Menschen für Euphorie. Die konservativen Untertöne in der Regierungserklärung nahmen sie nur am Rande wahr. Sie erfreuten sich lieber an der darin angedeuteten Reformbereitschaft, der Ankündigung einer selbstbewussten Außenpolitik und der recht liberalen Couleur des Staatsministeriums.

Zusätzliche Begeisterung löste die auf Betreiben Wilhelms weitgehend korrekt durchgeführte Parlamentswahl vom 23. November 1858 aus. Sie stellte das Kräfteverhältnis im Abgeordnetenhaus auf den Kopf: Die bisher dominierenden Konservativen stellten nicht einmal mehr ein Drittel der insgesamt 352 zu vergebenden Mandate. Die Liberalen hingegen feierten einen fulminanten Wahlsieg, eroberten nicht weniger als 151 Mandate und wurden zur stärksten Kraft im Abgeordnetenhaus. In liberalen Kreisen keimten große Hoffnungen auf. Angesichts der vielen Veränderungen, die Preußen binnen weniger Wochen erlebt hatte, sah man schon eine »Neue Ära« für das Land anbrechen.[46]

Wilhelm betrachtete die Feiertagslaune in Berlin stirnrunzelnd. Eine derart überschäumende Reaktion hatte er mit seinen ersten Taten nicht beabsichtigt. Er wollte verfassungskonform herrschen, mit ruhiger Hand regieren und sich stabiler Popularität erfreuen, aber keiner übergroßen Erwartung von liberaler Seite ausgesetzt sein.[47] Dass er es mit der Umsetzung von Reformen nicht übermäßig eilig hatte, zeigte schon seine Reaktion auf einen Forderungskatalog, mit dem die liberalen Fraktionen in den Wahlkampf gegangen waren. Als der ihm nahestehende gemäßigte Liberale Karl Friedrich von Vincke das Programm erläuterte, hatte der Prinzregent am 13. Oktober in knappen Randbemerkungen zu den einzelnen Themen Stellung genommen: Wahlfreiheit (»Erscheint überflüssig durch jetzige Handhabung und muß bis zum Wahlgesetz ausgesetzt bleiben.«), Provinzial- und Kreisverfassung (»Wird allmählich geschehen.«), Aufhebung der gutsherrlichen Polizei (»Nicht zu übereilen, was soeben erst eingerichtet ist, um nicht etwaige Schwankungen zu erregen.«), Beseitigung der Grundsteuerbefreiungen

(»Ist meine Absicht mit der Zeit.«), Freiheit der Wissenschaft (»Man vertraue mir.«), Unabhängigkeit der staatsbürgerlichen Rechte vom religiösen Bekenntnis (»Muß sich durch die Praxis zeigen, aber durch keinen Gesetzeserlaß.«). Die liberale Vorstellung, die Minister seien auch dem Parlament gegenüber verantwortlich und könnten von diesem zur Rechenschaft gezogen werden, missfiel ihm.[48] Nicht zufällig betonte er am 12. Januar 1859 bei einer Rede vor dem Landtag: »Dem Könige die Rechte Seiner Krone ungeschwächt zu erhalten, ist eine der Hauptaufgaben Meiner Regentschaft.«[49]

Dass der Prinzregent weniger reformfreudig war, als es nach außen schien, ließ sich auch anhand seines engsten Umfelds erahnen. Er hatte zwar mehrere Liberale zu Ministern ernannt, doch am Hof umgab er sich mit stramm konservativen Offizieren. Zu ihnen zählten Gustav von Alvensleben, der ihm zuvor als Stabschef beim Militärgouvernement von Rheinland und Westfalen gedient hatte, Albrecht von Roon und – besonders hervorstechend und umstritten – Edwin von Manteuffel. Der jüngere Vetter des Ex-Ministerpräsidenten Otto von Manteuffel war ein radikaler Royalist, der die Verfassung verachtete und einen Staatsstreich zur Wiedererrichtung eines strikt monarchischen Regiments anstrebte. Er hatte Friedrich Wilhelm IV. jahrelang als Flügeladjutant gedient und leitete seit 1857 die Abteilung für persönliche Angelegenheiten im Kriegsministerium sowie das königliche Militärkabinett. Damit zeichnete er für alle Offizierspersonalien und alle Armeeangelegenheiten verantwortlich, die der monarchischen Kommandogewalt unterstanden, und er konnte seine Stellung unter Wilhelm halten, sie da und dort sogar noch etwas ausbauen.[50]

Weniger Fortune als Edwin von Manteuffel hatte Otto von Bismarck, der seit 1851 als Bundestagsgesandter Preußens in Frankfurt fungierte. Dem Prinzregenten war der wortgewaltige Diplomat suspekt. Dass sich der einstige Ultrakonservative in Frankfurt zu einem Realpolitiker gewandelt hatte, widersprach dem Wertekanon Wilhelms, der auf Prinzipientreue Wert legte und clevere Flexibilität für windig hielt. Er wollte in Frankfurt einen Vertrauten am Werk wissen und übertrug Guido von Usedom diesen Posten. Bismarck hingegen wurde als Botschafter nach St. Petersburg geschickt. Formal gesehen machte er einen Karriereschritt, da er in der Diplomatenhierarchie aufstieg und die russische Hauptstadt zudem seit jeher als oberster Posten der preußischen Diplomatie galt. Aber die versüßte Pille schmeckte Bismarck trotzdem bitter. Er fühlte sich an der fernen Newa kaltgestellt. Fortan versuchte er mit aller Macht, durch Denkschriften oder außenpolitische Ratschläge an Wilhelm oder dessen Berater Einfluss auf die Berliner Politik zu gewinnen. Doch es sollte Jahre dauern, ehe seine Bemühungen zählbare Ergebnisse brachten.[51]

Wilhelm übte seine Macht in seinen ersten Herrschaftsjahren sehr aktiv aus. Zwischen November 1858 und Ende 1862 berief er über 50 Kronräte ein und leitete damit fast jede fünfte Sitzung des Staatsministeriums persönlich. Wollte ein Minister eine Erklärung im Landtag abgeben, musste er sich vorher mit ihm abstimmen. Die Militärpolitik sah er als seine ureigene Domäne, und auch auf andere Politikbereiche nahm er teils beträchtlichen Einfluss. Um dies möglichst qualifiziert tun zu können, arbeitete er sich eifrig in Kernfragen der Wirtschafts-, Finanz- oder Justizpolitik ein, studierte Verträge, Gesetze und sonstige Unterlagen, um sich ein eigenständiges Urteil zu bilden.[52] Sein Lenkungswille ging so weit, dass er auch die Darstellung der Regierungsarbeit in den Zeitungen mit Argusaugen beobachtete. Es konnte schon vorkommen, dass er einen Brief an einen Minister folgendermaßen begann: »In der heutigen *Kreuzzeitung*, erste Seite, zweite Kolumne unten, steht ein Artikel, der sofort von der *Preußischen Zeitung* [Anm.: dem Regierungsorgan] offiziell oder offiziös widersprochen werden muß«[53].

Trotz seiner Omnipräsenz billigte Wilhelm seiner Regierung durchaus Handlungsspielräume zu. Er wollte keine Jasager, sondern Fachmänner um sich haben, die ihre Meinung klar zum Ausdruck brachten. In vielen Fällen respektierte er die Mehrheitsmeinung seiner Minister und verfügte entsprechend. Vom autoritären Kontrollwahn mancher Herrscher des späteren 19. und frühen 20. Jahrhunderts war er damit ein gutes Stück entfernt. Napoleon III. etwa leitete Kabinettssitzungen in der Regel selbst, ließ die Regierung zu seiner Information diskutieren, entschied dann aber allein und konzentrierte so die gesamte Staatsmacht auf sich. Dasselbe tat auch Zar Nikolaus II. (⌘ 1894–1917), indem er auf Kabinettssitzungen überhaupt verzichtete, seine Minister in Einzelaudienzen empfing und sie im Bedarfsfall gegeneinander ausspielte. Auch der extrem unnahbare König Ludwig II. von Bayern (⌘ 1864–1886) berief kaum Regierungssitzungen ein, bestrafte jeden Widerspruch oder unverlangten Ratschlag mit eisigem Tadel und beförderte so vor allem Unterwürfigkeit.[54] Im Vergleich zu derartigen Auswüchsen schnitt der Herrschaftsnovize Wilhelm nicht schlecht ab. Seine starke Präsenz im Regierungsalltag stand einer professionellen Entscheidungsfindung zumindest nicht grundsätzlich im Weg.

Ähnlich verhielt es sich auch bei der Wechselwirkung zwischen Herrscherpersönlichkeit und allgemeinem Ansehen. Anders als bei Friedrich Wilhelm IV. lud bei Wilhelm kaum etwas zu öffentlicher Häme ein, auf den ersten Blick zumindest. Bei seinen öffentlichen Auftritten achtete er peinlich genau darauf, sein monarchisch-würdevolles Auftreten nicht durch emotionale Ausbrüche zu beschädigen. Übermäßiger Alkoholgenuss, den man Friedrich Wilhelm IV. oft nachgesagt und in Zeitungen karikiert hatte, wurde bei Wilhelm nicht geortet.[55] Eine Schwäche leistete er sich jedoch, über die durchaus auch gemunkelt wurde: Er führte seit geraumer Zeit ein lebhaftes außereheliches Liebesleben, und auch jetzt, obwohl er den 60. Geburtstag bereits hinter sich gelassen hatte, sagte man dem stattlichen Prinzregenten noch diverse Affären nach.[56] Allerdings beging Wilhelm dabei nie den Fehler, die Diskretion zu vergessen und eine Liebschaft ins Rampenlicht der Öffentlichkeit geraten zu lassen. König Ludwig I. von Bayern (🏰 1825 – 1848) mag ihm vielleicht eine Warnung gewesen sein; der Wittelsbacher war 1847 wegen seiner Leidenschaft für die 35 Jahre jüngere Tänzerin Lola Montez zum Gespött seines Volkes geworden und 1848 nicht zuletzt deswegen zur Abdankung gezwungen gewesen. In Berlin hingegen ging die öffentliche Diskussion über die prinzliche Lendenkraft nie über gelegentliches Getuschel hinaus. Ernstliche politische Probleme bekam der Regent dadurch nicht.[57]

Wilhelm unterschied sich auch in anderen Hinsichten stark von seinem Vorgänger. So besaß er ausgeprägte Selbstschutzinstinkte. Er war zwar keineswegs ohne Temperament, konnte gelegentlich in Zorn geraten oder Tränen vergießen, doch diese hochemotionalen Momente vergingen bei ihm meistens rasch. Zu Depressionen, wie sie bei seinem älteren Bruder und später auch bei seinem Sohn vorkamen, neigte er nicht. Statt im Unglück zu versinken, verdrängte Wilhelm und erlangte darin regelrechte Meisterschaft. War Friedrich Wilhelm IV. über den Tod eines nahestehenden Menschen oft »tagelang in trüber Stimmung«, fiel Wilhelms Trauer zwar nicht selten tränenreich aus, »aber die nächsten Ereignisse konnten diese Stimmung nach einer Stunde beseitigen«[58], staunte Kraft zu Hohenlohe-Ingelfingen, der sich bei beiden Herrschern als Adjutant betätigte.

Als Dienstherr war Wilhelm nachsichtig. Selbst wenn seine Bediensteten Fehler machten, die für ihn unangenehm spürbar wurden, blieb er geduldig und ruhig.[59] Anekdoten dazu gibt es viele. Als er etwa einmal nach einer langen Bahnfahrt spätabends in Nowawes aus dem Zug stieg, um von dort wie gewohnt per Kutsche nach Schloss Babelsberg zu fahren, stellten seine Begleiter erbleichend fest, dass diesmal keine Kutsche vor der Station wartete. Es war kurz vor Mitternacht, ihre Verlegenheit war groß. Aber Wilhelm winkte ab. »Nun, dann wollen wir zu Fuß gehen«, meinte er nur. »Es ist glücklicherweise schönes Wetter!«[60] Gelassen trat er mit Adjutant, Leibarzt und Kammerdiener den etwa drei Kilometer langen Nachtmarsch an. Vorwürfe über das Malheur kamen ihm weder jetzt noch später über die Lippen.

Trotz aller Freundlichkeit wahrte Wilhelm aber stets eine gewisse Distanz. Niemand sollte ihm zu vertraulich kommen. Wer versuchte, bei ihm mit Schmeicheleien zu punkten, erreichte damit eher das Gegenteil. Mit seinem Majestätsbewusstsein vertrug es sich nicht, wenn ihn Untergebene mit Lobhudeleien bedachten, da er dies als eine unzulässige Beurteilung seiner Herrschertätigkeit empfand.[61]

Als die Regierung der Neuen Ära im November 1858 ihre Arbeit aufnahm, bemühten sich ihre liberal orientierten Mitglieder, den Vorschusslorbeeren aus bürgerlich-liberalen Kreisen rasch gerecht zu werden. Dem Artikel 61 der Verfassung entsprechend, der vorsah, dass Minister im Fall eines Amtsmissbrauchs durch den Beschluss einer Kammer angeklagt werden konnten, wollten sie dem Landtag ein Ausführungsgesetz vorlegen, das die Ministerverantwortlichkeit präzisierte. Des Weiteren fassten sie eine Reform des Ehescheidungsrechtes und die Einführung der fakultativen Zivilehe ins Auge. Zudem wurde diskutiert, die Emanzipation der Juden voranzutreiben und deren Ausschließung von der Ausübung ständischer Rechte zu beenden.

Schon bald zeigte sich jedoch, dass die reformorientierten Minister beträchtliche Widerstände überwinden mussten. Der konservative Justizminister Ludwig Simons sträubte sich am 15. Dezember 1858 gegen die Gesetzesinitiative zur Ministerverantwortlichkeit dermaßen vehement, dass das Thema vertagt wurde. Gegen die Einführung der fakultativen Zivilehe erhob bei einem Kronrat am 11. Januar 1859 Wilhelm Bedenken und behielt sich die Entscheidung vor; schließlich entwickelte das Staatsministerium in Sachen Eherechtsreform doch einen Gesetzesentwurf, der aber vom Herrenhaus abgelehnt wurde. Gegen die Zulassung jüdischer Rittergutsbesitzer wiederum regte sich in manchen Regionen heftiger Widerstand.[62]

Die neue Staatsführung kam zunächst nicht in die Verlegenheit, an ihren reformerischen Taten gemessen zu werden. Anfang 1859 zog eine schwere außenpolitische Krise herauf, die alle innenpolitischen Fragen Preußens in den Hintergrund drängte – und die Führungsqualitäten des Prinzregenten auf eine harte Probe stellte.

Der Krieg in Italien

Im Juli 1858 schlossen Napoleon III. und Camillo von Cavour, der Ministerpräsident des Königreichs Sardinien-Piemont, einen Geheimpakt zur Zerschlagung der österreichischen Herrschaft über Norditalien. Cavour wollte die Habsburger aus der Lombardei und Venetien vertreiben, um die Bildung eines italienischen Nationalstaats voranzutreiben, brauchte dafür aber die militärische Hilfe Frankreichs. Napoleon III. stimmte unter zwei Bedingungen zu. Verlief der

Krieg gegen Österreich erfolgreich, musste Sardinien-Piemont Nizza und Savoyen an Frankreich abtreten. Da der Kaiser außerdem in Europa nicht als Aggressor dastehen wollte, galt sein militärischer Beistand nur, wenn Wien, nicht Turin, den Krieg erklärte. Cavour setzte alles daran, genau dies zu erreichen. Ab der Jahreswende 1858/59 provozierte er Österreich immer offener, begann zu rüsten, förderte den Zustrom Tausender kampfbereiter italienischer Nationalisten nach Sardinien-Piemont und lancierte eine Pressekampagne gegen die Habsburgermonarchie.

Die Wiener Regierung setzte zunächst auf internationale Unterstützung, um der Krise Herr zu werden. Sie rechnete mit dem Beistand Großbritanniens und Preußens in der Erwartung, dass diese das 1815 geschaffene Mächtegleichgewicht erhalten wollten. London befürwortete jedoch einen Kompromiss zwischen den Streitparteien. Prinz Wilhelm und Außenminister Schleinitz zeigten ebenfalls keine Neigung, auf der Seite Wiens einzugreifen. Österreich griff daraufhin zur Selbsthilfe, verlangte die sofortige Abrüstung Sardinien-Piemonts und verlegte starke Armeekontingente in die Lombardei und nach Venetien. Einen Krieg um Norditalien wollte Kaiser Franz Joseph I. jedoch nicht alleine führen. Wilhelm sollte helfen. Dass man Preußen in Olmütz 1850 gedemütigt und zur Auflösung der Erfurter Union gezwungen hatte, durfte jetzt keine Rolle spielen. Gegen eine Bedrohung von außen musste Preußen als deutscher Bruderstaat auftreten und Österreich militärisch unterstützen, so die Auffassung Wiens. Es sollte am Rhein eine zweite Front gegen Frankreich eröffnen, während die kaiserliche Armee in Norditalien kämpfte. Im April 1859 entsandte Franz Joseph I. Erzherzog Albrecht von Österreich-Teschen nach Berlin, um Solidarität einzufordern. Wäre der Prinzregent nicht von sich aus zu Waffenhilfe bereit, würde Österreich diese erzwingen, indem es auf Artikel 47 der Wiener Schlussakte pochte. Dieser besagte, dass im Falle eines Mehrheitsbeschlusses der gesamte Deutsche Bund einem Mitgliedstaat helfen musste, dessen außerhalb des Bundes gelegene Länder angegriffen wurden.[63]

Wilhelm hieß den Erzherzog höflich willkommen. Als Albrecht am 12. April am Berliner Bahnhof ankam, wurde er von mehreren Prinzen des Herrscherhauses empfangen, im königlichen Wagen feierlich durch Berlin gefahren und zur Familientafel bei Hof gebeten. Der herzliche Empfang ließ die kaiserliche Gesandtschaft in Berlin glauben, dass Preußen im Kriegsfall an Österreichs Seite stehen werde.[64] Aber als es inhaltlich zur Sache ging, setzte rasch Ernüchterung ein. Denn Wilhelm machte dem Erzherzog deutlich, dass er nicht beabsichtigte, die eigenen Soldaten in einen verlustreichen Krieg zu hetzen, und das nur, um Österreichs Herrschaft über Norditalien zu bewahren. Preußische Waffenhilfe käme lediglich in Frage, nachdem Wien jede Möglichkeit zur Friedenssicherung ergriffen habe. Artikel 47 trete seiner Ansicht nach lediglich in Kraft, wenn Österreich von Frankreich angegriffen werde, und auch dann nur in engem Rahmen.[65]

Die österreichische Führung strebte jedoch keine Verhandlungslösung mit Turin an. Sie wollte die eigene Position durchsetzen und begann an der Gewaltspirale zu drehen. Das geschah aus der Sicht Wilhelms und des Staatsministeriums verdächtig abrupt. Nur eine Stunde nachdem Erzherzog Albrecht am Abend des 20. April aus Berlin abgereist war, erfuhr die preußische Staatsführung, dass die Wiener Regierung Turin ein Ultimatum gestellt hatte.[66] Der Prinzregent fühlte sich von der kaiserlichen Diplomatie hinters Licht geführt. Die preußische Presse wurde über das Ultimatum informiert, versehen mit dem Hinweis, dass dieser Schritt für das Staatsministerium völlig überraschend gekommen war. Danach kippte die Stimmung in der Bevölkerung zuungunsten der Donaumonarchie. Bislang hatte man Österreich weithin als Opfer einer aggressiven Intrige gesehen. Für die Kriegsdrohung Wiens gab es jedoch weit weniger Verständnis. »Nachdem noch vor wenigen Tagen die Sympathien uns zugeneigt waren, ist jetzt die augenblickliche Stimmung hier, seit dem Bekanntwerden des an Sardinien gestellten Ultimatums, keine für Österreich günstige«, meldete Koller am 25. April bestürzt nach Wien und schickte Außenminister Karl Ferdinand von Buol-Schauenstein einen Artikel der *Preußischen Zeitung*, der mit dem Vorgehen Wiens kritisch ins Gericht ging. »Der Prinz-Regent, durch die eine Stunde nach der Abreise Sr. Kaiserlichen Hoheit des Erzherzogs Albrecht angekommene Nachricht tief betroffen, soll die Einrückung jenes Artikels anbefohlen haben.«[67]

Für Österreich war das Ultimatum hochgradig verhängnisvoll. Indem Kaiser Franz Joseph I. die Rolle des Aggressors übernahm, setzte er unwissentlich die Verpflichtung Frankreichs in Kraft, Sardinien-Piemont Waffenhilfe zu leisten. Turin lehnte das Ultimatum daher postwendend ab. Österreich erklärte daraufhin den Krieg. Am 29. April überschritten kaiserliche Truppen die piemontesische Grenze. Daraufhin verkündete Napoleon III., Norditalien bis zur Adria von den Österreichern befreien zu wollen, und setzte seine Armee ebenfalls in Marsch.[68]

Wilhelm blieb zunächst bei seiner Weigerung, auf der Seite Franz Josephs I. in den Krieg zu ziehen. Nach Bekanntwerden des österreichischen Ultimatums hatte er dem preußischen Heer nur die Kriegsbereitschaft, nicht die volle Mobilmachung befohlen. Als dann aber der Krieg ausbrach, verkomplizierte sich die Lage für Berlin. Zum einen löste der Umstand, dass Napoleon III. in den Kampf eingriff, helle Empörung in Deutschland aus. In Erinnerung an Napoleon I., der seine steile Karriere ebenfalls mit Feldzügen gegen Österreich in Italien gestartet hatte und seine Armeen bald darauf in deutsches Gebiet hatte einrücken lassen, glaubte man, der neue Bonaparte werde nun ebenfalls bald Deutschland angreifen. Daraus leitete das Gros der deutschen Öffentlichkeit die Ansicht ab, Preußen müsse dem österreichischen Bruderstaat gegen Frankreich helfen. Zum anderen stellte sich heraus, dass Napoleon III. nicht nur mit Turin, sondern auch mit St. Petersburg einen Geheimpakt abgeschlossen hatte: Als die Lage in Italien eskalierte, nahm Russland plötzlich eine drohende Haltung gegen Österreich, aber auch gegen deutsche Staaten ein, die Wien militärisch zu unterstützen gedachten. Wilhelm hatte somit buchstäblich die Wahl zwischen der Pest und der Cholera. Entweder er ließ Österreich im Regen stehen und machte sich damit in Deutschland unmöglich. Oder aber er griff in den Konflikt ein, dem er unbedingt fernbleiben wollte, und musste im schlimmsten Fall einen Zweifrontenkrieg gegen Frankreich und Russland austragen.[69]

Um dieser außerordentlich heiklen Entscheidung zu entgehen, dachte Wilhelm an die Entsendung eines Armeekorps an die süddeutsche Rheingrenze. Mit dieser begrenzten Aktion, so meinte er, würde es vielleicht gelingen, Unterstützung für Österreich zu demonstrieren, ohne Russland allzu sehr gegen sich aufzubringen. Verunsichert legte er seine Überlegungen am 8. Mai bei einem Kronrat dar, doch seine Minister waren ebenfalls zutiefst gespalten. Schleinitz, Auerswald und Hohenzollern ging die Teilmobilisierung zu weit. Sie plädierten für weiteres Abwarten. Bonin und Moltke hingegen empfahlen, sofort die gesamte Armee zu mobilisieren und an der Seite Franz Josephs I. in den Krieg zu ziehen. Wilhelm halfen diese konträren Ratschläge nicht weiter, er ließ seine Teilmobilisierungspläne vorerst fallen.[70]

Für Österreich wurde der Krieg in Italien unterdessen zusehends zu einem Fiasko. Anfangs hätte es noch die Chance gehabt, Sardinien-Piemont niederzuwerfen, bevor die Armee Napoleons III. auf dem Kriegsschauplatz erschien. Der kaiserliche Feldherr Gyulay sah dem französischen Aufmarsch jedoch weitgehend tatenlos zu und erlitt am 4. Juni in der Schlacht bei Magenta eine schwere Niederlage. Daraufhin zog er sich aus Mailand zurück und räumte den Westen der Lombardei. Unmittelbar darauf traf Franz Joseph I. auf dem Kriegsschauplatz ein und übernahm selbst das Kommando. Immer noch hoffte er, wie er am 16. Juni seiner Mutter schrieb, dass »vielleicht Deutschland und dieser schmähliche Auswurf von Preußen uns doch im letzten Augenblicke beistehen werden.«[71]

Seine Untergebenen taten alles, um Letzteres zu erreichen. August von Koller bestürmte Außenminister Schleinitz in jenen Tagen mehrfach, Preußen möge sich endlich mit Österreich verständigen. Schließlich reiste auch noch der betagte Feldmarschall Alfred zu Windisch-Graetz nach Berlin, um beim Prinzregenten Überzeugungsarbeit zu leisten.[72] Doch Wilhelm dachte weiterhin nicht ernstlich daran, seine Armee in die Schlacht zu werfen, um die österreichische Herrschaft in Norditalien zu erhalten.[73] Dem Kriegsverlauf sah allerdings auch er mit wachsender Sorge zu. Was, wenn Frankreich einen vollständigen Sieg errang? Würde Napoleon III. dann vielleicht »siegestrunken sich auf uns werfen«[74], wie er am 2. Juni in einem Brief an Charlotte argwöhnte? Um diese Gefahr zu bannen, wollte er Frankreich und Sardinien in drohender Manier vor einer Fortsetzung des Krieges warnen. Schleinitz riet davon ab und schlug vor, mit russischer und britischer Unterstützung auf die Kriegsparteien Druck auszuüben. Nach einigem Hin und Her beschloss der Kronrat am 11. Juni, sich mit St. Petersburg und London zu verständigen, gleichzeitig aber einige Armeekorps am Rhein aufzustellen und so eine bewaffnete Vermittlungsaktion Berlins vorzubereiten. Überdies beantragte Berlin in der Bundesversammlung die zusätzliche Aufstellung von Bundestruppen und deren Unterstellung unter preußischen Oberbefehl.

Zur großen Beunruhigung von Schleinitz tauchte nun jedoch eine neue Gefahr auf. Denn der bisher so vorsichtig taktierende Prinzregent mutierte unvermittelt zum Draufgänger. Frankreich führte seit Wochen einen verlustreichen und kräftezehrenden Krieg. Wenn Preußen es angriff und besiegte, so kalkulierte Wilhelm plötzlich, würde dies in Deutschland derartige Begeisterung hervorrufen, dass man auch gegen den Widerstand Österreichs nach der Vormachtstellung im Bund greifen könnte. Zusätzlich aufgestachelt wurde er durch die Schlacht bei Solferino am 24. Juni, die Franz Joseph I. eine weitere Niederlage einbrachte, aber Napoleon III. ebenfalls immense Verluste bescherte. Wilhelm setzte seine bereits mobilisierten Truppenteile nach dem Rhein in Marsch und wollte nun auch noch seine restlichen Streitkräfte zum Einsatz bringen. Schleinitz war schon der Verzweiflung nahe, da ging sein Konzept der bewaffneten Vermittlung doch noch auf: Napoleon III. vollzog einen jähen Kurswechsel. Seine Kampfeslust war angesichts der verbissenen Gegenwehr Österreichs zusehends erlahmt. Als sich nun auch noch die preußische Armee in Bewegung setzte, hatte der Kaiser vom Krieg endgültig genug. Außerdem wollte er eine Stärkung Preußens ebenso wenig wie Österreich. Er bot Franz Joseph I. einen Waffenstillstand an. Der schwer angeschlagene Habsburger stimmte sofort zu. Nach hastigen Verhandlungen schlossen die beiden Kaiser am 11. Juli 1859 den Vorfrieden von Villafranca.[75]

In der preußischen Bevölkerung dürfte die Erleichterung über das Kriegsende groß gewesen sein. Kurz zuvor hatte Österreichs Gesandter August von Koller registriert, dass die öffentliche Stimmung klar gegen die von Wilhelm befohlene Mobilmachung gerichtet war. Weithin habe man darin »ein großmüthiges Opfer« erblickt, »welches Österreich durch sein jahrelanges Verfahren gegen Preußen gar nicht verdient habe«[76]. Wilhelm war über den Friedensschluss weit weniger erfreut, denn Villafranca hatte den kostspieligen Mobilisierungsaufwand mit einem Schlag sinnlos gemacht. Der Prinzregent fühlte sich düpiert. »Während Ihr noch auf dem Marsche waret, um die vorgeschriebenen Stellungen einzunehmen, haben die kriegführenden Mächte plötzlich Frieden geschlossen«[77], zürnte er in einem Armeebefehl vom 16. Juli, der das Ende der Mobilisierung verkündete. Noch mehr irritierte ihn der nun von Wien erhobene Vorwurf, Berlin habe den deutschen Bruderstaat im Stich gelassen. Kaiser Franz Joseph I. übte in seinem Laxenburger Manifest bittere Kritik, die Wilhelm peinlich berührte, und Koller machte Schleinitz in einem verbalen Schlagabtausch heftige Vorwürfe. Preußen stand nun weithin im Ruf, Eigennutz über das nationale Interesse Deutschlands zu stellen.[78]

Wilhelm ärgerten diese Reaktionen monatelang. Preußen sei »der Sündenbock, auf den alles gewälzt wird«, schimpfte er noch Ende September 1859 in einem Brief an Herzog Ernst II. von Sachsen-Coburg und Gotha. »Ich werde mich niemals davon überzeugen, daß ich weise, zum Besten Deutschlands, Preußens und Europas gehandelt hätte, wenn ich durch Kriegsdrohungen gegen Frankreich im März den Krieg auf Deutschland gezogen hätte, um Österreichs Politik in Italien zu soutenieren!!«[79]

Mittelfristig gesehen hielt sich der Schaden für Preußen allerdings in Grenzen. In der deutschen Öffentlichkeit hatte die Frankreich-Furcht infolge des Krieges Hochkonjunktur. Damit wuchs der Drang, den schwachen Deutschen Bund durch einen wehrfähigeren deutschen Nationalstaat zu ersetzen. Für diesen Kraftakt aber war aus Sicht vor allem des norddeutschen Bürgertums und vieler liberaler Publizisten Preußen unverzichtbar, denn anders als Österreich hatte es seit Jahren eine Konstitution und ein Parlament, überdies eine mehrheitlich deutsche Bevölkerung und die handelspolitische Vormachtstellung in Deutschland inne.

Einige Sogkraft entfaltete auch der im September 1859 gegründete Deutsche Nationalverein, der die Einigung Deutschlands unter der Führung Preußens und unter Ausschluss Österreichs propagierte. Binnen weniger Jahre wuchs er zu einer schlagkräftigen Organisation mit fast 30.000 Mitgliedern an und gewann einigen Einfluss in Turner-, Schützen- und Arbeiterbildungsvereinen. Diverse deutsche Fürsten fühlten sich durch ihn bedroht, ließen ihn polizeilich verfolgen und verlangten dasselbe auch von Preußen. Das verweigerte der Prinzregent angesichts der propreußischen Ausrichtung der jungen Vereinigung. Nennenswerte Unterstützung gewährte er ihm jedoch auch nicht, da er den Nationalverein linksliberaler Tendenzen verdächtigte und ihn als potenzielle Bedrohung für die Stellung der deutschen Fürsten ansah.[80]

Heeresreorganisation und Gesellschaftspolitik

Wilhelm fühlte sich durch den Italienkrieg in seinen Aufrüstungsplä-
nen nachhaltig bestätigt. Schon der Krimkrieg hatte gezeigt, dass Preußen durch seine Lage im Herzen Europas Gefahr lief, in bewaffnete Konflikte
hineingezogen zu werden, von denen es sich eigentlich fernhalten wollte. Nun
war ebendies wieder passiert. Dies und die Gefahr, die seiner Ansicht nach von
Frankreich ausging, legten ihm den Schluss nahe, dass er die Steigerung der preußischen Wehrfähigkeit noch energischer vorantreiben musste.

Bereits während des Italienkrieges rückte der Prinzregent einer weiteren Bewaffnungsfrage zu Leibe. Ähnlich wie bei der preußischen Infanterie gab es auch
bei der Artillerie einen Reformstau. Unter den Experten gingen die Meinungen
auseinander, welche Geschütze man künftig verwenden sollte. Karl Friedrich
von Hahn, der Generalinspekteur der Artillerie, setzte auf althergebrachte glatt-
läufige Kanonen mit Bronzelauf. Sein Stellvertreter Gustav von Hindersin bevorzugte hingegen ein neuartiges Geschütz des damals noch wenig bekannten
Erfinders Alfred Krupp, das ähnlich wie Dreyses Zündnadelgewehr mit Hinter-
ladung funktionierte und bei Schießversuchen gute Ergebnisse erzielt hatte. Hindersin konnte sich mit seinen Plädoyers für die Kruppkanone jedoch gegenüber
Hahn nicht durchsetzen, der an seinen traditionellen Ansichten eisern festhielt.
Schließlich griff Wilhelm ein. Er ordnete ein weiteres Probeschießen an, dem er
persönlich beiwohnte. Die Ergebnisse beeindruckten ihn dermaßen, dass er sich
entschloss, nun auch in der Artilleriefrage Nägel mit Köpfen zu machen. Am
7. Mai 1859 unterzeichnete er eine Kabinettsordre, welche die rasche Anschaffung von 100 Kruppkanonen anordnete – und änderte den Text in dem Dokument noch an einer entscheidenden Stelle: Er korrigierte kurzerhand die Zahl
»hundert« auf »dreihundert«.[81]

Das militärpolitische Kernvorhaben des Prinzregenten, die Reorganisation und
Vergrößerung der preußischen Armee, kam indessen nicht recht vom Fleck. Anfang 1859 hatte Wilhelm seinem Kriegsminister Eduard von Bonin aufgetragen,
die Reformkonzepte von Clausewitz und Roon zu prüfen, und dabei eine klare
Präferenz für Roons Überlegungen erkennen lassen, die die dreijährige Dienstzeit
nicht in Frage stellten. Bonin empfand es aber als Zumutung, sich an dem lücken-
haften Elaborat eines Provinzgenerals orientieren zu müssen. Zudem störte ihn,
dass Roons *Bemerkungen und Entwürfe zur vaterländischen Heeresverfassung* die
faktische Auslöschung der Landwehr propagierten, da dies seiner Ansicht nach das
Vertrauen des Volkes in die Armee zerstören würde. Bonin hütete sich zunächst,
dem Prinzregenten seine Vorbehalte offen mitzuteilen. Stattdessen versuchte er,

Roons Denkschrift aus der Welt zu schaffen, indem er auf die Kostspieligkeit der darin enthaltenen Vorschläge hinwies. Wilhelm war über den Widerstand Bonins, für den er 1854 fast den Bruch mit dem König riskiert hatte, zunehmend erbost. Bevor es zwischen den beiden Männern zu einem Eklat kam, drängte sich der Italienkrieg gebieterisch in den Vordergrund. In dessen Verlauf entwickelte Wilhelm die Idee, die im deutschen Raum wachsende Furcht vor Frankreich für die Heeresreorganisation zu nutzen, und zwar mit einem Trick: Preußens Streitmacht war durch die Mobilmachung zur Kriegsformation angewachsen und damit temporär in etwa so stark, wie Wilhelm sie dauerhaft sehen wollte. Ihm schwebte nun vor, die massive Kaderaufstockung einfach beizubehalten. Das dafür nötige Geld schien in Reichweite, denn der Landtag hatte für die Mobilisierung 30 Millionen Taler genehmigt, die wegen des abrupten Kriegsendes noch längst nicht aufgebraucht waren.[82] Nach dem Abschluss des Vorfriedens von Villafranca am 11. Juli ging der Prinzregent daran, die durch den Krieg verursachte Krisenstimmung für seine Zwecke zu instrumentalisieren. Bei einem Kronrat am 21. Juli erklärte er, nun sei mit einem Angriff Frankreichs auf die Rheingrenze zu rechnen. Preußen müsse sich auf einen Existenzkampf vorbereiten, mit nennenswerter Unterstützung durch das geschlagene Österreich oder die übrigen deutschen Staaten könne man nicht rechnen. Seine Minister waren angesichts dieser fast schon apokalyptischen Ansprache verwundert. Außenminister Schleinitz wandte ein, die Gefahr eines französischen Angriffs sei vorläufig doch eher gering. Ähnlich äußerte sich Bonin.[83] Wilhelm erkannte daraufhin offenbar, dass es doch etwas hoch gegriffen war, die Armee im Zustand voller Mobilisierung zu belassen. Flugs zog er Plan B aus dem Hut, der auf die Herstellung einer erhöhten Kriegsbereitschaft hinauslief. Im Rahmen einer begrenzten Demobilisierung wurde die massive Kaderaufstockung nur teilweise rückgängig gemacht. Basierend auf einem vom Prinzregenten selbst entworfenen Umgruppierungsplan entließen die Linienbataillone zwar ihre Reserven und die Landwehrbataillone ihren Wehrmannbestand, doch übernahmen Letztere zahlreiche Reservisten der Linienbataillone und Mannschaften aus Reservebataillonen. Auf diese Weise entstanden noch völlig inhomogene Einheiten, doch war die Gesamtarmee damit zahlenmäßig deutlich stärker, als sie es bei einer völligen Demobilisierung gewesen wäre. Um dafür den Kredit über 30 Millionen Taler nutzen zu können, wurde die großflächige Umgruppierung gegenüber dem Landtag als Maßnahme dargestellt, die wegen der von Frankreich drohenden Gefahr angeblich nötig sei.

Eine wichtige Vorstufe zur Heeresreorganisation war aus Wilhelms Sicht damit genommen. Umso mehr ärgerte es ihn, dass Bonin noch immer widerspenstig blieb. In einer Denkschrift, die er am 1. September von seinem Kriegsminister bekam, las er abermals Dinge, die ihm missfielen. Vor allem der darin enthaltene Hinweis, wonach die dreijährige Dienstzeit nur beibehalten werden könne, wenn man die Bataillonskriegsstärke bei fünf Reservejahrgängen auf 800 Mann absenkte, war für ihn inakzeptabel. Wilhelm wollte die dreijährige Dienstzeit ohne Wenn und Aber, und er wollte eine Bataillonskriegsstärke von 1000 Mann. Die permanenten Einwände und Bedenken des Kriegsministers brachten ihn dermaßen auf, dass er das Reorganisationskonzept schließlich selbst zu Papier brachte, wobei ihm Manteuffel und Alvensleben zur Hand gingen. Bonin durfte am Ende nur noch ausrechnen, wie viel die Umsetzung dieses Plans kosten würde. Er sah sich zu einem Wasserträger degradiert und bat um seine Entlassung. Wilhelm, der Bonin mittlerweile geradezu als Verräter ansah, nahm das Rücktrittsgesuch sofort an. Unmittelbar darauf, am 5. Dezember 1859, ernannte er Albrecht von Roon zu Bonins Nachfolger.[84]

Roon hatte nicht viel Zeit, um sich über seinen atemberaubenden Karriereschritt vom Provinzgeneral zum Kriegsminister zu freuen. Denn nun lag es an ihm, das Reorganisationskonzept des Prinzregenten umzusetzen. Unbehaglich notierte er:»Jetzt gilt es sich zu rühren, wenn man nicht auf die Nase fallen und zerschellen will. Gott walte!«[85]

Roon musste in der Tat einen schweren Brocken stemmen. Wilhelms Reformpaket war ebenso ambitioniert wie kostspielig. Es sah vor, die Friedensstärke der Linienarmee um etwa ein Drittel auf über 200.000 Mann aufzustocken. Damit sollten die jahrzehntelang verabsäumte Anpassung der Armeedimension auf das Bevölkerungswachstum zumindest teilweise nachgeholt werden und der Präsenzstand, der nach 1815 bereits 1,3 % der Bevölkerung betragen hatte und seitdem auf 0,8 % abgesunken war, wieder auf 1,1 % angehoben werden. Vorgesehen war zudem, die jährliche Rekrutierungsquote von 40.000 auf 63.000 Mann anzuheben und statt Familienvätern verstärkt unverheiratete junge Männer einzuberufen, was auf eine Verjüngung der Armee hinauslief. Die Landwehr sollte teilweise aufgelöst, der Rest von der Linienarmee getrennt und nur noch zu Hilfsdiensten herangezogen werden. Die Kosten für dieses Reformvorhaben waren selbst für einen wirtschaftlich aufstrebenden Staat wie Preußen keine Kleinigkeit – sie beliefen sich auf 6,8 Millionen Taler an Einmalkosten und auf 9,5 Millionen Taler an laufenden Zusatzkosten.[86] Finanzminister Patow erhob wegen der Kosten so schwere Bedenken, dass Roon die massive Unterstützung des Prinzregenten brauchte, um die Reorganisationsvorlage innerhalb der Regierung durchzubringen. Die eigentlichen Schwierigkeiten begannen aber erst, als man dem liberal dominierten Abgeordnetenhaus am 10. Februar 1860 drei Gesetzesentwürfe zur Heeresreorganisation präsentierte und das Vorhaben somit auf den Tisch legte.

In der Zweiten Kammer hatte man gegen eine kräftige Aufrüstung eigentlich nichts einzuwenden. Wilhelms Absicht, Preußen mehr militärisches Gewicht in einem Europa zu verschaffen, das nach einer langen Friedensepoche wieder kriegerische Zeiten erlebte, war für die Liberalen durchaus nachvollziehbar. Außerdem wünschten gerade sie von der Regierung der Neuen Ära energische Taten zur Herstellung der kleindeutschen Einigung. Dass es dazu eine starke Armee brauchte, mit der man im Fall des Falles zumindest glaubwürdig drohen konnte, lag für sie auf der Hand. Heikel wurde es jedoch bei jenen Teilen der Reorganisationsvorlage, die an gesellschaftspolitische Fragen rührten. Zusätzlich erschwert wurden die nun folgenden Diskussionen durch die unklare Gesetzeslage.

Die preußische Verfassung wies Strukturentscheidungen bei der Armee der Krone und die Budgethoheit dem Landtag zu. Sie bestimmte jedoch nicht, was geschehen sollte, wenn die Krone Maßnahmen plante, die das Parlament ablehnte. Bislang war dieses Defizit nie spürbar geworden, weil das gefügige Parlament der Reaktionsära das Armeebudget einfach durchgewunken und die Regierung über die Gelder nahezu beliebig disponiert hatte. Doch mit der Fügsamkeit des Abgeordnetenhauses war es seit der Wahl vom November 1858 vorbei. Die nun tonangebenden Liberalen wollten nicht nur wissen, wofür das Armeebudget eingesetzt wurde, sie wollten auch mitbestimmen. Auf inhaltlicher Ebene stießen sie sich vor allem an zwei Dingen: Dass die Staatsführung die Landwehr faktisch abschaffen wollte, begriffen sie als Angriff auf das bürgerliche Element im Heer und auf die bürgerliche Stellung im Staat überhaupt. Außerdem ließ sie Wilhelms Beharren auf der dreijährigen Wehrpflicht vermuten, dass der Prinzregent den Wehrdienern neben einer militärischen Ausbildung auch konservativ-royalistische Werte einimpfen wollte.[87]

Mit ihrem Argwohn trafen die Liberalen durchaus ins Schwarze. Der Prinzregent und seine engsten militärischen Berater lehnten die Landwehr nicht nur ab, weil sie zwangsläufig weniger effizient als eine Berufsarmee war, sondern auch, weil sie meinten, dass man Zivilisten in Uniform keine strikt königstreue Haltung beibringen konnte, wenn sie in Landwehrverbänden dienten. Und hinsichtlich der Dienstzeit hatte Wilhelm dem Staatsministerium am 3. Dezember 1859 erklärt: »Einen Soldaten auszubilden getraute ich mir kaum innerhalb dreier Jahre. Zwei Jahre hindurch würde er durch Dressur und Instruktion vollkommen übermannt, erst im dritten Jahre lerne er sich fühlen, bekäme er Sinn für die Würde des Rocks, für den Ernst des Berufes und zöge der Standesgeist bei ihm ein, ohne welchen eine Armee nicht bestehen könne.«[88] Dass der Prinzregent damit einen *royalistisch* geprägten Standesgeist meinte, musste er nicht eigens erwähnen.

Nachdem man die Gesetzesentwürfe zur Heeresreorganisation vorgestellt hatte, nahmen Staatsministerium und Abgeordnetenhaus entsprechende Verhandlungen auf. Zu einer inhaltlichen Annäherung kam es dabei nicht. Wilhelm blieb in der Landwehr- und der Dienstzeitfrage hart und gab seiner Regierung somit kaum Verhandlungsspielraum. Die Liberalen wichen von ihrer Haltung ebenfalls nicht ab. Allerdings schreckten sie davor zurück, die Wehrvorlage in Bausch und Bogen abzulehnen. In der Hoffnung, irgendwann doch noch zu einer tragfähigen Lösung mit der Staatsspitze zu kommen, wollten sie weder den Prinzregenten noch dessen liberalen Minister vor den Kopf stoßen. Am Ende einigte man sich auf einen Kompromiss, ohne die strittigen Punkte geklärt zu haben. Das Staatsministerium stellte das neue Wehrgesetz vorläufig zurück. Der Landtag bewilligte im Gegenzug am 15. Mai 1860 Gelder, um den von Wilhelm geschaffenen Zustand der erhöhten Kriegsbereitschaft und damit auch die größere Mannstärke der Armee für ein weiteres Jahr aufrechterhalten zu können. Mit diesem Provisorium war die Entscheidung in der Wehrreformfrage aus der Sicht der Liberalen vertagt, aber nicht aufgehoben. In weiteren Verhandlungen würde es ja vielleicht doch noch gelingen, den Prinzregenten dazu zu bewegen, bei den Streitpunkten nachzugeben oder Zugeständnisse in anderen politischen Fragen zu machen, so ihr Kalkül.

Doch damit täuschten sich die Liberalen. Denn Wilhelm und Roon schufen umgehend Fakten. Sie setzten das Provisorium für eine gewaltige Umgruppierungs- und Aufstockungsaktion ein. Im Lauf der folgenden Monate wurden zehn Kavallerieregimenter und Dutzende Infanterieregimenter formiert sowie die Reserve-Regimenter kräftig verstärkt. Der Umbau der Armee erfolgte mit derartigem Tempo, dass die neue Heeresstruktur bereits im Spätsommer 1860 konkrete Formen annahm. Am 15. Oktober des Jahres schließlich kündigte Wilhelm eine formelle Fahnenweihe für Dutzende neu gebildete Einheiten an und machte auf diese Weise deutlich, dass es sich bei der Umgruppierung um eine dauerhafte Maßnahme handelte.

Die Liberalen waren konsterniert, denn der Landtag hatte das Provisorium ja nur für die einstweilige Kriegsbereitschaft wegen der angeblich von Frankreich ausgehenden Gefahr, nicht aber für eine fundamentale und dauerhafte Reorganisation des Heeres gewährt. Allerdings sah die Mehrzahl der liberalen Abgeordneten keine Möglichkeit, den Prinzregenten zu stoppen. Sie hätten ihm zwar weitere finanzielle Mittel verweigern können, die zum Erhalt der neu formierten Einheiten benötigt wurden. Deren Auflösung hätte aber nicht nur zum Bruch zwischen Wilhelm und dem Abgeordnetenhaus geführt, sondern auch den Verlust mehrerer Steuergeldmillionen bedeutet und die Liberalen vor aller Öffentlichkeit diskreditiert.[89]

Der heraufziehende Konflikt um die Armeereform begann die Arbeit des Staatsministeriums in anderen Politikbereichen immer mehr zu überlagern. Die Regierung der Neuen Ära hatte es ohnehin von Anfang an nicht leicht gehabt. Ihr Anspruch, das Staatsleben etwas liberaler zu gestalten, stieß auf zähen Widerstand konservativ-junkerlicher Kräfte, die ihre Adelsprivilegien mit Zähnen und Klauen verteidigten. Eine Kommunalreform, die den übermächtigen Einfluss von Rittergutsbesitzern in den Landkommunen ein wenig stutzen sollte, stieß auf vehementen Widerstand des hauptsächlich vom Adel besetzten Herrenhauses.

Zum Leidwesen der altliberalen Minister entpuppte sich aber auch der Prinzregent immer mehr als Bremser. Anfänglich trug Wilhelm einige Modernisierungsvorhaben noch mit. Die Eherechtsreform wurde von ihm selbst angestoßen, wenngleich ihm die Durchsetzung der Zivilehe, wie sie den liberalen Ministern vorschwebte, doch zu weit ging. Als das Herrenhaus im Mai 1860 einen Gesetzesentwurf ablehnte, der die grundsteuerlichen Privilegien des altpreußischen Landadels und der Rittergutsbesitzer einschränken sollte, griff Wilhelm auf sein Vorrecht zurück, selbst Mitglieder des Herrenhauses zu ernennen. Mit einem Pairsschub stärkte er im September 1860 die Gruppe der Aufgeschlosseneren in der Ersten Kammer und setzte damit die Annahme der Vorlage durch. Je mehr aber die Heeresreorganisation zu einem Konfliktthema wurde, desto mehr tendierte Wilhelm dazu, Gesetzesentwürfe des Staatsministeriums zu verzögern oder zu blockieren, weil er zunehmend um die Bewahrung der Krongewalt fürchtete, aber auch, weil manche liberale Minister die Armeereform als Hebel zur Durchsetzung anderer Reformprojekte einsetzten. Seine Genehmigung des Pairsschubs vom September 1860 etwa hatte nicht zuletzt Finanzminister Patow bewirkt, der ihm die Grundsteuerreform als Voraussetzung für die Finanzierung der Heeresreorganisation verkaufte. Solche Erfolge erwiesen sich letztlich jedoch als Pyrrhussiege, da sie Wilhelm wachsendes Misstrauen gegenüber seiner eigenen Regierung einflößten.[90]

König, Krönung und Staatskrise

Um die Jahreswende 1860/61 musste Wilhelm zwei schmerzliche Verluste verkraften. Binnen weniger Wochen starben seine beiden ältesten Geschwister. Zunächst verschied am 1. November 1860 Charlotte mit 62 Jahren. Seine geliebte Schwester war in den vorangegangenen Jahren zusehends kränklicher und hinfälliger geworden. Ihr Tod kam daher nicht völlig überraschend, traf Wilhelm aber dennoch bis ins Mark.

Unmittelbar darauf nahte auch das Ende Friedrich Wilhelms IV. heran. Seit über drei Jahren siechte der König mittlerweile dahin. Bis ins Jahr 1859 hinein hatte er noch Reisen unternehmen können, doch nach zwei weiteren Schlaganfällen war auch das unmöglich geworden. Mittlerweile aß der König kaum mehr etwas, lag apathisch im Bett, war nur noch zu flüchtigen Gesten mit dem Kopf oder den Armen imstande. In den frühen Morgenstunden des 2. Januar 1861 schließlich starb Friedrich Wilhelm IV. mit 65 Jahren im Beisein seiner Familie in Schloss Sanssouci.[91]

Damit wurde Wilhelm zum König von Preußen – unter Umständen, die ihm seine eigene Mortalität vor Augen führten. Er steuerte mittlerweile auf seinen 64. Geburtstag zu. Im Gegensatz zu seinen beiden ältesten Geschwistern spürte er zwar keine Anzeichen einer heraufziehenden Krankheit, doch glaubte er, dass auch seine Lebensuhr bald ablaufen werde. Sein Königtum werde, so vermutete Wilhelm I., wohl nicht allzu lange dauern. »In so vorgerücktem Alter« sei »nur noch wenig Erfolg einer gewissenhaften und treuen Tätigkeit, zu erleben möglich«[92], schrieb er seinem alten Freund Oldwig von Natzmer am 25. Januar 1861 fatalistisch.

Die Befürchtung, dass auch er nicht mehr allzu lange leben würde, beeinflusste möglicherweise sein weiteres Handeln dahingehend, dass er nun mit noch mehr Nachdruck auf die Durchsetzung seiner Ziele hinarbeitete. Keine drei Wochen nach dem Tod Friedrich Wilhelms IV. unternahm er einen entscheidenden Schritt zur Realisierung der Heeresreorganisation, und er legte ihn sehr spektakulär an, um ein Zeichen zu setzen. Er nahm die bereits angekündigte, höchst umstrittene Fahnenweihe der neu aufgestellten Linieneinheiten vor – es handelte es sich dabei um nicht weniger als 117 Infanterie-Bataillone und zehn Kavallerie-Regimenter – und setzte dabei auf maximale Symbolik. Wilhelm ließ die Weihe im Rahmen einer groß inszenierten Feier vor dem Denkmal Friedrichs II. vornehmen und wählte als Termin dafür den 18. Januar 1861 aus, an dem das preußische Königtum auf den Tag genau 160 Jahre zählte. Damit machte Wilhelm I. überdeutlich, dass die Armee ihm verpflichtet war, nur ihm – dem neuen König.

Angesichts der Fahnenweihe war für mehrere linksorientierte liberale Parlamentarier das Maß voll. Sie wollten den vorsichtig abwartenden Kurs, den ihre Fraktion gegenüber dem König verfolgte, nicht mehr mittragen. Im Februar 1861 spalteten sie sich ab und gründeten die Deutsche Fortschrittspartei, die zu hartem Widerstand gegen Wilhelms Heeresreorganisation entschlossen war. Und auch die gemäßigteren Altliberalen sahen sich außerstande, der Militärpolitik des Königs völlig nachzugeben. Überdies bekamen sie mit der Fortschrittspartei gefährliche politische Konkurrenz. Wichen sie gänzlich zurück, liefen sie Gefahr, ihr Gesicht zu verlieren.

Wilhelm verabsäumte es, die Sachzwänge, denen die Altliberalen unterlagen, zu berücksichtigen. Stattdessen verkrallte er sich in sein Credo, dass Armeefragen der Krone unterlagen, und rückte von seinem Reformkonzept keinen Millimeter ab. Empört, dass Zivilisten die Einschätzungen der Militärexperten anzuzweifeln wagten, machte er gar nicht erst den Versuch, mit Argumenten zu überzeugen, sondern zog sich insbesondere bei der Dienstzeitfrage auf starres Beharren zurück. Überdies begann Wilhelm zu argwöhnen, dass die Liberalen gegen die dreijährige Dienstzeit opponierten, weil sie zu verhindern trachteten, was er unbedingt haben wollte: Soldaten, die bei innerstaatlichen Unruhen Königstreue über alles stellten. Immer mehr glaubte er, dass die Liberalen die Krongewalt untergraben wollten und er mit der kompromisslosen Realisierung der Heeresreorganisation die preußische Monarchie verteidigte.[93] Eine Sachfrage, die man mit etwas politischer Flexibilität hätte klären können, schwoll so zu einer explosiven Grundsatzfrage an.

Wie aufgeheizt die politische Stimmung in Berlin im Frühjahr 1861 bereits war, zeigte sich, als der Linksliberale Karl Twesten mit seiner politischen Schrift *Was uns noch retten kann* die Militärpolitik der Staatsführung kritisierte. Darin stellte Twesten klar, dass die neue Fortschrittspartei keineswegs darauf aus sei, der Regierung »in jetziger Zeit die Mittel zu verstärkten Kriegsrüstungen zu versagen«. Mit der Verfassung sei es aber unverträglich, dass das Militärkabinett so großen Einfluss ausübe und »die Armee-Angelegenheiten von dem ganzen übrigen Organismus des Staates getrennt« halten könne. Vor allem ihr Leiter Edwin von Manteuffel sei ein »unheilvoller Mann« in einer »unheilvollen Stellung«[94], schrieb Twesten und brachte sich damit in Lebensgefahr, denn er wurde von Manteuffel zum Duell aufgefordert und konnte noch von Glück reden, dass der mit Schusswaffen wesentlich geübtere General ihm am 27. Mai nur eine Schusswunde an der Hand zufügte.

Von einer Annahme der Wehrvorlage durch das Parlament war zu diesem Zeitpunkt längst keine Rede mehr. Mit Müh und Not gelang es Wilhelm I. und seiner Regierung im Sommer 1861, noch einmal ein Provisorium herauszuholen. Eine grundsätzliche Einigung hinsichtlich der Heeresreorganisation und der Dienstzeitfrage war aber in weite Ferne gerückt.[95]

Durch einen brisanten Wunsch spitzte Wilhelm die politische Lage weiter zu: Er wollte seine bevorstehende Krönung zum König von Preußen als royale Machtdemonstration inszenieren. Um aller Welt zu zeigen, dass er kein Geschöpf des Parlaments, sondern ein von Gottes Gnaden eingesetzter Monarch war, wünschte er eine feierliche Erbhuldigung der Stände, wie sie auch bei Friedrich Wilhelms IV. Krönung 1840 stattgefunden hatte. Die Reaktionen fielen sehr unterschiedlich aus. Während die Bevölkerung vor allem in den ländlichen Regionen an diesem Vorhaben nichts Schlechtes fand, lehnten die Liberalen eine Krönung in vorkonstitutionellem Stil ab. Auch Wilhelms gemäßigt liberale Minister empfahlen dringend eine eher symbolische Krönungszeremonie, die dem Verfassungsstaat mehr Rechnung trug. Davon wollte Wilhelm nichts wissen. Ein monatelanges Tauziehen zwischen dem König und seinen Ministern folgte. Erst als Letztere mit Rücktritt drohten, gab Wilhelm nach – und fasste eine kaum weniger heikle Alternative ins Auge. Statt einer Erbhuldigung verlangte er nun eine Krönung, wie sie in Preußen seit 1701 nicht mehr stattgefunden hatte. Sie sollte in der Provinz Preußen stattfinden, namentlich in Königsberg, wo sich Friedrich I. (1688 – 1701 Herzog in Preußen, 1701 – 1713 König in Preußen) zum ersten preußischen König gekrönt hatte. Die liberale Mehrheit im Parlament lehnte es ab, dafür Staatsgelder zu bewilligen. Wilhelm, der sich nicht auch noch seine Ersatzvariante ausreden lassen wollte, beharrte auf seinem Vorhaben. Das führte zu dem skurrilen Resultat, dass die Provinz Preußen einen Teil der Kosten durch Sammelgelder aufbrachte und der neue König den Rest selbst beglich.[96]

Dabei musste von beiden Seiten tief in die Tasche gegriffen werden, denn die Inthronisierung Wilhelms I. war bombastisch angelegt. Die am 16. Oktober beginnenden Krönungsfeierlichkeiten dauerten drei Tage. Danach folgte am 22. Oktober ein prunkvoller Einzug des neuen Königs in Berlin, gefolgt von einer Krönungscour im Weißen Saal des Berliner Schlosses, einer Festvorstellung im Opernhaus, einer Serie festlicher Diners, einer Unter den Linden stattfindenden Parade, diversen Feierlichkeiten der Stadt Berlin, einem Feuerwerk und dergleichen mehr. Das gesamte Prozedere – zwischen dem feierlichen Einzug des königlichen Paares in Königsberg und einem abschließenden Dankgottesdienst im Berliner Stadtschloss – nahm nicht weniger als zwei Wochen in Anspruch.[97]

Aus liberaler Sicht machte die Krönung Wilhelms I. die schlimmsten Befürchtungen wahr. Am ersten Tag der Krönungsfeierlichkeiten in Königsberg ließ der neue Monarch führende Militärs antreten, zollte ihnen großes Lob und sagte, dass er auf die Treue der Armee zähle, wenn er sie »aufrufen müßte gegen Feinde, von welcher Seite sie auch kommen mögen.«[98] Von liberaler Seite wurde dies als kaum verhüllte Drohung interpretiert, dass der König das Heer notfalls auch gegen innenpolitische Gegner einzusetzen bereit sei. Erst am zweiten Tag empfing Wilhelm die Mitglieder des Abgeordneten- und des Herrenhauses, behandelte sie als reine Ratgeber der Krone und strich ihnen gegenüber das Gottesgnadentum heraus.[99] Am dritten Tag folgte der an vorkonstitutionelle Zeiten gemahnende Krönungsakt. Betagte Würdenträger trugen die Insignien der monarchischen Macht – Reichssiegel, Reichsapfel, Reichsschwert, Zepter und

Krone – gemessenen Schrittes in die Schlosskirche von Königsberg, dann betrat der Monarch im Mantel des Hohen Ordens vom Schwarzen Adler das Gotteshaus. Der Höhepunkt der Zeremonie blieb ihm vorbehalten: »Seine Majestät ersteigen die Stufen des Altars, nehmen die Krone Allerhöchstihres Königreichs von Gottes Tisch und setzen Allerhöchstsich dieselbe auf das Haupt«, hieß es im Programm der Krönungsfeierlichkeiten. »In diesem Augenblick werden auf ein gegebenes Zeichen die Glocken geläutet, im Königsgarten die Geschütze gelöst und die Truppen im Schloßhofe machen [...] die Honneurs. In gleicher Weise ergreifen Seine Majestät der König das Zepter, den Reichsapfel und, nachdem Allerhöchstsie den letzteren wieder auf den Altar gelegt haben, auch das Reichsschwert.«[100]

Wilhelms Auftritt in Königsberg befremdete nicht nur die liberalen Parlamentarier, sondern auch die ihnen nahestehenden Regierungsmitglieder. Außenminister Schleinitz war schon vor der Krönung zurückgetreten. Die anderen liberalen Minister waren über die Art der Krönung und über Wilhelms immer deutlicher werdenden Unwillen, Adelsprivilegien abzubauen und die Mitbestimmung des Bürgertums zu fördern, zutiefst erbittert. Es kam zu einer schweren Vertrauenskrise, die bei einem Kronrat am 5. November 1861 nur mühsam beigelegt werden konnte. Dass zwischen dem König und seinen liberalen Ministern mittlerweile ein Abgrund klaffte, ließ sich dennoch nicht übersehen. Zwar genehmigte Wilhelm I. nach langem Zögern im November 1861 eine Herrenhaus-Verordnung, die den Status der Rechten in der Ersten Kammer ein wenig stutzte. Reformvorhaben jedoch, die dem Parlament eine stärkere Kontrolle der Regierungsarbeit zubilligen sollten und damit auch eine Begrenzung der monarchischen Rechte vorsahen, trat er mit aller Kraft entgegen. Einen Gesetzesentwurf zur im Artikel 61 der Verfassung garantierten Ministeranklage strich er im Dezember 1861 bis zur Unkenntlichkeit zusammen: Anklage nur, wenn beide Häuser des Landtages einstimmig dafür waren; gar keine Anklagemöglichkeit gegen den Kriegsminister; volles königliches Begnadigungsrecht für einen von einer Kammer des Landtages verurteilten Minister. Ähnlich handelte er bei einem Gesetzesentwurf, der, wie von Artikel 104 der Verfassung gefordert, die jährliche Etatprüfung und Finanzkontrolle der Regierung durch das Parlament regeln sollte. Einen Mehrheitsbeschluss des Staatsministeriums vom 4. Dezember 1861, den die liberalen Minister gegen die konservative Minderheit um Roon durchsetzten, hob Wilhelm bei einem Kronrat am 21. Dezember wieder auf; erst in stark verwässerter Version wurde der Entwurf Ende Januar 1862 im Abgeordnetenhaus eingebracht und dort prompt als unzureichend abgelehnt.

17: Unterschrift Wilhelms I.

Zusätzlich erschwert wurde die Zusammenarbeit der liberalen Minister mit dem König, als am 6. Dezember 1861 wieder eine Landtagswahl abgehalten wurde, deren Ergebnis Wilhelm als schallende Ohrfeige empfand: Die erst wenige Monate zuvor gebildete, linksliberal orientierte Deutsche Fortschrittspartei eroberte 104 Abgeordnetensitze und landete damit einen fulminanten Erfolg. Die gemäßigten Altliberalen fielen auf 91 Mandate zurück. Die schon 1858 massiv dezimierten Konservativen schrumpften zu einer unbedeutenden Minderheit zusammen.

Nach dem spektakulären Wahlausgang verwandelte sich das Misstrauen, das man am Hof und in der Generalität gegenüber den Liberalen empfand, in Paranoia. Obwohl es dafür keine konkreten Anzeichen gab, sah man wieder eine Revolution à la 1848 am Horizont heraufziehen. Auch Wilhelm ließ sich von dieser irrationalen Furcht anstecken. Im Januar 1862 unterzeichnete er einen von Manteuffel vorbereiteten Operationsplan, der genau definierte, welche Kampfstrategie im Fall von Aufständen in Berlin verfolgt werden sollte.[101] Als das neu formierte Abgeordnetenhaus dann noch den Etat für das Jahr 1862 zurückwies und die Fortschrittspartei eine genaue Aufschlüsselung des von der Regierung vorgelegten Staatshaushaltes verlangte, war für Wilhelm I. endgültig der Beweis erbracht, dass die Abgeordneten vor allem eines wollten, nämlich »nach und nach die parlamentarische Gesetzgebung, die ihnen verfassungsmäßig obliegt, in eine parlamentarische Regierung verwandeln«[102]. Er sah damit eine rote Linie überschritten. Am 11. März 1862 löste der König das Abgeordnetenhaus auf. Daraufhin implodierte das Staatsministerium. Für die altliberalen Minister war die Situation hoffnungslos geworden. Sie sahen keine Chance mehr, ihre Reformagenda mit einem immer misstrauischer und restriktiver werdenden König auch nur teilweise umzusetzen, und traten geschlossen zurück. Nur die konservativen Kräfte in der Regierung – Kriegsminister Roon, Handelsminister von der Heydt und Außenminister Albrecht von Bernstorff – blieben in ihren Ämtern.

Wilhelm seinerseits hatte von seinem gemäßigt-liberalen Regierungsexperiment genug. Auf die vakanten Ministerposten berief er nun ausschließlich Konservative: Innenminister Gustav von Jagow, Justizminister Leopold zur Lippe-Weißenfeld, Kultusminister Heinrich von Mühler, Handelsminister Heinrich von Holtzbrinck und Ackerbauminister Heinrich von Itzenplitz. Der bisherige Handelsminister August von der Heydt wurde Finanzminister. Die provisorische Leitung des Staatsministeriums übernahm Adolf zu Hohenlohe-Ingelfingen, der bisherige Präsident des Herrenhauses.[103] Der umgebauten Regierung befahl der König, die bereits eingebrachten Gesetzesvorlagen dem Landtag neuerlich vorzulegen, denn: »Einem unbesonnenen Drängen zu Reformen muß muthig entgegengetreten werden.«[104]

Den Neuwahlen, die er durch die Auflösung des Abgeordnetenhauses erzwungen hatte, blickte Wilhelm I. mit dennoch Sorge entgegen. Im Bürgertum hatte sein Ansehen stark gelitten; einige seiner Positionen, insbesondere sein Festhalten an der dreijährigen Wehrpflicht, waren weithin unpopulär. Um das Schlimmste zu verhindern, versuchte der König im Wahlkampf positive Stimmung zu erzeugen. Dabei ging er Kompromisse ein, die er wenige Wochen zuvor noch strikt abgelehnt hatte. Der Forderung nach genauerer Aufschlüsselung des Etats für das Jahr 1862 gab er jetzt nach und zeigte sich selbst zu Einsparungen beim Militärbudget bereit. Aber es nutzte alles nichts. Bei der Landtagswahl am 6. Mai 1862 legte die Deutsche Fortschrittspartei abermals kräftig zu und war mit 133 Mandaten nun die mit Abstand stärkste Kraft im Abgeordnetenhaus. Zusammen mit den Altliberalen und diversen fraktionslosen Abgeordneten gebot sie nun fast über eine Dreiviertelmehrheit in der Zweiten Kammer.[105]

Das Ergebnis war für Wilhelm abermals ein Schock. Manche vermuteten, durch den sich zuspitzenden Gegensatz zwischen König und Abgeordnetenhaus würde nun Edwin von Manteuffel endgültig Oberwasser bekommen. In reaktionären Kreisen wurde der Verfechter eines Staatsstreichs von oben bereits als kommender Ministerpräsident gehandelt. Dazu kam es jedoch nicht. Eine Eliminierung der Verfassung, wie sie seinem engen Mitarbeiter vorschwebte, ging Wilhelm zu weit, auch deshalb, weil er selbst einen Eid auf die Verfassung abgelegt hatte. Ein Ministerpräsident namens Edwin von Manteuffel kam für ihn trotz aller Verhärtungen nicht ernstlich in Frage.[106]

Albrecht von Roon bereitete die Regierungschef-Frage viel Kopfzerbrechen. Angesichts einer Opposition, die von Wahl zu Wahl stärker wurde, hielt der

Kriegsminister die eigenwillige Praxis des Königs, das Amt des Ministerpräsidenten mit schwachen Persönlichkeiten zu besetzen, für unhaltbar. Aus seiner Sicht brauchte es einen überzeugenden Regierungschef, der Wilhelms Standpunkte kraftvoll und eloquent nach außen vertreten konnte. Der neue Ministerpräsident Adolf zu Hohenlohe-Ingelfingen konnte diese Rolle noch weniger spielen als sein Vorgänger Hohenzollern-Sigmaringen; er war ein kränklicher Mann, nahm nur unregelmäßig an den Sitzungen des Staatsministeriums teil und blieb eine Schattengestalt. Von der Heydt fungierte deshalb als inoffizieller Regierungschef, aber auch er war für Roon eher eine Verlegenheitslösung. Aus seiner Sicht hieß der Idealkandidat Otto von Bismarck, dem selbst Gegner herausragende politische Befähigung und Durchsetzungskraft zubilligten. Seit einiger Zeit versuchte Roon seinen Einfluss zu nutzen, um seinen Favoriten ins Staatsministerium zu hieven. Das dem König schmackhaft zu machen, stellte jedoch ein schwieriges Unterfangen dar. Im Juli 1861 hatte Bismarck in Baden-Baden die Gelegenheit zu einem langen Gespräch mit Wilhelm I. gehabt, sich dabei aber mit der Aussage in die Nesseln gesetzt, dass man sich in der deutschen Frage nicht von national-liberalen Kräften abhängig machen dürfe, sondern diese für die eigenen Zwecke instrumentalisieren müsse. Knallharte Realpolitik, die mit den ehrlichen Überzeugungen anderer Politiker jonglierte und die Grenze zur bewussten Irreführung überschritt, hielt der König für unmoralisch. Das Gespräch war ohne substanzielles Ergebnis geblieben.

Nach der Regierungskrise vom März 1862 schien dann doch die Stunde Bismarcks zu schlagen. Der König berief ihn abrupt von St. Petersburg ab und führte ausführliche Gespräche mit ihm. Zum Leidwesen Roons konnte sich Wilhelm aber immer noch nicht dazu durchringen, dem ihm allzu unberechenbar scheinenden Diplomaten die Leitung des Staatsministeriums zu übertragen. Wenig später versetzte er Bismarck an die preußische Botschaft in Paris.[107] Weiterhin fehlte dem Staatsministerium »bloß noch eine Kleinigkeit«, wie Roon am 18. Mai 1862 in einem Privatbrief sarkastisch geschrieben hatte, und zwar »der *Kopf* des Ministeriums.«[108]

Annäherung an Frankreich oder Österreich?

Am 8. Januar 1860 hieß Wilhelm I. den neuen österreichischen Gesandten in Berlin, Alajos Károlyi, in einer Privataudienz willkommen. Dabei zeigte er sich huldvoll und ließ höfliche Bemerkungen über die Beziehungen zwischen Berlin und Wien fallen. Einigkeit sei anzustreben, bemerkte er mit einem Seitenblick auf Frankreich, »das Zusammenhalten der beiden deutschen Großmächte« sei »die sicherste Bürgschaft für die Zukunft«. Károlyi maß dieser Aussage nicht allzu viel Gewicht bei. Man könne sie als »eher günstig« bezeichnen, doch sei »die Sprache des Prinzen keine sehr bestimmte«[109] gewesen, berichtete der Gesandte nach Wien.

Kaiser Franz Joseph I. und sein Außenminister Bernhard von Rechberg interpretierten Wilhelms Worte anders. An Károlyi erging der Auftrag, Wilhelm beim Wort zu nehmen und ihm die Bildung einer österreichisch-preußischen Allianz vorzuschlagen,[110] denn in Wien fürchtete man, Frankreich und Sardinien-Piemont würden womöglich bald wieder offensiv werden, um nach der Lombardei auch noch Venetien zu erobern und die Österreicher aus ganz Norditalien zu verdrängen. Einen zweiten Krieg in der Poebene wollte Franz Joseph I. jedoch keinesfalls wieder allein führen, sondern sich der militärischen Unterstützung Preußens versichern.[111]

Am 28. Januar 1860 sprach Károlyi das Thema Defensivallianz gegenüber Schleinitz an. Erfreut registrierte er, dass der Vorschlag auf den preußischen Außenminister »keinesweges einen unangenehmen Eindruck«[112] machte. Weniger erfreulich war für ihn, was er einige Tage später von Schleinitz über Wilhelms Reaktion zu hören bekam. Dieser habe die kaiserliche Anregung zwar interessiert entgegengenommen und werde sie »der ernsthaften Erwägung unterziehen«, berichtete Károlyi am 4. Februar 1860 nach Wien. »Der Minister vermied es jedoch sichtlich irgend welche nähere Aufschlüsse zu geben welche auf die Stimmung des Prinzen und Höchstdessen muthmaßlichen Entschluß hindeuten könnten.«[113] Schleinitz' ausweichendes Verhalten kam nicht von ungefähr. Wilhelm stand dem Gedanken einer Defensivallianz mit Österreich höchst indifferent gegenüber.

Eigentlich befand sich auch Preußen in einer heiklen Lage. Es war von drei Großmächten umgeben, von denen eine – Frankreich – neuerdings sehr offensiv agierte: Just als Wien mit dem Bündniswunsch an Berlin herantrat, sorgte Napoleon III. für den nächsten Knalleffekt, indem er Sardinien-Piemont sowohl Nizza als auch Savoyen abnahm. Wilhelm fragte sich angesichts dieses Vorstoßes, ob man nicht tatsächlich bald mit einem französischen Angriff auf deutsches Gebiet rechnen musste. Mit dem Wiener Vorschlag konnte er sich trotzdem nicht anfreunden. Allzu reizlos war für ihn die Aussicht, an der Seite Franz Josephs I. um die Poebene kämpfen zu müssen. Hinzu kam, dass er bei einem Bündnis mit Wien die eigenen, gegen Habsburg gerichteten Ambitionen in Deutschland auf unbestimmte Zeit hätte zurückstellen müssen.[114]

Zu Wilhelms Überraschung begann parallel zu Österreich auch Frankreich um Preußen zu werben. Am 23. Januar 1860 hatte Napoleon III. mit Großbritannien den Cobden-Vertrag unterzeichnet, der eine neue Epoche im internationalen Wirtschaftsverkehr einläutete. Nicht mehr der althergebrachte Protektionismus, sondern die Öffnung des Marktes durch Verzicht auf Schutzzölle war die Leitlinie des französisch-britischen Abkommens. Nach der Einigung mit London bot der Kaiser auch Preußen einen Freihandelsvertrag an, wobei bei ihm freilich der Hintergedanke mitschwang, über den Handelsbereich Berlin auch auf politischer Ebene an Paris zu binden zu können.

Wilhelm beäugte die Avancen Napoleons III. zunächst mit Skepsis. Eine wie auch immer geartete Annäherung an Frankreich kam ihm geradezu widernatürlich vor. Ähnlich dachte Schleinitz, der die österreichische Option bevorzugte. Wilhelms Wirtschaftsexperten jedoch erschien ein Freihandelsvertrag mit Paris attraktiv. Berlin verfolgte mittlerweile ebenfalls eine antiprotektionistische Handelspolitik, war aber bei den Mitgliedsstaaten des Zollvereins mit dem Vorschlag einer Zolltarifreform bislang nicht durchgedrungen; das würde sich vielleicht ändern, wenn man mit Frankreich eine Einigung erzielte und so eine größere antiprotektionistische Sogwirkung aufbaute. Außerdem würde ein derartiger Coup die Donaumonarchie schwer treffen. Da die österreichische Industrie international weniger konkurrenzfähig war als jene Großbritanniens, Frankreichs oder auch Preußens, betrieb Wien zwangsläufig eine protektionistische Wirtschaftspolitik. Setzte Preußen in Deutschland einen antiprotektionistischen Handelsvertrag durch, konnte der Ballhausplatz seine langgehegten Hoffnungen auf einen Beitritt zum Zollverein begraben.

All diese Perspektiven gaben Wilhelm letztlich doch zu denken. Schließlich stimmte er Napoleons Vorschlag einer persönlichen Begegnung zu, die am 15. Juni 1860 in Baden stattfinden sollte.[115] Allerdings strömten, teilweise auf sein Betreiben, auch zahlreiche Fürsten der deutschen Mittel- und Kleinstaaten zum Gipfeltreffen, das dadurch zu einer Großveranstaltung anschwoll. Wilhelm setzte sich dabei recht geschickt als Sprecher der deutschen Fürsten in Szene und forderte in dieser Rolle Napoleon III. auf, allen Ambitionen, die Rheingrenze zu verschieben, abzuschwören. Damit unterstrich er öffentlichkeitswirksam Preußens Anspruch auf stärkeren Einfluss im Deutschen Bund und bekam vom Kaiser obendrein die gewünschte Antwort. Er habe ohnehin keine Gelüste auf Territorialgewinn in Deutschland, versicherte Napoleon III. und legte sich damit zumindest moralisch vor aller Welt fest, was Wilhelm als Erfolg verbuchte. Einen guten Schritt voran kam man auch in Sachen Freihandelsvertrag: Die beiden Herrscher kamen überein, Verhandlungen aufzunehmen.[116]

Franz Joseph I. peilte, um der gewünschten Defensivallianz näherzukommen, ebenfalls ein Treffen mit Wilhelm an. Man einigte sich auf eine Begegnung im böhmischen Teplitz am 26. Juli 1860. Wilhelm willigte aus diplomatischer Höflichkeit in das Treffen ein, aber auch, weil er mit seiner im Regierungsprogramm angekündigten aktiven Deutschlandpolitik bislang kaum vorangekommen war. Im Gefolge des Italienkrieges hatte er vorgeschlagen, die mittel- und norddeutschen Streitkräfte preußischem und die süddeutschen Armeen österreichischem Oberbefehl zu unterstellen und so auf militärischer Ebene eine Trennung der Einflusszonen vorzunehmen; seine Idee war jedoch sowohl von Wien als auch von den deutschen Mittel- und Kleinstaaten abgelehnt worden, weil ihre Umsetzung de facto eine Erweiterung preußischen Einflusses bedeutet hätte. Nun aber, da die Donaumonarchie unbedingt eine Defensivallianz wollte, würde sie Preußen vielleicht endlich Zugeständnisse im Bund machen und die Teilung des Bundesheeres oder einen alternierenden Vorsitz im Bundespräsidium akzeptieren, so Wilhelms vages Kalkül.

Seine improvisierte Rechnung ging nicht auf. Die Begegnung mit Franz Joseph I. verlief im Ton freundlich. Auch bekundeten beide Seiten ihre Bereitschaft, einem französischen Angriff auf deutsche Länder gemeinsam zu begegnen. Bei den Knackpunkten gab es jedoch keinen Fortschritt. Wilhelm forderte für die preußische Unterstützung in einem allfälligen Krieg um Venetien substanzielle österreichische Gegenleistungen im Deutschen Bund. Franz Joseph I. wiegelte ab. Er gab sich immer noch der Wunschvorstellung hin, sowohl seine Position in Italien als auch die Vormachtstellung in Deutschland halten zu können, und gestand Preußen weiterhin keine Gleichberechtigung im Bund zu. Das Treffen in Teplitz endete ohne konkretes Ergebnis.

Auf Drängen Wiens begann man Anfang 1861 in Berlin dennoch über eine Defensivallianz zu verhandeln. Pikanterweise begannen in der preußischen Hauptstadt nahezu zeitgleich die preußisch-französischen Detailgespräche über den in Aussicht genommenen Freihandelsvertrag. In den parallel verlaufenden Verhandlungen setzte sich die Tendenz, die schon bei den beiden Gipfeltreffen sichtbar geworden war, nahtlos fort.

Bei den preußisch-österreichischen Verhandlungen kam es weiterhin zu keiner Annäherung der Standpunkte. Ein Berliner Vertragsentwurf inkludierte bereits bekannte Bedingungen wie das Alternat im Bundespräsidium und die Teilung des militärischen Oberbefehls im Bund. Zudem enthielt der Entwurf die Forderung, dass, sollte Österreich einen piemontesischen Angriff auf Venetien abwehren und im Gegenzug die Lombardei zurückerobern, man die Entscheidung über den künftigen Status der Lombardei wie auch die künftige Gestalt Italiens einem europäischen Mächtekongress überlassen müsse. Wilhelm bekam den Text am 23. Februar zur Entscheidung vorgelegt und fand ihn offenbar doch etwas hart. Er ließ den Vertragstext einen ganzen Monat liegen, ohne eine Entscheidung zu treffen. Am Ende gab er seinen Beratern nach. Der Text wurde in leicht abgeschliffener, in seiner Grundsubstanz aber unveränderter Version nach Wien übermittelt. Es kam, wie es kommen musste: Wien lehnte den Entwurf ab. Im Frühjahr 1861 verebbten die ohnehin schon stockenden preußisch-österreichischen Verhandlungen vollends.[117]

Die Verhandlungen mit Paris führte Preußen von Anfang an mit mehr Energie. Dass ein Freihandelsvertrag mit Frankreich die eigenen Ambitionen in Deutschland fördern würde, gab für Wilhelm letztlich den Ausschlag, das Angebot Napoleons III. ernster zu nehmen als jenes Franz Josephs I. Allerdings wurden die preußisch-französischen Gespräche von heftigen Protesten begleitet. Bayern und Württemberg lehnten Preußens Handelsinitiative ab, und Österreich torpedierte sie mit allen Mitteln: Außenminister Rechberg versuchte Wirtschaftsvereinigungen wie den »Deutschen Handelstag« auf antipreußischen Kurs zu bringen, gründete einen Verein für die deutsche Industrie, der lautstark gegen einen preußisch-französischen Freihandelsvertrag Front machte, und verständigte sich mit einigen deutschen Staaten auf gemeinsame Protestnoten gegen Berliner Vormachtbestrebungen im Bund. Im Sommer 1861 kamen dann auch noch die Verhandlungen mit Frankreich zum Stillstand, weil man sich über die Tarifhöhe bei einigen Gütern und den genauen Zeitpunkt der Tarifreduktion nicht einigen konnte.[118] Für Wilhelm war diese Entwicklung natürlich höchst unerfreulich. Das Scheitern der Verhandlungen mit Wien hatte die – freilich eher geringen – Aussichten zunichtegemacht, auf dem Verhandlungsweg eine stärkere Stellung in Deutschland zu erlangen. Nun drohten die Probleme bei den Gesprächen mit Frankreich auch noch die Option zu eliminieren, über einen Freihandelsvertrag mit Napoleon III. im Zollverein eine antiprotektionistische Handelspolitik durchzusetzen und seinem Ziel der »moralischen Eroberungen« in den deutschen Staaten vielleicht auf diese Weise näherzukommen.

Wilhelm selbst wurde das Patt in Deutschland beinahe zum Verhängnis: Am Morgen des 14. Juli 1861 brach er alleine zu einem Spaziergang von Baden-Baden nach Lichtenthal auf. Wie der König später zu Protokoll gab, ging um etwa halb neun Uhr »ein junger, etwa 20jähriger Mann bei mir vorüber, von hinten kommend, und grüßte mich auf eine besonders freundliche, fast herzliche Art, indem er, den Hut abnehmend, denselben mehrmals grüßend senkte. Da er bald darauf seine Schritte verkürzte, so ging ich wieder an ihm vorüber, wobei er nochmals grüßte.«[119] Wenig später begegnete Wilhelm dem preußischen Gesandten in Baden. Gemeinsam setzten sie den Weg fort, da näherte sich, von ihnen unbemerkt, der auffallend freundliche junge Mann abermals von hinten. Diesmal zog er ein Terzerol und feuerte auf den König. Der Schuss durchschlug den Kragen von Wilhelms Rock und ging haarscharf an seinem Hals vorbei. Danach warf der Attentäter die Waffe beiseite, ergriff aber nicht die Flucht. Wenige Momente später wurde er von aufgebrachten Passanten überwältigt und abgeführt, Wilhelm setzte seinen Spaziergang fort.

Der Attentäter, es handelte sich um einen 22-jährigen Leipziger Studenten namens Oskar Becker, gab bei den Vernehmungen an, er habe den König töten wollen, weil dieser »trotz vielfacher anerkennenswerter Bestrebungen nicht im Stande sein wird, die Hindernisse zu überwinden, die sich der Lösung der Aufgabe entgegensetzen, die er als König von Preußen in Bezug auf die Einigung Deutschlands zu erfüllen hätte.«[120] Wilhelm zeigte für das Motiv Beckers sogar ein gewisses Verständnis. Dass er mit seiner Deutschlandpolitik bislang so gar nicht vorangekommen war, wurmte ihn selbst. Gegenüber seinem Beinahe-Mörder ließ Wilhelm später außergewöhnliche Milde walten. Auf seine Fürsprache kam Becker, von einem badischen Schwurgericht zu 20 Jahren Zuchthaus verurteilt, bereits nach fünf Jahren Haft wieder frei, verbunden mit der Auflage, unverzüglich auszuwandern und nie wieder deutschen Boden zu betreten.[121]

Die preußisch-französischen Verhandlungen kamen nach einem weiteren Gipfeltreffen zwischen Napoleon III. und Wilhelm I. am 11. Oktober 1861 in Compiègne schließlich doch wieder in Gang. Nach zähen Gesprächen, die von wechselseitigen Lockungen und Drohungen geprägt waren, fanden die Unterhändler der beiden Monarchen Anfang 1862 zu einem Kompromiss. Paris stimmte dem Wunsch Preußens zu, bei einzelnen Gütern stufenweise Tarifsenkungen vorzunehmen, die bis 1. Januar 1866 vollständig vollzogen werden mussten. Berlin entsprach dem französischen Anliegen, den Freihandelsvertrag auf zwölf Jahre und damit weit länger als zunächst vorgesehen abzuschließen.

Auf die anhaltenden innerdeutschen Proteste reagierte Berlin eine Weile beschwichtigend. In der Hoffnung, die Zollvereinsmitglieder davon zu überzeugen, dass die Einigung mit Frankreich für die deutsche Wirtschaft vorteilhaft war, ließ Wilhelm I. die widerstrebenden Partner über den Fortgang der Verhandlungen ausführlich unterrichten. Als aber alle Versuche scheiterten, einen Konsens herbeizuführen, paraphierte Berlin das Vertragswerk mit Paris am 29. März 1862 und stellte die Zollvereinspartner so vor vollendete Tatsachen.

Innenpolitisch fand dieses Vorgehen volle Unterstützung. Obwohl der Streit um die Heeresreorganisation mit der Auflösung des Abgeordnetenhauses am 11. März gerade einen neuen Höhepunkt erreicht hatte, zeigten sich die relevanten politischen Kräfte imstande, den Handelskurs der Staatsspitze davon unbeeinflusst zu beurteilen. Als Wilhelm I. den paraphierten Vertragstext, versehen mit entsprechenden Erläuterungen, dem Parlament zur Abstimmung vorlegen ließ, nahm das Abgeordnetenhaus den Vertrag mit einer 264:12-Mehrheit an, das Herrenhaus befürwortete ihn einstimmig. Ausgestattet mit diesem überzeugenden Mandat, unterzeichnete die Regierung das Handelsabkommen mit Frankreich am 2. August 1862. Mehrere Zollvereinsmitglieder leisteten zwar auch jetzt noch Widerstand, doch konnte das preußische Staatsministerium letztlich darauf zählen, dass kein deutscher Staat aus dem gewinnträchtigen Zollverein ausscheren würde. Es blieb daher auf offensivem Kurs und arbeitete eine Resolution aus, die den widerspenstigen Staaten die Pistole auf die Brust setzte: ja zum Handelsvertrag oder Auflösung des Zollvereins. Innenpolitisch wurde auch dieser Schritt befürwortet. Das Abgeordnetenhaus zeigte sich abermals kooperativ und nahm die Resolution am 5. September 1862 mit einer komfortablen 233:26-Mehrheit an.

Damit stand Wilhelm I. im Begriff, Preußen im Kampf um die Vormachtstellung in Deutschland doch noch einen großen Schritt nach vorne zu bringen. Der Freihandelsvertrag mit Frankreich stieß bei der öffentlichen Meinung in Deutschland auf positive Resonanz, weil er der Wirtschaft des Zollvereins mehrere Vorteile bot.[122] Die notgedrungen protektionistisch agierende Donaumonarchie musste ihre langjährigen Ambitionen, dem Zollverein beizutreten, begraben. Sie erlitt ein »handelspolitisches Villafranka«[123], wie ein zeitgenössischer Wirtschaftsexperte schrieb, in späteren Einschätzungen war sogar von einem »handelspolitischen Königgrätz«[124] die Rede. Wilhelms im Regierungsprogramm formulierter Anspruch, »moralische Eroberungen« zu machen, den er mit der »Ergreifung von Einigungselementen, wie der Zollverband es ist«[125], verknüpft hatte, wurde durch die preußische Freihandelsoffensive spät, aber doch mit Leben gefüllt.

»Permanenter General-Inspecteur der Armee«

Ein Charakteristikum der Herrschaft Wilhelms I. war die intensive Wahrnehmung seiner militärischen Führungsrolle. Der Berufsoffizier auf dem Thron leitete nicht nur mehrere Aufrüstungsmaßnahmen in die Wege, sondern nahm auch auf anderen Ebenen grundlegende Kurskorrekturen vor. Außerdem definierte er die Rolle des Oberkommandierenden gänzlich anders als sein Vorgänger.

Friedrich Wilhelm IV. hatte diese Funktion vergleichsweise passiv angelegt. Für den unmilitärischen König waren Truppenbesichtigungen eine eher lästige

Pflicht gewesen. Insbesondere das stundenlange Beobachten von exerzierenden Soldaten hatte er als ermüdend empfunden, auch deshalb, weil er wegen seiner Kurzsichtigkeit kaum zu erkennen vermochte, ob diese dabei Fehler machten oder nicht. Danach verzichtete er auf jeglichen Tadel und lobte die begutachteten Einheiten einfach pauschal, was bei diesen einen schalen Nachgeschmack hinterließ, weil daraus ersichtlich wurde, dass der König ihnen wenig Aufmerksamkeit geschenkt hatte. Mit mehr Interesse konnten Truppeneinheiten rechnen, die Friedrich Wilhelm IV. etwas Spektakuläres oder Neues zeigten. Das hatte zur Folge, dass viele Offiziere ihren Einheiten mit viel Aufwand ungewöhnliche Gefechtssituationen eintrainierten, um bei den Inspektionen des Königs einen guten Eindruck zu hinterlassen.

Wilhelm fand diese Schaukämpfe sinnlos. Sein Fokus lag auf einem konkreteren Ausbildungsziel, und zwar der Anwendung des Gewehrs. Die Infanterie sollte das Schießen beherrschen, und das perfekt. Mangelhaft ausgebildete Soldaten neigten im Kampf zu Kurzschlusshandlungen. Aufregung und Angst konnten dazu führen, dass sie Patronen verkehrt in den Lauf steckten oder panisch drauflosschossen, ohne zu zielen. Um das zu verhindern, legte Wilhelm höchsten Wert darauf, dass seine Infanteristen Standardabläufe wie das Laden und Entladen als Automatismus verinnerlichten, damit sie sich im Ernstfall voll auf die Gefechtssituation konzentrieren konnten und außerdem lernten, selbst unter größtem Druck nicht wild drauflozuballern, sondern stets kontrolliert und gezielt zu feuern. Um das zu erreichen, ließ Wilhelm die Soldaten drillen, bis sie die Handhabung des Zündnadelgewehrs buchstäblich im Schlaf beherrschten.[126] Und er selbst überwachte die Ausbildung der Armee mit immensem Aufwand. Im »Februar eines jeden Jahres, wenn die Rekruten etwa 3 Monate im Dienst gewesen sind, beginnt er seine Inspectionen in Berlin, Potsdam und Spandau, wo die Truppen der Garde stationirt sind, und inspicirt sie selbst im vollen Winter bis zu den einzelnen Compagnien herunter«, beobachtete Oberst Eugène Georges Stoffel, der in den 1860er Jahren als französischer Militärattaché in Berlin diente. »Etwas später inspicirt der König jedes Bataillon der Garde, die deren 27 zählt, für sich, dann kommen die Inspectionen per Regiment, dann per Brigade«. Trocken kommentierte Stoffel: »Genau betrachtet, kann der König als permanenter General-Inspecteur der Armee angesehen werden.«[127] Manchmal legte Wilhelm dabei fast schon manische Energie an den Tag. Kraft zu Hohenlohe-Ingelfingen berichtete aus dem Jahr 1862:

Einmal besichtigte er an einem Sonnabend in Potsdam vier Kavallerie-Regimenter, fuhr denselben Abend mit dem Nachtzuge nach Coblenz, wo unter dem Wasser auf dem Boden des Rheins der Grundstein der Eisenbahnbrücke feierlichst gelegt wurde, Montag und Dienstag besichtigte er in Coblenz, Düsseldorf und Cöln Truppen, und am Dienstag Abend reiste er mit dem Nachtzuge nach Berlin zurück, wo er Mittwoch früh, unmittelbar nach der Ankunft, vier Kavallerie-Regimenter besichtigte.[128]

Allein im Sommer 1862 nahm Wilhelm I. nicht weniger als drei Viertel der preußischen Armee in Augenschein.

Für Offiziere und Soldaten stellten diese Begutachtungen eine echte Herausforderung dar. Anders als zu Zeiten Friedrich Wilhelms IV. wurde ihnen nun peinlich genau auf die Finger gesehen. Aufgrund seiner Fachkenntnisse wusste Wilhelm I. über die Feinheiten der Adjustierung, des Exerzierens oder berittener Angriffe genau Bescheid und entdeckte auch kleinste Fehler. Mit Argusaugen wachte er bei Truppenmanövern darüber, dass sich die Soldaten niemals zu wildem Schnellfeuer hinreißen ließen. Trugen Kavallerieregimenter Übungsattacken vor, mussten sie damit rechnen, dass der König persönlich neben ihnen her ritt und aufpasste, dass seine Soldaten dabei auch ja alles richtig machten.

Mit seinem unermüdlichen persönlichen Einwirken setzte Wilhelm I. letztlich auch im Bereich der Ausbildung eine Steigerung der preußischen Schlagkraft durch. Keine andere Großmacht trieb die Waffenausbildung der Infanterie in den frühen 1860er Jahren derart energisch voran wie Preußen. Neben der flächendeckenden Ausstattung der Armee mit dem Zündnadelgewehr war dies ein weiterer Baustein für die späteren Siege gegen Dänemark, Österreich und Frankreich. Die preußische Infanterie hatte nicht nur eine schussstarke Waffe, sie konnte damit auch effizient umgehen.[129]

Weniger rasch ging die Effizienzsteigerung bei der Artillerie vonstatten. Wilhelm I. hatte zwar mit der 1859 angeordneten Anschaffung von 300 Krupp-Geschützen auch hier eine Modernisierung eingeleitet, doch die innovationsfeindliche Haltung des Generalinspekteurs der Artillerie, Karl Friedrich von Hahn, erwies sich als zähes Hindernis für weitere Neuerungen und Optimierungen. Aus unerfindlichen Gründen wurde er trotz seiner Starrheit vom König noch jahrelang im Amt belassen. Erst 1864 avancierte mit Gustav von Hindersin ein aufgeschlossenerer Mann zum Generalinspekteur, doch die versäumte Zeit ließ sich nicht mehr aufholen. Als Preußen 1866 gegen Österreich in den Krieg zog, spielte die Artillerie im Kampfgeschehen eine untergeordnete Rolle.[130]

Aber auch Wilhelm I. dachte nicht in allen militärischen Bereichen modern. Bei der offensiven Kampftaktik etwa hielt er am damals noch weitverbreiteten Ehrenkodex fest, der todesverachtenden Einsatz hochhielt. Schneidige Frontalattacken mit hohem Blutzoll galten weithin als rühmlich und brachten den daran Beteiligten höchstes Ansehen. Nicht zuletzt deshalb hielt man in diversen europäischen Armeen an der noch aus den Zeiten Napoleons I. stammenden Überzeugung fest, einem Feuergefecht müsse ein tollkühner Sturmangriff auf breiter Front folgen. Ernsthafte Anläufe, angesichts der mörderischen Schusskraft moderner Feuerwaffen die Angriffstaktik zu ändern, blieben auch unter Wilhelm I. aus. So kam es, dass preußische Truppen noch während des Deutsch-Französischen Krieges mehrfach Abwehrstellungen des Gegners in Paradeplatzformation angriffen, ohne dabei auf Geländedeckung zu achten, und so ungeheure Verluste erlitten.[131]

In veralteten Bahnen dachte Wilhelm I. auch, wenn es um die Bestrafung von Soldaten ging, die sich eines Vergehens schuldig gemacht hatten. An der körperlichen Züchtigung wurde unter ihm eisern festgehalten. Im Jahr 1867 wurde das bereits 1845 erlassene Strafgesetzbuch für die preußische Armee per königlicher Verordnung auf den Norddeutschen Bund ausgedehnt. § 31, der die Züchtigungen regelte, wurde dabei unverändert übernommen und damit auch der Passus, dass Soldaten bei bestimmten Vergehen mit bis zu 40 Stockhieben bestraft werden durften.[132]

Fortschritt gab es hingegen bei der medizinischen Versorgung der Truppen. Um die Mitte des 19. Jahrhunderts mussten Soldaten neben der Schlacht auch die im Kriegsgebiet grassierenden Seuchen und die oft nicht einmal rudimentären medizinischen Strukturen in der Kampfzone fürchten. Jeder zweite Patient starb damals an den Folgen der Entzündung nach einer Amputation, der Einsatz von Betäubungsmitteln steckte noch in den Kinderschuhen. Unter Wilhelm I. bemühte man sich, das zu ändern. Hochqualifizierte Ärzte wurden herangezogen, die bessere Blutstillmethoden, Chloroformmasken und gefederte Wagen für Verwundetentransporte entwickelten. Zudem zeigte man sich offen für medizinische Unterstützung von außen. Das war damals keineswegs selbstverständlich. Während des Deutsch-Dänischen Krieges 1864 etwa hielten die dänischen Militärs aus Furcht vor Spionen freiwillige Hilfsorganisationen von den Kampfzonen fern. Die preußische Armeeführung hingegen gewährte ihnen Zugang zur Front und verschaffte ihren Soldaten so wertvolle zusätzliche medizinische Hilfe. Bei Wilhelm I. fanden derlei Aktivitäten lebhafte Unterstützung. Als Henry Dunant, der Gründer des Roten Kreuzes, im September 1863 nach Berlin kam, um für die gerade in Entstehung begriffene Hilfsorganisation zu werben, zeigte sich der König begeistert von Dunants Ideen, die medizinische Versorgung von Soldaten zu verbessern. Preußen gehörte in der Folgezeit zu den ersten Staaten, in denen Niederlassungen der neuen Hilfsorganisation gegründet wurden.[133]

Auch in struktureller Hinsicht drückte Wilhelm I. der preußischen Armee seinen Stempel auf, mit allerdings bedenklichem Langzeiteffekt. Bei seinem Machtantritt zeichnete noch der Kriegsminister für die Armeepolitik verantwortlich und leitete die offiziell einzige zentrale Militärbehörde. Allerdings gab es mit dem Militärkabinett eine semioffizielle Leitstelle, die sich mit Personal- und Organisationsangelegenheiten in der Armee befasste. Formell war sie zwar dem Kriegsminister untergeordnet, arbeitete aber de facto dem König zu. Für die Krone war diese Regelung insofern vorteilhaft, als der Chef des Militärkabinetts dem Parlament im Gegensatz zum Kriegsminister keine Rechenschaft ablegen musste. Das bedeutete, dass etwa die Frage, wen man mit Führungspositionen bei der Armee betraute, dem Kriegsminister und damit auch der parlamentarischen Einsichtnahme gänzlich entzogen war. Wilhelm schätzte dieses Modell und baute es aus. In einer Kontresignaturordre vom 18. Januar 1861 tat er einen folgenreichen Schritt, indem er dem Militärkabinett zusätzlich auch die Behandlung strategischer und operativer Fragen zuwies. Damit stärkte er nicht nur die zweite militärische Leitstelle, sondern bereitete auch noch dem Entstehen einer dritten den Weg: Da dem Militärkabinett die Expertise fehlte, um den neuen Verantwortungsbereich befriedigend abdecken zu können, griff es auf den Generalstab zurück.

Helmuth von Moltke kam diese Entwicklung sehr zupass. Ihm hatte es von Anfang an missfallen, dass er seine Sichtweisen nur dem Kriegsminister mitteilen durfte und nicht sicher sein konnte, ob und wie diese beim König ankamen. Das begann sich nun schrittweise zu ändern. Vermehrt wurde er zu Besprechungen bei Wilhelm I. hinzugezogen, durfte diesem zuweilen selbst Vortrag zu strategischen oder operativen Fragen halten, begann an Sitzungen des erweiterten Kronrates teilzunehmen, fungierte zusammen mit Alvensleben als militärischer Chefverhandler bei den Defensivallianz-Gesprächen mit Österreich. Der 1857 noch untergeordnete Generalstabschef kam so im Lauf der 1860er auf Augenhöhe mit dem Kriegsminister und dem Leiter des Militärkabinetts.

Mit der Stärkung des Militärkabinetts und der Aufwertung des Generalstabes wurde im preußischen Militärapparat eine Kompetenzaufsplitterung eingeleitet, deren schädliche Folgen nicht sofort spürbar wurden, da Wilhelm I. diese Verkomplizierung der militärischen Zuständigkeiten noch halbwegs beherrschte. Für einen Nachfolger jedoch, dem dessen Fachexpertise abging, mussten das wuchernde Kompetenzdickicht und die daraus resultierenden Kompetenzrangeleien zu einem gravierenden Problem werden.[134]

Als die preußische Armee in die so genannten Einigungskriege zog, war sie in vielerlei Hinsicht eine von Wilhelm I. persönlich geprägte Streitmacht, die »nach seinem Willen exerzierte, manövrierte und übte«[135], auf mehreren Ebenen entscheidend modernisiert und gestärkt. Sie hatte die eine oder andere Schwäche, stand aber ab der Mitte der 1860er Jahre zumindest auf ebenbürtiger Stufe mit den Streitmächten der anderen Großmächte.. Ihr Kernstück, die hochgerüstete und intensiv ausgebildete preußische Infanterie, war »wohl die beste von ganz Europa«[136].

Familienturbulenzen

S eine ersten Herrschaftsjahre verliefen für Wilhelm I. auch auf familiärer Ebene turbulent. Alte, schon überwunden geglaubte Unstimmigkeiten brachen wieder auf. Hinzu kamen neue Konflikte, die im Haus Hohenzollern erhebliche Spannungen mit politischer Langzeitwirkung erzeugten.

Zunächst endete mit der Erkrankung Friedrich Wilhelms IV. im Oktober 1857 die Phase relativer Harmonie, die zwischen Wilhelm und seiner Gemahlin während ihrer Koblenzer Jahre geherrscht hatte. Augusta war angesichts der Tatsache, dass ihr Mann plötzlich zum Stellvertreter des Königs avancierte, hin- und hergerissen. Einerseits schmerzte sie die Aussicht, das geliebte Koblenz verlassen zu müssen. Andererseits hoffte sie nun auf ein rasches Ende des reaktionären Regiments und wollte aktiv daran mitwirken. Zu ihrem Unwillen stieß sie dabei jedoch bei Wilhelm auf Widerstand. Er machte seiner Gemahlin nicht nur klar, dass ihr Einfluss gering sein würde, sondern verwehrte es ihr im Herbst 1857 wochenlang, ebenfalls nach Berlin zu kommen.

Wilhelms Abwehrhaltung war auf die Rolle zurückzuführen, die man Augusta weithin zuschrieb. Bei den reaktionären Kräften am Hof löste sie nach dem Zusammenbruch Friedrich Wilhelms IV. Ängste aus, die an Hysterie grenzten. Von Königin Elisabeth und Ministerpräsident Otto von Manteuffel bis hin zu Leopold von Gerlach und der Kreuzzeitungspartei fürchtete man, sie werde bei Hof alles über den Haufen werfen. Bis in diplomatische Kreise hinein war die Ansicht verbreitet, dass Augusta dominierenden Einfluss auf Wilhelm ausübte und die entscheidende Drahtzieherin im Hintergrund war.[137] Bismarck ging in seinen Memoiren sogar so weit, sie als »Begründerin und Patronin«[138] der im Herbst 1858 gebildeten Regierung des Prinzregenten zu bezeichnen.

In der Rückschau muten derartige Einschätzungen eher absurd an. Als Augusta Mitte November 1857 endlich nach Berlin reisen durfte, hatte sich am Widerstand ihres Gemahls nichts geändert. Der Prinz wollte seine ohnehin heikle Zusammenarbeit mit dem alten Regime nicht noch zusätzlich verkomplizieren, indem er seine Gemahlin in politische Fragen einband.[139] Augusta war darüber ungehalten und lieferte Wilhelm zum Leidwesen ihres Sohnes so manche stürmische Szene,[140] doch ihr Einfluss blieb weiterhin sehr begrenzt. Auch das im

Herbst 1858 gebildete Staatsministerium der »Neuen Ära« war mitnichten ihre Kreation. Dessen Zusammensetzung ging vielmehr auf Beratungen Wilhelms mit seinen engsten Vertrauten oder, etwa im Falle Bonins, auf seine individuellen Vorstellungen zurück.[141] Am Verlauf von Wilhelms ersten Herrschaftsjahren ist eine Handschrift Augustas ebensowenig ablesbar. Dass sich ihr Gemahl mit dem liberal dominierten Abgeordnetenhaus überwarf, die Neue Ära an der Armeereform sowie der Dienstzeitfrage zerschellen ließ und das Staatsministerium schließlich mit konservativen Ministern besetzte – all dies lief ihren Wünschen diametral zuwider. Auch die von Wilhelm angepeilte Krönungszeremonie in Königsberg erschien ihr nicht zeitgemäß, doch konnte sie sich mit ihren Bedenken nicht durchsetzen. In Summe war Augusta auf dem politischen Parkett weit mehr hilflose Zuseherin als Mitgestalterin.[142]

Für innerfamiliären Zündstoff sorgte auch die Ehe Friedrich Wilhelms mit Prinzessin Victoria. Zunächst herrschte noch eitel Sonnenschein. Als sie am 25. Januar 1858 heirateten, waren die beiden jungen Menschen fraglos glücklich. Augusta war zufrieden, dass die Hohenzollern nun in enger verwandtschaftlicher Verbindung mit der britischen Monarchie standen, die sie für vorbildlich hielt. Und Wilhelm empfand für die damals 17 Jahre alte Victoria einige Sympathie. Sichtlich angetan schrieb er am 23. März 1858 über ihre ersten Wochen in Berlin:

Sie ist sehr vorsichtig, um sich keine Blößen zu geben und daher noch schweigsamer als wünschenswert wäre. Aber alles, was sie spricht, zeugt von Verstand und gediegener Erziehung. Ihr erstes Erscheinen ist günstiger gewesen, als ich erwartete, und verdankt sie dies, bei nicht schönem Äußeren, dem hübschen, kindlichen, unbefangenen Ausdruck ihres ganzen Wesens, mit viel Würde, trotz ihrer kleinen Statur. Daß sie gemacht ist, ihre Stellung dereinst ganz auszufüllen, daran zweifle ich keinen Augenblick.[143]

Die positive Stimmung hielt jedoch nicht lange an, denn die intelligente und selbstbewusste Victoria gab ihre Zurückhaltung bald auf und zeigte mehr Ecken und Kanten, als ihrem neuen Umfeld lieb war. So machte die liberale Prinzessin aus ihrem Missfallen an der Politik ihres Schwiegervaters kein Hehl. Dass er keine parlamentarische Kontrolle der Regierung nach britischem Vorbild zuließ, war für sie völlig unverständlich. Überdies fühlte sich die Prinzessin in Berlin nicht wohl. Als stolze Vertreterin des britischen Weltreichs empfand sie die preußische Hauptstadt als reizlos und rückständig. Derlei Gedanken für sich zu behalten lag ihr fern. Sie äußerte sich abfällig über die preußische Hofkultur, das Aussehen der Hofdamen, die königliche Gemäldesammlung und dergleichen mehr, betonte dabei oft, wie viel besser es doch in Großbritannien sei. Auf diese

Weise zerschlug sie viel Porzellan und verärgerte fast die ganze Königsfamilie. Für weitere Irritationen sorgten die Emotionen, die Victoria bei ihrem Gemahl erweckte. Friedrich Wilhelm liebte seine Frau nicht nur, er verehrte sie geradezu. Er maß ihrem Wort enormes Gewicht bei, was wiederum zur Folge hatte, dass sich seine liberalen Tendenzen verstärkten.

Wilhelms Beziehung zu seinem Sohn wurde durch Victoria zunächst offenbar noch nicht belastet. Als er die Regentschaft übernahm, band er Friedrich Wilhelm sofort in die Staatsgeschäfte ein. Von der angesichts seines Alters vernünftigen Ansicht ausgehend, dass sein Nachfolger rasch das Regierungshandwerk erlernen sollte, nahm er ihn zur ersten Sitzung seines neuen Staatsministeriums am 8. November 1858 mit, stellte ihm die Regierungsmitglieder vor und empfahl ihm, fortan regelmäßig an den Sitzungen des Ministerrates teilzunehmen. Hoch rechnete Wilhelm es seinem Sohn an, dass dieser die Heeresreorganisation nachdrücklich unterstützte und seinen Zorn über das widerspenstige Abgeordnetenhaus teilte.[144] Die briefliche Kommunikation mit seinem Sohn war in dieser Zeit noch phasenweise durchaus lebhaft und nicht erkennbar von Vorbehalten geprägt. Allein im Sommer 1861 schickte er ihm ein halbes Dutzend Briefe, in denen er zuweilen in recht offener Manier auch politische Themen ansprach.[145]

Ab Herbst 1861 jedoch verdüsterte sich vor dem Hintergrund der aufkommenden Regierungskrise auch die Beziehung zwischen Vater und Sohn nach und nach. Friedrich Wilhelm sympathisierte mit den altliberalen Ministern um Patow und beschwor seinen Vater, der diesen zusehends misstraute, am Kurs der Neuen Ära und damit auch an seinen Ministern festzuhalten. Das kam bei Wilhelm I. gar nicht gut an. Er begann Opposition im eigenen Haus zu wittern.[146] Als er im März 1862 das Abgeordnetenhaus auflöste und die liberalen Minister zurücktraten, Friedrich Wilhelm aber weiterhin Sympathien für den Liberalismus erkennen ließ, kam es zum Eklat. Während einer Unterhaltung am 18. März verlor Wilhelm seine Beherrschung und beschuldigte seinen Sohn wutentbrannt, illoyal zu sein und mit den zurückgetretenen Ministern unter einer Decke zu stecken. Zudem hielt er ihm vor, von Zeitungen mit demokratischem Einschlag als Gegner des Königs dargestellt zu werden. Friedrich Wilhelm ließ der Zorn des Vaters alles andere als kalt. Tief getroffen schrieb er seiner Frau: »Wie ich den Abend vor'm Schlafengehen geheult und geschluchzt habe glaubst du nicht«[147]. Zwischen Vater und Sohn tat sich langsam ein Spalt auf, der in späteren Jahren zu einem Abgrund werden sollte.

In einer Hinsicht waren Wilhelm und Augusta mit dem Kronprinzenpaar dennoch hochzufrieden. Friedrich Wilhelm und Victoria sorgten für viel Nachwuchs. Mit der Regelmäßigkeit eines Uhrwerks schenkte die Kronprinzessin jedes zweite Jahr einem Kind das Leben und erfreute ihre Schwiegereltern mit insgesamt acht Enkeln.

Ausgerechnet die Geburt ihres ersten Sohnes jedoch verlief unter dramatischen Umständen und hatte auch tragische Konsequenzen. Die Entbindung des späteren Kaisers Wilhelm II.am 27. Januar 1859 wurde zu einem äußerst schwierigen Unterfangen, da sich das Kind in einer Steißlage befand. Victoria lag stundenlang in den Wehen, ohne den Geburtsvorgang vollziehen zu können. Sie hatte dabei dermaßen starke Schmerzen, dass die Ärzte sie schließlich in Vollnarkose versetzten. Danach holte ein Gynäkologe das Baby aus dem Leib der betäubten Prinzessin, fügte ihm dabei aber eine schwere Verletzung im linken Schulterbereich zu. Dies hatte eine nahezu vollständige Bewegungsunfähigkeit des linken Arms zur Folge – aus der Sicht der Eltern eine Katastrophe. Vor allem Victoria war tief erschüttert, einen körperlich behinderten Thronfolger geboren zu haben. Im verzweifelten Bestreben, diesen Makel zu beseitigen, willigte sie in die obskursten ärztlichen Therapievorschläge ein. Als Baby wurde Wilhelm täglich mit kalten Salzwasserspülungen traktiert, die das Wachstum des Armes anregen sollten. Eine Weile band man ihm regelmäßig den rechten Arm am Körper fest, um ihn so zu verstärkter Nutzung seines linken Armes zu zwingen. Später musste der Prinz unangenehme Strombehandlungen über sich ergehen lassen und seinen Arm zweimal wöchentlich in einen frisch geschlachteten Hasen legen. Es verwundert nicht, dass der kleine Wilhelm die demütigenden, teils schmerzhaften und letztlich sinnlosen Therapieexperimente als Tortur empfand, die seine gesamte Kindheit verdunkelten und den späteren Bruch mit seinen Eltern mitbedingten.[148]

Die Audienz von Babelsberg

N ach dem fulminanten Wahlsieg der Fortschrittspartei vom 6. Mai 1862 herrschte in der Regierung Krisenstimmung. Kaum ein Minister glaubte noch daran, die Heeresreorganisation im Abgeordnetenhaus durchbringen zu können, ohne gravierende Abstriche daran vornehmen zu müssen. Selbst Wilhelms getreuer Paladin Albrecht von Roon sah dies nichts anders.

August von der Heydt, der inoffizielle Regierungschef, ging einen Schritt weiter. Er versuchte auszuloten, ob es nicht doch noch Chancen zur Verständigung gab. Und siehe da, es gab sie: Auch in den Reihen der siegreichen Fortschrittspartei herrschte Unsicherheit. Ihre bislang verfolgte Taktik, Wilhelm in Sachen

Militärpolitik durch einen Finanzboykott zum Einlenken zu bewegen, war an der Unnachgiebigkeit des Königs gescheitert. Und eine andere Konfrontationsstrategie hatten die Linksliberalen nicht. Die ihnen von manchen Ultrakonservativen nachgesagte Tendenz zur Revolution fehlte ihnen völlig. Ein Dauerkonflikt mit der Krone war für sie ebenfalls nicht der Weisheit letzter Schluss. All dies ließ bei ihnen eine Kompromissbereitschaft entstehen, die im Lauf des Sommers 1862 ungeahnte Ausmaße annahm. Für viele linksliberale Abgeordnete wurde es denkbar, die Heeresreorganisation in ihren Grundzügen anzunehmen. Auch hinsichtlich ihrer Finanzierung zeigten sie Gesprächsbereitschaft. Nur noch auf der Verkürzung der Friedenspräsenzzeit von drei auf zwei Jahre beharrten sie, um das Gesicht zu wahren.[149]

Wilhelms Minister schöpften Hoffnung. Ließ sich der Konflikt mit dem Abgeordnetenhaus vielleicht doch noch halbwegs pfleglich beilegen? Bei einer Sitzung des Staatsministeriums am 6. September plädierte von der Heydt für Konzessionen in der Dienstzeitfrage, und auch Roon stellte die dreijährige Dienstzeit nicht mehr als unbedingtes Muss dar. Die im Raum stehende Lösung war in der Tat verführerisch. Ging Wilhelm auf die Signale der Linksliberalen ein, würde er die Heeresreorganisation größtenteils zu seinen Bedingungen durchsetzen und gleichzeitig auch seine Machtstellung über die Armee behaupten können.

Doch der König lehnte ab. An seiner Vorstellung, der bürgerlichen Gesellschaft im Rahmen einer dreijährigen Ausbildung bei der Armee militärische und königstreue Haltung beizubringen, wollte er keine Abstriche machen. Am 7. September teilte er von der Heydt und Roon mit, dass er von weiteren Konzessionen nichts wissen wollte. Die beiden Minister waren konsterniert. Blieb der König hart, würde das Abgeordnetenhaus keinen neuen Etat für die Heeresreorganisation bewilligen und damit das gesamte Aufrüstungsvorhaben ins Stocken geraten, vielleicht sogar rückgängig gemacht werden müssen.

Wilhelm I. sah auch das anders. Im Fall des Falles könne die Regierung auf der Basis des Staatshaushaltsetats von 1861 weiterarbeiten, erklärte er den beiden Ministern; dieser bleibe gesetzlich gültig, bis ein neuer Etat festgelegt werde. Für von der Heydt war der vom König skizzierte Weg verfassungswidrig. Die übrigen Minister dachten ähnlich. Wilhelm I. trommelte daraufhin den Kronrat zusammen. In zwei Sitzungen am 16. und 17. September trieben die Gespräche einem Eklat entgegen. Der König verwies ungehalten auf den Umstand, dass in der Verfassung nicht geregelt war, was zu geschehen hatte, wenn sich Krone und Parlament auf kein Budget einigen konnten. Notfalls könne die Regierung daher das letzte mit dem Abgeordnetenhaus fixierte Budget als Rahmen für das weitere Regieren heranziehen, so Wilhelm,[150] die »Lücke in der Verfassung«[151] würde dies ermöglichen. Angesichts seiner offenkundigen Entschlossenheit, gegen das Parlament zu regieren, fassten einige Minister ihren Rücktritt ins Auge, unter ihnen auch von der Heydt. Der König stellte daraufhin seine Abdankung in den Raum und befahl demonstrativ den Thronfolger zu sich, der gerade im thüringischen Reinhardsbrunn Urlaub machte.[152] Das Staatsministerium legte Wilhelm daraufhin am 21. September in einer Kollektivnote dar, dass ein König, der seine Krone »aus der Hand des Allmächtigen empfangen« hatte, gar nicht zurücktreten könne, sondern auf Lebenszeit »mit den Geschicken des Landes untrennbar verbunden«[153] sei.

Die beschwörende Kollektivnote an den König hielt von der Heydt indessen nicht davon ab, seinen eigenen Rücktritt einzureichen. Wilhelm reagierte darauf mit dem lapidaren Hinweis »non avenu«[154]. Der Minister wusste nicht recht, wie er diese Worte auffassen sollte. »Non avenu! heißt nichts Anderes, als vorläufiges Ignoriren eines gethanen Schrittes«, schrieb Wilhelm I. am 21. September von der Heydt lakonisch. »Wenn ich Notiz von Ihrem Antrag nehmen werde, werde ich Ihnen seiner Zeit kundgeben; noch ist der Moment nicht eingetreten.«[155]

Zwei Tage später war der Moment dann plötzlich doch gekommen. Wilhelm I. nahm von der Heydts Rücktritt an. Denn mittlerweile hatte er sich entschieden, Otto von Bismarck zum neuen preußischen Ministerpräsidenten zu ernennen.[156]

Über die Art und Weise, wie Bismarcks großer Karriereschritt zustande kam, wurde im Lauf der Zeit viel geschrieben. Oft orientierte man sich dabei an der Schilderung Bismarcks in seinem Memoirenwerk *Gedanken und Erinnerungen*, die den Eindruck erweckt, Wilhelm I. sei von Anfang an quasi überrumpelt worden und Albrecht von Roon habe die Ernennung des neuen Regierungschefs eingefädelt, indem er den in Frankreich weilenden Bismarck am 18. September 1862 per Telegramm aufforderte, sofort nach Berlin zu kommen: »Periculum in mora. Dépêchez-vous.«[157]

Tatsächlich jedoch agierte Wilhelm I. weit weniger passiv, als die *Gedanken und Erinnerungen* glauben machen wollen. Im Lauf des Jahres 1862 hatte er seine früheren Vorbehalte gegen Bismarck zusehends hintangestellt. Angesichts des Konflikts mit dem Abgeordnetenhaus sah er ihn als ernsthafte Personalreserve für den Notfall. Dieser Notfall war für ihn gegeben, als die Krise mit dem Staatsministerium aufbrach. Am 16. September trug er Außenminister Bernstorff auf, Bismarck nach Berlin zu berufen (Roons berühmtes Telegramm vom 18. September war letztlich nicht mehr als eine Aufforderung, sich mit der Fahrt nach Berlin zu beeilen).[158]

Bismarcks Beschreibung der am 22. September folgenden Audienz von Babelsberg war, wie Lothar Gall pointiert bemerkte, ein »Meisterwerk der politischen Legendenbildung«[159] und lohnt der genaueren Analyse. Demnach habe Wilhelm I. das Gespräch eröffnet, indem er seine Abdankung ankündigte, eine entsprechende Urkunde sei bereits entworfen:

> Der König zeigte mir das auf dem Tisch liegende Aktenstück in seiner Handschrift, ob bereits vollzogen oder nicht, weiß ich nicht. Se. Majestät schloß, indem er wiederholte, ohne geeignete Minister könne er nicht regieren. Ich erwiderte, es sei Sr. Majestät schon seit dem Mai bekannt, daß ich bereit sei, in das Ministerium einzutreten [...]. Der König stellte nach einigem Erwägen und Hin- und Herreden die Frage, ob ich bereit sei, als Minister für die Militärreorganisation einzutreten, und nach meiner Bejahung die weitere Frage, ob auch gegen die Majorität des Landtags und deren Beschlüsse. Auf meine Zusage erklärte er schließlich: »Dann ist es meine Pflicht, mit ihnen die Weiterführung des Kampfes zu versuchen, und ich abdiziere nicht.«

Danach, so Bismarck, habe ihm der König bei einem Spaziergang im Schlosspark ein Regierungsprogramm gezeigt, »das in seiner engen Schrift acht Folioseiten füllte, alle Eventualitäten der damaligen Regierungspolitik umfaßte und auf Details wie die Reform der Kreistage einging.« Bismarck, der sich nicht auf ein Programm festnageln lassen wollte, habe daraufhin den König überzeugt, dass

> es sich für ihn nicht um Konservativ oder Liberal in dieser oder jener Schattierung, sondern um königliches Regiment oder Parlamentsherrschaft handle und daß die letztere notwendig und auch durch eine Periode der Diktatur abzuwenden sei. [...] Der König zerriß das Programm und war im Begriff, die Stücke von der Brücke in die trockene Schlucht in den Park zu werfen, als ich daran erinnerte, daß diese Papiere mit der bekannten Handschrift in sehr unrechte Hände gelangen könnten. Er fand, daß ich Recht hätte, steckte die Stücke in die Tasche, um sie dem Feuer zu übergeben, und vollzog an demselben Tage meine Ernennung zum Staatsminister und interimistischen Vorsitzenden des Staatsministeriums, die am 23. veröffentlicht wurde.[160]

Geht man nach dieser Schilderung, könnte man glauben, Bismarck habe das Gespräch nach Belieben beherrscht. Erstaunlich, was er bei der Audienz alles bewerkstelligt haben wollte: Er schaffte es nicht nur, zum Regierungschef ernannt zu werden, sondern hielt überdies Wilhelm I. von der Abdankung ab, machte dem seit Monaten in einen Machtkampf mit dem Parlament verstrickten König klar, dass er in einen Machtkampf mit dem Parlament verstrickt war, und wischte dessen Regierungsprogramm kurzerhand beiseite. Mit geschickten kleinen Anmerkungen ließ er sein Gegenüber zudem orientierungslos erscheinen.

Da kam der König erst »nach einigem Erwägen und Hin- und Herreden« auf das Kernthema zu sprechen, sein selbst verfasstes Regierungsprogramm wollte er plötzlich wegwerfen, ließ sich dann von einem souveränen Bismarck belehren, dass das unklug sei, er möge es doch lieber verbrennen. Man könnte glauben, der König sei Wachs in den Händen eines Verbal-Magiers gewesen.

Die Realität sah wohl doch etwas anders aus. So ist es schon fraglich, ob Wilhelm I. am 22. September wirklich so knapp vor der Abdankung stand, wie Bismarck schrieb. Denn zwei Gründe sprachen massiv dagegen. Erstens hätte Wilhelm damit das von ihm stets propagierte Gottesgnadentum ad absurdum geführt, wie ihm die Kollektivnote des Staatsministeriums nachhaltig in Erinnerung rief.[161] Nahm ein König in Anspruch, von Gott auf den Thron berufen worden zu sein, konnte nur Gott ihn von dort wieder abberufen. Dankte er auf eigene Faust ab, untergrub er die Glaubwürdigkeit des Gottesgnadentums und damit auch die Herrscherlegitimation der Hohenzollern. Zweitens wäre unter seinem Sohn und Nachfolger die dreijährige Dienstzeit vom Tisch gewesen, an der Wilhelm so viel lag. Der liberalere Friedrich Wilhelm hätte gewiss keinen Krieg gegen das liberale Abgeordnetenhaus geführt, nur um dieses eine Ziel durchzusetzen, das ihm weit weniger bedeutete als seinem Vater. Wollte Wilhelm also das Königtum von Gottes Gnaden nicht beschädigen und sein Dienstzeitcredo verteidigen, musste er auf dem Thron bleiben.

Einige Indizien sprechen dafür, dass Wilhelm I. die Abdankung keineswegs so ernsthaft anpeilte, wie er nach außen durchklingen ließ. Als er seinen Sohn am 17. September von Reinhardsbrunn nach Berlin zitierte, sprach er mit ihm zwar über eine Niederlegung der Krone; am 20. September ließ er ihn aber wieder in dessen über 300 Kilometer entfernten Urlaubsort zurückkehren, was nicht unbedingt logisch gewesen wäre, hätte eine Thronentsagung unmittelbar bevorgestanden. Als seine Abdankungsdrohung bei von der Heydt keine Wirkung zeigte und dieser auf seinem eigenen Rücktritt beharrte, war in der Antwort des Königs plötzlich keine Rede mehr von Thronverzicht.[162] Wenn Wilhelm zu Beginn der Babelsberger Audienz wieder von Abdankung sprach, war es auch diesmal wohl nichts anderes als ein Versuch, auf diese Weise seinen Willen durchzusetzen, nun eben gegenüber Bismarck.

Was den weiteren Verlauf der Besprechung betraf, erzählte Bismarck durchaus die Wahrheit, stellte sich aber mit seinen anekdotischen Anmerkungen als allzu dominierend dar. Wenn man diesen Zierrat ausblendet und sich auf die Quintessenz des Gesprächs konzentriert, nämlich auf die im Raum stehende Ernennung Bismarcks zum Ministerpräsidenten, wird deutlich, dass es eigentlich Wilhelm I. war, der seinem Gegenüber etwas aufzwang: Zunächst übte er mit der angekündigten Abdankung Druck aus, denn unter seinem Sohn hätte Bismarck keine Chance auf einen Regierungsposten gehabt. Danach kam die Frage, ob Bismarck bereit sei, gegen die parlamentarische Mehrheit zu regieren. Als er eine zustimmende Antwort bekam, erklärte er, nun doch nicht abzudanken und es mit Bismarck zu versuchen. Diese Quintessenz gibt auch eine kurze Gesprächsnotiz Wilhelms I. wieder, die, anders als Bismarcks Memoiren, nicht drei Jahrzehnte, sondern nur wenige Tage nach der Audienz verfasst wurde. »In einer zweistündigen Promenade auf dem Babelsberg« habe er mit Bismarck »die déspérate Lage« ausführlich besprochen, schilderte der König. Demnach teilte Bismarck

> meine Ansichten und Auffassung über die festen und energischen Schritte, die dem Abgeordnetenhause gegenüber zu ergreifen seien und namentlich auch die Inaussichtnahme eines budgetlosen Zustandes. Ich veranlasste ihn, nachdem ich unsere Übereinstimmung über die Regierungsmaximen konstatiert hatte, mit dem Staatsministerium Rücksprache zu nehmen und, falls er bei diesem gleiche Übereinstimmung fände, ich ihm das Präsidium des Staatsministeriums übertragen wolle, mit Anwartschaft auf das auswärtige Ministerium, das Graf Bernstorff schon mehrere Mal abzugeben verlangt habe.[163]

Und das war er, der Knackpunkt der Audienz: An Wilhelms Zielsetzung hatte sich nichts geändert. Weiterhin war er wild entschlossen, die Heeresreorganisation zu seinen Konditionen durchzusetzen und notfalls auch gegen das Abgeordnetenhaus zu regieren. In dieser Situation konnte der König nur einen Regierungschef brauchen, der dieses Ziel energisch mittrug. Hätte Bismarck dies abgelehnt, wäre er von Wilhelm nicht ins Amt des Ministerpräsidenten berufen worden.

Für Bismarck war die Audienz von Babelsberg letztlich ein Erfolg mit Widerhaken. Er gewann zwar die politische Führungsrolle, nach der er sich so lange gesehnt hatte, wurde aber vom König in das enge Korsett einer Totalkonfrontation mit dem Parlament gezwängt, die seinen Handlungsspielraum drastisch einengte. Es sollte vier lange Jahre dauern, bis er sich vollends daraus befreien konnte.

Verfassungskonflikt

Nach der Audienz von Babelsberg wehte Wilhelm I. ein rauer Wind ins Gesicht. Am 23. September 1862 reagierte das Abgeordnetenhaus auf seine Kompromisslosigkeit in Sachen Armeepolitik, indem es sämtliche Kosten für die Heeresreorganisation aus dem Regierungshaushalt strich. Wütend begab Wilhelm sich nach Baden, wo im Kreis der Familie Augustas 51. Geburtstag gefeiert wurde. Dort erwarteten ihn schwere Vorwürfe seiner Gemahlin, die Bismarck für einen völlig ungeeigneten Ministerpräsidenten hielt. Auch sein Schwiegersohn Friedrich I. von Baden (👑 1856 – 1907) machte aus seiner ablehnenden Haltung kein Hehl. Bei Wilhelm fanden diese Vorhaltungen kein Gehör. Seine Nerven lagen wegen des sich immer weiter zuspitzenden Konflikts mit dem Parlament ohnehin schon blank. Er hatte keine Lust, sich nun auch noch von seiner Familie die Leviten lesen zu lassen, und wies ihre Ratschläge schroff zurück.[164]

Während Wilhelm noch in Baden weilte, sorgte sein neuer Ministerpräsident in Berlin für einen Skandal. Bismarck wollte sich aus dem Korsett, in das ihn der König gezwungen hatte, befreien und den Streit mit dem Parlament beenden. Am 30. September rief er Vertreter des Abgeordnetenhauses auf, den innenpolitischen Konflikt zugunsten einer expansiven Deutschland-Politik zurückzustellen. Er setzte dabei auf den Umstand, dass die Fortschrittspartei preußischem Machtzuwachs keineswegs abgeneigt war.[165] Allerdings wählte er bei seinem Versuch, die Opposition auf gemeinsame außenpolitische Ziele einzuschwören, allzu rabiate Worte. »Nicht auf Preußens Liberalismus sieht Deutschland, sondern auf seine Macht«, schmetterte er den Parlamentariern entgegen. »Nicht durch Reden und Majoritätsbeschlüsse werden die großen Fragen der Zeit entschieden – das ist der große Fehler von 1848 und 1849 gewesen –, sondern durch Eisen und Blut.«[166] Das war denn doch zu starker Tobak. Die liberale Presse warf der Staatsspitze vor, sich mit außenpolitischen Brachialaktionen Popularität verschaffen zu wollen und eine Gewaltherrschaft in Preußen anzupeilen. Viele Bürgerliche hielten Bismarck nach dessen »Eisen und Blut«-Ausspruch mehr denn je für einen aggressiven Reaktionär. Der Entrüstungssturm fiel dermaßen heftig aus, dass Bismarck zu fürchten begann, die Gunst des Königs, kaum dass er sie endlich gewonnen hatte, gleich wieder zu verlieren.[167] Wilhelm I. hielt jedoch an ihm fest. Seinen neuen Regierungschef nach nur wenigen Tagen schon wieder zu entlassen hätte kein gutes Licht auf seine Urteilsfähigkeit geworfen. Am 8. Oktober ernannte er den bislang nur interimistischen Vorsitzenden des Staatsministeriums formell zum Ministerpräsidenten und Außenminister.

In einer Hinsicht biss Bismarck bei Wilhelm I. jedoch auf Granit. Anfänglich glaubte er, man könne dem König Kompromisse in der Dienstzeitfrage einreden. Er war davon dermaßen überzeugt, dass er bei seinen ersten vertraulichen Gesprächen mit liberalen Abgeordneten sogar dessen Einlenken in Aussicht stellte. Das war jedoch etwas vorschnell. Als Roon und Bismarck dem König einen neuen Plan vorlegten, der den Vorschlag beinhaltete, dass Wehrpflichtige sich nach zweijährigem Militärdienst freikaufen durften, reagierte dieser ungehalten und zeigte keine Neigung, diesen Gedanken auch nur in Erwägung zu ziehen.

Jetzt erst begriff Bismarck, auf welch dünnem Eis er ging, wenn er in der Dienstzeitfrage einen Kompromiss propagierte.[168] Eilig änderte er seinen Kurs. Am
21. November 1862 schrieb er Ex-Außenminister Bernstorff: »Der König lehnt
2jährige Dienstzeit principiell ab. Ich enthalte mich der Kritik über diesen Punkt;
2jährige mit Capitulanten würde bei der Infanterie wohl genügen; bestände der
König aber auf 10jähriger, so würde ich über diese Dinge ihm den Gehorsam
nicht aufsagen.«[169]

Freudlos machte sich Bismarck mit der Tatsache vertraut, dass er auf eine Totalkonfrontation mit dem Parlament zusteuerte. Wilhelm trieb ihn auf diesem
Weg noch weiter voran. Am 27. Januar 1863 gab er Bismarck vor einer Beratung
im Abgeordnetenhaus, in der es um einen an den König gerichteten Vorwurf der
Verfassungsverletzung ging, die Parole mit auf den Weg: »Nun Glück zu! Nur
recht klar entwickelt, wie das zweite Haus sein Recht mißbraucht und zum Ruin
des Landes gesteigert habe«. Er solle auf die »Lücke der Verfassung« hinweisen,
mahnte Wilhelm, ebenso auf den Umstand, dass er selbst »nur seine königliche
Pflicht« erfülle, indem er »die Maschine ohne Budget weiter führt«[170].

Damit war der Verfassungskonflikt endgültig Realität. Bismarck regierte unter
Berufung auf Wilhelms Lückentheorie ohne genehmigten Etat und ließ Steuern
ohne parlamentarische Zustimmung einheben. Das Abgeordnetenhaus sprach
der Regierung jedes Recht ab, dermaßen eigenmächtig zu handeln. Das Gros der
preußischen Presse war auf der Seite der Opposition und nahm das Konfliktmi-
nisterium unter Beschuss. Wilhelm seinerseits nahm die Verwaltung streng an
die Kandare und stellte allen ungehorsamen oder liberal orientierten Beamten
die sofortige Entlassung in Aussicht. Zusätzlich befeuert wurde der Konflikt, als
im Januar 1863 im russischen Teil Polens ein Aufstand ausbrach. Während die
Liberalen ihn als nationale Befreiungsbewegung begrüßten, fürchtete Bismarck
ein Übergreifen des Aufstands auf den preußischen Teil Polens. Wilhelms Generaladjutant Gustav von Alvensleben wurde mit dem Angebot einer Kooperation
zu Zar Alexander II. geschickt. Die daraus resultierende Alvensleben'sche Konvention (8. Februar 1863), die eine Absprache zur gemeinsamen Unterdrückung
der polnischen Nationalbewegung enthielt, hatte zur Folge, dass nun auch Bismarcks Außenpolitik ins Kreuzfeuer der liberalen Kritik geriet.

Immer krasser wurde die Isolation der Staatsführung. Das Abgeordnetenhaus richtete am 22. Mai eine Adresse an den König, in der es hieß, es gebe
kein Mittel der Verständigung mehr, weshalb eine neue Regierung, ja ein Sys-
temwechsel erforderlich sei. Wilhelm I. weigerte sich, die Adresse entgegenzunehmen, und ging zum Gegenangriff über.[171] Am 26. Mai warf er dem Abgeordnetenhaus schriftlich vor, »eine verfassungswidrige Alleinherrschaft«[172]

anbahnen zu wollen. Tags darauf erklärte er die Sitzungsperiode des Landtags für beendet. Von dessen formeller Auflösung sah er zunächst allerdings
ab, denn dann hätte er baldige Neuwahlen zulassen müssen. Bismarck war es
sehr recht, das Abgeordnetenhaus auf diese Weise für mehrere Monate lahm-
zulegen, auch deshalb, weil dies die Gelegenheit bot, die Presse für eine Weile
mundtot zu machen. Wie im Artikel 63 der Verfassung festgelegt, konnte die
Regierung außerhalb der parlamentarischen Sitzungsperioden auf ein Notver-
ordnungsrecht zurückgreifen. Ihm schwebte eine Presseverordnung vor, die
ihm die Möglichkeit geben würde, eine Zeitung schon allein wegen ihrer allgemeinen Haltung verbieten zu lassen.

Rein inhaltlich gesehen fand Wilhelm I. diese Maßnahme begrüßenswert. Oppositionelle Zeitungen waren auch ihm ein Dorn im Auge, regierungskritische
Berichte goutierte er ganz und gar nicht. Dennoch hatte er Bedenken. Bei einem
Kronrat am 1. Juni 1863 äußerte er die Befürchtung, sich den Vorwurf der Verfassungsverletzung einzuhandeln, wenn er die faktische Aufhebung der Pressefreiheit anordnete. Dem hielt Bismarck entgegen, man müsse sich gegen jene Zeitungen zur Wehr setzen, die die öffentliche Sicherheit gefährdeten und auf einen
Umsturz hinarbeiteten. Die anderen Minister pflichteten seiner Sichtweise bei
und betonten, dass diese Maßnahme mit Artikel 63 der Verfassung vereinbar sei.
Allerdings sei beim nächsten Zusammentreten des Abgeordnetenhauses mit der
Aufhebung der von Bismarck geplanten Presseverordnung zu rechnen. Mit diesen Wortmeldungen beim Kronrat sah Wilhelm I. seine Bedenken ausgeräumt.
Er unterzeichnete die von Bismarck vorbereitete Presseverordnung. Sie schüch-
terte viele liberale Zeitungsherausgeber ein. Im Sommer 1863 verstummte die
kritische Berichterstattung weitgehend.

Für Wilhelm I. hatte die Presseverordnung allerdings eine fatale Konsequenz.
Es kam zu einem tiefen Zerwürfnis zwischen ihm und seinem Sohn, das sich nie
mehr ganz reparieren ließ.

Kronprinz Friedrich Wilhelm hatte der Entwicklung der vergangenen Monate
bekümmert zugesehen. Er hielt den Konfrontationskurs für ein Unglück, sowohl
für Preußen als auch für das Königshaus. Mit der geplanten Presseverordnung
sah er eine rote Linie erreicht. Er ersuchte seinen Vater per Brief dringend, nichts
Verfassungswidriges zu unternehmen. Wilhelm reagierte mit der Ermahnung,
sich nicht auf die Seite der Opposition zu stellen, und mit der verklausulierten
Bitte, ihm gegenüber loyal zu bleiben. Friedrich Wilhelm ging am 5. Juni 1863 bei
einer Rede in Danzig trotzdem auf Distanz zur Presseverordnung. Dabei mied
er direkte Kritik an der Regierung und beschränkte sich auf die Aussage, er habe
vom Zustandekommen der Verordnung nichts gewusst und bedaure sie. Aber

auch schon diese vorsichtigen Worte schlugen bei seinem Vater wie eine Bombe ein.[173]

Um annähernd zu verstehen, welche Emotionen die Danziger Rede bei Wilhelm I. auslösten, muss man sich vor Augen halten, wie explosiv die innenpolitische Lage Preußens in jenen Tagen war. Die Presseverordnung hatte den Verfassungskonflikt auf die Spitze getrieben. In weiten Teilen der Bevölkerung herrschte Empörung über diese Maßnahme. Die Lage war dermaßen gespannt, dass viele Menschen sogar mit einer neuen Revolution rechneten. Der König stand mit dem Rücken zur Wand, hatte das Gefühl, kaum noch auf Verbündete gegen eine übermächtige Opposition zählen zu können. Und nun bezog auch noch sein eigener Sohn gegen ihn Stellung, obwohl er ihn um Loyalität gebeten hatte. Wilhelm I. fühlte sich verraten. Wutentbrannt drohte er seinem Sohn per Brief an, ihm alle seine Kommandostellungen zu entziehen. Der Kronprinz, der sich weiterhin im Osten Preußens aufhielt, beugte sein Haupt in Demut. Er bot an, seine militärischen Ämter sowie seinen Sitz im Ministerrat niederzulegen. Überdies bat er den König, ihn ins politische Exil gehen zu lassen. Er möge ihm nur den entsprechenden Ort zuweisen.[174] Das fand Wilhelm dann doch etwas zu melodramatisch. In einem weiteren Brief ignorierte er die Entlassungsbitte sowie den Exilvorschlag. Er verbot seinem Sohn, noch einmal öffentlich Kritik an der Regierung zu üben, gab sich aber, wie dem Kronprinzen auffiel, »Mühe recht väterlich liebevoll zu schreiben, wie's selten in seinem Stil vorgekommen.«[175] Friedrich Wilhelm fügte sich. Er verzichtete fortan auf regierungskritische Äußerungen. Während er weiter den Osten Preußens bereiste, berichtete er dem Vater über den Zustand der Truppen in der Region und über familiäre Dinge, als ob es die Danziger Rede nie gegeben hätte, und unterzeichnete mit »Dein treuester gehorsamster Sohn Fritz«[176], doch das Porzellan war zerschlagen. Wilhelm I. konnte die Danziger Rede nicht vergessen. Der Verdacht, dass der Kronprinz im Herzen illoyal und ein Mann der Opposition sei, fraß sich wie ätzende Säure in sein Denken ein.[177] Er sollte seinem Sohn in politischen Fragen nie wieder vorbehaltlos vertrauen.

Wenig später wurde ein neues Kapitel im Dauergegensatz Preußen–Österreich aufgeschlagen. Wilhelm weilte zur Kur im österreichischen Bad Gastein, da bekam er am 3. August unvermittelt Besuch von Kaiser Franz Joseph I., der ihn einlud, am 16. August in Frankfurt mit allen deutschen Fürsten über einen neuen österreichischen Bundesreformplan zu beraten, dessen Inhalt er aber nicht genauer erläuterte. Wilhelm kam das zu abrupt. Seiner Ansicht nach musste der Plan zuerst auf Ministerebene geprüft werden. Er lehnte eine Teilnahme ab. Franz Joseph I. ließ den Kongress dennoch wie geplant beginnen und unternahm einen zweiten Anlauf, den Hohenzoller nach Frankfurt zu locken. Auf sein Betreiben suchte der König von Sachsen den mittlerweile in Baden weilenden Wilhelm auf und bat diesen im Namen aller Fürsten um Teilnahme am Kongress. Das ließ Wilhelm nun denn doch nicht kalt. Dass zwei Dutzend Fürsten ihn um die Teilnahme am Kongress ersuchten und dann auch noch ein König persönlich diese Bitte überbrachte, schmeichelte ihm. Diesmal wollte er die Einladung annehmen. Davon riet allerdings Bismarck, der ihn nach Baden begleitet hatte, dringend ab. Er misstraute der Wiener Initiative. Es folgte eine stundenlange erregte Debatte, doch um Mitternacht gab Wilhelm entnervt nach und wies auch diese Einladung zurück. Bismarcks Argwohn erwies sich als richtig, denn der Wiener Reformplan, dessen Inhalt der Kaiser erst beim Fürstenkongress enthüllte, sah abermals eine österreichische Führungsrolle im Bund vor. Wilhelms Nichterscheinen in Frankfurt gab den deutschen Mittelstaaten die Gelegenheit, die Wiener Initiative mit dem Hinweis abzublocken, man könne eine Bundesreform nicht ohne Zustimmung Preußens in Szene setzen. Der Kongress endete für Franz Joseph I. mit einem Fehlschlag.

Indem Bismarck seinen König von der Teilnahme am Frankfurter Fürstenkongress abhielt, schlug er eine erste Bresche in Wilhelms monarchische Selbstregierung.[178] Das persönliche Regiment des Königs gehörte damit jedoch noch nicht der Vergangenheit an. Allein zwischen April und Oktober 1863 berief Wilhelm I. nicht weniger als acht Kronräte ein, bei denen er seiner Regierung mehrfach die Richtung bei gerade anstehenden politischen Fragen vorgab. Mit einer seiner Entscheidungen tat sich sein Ministerpräsident besonders schwer. Im Juni war Bismarck im Staatsministerium dafür eingetreten, das Abgeordnetenhaus erst im Januar 1864 wieder zusammentreten zu lassen. Bei einem Kronrat am 16. Juni wies Wilhelm dieses Begehr jedoch mit dem Hinweis zurück, dass das Budget jedes Jahr gesetzlich festgestellt werden müsse und das Abgeordnetenhaus daher bereits Anfang November einzuberufen sei. Überdies entschied er in der Hoffnung, eine ihm genehmere Zweite Kammer zu bekommen, vorher noch Neuwahlen abzuhalten, und löste zu diesem Zweck den Landtag am 2. September auf.[179] Es war eine Maßnahme, »zu der ich kein Herz hatte«, schrieb Bismarck seiner Gemahlin Johanna zwei Tage später missmutig. »Aber es ging nicht anders; Gott weiß, wozu es gut ist.«[180]

Im Wahlkampf griff die Staatsspitze auf einen Stil zurück, den Wilhelm 1855 noch scharf getadelt hatte. Beamte und Mieter öffentlichen Eigentums wurden bedrängt, konservativ zu wählen. Großgrundbesitzer hielten ihre Pächter und Knechte vor der Stimmabgabe zu Regierungstreue an. Doch all dies brachte nicht viel ein. Bei der Wahl vom 28. Oktober 1863 steigerten die Konservativen ihren

Mandatsstand zwar auf 35 Sitze, doch waren sie damit immer noch eine unbedeutende Minorität im Abgeordnetenhaus. Die Fortschrittspartei blieb mit 141 Mandaten die klar stärkste Fraktion. Zusammen mit den Altliberalen besetzte sie 70 % der insgesamt 352 Sitze und beherrschte damit die Zweite Kammer weiterhin unangefochten.

Das für die Regierung abermals ernüchternde Wahlergebnis wurde sofort spürbar. Als die neue Sitzungsperiode des Landtags eröffnet wurde, machten die Liberalen unverzüglich wieder gegen die Regierung mobil. Sie hoben die Presseverordnung auf, lehnten den Militärgesetzentwurf neuerlich ab, nahmen eine Kürzung des Budgets vor und warfen der Regierung abermals verfassungswidriges Handeln vor. Die Pattstellung im preußischen Verfassungskonflikt war prolongiert. Das stellte vor allem für Bismarck ein Problem dar. Nach wie vor war er ein Ministerpräsident auf Abruf, der um sein politisches Überleben kämpfte. Seine Stellung beruhte ausschließlich auf dem Vertrauen, das Wilhelm I. ihm entgegenbrachte. Dieses Vertrauen war allerdings auf instabilen Grund gebaut, denn unentbehrlich hatte sich Bismarck dem König noch nicht gemacht. Fand er keinen Ausweg aus der völlig verfahrenen innenpolitischen Lage, konnte seine Position leicht ins Wanken geraten. Der naheliegendste Ausweg eines Kompromisses mit dem Abgeordnetenhaus, der zu Abstrichen bei der Heeresreorganisation geführt hätte, wurde ihm allerdings vom König weiterhin versperrt. Bismarck befand sich in einem Teufelskreis.

Doch dann tauchte für ihn plötzlich ein Licht am Ende des Tunnels auf: Der deutsch-dänische Gegensatz hinsichtlich der Herzogtümer Schleswig, Holstein und Lauenburg eskalierte. Es war ein Konflikt, der das Potenzial hatte, in Preußen hitzige patriotische Leidenschaften zu entfachen und vom innenpolitischen Dauerstreit abzulenken.[181] Außerdem erhielt Bismarck dadurch die Möglichkeit, die Regierungsgeschäfte stärker in die Hand zu bekommen und das persönliche Regiment des Königs an einer entscheidenden Stelle – bei dessen Deutschlandpolitik – zu durchbrechen. Bislang war das im Novemberprogramm 1858 proklamierte Prinzip der »moralischen Eroberungen« für Wilhelm I. unverrückbar gewesen.[182] Nun aber drängte Bismarck ihn genau auf jenen Kurs, den der König nie hatte einschlagen wollen: nämlich territoriale Eroberungen zu machen.

Der Kriegsherr (1864 – 1871)

Der Phantomfeldherr von Düppel

D ie schleswig-holsteinische Frage zählte um die Mitte des 19. Jahrhunderts zu den brisantesten Konflikten Europas. Seit geraumer Zeit herrschten in den Elbherzogtümern widersprüchliche Machtverhältnisse, die auf die deutsche und die dänische Nationalbewegung eine explosive Wirkung ausübten: Nach dem Schleswig-Holsteinischen Krieg (1848 – 1851) waren die Großmächte im Londoner Protokoll übereingekommen, dass die Herzogtümer der dänischen Krone in Personalunion verbunden sein, nicht aber zum dänischen Gesamtstaat gehören sollten. Im Falle Holsteins und des kleinen Herzogtums Lauenburg stellte sich die Situation besonders heikel dar; sie unterstanden nicht nur der dänischen Krone, sondern gehörten auch dem Deutschen Bund an.

Für die dänische Führung war dieser Zustand schier unerträglich. Im März 1863 stellte sie die Gültigkeit des Londoner Protokolls offen in Abrede. Das sorgte in Deutschland für Empörung. Am 1. Oktober beschloss der Deutsche Bundestag die Bundesexekution gegen Holstein und Lauenburg. Nun begannen sich die Ereignisse zu überschlagen. Am 13. November erließ der dänische Reichstag eine neue Verfassung, die Schleswig zur dänischen Provinz erklärte und das Londoner Protokoll somit einseitig außer Kraft setzte. Nur zwei Tage später starb der dänische König Friedrich VII. (👑 1848 – 1863). Damit verkomplizierte sich die Konfliktsituation noch einmal erheblich. Friedrich von Schleswig-Holstein-SonderburgAugustenburg, ehrgeiziger Spross einer Nebenlinie des dänischen Herrscherhauses, akzeptierte die Autorität des neuen Königs Christian IX. (👑 1863 – 1906) über die Elbherzogtümer nicht und ließ sich als Herzog von Schleswig-Holstein ausrufen. In Deutschland gewann er damit viel Zuspruch. Die deutsche Nationalbewegung begrüßte eine Abtrennung der mehrheitlich deutschsprachigen Länder von Dänemark enthusiastisch. Mehrere deutsche Fürsten befürworteten eine bewaffnete Intervention zugunsten des Augustenburgers. Auch in Berlin fand der selbst ernannte Herzog Friedrich VIII. von Schleswig-Holstein prominente Unterstützer, unter ihnen Königin Augusta und Kronprinz Friedrich Wilhelm.

Anders Bismarck. Für ihn war ein militärisches Eingreifen zwar denkbar, nicht aber, um damit das Entstehen eines neuen deutschen Mittelstaats Schleswig-Holstein zu bewirken, sondern um die Elbherzogtümer Preußen einzuverleiben. Dieses hochfliegende Ziel musste er gegenüber den anderen Großmächten zunächst jedoch verschleiern, da diese eine derart massive Expansion Preußens nicht einfach hinnehmen würden. Und auch Wilhelm I. stand diesem Vorhaben anfänglich skeptisch gegenüber, da er auf die Herzogtümer keine legitimen Ansprüche geltend machen konnte.

Bismarck tat nun einige geschickte Schachzüge. Er, der weithin als aggressiver und grundsatzloser Politiker galt, gab plötzlich den korrekten Prinzipienwächter und verlangte von Kopenhagen die Einhaltung des Londoner Protokolls. Damit stellte er die anderen Großmächte ruhig, da diese gegen das Beharren auf Vereinbarungen, die sie 1852 selbst geschlossen hatten, schwerlich protestieren konnten. Zudem gewann er Österreich für eine gemeinsame Krisenintervention. Die Wiener Regierung wollte schon aus Gründen der Popularität in Deutschland die Konkurrenzmacht Preußen nicht alleine gegen Dänemark vorgehen lassen.[1] Um preußischen Annexionsgelüsten vorzubeugen, versuchte sie außerdem Berlin eine Zusicherung abzuringen, den Erbanspruch des dänischen Königs auf die Herzogtümer anzuerkennen. Der österreichische Gesandte Károlyi führte im Januar 1864 dazu mehrere Gespräche mit Bismarck. Dieser wich jedoch aus, indem er sich auf Wilhelm I. herausredete: Er selbst sei ja bereit, den Erbanspruch Christians IX. zu akzeptieren, aber sein König nicht. Außerdem würden die Unterstützer des Augustenburgers am Hof versuchen, seinen Souverän zu vereinnahmen; Österreich solle daher keine übertriebenen Dinge verlangen, um Wilhelm I. nicht in deren Lager zu treiben. Károlyi ging Bismarck prompt auf den Leim.[2] Selbst am 30. Januar, als sich ein Krieg bereits überdeutlich abzeichnete, glaubte er noch dessen Schilderungen von der »schwankenden, so äußerst schwierigen Stimmung des Königs«[3], die angeblich größte Vorsicht hinsichtlich der österreichischen Forderungen verlangte.

Zu diesem Zeitpunkt aber stimmte das längst nicht mehr. Wilhelm hatte zu Friedrich VIII. von Schleswig-Holstein zwar eine Weile eine indifferente Haltung eingenommen, sich dann aber von dem Gedanken entfernt, dessen Ansprüche zu unterstützen. Als Kronprinz Friedrich Wilhelm bei einem Kronrat am 3. Januar 1864 dies empfahl, fand er damit bei seinem Vater schon kein Gehör mehr. Wilhelm stimmte stattdessen Bismarck und den übrigen Ministern zu, die ihm das Gegenteil nahelegten.[4] Kein entschiedener Einwand kam dann auch von ihm, als Bismarck sich bei einem Kronrat am 3. Februar für eine Einverleibung der Elbherzogtümer aussprach. Stattdessen hielt Wilhelm einige Tage später schriftlich fest, dass eine Vereinigung Schleswigs und Holsteins mit Preußen »nicht als das alleinige Ziel« zu betrachten sei, aber »wohl als eine der sich herausstellenden Eventualitäten in der Zukunft zu bezeichnen wäre«. Kurz: Wilhelm war zwar unsicher, welches Ziel er gegenüber den Elbherzogtümern verfolgen sollte, doch begann er deren Annexion durch Preußen als reale Möglichkeit zu betrachten.

Weit weniger Kopfzerbrechen bereitete Wilhelm die Frage, ob gegen Dänemark überhaupt Krieg geführt werden sollte. Bereits am 26. November 1863 betonte er bei einem Kronrat, es sei die »Hauptsache«, dass Preußen auf militärischer Ebene »ein Lebenszeichen gibt«[5]. Seit fast einem halben Jahrhundert hatte die Hohenzollernmonarchie keine große Waffentat mehr verrichtet, seit der Neutralität im Krimkrieg und der relativen Inaktivität im Italienkrieg galt sie weithin als passiv und schwächlich. Daher reizte es Wilhelm, den verwelkten preußischen Waffenruhm zu erneuern. Dass gegen das kleine Dänemark mit einem Sieg gerechnet werden konnte, erhöhte diesen Reiz noch. Als Bismarck und das Staatsministerium ihm bei einem Kronrat Anfang Januar 1864 den Einmarsch in Schleswig empfahlen, um Kopenhagen zur Einhaltung seiner Verpflichtungen zu zwingen, gab Wilhelm grünes Licht. Am 16. Januar forderten Berlin und Wien Kopenhagen ultimativ auf, die neue Verfassung zurückzunehmen. Das aber konnte sich König Christian IX., der unter massivem Druck dänischer Nationalisten stand, nicht leisten. Kopenhagen lehnte ab.[6] Damit stand der Krieg vor der Tür.

Wilhelm war in den letzten Tagen vor dem Kriegsausbruch vorrangig damit beschäftigt, die nach Schleswig vorrückenden Truppen zu inspizieren und markige Ansprachen an seine Soldaten zu richten. Um die Beziehungen zu seinem neuen Verbündeten Franz Joseph I. zu pflegen, reiste er außerdem nach Hamburg, wo er einigen österreichischen Armeeverbänden, die ebenfalls nach Norden zogen, seine Wertschätzung ausdrückte.[7] Der Kaiser revanchierte sich, indem er wenig später hochrangige Abgesandte nach Berlin schickte, um Wilhelm I. zum 50-jährigen Jubiläum seiner Feuertaufe von Bar-sur-Aube zu gratulieren. Dem König ging diese Geste nahe. Bei einem Festbankett in seinem Palais bat er den österreichischen Gesandten Károlyi »in wirklich gerührten Worten«, dem Kaiser »für die so überaus liebenswürdige Aufmerksamkeit«[8] zu danken. Selten war seine Sympathie für Franz Joseph I. größer als in diesem Moment.

Einen Wermutstropfen hatte die Allianz mit Österreich für Wilhelm jedoch. Für ihn war es eigentlich selbstverständlich, im Kriegsfall an die Front zu ziehen und dort persönlich das Oberkommando über seine Truppen auszuüben. Franz Joseph blieb nach den traumatischen Erfahrungen des Italienkrieges aber in Wien, und so sah sich Wilhelm aus diplomatischen und atmosphärischen Gründen dazu gezwungen, ebenfalls zu Hause zu verharren. Doch je mehr Zeit verging, desto schwerer fiel ihm die Untätigkeit. Denn der Feldzug gegen Dänemark lief zusehends aus dem Ruder.

Am 1. Februar überschritt die preußisch-österreichische Streitmacht die Grenze zu Schleswig und rückte zum Danewerk vor, hinter dem sich die dänischen Truppen verschanzten. Angeführt wurde die Interventionsarmee vom

79-jährigen preußischen Generalfeldmarschall Friedrich von Wrangel, der für Wien aufgrund seines hohen Rangs als Oberkommandierender akzeptabel war. Ein schneller Erfolg winkte. Da der weit ins Land ragende Ostsee-Meeresarm der Schlei zugefroren war, bot sich den Verbündeten die Gelegenheit, das Danewerk zu umgehen und die Bastion über die Flanken aufzurollen. Wrangel ließ die Zangenbewegung jedoch nicht konsequent genug ausführen. Mehrere Tage vergingen ohne echten Durchbruch, preußische Truppen mussten bei einem Vorstoß auf Missunde sogar eine Schlappe einstecken. Und dann, in der Nacht zum 6. Februar, räumten die Dänen das Danewerk plötzlich und setzten sich nach Norden ab. Damit lag ein Sieg für die Verbündeten schlagartig in weiter Ferne. Das Gros der dänischen Armee bunkerte sich in zwei starken Stellungen an der Ostküste Schleswigs ein: in den Düppeler Schanzen, einem drei Kilometer langen Verteidigungsbollwerk, sowie auf der nahen Insel Alsen, die sich wegen der dänischen Überlegenheit zur See kaum erreichen ließ.

Langsam rückten die Verbündeten in Schleswig vor und blieben in Flensburg ratlos stehen. Mitte Februar kamen die Operationen der Verbündeten weitgehend zum Erliegen. Für Wilhelm I. wurde der vermeintliche militärische Spaziergang gegen Dänemark immer mehr zu einem Albtraum.[9] Überdies gab es im Hauptquartier ein skurriles Problem: Wie Kraft zu Hohenlohe-Ingelfingen vertraulich berichtete, legte Friedrich von Wrangel einen derart erratischen Führungsstil an den Tag, dass sein Generalstabschef Eduard Vogel von Falckenstein den jeweiligen Organisationsplan zuerst mit dem Kronprinzen abstimmte, obwohl dieser im Hauptquartier keine offizielle Funktion innehatte. Wenn Falckenstein dann Vortrag bei Wrangel hielt, tat Friedrich Wilhelm möglichst dezent seine Meinung zu den Plänen kund, die der greise Generalfeldmarschall nicht ignorieren konnte, und gab damit zumeist den Ausschlag: »Auf diese Weise commandirt im Wesentlichen der Kronprinz die Armee, jedoch ohne daß der Feldmarschall im Geringsten verletzt wird, ja ohne daß er es ahnt«, beschrieb Hohenlohe-Ingelfingen die eigenwillige Situation und bat den König inständig, den Kronprinzen keineswegs aus dem Hauptquartier abzuziehen. Ohne ihn wäre »ein Bruch zwischen dem Feldmarschall und seinem Chef des Stabes nicht zu vermeiden.«[10]

Beim Lesen dieses Berichts konnte sich Wilhelm I. schwerlich der Erkenntnis entziehen, dass er mit Wrangel eine Fehlentscheidung getroffen hatte. Er beließ seinen Sohn jedenfalls im Hauptquartier. Etwas später, als sich die Verbündeten nach längeren Beratungen darauf einigten, ihre Kräfte zu teilen, schränkte er Wrangels Befugnisse ein. Während die Österreicher nach Norden in Richtung Jütland marschierten und die Festung Fredericia einschlossen, rückten die Preußen zu den Düppeler Schanzen vor. Das Kommando für dieses Unternehmen übertrug Wilhelm I. seinem 35-jährigen Neffen Friedrich Karl, womit er Wrangel de facto kaltstellte.

Friedrich Karl, den man wegen seiner Vorliebe für rote Husarenuniformen den Roten Prinzen nannte, galt weithin als fähiger Truppenführer. Er hatte sich schon in jungen Jahren, während des preußischen Feldzugs gegen Dänemark 1848 und der Niederwerfung der Badischen Revolution 1849, als mutiger und urteilsstarker Offizier erwiesen. Von ihm erwartete Wilhelm nun einen durchschlagenden Erfolg. Und schnell sollte es gehen, denn der König saß mittlerweile wie auf glühenden Kohlen. Er wollte schon aus Prestigegründen einen klaren preußischen Waffenerfolg sehen. Zudem nahte eine Dänemark-Konferenz der Großmächte in London heran, weshalb ein rascher Sieg geboten schien, um sich für die Verhandlungen in eine bessere Position zu bringen. Doch Friedrich Karl machte zunächst keine Anstalten, die Düppeler Schanzen anzugreifen, sondern peilte eine Überraschungsattacke gegen die dänische Hauptmacht auf Alsen an. Wilhelm wollte ihm das nicht direkt verbieten, weil er vom fernen Berlin aus die Lage nur bedingt beurteilen konnte, ließ aber durchblicken, dass er die Überquerung des Alsensunds für zu riskant hielt. Sein Stirnrunzeln verunsicherte den Roten Prinzen. Als der für den 2. April geplante Angriff auf Alsen durch einen Sturm vereitelt wurde, disponierte er jäh um und warf all seine Kräfte gegen die Düppeler Schanzen. Aber auch das war ein heikles Unterfangen. Die Schanzen hatten ein weitläufiges Vorfeld, das den preußischen Soldaten keine Deckungsmöglichkeit bot. Um einen Angriff wagen zu können, mussten sie dem Bollwerk erst einmal halbwegs nahekommen. Daher legten sie in fast einem Kilometer Distanz ein Grabensystem an und begannen, dieses mühselig zu den Schanzen hin auszudehnen.

Wilhelm I. verlor unterdessen die Geduld. Über zwei Monate dauerte der Feldzug nun schon, jetzt wollte er endlich eine glorreiche Tat sehen. Er habe die schlappe Kriegführung satt, bei der man um die Festungen herumstreiche wie die Katze um den heißen Brei, zürnte er bei einer Lagebesprechung am 5. April. Aufgebracht beorderte er zusätzliche Geschütze an den Kriegsschauplatz[11] und forderte den Roten Prinzen scharf auf, nun »mit aller Energie und ohne Zeitverlust« anzugreifen. »Auf große Verluste bin ich gefaßt. Indessen es gilt jetzt die Ehre meiner Waffen und die Sache, für die wir fechten, mit eklatantem Siege zu endigen. Also: Mit Gott vorwärts!«[12]

Friedrich Karl hielt einen Großangriff nach wie vor für verfrüht. Sein Grabensystem war noch immer 500 Meter von den Schanzen entfernt. Die Soldaten würden minutenlang regelrechte Zielscheiben abgeben, ehe sie das Bollwerk erreichten. Widerspruch gegen die Order des Königs wagte er trotzdem nicht. Gehorsam teilte er ihm mit, am 14. April mit 32 Kompanien loszuschlagen. Lediglich ergänzend fügte er hinzu, unter welchen Rahmenbedingungen der Angriff stattfinden würde.[13]

Wilhelm I. erschrak, als ihm klar wurde, wie weit das Grabensystem noch von den Schanzen entfernt war. Unter diesen Umständen hatte sein Angriffsbefehl etwas Halsbrecherisches an sich. Gleichzeitig wurde ihm bewusst, dass er auf Friedrich Karl zu viel Druck ausgeübt hatte. Eilig griff er zur Feder und schrieb seinem Neffen begütigend, er habe am 7. April ja nur gemeint, dass »die durch das Alsener Projekt verlorene Zeit so energisch wie möglich eingebracht werden müsse, und ich überzeuge mich, daß dies jetzt vollkommen geschieht.« Im Stil eines väterlichen Ratgebers schlug er ihm vor, sich noch einige Tage Zeit zu nehmen, um das Grabensystem näher an die Schanzen heranzuführen, außerdem auch noch die Sturmkolonnen zu verstärken und so die Siegchancen zu erhöhen. Friedrich Karl fiel ein Stein vom Herzen, als er den Brief seines Onkels bekam: »Niemand war froher als ich, daß auf die Art meine politischen Bedenken in nichts zerfielen, und daß allein die militärischen Rüksichten entscheidend sein sollten.«[14] Er verschob den Angriffstermin um vier Tage, dehnte sein Grabensystem über 200 Meter weiter nach vorne aus, stellte noch mehr Kompanien für den Sturmangriff auf und zermürbte die dänischen Verteidiger mit Tausenden von Granaten noch mehr. Am Vormittag des 18. April 1864 schließlich stürmten die preußischen Streitkräfte die Düppeler Schanzen und eroberten sie nach mehrstündigen Kämpfen.

Wilhelm I. war über den Sieg außer sich vor Begeisterung. Die Leerläufe der vergangenen Monate spielten schlagartig keine Rolle mehr. Er ließ in Berlin Viktoria schießen,[15] rühmte die preußische Armee in den höchsten Tönen und warf die Solidarität mit dem in Wien verbliebenen österreichischen Kaiser kurzerhand über Bord. Er reiste nach Schleswig an die Front, so abrupt, dass beim Bündnispartner kurzzeitig Verwirrung ausbrach. Der Gesandte Károlyi fühlte sich am 22. April zu einem Telegramm nach Wien genötigt, in dem er beschwichtigend schrieb, dass Wilhelms Reise »selbstverständlich kein anderes Motiv zu Grunde« liege als das »Herzensbedürfniß«, seine Truppen nach dem Sieg persönlich zu beglückwünschen. »Seine Gefühle waren diesfalls so überaus lebhafter Natur, daß keine politische Rücksicht S. Majestät von dieser Reise abzuhalten vermochten.«[16]

Kurz nach der Erstürmung der Düppeler Schanzen begann die Londoner Konferenz und damit auch ein Waffenstillstand. Die Verhandlungen an der Themse gerieten allerdings bald in eine Sackgasse, da die unterschiedlichen Vorstellungen der Mächte eine einvernehmliche Konfliktlösung behinderten. Zudem ging die dänische Führung von der irrigen Annahme aus, bei einem Scheitern der

Konferenz auf britische Militärhilfe zählen zu können, und vertrat eine harte Linie, obwohl das kleine Königreich militärisch mit dem Rücken zur Wand stand.[17] Während die Londoner Verhandlungen zunehmend zäher verliefen, nahm Wilhelm bei seinen Truppen einige Personalwechsel vor. Am 18. Mai berief er Wrangel mit freundlichen Worten und der Zuerkennung eines Grafentitels vom Kriegsschauplatz ab. An seine Stelle rückte Friedrich Karl. Dem Roten Prinzen zur Seite gestellt wurde Helmuth von Moltke. Die Präsenz des Generalstabschefs sorgte rasch für dynamische Akzente. Ende Mai bekam der König von Friedrich Karl eine Denkschrift Moltkes überreicht, in der dieser empfahl, nunmehr die im April abgeblasene Alsen-Offensive durchzuführen. Vielen Militärs erschien dieses Unternehmen wegen der dänischen Überlegenheit zur See immer noch allzu riskant. Wilhelm überzeugten die Ausführungen Moltkes jedoch. Er stimmte zu. Und Moltke lieferte. Als die Londoner Konferenz am 25. Juni endgültig scheiterte und der Waffenstillstand endete, gingen die preußischen Truppen sofort in die Offensive. Am frühen Morgen des 29. Juni setzten sie in einem kühnen, aber präzise geplanten Manöver über den Alsensund, schlugen die überraschten Dänen und eroberten handstreichartig die gesamte Insel. Dieser spektakuläre Coup untergrub die Widerstandsmoral Kopenhagens. Selbst die kämpferischsten dänischen Politiker begannen zu resignieren. Als die Verbündeten dann nach den Plänen Moltkes auch noch bis zur Nordspitze Jütlands vorstießen, willigte Kopenhagen am 1. August in einen Vorfriedensvertrag ein. Dänemark trat Schleswig, Holstein und Lauenburg an Österreich und Preußen ab. Die beiden deutschen Großmächte verwalteten die Elbherzogtümer bis auf Weiteres gemeinsam, ohne den Deutschen Bund dabei einzubeziehen.[18]

Wilhelm I. begab sich nach dem Krieg hochzufrieden in den Alpenkurort Gastein. Besonders angetan war er von den Leistungen des vermeintlichen Schreibtischoffiziers Moltke: »Alsen und ganz Jütland sind, während Sie die Operationen leiteten, in unsere Hände gefallen«, schrieb er ihm am 14. August aus Gastein anerkennend.

Als ich Sie zur Armee entsendete, konnte ich nicht mit Bestimmtheit voraussehen, daß Ihre Stellung bei derselben eine dauernde werden würde, und daß Sie damit Gelegenheit finden würden, Ihre Talente zur Kriegführung auf eine so eklatante Art zu dokumentieren. Von dem Moment an, wo Ihnen Ihre jetzige Stellung dauernd zufiel, haben Sie meinem Vertrauen und meinen Erwartungen in einer Art entsprochen, die meinen vollen Dank und meine volle Anerkennung erheischt, welches beides ich Ihnen hierdurch mit Freuden ausspreche.

Moltke zog aus diesem Lob seine eigenen Schlüsse. Mittlerweile 63 Jahre alt, peilte er den Ruhestand an: »Ich kann keinen besseren Abschluß finden als jetzt, nach einem glücklichen Krieg und mit der vollen Zufriedenheit meines Königs.«[19] Wilhelm I. aber wollte auf einen derart fähigen Mann nicht verzichten. Er lehnte den Pensionierungsantrag ab. Für Moltke war der Ruhestand kein unverhandelbares Anliegen. Er fügte sich und blieb im Dienst. Es sollten noch 25 Jahre vergehen, ehe er tatsächlich den Abschied nahm.[20]

Der Feldzug gegen Dänemark zeitigte aus Wilhelms Sicht noch ein weiteres erfreuliches Ergebnis, nämlich einen tiefgreifenden Stimmungswandel in Preußen. Im Lauf des Krieges war die Armee zu ungeahnter Popularität gelangt. Gleich der erste große Erfolg bei den Düppeler Schanzen sorgte in Berlin für einen kollektiven Freudentaumel. Am Abend des 18. April 1864 feierte eine riesige Menschenmenge Unter den Linden den Sieg. Wilhelm I. wollte zuerst gar nicht glauben, dass die Armee plötzlich so beliebt sein sollte. Die Erfahrung aus der Revolution 1848, als das Heer bei Teilen der Berliner Bevölkerung noch verhasst gewesen war, hatte sich ihm zu tief eingebrannt, als dass er sie sofort als überholt hätte betrachten können. Die Freudenfeiern seien zwar schön gewesen, gab er einige Tage später vertraulich zu Protokoll, aber wenn Hermann Schulze-Delitzsch – ein Gründer der Deutschen Fortschrittspartei – im Verlauf dieser Feiern eine Rede *gegen* die Armee gehalten hätte, wäre er ebenso bejubelt worden. Dass diese Skepsis jedoch nicht mehr zutreffend war, zeigte sich eindrücklich am 29. April, als die ersten Düppel-Kämpfer in Berlin eintrafen. Bei ihrem Marsch durch die Hauptstadt wurden sie von unzähligen Schaulustigen bejubelt, mit Blumen beworfen und mit Kränzen behängt, die patriotische Begeisterung kannte kaum Grenzen. Angesichts dieser Szenen begann Wilhelm die Dinge mit anderen Augen zu sehen. Offenbar steckte in seinen Untertanen doch mehr »Soldatengeist«, als er geglaubt hatte. Diese Stimmung wollte er festigen. Als das Gros der preußischen Dänemark-Streitmacht im Dezember heimkehrte, ließ er ihr Erscheinen in Berlin als Volksfest inszenieren und überschüttete seine siegreichen Soldaten mit Auszeichnungen.[21]

Außerdem wollte Wilhelm I. den Waffenerfolg seiner Armee auch noch mit einer baulichen Maßnahme unterstreichen, nämlich mit der Errichtung einer über 30 Meter hohen Siegessäule mitten in Berlin. Im Zuge einer Sitzung des Staatsministeriums am 3. April 1865 wurde als Standort des Denkmals der Königsplatz nahe dem Brandenburger Tor empfohlen.[22] Am 18. April, dem ersten Jahrestag des Sturms auf die Düppeler Schanzen, wurde hier der Grundstein zur Siegessäule gelegt.

Manchen erschien es reichlich übertrieben, dem Sieg über einen weit unterlegenen Gegner ein derart monumentales Denkmal zu widmen, so etwa Kronprinz

Friedrich Wilhelm, der der Grundsteinlegung lustlos und verärgert beiwohnte: »Feier ließ mich kalt, man ist übersättigt von diesem ewigen Lärmen über den Kriegsruhm der Erfolge über eine kleine Armee, wie die dänische es war.«[23]

Innerhalb der Armeeführung wurde indessen nicht nur gejubelt, sondern auch Fehlerauswertung betrieben. Der Feldzug gegen Dänemark hatte bei der preußischen Streitmacht noch einige Defizite in Sachen Organisation, Kampftaktik und Ausrüstung aufgedeckt. Waffentechnische Schwächen wurden insbesondere im Bereich der Artillerie geortet; die Anschaffung gezogener Geschütze, die beim Sturm auf die Düppeler Schanzen ihre Überlegenheit gegenüber den herkömmlichen glatten Geschützen gezeigt hatten, wurde von Wilhelm I. selbst vorangetrieben – eine Aufrüstungsmaßnahme, die vor allem im Krieg gegen Frankreich eine entscheidende Rolle spielen sollte.[24]

Krieg gegen Österreich?

Für Otto von Bismarck bedeutete der Ausgang des Dänemark-Krieges eine wichtige Festigung seiner Position. Dass er es zuwege gebracht hatte, den Deutschen Bund von der Schleswig-Holstein-Frage zu isolieren, die Herzogtümer Dänemark zu entreißen, sie preußisch-österreichischer Verwaltung zu unterstellen, und das alles, ohne in Konflikt mit den anderen Großmächten zu geraten, beeindruckte Wilhelm sehr und vertiefte sein Vertrauen in Bismarck.

Der Ministerpräsident wollte nach dem Sieg über Dänemark den Konflikt mit dem Abgeordnetenhaus beilegen. Anfang 1865 signalisierte er Gesprächsbereitschaft bei der Wehrpolitik. Eine Gruppe liberaler Parlamentarier um Ex-Kriegsminister Bonin entwickelte daraufhin einen Kompromissvorschlag, der vom König lediglich verlangte, die Friedenspräsenzstärke in Relation zur Bevölkerungszahl zu kontingentieren. Wilhelm I. schlug jedoch auch diese Chance in den Wind. Er witterte abermals eine Beschneidung der monarchischen Macht und wies den Vorschlag zurück. Damit verhärteten sich die Fronten zwischen Abgeordnetenhaus und Krone erneut, und Bismarck musste zu seinem Leidwesen weiter gegen das Parlament regieren.[25]

Auf außenpolitischer Ebene zielte Bismarck nun vorrangig darauf ab, die Inbesitznahme der Elbherzogtümer zu realisieren und Preußen eine Vormachtstellung in Norddeutschland zu verschaffen. Zunächst schien es nicht gänzlich ausgeschlossen, Ersteres im Verhandlungsweg mit Wien zu erreichen. Denn Österreichs Außenminister Rechberg konnte es sich vorstellen, die von der Donaumonarchie weit entfernten Elbherzogtümer Preußen zu überlassen. Allerdings forderte er dafür einen hohen Preis. Von preußischer Waffenhilfe für einen weiteren Italienkrieg über die Aufnahme weiterer österreichischer Territorien in den Deutschen Bund bis hin zu einer Union Österreichs mit dem Zollverein reichte seine Wunschpalette. Bismarck hielt insbesondere Letzteres für ein Unding, vermied aber eine klare Ablehnung, da der pragmatische Rechberg in Wien unter wachsendem Druck großdeutscher Kräfte stand, die für eine offensive Deutschlandpolitik eintraten und einen Konflikt mit Berlin nicht scheuten. Bismarck wollte daher Rechbergs wankende Stellung zumindest mit der unbestimmten Botschaft stärken, dass man sich schon irgendwie einigen werde. Wilhelm I. missfielen die Wiener Gegenforderungen jedoch. Waffenhilfe in Norditalien goutierte er nach wie vor nicht, und hinsichtlich der österreichischen Zollvereinswünsche riefen ihm seine Wirtschaftsexperten um Rudolf Delbrück vehement in Erinnerung, dass eine Zollunion mit dem protektionistischen Österreich den Handelsinteressen Preußens eklatant widersprechen würde. Delbrück ging so weit, für den Fall eines Kurswechsels seinen Rücktritt anzukündigen. Das saß. Wilhelm wollte nicht seinen Chefberater in Wirtschaftsfragen verlieren, nur um einen Wiener Minister im Amt zu halten. Ende Oktober 1864 erteilte er Österreichs Zollwünschen eine Absage. Wenig später stand nicht mehr Rechberg an der Spitze des österreichischen Außenministeriums, sondern Alexander von Mensdorff-Pouilly.

In den folgenden Monaten kam es zunehmend zu Spannungen zwischen Preußen und Österreich. Bismarck irritierte Wien im Februar 1865 mit der Erklärung, ein eigener Staat Schleswig-Holstein sei für Berlin nur unter militärischer und wirtschaftlicher Oberhoheit Preußens akzeptabel. Überdies brachte Berlin durch massiven Druck alle Mitgliedstaaten des Zollvereins am 16. Mai 1865 zur Unterzeichnung des bereits 1862 ausgehandelten Freihandelsvertrags, wodurch Österreich vom deutschen Handelsraum abgedrängt wurde. Wien wiederum suchte eine Annäherung an die deutschen Mittel- und Kleinstaaten und provozierte Preußen, indem es die augustenburgische Bewegung zu fördern begann. Zu Unstimmigkeiten kam es auch bei der gemeinsamen Verwaltung der Elbherzogtümer. Berlin wollte dort die augustenburgischen Aktivitäten unterbinden, Wien lehnte dies ab. Preußen wollte in Kiel einen Marinestützpunkt errichten, dagegen protestierten die Österreicher und forderten als Kompensation eine Reduzierung der vor Ort stehenden preußischen Streitkräfte.[26]

Wilhelm I. begann sich über die Österreicher zunehmend zu ärgern. Seine Haltung bezüglich Schleswig, Holstein und Lauenburg verschärfte sich im Zuge der Querelen mit Wien gravierend. Am 29. Mai 1865 berief er einen Kronrat ein und legte ihm zwei Fragen vor: Durchsetzung einer preußischen Oberho-

heit über die Elbherzogtümer oder Annexion der Elbherzogtümer und Inkauf-
nahme eines Krieges? Von seinem ursprünglichen Standpunkt, wonach Preußen keine legitimen Rechte auf die Territorien geltend machen könne, hatte er
sich längst verabschiedet. Wilhelm, der von Bismarck hinsichtlich einiger Kri-
sendetails bewusst im Unklaren gelassen wurde, durchschaute manche Wirkungszusammenhänge nicht und übernahm allzu unreflektiert den ihm zuge-
dachten Standpunkt, wonach Österreich der Aggressor sei, gegen den Preußen
sich lediglich zur Wehr setzte. Außerdem übte die Vision, Preußen direkt oder
zumindest indirekt um die Elbherzogtümer zu erweitern, letztlich doch zu großen Reiz auf ihn aus, um ihr auf Dauer zu widerstehen. Überraschenderweise
trat während des Kronrats aber Bismarck für Mäßigung ein und plädierte für
eine abwartende Haltung. Wilhelm behielt sich daraufhin die Entscheidung in
der Causa Schleswig-Holstein vor, die Versammlung löste sich ohne konkretes
Ergebnis auf.

Im August 1865 entspannte sich die Lage noch einmal. Auf Betreiben Franz
Josephs I., der eine weitere Eskalation vermeiden wollte, kamen Österreich und
Preußen in der Gasteiner Konvention überein, die gemeinsame Administration
der Elbherzogtümer aufzugeben. Schleswig wurde fortan von Preußen, Holstein
von Österreich verwaltet. Seine Ansprüche auf das kleine Herzogtum Lauenburg
verkaufte Franz Joseph I. an Preußen. Wilhelm I. machte davon gerne Gebrauch,
denn nun konnte er sich zu jenen preußischen Herrschern zählen, die das Territorium der Hohenzollernmonarchie vergrößert hatten. Hocherfreut erhob er
Bismarck in den Grafenstand.[27]

Die Konvention von Gastein war indessen nur ein Zwischenhoch. Die kom-
plette Einverleibung der Elbherzogtümer blieb Bismarcks Ziel. Schleswig und
Lauenburg befanden sich mittlerweile in preußischer Hand. Das finanzmarode
Österreich würde, so kalkulierte Bismarck, nach Lauenburg vielleicht bald auch
Holstein an Preußen verkaufen. Doch in Wien setzte sich die Überzeugung
durch, dass man Berlin keine weiteren Zugeständnisse machen konnte, ohne das
Gesicht zu verlieren. Ein Verkauf Holsteins kam für Franz Joseph I. und seinen
Außenminister Mensdorff-Pouilly nicht in Frage. Bald lebten die Spannungen
zwischen Preußen und Österreich neuerlich auf. Als die Wiener Regierung im
Januar 1866 eine Massendemonstration im holsteinischen Altona zugunsten der
Bildung einer schleswig-holsteinischen Ständeversammlung zuließ, spitzte sich
die Lage zu. Bismarck warf Österreich eine Verletzung der Gasteiner Konvention
in derart drohender Manier vor, dass Franz Joseph I. sich vor die Alternative
gestellt sah, entweder einen Krieg mit Preußen zu riskieren oder sich bei der
Verwaltung Holsteins völlig dem Willen Berlins unterzuordnen. Eine derartige

Demütigung war für den Kaiser inakzeptabel. Er war entschlossen, sich nicht kampflos aus Holstein zurückzuziehen.[28]

Am 28. Februar 1866 berief Wilhelm I. abermals einen Kronrat ein. In seinen einleitenden Worten meinte er, nicht die von Preußen geplante Annexion der Elbherzogtümer sei hauptsächlich für die Krise verantwortlich, sondern das systematische Bestreben der österreichischen Regierung, preußischen Sympathiegewinn in den Elbherzogtümern und in Deutschland zu unterbinden, sowie die traditionelle Missgunst Wiens gegenüber Berlin. Infolge des Zerwürfnisses mit Österreich werde nun eine Verständigung mit Frankreich und Italien anzustreben sein. Im Falle eines Krieges werde es nicht nur um die Elbherzogtümer, sondern auch um die Machtverteilung in Deutschland gehen, denn eine Führungsrolle zumindest in Norddeutschland sei ohnehin Preußens Bestimmung.

Im Verlauf des Kronrates genehmigte Wilhelm auf Bismarcks Anregung Bündnisverhandlungen mit Italien. Diese führten am 8. April 1866 zum Abschluss einer auf drei Monate befristeten Kriegsallianz. Italien begann zu rüsten, woraufhin Österreich am 21. April eine Teilmobilmachung ankündigte.[29] Bismarck drängte den König, noch weiter zu gehen. Am 1. Mai bat er ihn dringend, Preußen »nicht länger in der Gefahr belaßen zu wollen, der es nach meiner alleruntertänigsten Ueberzeugung Angesichts der überlegenen und trotz aller Friedensbetheuerungen täglich größere Dimensionen annehmenden Rüstungen Österreichs gegenwärtig ausgesetzt ist«, und legte dem König vehement eine »Beschleunigung«[30] aller kriegsvorbereitenden Maßnahmen nahe.

Wilhelm I. fiel der finale Entschluss zum Kampf jedoch schwer. Ein »Bruderkrieg« gegen Österreich war in Deutschland höchst unpopulär und löste auch bei der preußischen Bevölkerung keine Begeisterung aus. Außerdem konnte diesmal – anders als gegen Dänemark – eine Niederlage nicht ausgeschlossen werden. Bis zum 12. Mai ließ der König die Armee Zug um Zug mobilmachen, schreckte aber vor endgültigen Entscheidungen noch zurück. Außerdem wollte er Österreich als Friedensbrecher brandmarken. Bei einem Kriegsrat am 25. Mai ließ er Roon abblitzen, der ihm empfahl, beim Abschluss des Aufmarsches am 5. Juni den Krieg zu erklären.[31]

Z u den zentralen Entscheidungen, die Wilhelm I. am Vorabend des Krieges gegen Österreich treffen musste, gehörte die Auswahl jenes Mannes, dem die faktische Leitung der Truppenoperationen obliegen sollte.

Trotz seiner militärischen Fachexpertise und seiner lebenslangen Leidenschaft für die Armee dachte Wilhelm nicht ernstlich daran, diese Aufgabe selbst zu übernehmen. Ihm schwebte vielmehr eine klare Rollenverteilung vor. Er würde diesmal – anders als gegen Dänemark – persönlich an die Front ziehen und seine Funktion als Oberkommandierender der Armee vor Ort ausüben. Seine Hauptaufgabe dort war die des militärisch Letztverantwortlichen; wichtige Anordnungen mussten ihm zur Genehmigung vorgelegt werden, und im Fall des Falles lag es an ihm, ein königliches Machtwort zu sprechen. Das Planen und Umsetzen komplexer Truppenoperationen gehörte jedoch nicht zu seinen Talenten, und er war sich dessen seit Langem bewusst. Schon während des vergleichsweise kleinen Baden-Feldzuges 1849 hatte er die operativen Aufgaben nicht selbst übernommen.

Der Posten des Feldherrn war also vakant, und es handelte sich dabei um eine heikle Frage. Erfolg oder Misserfolg eines Feldzuges hing nicht zuletzt vom Regisseur der Truppen ab. Er musste viel strategisches Verständnis besitzen, entscheidungsstark sein, stets den Überblick bewahren, in schwierigen Situationen ebenso rasch wie wohldurchdacht reagieren, Nervenstärke aufweisen und immens belastbar sein. Hinzu kam, dass Helmuth von Moltke einen bestechenden Operationsplan entwickelt hatte, der allerdings nicht ungefährlich war: Demnach sollte Preußen mit weit über 200.000 Mann eine Offensive in Böhmen unternehmen, bei der Tempo das oberste Gebot war. Um Verkehrsengpässe zu vermeiden, die bei einem geschlossenen Vormarsch einer derart großen Menschenmasse kaum zu umgehen waren, sollten die drei daran beteiligten Armeen über drei verschiedene Routen nach Böhmen vorrücken und erst vor einer großen Schlacht vereint werden. Das stellte freilich eine enorme logistische Herausforderung dar. Konnte nur eine der drei Armeen den Zeitplan nicht einhalten und kein rechtzeitiges Erscheinen am Schlachtort sicherstellen, drohte der preußischen Kriegführung ein Debakel.[32] Wilhelm stimmte dem Konzept dennoch zu. Doch wer sollte es umsetzen? Wieder ein hochdekorierter Haudegen à la Friedrich von Wrangel, der an Moltkes diffizilem Plan intellektuell scheiterte oder ihn nur halbherzig mittrug? So einen Fehler wollte der König keinesfalls noch einmal begehen. Dem Roten Prinzen, der nach der Abberufung Wrangels die Truppenführung in Dänemark übernommen hatte, traute er diese Aufgabe gegen das gefährlichere Österreich offenbar ebenfalls nicht zu. Friedrich Karl bekam letztlich das Kommando über eine der drei Böhmen-Armeen und damit eine wichtige, aber eben nicht die zentrale Funktion.

Die Klärung der Feldherrnfrage bereitete Wilhelm lange Kopfzerbrechen. Erst am 2. Juni 1866, als Mobilmachung und Truppenaufmarsch schon längst auf Hochtouren liefen und der Kriegsausbruch keine zwei Wochen mehr entfernt war, traf er seine Entscheidung. Er betraute den Schöpfer des Operationskonzepts mit dessen Umsetzung: Helmuth von Moltke. In einer Kabinettsordre übertrug der König seinem Generalstabschef das Recht, der Armee in seinem Namen Befehle zu erteilen. Das bedeutete in der Praxis, dass die preußische Kriegführung dem Generalstab unterstellt wurde. Moltke musste große Entscheidungen mit dem König abstimmen, konnte ansonsten aber für die Dauer des Krieges als Regisseur der gesamten preußischen Streitkräfte agieren.

Die Entscheidung des Königs kam spät und sorgte zunächst für einige Probleme. Es kam zu einer Unordnung der Ressortverhältnisse, so gaben der Kriegsminister und der Generalstabschef zuweilen Weisungen aus, ohne sich miteinander abzustimmen. Zudem löste die Weisung des Königs bei nicht wenigen Spitzenoffizieren mehr als nur Verwunderung aus. Dass plötzlich der Generalstabschef an der Spitze der Armee stand, war ein völliges Novum. Bislang hatte im Kriegsfall stets die kommandierende Generalität den Feldherrn des Königs gestellt. Noch beim Dänemark-Feldzug hatten Generalstäbler kommandierenden Generälen in untergeordneter Stellung zugearbeitet. Mit Wilhelms Order wurde diese Hierarchie gleichsam auf den Kopf gestellt. Das sorgte in der Generalität für erheblichen Unwillen, ebenso die Person Moltkes selbst. Man betrachtete ihn abschätzig als Militärtheoretiker ohne nennenswerte Kommandoerfahrung und hielt ihn für ungeeignet, eine derart große Führungsaufgabe im Feld zu übernehmen.[33]

Bekanntlich erwies sich das Gegenteil als richtig. Wilhelms Entscheidung vom 2. Juni 1866 war hochmodern gedacht. Um die Mitte des 19. Jahrhunderts war die Aufmarschplanung und Kriegführung zu komplex geworden, um von einer Einzelperson geleitet zu werden. Es brauchte dafür ein effizientes Management, und der Generalstab besaß die dafür notwendige Kompetenz. Indem Wilhelm die preußische Kriegführung Moltke und dem Generalstab unterstellte, verlieh er ihr eine neue, extrem zielgerichtete Qualität.

Es sollte allerdings noch ein Monat vergehen, ehe diese Tatsache der Welt spektakulär offenbar wurde, ein Monat, der sich für Berlin gehörig in die Länge zog. Anfang Juni, als Wilhelm seine folgenreiche Entscheidung traf, war man im preußischen Lager von Euphorie noch weit entfernt.

A m Vorabend des innerdeutschen Krieges stuften internationale Beobachter die preußischen Siegchancen gering ein. Österreich galt trotz der Italien-Niederlage von 1859 immer noch als imposante Großmacht. Das Habsburgerreich konnte mehr Soldaten als Preußen aufbieten und hatte das Gros der deutschen Staaten auf seiner Seite. Zwar musste es gleichzeitig gegen Italien kämpfen, doch auch Preußen hatte einen Zweifrontenkrieg auszufechten, der die eigenen Kräfte zu überdehnen drohte; neben den drei Armeen, die nach Böhmen in Marsch gesetzt wurden, musste eine einzige Armee gegen die deutschen Bundesstaaten antreten. In Berlin konnte man nur hoffen, dass diese zu keiner koordinierten Kriegführung finden würden und man sie nacheinander schlagen konnte. Hinzu kam noch, dass die österreichische Nordarmee von Feldzeugmeister Ludwig von Benedek kommandiert wurde, dessen Kühnheit legendär war. 1859 hatte er in der Schlacht von Solferino als einziger österreichischer Truppenführer seine Stellungen behauptet und den Piemontesen bis in die Nacht hinein einen Kampf bis aufs Messer geliefert. Ein Mann mit derartigem Kampf- und Offensivgeist würde, so glaubte nicht nur Moltke, mit allen Mitteln versuchen, die preußische Böhmen-Offensive zurückzuwerfen und selbst in Preußen einzumarschieren.

In der Staatsführung hatte man schwarze Gedanken. Sowohl Bismarck als auch Roon hielten eine Niederlage keineswegs für ausgeschlossen.[34] Auch Wilhelm I. schwankte, ob er an einen Sieg seiner Armee glauben sollte. Als sein Sekretär Louis Schneider ihn bat, mit ihm per Bahn zum böhmischen Kampfschauplatz reisen zu dürfen, gab er missmutig zurück: »Wozu? Sie werden doch von Potsdam nach Groß-Beeren hinüber reiten können!« Dort, wenige Kilometer südlich von Berlin, so glaubte der König offenbar, würde man bald gegen die Österreicher kämpfen müssen. Unmittelbar vor dem Kriegsausbruch gab er sich dann deutlich zuversichtlicher. »Ich gehe einen Tag nach der Kriegserklärung ins Hauptquartier ab«, teilte er Schneider mit. »Die Herren werden sich wundern, wenn sie mich anzugreifen denken. Wir sind fertig und sie nicht!« (Wilhelm spielte dabei auf die zügig verlaufene preußische Mobilisierung an.) »Also geht es nun nicht nach Groß-Beeren?«, fragte Schneider nach, woraufhin er zur Antwort bekam: »O nein!«[35]

Zunächst schien der Krieg allerdings die schlimmsten Befürchtungen zu bestätigen. Der Feldzug im Westen lief dermaßen unrund an, dass Wilhelm seine Abreise nach Böhmen verschieben musste. Als Problem erwies sich vor allem der Kommandant der Westarmee, General Eduard Vogel von Falckenstein, der den Kampf gegen die österreichischen Verbündeten in Mitteldeutschland allzu behäbig führte. Unmittelbar nach Beginn der Kriegshandlungen am 16. Juni 1866 nahm er die Hauptstadt des Königreichs Hannover kampflos ein und machte dort erst einmal ausgiebig Pause. Dass die fast 20.000 Mann starke Armee Hannovers nach Süden abgerückt war, um sich mit den verbündeten bayrischen Streitkräften zu vereinigen, kümmerte ihn ebenso wenig wie Moltkes Befehl, sofort die Verfolgung aufzunehmen. Er erkannte die Autorität des Generalstabschefs nur bedingt an und blieb, wo er war. Die hannoveranische Armee rückte unterdessen immer weiter nach Süden vor und kreuzte dabei auch preußisches Gebiet. In Berlin herrschte helle Aufregung. Wilhelm I., über Falckensteins Verhalten aufs Höchste erzürnt, befahl dem widerspenstigen General, seine Truppen sofort nach Süden zu schicken, und beorderte noch zwei Gardebataillone in die Krisenregion. Mit gemeinsamen Kräften gelang es schließlich, die hannoveranische Armee bei Langensalza abzufangen. Am 27. Juni setzte es zwar noch eine empfindliche Niederlage, als eine preußische Brigade die gegnerischen Kräfte in starker Unterzahl angriff, doch zwei Tage später kapitulierten die mittlerweile eingekesselten Hannoveraner. Damit war nach holprigem Start doch noch eine Vorentscheidung im Westen zugunsten Preußens gefallen. Wilhelm I. und Moltke verloren danach keine Zeit mehr. Eilig brachen sie am frühen Morgen des 30. Juni nach Böhmen auf.

Auf dem südlichen Kriegsschauplatz liefen die Dinge von Beginn an mehr nach Plan. Am 16. Juni marschierte die Elbarmee unter General Eberhard Herwarth von Bittenfeld ins Königreich Sachsen ein und besetzte das Land ohne nennenswerte Gegenwehr. Am 23. Juni stießen die Elbarmee und die 1. Armee unter Friedrich Karl nach Nordböhmen vor. Drei Tage später überschritt auch die 2. Armee unter Kronprinz Friedrich Wilhelm die Grenze zur Donaumonarchie. In Nordböhmen ging der Vormarsch zwar nicht immer so schnell vonstatten wie von Moltke erhofft. Zum Glück für die Preußen aber zeigte sich Benedek weit weniger tatkräftig als erwartet. Der Feldzugmeister hatte nur widerwillig das Kommando auf dem ihm unbekannten böhmisch-mährischen Terrain übernommen, war auch mit der Führung einer weit über 200.000 Mann starken Armee überfordert und verfolgte ein starres Defensivkonzept. Bis Mitte Juni hielt er an der mährischen Festungsstadt Olmütz als Operationsbasis fest und brach mit der Nordarmee erst nach Böhmen auf, als der mittlerweile ungeduldige Kaiser es ihm befahl. Da war es aber schon zu spät, um den preußischen Einmarsch in die Donaumonarchie noch zu verhindern.

Bei den ersten Zusammenstößen mit vorgeschobenen österreichischen Einheiten zeigte das Zündnadelgewehr der Invasoren enorme Wirkung. Zwischen 26. und 30. Juni gewannen die Preußen acht von neun Gefechten und fügten mit ihrer weit höheren Schussfrequenz den Kaiserlichen immense Verluste zu. Im österreichischen Hauptquartier war man über die Wirkung des Zündnadelgewehrs entsetzt. Benedek bat Franz Joseph I. am 1. Juli per Telegramm, unbedingt Frieden zu schließen, ansonsten sei eine Katastrophe unvermeidlich. Das lehnte der Kaiser ab, erlaubte aber einen Rückzug der Nordarmee. Benedek tat jedoch nichts dergleichen, obwohl die Nordarmee in strategisch ungünstiger Position stand, eingeklemmt zwischen zwei Flüssen, der Bistritz und der Elbe. Drängten starke preußische Kräfte aus Nordwesten heran, womit jederzeit zu rechnen war, hatte man die Elbe direkt hinter sich, was bei einem Rückzug unter feindlichem Druck zu einem Fiasko führen konnte.

Ebenfalls am 1. Juli trafen Wilhelm I. und Moltke bei der 1. Armee in Gitschin ein. Dort erwartete sie eine schlechte Nachricht. Nach den siegreichen Gefechten der vorangegangenen Tage hatte Friedrich Karl den Kontakt zu den Österreichern verloren. Wo sich Benedeks Nordarmee befand, war unbekannt. Moltke vermutete vage, dass sie hinter der Elbe zwischen den Festungen Königgrätz und Josephstadt stand, doch ohne konkrete Informationen ließ sich das weitere Vorgehen nicht planen.[36] Bei einem Kriegsrat am Nachmittag des 2. Juli wurde daher beschlossen, Erkundungspatrouillen ausschwärmen zu lassen und den Truppen ein bis zwei Ruhetage zu gönnen.

Einige Stunden später, Moltke hatte sich schon zur Nachtruhe begeben, erreichte ihn die Nachricht, dass eine preußische Kavalleriepatrouille große österreichische Truppenverbände entdeckt hatte, die unmittelbar hinter der Bistritz lagerten. Der Generalstabschef war elektrisiert von der unvorteilhaften Position der Österreicher. Er eilte zu Wilhelm I., der ebenfalls schon zu Bett gegangen war, und schlug vor, die Kaiserlichen gleich am nächsten Morgen anzugreifen. Der König stimmte zu und gab den Befehl zur Offensive. Laut Moltke dauerte das Vieraugengespräch, in der über die größte Schlacht des 19. Jahrhunderts entschieden wurde, kaum mehr als zehn Minuten. Die Truppen machten sich sofort zum Kampf bereit und traten noch vor Anbruch der Dämmerung den Marsch zur Bistritz an.[37]

Im Lauf des 3. Juli traten in der Schlacht bei Königgrätz weit über 400.000 Mann gegeneinander an. Von der Papierform her waren die drei preußischen Armeen mit etwa 220.000 Mann der rund 210.000 Mann starken österreichischen Streitmacht leicht überlegen. Allerdings lagerte die 2. Armee am späten Abend des 2. Juli noch bei Königinhof jenseits der Elbe und war gefährlich weit vom bevorstehenden Schlachtfeld entfernt. Wilhelms Befehl, sofort heranzurücken, erreichte sie erst um vier Uhr morgens. Zudem hatten starke Regenfälle die Wege aufgeweicht, was ihren Anmarsch noch zusätzlich erschwerte. Die 1. Armee und die Elbarmee würden den Österreichern zunächst also in klarer Unterzahl die Stirn bieten müssen, ehe die 2. Armee in die Kämpfe eingreifen konnte.[38]

Am frühen Morgen des 3. Juli ritt Wilhelm I. bei trübem, nasskaltem Wetter mit seinem Gefolge auf eine kleine Anhöhe, den Roskosberg. Von dort aus beobachtete er, wie Friedrich Karl, der mit seiner 1. Armee der österreichischen Nordarmee frontal gegenüberstand, die 3., 4., 7. und 8. Division über die Bistritz vorrücken ließ. Die Überquerung des Flüsschens gelang trotz feindlichem Beschuss. Als die preußischen Truppen jedoch in den dahinterliegenden Swiepwald und den Holawald eindrangen, geriet ihr Vormarsch ins Stocken. Insbesondere die 7. und die 8. Division wurde vom mörderischen Feuer der auf den Anhöhen von Lipa stehenden österreichischen Artillerie in den Waldstücken förmlich festgenagelt. Mit Mühe gelang es ihnen, gegnerische Infanterieangriffe abzuwehren, doch gegen den Geschosshagel der kaiserlichen Kanoniere gab es stundenlang kein Weiterkommen. Dringend nötige Entlastung gab es nicht. Die Elbarmee, die die Bistritz etwas weiter südlich hätte überqueren und zur Entlastung der 1. Armee die Österreicher an der linken Flanke angreifen sollen, überwand den Fluss viel langsamer als von Moltke vorgesehen. Der österreichische Druck lastete also weiterhin hauptsächlich auf den schwer bedrängten Divisionen Friedrich Karls im Holawald und im Swiepwald. Und noch immer war von der 2. Armee nichts zu sehen. Um die Mittagszeit griff beim König und seiner Suite zusehends Nervosität um sich.[39] »Die Generale im Zentrum blickten ängstlich nach links, von woher der Kronprinz kommen sollte«, schrieb der Kriegsberichterstatter Hans Wachenhusen. »Der König selbst ward unruhig und richtete sein Fernrohr besorgt nach links; im Generalstab gab es nur bestürzte Gesichter.«[40]

Wie lange würden seine Divisionen jenseits der Bistritz dem österreichischen Druck noch standhalten? Für Wilhelm I. wurde diese Frage immer drängender. Als Generalleutnant Eduard von Fransecky, der Kommandant der hart bedrängten 7. Division, um Verstärkung bat, wollte der König sofort die 5. und 6. Division, die Friedrich Karl als Reserve zurückgehalten hatte, in den Swiepwald schicken. Moltke erhob Einspruch. Seiner Ansicht nach waren die beiden Reservedivisionen der 1. Armee im Falle eines großangelegten österreichischen Gegenangriffs unverzichtbar; Fransecky werde schon standhalten, beschied er den König. Wilhelm I. akzeptierte Moltkes Einwand, doch seine Nerven waren mittlerweile zum Zerreißen gespannt.[41] Als er sah, wie Teile des schwer dezimierten Infanterie-Regiments Nr. 71 der 8. Division aus dem Holawald zurückwichen, fürchtete er, den Auftakt einer allgemeinen Flucht zu sehen. Aufgebracht ritt er zu den angeschlagenen Soldaten und jagte sie persönlich wieder in den Holawald zurück. »Dort ist der Feind, dorthin führen Sie ihre Leute zurück«, rief er den Offizieren dabei zu. »Ich bitte mir aus, daß ihr als brave preußische Soldaten eure Schuldigkeit tut!«[42]

Zu Mittag gab es dann endlich die ersten Anzeichen, dass die 2. Armee in die Schlacht einzugreifen begann. Gegen 13 Uhr erschienen die Spitzen der 1. Preußischen Gardedivision auf den Höhen von Horenowes und nahmen den Kampf gegen die Österreicher auf. Vom mehrere Kilometer entfernten Roskosberg aus konnte man das neue Gefecht zuerst nur erahnen, da es jenseits einer leichten Anhöhe vor sich ging und lediglich die feindliche Flankenstellung darauf schließen ließ. Moltke teilte dem König dennoch mit, dass die Schlacht gewonnen sei und Wien zu seinen Füßen liegen werde. Wilhelm erschien es skurril, in diesem Moment bereits so weit zu denken. Was das heißen solle, fuhr er auf, zuerst müsse man die Probleme im Holawald und im Swiepwald in den Griff bekommen.[43] In der Tat war Moltkes Prognose in diesem Moment noch recht kühn. Zunächst griffen nur erste Vorausabteilungen des Kronprinzen in die Schlacht ein, nicht aber das Gros der weit über 100.000 Mann starken 2. Armee, die in einer kilometerlangen Heereskolonne anrückte und erst nach und nach den Kampfschauplatz erreichte. Die Gefahr einer massiven österreichischen Gegenattacke auf die 1. Armee war immer noch nicht auszuschließen. Erst gegen 15 Uhr, als ein Teil der 1. Gardedivision die Höhe von Chlum stürmte und damit die rechte Flanke der Österreicher vollends aufriss, gewannen die Preußen endgültig die Oberhand.[44] Die österreichische Artilleriephalanx auf den Höhen von Lipa verstummte nach und nach. Benedeks Zentrum begann zurückzuweichen.

Der Sieg war nahe. Um etwa halb vier befahl Wilhelm die Verfolgung der gegnerischen Streitkräfte durch die Kavallerie. Das reine Zusehen hielt er nun nicht mehr aus. Er gab seinem Pferd die Sporen, um seine Reiterei höchstpersönlich ins Gefecht zu führen. Mit seinen Kavalleriebrigaden sprengte der König einen guten Kilometer vorbei am Holawald und hinauf nach Lipa, von wo aus Benedeks Artillerie die 1. Armee stundenlang in Schach gehalten hatte. Während Wilhelm I. dort innehielt, jagten seine Reiter auf Langenhof und Stresetitz zu und prallten dort auf die österreichische Kavallerie, die den Rückzug der Fußtruppen deckte. Was folgte, war eines der letzten großen Reitergefechte der Kriegsgeschichte, ein spektakuläres Schauspiel mit blitzenden Säbeln und wilden Einzelduellen. Zeitgenössische preußische Darstellungen schilderten es in glühenden Farben, dies nicht zuletzt, weil der König selbst seine Reiter in die Schlacht geführt hatte. Zählbare Ergebnisse brachte es nicht. Die beiden preußischen Kavalleriebrigaden, von ihren berittenen Gegnern bereits gebremst, wurden von schließlich von Benedeks Artillerie gestoppt und mussten umkehren.[45]

Wilhelm I., einmal auf dem Schlachtfeld, war von dort kaum noch wegzubekommen. Er wohnte nicht nur dem Kavalleriegefecht aus nächster Nähe bei, was schon nicht ungefährlich war, sondern folgte dann auch noch seiner Infanterie, die die zurückweichende Nordarmee in Richtung Elbe verfolgte. Dabei geriet er ins Schussfeld der gegnerischen Artillerie, was ihn aber nicht dazu veranlasste, sich wieder in Sicherheit zu begeben. Seine Generäle wagten es nicht, ihm mehr Vorsicht nahezulegen. Schließlich war es Bismarck, der, über die gedankenverlorene Kühnheit des Königs mehr als nur irritiert, heranritt und ihn dazu brachte, sich aus der Gefahrenzone zu entfernen.

Wenig später flaute die Schlacht ab. Die geschlagene österreichische Armee zog sich über die Elbe zurück. Wilhelms Triumphgefühle waren schaumgebremst. Stundenlang ritt er noch auf dem Schlachtfeld umher, empfand dabei Freude über den Sieg und Trauer angesichts der unzähligen Toten.[46] Am Abend gegen acht Uhr traf er schließlich auf seinen Sohn und umarmte ihn, erleichtert, ihn unverletzt zu sehen. »Gerade während unserer Begrüßung ging die Sonne in ihrer ganzen Pracht unter«, notierte Friedrich Wilhelm. »Beide konnten wir eine Zeitlang nicht sprechen, bis er zuerst wieder Worte fand und mir sagte, er freue sich, daß ich bisher glückliche Erfolge gehabt, auch Befähigung zur Führung bewiesen«[47]. Dann verlieh der König dem Kronprinzen an Ort und Stelle den Pour le Mérite. Für einige Momente herrschte zwischen Vater und Sohn völlige Harmonie.

Benedek war nach Königgrätz zu keiner weiteren Schlacht in der Lage. Er zog seine Armee zunächst nach Olmütz zurück, um sie neu zu ordnen, und rückte dann über die Kleinen Karpaten nach Süden vor, wobei er den gegnerischen Streitkräften in weitem Bogen auswich. Das verschaffte den Preußen freie Bahn ins Herz des Habsburgerreichs. In zügigem Tempo ließen sie Böhmen hinter sich, durchquerten Mähren und schlugen ihr Hauptquartier in Nikolsburg auf. Am 15. Juli, keine zwei Wochen nach Königgrätz, marschierten erste preußische Truppenteile bereits in Niederösterreich ein.[48]

Wilhelm I. wurde angesichts des Siegeslaufes von Euphorie erfasst. Seine vor dem Krieg noch gedämpfte Kampfeslust loderte jetzt hoch auf. Er wollte das so lange übermächtige Habsburgerreich, das Preußen 1850 die Schmach von Olmütz bereitet hatte, demütigen. Wien sollte angegriffen und Franz Joseph I. zu Gebietsabtretungen gezwungen werden. Vor allem auf den österreichischen Teil Schlesiens fiel der begehrliche Blick des Königs.

Bismarck hielt dies für verfehlt. Auch er fasste großzügige Gebietserweiterungen Preußens ins Auge, wollte sich aber ausschließlich bei den mittel- und norddeutschen Staaten schadlos halten. Österreich dagegen sollte lediglich die kleindeutsche Lösung anerkennen und eine Kriegsentschädigung leisten, ansonsten aber glimpflich davonkommen, um so eine spätere Wiederannäherung zwischen Berlin und Wien zu ermöglichen.

Trotz mehrerer Anläufe konnte Bismarck seine Ideen aber nicht durchsetzen, denn Wilhelm I. missfiel die Vorstellung, norddeutsche Staaten zu annektieren und damit alteingesessene Fürstenhäuser abzusetzen. Ebenso wenig sah der König ein, dass er Nebengegner Preußens vernichten und den Hauptgegner schonen sollte. Vor allem aber wollte er nicht auf österreichische Gebiete verzichten. Wilhelm ließ zwar Verhandlungen mit der kriegsmüden Führung in Wien zu, hielt aber den militärischen Druck auf Franz Joseph I. aufrecht. Die 1. Armee stieß in Richtung Pressburg vor, um Benedeks südwärts ziehender Armee den Weg abzuschneiden und deren Vereinigung mit der heranrückenden Südarmee an der Donau zu verhindern.

Unterdessen traf im preußischen Hauptquartier zu Nikolsburg die Nachricht ein, dass Österreich zu großen Zugeständnissen bereit war, um den Krieg zu beenden. Wien bot an, aus dem Deutschen Bund auszutreten, Kontributionszahlungen zu leisten, die Annexion Schleswig-Holsteins durch Preußen anzuerkennen und die Bildung eines Norddeutschen Bundes mit preußischer Militäroberhoheit zu akzeptieren. Das deckte sich mit Bismarcks Vorstellungen. Beide Seiten erklärten sich am 22. Juli zu einem fünftägigen Waffenstillstand bereit, um in Verhandlungen einzutreten.[49]

Für Wilhelm I. aber war das Ende des Krieges noch keineswegs ausgemacht. Ihm reichten die Wiener Angebote nicht. Er bestand weiterhin auf österreichischen Gebietsabtretungen. Selbst führende Militärs konnten das nicht nachvollziehen. Moltke schrieb am 23. Juli an seine Frau, er sei »sehr dafür, die erreichten Erfolge nicht wieder aufs Spiel zu setzen«, man möge »nicht Rache üben, sondern den eigenen Vorteil ins Auge fassen.«[50] Der Friede würde »vielleicht schon geschlossen sein, wenn der König nicht Schwierigkeiten machte, der durchaus will, daß Oesterreich Gebiet an uns abtrete«, notierte Generalmajor Leonhard von Blumenthal, der Chef des Stabes bei der 2. Armee, am 24. Juli und zeigte Unverständnis, dass »dieser Ehrenpunkt der Stein des Anstoßes«[51] sein sollte. Neben politischen Erwägungen gab es noch einen triftigen Grund, den Krieg schnellstens zu beenden: In der preußischen Armee war mittlerweile die Cholera ausgebrochen, die täglich mehr Todesopfer unter den Soldaten forderte und zusehends auch auf die niederösterreichische Zivilbevölkerung übergriff.[52]

Der König blieb zunächst trotzdem uneinsichtig. Als Bismarck ihn am 24. Juli von seinem Standpunkt abbringen wollte, explodierte er regelrecht. Vehement beharrte er darauf, Österreich Territorien abzunehmen. Man müsse in Preußen sagen können, dass »wir Österreich auch ins Fleisch geschnitten und es am eignen Besitze gezüchtigt hätten.« Die Diskussion verlief äußerst heftig, beide Männer kamen dabei einem Nervenzusammenbruch nahe. Bismarck hätte, notierte der Kronprinz danach, »in meiner Gegenwart geweint über die harten Dinge, die Seine Majestät ihm gesagt, so daß ich Bismarck beruhigen mußte, aber letzterer scheute sich förmlich, zu Sr. Majestät wieder hineinzugehen. Ich muß mithin den König sowohl wie Bismarck aussöhnen und ihnen wechselseitig Mut zusprechen.«[53] Auch tags darauf war die Aufregung noch groß, aber schließlich begann Wilhelm von seinen Vorstellungen doch abzurücken. Dass sein Sohn die Ansicht Bismarcks entschieden teilte, gab ihm zu denken, ebenso der Umstand, dass Frankreichs Botschafter in Berlin, Vincent Benedetti, in Nikolsburg erschien, im Auftrag Napoleons III. auf ein Ende des Krieges drängte und man eine französische Intervention unbedingt vermeiden wollte. Überdies war die Cholera ein Faktum, das sich nicht ignorieren ließ. Grollend gab Wilhelm schließlich seine Territorialwünsche auf und stimmte einer Einigung mit Wien zu.[54] Am 26. Juli 1866 wurde der Krieg zwischen Preußen und Österreich mit dem Vorfrieden von Nikolsburg formell beendet. Zur selben Zeit ging auch der Feldzug im Westen siegreich zu Ende. Die mit Österreich verbündeten deutschen Staaten hatten nach dem Fall Hannovers nie zu einer koordinierten Kriegführung gefunden und ebenfalls der Reihe nach die Waffen gestreckt.

Wenige Tage nach der Einigung mit Österreich verließ Wilhelm I. Schloss Nikolsburg und fuhr nach Süden, um seinen im Weinviertel und Marchfeld stehenden Truppen persönlich zu danken.[55] Außerdem wollte er sich, wenn er schon nicht in Wien einmarschieren konnte, zumindest noch eine Triumphgeste vor den Toren der österreichischen Hauptstadt gönnen. Westlich von Gänserndorf ließ er eine gewaltige Truppenparade mit 62.000 Mann und 240 Geschützen abhalten. Nicht minder gewaltig war Klangkulisse, die dabei erzeugt wurde. Als der König sich der langen Aufstellungslinie näherte, »brach wie ein heranbrausender, immer mächtiger werdender Sturm, aus allen Reihen ein jubelndes, nicht endenwollendes Hurra hervor«[56], so Theodor Fontane. Langsam ritt der König die Fronten ab, danach paradierten sämtliche Einheiten an ihm vorbei, lautstark untermalt von zackiger Marschmusik, die kilometerweit zu hören war. Hochzufrieden nahm Wilhelm danach mit seinen Generälen eine Mahlzeit ein und stieß mit ihnen auf den Sieg an, manchmal einen Blick auf den Wiener Stephansdom werfend, den er von seinem Platz aus in der Ferne sehen konnte.[57]

Mit Bismarcks Konzept, Österreich gegenüber eine gemäßigte Haltung einzunehmen, hatte sich Wilhelm I. mittlerweile abgefunden. Anders verhielt es sich mit der Vorstellung seines Ministerpräsidenten, in Norddeutschland großräumige Annexionen vorzunehmen. Der in legitimistischen Bahnen denkende König konnte sich nur mühsam an den Gedanken gewöhnen, mehrere deutsche Fürsten einfach abzusetzen. Erst als bei einem Kronrat am 15. August 1866 nicht

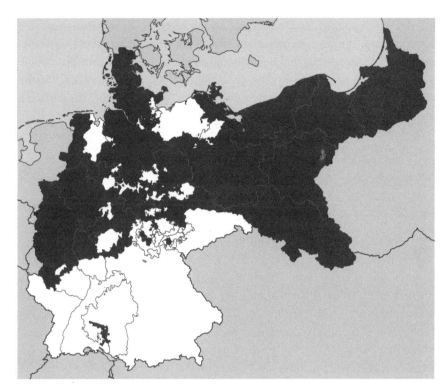

18: Preußen 1866–1918.

nur Bismarck, sondern auch der Kronprinz und alle anderen Minister entschieden für die Einverleibung Hannovers, Kurhessens, Nassaus und der Freien Stadt Frankfurt eintraten, stimmte er diesem Vorhaben zu.[58]

Wilhelms Skrupel dürften durch den ungeheuren Machtzuwachs abgemildert worden sein, der ihm durch den Sieg von 1866 zufiel. Mit der Annexion von Hannover, Kurhessen, Nassau, Frankfurt sowie Schleswig und Holstein wuchs Preußen auf rund 350.000 Quadratkilometer an und erreichte die größte Ausdehnung seiner Geschichte. Die seit 1815 bestehende Zweiteilung der Hohenzollernmonarchie war Vergangenheit. Durch den Rückzug Österreichs stieg Preußen zur bestimmenden Macht in Deutschland auf und bildete mit 23 weitaus kleineren Staaten den Norddeutschen Bund, den es unangefochten dominierte. Auch die militärische Schlagkraft Preußens stieg erheblich. In den annektierten Ländern und den Mitgliedstaaten des Norddeutschen Bundes wurden drei neue Armeekorps formiert, zudem trat die sächsische Armee als selbstständiges Korps dem Heer des Norddeutschen Bundes bei. Wilhelm gebot damit über eine Streitmacht, die in ihrer Friedenspräsenz 312.000 Mann umfasste. Überdies schloss Bismarck mit den süddeutschen Staaten geheime Bündnisverträge ab, in denen diese sich verpflichteten, die preußischen Armeestandards (Exerzierreglement, Gefechtsorganisation, Ausrüstung und Bewaffnung) zu übernehmen und ihre Streitkräfte beim Ausbruch eines Krieges dem preußischen König zu unterstellen. Das bedeutete, dass dieser im Ernstfall als militärischer Oberbefehlshaber des gesamten kleindeutschen Raumes fungierte.[59]

In Summe wurde Preußen durch den Sieg des Jahres 1866, was Wilhelm I. stets ersehnt hatte: eine erstrangige Großmacht.

Die Balance zwischen Wilhelm I. und Bismarck

Sofort nach dem Krieg wollte Bismarck auch den schon seit vier Jahren schwelenden Verfassungskonflikt beilegen. Die Voraussetzungen dafür konnten kaum besser sein. Durch die Siege der preußischen Streitkräfte war die Stimmung in der Heimat zugunsten der Regierung gekippt. Bei den Landtagswahlen vom 3. Juli 1866 hatten die Konservativen ihren Mandatsstand verfünffacht und die bislang dominierende Fortschrittspartei überflügelt. Bismarck wollte nun den geschwächten, aber immer noch gewichtigen Liberalen eine goldene Brücke bauen, indem er das Abgeordnetenhaus um nachträgliche Bewilligung der seit 1862 nicht ordnungsgemäß verabschiedeten Regierungsbudgets ersuchte. Die entsprechende Indemnitätsrede musste jedoch der König halten, und dieser zeigte sich unwillig, öffentlich einzugestehen, rechtlich fragwürdig agiert zu haben. Auch in dieser Causa musste Bismarck viel Überzeugungsarbeit leisten, bis Wilhelm I. bereit war, am 5. August 1866 vor dem versammelten Landtag im Berliner Stadtschloss einzuräumen, dass den Regierungsbudgets der vergangenen Jahre die gesetzliche Grundlage gefehlt hatte.

Die Initiative der Regierung fiel auf fruchtbaren Boden. Viele Liberale hatten gefürchtet, die durch ihren Kriegstriumph gestärkte Staatsspitze würde die Situation nutzen, um ein semiautoritäres Regime zu errichten. Sie sahen sich nun angenehm von deren Bereitschaft überrascht, zu einem verfassungskonformen Staatsleben zurückzukehren. Am 3. September 1866 nahm das Abgeordnetenhaus die Indemnitätsvorlage mit der komfortablen Mehrheit von 230 zu 75 Stimmen an und beendete so den Verfassungskonflikt.

Im Grunde konnte sich der König als Sieger des langjährigen Streits betrachten. Er hatte in Sachen Militärpolitik seinen Kopf durchgesetzt. Die vormals so heiß diskutierte Frage hinsichtlich der Dienstzeit und der Heeresorganisation war in seinem Sinn geklärt.[60]

Mindestens ebenso wichtig war das Ende des Verfassungskonflikts für Bismarck. Nach vier langen Jahren konnte er das Korsett des Konfrontationskurses, das Wilhelm I. ihm bei der Audienz von Babelsberg angelegt hatte, endlich abstreifen und sich größeren innenpolitischen Handlungsspielraum verschaffen. Die Zusammenarbeit mit dem König hatte für Bismarck allerdings weiterhin ihre Tücken. Wilhelm I. war in mancherlei Hinsicht alles andere als pflegeleicht. Personalwechsel im Staatsministerium etwa widerstrebten ihm sehr. Als Bismarck mit dem Ende des Verfassungskonflikts das Staatsministerium umbesetzen wollte, scheiterte er am Veto des Königs; er musste an ungeliebten Ministern wie Itzenplitz oder Mühler noch jahrelang festhalten, ehe er sich ihrer entledigen konnte. Zudem war stets damit zu rechnen, dass sich der König in die Regierungsgeschäfte einmischte. Erregte ein aktuelles Thema seine gesteigerte Aufmerksamkeit, verlangte er Aufklärung, wollte von anstehenden Entscheidungen überzeugt werden. Gelang das nicht, konnte es durchaus vorkommen, dass er Beschlüsse des Staatsministeriums für ungültig erklärte.[61] Die Konsequenz für Bismarck: Er musste immer wieder hart um Wilhelms Genehmigung für seine Pläne ringen, mit Engelszungen auf ihn einreden, seine Eigenheiten berücksichtigen und mit psychologischen Tricks arbeiten. Und der einfache Weg, nämlich den Monarchen mit Schmeicheleien einzulullen, blieb ihm dabei versperrt, weil dieser mit honigsüßen Worten nicht zu gewinnen war.

Leicht war das Miteinander der beiden ungleichen Männer indessen auch für Wilhelm I. nicht. Um Bismarck zu ertragen, brauchte man viel Langmut. Der Mann, den man später den »Eisernen Kanzler« nannte, litt unter Schlaflosigkeit, Gallenbeschwerden und Gesichtsneuralgien, machte im Stil eines Hypochonders viel Aufhebens um seinen Gesundheitszustand und ging im Lauf der Jahre vermehrt dazu über, sich immer wieder monatelang auf seinen Landsitz zurückzuziehen, was einer wohlkoordinierten Regierungsarbeit nicht eben zuträglich war. Außerdem entwickelte Bismarck die unangenehme Angewohnheit, zur Durchsetzung politischer Ziele seinen Rücktritt in den Raum zu stellen.[62] Wilhelm I. versetzte das zumeist in helle Aufregung. »Wie können Sie nur daran denken, daß ich auf Ihren Gedanken eingehen könnte!«, reagierte er auf eine dieser Drohungen im Februar 1869. »Mein größtes Glück ist es ja, mit Ihnen zu leben und immer fest einverstanden zu sein.«[63]

Insgeheim ahnte der König wohl, dass sein Regierungschef von der Macht gar nicht mehr lassen konnte und ihn manchmal einfach nur erpresste. Als im April 1877 wieder einmal eine Rücktrittskrise ohne Rücktritt endete, schrieb Wilhelm lakonisch an Roon: »Nun, der Berg hat eine Maus geboren, und ... es bleibt beim Alten, wie ich es im ersten Augenblick an Bismarck sagte.«[64] Dennoch war ihm schon der bloße Gedanke an einen Abgang des Ausnahmepolitikers Bismarck ein Graus, weil er wusste, dass ihm dessen staatspolitische Finesse abging. Schon in seinen ersten Herrschaftsjahren, als er noch beträchtlichen Führungswillen demonstriert hatte, hatte er es als Defizit angesehen, sich zuvor nicht eingehender mit Finanz-, Wirtschafts- oder Justizpolitik befasst zu haben.[65] Außerdem waren für die Bewältigung der inneren und äußeren Krisen jener Jahre politische Instinkte erforderlich gewesen, die ihm fehlten. Ein Hinweis, dass Wilhelm I. sich von der partiellen Selbstherrschaft überfordert fühlte, taucht bereits in einem im Mai 1861 verfassten Brief an den Altliberalen Karl Friedrich von Vincke auf: »Die Zeiten sind gewiß vorbei, wenn sie überhaupt je existiert haben, wo man es für ein glückliches Ereignis hielt, wenn man einen Thron bestieg. Ich hatte bereits 3 Jahre lang die Leiden des Regierens kennen gelernt, als ich den Thron wirklich besteigen mußte! Und seitdem sind der Wirren, innerer und äußerer, nur immer mehr geworden.«[66]

Kurz gesagt: Wilhelm I. war 1866 längst schon bereit, einen starken Ministerpräsidenten zuzulassen und von der direkten Herrschaftsausübung ein gutes Stück abzurücken. Dies lässt sich auch an der Zahl der von ihm einberufenen Kronräte ablesen. Hatten in den ersten vier Jahren seiner Herrschaft noch über fünfzig solcher Sitzungen des Staatsministeriums unter seinem Vorsitz stattgefunden, so war diese Zahl in den nächsten vier Jahren von Ende 1862 bis Ende 1866 auf 29 gesunken (zwischen Ende 1866 und Ende 1870 sollten es nur noch zehn sein).[67]

Dass der König Bismarck zunehmenden Handlungsspielraum zubilligte, war ein unausgesprochenes Eingeständnis eigener staatsmännischer Schwäche, gleichzeitig aber auch ein Beweis mentaler Stärke. Wilhelm I. musste keine Jasager um sich scharen. Er hatte keine Angst vor starken Persönlichkeiten in seinem Umfeld, sondern strebte nach den besten Mitarbeitern, die er finden konnte.[68] Die zwingende Voraussetzung dafür war aber, dass diese in ihrer politischen Ausrichtung mit ihm übereinstimmten. Das traf auf Bismarck zu. Bei der Verwirklichung der gemeinsamen Ziele schlug er zuweilen Wege ein, die Wilhelm nach Luft schnappen ließen. Bei den Zielen selbst waren sich die beiden Männer allerdings einig: Verteidigung und Festigung der königlichen Macht, kleine Zugeständnisse an das liberale Bürgertum, Stärkung der preußischen Position in Deutschland und in Europa.

Nach dem Krieg von 1866 gab es indessen noch einen triftigen Grund für Wilhelm I., seine Aufgabenprioritäten zu verändern: Preußen hatte sein Territorium in Mittel- und Norddeutschland mit relativer Leichtigkeit massiv erweitert. Ungleich schwerer war es, die annektierten Länder mit den neuen Machtverhält-

19: Wilhelm I. und Otto von Bismarck, ca. 1870.

nissen auszusöhnen. Die innere Vereinigung sollte sich als das »vordringliche Hauptproblem der preußischen Innenpolitik«[69] erweisen, und dessen Lösung verlangte den gesteigerten Einsatz des Königs.

Eine Million Gulden für Frankfurt

Dass die harmonische Einbindung der neuen Territorien solche Schwierigkeiten machte, war nicht zuletzt auf das ungeschickte Handeln der preußischen Staatsführung zurückzuführen. Vor allem gegenüber Frankfurt am Main steuerte sie zunächst einen Kurs, der viel Porzellan zerschlug.

Am 16. Juli 1866, knapp zwei Wochen nach der Schlacht von Königgrätz, wurde Frankfurt von der preußischen Mainarmee unter General Falckenstein besetzt. Dies sorgte in Berlin für besondere Genugtuung. In der preußischen Staatsspitze hegte man gegen die reiche Metropole am Main starke Aversionen. Sie hatte 1848/49 die Nationalversammlung beherbergt, sie war eine Republik, sie galt als Hort des Linksliberalismus und der Demokratie. Überdies hatten Frankfurter Zeitungen seit dem Dänemark-Krieg oft beißende Kritik an der preußischen Expansion geübt. Am Krieg von 1866 nahm die kleine Republik zwar nicht teil, ließ aber keinen Zweifel daran, dass sie im Lager Österreichs stand. Von Wilhelm I. abwärts meinte man in Berlin, Frankfurt müsse für all dies bestraft werden.

Die Generäle vor Ort zögerten keine Sekunde, dieser Überzeugung handfesten Ausdruck zu verleihen. Für einige Wochen errichteten sie ein regelrechtes Schreckensregime in Frankfurt. Am Abend des 16. Juli quartierten sich die Truppen brachial in Privathäusern ein. Tags darauf verlangte Falckenstein eine Kriegskostenentschädigung von rund sechs Millionen Gulden. Dann leitete er eine rigide Zensurpolitik gegen Frankfurter Zeitungen ein. Edwin von Manteuffel, der Falckenstein am 20. Juli ablöste, zog die Eskalationsschraube noch fester an, verlangte weitere 25 Millionen Gulden und drohte, das Geld notfalls auch mit Waffengewalt einzutreiben. Einer der beiden Frankfurter Bürgermeister war über all dies so verzweifelt, dass er sich am 23. Juli das Leben nahm. Manteuffel zeigte sich davon unbeeindruckt und ließ an strategisch wichtigen Positionen der Stadt Kanonen auffahren, was bei den Frankfurtern die Angst erweckte, nun tatsächlich beschossen zu werden.

Die Vorgänge am Main wurden von Wilhelm I. und Bismarck mitgetragen und gutgeheißen. Der König dachte anfänglich sogar in noch radikaleren Bahnen. Im Sommer 1866 hasste er Frankfurt regelrecht. Er war wütend über die antipreußische Berichterstattung der dortigen Presse sowie den Umstand, dass der Stadtsenat die Parteinahme für Österreich auch noch offiziell bekräftigt hatte. Anfänglich wollte er Frankfurt noch schärfer bestrafen, als es seine Armee ohnehin schon tat. Seine Haltung spiegelte im Grunde nichts anderes als den Wunsch nach Rache wider.[70]

Nach dem Krieg gab es für derart kurzsichtige Zielsetzungen jedoch keinen Platz mehr. Da Frankfurt zu einem Teil Preußens wurde, konnte es selbst für die größten Hardliner keinen Sinn mehr machen, die Stadt wirtschaftlich zugrunde zu richten. Berlin reduzierte daher den Druck und rückte von der 25-Millionen-Kontribution ab. Für die Frankfurter war dies zwar eine Erleichterung, doch den Verlust ihrer Unabhängigkeit nach über 600 Jahren Selbstverwaltung empfanden sie als schlimmen Schlag, den sie lange nicht verdauten. Zudem wurde die Stadt, die in Deutschland stets eine Sonderstellung eingenommen hatte – jahrhundertelang waren hier die Kaiser des Heiligen Römischen Reiches gekrönt worden, ab 1815 hatte Frankfurt den deutschen Bundestag beherbergt –, nicht einmal zum Verwaltungszentrum der geplanten Provinz Hessen-Nassau, sondern zu einer einfachen Provinzstadt degradiert. All dies erzeugte bei den Frankfurtern enorme Erbitterung. Ihr Widerstandsgeist erwachte. Sie fingen an, Gegenforderungen zu stellen, und drangen zunächst auf Rückzahlung der von Falckenstein eingetriebenen sechs Millionen Gulden. Damit begann ein langwieriger Finanzstreit, der Wilhelm I. und dem Staatsministerium schwer zu schaffen machen sollte.[71]

In den anderen annektierten Ländern gab es keine derart großen Gegensätze zwischen den neuen preußischen Autoritäten und der Bevölkerung, auch, weil Berlin nirgendwo ein dermaßen schroffes Regiment wie in Frankfurt errichtete und sich kaum Übergriffe zuschulden kommen ließ. Dennoch waren Skepsis und Ablehnung hier ebenfalls weitverbreitet. Die Angst vor Lebensverschlechterungen durch Steuererhöhungen oder verpflichtenden Militärdienst ging um. Mancherorts gab es auch politische Widerstände. In Hannover bauten Anhänger des abgesetzten welfischen Königs Georg V. (👑 1851–1866) eine starke Oppositionsbewegung auf. In Schleswig und Holstein zerfiel die augustenburgische Bewegung zwar, doch viele Menschen taten sich schwer damit, sich vom Traum eines unabhängigen Staates Schleswig-Holstein zu verabschieden und plötzlich Teil Preußens zu sein.

Im preußischen Staatsministerium herrschte Uneinigkeit, wie man mit den neuen Provinzen verfahren sollte. Bismarck nahm – außer gegenüber Frankfurt – eine moderate Haltung ein. Seiner Ansicht nach musste man den annektierten Ländern einiges an Selbstverwaltung und regionaler Autonomie zugestehen, um ihre friedliche Integration zu fördern. Innenminister Eulenburg, Justizminister Lippe-Weißenfeld und Finanzminister von der Heydt wollten jedoch in den Provinzen einen massiven Borussifizierungsprozess durchsetzen – und sie handelten danach: Als sich Bismarck im Frühsommer 1867 nach Varzin begab, nutzten sie seine Abwesenheit, um dem König ein zentralistisches Maßnahmenpaket vorzulegen. Demnach sollten die annektierten Länder ihren Kapitalbesitz dem Berliner Schatzamt unterstellen, preußisches Recht übernehmen, die preußische Stempelsteuer einführen und staatliche Lotterien abschaffen.[72]

Wilhelm traf der Vorstoß der Minister erstaunlich unvorbereitet. Seine Haltung zu den neuen Provinzen hatte noch immer keine klaren Konturen gewonnen, obwohl der Krieg mittlerweile ein Jahr zurücklag. Grundsätzlich tendierte er wie Bismarck zu einer eher konzilianten Linie, doch seine Ansicht basierte nicht auf solidem Faktenwissen. Als er die ihm vorgelegten Pläne begutachtete, erhob er bei einigen Punkten Bedenken, weil sie ihm etwas zu hart erschienen. Die Minister drängten allerdings, und Wilhelm unterlief ein folgenschweres Malheur: Irrtümlich glaubte er, die Verordnungen wären von Bismarck geprüft und für richtig befunden worden. Also unterzeichnete er.

Wenig später reiste der König zur Kur nach Bad Ems. Kaum dort angekommen, sah er sich mit einem Proteststurm konfrontiert. Diverse Zeitungen, aber auch Briefe und Berichte, die bei ihm eintrafen, gingen mit dem Berliner Maßnahmenpaket scharf ins Gericht. In den betroffenen Regionen gab es einen Aufschrei, selbst die dortigen Preußen-Sympathisanten irritierte das harte Vorgehen Berlins. Spitzenvertreter aus den neuen Provinzen machten sich auf den Weg nach Bad Ems, um von Wilhelm I. Abmilderungen des Maßnahmenpakets zu erwirken.

Die heftigen Reaktionen rüttelten Wilhelm auf. Keinesfalls wollte er von seinen neuen Untertanen als Gewaltherrscher wahrgenommen werden. Er befahl Bismarck, das Maßnahmenpaket gründlich zu entschärfen. Den Verhandlungsdelegationen, die bei ihm in Bad Ems vorsprachen, gab er zu verstehen, dass Berlin ein Missgriff unterlaufen sei, der korrigiert werden müsse. Außerdem tat Wilhelm nun, was eigentlich schon nach dem Krieg angebracht gewesen wäre: Er begann, die annektierten Territorien zu bereisen und seinen neuen Untertanen persönlich gegenüberzutreten.

Gleich bei seiner zweiten Reisestation begab sich der König in die Höhle des Löwen. Nach einem recht gut verlaufenen Auftritt in Wiesbaden am 30. Juli[73] fuhr er am Morgen des 15. August nach Frankfurt am Main. Dort erlebte er Dramatik pur, denn sein ohnehin schon heikler Besuch wurde durch einen unglaublichen Zufall überschattet: In der Nacht vor Wilhelms Ankunft war im Kaiserdom St. Bartholomäus ein Feuer ausgebrochen, das die Innenausstattung und den Dachstuhl des Doms zerstört und auch den Kirchturm schwer in Mitleidenschaft gezogen hatte. Am nächsten Morgen war das altehrwürdige Gotteshaus, jahrhundertelang die Krönungsstätte der römischen-deutschen Kaiser und eng mit der Identität der Stadt verbunden, eine rauchende Ruine. In Frankfurt war man starr vor Schock und Wut. Für nicht wenige Bürger hatte es düstere Symbolkraft, dass der Dom just vor dem Besuch des preußischen Königs abgebrannt war.

Das offizielle Frankfurt wagte es freilich nicht, dem neuen Herrscher einen standesgemäßen Empfang zu versagen. Die Spitzen der Zivil- und Militärbehörden standen Spalier, als er mit der Taunusbahn gegen 11 Uhr eintraf. Doch die obligaten Hochrufe, die er bei seinen öffentlichen Auftritten meistens hörte, blieben diesmal gänzlich aus. Es herrschte Stille. Wilhelm war angespannt. Er hatte kaum Zeit gehabt, sich passende Worte für diese unerwartete Situation zurechtzulegen. Instinktiv tat er das einzig Richtige. In einer kurzen Rede vor den Vertretern Frankfurts äußerte er Verständnis, dass angesichts der Umstände »dieses Zusammentreffen für Sie kein freundliches sein kann.« Er brachte sein Mitgefühl über den Dombrand zum Ausdruck, Frankfurt habe große Opfer gebracht. Bezug nehmend auf das zentralistische Maßnahmenpaket sagte er, es wären »Irrungen und Mißverständnisse eingetreten«, die zu korrigieren wären. Er selbst wolle dafür sorgen, dass »Ihren gerechten Wünschen entsprochen werde.« Abschließend plädierte der König: »Fassen Sie Vertrauen zu mir, wie ich Ihnen vertraue«[74]. Danach fuhr er zum Brandschauplatz, um sich selbst ein Bild von der Lage zu machen. Das erwies sich als schlechte Entscheidung. Vor dem halb zerstörten Kaiserdom hatte sich eine große Menschenmenge versammelt, der es sehr missfiel, dass der Spitzenrepräsentant der verhassten preußischen Staatsmacht ausgerechnet jetzt, in diesen dunklen Stunden, hier auftauchte. »Niemand zog den Hut ab, kein Laut ertönte«[75], schrieb ein Frankfurter Augenzeuge über die Reaktion der Menge. In die frostige Stille mischten sich auch einige heftige Reaktionen. »Was will der denn hier?«[76], fragte eine Frau beim Anblick des Königs empört. Ein Feuerwehrmann geriet sogar dermaßen in Rage, dass er seine Wasserspritze vom brennenden Dachstuhl des Kaiserdoms auf Wilhelm I. richten wollte. Nur mit knapper Not entging der hohe Gast einer Brachialdusche.[77]

Am späten Nachmittag desselben Tages traf Wilhelm in Kassel ein und erlebte eine völlig konträre Reaktion. Die Spitzen der Stadt, aber auch die Bevölkerung nahmen ihn mit offenen Armen auf. Die versöhnliche Botschaft, die er in Bad Ems den Stadtrepräsentanten mit auf den Weg gegeben hatte, war gut aufgenommen worden. Zudem lösten sich die Kasseler leichteren Herzens von der Vergangenheit als die Frankfurter, der ultrareaktionäre Ex-Kurfürst Friedrich Wilhelm I. wurde nicht sonderlich vermisst. Also begrüßten die Kasseler den neuen Herrscher mit einer Herzlichkeit, die diesen, wie er offen zugab, angesichts der jüngsten Ereignisse überraschte. Wilhelm konnte in manchen Momenten seine Rührung kaum verbergen und wiederholte mit allem Nachdruck, dass die in Berlin gemachten Fehler korrigiert würden. Zudem versicherte er, der Staatsschatz des ehemaligen Kurfürstentums würde weiterhin den Interessen des Landes dienen, was den Besuch in Kassel endgültig zu einem vollen Erfolg machte.

Unmittelbar darauf fuhr der König nach Berlin und begann die versprochene Fehlerkorrektur in die Tat umzusetzen. Der pfleglichen Behandlung der neuen Provinzen galt nun sein höchstes Augenmerk.[78] Sensibilität sah er vor allem bei Frankfurt geboten. Seinen Finanzminister wies er am 21. August an, nur noch besonders höfliche Finanzbeamte nach Frankfurt zu entsenden, »damit bei den vielen Verstößen, welche in der Behandlung der Stadt F.a.M. vorgekommen sind, nicht auch noch durch die Art und Weise der jedesmal unliebsamen Steuererhebungen neue und gerechte Klagen erhoben werden.«[79] Wenig später intervenierte er gegen die vom Staatsministerium für den 1. Januar 1868 geplante Aufhebung der in Frankfurt am Main, Hannover und Osnabrück bestehenden Klassen-Lotterien und verlangte bei einem Kronrat am 8. November, den betroffenen Städten eine Fortsetzung des einträglichen Spiels bis zum Jahr 1873 zu ermöglichen.[80]

Um die Wünsche der neuen Untertanen besser kennenzulernen, ordnete der König Beratungen mit regionalen Vertrauensmännern an. Als Bismarck der Forderung Hannovers nach einem eigenen Provinzialfonds nachgeben wollte und sich im Abgeordnetenhaus dagegen Widerstand formierte – Konservative, aber auch Fortschrittler sahen nicht ein, warum Hannover etwas bekommen sollte, was die alten preußischen Provinzen nicht besaßen –, machte der König Druck auf konservative Abgeordnete und sorgte so dafür, dass das entsprechende Gesetz eine parlamentarische Mehrheit fand. Im Juni 1868 verfügte Wilhelm, in Schleswig-Holstein eine gemeinsame Regierung für die beiden ehemaligen Elbherzogtümer einzurichten, eine Maßnahme, die sowohl der Tradition der Region als auch dem mehrheitlichen Wunsch der Bevölkerung entsprach. Zuweilen griff der König auch zu unorthodoxen Maßnahmen, um das Zusammenwachsen zu fördern. Als das Staatsministerium den Betrieb der früheren Hoftheater in Hannover, Kassel und Wiesbaden nicht finanzieren wollte, übernahm er diese auf den Kronfideikommißfonds, der eigentlich der finanziellen Ausstattung für das Königshaus diente, und sicherte so deren Existenz.

Allerdings musste man in den neuen Provinzen auch bittere Pillen schlucken. Die Verwaltung wurde auf allen Ebenen bürokratischer und zentralisierter. Und an der Einführung der Wehrpflicht gab es nichts zu rütteln, auch und gerade für den ansonsten kompromissbereiten König nicht. Die Einziehung zum preußischen Militär wurde in allen neuen Ländern energisch abgewickelt und in manchen Regionen als besonders schmerzlich empfunden. In Frankfurt etwa kam es zu einer kleinen Emigration junger Männer, die der Wehrpflicht entgehen wollten, dasselbe geschah in Nordschleswig.[81]

Angesichts derartiger Belastungen war es umso wichtiger, den neuen Untertanen einen emotionalen Anknüpfungspunkt mit der preußischen Herrschaft zu geben. Diese Aufgabe fiel zwangsläufig dem König zu. An ihm lag es, bei den Menschen Werbung für die preußische Herrschaft zu machen und Sympathien für die Hohenzollern zu erwecken. Das bedeutete, Reisen in die neuen Provinzen wurden fortan zum Fixbestandteil seiner Herrschertätigkeit.

Trotz der Politik des Entgegenkommens, die Berlin mittlerweile betrieb, ging es bei diesen Reisen anfänglich noch keineswegs problem- und spannungsfrei zu. Im Juni 1868 fuhr Wilhelm zu einem dreitägigen Aufenthalt nach Hannover. Dort stellte das welfische Lager mittlerweile eine ernstzunehmende Gegenbewegung zur preußischen Herrschaft dar. Die erste Wahl zum Reichstag des Norddeutschen Bundes am 31. August 1867 hatte den Welfen beachtliche Teilerfolge eingebracht. Ex-König Georg V. unterhielt in Frankreich sogar eine kleine Privatarmee, die im Falle eines deutsch-französischen Krieges Hannover zurückerobern sollte. Wilhelm schlug daher am 22. Juni bei einer Ansprache an die Spitzenrepräsentanten Hannovers mahnende Töne an, wenngleich er sie in freundliche Worte kleidete. Er habe Verständnis, wenn die Hannoveraner angesichts des Machtwechsels gemischte Gefühle hätten und sich positive Emotionen für die früheren Verhältnisse bewahrten. Diese dürften aber nicht in die Öffentlichkeit getragen werden, ansonsten sei er gezwungen, dagegen vorzugehen. Es liege ganz in der Hand der Hannoveraner, durch ihre Haltung das Vertrauen zu erwidern, mit dem er ihnen entgegenkomme. Bei näherer Bekanntschaft sei er aber überzeugt, dass man gemeinsam glücklichen Zuständen entgegengehe. Abgesehen von dieser samtenen Warnung präsentierte sich Wilhelm in Hannover als humaner Herrscher. Er spendete der Armenkasse, versprach den Vertretern der evangelischen Geistlichkeit, sie keinesfalls in die preußische Union hineinzuzwingen, empfing diverse Deputationen und traf bei einer Gesellschaft des Oberpräsidenten von Hannover mit zahlreichen Bürgern der Stadt zusammen.[82] Dabei machte er »durch seine Erscheinung nach allgemeinem Zugeständniß einen vortrefflichen Eindruck.«[83]

Im September 1868 fuhr Wilhelm mit großem Gefolge nach Schleswig-Holstein. Es war ein aufwendiges Vorhaben, weil mehrere Metropolen außerhalb Schleswig-Holsteins ebenfalls einen Besuch des Königs wünschten, unter ihnen Lübeck und Hamburg. Zudem hatten zahlreiche kleinere Städte und Dörfer darum gebeten, sich ihm zumindest auf der Durchreise vorstellen zu können. Damit schwoll die Reise zu einem zwölftägigen Unternehmen an, das mit unzähligen festlichen Empfängen, Huldigungen, langen Reden, großen Diners, Theateraufführungen und Besichtigungen gespickt war. Bei den meisten Stationen der Reise wurde Wilhelm freundlich bis begeistert empfangen, doch im Norden Schleswigs blickte man seinem Besuch deutlich kühler entgegen. Abgesehen von der dänischen Bevölkerung, die die preußische Herrschaft sehr reserviert beurteilte, herrschte hier starke Unzufriedenheit mit der dreijährigen Wehrpflicht. Hinzu kamen wirtschaftliche Probleme, die auf die Abtrennung der Region von Dänemark infolge des Krieges von 1864 zurückzuführen waren. Besonders stark davon betroffen war Flensburg.[84] Als Wilhelm I. am 15. September in der zentralen Hafen- und Handelsstadt Nordschleswigs eintraf, erlebte er einen sehr distanzierten Empfang. Die Straßen der Stadt waren zwar von vielen Schaulustigen gesäumt, aber es herrschte weitgehend Stille. Eine einfache, aber wirkungsvolle Geste des Königs lockerte die schlechte Stimmung auf. Als er vor seinem Flensburger Quartier ankam, wartete eine Ehrenkompanie auf ihn. Aus Platzgründen konnte er ihren Vorbeimarsch nur auf einem Trottoir abnehmen, das versehentlich nicht abgesperrt worden war und auf dem sich nun unzählige Menschen drängten. Christoph Tiedemann, der junge Polizeichef von Flensburg, bekam bei diesem Anblick Angst. Er hatte anonyme Drohtelegramme bekommen, die ein

Attentat auf den König befürchten ließen, und bat diesen inständig, das brechend volle Trottoir nicht zu betreten. Wilhelm ignorierte den Rat und befahl überdies seinem militärischen Gefolge, ihn nicht zu begleiten. Dann ging er demonstrativ ganz allein auf die eisig schweigende Menge zu und stellte sich ungeschützt mitten unter die Flensburger. Tiedemann quetschte sich noch eilig hinter ihn und holte verstohlen seinen Revolver hervor, um allfällige Attentäter abzuwehren, während der König von Preußen, eingekeilt zwischen Flensburger Bürgern, die Ehrenkompanie begutachtete. Schließlich war der Vorbeimarsch absolviert. Zur Erleichterung Tiedemanns schritt Wilhelm unbeschadet wieder zurück zur abgesicherten Straßenseite. Da geschah etwas Unerwartetes. Hochrufe wurden plötzlich laut. Dass sich der König einfach allein in ihre Mitte begeben hatte, gefiel den Menschen auf dem Trottoir. Die Furchtlosigkeit und das Vertrauen, das bei dieser Geste mitschwang, machten Eindruck.[85] Nach diesem gelungenen Auftakt ließ Wilhelm nichts mehr anbrennen. Im Zuge eines dichtgedrängten Besuchsprogramms präsentierte er sich volksnah und gut gelaunt, blieb dabei aber stets würdevoll und gab sich keine Blößen. Gerade Letzteres stach den Flensburgern positiv ins Auge, denn beim letzten monarchischen Besuch im Oktober 1863 hatte der dänische König Friedrich VII. beim Flensburger Bürgerball in volltrunkenem Zustand randaliert und eine peinliche Vorstellung geboten.[86] Umso vorteilhafter wurde Wilhelms unverkrampfte Souveränität empfunden. Als er aus Flensburg abreiste, war man in der Stadt zwar immer noch weit davon entfernt, die preußische Herrschaft zu lieben. Wilhelm aber hatte die Überzeugung erweckt, dass »er ein Landesherr nach dem Herzen der Schleswig-Holsteiner sein werde: schlicht, einfach, prunklos und doch voll Würde und Majestät, jeder Zoll ein König«, so Tiedemann. Durch seinen Auftritt hätte er einen »ersten Anstoß zu einem langsam, aber stetig fortschreitenden Umschwung der öffentlichen Stimmung im Lande«[87] gegeben.

Auf einen Besuch der Grenzregion zu Dänemark verzichtete der König jedoch wohlweislich. Im Prager Friedensvertrag von 1866 hatten Österreich und Preußen vereinbart, dass die nördlichen Distrikte Schleswigs wieder an Dänemark abgetreten werden sollten, sollte die Bevölkerung diesen Wunsch in einer freien Abstimmung zum Ausdruck bringen. Von dieser Bestimmung wollte die preußische Staatsführung mittlerweile nichts mehr wissen. Ebenso unerwünscht war es dem Hof, während der Reise des Königs mit Protestkundgebungen von dänischen Landesbewohnern konfrontiert zu werden. Wilhelm begab sich zwar nach dem Besuch Flensburgs ein Stück weit in vornehmlich von Dänen bewohnte Gebiete hinein und besuchte Sonderburg und Apenrade. Doch die knapp an der Grenze zu Dänemark gelegene Stadt Hadersleben strich er von der Reiseroute, als er erfuhr, dass er dort mit einer Demonstration gegen ihn rechnen musste. So weit ging des Königs Bereitschaft, durch persönlichen Einsatz seine neuen Untertanen mit der preußischen Herrschaft auszusöhnen, denn doch nicht.[88] Wenig erfreut reagierte er auch, als die Dänen Nordschleswigs versuchten, durch eine Massenadresse Druck auf die preußische Staatsführung zu machen, gemäß der Bestimmung im Prager Friedensvertrag eine Volksabstimmung in der Region durchzuführen. Im Oktober 1869 entsandten sie eine Delegation nach Berlin, die dem König eine von 27.000 Menschen unterzeichnete Adresse übergeben sollte. Wilhelm I. aber weigerte sich, die Delegation zu empfangen, und auch das Staatsministerium lehnte es ab, sich mit der Angelegenheit auseinanderzusetzen.[89] Eine Volksabstimmung in der Region sollte erst im Jahr 1920 stattfinden, nach der deutschen Niederlage im Ersten Weltkrieg und dem Untergang der Hohenzollern.

1869 arbeitete Wilhelm I. abermals ein großflächiges Reiseprogramm in den neuen Provinzen ab. Er besuchte Hannover, Wiesbaden, Kassel und Frankfurt abermals, zudem eine Reihe weiterer Städte, die seit dem Krieg von 1866 Preußen oder dem Norddeutschen Bund angehörten, darunter Bremerhaven, Oldenburg, Osnabrück, Hanau sowie Emden und Aurich in Ostfriesland. Am 17. Juni 1869 nahm Wilhelm I. außerdem die feierliche Einweihung von Wilhelmshaven, dem ersten Nordseehafen für die preußische Marine, vor.[90] Nicht ohne Pathos thematisierte der König dieses Ereignis wenige Tage später in einer Thronrede vor dem Reichstag des Norddeutschen Bundes. Dabei sprach er bemerkenswerterweise nicht von einem preußischen, sondern – eineinhalb Jahre vor der Gründung des Deutschen Reiches – von der »Vollendung des ersten Deutschen Kriegshafens« und rühmte den »Deutschen Fleiß«, der »in dreizehnjährigem Kampfe den Elementen die Erfüllung einer großen nationalen Aufgabe abgerungen hat.«[91]

In Summe entfaltete Wilhelm I. bei seinen Reisen in die neuen Provinzen beachtliche Integrationskraft. Er besaß Fingerspitzengefühl, stellte sich vor Ort geschickt auf unterschiedliche Stimmungslagen ein und konnte ernstere Botschaften kommunizieren, ohne seine Zuhörer vor den Kopf zu stoßen. Manchmal entwaffnete er sein Publikum auch mit Freundlichkeit und Natürlichkeit sowie mit wohldosierten, auf Wirkung bedachten Gesten. Mit seinem Auftreten in den neuen Provinzen leistete er einen nicht zu unterschätzenden Beitrag zum inneren Zusammenwachsen des vergrößerten Preußen.

In Frankfurt verfing Wilhelms patriarchalischer Charme jedoch nicht. Die überharte preußische Besetzung der Stadt 1866 hatte zu viel Missstimmung erzeugt, um sie mit einigen Besuchen des Königs aus der Welt zu schaffen. Der Finanzstreit mit Frankfurt wurde für Berlin zu einem Dauerproblem. Ab Herbst

1867 drehte er sich immer mehr um die Frage, ob Preußen für die Verstaatlichung der Frankfurter Eisenbahnen eine Entschädigung leisten sollte. Finanzminister von der Heydt hielt dies für inakzeptabel, zumal die Regierung angeboten hatte, alle Schulden der Stadt zu übernehmen und ihr das einträgliche Lotteriespiel für weitere fünf Jahre zu überlassen. Doch die Frankfurter ließen nicht locker. Nach einjährigem Hin und Her bot das mittlerweile einigermaßen zermürbte Staatsministerium zwei Millionen Gulden für die Eisenbahnen. Das reichte den Frankfurtern nicht. Sie verlangten drei Millionen.[92]

Am 22. Februar 1869 berief Wilhelm einen Kronrat ein und legte dem Staatsministerium eindringlich eine entgegenkommende Haltung nahe, um Frankfurt mit Preußen zu versöhnen und den Finanzstreit endlich aus der Welt zu schaffen. Außerdem sei Frankfurt der »Brückenkopf«[93] zu Süddeutschland, betonte der König und berief sich dabei ausdrücklich auf einen Artikel der *Kölnischen Zeitung* vom Vortag. »Das Ansehen und die Bedeutung Frankfurts in Süddeutschland soll man ja nicht unterschätzen«, hatte es darin geheißen. Preußens Freunde im Süden würden »erwarten, daß man den großen Fehler jetzt in Berlin erkennt, der durch die Manteuffel'sche Behandlung Frankfurts im Jahre 1866 begangen wurde. Wenn der Main überbrückt werden soll, so muß Frankfurt der Brückenkopf sein.« Und: »Die Anbahnung einer Versöhnung mit Frankfurt ist der tödlichste Schlag, der die antinationalen Parteien im Süden treffen kann.«[94] Das Staatsministerium ließ sich aber von den deutschlandpolitischen Argumenten des Königs nicht überzeugen und hielt einstimmig am Maximalangebot von zwei Millionen fest. Wilhelm I. teilte seinen verdutzten Ministern daraufhin mit, den Differenzbetrag von einer Million Gulden selbst zu bezahlen.[95]

Bei seiner überraschenden Initiative schwang vielleicht die Hoffnung mit, seine Regierung so zum Einlenken zu bewegen. Doch das Staatsministerium nahm ihn beim Wort, sodass der König den tiefen Griff in seine Privatschatulle tatsächlich vornehmen musste. »Setzen Sie sich auf einen Stuhl und nehmen Sie Eau de Cologne zur Hand, um einer Ohnmacht bei Lesung dieser Zeilen zu entgehen«, schrieb er in einem vermutlich an seinen Bankier gerichteten Brief vom 25. Februar 1869. Das Staatsministerium wolle Frankfurt nicht mehr als zwei Millionen Gulden bezahlen, »da habe ich mich entschlossen, die eine Million auf mein Privatvermögen zu übernehmen, und es ist (o, das geizige Ministerium!) angenommen!«[96]

Tags darauf wurde der Rezess mit Frankfurt von Bevollmächtigten der Stadt unterzeichnet. Am Main löste das Geldgeschenk des Königs aber keineswegs nur Freude aus. Vielmehr kam es zu heftigen Debatten, ob man es überhaupt annehmen sollte. In der Stadtverordnetenversammlung vertrat eine starke Gruppierung die Ansicht, dass das Geschenk Schande über die Stadt brachte. Diese Haltung sorgte selbst bei den wärmsten Frankfurt-Freunden in Berlin für Kopfschütteln. Dennoch stimmte ein Drittel der Stadtverordnetenversammlung dafür, das Geld des Königs zurückzuweisen.[97]

Unerfreulich aus Wilhelms und Bismarcks Sicht entwickelte sich das Verhältnis Preußens mit den süddeutschen Staaten Bayern, Württemberg, Baden und Hessen. Alle Versuche Bismarcks, sie enger an den Norddeutschen Bund zu binden, scheiterten. Vor allem in Bayern und Württemberg lehnte man eine preußische Vorherrschaft vehement ab. Partikularistische Bewegungen erzielten deutliche Wahlsiege. Selbst die Umsetzung der 1866 vereinbarten Schutz- und Trutzbündnisse stieß in Süddeutschland auf wachsenden Widerstand. Lediglich in Baden gab es eine relativ starke Tendenz, sich dem Norddeutschen Bund weiter anzunähern, ihm sogar beizutreten. Großherzog Friedrich I., seine Regierung und die stimmenstarke Fortschrittspartei strebten die deutsche Einheit an.[98] Wilhelm I. wünschte diesem Ziel ebenfalls näherkommen. Da ein Zusammenwachsen mit Bayern und Württemberg vorläufig unrealistisch war, wollte er zumindest Baden mit dem Norden vereinen. Nach einem Besuch bei seinem Schwiegersohn in Karlsruhe im Herbst 1869 schien ihm diesbezüglich Eile geboten, da die partikularistischen Kräfte auch im Großherzogtum im Aufwind waren. Man müsse den Wunsch der Freunde Preußens in Süddeutschland nach Vereinigung mit dem Norden bald erfüllen, sonst laufe man Gefahr, sich diese dauerhaft zu entfremden, äußerte er gegenüber Bismarck, ließ sich aber von dessen kalmierender Antwort, man könne die Einigung Deutschlands »mit Sicherheit vom Laufe der Zeit und von der natürlichen nationalen Entwicklung, welche jedes Jahr Fortschritte macht, erwarten«[99], dann doch wieder beschwichtigen.

Das Drama von Bad Ems

D er Krieg von 1866 kannte neben Österreich einen zweiten großen Verlierer: Napoleon III. Der Kaiser der Franzosen brauchte außenpolitische Erfolge, um seine plebiszitäre Herrschaft stabil zu halten. In den Jahren vor Königgrätz hatte er jedoch Rückschläge erlitten. Die Einigung Italiens war seiner Kontrolle entglitten und sein Versuch, in Mexiko eine von Paris abhängige Monarchie zu installieren, kläglich gescheitert. Preußens durchschlagender Sieg über Österreich stellte für ihn jedoch einen Rückschlag der besonderen Art dar, denn Frankreichs herausragende Machtstellung in Europa hatte jahrhundertelang auf der Zersplitterung Deutschlands beruht. Nun aber war mit dem vergrößerten Preußen und dem Norddeutschen Bund plötzlich ein militärisch starker Machtblock entstanden, der sich, so befürchtete man in Paris, womöglich bald auch noch nach Süddeutschland ausdehnen würde. Für Napoleon III. war diese Entwicklung brandgefährlich, denn sie stellte nicht nur Frankreichs Machtstatus in Frage, sondern wurde im Land als Demütigung der Grande Nation empfunden.

Die Empörung der französischen Öffentlichkeit über den preußischen Machtzuwachs verleitete den Kaiser dazu, die Flucht nach vorne anzutreten. Um sein angeschlagenes Prestige aufzubessern, forderte er von Preußen eine Kompensation für Königgrätz und drängte Berlin, eine französische Annexion des Großherzogtums Luxemburgs zu unterstützen. Diese Begehrlichkeit ließ in der deutschen Öffentlichkeit die Wogen hochgehen, denn Luxemburg war ein Mitglied des Zollvereins und hatte bis 1866 dem Deutschen Bund angehört, Preußen unterhielt dort weiterhin eine Garnison. Dass ein weithin als deutsch empfundenes Land dem »Erzfeind« überlassen werden sollte, sorgte allgemein für Zorn und Unverständnis. Bismarck verwickelte Paris daraufhin in ein diplomatisches Katz-und-Maus-Spiel, das im Mai 1867 zu einer Großmächtekonferenz in London führte. Sie endete mit dem Beschluss, Luxemburg zu neutralisieren und Preußen das Recht zu entziehen, im Großherzogtum eine Garnison zu unterhalten.

Wilhelm I. nahm dieses Resultat mit saurer Miene zur Kenntnis, da man in Deutschland Preußens Rückzug aus dem Großherzogtum mehrheitlich für eine Beinahe-Niederlage hielt. Wenig später bekam er dann auch noch am eigenen Leib zu spüren, wie aufgeheizt und antipreußisch die Stimmung in Frankreich mittlerweile war. Als er Anfang Juni 1867 mit großem Gefolge die Pariser Weltausstellung besuchte, erlebte er brüskierend unfreundliche Reaktionen des einheimischen Publikums.

Aus der Sicht Wilhelms I. war das alles ärgerlich. Für Napoleon III. kam der Ausgang der Luxemburg-Krise jedoch einer Existenzgefährdung nahe. Er hatte seine ganze Macht eingesetzt, um einen Territorialgewinn zu erzielen, und nur die Auflösung einer preußischen Garnison in Luxemburg erreicht. Das ließ sich gegenüber der französischen Bevölkerung nicht als Erfolg verkaufen. Der Kaiser geriet innenpolitisch massiv unter Druck. Das Parlament und die Öffentlichkeit forderten Rache an Preußen. Oppositionelle Zeitungen beklagten Frankreichs Prestigeverlust und stellten den Kaiser als Witzfigur dar. Unfreiwillig symbolisiert wurde die Schwäche des Regimes durch Napoleon III. selbst, mit dessen Gesundheit es in den späten 1860er Jahren rapide abwärtsging. Er litt an Blasensteinen und Hämorrhoiden, wurde immer hinfälliger, erweckte durch sein Erscheinungsbild wachsende Zweifel, ob er überhaupt noch zum Herrschen in der

Lage war. Für den angeschlagenen Kaiser schien ein Krieg mit Preußen die einzige Chance zu sein, die Kritik zum Verstummen zu bringen. Diesen Waffengang wollte Napoleon III. jedoch nicht alleine führen. Er nahm Bündnisgespräche mit Kaiser Franz Joseph I. auf, der nach der Niederlage gegen Preußen gezwungen gewesen war, Österreich in die Doppelmonarchie Österreich-Ungarn umzuwandeln und durchaus Revanchegelüste empfand. Die Verhandlungen zwischen Paris und Wien führten zu keiner Vertragsunterzeichnung, kamen Napoleons Meinung nach aber doch so gut voran, dass er zu Beginn des Jahres 1870 meinte, im Ernstfall auf Österreich-Ungarn zählen zu können. Diesem Irrglauben erlag auch Antoine Alfred Agénor de Gramont, den Napoleon III. am 15. Mai 1870 zum Außenminister ernannte. Gramont trat sein Amt mit der Entschlossenheit an, gegenüber Berlin einen harten Kurs zu verfolgen. Zuversichtlich, dass Frankreich in einem Konflikt mit Preußen nicht alleinstehen würde, ging er nur sieben Wochen später in die Offensive. Den Anlass dazu bot ihm die Hohenzollern-Kandidatur für den spanischen Thron.

Spanien war im 19. Jahrhundert eines der instabilsten Länder Europas. Seit Jahrzehnten sorgten Gegensätze zwischen liberalen und konservativen Kräften sowie Zwistigkeiten innerhalb des Herrscherhauses für Staatsstreiche und kriegerische Auseinandersetzungen. Im September 1868 kam es wieder einmal zu schweren Unruhen, in deren Verlauf Königin Isabella II. (👑 1833–1868) gestürzt wurde. Anschließend suchte die Regierung einen neuen Monarchen. Ihr Blick schweifte ins Ausland und blieb an Leopold von Hohenzollern hängen, dem ältesten Sohn von Wilhelms einstigem Ministerpräsidenten Karl Anton von Hohenzollern-Sigmaringen.[100] Leopold und sein Vater wollten so eine Entscheidung indessen nicht ohne Zustimmung des Chefs des Hauses Hohenzollern treffen. Wilhelm I. winkte jedoch ab. Ihm schien der spanische Thron zu wacklig. Auf das Risiko, in Bälde dem Sturz eines Hohenzollern in Madrid zusehen zu müssen, wollte er sich nicht einlassen.

Doch dann griff Bismarck ein. In einem Immediatbericht vom 9. März 1870 versuchte er, Wilhelm I. eine Thronkandidatur Leopolds schmackhaft zu machen. Welche Gründe Bismarck dazu bewogen, wurde von der Forschung unterschiedlich beurteilt. Umstritten war und ist vor allem die Frage, ob er auf einen Krieg mit Frankreich abzielte, das einen Hohenzollernprinzen auf dem spanischen Thron kaum akzeptieren würde. Auffällig ist jedoch, dass er seinen König nicht mit allem Nachdruck auf die Reaktion hinwies, die in diesem Fall von Paris zu erwarten war. Stattdessen argumentierte er blumig, dass die Hohenzollern mit der spanischen Krone eine Machtstellung erlangen würden, die mit jener des Habsburgers Karl V. vergleichbar sei, der im 16. Jahrhundert über Spanien, das

Heilige Römische Reich und die Niederlande geherrscht hatte. Wilhelm I. beeindruckte das wenig. Er scheute das spanische Risiko weiterhin, und Luftschlösser à la Karl V. lockten ihn nicht. Karl Anton und Leopold schickten daher eine ablehnende Antwort nach Madrid. Bismarck ließ aber nicht locker. Er entlockte dem König die Aussage, er werde Leopold nicht in den Arm fallen, sollte dieser die Krone unbedingt wollen. Wilhelm ging dies leicht von der Hand, da die Sache ohnehin erledigt schien. Bismarck initiierte jedoch eine Erneuerung des Angebots durch Madrid und überzeugte die schwäbischen Hohenzollern, es diesmal anzunehmen. Danach ging der Ministerpräsident auf Tauchstation. Am 8. Juni zog er sich nach Varzin zurück und ließ verlauten, sich den Staatsgeschäften krankheitsbedingt bis auf Weiteres nicht widmen zu können. Dass er die Thronkandidatur entscheidend vorangetrieben hatte, sollte verborgen bleiben. Einige Tage später wurde Wilhelm I., der mittlerweile in Bad Ems kurte, von Leopold mit der Bitte konfrontiert, nun doch für die spanische Krone kandidieren zu dürfen. Er war alles andere als erfreut darüber, fühlte sich aber an seine Zusage gebunden, Leopold nicht im Weg zu stehen. Schmallippig stimmte er am 21. Juni zu.

Sowohl Berlin als auch Madrid wollten Leopolds Thronkandidatur unter dem Siegel der Verschwiegenheit realisieren. Doch die Geheimhaltung ließ sich nicht lange aufrechterhalten. Am 2. Juli erfuhr die französische Regierung von dem Projekt. Ihre Reaktion fiel heftig aus. Außenminister Gramont suchte sofort die Öffentlichkeit und ließ empörte Kommentare gegen die Hohenzollern-Kandidatur in regierungsnahen Zeitungen platzieren. Am 5. Juli beschlossen Napoleon III., Ministerpräsident Émile Ollivier und Gramont, einen Konfrontationskurs einzuschlagen. Er richtete sich nicht gegen Spanien, was logisch gewesen wäre, hätte man ausschließlich die Hohenzollern-Thronkandidatur unterbinden wollen, sondern hauptsächlich gegen Preußen. Dabei glaubte man, trotz des Fehlens formeller Bündnisverträge auf Österreich-Ungarn und Italien sowie auf die Neutralität der süddeutschen Staaten zählen zu können. Hinzu kam ein allzu großes Vertrauen in die Schlagkraft der französischen Armee.[101] Ausgehend von diesen Überzeugungen, die sich in den folgenden Wochen allesamt als falsch herausstellen sollten, trat Gramont am 6. Juli vor das Parlament und hielt eine Ansprache, in der er unter dem Jubel der Abgeordneten die Hohenzollern-Kandidatur in Spanien als Angriff auf die Interessen sowie die Ehre Frankreichs darstellte und erklärte, die französische Regierung werde im Fall des Falles ihre »Pflicht ohne Zaudern und ohne Schwäche zu erfüllen«[102] wissen.

Mit dieser faktischen Kriegsdrohung eröffnete Paris ein gewagtes Spiel. Hielt Preußen trotzdem an der Thronkandidatur fest, konnte Napoleon III. nur noch

Gramonts Ankündigung wahrmachen und in den Krieg ziehen, wollte er gegenüber der französischen Öffentlichkeit sein Gesicht nicht völlig verlieren. Und mit dieser Wahrscheinlichkeit war stark zu rechnen, denn im 19. Jahrhundert hatten staatliches Prestige und kollektive Ehre immenses Gewicht. Man konnte sich keinesfalls darauf verlassen, dass eine Großmacht wie Preußen vor einer Drohung, wie Gramont sie ausgestoßen hatte, zurückweichen würde. Zudem trug die kaiserliche Regierung mit ihrer offensiven Pressepolitik und der Kriegsdrohung dazu bei, im eigenen Land eine patriotisch überhitzte Stimmung und eine große Erwartungshaltung zu erzeugen, die ihr letztlich zum Verhängnis werden sollte.

Zunächst jedoch geschah das kaum zu Erwartende: Der preußische König gab nach.

Wilhelm I. war zutiefst irritiert, dass Leopolds Thronkandidatur eine dermaßen schwere Krise ausgelöst hatte. Wegen dieser leidigen Angelegenheit, die ihm ohnehin nie recht gewesen war, wünschte er nun wirklich keinen Konflikt mit Frankreich. Er wollte sie ein für alle Mal aus der Welt schaffen. Allerdings tat er es nicht auf direktem Weg. Dem mittlerweile ebenfalls in Bad Ems weilenden französischen Botschafter Vincent Benedetti teilte er mit, dass die Thronkandidatur eine Sache der schwäbischen Hohenzollern sei, mit der das offizielle Preußen nichts zu tun habe. Hinter den Kulissen jedoch drängte er Karl Anton, dessen Sohn möge auf die Kandidatur verzichten. Karl Anton handelte ganz im Sinne der von Wilhelm vertretenen schwäbischen Fiktion. Er teilte Madrid am 12. Juli offiziell mit, dass Leopold für den spanischen Thron nicht zur Verfügung stehe, und erwähnte beim Kandidaturverzicht weder den König noch die preußische Regierung.[103] Wilhelm war erleichtert. »Mir ist ein Stein vom Herzen«[104], schrieb er Augusta, froh, dass die spanische Affäre endlich ausgestanden schien.

In Berlin hielt sich die Begeisterung in Grenzen. Hildegard von Spitzemberg, eine prominente Salonnière der Kaiserzeit, begrüßte zwar das Ende der Krise, war aber auch bedrückt wegen der eben demonstrierten Nachgiebigkeit, die »den Schein der Schwäche an sich hat«. Von einem befreundeten Offizier berichtete sie, dass dieser »vor Wut fast weinte und Regierung und König zu allen Teufeln wünschte, weil sie Frankreichs Drohungen nachgegeben hätten.«[105]

Napoleon III. reichte der bloße Kandidaturverzicht jedoch nicht. Eigentlich war ihm damit erstmals seit Jahren ein veritabler außenpolitischer Erfolg gelungen, und das auch noch über das aufstrebende Preußen. Einen Makel sah er aber in dem Umstand, dass nur der Vater des Kandidaten, nicht aber das offizielle Preußen den Verzicht erklärt hatte. Angesichts der aufgeputschten Stimmung in Frankreich wollte er den Erfolg spektakulärer machen. Auch der König von Preußen sollte sein Haupt vor Frankreich beugen. Gramont befahl Benedetti am

Abend des 12. Juli, Wilhelm I. das Eingeständnis abzuringen, am Thronverzicht beteiligt gewesen zu sein, und außerdem die Garantie, dass er nie mehr eine Bewerbung des Hauses Hohenzollern für den spanischen Thron zulassen werde.[106]

Benedetti schritt am Morgen des 13. Juli sogleich zur Tat und beging in seiner Eile einen groben Fauxpas. Er passte Wilhelm I. auf der belebten Emser Kurpromenade ab, als dieser einen Spaziergang mit seinem Bruder Albrecht unternahm, und konfrontierte ihn in aller Öffentlichkeit mit der neuen Forderung aus Paris. Der König war wie vom Donner gerührt. Mühsam die Contenance wahrend, teilte er dem Botschafter mit, dass er noch am gleichen Tag eine Stellungnahme Karl Antons zum Kandidaturverzicht erwarte, ansonsten aber mit der Sache nichts zu tun habe. Eine verbindliche Erklärung, nie wieder eine Hohenzollern-Kandidatur in Spanien zu erlauben, wies er zurück. Eine zeitlich unbegrenzte Verzichtsgarantie kam für ihn schon aus prinzipiellen Gründen nicht in Frage, zumal sich politische Konstellationen im Lauf von Jahren auch grundlegend ändern konnten. Benedetti gab sich damit nicht zufrieden und insistierte weiter. Nun wurde es Wilhelm zu viel. Er empfand das Verhalten des Botschafters langsam als impertinent. Außerdem erregte das Gespräch mittlerweile beträchtliche Aufmerksamkeit. Immer mehr Passanten blieben neugierig stehen, um zu hören, was der König und der Botschafter besprachen. Wilhelm beendete das Gespräch. Er kündigte dem Botschafter noch an, nach ihm schicken zu lassen, sobald die Nachricht Karl Antons bei ihm eingetroffen sei. Dann entbot er dem Botschafter einen Gruß und eilte von dannen.

Benedetti verbrachte die nächsten Stunden in der Hoffnung, bei dem in Aussicht gestellten zweiten Gespräch mehr zu erreichen. Doch dazu kam es nicht. Am Nachmittag kam ein Adjutant Wilhelms zu ihm, um ihn über die mittlerweile eingetroffene Stellungnahme Karl Antons zu informieren. Als Benedetti daraufhin um eine Audienz bat, bekam er zur Antwort, der König habe den am Morgen gesagten Dingen nichts weiter hinzuzufügen. Eine versöhnliche Geste hielt Wilhelm I. trotzdem noch bereit: Er ließ dem Botschafter mitteilen, dass er Leopolds Rücktritt von der Thronkandidatur billigte.[107] Mehr könne er allerdings nicht tun, richtete er dem Botschafter abschließend aus. Damit musste Benedetti endgültig zur Kenntnis nehmen, dass er die von Gramont geforderte Garantie nicht bekommen würde.

Wilhelm I. seinerseits fand, dass es nun Zeit für eine öffentliche Äußerung war. Preußen hatte seit Gramonts Brandrede vom 6. Juli eine Woche lang geschwiegen. Die amtliche Pressepolitik Berlins war anders als jene in Paris zurückhaltend geblieben.[108] Er selbst hatte mit dem Kandidaturverzicht eine Blamage in Kauf genommen, um die Krise beizulegen. Jetzt wollte er der Außenwelt zeigen, dass es auch für ihn Grenzen des Zumutbaren gab. Am Nachmittag des 13. Juli schickte er eine Depesche an Bismarck, in der er über die Zurückweisung der französischen Garantieforderung berichtete und anregte, dies in der Presse zu veröffentlichen. Bismarck reagierte, indem er die Emser Depesche kürzte und schärfer abfasste, ehe er sie an die Presse übermittelte. Im ersten Satz informierte er über die von Benedetti überbrachte Garantieforderung. Im zweiten Satz hieß es dann, Wilhelm I. habe es daraufhin abgelehnt, den französischen Botschafter nochmals zu empfangen, und ihm durch einen Adjutanten mitteilen lassen, dass er ihm nichts weiter mitzuteilen habe.[109] Mit dieser Formulierung vermittelte Bismarck den Eindruck, Wilhelm I. hätte, wütend und verletzt über die neue Forderung aus Paris, Benedetti die Tür gewiesen.

Die Reaktion Frankreichs wäre allerdings nicht anders ausgefallen, wenn Bismarck auf diese Zuspitzung verzichtet hätte. Denn der springende Punkt war bereits in der originalen Emser Depesche enthalten: Der König von Preußen hatte die von Paris geforderte Garantie abgelehnt. Als die französische Regierung am Abend des 13. Juli durch ein Telegramm Benedettis von Wilhelms Nein erfuhr, befand sie sich durch eigenes Verschulden in einer ausweglosen Situation. Am 15. Juli musste sie das Parlament über den Stand der Dinge informieren. Dort war bereits beißende Kritik laut geworden, die Regierung habe der angriffslustigen Rede Gramonts vom 6. Juli kaum Taten folgen lassen. Diverse Zeitungen hatten seit Tagen scharfe Maßnahmen gegen Preußen gefordert und Teile der Öffentlichkeit in wilde patriotische Erregung versetzt. Und nun war Napoleon III. mit einer peinlichen Schlappe konfrontiert. Zu allem Überfluss ließ sie sich weder geheim halten noch kaschieren, denn der allzu forsche Gramont hatte bereits die Botschafter der Großmächte über die Garantieforderung unterrichtet. Napoleon III. blieben jetzt nur noch zwei Möglichkeiten: Entweder er gestand am 15. Juli vor dem Parlament ein, abermals eine außenpolitische Niederlage erlitten zu haben, womit er den Sturz seines Regimes riskiert hätte – oder er trat die Flucht nach vorne an. Der Kaiser entschied sich für Letzteres. Noch am 14. Juli beschloss die Regierung einstimmig die Mobilmachung der französischen Armee.[110]

Die Friedenschancen waren von Paris allerdings schon zuvor beträchtlich reduziert worden. Am 13. Juli hatten Gramont und Ollivier dem preußischen Botschafter in Paris mitgeteilt, dass Berlin durch die Geheimhaltung der Hohenzollern-Kandidatur Napoleon III. und Frankreich verletzt habe; Wilhelm I. müsse dies mit einer schriftlichen Entschuldigung an den Kaiser wiedergutmachen, die man dann auch veröffentlichen werde.[111] Der König war fassungslos, als er davon erfuhr. »Hat man je eine solche Insolenz gesehen?«, schäumte er in einem Schreiben an Augusta. »Ich soll also als reuiger Sünder vor der Welt auftreten in einer Sache, die ich gar nicht angeregt, geführt und geleitet habe, sondern Prim [Anm.: Juan Prim, Ministerpräsident Spaniens], und den läßt man ganz aus dem Spiele!« Für ihn ließ die neue Forderung nur noch einen Schluss zu: Entweder Napoleon III. legte es bewusst darauf an, ihn vor der ganzen Welt zu demütigen, oder er zielte tatsächlich auf einen Krieg ab. Zu einem derartigen Kniefall war Wilhelm I. nicht bereit. Er brach seine Kur in Bad Ems ab und trat die Heimreise nach Berlin an. »Vielleicht«, so schrieb er Augusta am 14. Juli, »läßt sich noch eine Vermittelung auffinden, aber nur eine, die nicht meine persönliche und die Ehre der Nation tangiert.«[112] Immer noch schien es Wilhelm kaum vorstellbar, dass die Lage wegen des Streits um die bereits zurückgezogene Thronkandidatur vollends zu eskalieren drohte. Als er am Morgen des 15. Juli am Bahnhof in Bad Ems von seinem Bruder Albrecht Abschied nahm, sagte er, sich an vage Hoffnungen klammernd: »Bleibe Du jedenfalls noch hier: es ist immer noch möglich, daß man in den Tuilerien ein Einsehen hat und wegen so nichtiger Gründe keinen Krieg anfängt.«[113]

Doch mittlerweile hatten die aggressiv-ungeschickte französische Politik sowie Bismarcks Version der Emser Depesche auch in Deutschland die Kampflust hoch auflodern lassen. Als Wilhelm I. mit dem Zug nach Berlin fuhr, registrierte er ungläubig, dass in Deutschland ein kollektiver Kriegstaumel herrschte und er selbst quasi über Nacht zu einer Art gesamtdeutscher Ikone geworden war. In riesigen Scharen strömten die Menschen herbei, um ihm zuzujubeln. Alle Bahnhöfe, auch jene, an denen der Zug nicht anhielt, waren heillos überfüllt mit unzähligen Begeisterten, die ihn feierten, Hurra schrien und Fahnen schwenkten. Für Wilhelm war diese Stimmung unbegreiflich. Dass die Menschen angesichts eines herannahenden, vielleicht sehr blutigen Krieges freudiger Stimmung waren, wollte ihm nicht in den Kopf.

Als der König am frühen Abend des 15. Juli in Berlin ankam, wurde ihm die Nachricht überbracht, dass in Paris die Kriegserklärung an Preußen beschlossen worden sei. Damit war die Katastrophe perfekt. Nach kurzer Besprechung mit Bismarck, Moltke, Roon und dem Kronprinzen befahl Wilhelm I. die Mobilmachung der gesamten Armee.[114]

In Berlin ging es unterdessen drunter und drüber. Die halbe Stadt war auf den Beinen. Vor dem königlichen Palais drängten sich die Massen, jubelten und feierten lauthals bis in die Nachtstunden hinein. Wilhelm hingegen war nicht zum Feiern zumute. Er saß am Ende dieses langen Tages am Schreibtisch in seinem Palais und schüttete Augusta sein Herz aus. »Mich erfüllt eine komplette Angst bei diesem Enthusiasmus, denn was für Chancen bietet nicht der Krieg, wo all dieser Jubel oft verstummen könnte und – müßte«, schrieb er seiner Gemahlin aufgewühlt. »Welche Erwartungen werden mir aufgebürdet! Wie wird ihnen entsprochen werden können?! Gott mit uns!«[115]

Der Weg nach Sedan

A m 19. Juli 1870 traf die französische Kriegserklärung in Berlin ein. Wilhelm I. hatte unterdessen damit begonnen, die preußische und deutsche Öffentlichkeit auf den bevorstehenden Waffengang einzuschwören. Ebenfalls am 19. Juli hielt er vor dem Reichstag des Norddeutschen Bundes eine Ansprache, in der er an die Befreiungskriege erinnerte und die Überzeugung äußerte, dass Deutschland »den Willen und die Kraft der Abwehr erneuter französischer Gewaltthat« habe. In diesem Kampf werde »Gott mit uns sein, wie er mit unseren Vätern war«[116], rief er abschließend in den Saal. Wie es der unglaubliche Zufall wollte, jährte sich außerdem am 19. Juli zum 60. Mal der Tod Königin Luises, die in Preußen fast wie eine Heilige verehrt wurde und von der es hieß, dass Napoleon I. an ihrem frühen Tod schuld gewesen sei. Über die Amtspresse erinnerte Wilhelm an das tragische Ende seiner Mutter und setzte eine emotionale Geste, als er nach Charlottenburg fuhr, um an Luises Mausoleum eine stille Andacht zu halten. In den folgenden Tagen lud er den bevorstehenden Krieg noch weiter religiös auf, indem er die wöchentliche Lesung eines Kriegsgebets in den Gottesdiensten anordnete und am 27. Juli in Preußen einen Tag der Andacht und des Betens abhalten ließ, an dem sich die Menschen aller Geschäftstätigkeiten zu enthalten hatten.[117]

Ob und wie viel Kalkül hinter diesen Initiativen Wilhelms I. steckte, ist schwer zu bestimmen. Vermutlich hätte der tiefgläubige König auch am Grab der geliebten Mutter gebetet, wenn der 19. Juli 1870 ein Tag wie jeder andere gewesen wäre. Dennoch: Symbolträchtigere Maßnahmen als die Bezugnahmen auf Gottes Hilfe und die mythenumrankte Königin Luise ließen sich – nebst vielen Verweisen auf die Schuld Frankreichs – kaum denken, um die »Heimatfront« zu mobilisieren.

Die maximale Einstimmung der Bevölkerung auf den Krieg schien Wilhelm bitter nötig zu sein. Die französische Armee galt damals als furchterregender Gegner. Immerhin handelte es sich um jene Streitmacht, die unter Napoleon I. Preußen beinahe vernichtet und weite Teile Europas erobert hatte und später sowohl im Krimkrieg als auch im Italienkrieg siegreich geblieben war. Außerdem besaß Preußen, anders als 1866 gegen Österreich, keinen Rüstungsvorsprung bei der Infanterie mehr – im Gegenteil, die französische Armee verfügte seit Kurzem über das Chassepotgewehr, das dem Zündnadelgewehr von Dreyse vor allem punkto Reichweite überlegen war.[118]

Immerhin aber entwickelten sich die Dinge für Preußen in anderen Hinsichten günstig. Die süddeutschen Staaten hatten sich nach der Emser Depesche und dem offensiven Verhalten Frankreichs mit Berlin solidarisiert und ihre Truppen dem preußischen Oberkommando unterstellt. Die anderen europäischen Großmächte blieben trotz verzweifelter Bündnisbemühungen der französischen Regierung neutral; auch Österreich-Ungarn, auf das man in Paris fest gerechnet hatte, hielt sich aus dem Krieg heraus. Preußen glückte außerdem bei der Mobilisierung eine organisatorische Meisterleistung. Mit der Präzision eines Uhrwerks wurde der von Moltke und dem Generalstab akribisch genau geplante Armeeaufmarsch abgewickelt. In nur drei Wochen beförderten 1500 Züge fast 640.000 Soldaten und 170.000 Pferde an den Rhein. Als Wilhelm I. am 31. Juli mit dem Großen Hauptquartier per Bahn von Berlin nach Westen aufbrach, war die gewaltige Truppenverlegung bereits weitgehend abgeschlossen.

Beim Aufmarsch der französischen Rheinarmee kam es hingegen zu Verzögerungen und Koordinationsproblemen. Sie machten den ursprünglichen Plan der französischen Militärs zunichte, durch eine Offensive über den Rhein die Initiative an sich zu reißen und das norddeutsche Bundesheer schon während ihres Aufmarsches zu besiegen. Das Kaiserreich musste sich notgedrungen defensiv orientieren. Nicht unbedingt erleichtert wurde die französische Kriegführung durch die Entscheidung Napoleons III., den Oberbefehl über die Rheinarmee selbst auszuüben. Aufgrund seines schmerzhaften Blasensteinleidens war der Kaiser physisch stark beeinträchtigt. Überdies konnte er mangels militärischer Kenntnisse weder seine Streitkräfte koordinieren noch seinen Generälen durchdachte Operationsziele vorgeben. Wie wenig er dazu in der Lage war, zeigte sich am 2. August, als er, um der französischen Öffentlichkeit rasch einen Erfolg melden zu können, einen strategisch wertlosen Vorstoß nach Saarbrücken durchführen ließ. Weit wirkungsvoller waren die nun einsetzenden Offensivoperationen der preußisch-deutschen Streitkräfte.

Das gesamtdeutsche Heer bestand aus drei Armeen. Bei der Besetzung der höchsten Kommandostellen hatte Wilhelm auf bewährte Kräfte gesetzt. Die oberste operative Führung übernahm wieder Helmuth von Moltke. Die 1. Armee kommandierte der 73-jährige General Karl Friedrich von Steinmetz, der 1866 gegen Österreich einige militärische Bravourstücke vollbracht hatte. Die Führung der 2. Armee oblag Wilhelms Neffen Friedrich Karl. Kronprinz Friedrich Wilhelm kommandierte die 3. Armee, der auch die süddeutschen Truppen angehörten. Sie erzielte am 4. August bei Weißenburg und am 6. August bei Wörth die ersten, allerdings verlustreichen Schlachtensiege.

Aber auch auf preußisch-deutscher Seite lief nicht alles nach Plan. General Steinmetz wurde zu einem Problemfall. Am 5. August ignorierte er Moltkes Anweisung, mit seinen Truppen den Vormarsch der 2. Armee zu decken, ließ plötzlich zwei Armeekorps nach Saarbrücken marschieren und löste damit tags darauf die Schlacht von Spichern aus. Im Großen Hauptquartier war man über Steinmetz' eigenmächtiges Vorgehen irritiert. Da Spichern aber mit einem weiteren preußisch-deutschen Sieg endete, kam es zunächst nicht zum Eklat. Wilhelm I., angesichts der raschen Erfolge überglücklich, ließ es vorderhand mit einem Tadel für Steinmetz bewenden.

Napoleon III. musste nach den Schlachten von Weißenburg, Wörth und Spichern das Elsaß aufgeben. Die Rheinarmee wich, in zwei Teile gespalten, zurück. Mit einem Teil der Streitmacht zog der Kaiser nach Metz, der andere Teil marschierte noch weiter nach Westen und steuerte Châlons-en-Champagne an. Frankreich versank im Chaos. Das Kaiserregime verlor den Rückhalt in der Bevölkerung. Das Kabinett Ollivier trat auf Druck des Parlaments am 9. August zurück. Für die Abgeordneten war auch der selbst ernannte Feldherr Napoleon III. zu einer untragbaren Belastung geworden. Das sah offenbar auch der Kaiser ein. Am 13. August übergab er das Kommando über die Armee von Metz Marschall Achille Bazaine und zog zu seinen in Châlons stehenden Streitkräften.[119]

Bazaine war ein hochdekorierter Mann, der bereits auf vielen Schlachtfeldern gekämpft hatte. Auf ihn konzentrierten sich nun die Hoffnungen Frankreichs. Der schlimmen Lage war aber auch er kaum gewachsen. Er leitete den Rückzug aus Metz in Richtung Verdun in die Wege, doch unterschätzte er dabei das Tempo des preußisch-deutschen Vormarsches. Als seine Truppen am 14. August die Mosel überquerten, wurden sie von vorgeschobenen Verbänden der 1. Armee gestellt. Diese nutzten die unvorteilhafte Lage der Franzosen sofort aus und griffen trotz Unterzahl nahe der Ortschaft Colombey an. In mehrstündigen Kämpfen, die bis in die Abendstunden dauerten, gelang es ihnen, sich östlich der Mosel festzusetzen und Bazaines Absetzbewegung nachhaltig zu verzögern.

Nach der Schlacht kam es zu der skurrilen Situation, dass Steinmetz, der bei Saarbrücken eigenmächtig die Offensive ergriffen hatte, nun über das mit ihm nicht abgestimmte Vorgehen seiner Generäle erbost war und ihnen befahl, die gewonnenen Stellungen aufzugeben und in ihre Ausgangspositionen zurückzukehren. Damit war jedoch Wilhelm I. nicht einverstanden. Als er mit Moltke am nächsten Morgen vor Ort erschien, um sich ein Bild von der Lage zu machen, fand er, dass Steinmetz' Generäle durch ihre energische Störaktion der preußisch-deutschen Streitmacht wertvolle Zeit verschafft hatten, um den französischen Rückzug nach Verdun zu unterbinden. Wilhelm dankte ihnen herzlich und annullierte Steinmetz' Befehl. Beschlossen wurde nunmehr, dass die 2. Armee die Mosel überqueren sollte, um Bazaine den Weg abzuschneiden und ihn in Metz festzunageln.[120] Es folgten zwei äußerst blutige Schlachten, in denen die Deutschen mehrmals zu scheitern drohten.

Am Vormittag des 16. August griff ein einziges Armeekorps der 2. Armee bei Mars-la-Tour, westlich von Metz, die abziehenden Franzosen an. Man ging dabei von der fälschlichen Annahme aus, es an dieser Stelle nur noch mit Bazaines Nachhut zu tun zu haben. Stattdessen stand das III. Korps, das im Lauf des Nachmittags durch das X. Korps unterstützt wurde, der gesamten Armee des Marschalls gegenüber. Mit immenser Einsatzbereitschaft und dank starker Artillerie behaupteten sich die preußisch-deutschen Verbände, schafften es sogar, Bazaines Marsch nach Verdun zu stoppen, hatten aber über 15.000 Tote, Verwundete und Vermisste zu beklagen.

Nach der Schlacht bei Mars-la-Tour wich Bazaine etwas zurück und ließ auf einer Hügelkette zwischen Gravelotte und St. Privat eine Verteidigungslinie errichten. Wilhelm I. und Moltke zogen das Gros der 1. und 2. Armee zusammen und griffen am 18. August Bazaine abermals an. Doch der König, der mit dem Großen Hauptquartier auf einer Anhöhe bei Flavigny Position bezog, bekam zunächst nichts Erfreuliches zu sehen. Trotz zahlenmäßiger Überlegenheit gelang gegen die sich zäh verteidigenden Franzosen stundenlang kein entscheidender Durchbruch. Erst Mitte des Nachmittags schien sich das zu ändern. Steinmetz, der mit der 1. Armee auf dem rechten Flügel gegen die östlich von Gravelotte liegende Hügelzone bei Point du Jour anrannte, schickte eine Nachricht, aus der hervorging, dass die Anhöhen erobert waren. Er habe bereits die Kavallerie zur Verfolgung des Gegners ausgeschickt. Das Große Hauptquartier rückte daraufhin bis nach Gravelotte vor. Dort stellte sich aber heraus, dass die Franzosen mitnichten besiegt waren – im Gegenteil: Steinmetz hatte mehrere Frontalangriffe vortragen lassen, doch dabei unter schweren Verlusten nur Teilerfolge erzielt. Seine Kavallerieattacke, mit der er dem vermeintlich geschlagenen Gegner nur noch den Rest geben wollte, brach im Kugelhagel der Franzosen zusammen. Einige preußische Verbände strömten in Panik aus der Kampfzone zurück nach Gravelotte. Hektische Beratungen setzten ein.[121] Wilhelm I. war ungehalten. Sein Zorn richtete sich zunächst aber nicht gegen Steinmetz, sondern gegen seine Soldaten, bei denen er fehlenden Einsatzwillen ortete. Es kam es zu einem heftigen Wortwechsel mit Moltke, der diesen Vorwurf nicht nachvollziehen konnte. Der König riss daraufhin die Feldherrnrolle an sich, befahl Steinmetz einen weiteren Angriff und schickte als Verstärkung das II. Armeekorps unter der Führung des bewährten Generals Eduard von Fransecky ins Feld. Mittlerweile nahte jedoch

der Abend heran. Als Fransecky mit seinen Soldaten in die bewaldete Kampfzone vorstieß, dämmerte es bereits. Die abgekämpften Männer der ersten 1. Armee hielten seine Truppen für Angreifer und begannen zu feuern. Chaos brach
aus, es kam zu einer zweiten Fluchtwelle preußischer Soldaten. Nach einer Weile
konnte Fransecky seine Reihen zwar wieder halbwegs ordnen, doch hatte sich
das ohnehin kleine Zeitfenster mittlerweile geschlossen. Das II. Armeekorps
rückte noch ein Stück weiter vor, dann brachte die Dunkelheit die Kämpfe zum
Erliegen, und Franseckys Männer gruben sich in der Nähe der französischen
Stellungen bei Point du Jour ein. Im Schutz des frischeren II. Korps, das nun
die vorderste Gefechtslinie besetzte, konnten sich die durcheinandergeratenen
Einheiten wieder sammeln. Abgesehen von diesem Vorteil endete der von Wilhelm I. persönlich angeordnete abendliche Sturmlauf auf dem rechten Flügel als
Fehlschlag. Dass die französischen Streitkräfte ihre Frontlinie im Lauf der Nacht
dennoch aufgaben, lag hauptsächlich an einem halsbrecherischen Sturmlauf auf
dem linken Flügel, der zur Eroberung von St. Privat führte.

Für Moltke war die Schlacht trotz ihres sehr hohen Blutzolls – rund 20.000
Tote, Verwundete und Vermisste[122] – ein Erfolg. Denn Bazaine sah sich nun gezwungen, wieder nach Metz zurückzukehren. Dort wollte Moltke die französische Armee einkesseln und legte Wilhelm I. zu diesem Zweck schon am Morgen
des 19. August einen Umgruppierungsplan vor, den dieser rasch prüfte und genehmigte. Der Plan sah vor, aus dreieinhalb Korps die Maasarmee aufzubauen.
Sie sollte zusammen mit der 3. Armee die bei Châlons stehenden französischen
Streitkräfte angreifen. General Steinmetz und die drei Korps seiner 1. Armee
wurden der Friedrich Karls 2. Armee unterstellt, die Bazaine nachsetzte und ihn
in Metz festnagelte.[123]

Frankreich geriet durch die Einschließung der Rheinarmee in eine verzweifelte Situation. Nun besaß es mit den bei Châlons stehenden Truppen nur noch
eine einzige handlungsfähige Streitmacht. Deren Kommandant, Marschall Pat-
rice de Mac-Mahon, und Napoleon III. wollten nach Paris zurückweichen, um
die Hauptstadt zu sichern. Kaiserin Eugénie fürchtete jedoch bei einer derart
ruhmlosen Rückkehr ihres Gemahls um den Bestand der Dynastie. Sie und ihre
Berater bestanden darauf, dass die Armee von Châlons den eingekesselten Bazaine befreien sollte. Zögernd und mit düsteren Vorahnungen machte sich Mac-
Mahon, mit Napoleon III. im Schlepptau, auf den Weg.

Als Moltke von Mac-Mahons Vormarsch erfuhr, ließ er die nach Westen vorrückende 3. Armee und die Maasarmee eine Rechtsschwenkung vollziehen. Am
30. August erfolgte bei Beaumont an der Maas ein erster erfolgreicher Angriff.
Mac-Mahon zog seine Armee daraufhin nach Sedan nahe der belgischen Grenze

zurück. Nach verlustreichen Infanteriegefechten wurde er in der kleinen Festungsstadt eingeschlossen, die viel zu wenig Schutz bot, um einer Belagerung in großem Stil standzuhalten. Zudem begünstigte das leicht erhöhte umliegende Terrain die Angreifer, die sich noch mehr als bisher auf ihre überlegene Artillerie stützen konnten.

Die Kesselschlacht von Sedan am 1. September 1870 verlief daher von Anfang an sehr einseitig. Unter den Augen Wilhelms I., der die Schlacht auf einer Anhöhe bei Frénois südwestlich von Sedan beobachtete, deckten über 500 deutsche Geschütze Mac-Mahons Armee stundenlang mit einem gewaltigen Granatfeuer ein.[124] »Es muß eine entsetzliche Hölle in jenem Halbkreis gewesen sein«, schrieb der britische Reporter und Kriegsberichterstatter William Howard Russell. »Die Erde wurde von allen Seiten aufgerissen, es herrschte ein wahres Stahlgewitter, das zischend, kreischend und explodierend aus der Hand eines unsichtbaren Feindes über die geballten Massen hereinbrach.«[125] Um den Belagerungsring zu durchbrechen, ritt die französische Kavallerie selbstmörderische Attacken gegen die preußisch-deutschen Linien, die im gegnerischen Feuer zusammenbrachen. Beim ihrem Anblick rief Wilhelm I. bewundernd und mitleidig zugleich aus: »Ah, les braves gens!« Schließlich ließ er das verheerende Artilleriefeuer einstellen, schickte einen Parlamentär nach Sedan und forderte die Franzosen zur Kapitulation auf. Wenig später stellte sich zur Überraschung des Großen Hauptquartiers heraus, dass Napoleon III. in der eingekesselten Stadt war. Gegen 18 Uhr kam ein französischer General zu Wilhelm I. und übergab ihm eine Botschaft des Kaisers: »Mein Herr Bruder, nachdem es mir nicht vergönnt war, inmitten meiner Truppen zu sterben, bleibt mir nur übrig, meinen Degen in die Hände Eurer Majestät zu legen.«[126]

Die französische Generalität versuchte in mehrstündigen Verhandlungen, einen ehrenvollen Rückzug der geschlagenen Armee unter der Zusicherung zu erreichen, sie nicht mehr gegen die Deutschen kämpfen zu lassen. Das lehnten Wilhelms Verhandlungsführer Helmuth von Moltke und auch Bismarck entschieden ab. Sie beharrten darauf, die französische Armee gefangen zunehmen, und setzten dieser ein Ultimatum bis 9 Uhr vormittags. Napoleon III. fuhr daraufhin am frühen Morgen des 2. September ins deutsche Hauptquartier, um Wilhelm I. zu sprechen und auf diese Weise bessere Bedingungen zu erlangen. Der König ließ sich aber erst nach der Kapitulation und Gefangennahme der französischen Armee auf eine Unterredung mit Napoleon III. ein, die um etwa 14 Uhr im nahegelegenen Schloss Bellevue stattfand und nur noch Höflichkeitscharakter hatte. Der Kaiser fügte sich in sein Schicksal. Er war ein gebrochener Mann, der sich geradezu freute, als ihm sein Bezwinger mit Schloss Wilhelmshöhe in Kassel ein recht prunkvolles Gefangenenquartier anbot. Nach ihrem Gespräch traten die beiden vor das Haus und nahmen voneinander Abschied. Wilhelm verhielt sich bei dem Gespräch ritterlich, doch setzte er danach eine nonverbale Spitze, indem er seinen Abgang so dynamisch vollzog, wie es dem gesundheitlich schwer angeschlagenen Kaiser nicht mehr möglich gewesen wäre. Unter den Augen des elf Jahre jüngeren Napoleon III. eilte der König die Schlosstreppe hinunter, schwang sich vital auf sein Pferd und sprengte mit seinem Gefolge im Galopp davon.

Nach der Begegnung mit dem Kaiser ritt Wilhelm I. mehrere Stunden lang alle seine rund um Sedan stehenden Kampfverbände ab, um ihnen für ihren Einsatz zu danken. Dabei war die Begeisterung bei den Soldaten über den Sieg so groß, dass sogar die Truppendisziplin kurzzeitig zum Erliegen kam, als sich der König ihnen zeigte.[127] Wilhelm fehlten angesichts dieser Reaktionen noch tags darauf die Worte. »Den Empfang der Truppen, das Wiedersehen des dezimierten Gardekorps, das alles kann ich heute nicht beschreiben«, teilte er seiner Frau mit. »Ich war tief, tief ergriffen von so viel Beweisen der Liebe und Hingebung!! Es war unbeschreiblich!«[128]

Unbeschreiblich war für viele Zeitgenossen auch der Anblick, der sich nach dem Ende des Kampfes in und um Sedan bot. Selbst der hartgesottene Reporter Russell, der schon von mehreren Kriegsschauplätzen berichtet hatte, erreichte hier die Grenze des Erträglichen. »Ich entsinne mich nicht, jemals durch einen so schrecklichen Ort gekommen zu sein, so viel Ekelhaftes und Abscheuliches erblickt zu haben. Der Gestank war fürchterlich. Wahrhaft ein Ort für Aasgeier«[129], schrieb er nach einem Gang über die Leichenfelder von Sedan.

Im Großen Hauptquartier kehrte auch bald wieder Ernüchterung ein. Da Frankreich keine kampffähige reguläre Armee mehr besaß und Napoleon III. gefangen war, hatte man nun eigentlich das Ende der Kampfhandlungen erwartet. Doch dann änderte sich die Lage grundlegend. In Paris führte das Fiasko von Sedan zu einem Aufstand. Kaiserin Eugénie floh aus der Hauptstadt, bürgerliche Politiker riefen die Republik aus und bildeten eine Regierung der »Nationalen Verteidigung«. Die 3. Armee und die Maasarmee rückten daraufhin nach Paris vor und schlossen bis 19. September einen Belagerungsring um die riesige Metropole an der Seine. Friedensverhandlungen blieben ergebnislos, dies vor allem, weil von preußisch-deutscher Seite Gebietsabtretungen im Elsaß und in Lothringen gefordert wurden. Dies lehnte die republikanische Regierung vehement ab und stampfte in den Provinzen mit Zigtausenden von Zivilisten neue Armeen aus dem Boden. Was als Kabinettskrieg nach traditionellem Muster begonnen hatte, ausgetragen zwischen zwei Monarchien und ihren regulären Streitkräften, verwandelte sich nun in einen Volkskrieg, wie man ihn bislang nicht gekannt hatte. Der solchermaßen veränderte Kampf sollte sich noch monatelang hinziehen, das Große Hauptquartier vor neue Herausforderungen stellen und zu schweren Konflikten zwischen der durch Bismarck repräsentierten politischen Ebene und den Spitzenmilitärs rund um Helmuth von Moltke führen.[130]

All dies berührt in starkem Maß einen bislang selten analysierten Themenbereich – die Rolle, die Wilhelm I. in den so genannten Einigungskriegen spielte.

Wilhelm I. und die Ausübung der Kriegsherrnrolle

Was sind Kriegsherren? Einer neueren Definition zufolge handelt es sich dabei um »Staatslenker, die auch Kriegslenker waren«[131]. Anders formuliert: Ein Kriegsherr war ein Staatsoberhaupt, das im Krieg neben der politischen Spitzenfunktion auch die Kommandogewalt über die Armee aktiv wahrnahm, indem es persönlich ins Feld rückte und den Oberbefehl zumindest punktuell selbst ausübte. In ihm vereinigten sich die militärische und politische Führung eines kriegführenden Staates, ihm oblag die diffizile Aufgabe, beides miteinander zu koordinieren. Zudem musste der Kriegsherr die Rolle einer Galionsfigur spielen und bei seinen Truppen eine starke, im Idealfall mitreißende Präsenz aufbauen.

Für Monarchen des 19. und frühen 20. Jahrhunderts war die Rolle des Kriegsherrn heikel. Schon allein auf der militärischen Ebene drohte akute Überforderung. Anders als in früheren Zeiten kamen mittlerweile Massenheere mit Hunderttausenden von Soldaten zum Einsatz, das Frontgeschehen war unübersichtlicher und komplexer geworden. Die gekrönten Häupter jener Zeit, die im Frieden hauptsächlich politische und zivile Aufgaben wahrnahmen, aber in der Regel keine Armeefachmänner waren, hatten kaum noch Chancen, das Kampfgeschehen qualifiziert beurteilen oder gar steuern zu können. Sehr herausfordernd war es auch, die politische mit der militärischen Ebene in Einklang zu bringen und so die staatlichen Kriegsanstrengungen zu optimieren. Hinzu kam die Gefahr eines Reputationsverlustes. Ging eine wichtige Schlacht oder ein ganzer Krieg unter der persönlichen Führung des Monarchen verloren, konnte dies seiner Machtstellung schaden, sie sogar vernichten.

Doch all diese Hürden wirkten offenbar nicht abschreckend genug: Neben Wilhelm I. gingen zwischen 1804 und 1918 nicht weniger als vier Kaiser das Risiko ein, als Kriegsherr aufzutreten.

Sie scheiterten alle.

Besonders rasch und kläglich vollzog sich das Scheitern bei Napoleon III., dem die Kriegsherrnrolle im Deutsch-Französischen Krieg heillos über den Kopf wuchs. Als Amateur in Armeefragen konnte er den militärischen Part dieser Funktion nicht ausfüllen und wegen seiner im August 1870 rapide erodierenden Machtstellung keine Koordination zwischen Kriegführung und Politik vornehmen. Eine überzeugende Führungsikone abzugeben blieb für ihn eine Illusion. Wegen seiner hinfälligen Erscheinung wurde er zu einem unfreiwilligen Symbol für die sich abzeichnende Niederlage Frankreichs. Als er das Oberkommando über die Rheinarmee an Marschall Bazaine abgab, erlebte Napoleon III. das Kriegsgeschehen nur noch als hilfloser Beobachter mit, wurde immer mehr zu einer tragischen Figur. Schon vor der Schlacht von Sedan war er ein politisch toter Mann.[132]

Glimpflicher kam Österreichs Kaiser Franz Joseph I. davon, der 1859, alarmiert von dem ungünstig verlaufenden Feldzug gegen Frankreich und Sardinien-Piemont, nach Norditalien eilte und selbst das Kommando über seine Streitkräfte übernahm. Mit dem nicht kampferprobten Kaiser an der Spitze ging die Schlacht von Solferino verloren, was zur Folge hatte, dass sein Ansehen in der Heimat tiefe Kratzer abbekam. Bei seiner Heimkehr erlebte er in den Straßen von Wien einen frostigen Empfang. Einen Thronverlust musste Franz Joseph I. zwar nicht ernstlich befürchten, doch verzichtete er während des Krieges gegen Preußen 1866 wohlweislich darauf, abermals an die Front zu ziehen.[133]

Der letzte deutsche Kaiser Wilhelm II. (👑 1888 – 1918) zog nach Ausbruch des Ersten Weltkrieges ins Große Hauptquartier an der Westfront. Dort erlebte er ein ähnliches Schicksal wie Napoleon III. Von der enormen Dimension des Kampfgeschehens überfordert, musste er die operativen Entscheidungen seinen Militärs überlassen. »Der Generalstab sagt mir gar nichts und fragt mich auch nicht«, schrieb er bereits im Jahr 1914 über die Rolle, die er im Ersten Weltkrieg als Kriegsherr spielte. »Wenn man sich in Deutschland einbildet, daß ich das Heer führe, so irrt man sich sehr. Ich trinke Tee und säge Holz und gehe spazieren, und dann erfahre ich von Zeit zu Zeit, das und das ist gemacht, ganz wie es den Herren beliebt.«[134] Ebenso wenig gelang es Wilhelm II., Kriegführung und Politik miteinander zu koordinieren und zwischen den einzelnen Machtzentren – Regierung, Generalstab, Bundesstaaten, Reichstag – im Sinne einer einheitlichen Kriegsanstrengung eine entsprechende Balance herzustellen. Der zunächst schleichende Machtverlust Wilhelms II. beschleunigte sich ab Sommer 1918, noch vor der Unterzeichnung des Waffenstillstandsvertrags des Deutschen Reichs mit den alliierten Mächten floh der Kaiser außer Landes.[135]

Und auch Napoleon I. zählte zu den Gescheiterten. Im Gegensatz zu den drei genannten Kaisern war er zwar ein militärisches Genie und vermochte bei seinen Truppen maximale Loyalität zu erzeugen. Allerdings schaffte er es nie wirklich, den Primat der Politik zu akzeptieren. Keiner seiner Friedensschlüsse hatte lange Bestand, auch gelang es ihm nicht, dauerhafte Verbündete zu gewinnen. Am Ende verlor er dann auch noch die Kunst des Machbaren aus den Augen und überdehnte seine Kräfte, so geschehen bei der Besetzung Spaniens 1808, der Verhängung der Kontinentalsperre, vor allem aber beim katastrophalen Russland-Feldzug 1812, der Napoleons Weg in den Abgrund einleitete.[136]

Wilhelm I. dürfte sich die Frage, ob er das Risiko des Kriegsherrndaseins eingehen sollte, kaum ernsthaft gestellt haben. Wegen der Tradition des preußischen Heerkönigtums war es für ihn eine Selbstverständlichkeit, persönlich an die Front zu ziehen. Dabei hatte er immerhin den Vorteil auf seiner Seite, dass er in seiner jahrzehntelangen Laufbahn als Berufsoffizier zu einem Militärexperten herangereift war. Anders als Napoleon III. oder Wilhelm II. konnte er seinen Generälen auf fachlicher Augenhöhe begegnen und die ihm vorgelegten Operationspläne qualifiziert beurteilen. Allerdings blieb es auch für ihn außer Reichweite, die riesigen, an verschiedenen Schauplätzen stattfindenden militärischen Operationen selbst zu lenken, zumal ihm das Talent zum Feldherrn fehlte. Seine Lösung für dieses Dilemma bestand wie erwähnt darin, den Generalstab mit der Armeeführung zu betrauen und Moltke zum faktischen Feldherrn zu erheben. Damit nahm er sich selbst jedoch keineswegs aus dem Spiel. Die oberste Befehlsgewalt lag nach wie vor bei ihm, daran ließ er keinen Zweifel. Während einer Schlacht hielt sich Moltke zumeist neben seinem Souverän auf. Wenn Verbindungsoffiziere vom Schlachtfeld herangeritten kamen, um Statusmeldungen zu machen, erstatteten sie nicht zuerst dem Generalstabschef, sondern dem König Bericht. Außer an Marsch- und Gefechtstagen musste Moltke jeden Vormittag bei Wilhelm I. zum Vortrag antreten, über die aktuelle Lage Bericht erstatten und Vorschläge unterbreiten, wie weiter vorzugehen sei. Dabei hatte er keinen leichten Stand, denn seine Pläne wurden oft mit bohrenden Fragen durchleuchtet, er musste beim König Zweifel beseitigen und auch dessen nicht selten angespannt-ungeduldige Stimmung ertragen.[137]

Wie dominant Wilhelm I. zuweilen auftrat, zeigt eine Szene, die sich am 31. Dezember 1870 bei einer Lagebesprechung im Hauptquartier von Versailles abspielte. Der Artilleriegeneral Kraft zu Hohenlohe-Ingelfingen meldete den Abschluss der Vorbereitungen zur Beschießung von Paris. Daraufhin begann der König ihn mit Fragen zu löchern.

»Na, hören Sie mal«, sagte er, »ist denn auch alles bereit? Ist denn jetzt der nötige Munitionsvorrat angekommen?« Ich konnte ihm mit Zahlen melden, daß dieser Vorrat zwar noch nicht da sei, aber daß der Nachschub seit der Intätigkeitsetzung der Infanterie-Munitionskolonnen so regelmäßig erfolge, daß nach den täglich eintreffenden Massen am 3. Januar der nötige Vorrat vorhanden sein werde. »Wie steht es denn mit der Armierung der Batterien? Haben Sie sich diese Armierung überlegt?« Ich konnte diese Frage mit gutem Gewissen bejahen. Die Armierung, meldete ich, bereite deshalb weniger Schwierigkeiten als bei jeder anderen Belagerung, weil wir vier Anmarschwege aus dem Park hätten und im Maximum sechzig bis siebzig Fahrzeuge auf demselben Wege zu marschieren hätten. »Haben Sie«, fragte der König weiter, »sich die Armierungsdisposition vorlegen lassen und sind Sie damit einverstanden? Zeigen Sie sie mir!« Ich bekannte, daß ich sie nicht mitgebracht, weil ich nicht geglaubt, daß der König so viel Zeit habe, um ein solches Detail der Ausführung in Augenschein zu nehmen. Da fuhr der König zornig auf: »Bilden Sie sich ein, daß ich zu einem so wichtigen Akt, wie es der Beginn der Beschießung von Paris ist, jemals meine Zustimmung geben werde, ehe ich den Armierungsentwurf in allen Details eingesehen und genehmigt habe? Erst kommen Sie morgen früh zehn Uhr wieder und legen mir den Armierungsentwurf vor, und dann werde ich befehlen.«

Der ebenfalls anwesende Moltke war über die Verzögerung einigermaßen entsetzt, meinte schließlich aber zu Hohenlohe-Ingelfingen: »›Dann müssen wir uns mit diesem einen Tage Aufschub zufrieden geben, denn wenn er einmal so gesprochen hat, dann duldet er keinen Widerspruch.‹«[138]

Die Präsenz des Königs war für Moltke manchmal mühsam, aber dennoch unverzichtbar – dies vor allem wegen seiner Autoritätsprobleme. Von den fünf Armeeführern, die in den Frühphasen der Kriege von 1866 und 1870/71 zum Einsatz kamen, stellten zwei seine Führungsrolle in Frage: General Eduard Vogel von Falckenstein, der im Juni 1866 Moltkes Befehl ignorierte, die abrückende hannoveranische Armee zu verfolgen, und General Karl Friedrich von Steinmetz, der im Juli 1870 zuerst gegen Moltkes strategische Planungen aufbegehrte und dann auf eigene Faust nach Saarbrücken vorstieß. Wilhelm I. sorgte dafür, dass solche Zustände nicht einrissen. Falckenstein bekam zunächst eine königliche Order, den Vormarschbefehl Moltkes gegen die Hannoveraner unverzüglich zu befolgen; wenig später, am 11. Juli 1866, musste er sein Kommando über die preußische Westarmee abgeben. Steinmetz wurde vom König zunächst ermahnt, dann Friedrich Karl unterstellt. Als er sich mit diesem auch noch überwarf, berief Wilhelm I. Steinmetz am 15. September 1870 vom Kampfschauplatz ab und schickte ihn als Generalgouverneur in die Provinz Posen. Mit seinen Interventionen signalisierte Wilhelm I. der Generalität, dass er mit seiner ganzen königlichen Autorität hinter Moltke stand, und festigte so die von ihm geschaffene Kommandostruktur.[139]

Bei der ihm zufallenden Rolle als Galionsfigur kam Wilhelm I. seine Vergangenheit als Berufsoffizier entgegen, die ihm ein Plus an Glaubwürdigkeit verschaffte. Außerdem hatte er das Glück, trotz seines vorgerückten Alters beachtliche Kraftreserven zu besitzen. In den ersten Wochen des Deutsch-Französischen Krieges, als die Fronten noch in voller Bewegung waren, vollbrachte der bereits 73-jährige König eine regelrechte Gewaltleistung. Neben den täglichen militärischen Lagebesprechungen und der Wahrnehmung politischer Geschäfte wohnte er diversen Schlachten bei und brachte dabei bis zu 13 Stunden im Sattel zu, zeigte sich seinen Kampfverbänden, hielt Ansprachen, verteilte Orden, besuchte verletzte Soldaten in Lazaretten, legte an manchen Tagen bis zu 60 Kilometer zurück, fiel spät am Abend auf ein manchmal notdürftig improvisiertes Nachtlager. Durch seine ungekünstelten Gefühlsäußerungen schuf er weitere emotionale Bezugspunkte zu den Truppen. Sprach er ihnen seinen Dank aus, tat er dies mit geradlinigen Worten, die spürbar von Herzen kamen. Mehrfach kam es vor, dass er beim Anblick stark dezimierter Kampfverbände seine Tränen nicht zurückhalten konnte. Wer wollte, konnte in ihm auch heroische Qualitäten erblicken; wie schon bei Königgrätz geriet er in der Schlacht von Gravelotte abermals unter Granatenbeschuss und musste förmlich aus der Gefahrenzone gezerrt werden, diesmal durch Albrecht von Roon.[140]

Bei den Soldaten zeigte Wilhelms Präsenz einige Wirkung. Als er in der Schlacht bei Königgrätz die finale Kavallerieattacke kurzzeitig persönlich anführte, löste sein Erscheinen auf dem Schlachtfeld bei den Truppen lautstarke Begeisterung aus. Stundenlange Jubelszenen gab es auch bei Wilhelms ausgedehntem Umritt nach der Schlacht von Sedan am 2. September 1870. Aber es gab auch stillere Gesten, so etwa durch den Offizier Ewald von Zedtwitz, der am 19. August 1870 schwer verletzt in Gorze nahe der Hauptstraße lag und dem in einer Kutsche vorbeifahrenden König eine Rose hinterherschickte.[141] Rudolf Delbrück, der damals als Präsident des Bundeskanzleramtes des Norddeutschen Bundes fungierte, maß dem König während des Deutsch-Französischen Krieges ikonische Strahlkraft zu und stellte sie in den Kontext der deutschen Staatswerdung: »Acht siegreiche Schlachten, in denen die Söhne aller deutschen Länder vereint gekämpft und geblutet hatten, hatten im Bewußtsein der Armee die Einigung Deutschlands vollzogen, und der Zauber, den die Person des Königs auf Offiziere und Mannschaften des ganzen Heeres ausübte, schien in der Kaiserkrone seinen natürlichen Ausdruck zu finden.«[142]

Im Grunde verhielt es sich bei Wilhelm I. im Krieg ähnlich wie im Frieden: Ging es um das Verkörpern, Ausstrahlen und Symbolisieren, agierte er souverän. Kritisch wurde es jedoch, wenn Wilhelm glaubte, selbst ins Kampfgeschehen eingreifen zu müssen. Wir erinnern uns: 1864 hatte er den Roten Prinzen fast in einen vorschnellen Angriff auf die Düppeler Schanzen getrieben und diesen Fehler erst im letzten Moment korrigiert. Der von ihm selbst befohlene Schlussangriff in der Schlacht bei Gravelotte am 18. August 1870 war de facto ein Fehlschlag gewesen. Für seine Soldaten war es ein Glück, dass derartige Vorstöße des Königs Ausnahmen blieben.

Und noch eine Schwäche wies Wilhelm I. als Kriegsherr auf: Zuweilen bereitete es ihm große Mühe, Kriegführung und Politik miteinander in Einklang zu bringen. Als er 1866 nach dem Sieg bei Königgrätz jäh die Kriegsziele nach oben schraubte, bedachte er dabei die Langzeitperspektiven nicht; mit der Aneignung österreichischer Territorien und einem Einmarsch in Wien hätte er Franz Joseph I. unnötig gedemütigt und eine spätere Aussöhnung erheblich erschwert. Hinzu kam, dass er Bismarck in Kriegszeiten bei Weitem nicht jenen Handlungsspielraum gewährte, den er ihm in Friedenszeiten zugestand. Während des Kriegs gegen Frankreich informierte der Generalstab Bismarck über die militärischen Operationen nur bruchstückhaft, um Einmischungen des Ministerpräsidenten zu verhindern, der nach Sedan einen raschen Friedensschluss anpeilte. Das geschah mit Billigung Wilhelms; der König teilte zwar Bismarcks Sorge vor dem Eingreifen der anderen Großmächte, hielt es aber trotzdem nicht für nötig, seinen Regierungschef zu den täglichen Lageberichten der Militärs hinzuzuziehen. Auch ein Immediatbericht Bismarcks vom 18. November, in dem dieser nachdrücklich darum ersuchte, über die Intentionen und Operationen der Armeeführung informiert zu werden, stieß beim König auf taube Ohren.[143] Als die Kapitulation von Paris Anfang Januar 1871 in greifbare Nähe rückte, eskalierte der Konflikt zwischen Bismarck und Moltke. Der Generalstabschef peilte die völlige Zerstörung der französischen Wehrfähigkeit an. Wie er Wilhelm I. am 14. Januar in einer Denkschrift erläuterte, wollte er Paris besetzen, die Stadt unter Kriegsrecht stellen und die gesamte reguläre französische Armee gefangen nehmen. Überdies sah er die Kapitulation von Paris keineswegs als Schlusspunkt des Krieges, sondern nur als Gelegenheit, schlagkräftige Kampfverbände freizubekommen, um zwecks dauerhafter Schwächung Frankreichs vernichtende Schläge gegen gegnerische Truppen zu führen, die im Süden des Landes ausgehoben wurden. Bismarck wandte sich ebenfalls am 14. Januar mit einer Denkschrift an den König und verlangte das genaue Gegenteil. Mit der Kapitulation von Paris sei unbedingt auch der Friede herbeizuführen, und zwar ohne unnötige Demütigungen. Eine Umsetzung von Moltkes Strategie werde nicht nur den Krieg weiter in die Länge ziehen, sondern auch die Gefahr von Interventionen anderer Großmächte zugunsten Frankreichs massiv erhöhen. Vier Tage später beschwerte Bismarck sich zudem, dass Moltke mit dem Gouverneur von Paris Kontakt aufgenommen hatte, und verlangte, Gespräche und Verhandlungen mit den Pariser Behörden ihm zu überlassen. Wilhelm I. sah sich somit endgültig vor die Notwendigkeit gestellt, einer der zwei Streitparteien den Vorzug zu geben. Er entschied sich für den Primat der Politik. Als Paris der Belagerung nicht mehr standhielt und Verhandlungsbereitschaft signalisierte, ordnete er die Aufnahme von Waffenstillstandsgesprächen an und erließ am 25. Januar zwei Befehle, die Moltkes Handlungsrahmen kräftig stutzten. Ab sofort durfte der Generalstabschef nicht mehr eigenmächtig mit französischen Verantwortungsträgern in Kontakt treten und musste außerdem den Regierungschef über geplante militärische Operationen zeitgerecht und umfassend informieren.[144] Bismarck vereinbarte daraufhin mit der französischen Führung einen Waffenstillstand, der am 31. Januar 1871 in Kraft trat. In letztlich eindeutiger Weise, aber reichlich spät hatte Wilhelm I. es doch noch geschafft, Politik und Kriegführung miteinander zu koordinieren.

Weit rascher fand Wilhelm I. bei der Elsaß-Lothringen-Frage zu einer klaren Meinung. Der Ruf nach einer Annexion dieser Gebiete wurde bereits zu Beginn des Krieges laut. Vor allem im Westen Deutschlands fühlte man sich von Frankreich bedroht. Der mächtige Nachbar im Westen hatte die einst zum Heiligen Römischen Reich gehörenden Gebiete Elsaß und Lothringen im 17. und 18. Jahrhundert Stück für Stück an sich gerissen, im frühen 19. Jahrhundert jahrelang Ein-, Auf- und Durchmärsche in Deutschland durchgeführt, 1840 während der Rheinkrise Kriegsdrohungen ausgestoßen und auch im Juli 1870 wieder offensiv agiert. Da lag nicht nur für führende Militärs der Gedanke nahe, das linke Rheinufer als Sicherungszone zu besetzen.[145] Auch viele deutsche Zeitungen, die öffentliche Meinung, führende Politiker sowie prominente Wirtschaftstreibende befürworteten dieses Vorgehen, wobei vielerorts der Gedanke mitschwang, dass man mit dieser Territorialexpansion nur einen alten Raub rückgängig mache und das Gros der Bevölkerung im Elsaß sowie in Lothringen ohnehin deutsch sei. Wilhelm I. sah sich durch diese weitverbreitete Stimmung darin bestätigt, auf Annexionskurs zu gehen. »Um Deutschland vor Frankreichs steten Gelüsten auf Einfälle in Deutschland endlich sicher zu stellen, muß jene Länderabtretung verlangt werden, Elsaß vor allem«, schrieb er Augusta bereits am 7. September 1870. »Dies ist auch die allgemeine Stimme in ganz Deutschland, und wollten sich die Fürsten dieser Stimmung entgegenstemmen, so riskieren sie ihre Throne.« Ein dauerhafter Friede sei »nur möglich, wenn dasjenige Land genommen wird, was deutsch war und ist.«[146] Bismarck erahnte zumindest teilweise die Konsequenzen, die für das neue Deutsche Reich aus der Annexion erwachsen würden. Trotzdem machte er diesmal, anders als 1866, keine Anstalten, die Territorialreduktion einer anderen Großmacht zu verhindern, wohl auch deshalb, weil er sich der breiten Pro-Annexions-Allianz praktisch allein hätte widersetzen müssen.[147] Im Juni 1871 wurden die annektierten Gebiete als Reichsland Elsaß-Lothringen dem neuen Deutschen Reich angegliedert. Sie sollten sich als schwere Hypothek für die Zukunft erweisen, denn in Frankreich galt ihre Wiedergewinnung fortan als Muss und stand einer französisch-deutschen Aussöhnung im Weg. Aus den schriftlichen Zeugnissen Wilhelms I. während des Krieges von 1870/71 geht nicht hervor, dass er die Tragweite dieser Entscheidung auch nur ansatzweise erkannte.

Mehr Zukunftsbewusstsein zeigte Wilhelm I. in den eigenen Reihen. Als die gesamtdeutsche Armee gegen Frankreich ins Feld zog, bestand sie aus Streitkräften, die 1866 noch gegeneinander Krieg geführt hatten. Hinzu kamen die starken partikularistischen Bewegungen in den süddeutschen Staaten, die maximale Distanz zu Preußen propagiert hatten. Die Woge nationaler Begeisterung und der gemeinsame Feldzug gegen Frankreich spülten einige, aber nicht alle dieser Ressentiments hinweg. Wilhelm sah es als seine Aufgabe an, diese Gräben endgültig zuzuschütten. Um das Wir-Gefühl zu verstärken, unternahm er einige Anstrengungen, den Truppen der einstigen Kriegsgegner seine Wertschätzung zu zeigen, und scheute dafür weder Wind noch Wetter. In Homburg stand er am 8. August bei Dauerregen stundenlang am Straßenrand, um vorrückende sächsische Truppen zu sehen und von ihnen gesehen zu werden. Am 25. August wohnte er in Bar-le-Duc dem dreistündigen Durchmarsch eines bayerischen Armeeverbands bei. Als er nach dem Sieg von Sedan alle daran beteiligten Kampfverbände aufsuchte, um ihnen persönlich zu danken, schloss er seinen fünfstündigen Umritt erst ab, nachdem er trotz kräftigem Regen auch noch die sächsischen und bayrischen Truppen besucht hatte.[148] In seinen Ansprachen strich er das Prinzip des Miteinanders immer wieder heraus und traf dabei offenbar den richtigen Ton. Über eine Rede, die er anlässlich einer Truppenparade am Ende des Frankreich-Krieges hielt, schwärmte selbst der Generalstabsoffizier Paul Bronsart von Schellendorf, der in seinem *Geheimen Kriegstagebuch* mehrfach Kritik an seinem nicht immer pflegeleichten Monarchen übte: »Die schlichten und doch die großen Ereignisse der letzten Zeit warm zusammenfassenden Worte des Königs gingen zu Herzen, wie sie von Herzen kamen. Wir waren alle bewegt und manchem nichtpreußischen Stabsoffizier standen die hellen Tränen in den Augen, als der neue Deutsche Kaiser den Sachsen, Bayern und Württembergern dankte.«[149]

20: Wilhelm I. betrachtet das belagerte Paris am 18. Januar 1871 (nach einer Zeichnung von Adalbert von Roessler).

Insgesamt gesehen gab Wilhelm I. als Kriegsherr ein eigenwilliges Bild ab. Er stand für Modernität und Traditionalismus, war Neuerer und Bewahrer zugleich. Indem er den Generalstab zur Schaltzentrale der Gesamtarmee machte, schuf er ein bahnbrechendes Organisationskonstrukt und folgte damit einem fortschrittlichen Leistungsprinzip, doch die Armeekommandanten rekrutierte er in althergebrachter Weise aus dem Herrscherhaus und dem Hochadel. Er modernisierte die preußische Bewaffnung in großem Stil, ließ aber antiquierte Kavallerieattakken reiten, deren Sinnhaftigkeit angesichts moderner Schnellfeuerwaffen und schussgewaltiger Artillerie längst schon fragwürdig war. Er war ein Verfechter des optimierten Truppenaufmarsches per Eisenbahn, gleichzeitig aber der letzte europäische Monarch, der sich manchmal selbst ins Schlachtgeschehen einschaltete und geradewegs ins Feuer hineinritt.

Ungeachtet all dieser Widersprüche war Wilhelm I. der Kriegsherrnrolle »durchaus gewachsen«[150] – ja, mehr noch, er war unter den eingangs erwähnten kaiserlichen Kriegsherren des 19. und frühen 20. Jahrhunderts der Einzige, der an dieser Aufgabe nicht scheiterte. Bei alledem ist freilich zu berücksichtigen, dass Wilhelm I. als Oberbefehlshaber einer permanent siegenden Armee fungierte. Nennenswerte Niederlagen mussten weder er noch seine Truppen mental verkraften. Allerdings trug er durch seine Aufrüstungsmaßnahmen und die Aufwertung des Generalstabs zu diesem Siegeslauf wesentlich bei. Mit der Balance zwischen Kriegführung und Politik hatte er zuweilen zwar erhebliche Probleme, ließ sich aber immerhin von seinen Beratern – freilich erst nach manchmal hochemotionalen Debatten – manch allzu kurzsichtige Maßnahme wieder ausreden. In Summe entsprach der Titel »Oberster Kriegsherr«, der bei seinem Enkel Wilhelm II. zur reinen Fiktion verkam, bei Wilhelm I. durchaus der Realität. Seine Autorität als Letztentscheider stand in den Kriegen gegen Dänemark, Österreich und Frankreich niemals ernstlich in Frage.

Deutscher Kaiser (1871 – 1888)

Versailles, 18. Januar 1871

Während der mehrmonatigen Belagerung von Paris arbeitete Otto von Bismarck mit Hochdruck daran, sowohl die süddeutschen Staaten Bayern, Württemberg und Baden als auch Hessen mit Preußen und dem Norddeutschen Bund auf staatsrechtlicher Basis zusammenzuführen und so die deutsche Einheit herzustellen. In den dafür nötigen Verhandlungen hatte er allerdings keine sonderlich starke Position. Mit allzu massivem Druck oder gar Gewalt konnte die Integration der süddeutschen Staaten, die ja gerade an der Seite Preußens gegen Frankreich kämpften, nicht realisiert werden. Bismarck ging mit ihnen daher äußerst pfleglich um, bemüht, die Einigung möglichst im beiderseitigen Konsens herzustellen. Vor allem Bayern kam er weit entgegen. Der größte süddeutsche Staat holte in den Verhandlungen Zugeständnisse heraus, die ihm eine beachtliche Teilsouveränität sicherten: eine eigene Armee unter eigenem Oberbefehl in Friedenszeiten oder auch die weitgehende Beibehaltung eines eigenen Post- und Eisenbahnwesens.

Angesichts solcher Freiheiten musste die deutsche Einheit kritischen Beobachtern als reichlich lockere, fast schon fadenscheinige Angelegenheit erscheinen. Bismarck, der sich dieser Tatsache bewusst war, wollte das aus norddeutscher Sicht wenig berauschende Verhandlungsergebnis kaschieren. Dies ließ sich noch am einfachsten erreichen, indem man das neue Staatswesen als Kaiserreich deklarierte, denn in den beiden Begriffen »Kaiser« und »Reich« lag für viele Deutsche Magie. Sie stellten nicht nur eine Verbindung zum 1806 untergegangenen Heiligen Römischen Reich her, sondern auch zu den verklärten Zeiten des Hochmittelalters. Insbesondere der Stauferkaiser Friedrich I. Barbarossa beflügelte die Phantasie vieler Menschen. Um sein geheimnisumwittertes Ableben – Barbarossa war 1190 während des Dritten Kreuzzuges in Kleinasien gestorben, seine Grabstätte blieb unbekannt – rankten sich seit geraumer Zeit Legenden. Sie besagten im Kern, dass der Kaiser nicht gestorben sei, sondern im Kyffhäuser ruhe und dort auf sein Wiedererwachen warte. Im 19. Jahrhundert erlebten diese Sagen eine Renaissance von ungeahnter Durchschlagskraft. Eine 1817 veröffentlichte »Barbarossa«-Ballade von Friedrich Rückert lieferte die Vorlage, die in den folgenden Jahrzehnten die Kreativität zahlloser Dichter anregte und aus dem Stauferkaiser eine Symbolfigur für die nationalen Sehnsüchte vieler Deutscher machte, einen Mann, von dem es romantisierend hieß, er werde dereinst zurückkehren, um das alte Reich wieder zu errichten.

Für Bismarck waren die mythisch aufgeladenen Begriffe »Kaiser« und »Reich« ein willkommenes Mittel, um vor allem dem liberalen Bürgertum die von ihm angestrebte Neuordnung Deutschlands im monarchisch-konservativen Sinn schmackhaft zu machen. Dem Ersten Reich sollte daher nun zumindest nominell ein Zweites Reich folgen und an dessen Spitze ebenfalls ein Kaiser stehen, der nach Lage der Dinge nur Wilhelm I. heißen konnte.

Bismarck wusste allerdings, dass es für seinen König eine unabdingbare Voraussetzung zur Annahme der Kaiserwürde gab. Sie durfte ihm nicht nur von einer parlamentarischen Volksvertretung angeboten werden, wie es 1849 bei Friedrich Wilhelm IV. geschehen war. Im Sinne der Legitimität mussten auch die gekrönten Häupter Deutschlands in der Sache aktiv werden, und hier vor allem ein Mann: König Ludwig II. von Bayern, das Oberhaupt der nach Preußen stärksten Macht im kleindeutschen Raum.

Der 25-jährige Wittelsbacher spürte eigentlich keine Neigung, Wilhelm I. die Kaiserkrone anzutragen und ihn so gewissermaßen als sein Oberhaupt anzuerkennen. Allerdings litt Ludwig II. wegen seiner kostspieligen Bauprojekte wie Neuschwanstein an akuter Geldnot, und hier setzte Bismarck den Hebel an. Er bot dem »Märchenkönig« für ein schriftliches Ersuchen an den preußischen König, die Kaiserwürde zu übernehmen, eine kräftige Finanzspritze an. Ludwig II. schluckte daraufhin seinen Stolz hinunter und unterzeichnete einen von Bismarck bereits vorformulierten Text, in dem er Wilhelm I. im Namen aller deutschen Fürsten um die Annahme des Kaisertitels ersuchte.

Am 3. Dezember 1870 traf der Kaiserbrief im Großen Hauptquartier zu Versailles ein – zur Überraschung des preußischen Königs. Er war von Bismarck wohlweislich nicht in das etwas anrüchige Geschäft mit dem König von Bayern eingeweiht worden, denn er hätte es mit Sicherheit als inakzeptabel betrachtet, das Ersuchen um eine Annahme des Kaisertitels erkaufen zu müssen. Außerdem hatte Wilhelm I. ohnehin seine Bedenken, da er nicht zu Unrecht befürchtete, dass die deutsche Kaiserwürde das preußische Königtum bald in den Schatten stellen würde.[1] »Und dennoch soll ich es mit meinem eingefleischten Preußen-Herz erleben, den Namen der so Großes erwirkt u. geschaffen, zurücktreten zu sehen vor einem anderen, der fast in seiner Auflösung ein Jahrhundert lang dem Preußischen feindlich entgegen stand!?«, klagte er. »Das ist ein Gedanke u. ein Gefühl der mir alle innere Freudigkeit an dem großen Ereigniß nimmt!«[2]

Das alles bedeutete nicht unbedingt, dass Wilhelm I. grundsätzlich etwas gegen die Übernahme der gesamtdeutschen Führungsfunktion gehabt hätte. Bereits 1849 hatte er ja wie erwähnt seine Überzeugung geäußert, dass Preußen »bestimmt« sei, »an die Spitze Deutschlands zu kommen«[3]. Durchaus fasziniert gewesen war er damals auch hinsichtlich der Machtoptionen, die sich aus der Friedrich Wilhelm IV. von der Frankfurter Nationalversammlung angetragenen Kaiserkrone für die Hohenzollern ergeben hätten. Was ihn 1849 am meisten gestört hatte, nämlich, dass das Angebot von einem Parlament gekommen war, wurde von Bismarck beseitigt: Dem Kaiserbrief von Ludwig II. folgte bald darauf ein Telegramm, aus dem hervorging, dass die deutschen Fürsten der Übernahme der Kaiserwürde durch den König von Preußen zustimmten. Wilhelm I. gab daraufhin seinerseits grünes Licht. Am 18. Dezember nahm er eine Delegation des norddeutschen Reichstages in Empfang, die ihn ebenfalls um Annahme der Kaiserwürde bat. Sichtlich bewegt teilte er den Parlamentariern mit, dass er dem Ersuchen entsprechen werde. Entgegen kam Wilhelm I. auch, dass sich am 18. Januar 1871 der Beginn des Hohenzoller'schen Königtums zum 170. Mal jährte. Um die Bedeutung der preußischen Krone gebührend zu betonen, wurde die geplante Kaiserproklamation auf diesen Jubiläumstag festgelegt.

Die Vorbereitungen für die Proklamation im Spiegelsaal des Schlosses von Versailles liefen schon auf Hochtouren, als Wilhelm I. plötzlich die genaue Bezeichnung der Kaiserwürde beanstandete. Bismarck hatte in seinen Verhandlungen mit den süddeutschen Staaten den Titel »Deutscher Kaiser« vereinbart, der einen begrenzten Vorrang vor den deutschen Fürsten zum Ausdruck brachte. Der König wünschte jetzt aber auf einmal einen Titel, der einen eindeutigeren Herrschaftsanspruch über die nichtpreußischen Gebiete beinhaltete, nämlich »Kaiser von Deutschland«. Es war eine vollkommen unrealistische Begehrlichkeit, da die Fürsten ihr nicht zugestimmt hätten und die Verfassung des neuen Reiches und damit auch der Titel »Deutscher Kaiser« bereits in Kraft getreten waren. Doch das kümmerte Wilhelm I. nicht. Am 17. Januar, dem Tag vor der geplanten Kaiserproklamation von Versailles, wies er in einer mehrstündigen Krisensitzung alle Argumente Bismarcks, dass es bei der Bezeichnung »Deutscher Kaiser« bleiben müsse, vehement zurück und brach schließlich sogar in Tränen aus.[4]

Am Morgen des 18. Januar 1871, unmittelbar vor der Kaiserproklamation, war die Situation immer noch völlig verfahren. Der nervöse Bismarck suchte Friedrich I. von Baden auf, den Schwiegersohn des Königs. Er sollte nach der Verlesung der Proklamation ein Hoch auf Wilhelm I. ausbringen und ihn dabei erstmals mit seinem neuen Titel nennen. Mit welchem Wortlaut er den Kaiser bezeichnen werde, fragte Bismarck den Großherzog beklommen und bekam zur Antwort: »Als Kaiser von Deutschland, nach Befehl Sr. Majestät.«[5] In eindringlichen Worten überzeugte Bismarck den Fürsten, dass das Hoch auf den Kaiser keinesfalls in dieser Form ausgebracht werden konnte. Friedrich I. ging zu Wilhelm I. und schaffte es offenbar, seinen Schwiegervater in einem Vieraugengespräch zu einem Kompromiss zu überreden. Bei der Kaiserproklamation brachte er das Hoch weder auf den »Kaiser von Deutschland« noch auf den »Deutschen Kaiser«, sondern einfach auf »Kaiser Wilhelm« aus. Die gefährliche Klippe war umschifft. Allerdings bebte Wilhelm I. vor Zorn auf Bismarck. Als der Festakt im Spiegelsaal endete, schüttelte der frisch gebackene Kaiser diversen Männern im Festsaal die Hand, ließ aber Bismarck links liegen.[6] Der Ignorierte hatte »mehrmals das dringende Bedürfnis, eine Bombe zu sein und zu platzen, daß der ganze Bau in Trümmer gegangen wäre«.[7] Wilhelm I. schrieb seiner Gemahlin nach der Proklamation bekümmert: »Ich kann Dir nicht sagen, in welcher morosen Emotion ich in diesen letzten Tagen war, teils wegen der hohen Verantwortung, die ich nun zu übernehmen habe, teils und vor allem über den Schmerz, den preußischen Titel verdrängt zu sehen!«[8] Wie wenig ihm die Kaiserwürde in jenen Tagen bedeutete, geht aus einem Tagebuch hervor, in dem Louis Schneider im Auftrag Wilhelms I. dessen tägliche Aktivitäten aufzeichnete. In den ersten Wochen des Jahres 1871 sind darin mit akribischer Genauigkeit Dinge wie Front- oder Lazarettbesuche Wilhelms aufgelistet. Am 18. Januar 1871 beschränkte sich Schneider jedoch auf den denkbar trockenen Eintrag: »In Versailles. Annahme des Titels eines Deutschen Kaisers.«[9] Beiläufiger ging es kaum mehr.

Bei vielen Deutschen herrschte hingegen Euphorie. Nicht wenigen erschien die Herstellung der deutschen Einheit und die Wiederbelebung des Kaisertums fast wie ein Wunder. »Oh! Kindheitsträume, geht ihr wirklich in Erfüllung?«[10], notierte Baronin Spitzemberg ungläubig. Der prominente Historiker und nationalliberale Abgeordnete Heinrich von Sybel, der noch am 1. Januar 1871 das Fehlen einer parlamentarischen Regierung im neuen Deutschen Reich beklagte, schrieb wenige Tage nach der Kaiserproklamation überwältigt: »Wodurch hat man die Gnade Gottes verdient, so große und mächtige Dinge erleben zu dürfen? Und wie wird man nachher leben? Was zwanzig Jahre der Inhalt alles Wünschens und Strebens gewesen, das ist nun in so unendlich herrlicher Weise erfüllt!«[11] Der Rechtswissenschaftler und Schriftsteller Felix Dahn stellte in einem Gedicht eine Verknüpfung Wilhelms I. mit Barbarossa her, indem er ihn »Barbablanca« nannte, und stand damit am Beginn einer Flut an literarischen Ergüssen, die den preußischen König als wiedergekehrten Rotbart identifizierten. Und Wilhelms Sohn konnte sich kaum halten vor Begeisterung. Für Kronprinz Friedrich Wilhelm war die Reaktivierung der Kaiserwürde ein seit Jahren angestrebtes Traumziel, bei dem die schwelgerische Vorstellung mitschwang, die Hohenzollern würden nun die über 1000 Jahre alte Kaiserkrone Karls des Großen übernehmen.[12]

Für Frankreich war der Umstand, dass die Kaiserproklamation ausgerechnet in Versailles stattgefunden hatte, besonders schmerzlich. Als der Deutsch-Französische Krieg am 26. Februar 1871 mit der Unterzeichnung des Vorfriedens von Versailles formell beendet wurde, wartete auf die Grande Nation eine weitere Demütigung, die aber mit Rücksicht auf die französischen Befindlichkeiten halbwegs begrenzt wurde. Am 1. März marschierte ein Teil der deutschen Streitmacht in Paris ein, besetzte einen Teil der Stadt symbolisch und rückte zwei Tage später wieder ab. Eine Siegesparade fand unter den Augen des Kaisers nicht im Zentrum der Hauptstadt, sondern auf der vorgelagerten Pferderennbahn Longchamp statt.

Wilhelm I. selbst brachte das Kriegsende auf seltsame Ideen. Am 2. März versetzte er seine Entourage in Angst und Schrecken, als er die französische Hauptstadt, die er monatelang hatte belagern und beschießen lassen, plötzlich selbst besichtigen wollte. Der Gedanke, sich dabei zumindest von einer Eskorte begleiten zu lassen, die ihn vor Attacken aufgebrachter Stadtbewohner hätten schützen können, kam ihm dabei offenbar nicht. Stattdessen ließ er einfach seine Kutsche anspannen und fuhr mit nur einem Begleiter schnurstracks nach Paris hinein. Es war letztlich wohl ein Glück für alle Beteiligten, dass der Versuch des Kaisers, die Avenue des Champs-Élysées und den Triumphbogen zu erreichen, schnell scheiterte. Er fuhr über eine Route in die Stadt, die dermaßen zertrümmert und verbarrikadiert war, dass es bald kein Durchkommen für die einsame Kutsche mehr gab. Wilhelm ließ schließlich wenden und kehrte etwas missmutig, aber wohlbehalten nach Versailles zurück. Ein paar Tage später wollte der Kaiser, den gerade der Hexenschuss plagte, auf unorthodoxe Weise überprüfen, ob er eine anstehende Truppenparade zu Pferd abnehmen konnte. Er setzte sich auf die Armlehne eines großen Stuhls, um die Bewegungen auf dem Pferd nachzuahmen. Allerdings stand der Stuhl auf Rollen und glitt unter ihm weg. Der Kaiser stürzte so heftig zu Boden, dass er kurzzeitig die Besinnung verlor. Seine engste Umgebung mag erleichtert gewesen sein, als Wilhelm I. einige Tage darauf seine Zelte in Versailles abbrach, ehe ein schlimmeres Malheur mit ihm passieren konnte.[13]

Am 15. März betrat Wilhelm I. erstmals seit mehr als sieben Monaten wieder deutschen Boden. Überall brandete ihm Begeisterung entgegen. Am Abend des Tages erreichte er Frankfurt am Main, wo er seine erste Nacht in der Heimat zubrachte. Und auch hier herrschte »unbeschreiblicher Volks-Jubel«[14], wie Louis Schneider in seinem Tagebuch für den Kaiser notierte. Durch den Krieg gegen Frankreich und die Schaffung der deutschen Einheit wurde erreicht, was Wilhelm I. mit all seinen demonstrativen Sympathiebekundungen seit 1867 nicht gelungen war. In gewisser Hinsicht waren die Frankfurter jetzt nicht mehr nur Zwangspreußen, sondern konnten sich fortan als Bürger Deutschlands fühlen. Dass gerade dieser Umstand viele Gräben zuschüttete, war nicht unbedingt schmeichelhaft für Preußen, aber Wilhelm I. und Bismarck sahen klugerweise darüber hinweg. Auf ihr Betreiben wurde der Friedensvertrag mit Frankreich am 10. Mai 1871 in Frankfurt am Main unterzeichnet, was als Signal besonderer Wertschätzung für die 1866 so schwer geschundene Stadt gedacht war.[15]

Macht und Ohnmacht des Gründermonarchen

Als Wilhelm I. nach Deutschland zurückkehrte, vereinigten sich in seiner Person starke Machtkompetenzen. Der Titel »Deutscher Kaiser« war keineswegs inhaltsleer, sondern beinhaltete beträchtliche Befugnisse: Gemäß der neuen Reichsverfassung übte der Kaiser zwar keine unmittelbare Herrschaft über die anderen Teilstaaten des Reiches aus, doch er kontrollierte die neuen Reichsbehörden und die deutsche Außenpolitik, ernannte den Reichskanzler sowie die obersten Reichsbeamten und konnte sowohl den Reichstag als auch den Bundesrat jederzeit auflösen. Er entschied über Krieg oder Frieden und gebot im Ernstfall über alle deutschen Streitkräfte. Überdies war er das Oberhaupt eines Staates, der dominierende Einflussmöglichkeiten im Reich besaß. Preußen stellte nicht nur den Kaiser, sondern auch den Reichskanzler, entsandte die meisten Abgeordneten in den Reichstag und besaß die weitaus höchste Stimmenzahl im Bundesrat, der sich aus Bevollmächtigten der deutschen Einzelstaaten zusammensetzte. Zudem nahm es 65 % der deutschen Gesamtfläche ein, stellte 62 % der Reichsbevölkerung und verfügte über die mit weitem Abstand stärkste Armee.[16]

Am 21. März 1871 eröffnete der Kaiser den ersten gesamtdeutschen Reichstag im Weißen Saal des Berliner Stadtschlosses. Der Festakt wurde mit großem Gepränge vollzogen. Um die Autorität der preußischen Krone zu betonen, ließ Wilhelm I. die ganze Herrscherfamilie bei der Zeremonie antreten und beim Betreten des Saals die Insignien monarchischer Macht – Schwert, Zepter, Reichsapfel, Krone und Fahne – vor sich hertragen. Seinem mittelalterbegeisterten Sohn war das zu wenig. Mit der Absicht, eine Brücke zum Ersten Reich zu schlagen, sorgte Friedrich Wilhelm auch noch dafür, dass ein aus Stein und Erz gefertigter Stuhl in den Weißen Saal geschleppt wurde, von dem er glaubte, dass es sich um einen Kaiserthron aus dem 11. Jahrhundert handelte.

Die Parlamentarier waren von der leicht skurrilen Inszenierung des Kronprinzen mehr verdutzt als beeindruckt. Wichtiger war für sie, dass der Kaiser ungeachtet allen Pomps sichtlich darum bemüht war, von seiner Macht verantwortungsvoll Gebrauch zu machen und die Bedeutung des gesamtdeutschen Parlaments zu würdigen. Wilhelm I. vollzog den Festakt sofort nach seiner Rückkehr aus Frankreich. Zudem fiel auf, dass er vor seiner Ansprache demonstrativ seinen

Helm abnahm, was er sonst in der Regel nicht zu tun pflegte.[17] Seine Rede, in der er Friedenswille und innere Einheit beschwor, machte selbst auf einen Mann wie Eugen Richter, der sich im Kaiserreich als furchtloser Regierungskritiker profilierte, einen guten Eindruck: »Das Friedensbedürfnis der deutschen Nation hätte nicht bestimmter und feierlicher proklamiert werden können, als es in dieser Thronrede geschah.« Zwei Tage später lud Wilhelm I. die Parlamentarier dann auch noch zu einem großen Diner ins Stadtschloss ein. Dabei zeigte er sich »sehr aufgeräumt und hatte fast für jeden ein freundliches Wort«, so Richter, der lakonisch anmerkte: »Aber im neuen Reichstage hatte noch niemand Gelegenheit gehabt, den Herren vom Hofe zu mißfallen.«[18]

Wilhelm I. sah der Zukunft recht optimistisch entgegen. Er setzte darauf, dass der gemeinsame Kampf gegen Frankreich bei den Deutschen ein dauerhaftes Zusammengehörigkeitsgefühl erzeugt hatte. »Der Grund zu einem neuen deutschen Reiche ist gelegt, und das vergossene Blut ist ein Kitt, der erwarten läßt, daß auf diesem Grunde ein fester Bau entstehen wird«[19], schrieb er am 26. März 1871 in einem Privatbrief. Doch die Errichtung dieses »festen Baus« machte größere Schwierigkeiten als erwartet.

Ein gravierendes Problem wurde ironischerweise gerade durch die Herstellung der deutschen Einheit verursacht. Sie katapultierte vor allem Berlin in eine ungeheure Wachstumsphase hinein. Die Reichsgründung, die Annexion der reichen Provinzen Elsaß und Lothringen, die hohen Reparationszahlungen durch Frankreich, auch der Umstand, dass Berlin jetzt nicht mehr nur die Hauptstadt Preußens, sondern auch die des Deutschen Reiches war, verführte zahllose Wirtschaftstreibende zu grenzenloser Zukunftseuphorie. Die Metropole an der Spree entwickelte sich in Windeseile zu einem Eldorado für Baulöwen und umtriebige Spekulanten. 1871 und 1872 wurden in der Stadt Hunderte von neuen Unternehmen angemeldet. Die Börse prosperierte und machte dermaßen große Gewinne, dass viele Menschen von fiebriger Spekulationslust ergriffen wurden. 1873 endete der Gründerzeitboom mit einer Konjunkturüberhitzung und einem Börsenkrach. Zahlreiche Firmenzusammenbrüche und teils drastische Einkommensverluste folgten, es kam zu steigender Arbeitslosigkeit und einer mehrjährigen Wirtschaftskrise.

Für beträchtlichen Unfrieden sorgte auch Bismarck, als er den so genannten »Kulturkampf« gegen die Katholiken im Reich entfesselte. Insbesondere deren politische Repräsentation, die 1870 gegründete Zentrumspartei, war ihm ein Dorn im Auge. Aus seiner Sicht fühlte diese sich zu sehr an den Vatikan gebunden und bedrohte somit die innere Einheit des Reiches. Als die Zentrumspartei bei den ersten Reichstagswahlen im März 1871 stattliche 18,6 % der Stimmen gewann, betrachtete Bismarck dies als Alarmsignal. Zusammen mit dem energi-

21: Cercle am Hof Kaiser Wilhelms I. (Gemälde Adolph von Menzels).

schen Kultusminister Adalbert Falk leitete er eine Serie antiklerikaler Schritte ein. Der geistliche Einfluss wurde aus staatlichen Schulen verdrängt, der Jesuitenorden ausgewiesen, der Klerus staatlicher Aufsicht unterstellt und eine Streichung staatlicher Mittel für die Kirche vorfügt. Doch derlei Repressionen schüchterten die Katholiken mitnichten ein, sondern sorgten für einen gegenteiligen Effekt. Das Zentrum verbuchte bei den Reichstagswahlen 1874 einen fulminanten Zuwachs und kam auf 27,9 % der Stimmen.

Den Kaiser beunruhigte Bismarcks Vorgehen gegen den politischen Katholizismus sehr. Zuweilen intervenierte er in Teilbereichen. 1875 etwa zwang er Bismarck, der die Aufhebung von Klöstern gesetzlich verfügen wollte, die Orden für Krankenpflege davon auszunehmen und den Ordensschulen eine vierjährige Duldungsfrist einzuräumen. Entschlossene Maßnahmen zur Beendigung des »Kulturkampfes« ergriff Wilhelm I. jedoch nicht. Bismarck führte die Auseinandersetzung mit den Katholiken im Reich und dem streitbaren Papst Pius IX. noch jahrelang verbissen weiter, ließ Hunderte von unbotmäßigen Priestern ausweisen oder inhaftieren, Kirchenbesitz in Millionenhöhe beschlagnahmen und missliebige Zeitungen konfiszieren. Erst als 1878 mit Leo XIII. ein kompromissbereiterer Papst antrat, begann er langsam nachzugeben.

Die stufenweise Beendigung des Kulturkampfs stand in engem Zusammenhang mit einer anderen einschneidenden Wegetappe deutscher Innenpolitik: der konservativen Wende von 1878/79. Bismarck kooperierte seit 1866/67 mit der Nationalliberalen Partei, die 1871 zur stärksten Fraktion im Reichstag aufgestiegen war. Mit dem Ende des Kulturkampfes erschöpften sich die Gemeinsamkeiten zwischen dem Reichskanzler und den Liberalen jedoch zusehends. Hinzu kam, dass im Zuge der Wirtschaftskrise seit 1873 der von den Nationalliberalen propagierte Freihandel zusehends unter heftigen Beschuss geraten war. Zahlreiche Wirtschaftstreibende verlangten die Verhängung von Schutzzöllen, um die heimische Industrie vor ausländischer Konkurrenz abzuschirmen. All dies drängte Bismarck langsam den Gedanken auf, es sei an der Zeit, einen grundlegenden Kurswechsel vorzunehmen.[20]

Dasselbe wünschte auch Wilhelm I. Ihm gefiel die Kooperation mit den Nationalliberalen immer weniger. Den von ihnen propagierten Freihandel beäugte er mit Fortdauer der Wirtschaftskrise zunehmend skeptischer und ablehnender. Für die Schutzzoll-Forderungen deutscher Unternehmer hatte er großes Verständnis und fand, dass man ihnen entsprechen sollte. Als bei einem Kronrat am 24. Oktober 1876 die Frage aufkam, ob die für den 1. Januar 1877 vorgesehene Aufhebung von Eisenzöllen angesichts der Probleme, mit denen die Eisenindustrie mittlerweile zu kämpfen hatte, nun wirklich in Kraft treten sollte, sprach Wilhelm I. sich für eine Beibehaltung der bisherigen Zollsätze aus, akzeptierte aber die Ansicht seiner Minister, die mehrheitlich davon abrieten.[21]

Völlig inakzeptabel war es für ihn hingegen, dass die Nationalliberalen zentrale Posten im preußischen Staatsministerium anpeilten, um ihren Einfluss zu erhöhen. Als Bismarck diesen Forderungen aus taktischen Gründen entgegenkommen wollte und dem Kaiser im März 1877 vorschlug, den Fraktionsführer der Nationalliberalen im Reichstag, Rudolf von Bennigsen, zum Innenminister zu ernennen, sah Wilhelm I. ihn an, »als ob er mit einem Übergeschnappten spräche.«[22] Bismarck verfolgte sein Vorhaben trotzdem weiter, jetzt aber hinter dem Rücken des Kaisers. Im Juli 1877 lud er Bennigsen zu mehrtägigen Gesprächen auf seinen Landsitz Varzin ein. Ende Dezember tat er dasselbe noch einmal. Diesmal bekam jedoch die Presse Wind davon. Manche Zeitungen äußerten die Vermutung, dass der Aufenthalt des prominenten Nationalliberalen in Varzin politische Folgen haben werde. Die *Norddeutsche Allgemeine Zeitung* kündigte am 29. Dezember einen Umbau im preußischen Staatsministerium an. Im Wissen, dass der Kaiser ein eifriger Zeitungsleser war, schrieb Bismarck ihm tags darauf einen Brief, in dem er kalmierend und nicht ganz ehrlich schrieb, er habe mit Bennigsen lediglich über steuerpolitische Fragen gesprochen. Mittlerweile hatte

Wilhelm I. aber die Zeitungsberichte bereits gelesen und fühlte sich von Bismarck hintergangen.[23] Besonders zornig machte ihn eine Textpassage, aus der hervorging, dass er einen Plan Bismarcks zum Regierungsumbau bereits gebilligt habe. Am 30. Dezember wies er seinen Kanzler brieflich scharf zurecht und verlangte von ihm ein offizielles Dementi, »da niemand besser weiß als Sie selbst, daß Sie mir keine Silbe über diesen Gegenstand mitgeteilt haben.« Bennigsens Eintritt ins Staatsministerium lehnte er entschieden ab, denn dieser »würde er den ruhigen und konservativen Gang meiner Regierung, den Sie selbst zu gehen sich ganz entschieden gegen mich aussprachen, nicht gehen können!«[24] Bismarcks Reaktion war bemerkenswert. Er »verkroch sich wie ein Kind, das von seinem wütenden Vater getadelt worden war, ins Bett«[25], so der Bismarck-Biograph Jonathan Steinberg. Geschlagene drei Wochen lang dauerte die »hochgradige krankhafte Verstimmung«[26], die ein enger Vertrauter bei ihm diagnostizierte. Bismarck selbst klagte in einem Brief über die angebliche Rücksichtslosigkeit des Kaisers und die »geringe[ ] Schonung, mit der man mich in geschäftlicher Hinsicht behandelt«[27]. In anderen Worten: Für Bismarck war es schier unerträglich, dass Wilhelm I. ihm einmal einen zurechtweisenden Brief schrieb, und das, obwohl der darin enthaltene Vorwurf der Irreführung stimmte.

Als Bismarck wieder von seinem Krankenlager aufstand, dauerte es noch einmal drei Wochen, ehe er nach Berlin zurückkehrte. Am 22. Februar 1878 trat er vor den Reichstag und kündigte ein Monopol für die Tabakindustrie an. Damit stellte er sich gegen die Nationalliberalen, für die der Antiprotektionismus ein Muss darstellte. Ein wesentlicher Auslöser für diesen Paukenschlag dürfte der Tod Papst Pius' IX. am 7. Februar gewesen sein, der Bismarck die Chance eröffnete, das Zerwürfnis mit dem Vatikan zu beenden, den Kulturkampf beizulegen und auf diese Weise neue Handlungsoptionen für die Umsetzung einer Finanz- und Tarifreform zu erlangen, so etwa durch eine Annäherung an das Zentrum, die schließlich im Frühjahr 1879 stattfand. Nach mehrmonatigen inner- und außerparlamentarischen Kämpfen nahm der Reichstag am 12. Juli 1879 ein Gesetz an, das den Import von Industrie- und Agrarprodukten mit unterschiedlich hohen Zöllen belegte. Die Mehrheit für diese Regierungsvorlage brachte Bismarck vor allem mit den Stimmen der Konservativen und des Zentrums zustande. Damit war der Wechsel von der Freihandels- zur Schutzzollpolitik fixiert, ebenso die Abkehr des Reichskanzlers von den Liberalen.[28] Für Wilhelm I. war das Ergebnis der Abstimmung im Reichstag ein »Triumph«. Er gratulierte und dankte Bismarck überschwänglich dafür: »Das Vaterland wird Sie dafür segnen – wenn auch nicht die Opposition!«[29] Ein Resultat der Wende war allerdings auch, dass Bismarck nun nicht mehr mit halbwegs abgesicherten Mehrheiten im Reichstag rechnen konnte. Die Zeiten wurden für den Reichskanzler fortan deutlich schwieriger.

Auf außenpolitischer Ebene ließen sich die Dinge für das neue Reich zunächst recht verheißungsvoll an. Nach dem Krieg gegen Frankreich wollte Bismarck möglichst enge Beziehungen zu Russland und Österreich-Ungarn knüpfen, dies vor allem, um ein Bündnis Frankreichs mit einer der beiden anderen kontinentalen Großmächte zu verhindern. Die Gelegenheit für einen ersten großen Schritt in diese Richtung fiel der deutschen Führung gewissermaßen in den Schoß. Kaiser Franz Joseph I. hatte sich mit den in der Schlacht bei Königgrätz geschaffenen Fakten mittlerweile abgefunden. 1872 entschloss er sich zu einem Staatsbesuch in Berlin, um einen Schlussstrich unter die Vergangenheit zu ziehen und das Verhältnis zu Deutschland auf eine neue Grundlage zu stellen. Als Zar Alexander II. davon erfuhr, wünschte er, beunruhigt über die Aussicht eines deutsch-österreichischen Schulterschlusses, ebenfalls zu dieser Begegnung eingeladen zu werden. Wilhelm I., stets auf ein gutes Verhältnis zu Russland bedacht, gab diesem Ersuchen gerne statt. Es kam zu einem aufwendigen Dreikaisertreffen in Berlin (6. bis 11. September 1872), bei dem er mit Alexander II. und Franz Joseph I. im Rahmen üppiger Staatsbankette und glanzvoller Truppenparaden Harmonie zur Schau stellte.[30] Der Kurs des demonstrativen Einvernehmens setzte sich vorerst weiter fort. Im Mai 1873 stattete Wilhelm I. dem Zaren einen Gegenbesuch in St. Petersburg ab. Im Juni verständigten sich Franz Joseph I. und Alexander II. auf konservative Solidarität und Friedenssicherung in Europa. Im Oktober 1873 trat Deutschland dem Abkommen bei, der Dreikaiserbund war geschlossen.

Zur selben Zeit erstarkte Frankreich unerwartet rasch. Bereits im Herbst 1873 hatte es die Kriegskontributionen an Deutschland abbezahlt und sich so der deutschen Besatzung entledigt. Als Paris im März 1875 ein Gesetz zur Reorganisation und Verstärkung der Armee auf den Weg brachte, schrillten in Berlin Alarmglocken. In einigen Zeitungen tauchten Drohbotschaften gegen Frankreich auf, so vor allem in der regierungsnahen *Post* (»Ist der Krieg in Sicht?«). Sie sorgten für gewaltiges Aufsehen in Europa und wurden als Versuch Bismarcks gewertet, Paris einzuschüchtern. Die Reaktionen fielen für Berlin ernüchternd aus. Großbritannien stellte klar, dass es eine weitere Schwächung Frankreichs nicht hinnehmen würde. Und, für Bismarck besonders bitter: Der vermeintliche Partner Russland stellte sich auf die Seite Großbritanniens.

Auf Wilhelm I. wirkte die plötzliche »Krieg-in-Sicht«-Krise wie eine kalte Dusche. Allein die Aussicht eines neuen Konflikts mit Frankreich war ihm ein Graus. Er ärgerte sich über die Berichterstattung der Presse und auch über Bismarck, von dem er sich nicht ausreichend informiert fühlte. Was blieb, war Schadensbegrenzung: Zar Alexander II. überzeugte der Kaiser bei einem kurzfristig anberaumten Treffen in Berlin, dass die Gerüchte eines deutschen Angriffs auf Frankreich haltlos seien. Königin Victoria übermittelte er eine nachdrückliche Botschaft seines unbedingten Friedenswillens per Brief. Dem deutschen Botschafter in Paris, Chlodwig zu Hohenlohe-Schillingsfürst, trug Wilhelm I. auf, Marschall Mac-Mahon, mittlerweile der Präsident Frankreichs, eine inhaltlich gleichlautende Botschaft zu übermitteln.[31]

Die beschwichtigende Kommunikation des Kaisers und sein unzweifelhafter Friedenswille trugen dazu bei, die Spannungen relativ rasch wieder abzubauen. Dennoch hatte die »Krieg-in-Sicht«-Krise der preußisch-deutschen Führung höchst unliebsame Erkenntnisse beschert: Das Dreikaiserabkommen war schon beim ersten Härtetest brüchig geworden. Zudem rief die neue deutsche Großmacht im Herzen Europas mehr Misstrauen und Angst hervor als in Berlin zunächst angenommen. Bismarck signalisierte den anderen Mächten daher fortan konsequent, dass Deutschland ein »saturierter« Staat sei, der keine Expansionen mehr anpeile, und trat als Hüter des europäischen Friedens in Erscheinung. Aber auch das hatte seine Tücken. Als Russland 1877/78 einen Expansionskrieg gegen das morsche Osmanische Reich führte und Bismarck während des Berliner Kongresses im Juni/Juli 1878 einen Ausgleich zwischen den Mächten zu schaffen versuchte, steigerte dies zwar sein persönliches Prestige in Europa, belastete aber die Beziehungen zu Russland, wo man sich um die Früchte seiner militärischen Erfolge über das Osmanische Reich geprellt fühlte. Zar Alexander II. beschwerte sich mit dem so genannten »Ohrfeigenbrief« vom 15. August 1879 bei seinem Onkel Wilhelm I. bitter über Bismarck und die vermeintliche deutsche Undankbarkeit.

Die Spannungen mit dem Zarenreich bewogen Bismarck zu einer Maßnahme, die er bislang zu vermeiden gesucht hatte, nämlich einer der zwei anderen Kaisermächte den Vorzug zu geben. Er leitete ein Bündnis mit Österreich-Ungarn in die Wege. Dabei erwies sich allerdings der Kaiser als kaum überwindbares Hindernis. Wilhelm I. befürchtete eine dauerhafte Abkehr von Russland und bekämpfte das Vorhaben seines Regierungschefs vehement. Wochenlang lieferte er sich mit Bismarck einen brieflichen Schlagabtausch und reiste zu einem Treffen mit dem Zaren nach Alexandrowo in Russisch-Polen (3./4. September 1879), bei dem dieser ein Stück zurückruderte und seinen »Ohrfeigenbrief« abschwächte. Erst als Bismarck praktisch alle relevanten preußischen Machtfaktoren auf seine Seite gezogen hatte – Ende September 1879 waren der preußische Ministerrat, die Heeresführung, der Kronprinz und Augusta in verschiedenen Abstufungen proösterreichisch eingestellt, die Öffentlichkeit stand dem »Bruderstaat« Österreich-Ungarn ohnehin viel näher als Russland – und obendrein seinen Rücktritt androhte, gab Wilhelm I. schweren Herzens nach.

Am 7. Oktober 1879 wurde der Zweibundvertrag unterzeichnet. Bismarcks damit verknüpftes Kalkül, Russland unter Zugzwang zu setzen, ging mittelfristig auf. St. Petersburg näherte sich Berlin und Wien wieder an, 1881 kam es zum neuerlichen Abschluss eines Dreikaiserbundes. Langfristig jedoch leitete die deutsch-österreichische Defensivallianz von 1879 die europäische Blockbildung ein, die sich bekanntlich verhängnisvoll für Deutschland entwickeln sollte.[32]

In Summe gesehen, übte Wilhelm I. auf die großen innen- und außenpolitischen Ereignisse der turbulenten 1870er Jahre nur punktuell nennenswerten Einfluss aus. Generell spielte er auf dem politischen Parkett eine zurückgenommene Rolle. Die schon in den 1860ern zusehends seltener einberufenen Kronräte fanden in den ersten Jahren nach der Reichsgründung noch sporadischer statt und hörten in den späten 1870er Jahren schließlich ganz auf. Das alles bedeutete nicht, dass Wilhelm I. am politischen Geschäft keinen Anteil mehr genommen hätte. Im Gegenteil: Er verwandte viel Energie darauf, sich über aktuelle Themen eine qualifizierte Meinung zu bilden – durch akribisches Unterlagenstudium oder auch durch Spezialschulungen bei ihm wenig vertrauten Fachmaterien, so etwa 1874, als er sich anlässlich bevorstehender Justizgesetzgebungs-Reformen einen Kurs über Rechtsenzyklopädie halten ließ, um zu erfassen, was durch seine Unterschrift Gesetzeskraft erhalten sollte. Nicht selten verlangte er von seinen Ministern Aufklärung über den Stand der Dinge bei den verschiedensten Angelegenheiten: Gerichtsreform, Zuckerrübenanbau, Patentrecht, Eisenindustrie, Reform der Provinz- und Kreisverwaltung, die Eisenbahnlinie Berlin–Dresden oder die Fürsorge für ausgesetzte Kinder.

Ansonsten aber ließ Wilhelm I. die Politik mittlerweile weitgehend über Bismarck laufen. Da und dort steckte er ihm Grenzen. So durfte Bismarck die Besetzung der Regierungsmannschaft auch nach der Reichsgründung weiterhin nicht selbst bestimmen. Außerdem schrieb Wilhelm I., der sich bei Vorbereitung von Gesetzen mehrfach zu wenig informiert fühlte, seinen Ministern im Jahr 1875 per Kabinettsorder vor, dass diese erst Gesetze ausarbeiten durften, wenn sie zuvor seine Genehmigung eingeholt hatten.[33] Wie die Causa Bennigsen um die Jahreswende 1877/78 jedoch besonders deutlich zeigte, neigte Bismarck auch weiterhin dazu, seinen Kaiser über wesentliche Aspekte der aktuellen Regierungsarbeit nicht oder nur unzureichend zu informieren.

So unbefriedigend diese Dinge für Wilhelm I. waren – von seiner kaiserlichen Machtfülle Gebrauch zu machen und seinen eigensinnigen Reichskanzler zu entlassen kam ihm nie ernstlich in den Sinn. Er hielt Bismarck für unersetzbar, zumal er selbst auf politischer Ebene »keine Gabe der Initiative«[34] besaß, wie er seinem Sohn am 2. April 1877 erklärte.

Die Selbstinszenierung des Kaisers

Am Nachmittag des 11. Mai 1878 unternahm Wilhelm I. mit seiner Tochter Luise eine Ausfahrt. In einer offenen Kutsche fuhren die beiden Unter den Linden entlang. Sie befanden sich gerade auf der Höhe der russischen Botschaft, da hörte der Kaiser Schüsse in seinem Rücken. Er fuhr herum und sah einen Mann davonlaufen, der mit einer Pistole bewaffnet war. Mehrere Passanten rannten ihm hinterher. Der Schütze feuerte auf seine Verfolger, traf aber niemanden und wurde von ihnen rasch gestellt und überwältigt. Das Ganze ging so schnell, dass Wilhelm im ersten Moment gar nicht auf die Idee kam, einem Attentat entronnen zu sein.[35] Während der Schütze – es handelte sich um den 21-jährigen arbeitslosen Klempnergesellen Max Hödel – abgeführt wurde, fuhr der Kaiser in sein Palais zurück. Dort setzte er ungerührt seinen Tagesplan fort, empfing Staatssekretäre und gab ein für 17 Uhr angesetztes Diner. Von Hödels Schüssen wenig beeindruckt, nahm er davon Abstand, irgendetwas an seinen Gewohnheiten zu ändern. Er traf keine zusätzlichen Sicherheitsmaßnahmen. Auf seine liebgewonnenen Kutschfahrten durch Berlin wollte er schon gar nicht verzichten. Das wurde ihm beinahe zum Verhängnis.

Am 2. Juni 1878, nur drei Wochen nach dem Hödel-Attentat, fuhr der Kaiser wieder in einer offenen Kutsche Unter den Linden entlang, als der 30-jährige ehemalige Landwirtschaftsstudent Karl Eduard Nobiling von einem Fenster aus mit einer Schrotflinte auf ihn feuerte. Diesmal wurde Wilhelm I. von rund 30 Schrotkugeln an Kopf, Rücken und beiden Armen getroffen. Blutüberströmt sackte er in der Kutsche zusammen. Polizisten und wutentbrannte Zivilisten stürmten das Haus, aus dem die Schüsse gekommen waren; Nobiling versuchte vergeblich, sich mit einem Kopfschuss das Leben zu nehmen, und wurde verhaftet. Unterdessen wurde der Kaiser in höchster Eile in sein Palais zurückgefahren. Dort stellte man bei der Erstversorgung erleichtert fest, dass er trotz seiner schweren Verletzungen nicht in Lebensgefahr schwebte. Von einer baldigen Wiederaufnahme der Amtsgeschäfte konnte jedoch keine Rede sein. Wilhelm I. musste die Herrschaft seinem Sohn übertragen und sich für mehrere Monate in Rekonvaleszenz begeben.

In der deutschen Bevölkerung lösten die Anschläge auf den alten Kaiser enorme Emotionen aus. Schon das noch glimpflich abgelaufene Hödel-Attentat rief einen Sturm der Entrüstung hervor. Binnen kürzester Zeit strömte eine riesige Menschenmenge vor dem Palais Wilhelms I. zusammen und brach in erleichterten Jubel aus, als dieser sich wohlauf am Fenster zeigte.[36] »Tief gerührt muß ich sein von der spontanen Teilnahme aller Klaßen, denn auch noch jetzt 7 Uhr stehen 1000e vor meinen Fenstern, deren Rufen und Singen ich mich ab und zu zeigen muß!«[37], schrieb Wilhelm sichtlich bewegt an Augusta. Mancherorts kam es zu tumultartigen Szenen, so etwa am Abend des 11. Mai in Halle. »In der Stadt strömten ungeheure Menschenmengen auf den Straßen auf und ab, und der Marktplatz glich einem wildsummenden, brodelnden Kessel voll erregter Menschen«, schrieb ein Augenzeuge. »Die einen beteten, die anderen sangen: ›Nun danket alle Gott‹. Andere wußten den Verlauf des Attentats noch nicht genau und fragten ständig: ›Ist er tot, ist er tot?‹ Von allen Kirchen läuteten die Glocken und in förmlicher Verzückung liefen viele mit entblößtem Kopfe herum und schlugen in blinder Wut anderen die Kopfbedeckung herunter.«[38] Nach dem Nobiling-Attentat schwappte eine noch stärkere Welle der Empörung und des Mitgefühls für den 81-jährigen Monarchen durch Deutschland. Als Wilhelm I. am 5. Dezember 1878 aus der Rekonvaleszenz nach Berlin zurückkehrte, wurden ihm gewaltige Ovationen dargebracht. Die Stadt war mit einem Lichtermeer und zahlreichen allegorischen Figuren geschmückt,[39] »bis lange nach Mitternacht durchwogte eine nach Hunderttausenden zählende Menschenmasse in lebensgefährlichem Gedränge die Straßen«[40], beobachtete Tiedemann. Selbst die keineswegs regierungshörige *National-Zeitung* schrieb mit bebender Ergriffenheit über den alten Kaiser: »Schon umstrahlt etwas von dem Glanz und Schimmer der Mythe das ehrfurchtgebietende Haupt. Karl der Große, Friedrich der Rotbart erscheinen als die einzig würdigen Gestalten der Geschichte, die wir als ebenbürtig mit ihm vergleichen können.«[41]

Die rauschenden öffentlichen Reaktionen auf die Attentate stellten den vorläufigen Höhepunkt einer erstaunlichen Entwicklung dar: Wilhelm I. wurde längst nicht mehr nur als König von Preußen wahrgenommen, sondern als Symbolgestalt des gesamten Reiches. Selbst in den süddeutschen Staaten, wo es zehn Jahre zuvor noch einen starken, antipreußisch geprägten Partikularismus gegeben hatte, war neben die alte Loyalität zum eigenen Monarchen mittlerweile die Loyalität zum Kaiser getreten. Bei Linksliberalen, Teilen der katholischen Bevölkerung und vor allem bei Sozialisten ging dieser Prozess zwar deutlich langsamer, teilweise gar nicht vonstatten, doch in Summe entfaltete der alte Kaiser eine Sog- und Integrationskraft von beträchtlicher Flächenwirkung. Das äußerte sich in Liedern und Gedichten, zahlreichen nationalen Festakten, der Errichtung unzähliger Denkmäler, Konterfeis des Kaisers, die in zahllosen Privatwohnungen hingen, sowie in der Eigenart besonders schwärmerischer Geister, Wilhelm I. in Anlehnung an den rotbärtigen Legendenkaiser Friedrich Barbarossa »Barbablanca« zu nennen.[42] Grundvoraussetzung für diese »metapolitische Veränderung von enormer Tiefenwirkung und Realitätskraft«[43] war natürlich der gemeinsam errungene Sieg über den »Erzfeind« Frankreich und die Realisierung der deutschen Einheit. Zu einem guten Teil war dieser umwälzende Prozess aber auf den Kaiser selbst zurückzuführen.

Wilhelm I. erfreute sich bis in die 1880er Jahre hinein bemerkenswerter Rüstigkeit. Trotz gelegentlicher gesundheitlicher Einbrüche spulte er nach der Reichsgründung ein umfangreiches Auftrittsprogramm in ganz Deutschland ab, bereiste diverse Städte und Regionen des Reiches, eröffnete große Bauwerke, weihte Denkmäler ein, leitete Nationalfeiern, wohnte unzähligen Empfängen und Bällen bei, wertete zuweilen auch Kulturveranstaltungen durch seine Anwesenheit auf, so etwa die ersten Bayreuther Festspiele im August 1876.[44] Dabei spielte er stets geschickt seine Trümpfe aus, ohne auf ihnen penetrant herumzureiten – sein Alter, seine majestätische Erscheinung, den Nimbus von Rechtschaffenheit und Bescheidenheit –, und präsentierte sich dem Volk als ehrfurchtgebietender, aber gütiger Übervater der Nation. All dies kombinierte er mit einem Schuss Leutseligkeit, die umso stärker wirkte, als sie nicht gespielt war. Enge Gefolgsleute und Mitglieder des Hofes schwärmten unisono über seine Liebenswürdigkeit und Geselligkeit.[45]

Der großväterlich-patriarchalische Charme Wilhelms I. griff selbst bei Menschen, die eigentlich an ihm einiges auszusetzen hatten. Kronprinzessin Victoria etwa, die, wie wir noch sehen werden, mit ihrem Schwiegervater viele Konflikte austrug, zollte seinem Auftreten höchstes Lob: Sie könne nur wünschen, notierte sie einmal, dass ihre Kinder »in Gesellschaft so charmant, freundlich und höflich, so chivalresque werden wie ihr Großvater, denn er ist der perfekte grand seigneur im besten Sinne des Wortes.«[46] Selbst ein eingefleischter Gegner Preußen-Deutschlands wie der österreichische Kronprinz Rudolf vermochte sich der Ausstrahlung des alten Kaisers nicht gänzlich zu entziehen und besaß, wie seine Gemahlin später notierte, »eine gewisse ehrerbietige Verehrung für den greisen Kaiser Wilhelm, dessen Würde, dessen ritterlich liebenswürdige Art er schätzte.«[47]

Auch abseits offizieller Termine demonstrierte Wilhelm I. Volksnähe. Wenn jemand nach Berlin kam und ihn zu Gesicht bekommen wollte, hatte er dazu leicht Gelegenheit, denn täglich um 12 Uhr mittags zeigte sich der Kaiser am Eckfenster seines Palais, um die Wachablösung vor der Neuen Wache Unter den Linden zu beobachten. Wenn Wilhelm und Augusta nicht in der Hauptstadt weilten, stand ihr Palais interessierten Besuchern offen. All dies war Teil eines hochprofessionellen Kommunikationsverhaltens, das auf feinem Instinkt und sozialer Intelligenz basierte. Wilhelm I. wusste sehr genau, wie sich ein Monarch in der Öffentlichkeit zu verhalten hatte und was er dabei vermeiden musste.[48] Für die Herrscher des Hauses Hohenzollern war dies nicht unbedingt selbstverständlich. Wilhelms Vorgänger Friedrich Wilhelm IV. hatte sich in der Öffentlichkeit zahlreiche Entgleisungen geleistet, dazu geneigt, ausfällig zu werden, wenn ihm etwas missfiel, und sein Image durch sein oft wenig königliches Auftreten beschädigt.[49] Wilhelms eigentlicher Nachfolger Wilhelm II. wiederum hatte ein Problem mit dem Thema Kommunikation. Er hielt unzählige Ansprachen aus dem Stegreif, drosch dabei schwülstige Phrasen, tendierte zum Schwadronieren oder machte sich durch unüberlegte Kommentare zur Tagespolitik angreifbar.[50] Über des Kaisers fatale Redseligkeit seufzte dessen eigene Mutter einmal: »Ich wollte, ich könnte ihm bei allen Gelegenheiten, bei denen er öffentlich sprechen will, ein Schloss vor den Mund hängen.«[51]

Derartige Fehltritte wären bei Wilhelm I. undenkbar gewesen. Wutausbrüche vor Publikum mied er, bei seinen Reden wählte er seine Worte mit Bedacht und verzichtete wohlweislich auf politische Stegreif-Kommentare. Um die Dinge etwas aufzulockern, streute er in der Öffentlichkeit oft auch etwas Bodenständigkeit und Humor ein, gab sich dabei aber kaum Blößen. »Heiter und dabei doch gemessen wie immer«[52], brachte Bronsart von Schellendorf einmal das Auftreten seines Monarchen auf den Punkt. Obwohl im Gegensatz zu Friedrich Wilhelm IV. oder Wilhelm II. nie als künftiger Herrscher ausgebildet, war Wilhelm I. diesen in Sachen Kommunikation weit überlegen. Anders als bei politischen Fragen, wo er nicht selten ins Schwanken geriet, befand er sich stets auf festem Terrain, wenn es um Repräsentieren, Ausstrahlen und Verkörpern ging.

Im Mai und September 1877 stellte sich der Kaiser einer besonderen Herausforderung, indem er das 1871 annektierte Elsaß-Lothringen bereiste, dessen Bevölkerung die Abtrennung von Frankreich mehrheitlich abgelehnt hatte. Daher bemühte sich Wilhelm in dem ihm unmittelbar unterstehenden Reichsland noch mehr als sonst, bei seinen Ansprachen den richtigen Ton zu treffen und eine emotionale Verbindung zu seinem Publikum herzustellen. Jeden Anschein des Triumphes vermeidend, meinte er etwa zum Bürgermeister von Weißenburg:

> Ich freue mich, Sie hier zu sehen. Ich kann mir wohl denken, daß Ihnen der Übergang in die neuen Verhältnisse schwer geworden ist. Ich bin auch keiner von denen, die alles in vierundzwanzig Stunden fertig haben wollen. Wir haben Zeit, die natürliche Entwicklung abzuwarten, es freut mich aber, aus dem Munde des Oberpräsidenten zu hören, daß auch hier sich schon die Verhältnisse freundlicher gestalten.

22: Kaiser Wilhelm I. bei einem Spaziergang in Bad Ems, 1878.

Solche taktvollen Worte sorgten immerhin für eine gedämpft positive Resonanz. Wilhelm selbst bilanzierte über den Besuch in Elsaß-Lothringen vom Mai 1877: »Wenn ich auch nicht in die Tiefe der Herzen und Gemüter eindringen mochte, so war doch die äußere Erscheinung der Population von dem Gefühl durchdrungen, den neuen Herrscher würdig zu empfangen und alle politischen Nüancen momentan zu beseitigen.«[53]

Zeitgenössische Aussagen verdeutlichen, dass Wilhelm I. der Herausforderung, noch skeptische Reichsbürger mit den neuen Machtverhältnissen auszusöhnen, mit einigem Erfolg begegnete. So bekannte der prominente Rechtswissenschaftler Rudolf von Jhering: »Nie hätte ich damals [Anm.: um die Mitte des 19. Jahrhunderts] geglaubt, daß ich noch einmal die tiefste Verehrung und innigste Liebe für ein gekröntes Haupt empfinden und der begeistertste Anhänger der Monarchie werden würde. Diesen Umschwung, den gewaltigsten meines ganzen Lebens, verdanke ich Kaiser Wilhelm.«[54] Der bayrische Diplomat Hugo von Lerchenfeld-Koefering, der Wilhelm I. im Herbst 1870 bei den Reichsgründungsverhandlungen in Versailles noch »beschränkte Mittelmäßigkeit« attestiert hatte, meinte nach dem Tod des Kaisers, dass er »ein selten abgeklärter, tüchtiger und in hohem Grade kluger Herr gewesen ist, der seine Stelle in der Welt wie wenige andere ausgefüllt hat.«[55]

Wilhelms öffentliche Präsenz war nicht frei von Schwächen. Neuen Selbstdarstellungsmöglichkeiten öffnete er sich kaum. Von den Chancen, die sich durch den Siegeszug der Fotografie und die Expansion des Zeitungswesens ergaben, machte er wenig Gebrauch. Während der PR-bewusste Kronprinz viele private Fotos von sich und seiner Familie veröffentlichte und eifrig an der Verbreitung vorteilhafter Anekdoten aus seinem Leben mitwirkte, ließ Wilhelm I. sich nur sporadisch in bürgerlicher Kleidung oder auch mit Jägerhut fotografieren, um seine menschliche Seite etwas zu betonen; Familienidyll-Bilder kamen noch seltener vor.[56] Der Verbreitung netter Anekdoten aus seinem Leben stand Wilhelm überhaupt ablehnend gegenüber. Ihn störte vor allem, dass die biederen, manchmal rührseligen kleinen Geschichten, die in Zeitungen oder Büchern erschienen, nicht immer der Realität entsprachen. »Dergleichen Zeug wird dann Geschichte, weil man doch nicht alles widerlegen kann«, meinte er unwillig. Dass dieser »Anekdotenkram«[57] seinem Image zuträglich war und überdies Identität stiftete, entging ihm.

Der Popularität Wilhelms I. wohnte auch ein Quantum Tragik inne. Seine Ahnung in Versailles, dass der deutsche Kaisertitel den preußischen Königstitel verdrängen würde, bewahrheitete sich. Mehr noch: Preußen begann im Reich langsam zu verblassen. Das Manko, dass dem Kunststaat emotionale Merkmale wie Sprache, Dialekt oder Brauchtum fehlten, trat nun, da Preußen mit dem übermächtigen Gegenmodell Deutschland verschmolzen wurde, umso stärker hervor. Die Parole »Kaiser und Reich« entfaltete ihre Wirkung auch in Preußen, dort sogar in gewisser Hinsicht noch mehr als in den süddeutschen Teilstaaten. Denn während es insbesondere in Bayern trotz der Reichsgründung weiterhin ein vitales »Stammesbewusstsein« gab, rückten viele Preußen ihre Zugehörigkeit zum Hohenzollernstaat in den Hintergrund und identifizierten sich jetzt vor allem mit dem Reich, dessen Geburtshelfer sie zu sein meinten. Wilhelm I. wurde selbst im eigenen Land immer weniger als König von Preußen, sondern als Deutscher Kaiser wahrgenommen.[58] Er nahm es resignierend hin, wenngleich er sich im Herzen nach wie vor als Preuße fühlte.[59]

Seine außerordentliche Beliebtheit bei den Deutschen war freilich dazu angetan, ihn über diese Unbill hinwegzutrösten. Spätestens nach den beiden Attentaten von 1878 war gegen die Popularität des alten Kaisers buchstäblich kein Kraut mehr gewachsen. Dass er im Revolutionsjahr 1848 als Ultrareaktionär gegolten hatte, dass er 1849 gegen die letzten Revolutionsbewegungen in den Krieg gezogen war, dass er mit dem preußischen Abgeordnetenhaus jahrelang einen verbissenen Verfassungskonflikt ausgetragen hatte – all das spielte im kollektiven Gedächtnis keine Rolle mehr. Wenn der alte Kaiser Rundreisen durch deutsche Städte unternahm, schlug ihm zumeist Begeisterung entgegen.[60] 1882 etwa erlebte er ein umjubeltes Heimspiel in Schlesien und, was keinesfalls selbstverständlich war, auch im Königreich Sachsen: »Die neuntägige Anwesenheit des Kaisers in Schlesien war eine ununterbrochene patriotische Ovation der Provinz«, schrieb der Generalstabsoffizier Alfred von Waldersee sichtlich etwas verdutzt über das Ausmaß der Emotion, die Wilhelm I. bei den Menschen erweckte.

Nie hatte ich bisher bei ähnlichen Gelegenheiten eine so allgemeine und anhaltende Begeisterung gesehen, noch mehr erstaunte ich nachher in Sachsen, die gleichen Eindrücke, ja vielleicht noch stärkere, zu empfangen. [...] Für Deutschland hat der Besuch des Kaisers in Dresden unbedingt eine große Bedeutung, denn in Sachsen lebt, begünstigt durch die Tüchtigkeit des Königs, noch ein starker Partikularismus. Wir sehen hier aber den Reichsgedanken so deutlich in der Bevölkerung sich Bahn brechen, daß man ruhig in die Zukunft sehen kann, wenn der spätere Kaiser keine großen Fehler machen sollte.[61]

Kurz: Wilhelm I. gelang es glänzend, sich in den Köpfen vieler Menschen als Übervater der Nation zu verankern. Er brauchte weder Zierrat noch Theatralik, um als gesamtdeutsches Staatsoberhaupt zu überzeugen. Für Millionen personifizierte er das geeinte Deutschland, war wegen seines vorgerückten Alters, seiner ruhigen Lebensweise und seiner Berechenbarkeit auch ein Symbol für Beständigkeit in einer sich rasch verändernden Welt.[62]

Die außerordentliche Popularität Wilhelms I. hatte jedoch auch gravierende Schattenseiten. Sie verlieh allem, was er tat, außergewöhnliche Bedeutung. Und wenn er zu manchen Themen einfach nur schwieg, konnte auch das beträchtliche Wirkung erzielen.

Dieses besondere Gewicht, das seiner Stellung innewohnte, hatte zusammen mit seinen persönlichen Überzeugungen beträchtliche Auswirkungen auf zwei gesellschaftspolitische Strömungen, die eine fatale Langzeitwirkung entwickeln sollten.

Wilhelm I. und der preußisch-deutsche Militarismus

Im letzten Drittel des 19. Jahrhunderts war der Nationalismus europaweit auf dem Vormarsch. Die wachsende Bereitschaft von Menschen, sich mit ihrer Nation zu identifizieren, ging zum Teil auf den Niedergang traditioneller Gemeinschaften wie Zünfte, Bruderschaften oder Großfamilien und den daraus resultierenden Wunsch nach einem Zusammengehörigkeitsgefühl auf anderer Ebene zurück. Bei den Bürgern führender europäischer Staaten war diese Tendenz vielfach auch mit dem Wunsch verknüpft, dass die eigene Nation auf dem internationalen Parkett eine möglichst starke Rolle spielte und Großmachtpolitik betrieb. Aktiv gefördert wurde Nationalismus des Öfteren durch die Autoritäten, in deren Interesse es lag, die Untertanen gegen Opposition und abweichende politische Ansichten zusammenzuschweißen.

Hand in Hand mit dem Nationalismus jener Zeit ging der Militarismus. Da die Armee die Machtstellung der Nation gewährleistete, genoss sie in den Gesellschaften des späten 19. und frühen 20. Jahrhunderts höchstes Ansehen. Militärische Vereine hatten in diversen europäischen Staaten regen Zulauf. Und auch viele gekrönte Häupter Europas legten demonstrative Nähe zur Armee an den Tag. Da die meisten Fürsten ihre Macht mittlerweile mit Parlamenten teilen mussten, klammerten sie sich umso mehr an die ihnen verbliebenen Herrschaftsbefugnisse, insbesondere den Oberbefehl über die Truppen. Um ihre Verbundenheit mit ihren Streitkräften zu unterstreichen, gingen die europäischen Monarchen des 19. Jahrhunderts dazu über, selbst bei zivilen Anlässen Uniform zu tragen, und verliehen dem Militarismus damit zusätzliche Schubkraft.[63]

In Deutschland bekam das Ansehen der Armee in den 1860er und 1870er Jahren besonders starken Auftrieb. Während andere europäische Großmächte auf empfindliche Schlappen zurückblickten (Österreich-Ungarn, Frankreich, Russland), hatte Preußen-Deutschland binnen weniger Jahre drei spektakulär siegreiche Kriege geführt, die der Idealisierung militärischer Tugenden enormen Auftrieb gaben. Bei den einst armeeskeptischen Bürgerlichen schwanden die Vorbehalte gegen Uniformierte. Ähnliches geschah bei der Unterschicht; immerhin hatten auch unzählige Arbeiter in Frankreich gekämpft, blickten mit Stolz darauf zurück und traten zu Hunderttausenden Kriegervereinen bei. Für das Gros der Bevölkerung symbolisierte das siegreiche Heer die neue gesamtdeutsche Identität, das Offizierskorps stieg zu einer werteprägenden Elite auf.[64]

Eine weitere Besonderheit des preußisch-deutschen Militarismus bestand darin, dass seine Verbreitung vom Staatsoberhaupt persönlich vorangetrieben wurde.

Für Wilhelm I. war der enorme Popularitätsaufschwung der Armee mehr als nur erfreulich. Die Durchdringung der Bevölkerung mit »Soldatengeist«, die er schon vor Jahrzehnten propagiert hatte – nun schien diese Vision endlich Realität zu werden. Auf inhaltlicher Ebene hatte dieses Credo für ihn nichts an Bedeutung verloren. Der um 1832/33 entwickelte Grundgedanke, dass die Armee die beste Waffe der Monarchie gegen Umsturzversuche war, der männlichen Bevölkerung daher Nähe zum Militär und dessen Werten beigebracht werden sollte, um so auch die Loyalität zur Krone zu steigern, hatte aus seiner Sicht immer noch volle Gültigkeit. Und er setzte einiges daran, dieses Credo mit Leben zu füllen. Die Popularitätsschübe, welche die Armee infolge der Siege über Österreich und vor allem über Frankreich verzeichnete, wurden von diversen Maßnahmen Wilhelms begleitet, diese Entwicklung zu festigen und auszubauen. Kosten spielten dabei keine Rolle. Ging es um die Verherrlichung der Streitkräfte, war dem sonst so bescheidenen Monarchen nichts zu teuer oder zu bombastisch.

Gleich bei der Feier des Sieges über Frankreich legte Wilhelm I. den denkbar größten Maßstab an. Am 16. Juni 1871 ließ er in Berlin die gewaltigste Militärparade inszenieren, die die Stadt bis dahin gesehen hatte. Rund 40.000 Soldaten marschierten bei brütender Hitze vom Tempelhofer Feld durch das Brandenburger Tor bis zum Stadtschloss der Hohenzollern. Die Marschroute war prunkvoll ausstaffiert mit bildlichen Darstellungen der Schlachtensiege, erbeuteten französischen Kanonen und bis zu 20 Meter hohen allegorischen Figuren wie der Schutzgöttin Berlins und Mutter Germania, die von ihren jüngsten Töchtern Elsaß und Lothringen flankiert wurde. Das Interesse an dem Spektakel war enorm. Hunderttausende von Menschen drängten sich entlang des Weges, um die siegreichen Truppen und die neuen gesamtdeutschen Heroen Wilhelm I., Moltke, Bismarck und Roon zu bejubeln. In ihrer Begeisterung kletterten viele Schaulustige auf Bäume, Laternenmasten, Dächer oder Denkmäler. »Kein Platz [war] zu hoch, kein Stuhl zu niedrig, daß er nicht von Menschen besetzt gewesen wäre«, schrieb die *Vossische Zeitung*. »Selbst auf den schwindelnden Höhen des Brandenburger Tors zeigte sich [...] kein leerer Platz, keine Möglichkeit mehr des Sehens im Sitzen. Weiber und Männer wetteiferten dort in der Kühnheit der Posen, in einem Trotz gegen die Schwindel- und Todesverachtung, die etwas Erstaunliches hatten.«[65]

Am 2. September 1873 folgte die nächste Propagandamaßnahme für das Heer. Auf den Tag genau drei Jahre nach dem Sieg von Sedan ließ Wilhelm I. die Berliner Siegessäule im Rahmen eines großen Festaktes enthüllen. Ursprünglich geplant, um den Sieg über Dänemark zu verewigen, war das schon zu Beginn nicht gerade bescheidene Bauvorhaben durch die Siege über Österreich und Frankreich auf das Doppelte angewachsen. Statt der ursprünglich geplanten 30 Meter ragte die Säule nunmehr stolze 60 Meter in den Himmel und überragte fast alle Bauwerke der Stadt. Bronzereliefs mit Szenen aus allen drei Kriegen zierten sie, ebenso zahlreiche vergoldete Kanonenrohre, die man als Trophäen aus den drei Kriegen nach Berlin gebracht hatte. Auf der Spitze der Siegessäule, deren Bau

Wilhelm I. persönlich mit Argusaugen überwacht hatte, thronte eine Viktoria-Figur, neun Meter hoch, vergoldet und von Weitem sichtbar.[66]

1877 leitete der Kaiser den Bau eines riesigen Militärmuseums im Berliner Zeughaus in die Wege. Die im November 1883 eröffnete *Ruhmeshalle der brandenburgisch-preußischen Armee* sollte dem Publikum den Glanz der Streitkräfte näherbringen. Sie beinhaltete eine umfassende Waffensammlung und zahlreiche Kriegstrophäen, bald darauf auch monumentale Standbilder bisheriger preußischer Herrscher. Hinzu kamen großflächige Gemälde, geschaffen von namhaften Malern wie Anton von Werner, Wilhelm Camphausen und Georg Bleibtreu, die bedeutende historische Momente der preußischen Armee idealisierten. Der Aufbau der *Ruhmeshalle* verschlang weit über vier Millionen Reichsmark, doch die Kosten zahlten sich aus der Sicht Wilhelms I. aus, denn bei der Bevölkerung kam das Museum glänzend an und es wurde rasch zu einem Publikumsmagneten. Die *Ruhmeshalle* prägte das Bild, das sich die Deutschen von ihrer Geschichte sowie von Kaiser und Reich machten, kräftig mit und trug zugleich zur weiteren Popularisierung der Armee bei.[67]

Ebenfalls im Jahr 1877 nahm Wilhelm I. bei Rüdesheim am Rhein die Grundsteinlegung für ein weiteres monumentales Denkmal vor, das an den siegreichen Krieg gegen Frankreich und die Gründung des Deutschen Reichs erinnern sollte. Wie schon beim Bau der Berliner Siegessäule übte der Kronprinz auch diesmal wieder Kritik am Bauvorhaben seines Vaters, das er als Geldverschwendung empfand. Als das Niederwalddenkmal am 28. September 1883 feierlich eingeweiht wurde, überlebte Wilhelm I. zum fünften Mal einen Attentatsversuch. Bei einem Sprengstoffanschlag, durchgeführt von zwei Anarchisten, war es aufgrund von Planungsfehlern und einer feuchten Zündschnur nicht zur Explosion gekommen.[68]

In seinem Bemühen, der Armee und ihren Werten maximales Gewicht zu verleihen, ließ Wilhelm I. auch zivile Staatsakte mit militärischem Gepränge inszenieren und machte damit deutlich, dass er der Armee den Vorrang gegenüber der Zivilgesellschaft gab. Bei der Grundsteinlegung des Reichstagsgebäudes am 9. Juni 1884 kam dies besonders stark zum Ausdruck. Als der Kaiser den Hammerschlag vornahm, war er umgeben von Männern, die wie er Uniform trugen – seine beiden Nachfolger, zahlreiche Elitemilitärs und der betont soldatisch auftretende Bismarck. Selbst der Reichstagspräsident Albert von Levetzow hatte eine Uniform angelegt. Männer in Zivil kamen bei der Veranstaltung nur am Rande vor. Die Parlamentarier sahen der Zeremonie aus der Ferne zu. Sie standen im strömenden Regen auf der Tribüne, zu Statisten degradiert.[69]

Auch durch seine Selbstinszenierung trieb Wilhelm I. die Militarisierung der preußisch-deutschen Gesellschaft voran. Stets präsentierte er sich der Bevölke-

23: Kaiser Wilhelm I. begrüßt Otto von Bismarck bei der Einweihung der Siegessäule am 2. September 1873 (Holzstich nach einer Ölskizze von Robert Warthmüller).

rung als Soldat. Ob er einen offiziellen Auftritt absolvierte oder seine nachmittäglichen Kutschfahrten durch Berlin unternahm – das Tragen einer Uniform war für ihn obligatorisch. Unter den europäischen Fürsten war er damit zwar nicht der Einzige, doch gab keiner unter ihnen einen derart überzeugenden Soldaten ab wie Wilhelm I. Denn während manch uniformierter Fürst vom Kriegswesen in Wahrheit wenig wusste und mit seiner militärischen Kleidung auf Wohlinformierte wenig glaubwürdig wirkte, kam bei Wilhelm I. niemand auf die Idee, es mit einem verkleideten Zivilisten zu tun zu haben. Bei ihm, dem Berufsoffizier auf dem Thron, wirkte die optische Zurschaustellung militärischer Werte völlig authentisch.[70] Es war kein Zufall, dass man die Uniform im damaligen Alltagsleben »des Kaisers Rock«[71] nannte.

Wilhelms vielleicht erfolgreichste »Werbemaßnahme« für das Militär war jedoch der eigentlich simple Kniff, täglich um 12 Uhr mittags die sich vor seinem Palais vollziehende Wachablösung zu beobachten. Schon zu Beginn seiner Herrschaft hatte er mit dem Personalwechsel an der Neuen Wache eine alte preußische Militärtradition wiederbelebt und mit seiner Präsenz am Eckfenster einen zusätzlichen Anreiz für Schaulustige geschaffen, sich die lautstarke, von Marschmusik und weithallenden Kommandos geprägte Zeremonie anzusehen.

Die eigenwillige Doppelconférence brauchte allerdings einige Zeit, um bei der Bevölkerung zu greifen. »In den ersten Jahren meiner Regierung war kein Mensch hier zu sehen«, erzählte Wilhelm seinen Ministern am Neujahrstag 1887. »Dann machten eines Tages fünf bis sechs den Anfang, beim Vorüberziehen der Wache hier stehen zu bleiben; bald waren es zehn, zwanzig, dreißig und so hat es sich von Jahr zu Jahr gesteigert.«[72] In der Gründerzeit zog das Spektakel vor dem kaiserlichen Palais tagtäglich dermaßen viele Zuschauer an, dass Karl Baedekers Reisehandbuch es als Touristenattraktion der Reichshauptstadt herausstrich. Ein heute etwas pathetisch anmutender Augenzeugenbericht veranschaulicht, was sich hier täglich zu Mittag abspielte. »Seit der elften Stunde schon begann sich der durch steinerne Bordschwellen gegen den Wagenverkehr geschützte Platz um das Denkmal Friedrichs des Großen zu füllen«, schrieb der Zeitgenosse Friedrich Armani.

Da ertönt plötzlich Militärmusik – die neue Wache naht! Das ist der Augenblick, auf den alles gewartet hat! Im strammen Paradeschritt, prächtige Bilder frischer Männlichkeit, kommen die Grenadiere vom Regiment Franz heran. »Faßt das Gewehr – an!« schallt das Kommando – die Augen wenden sich nach rechts ... Hinter den Spiegelscheiben des Eckfensters seines Arbeitszimmers erscheint das ehrwürdige Antlitz des Kaisers – mit prüfendem Auge blickt er nach jedem Gliede der Sektions-Kolonne, bis das letzte am Palais vorübermarschiert ist. Solange wartet die Menge stumm – dann aber bricht plötzlich ein dreifach donnerndes Hoch aus Hunderten von Kehlen, und immer wieder, wenn der Kaiser mit freundlichem Gruß, ein mildes Lächeln auf den greisen Zügen, das Haupt neigt, wiederholt sich der Hurraruf.[73]

Es war eine fast schon geniale Inszenierung: Direkt an Berlins Prachtboulevard Unter den Linden fand Tag für Tag ein Aufsehen erregendes Truppenspektakel statt – und darüber stand der gütige alte Kaiser, um das Schauspiel mit seiner Präsenz zu veredeln und gleichzeitig sein Ansehen auf seine Soldaten zu übertragen. Minimaler Aufwand, maximales Resultat.

Lebhafte Unterstützung erfuhr der Kaiser bei seinem Werben für die Armee durch die zahlreichen Kriegervereine, die nach der deutschen Einigung gegründet wurden. Sie hielten die Erinnerung an die Einigungskriege wach, waren strikt monarchisch gesinnt und fühlten sich Wilhelm I. sehr verbunden. Auch sein langjähriges wehrpolitisches Credo, das langen Drill vorsah, um die Wehrpflichtigen nicht nur militärisch auszubilden, sondern ihnen auch echten »Soldatengeist« beizubringen, wurde von den Kriegervereinen voller Überzeugung mitgetragen und weiterkommuniziert.[74]

Unter Wilhelm I. erreichte der preußisch-deutsche Militarismus noch nicht seinen Zenit. Die massenhafte Verbreitung militärischer Verhaltensweisen, die sich durch schneidige Sprache, zackiges Auftreten und Strammstehen im zivilen Leben äußerten, fand in vollem Ausmaß erst in der Ära Wilhelms II. statt. Wurde unter Wilhelm I. der Reichstag im Weißen Saal des Stadtschlosses eröffnet, gab es noch keine lauten Kommandorufe, keine im Gleichschritt aufmarschierenden Schlossgarden und keine Offiziere mit gezogenem Degen. Auch wurde in den Kriegervereinen während der 1870er und 1880er Jahre noch mehr die Schaffung und Bewahrung der deutschen Einheit als das Streben Deutschlands nach Weltgeltung betont.[75]

Dennoch war die Militarisierung der deutschen Gesellschaft auch schon unter Wilhelm I. weit vorangeschritten. Das stach vor allem Besuchern aus dem Ausland ins Auge. Der britische Buchautor Henry Vizetelly stellte in seiner kenntnisreichen, wenngleich streckenweise polemischen Studie über das Berlin der 1870er Jahre fest, dass das Militärische hier stärker vertreten war als in jeder anderen europäischen Hauptstadt. In den Straßen würde man permanent Soldaten erblicken, zu Fuß, zu Pferd, beim Exerzieren, beim Wachwechsel, beim Flanieren. Auch in Restaurants, Biergärten, Konditoreien oder Theatern seien dauernd Uniformträger zu sehen: »Manchmal scheint es, als ob das zivile Leben ein reines Anhängsel des soldatischen Elements wäre.«[76] Ähnlich urteilte der junge Franzose Jules Laforgue, der sich in den frühen 1880er Jahren als Vorleser bei Kaiserin Augusta betätigte. »Die militärische Haltung hat in Berlin den allergrößten Einfluß auf die Haltung der Elégants oder der jungen Bürgerlichen, die auf sich halten«, notierte er und zeigte sich verwundert über »die Manie, die Hacken zusammenzuschlagen«, sowie über den militärischen Gruß, der »vollkommen eingebürgert« sei. Selbst normale Angestellte würden auf dem morgendlichen Weg zur Arbeit, »wenn sie sich begegnen und kennen, nachlässig die Hand an die Stirn legen und ›Morgen, Morgen …‹ sagen.«[77]

Wie sehr die deutsche Gesellschaft bereits 1874 vom »Soldatengeist« durchdrungen war, zeigte sich, als im Frühjahr des Jahres zwischen Krone und Reichstag ein Streit um die Armeestärke und deren Finanzierung ausbrach. Da die Verfassung keine klare Auskunft gab, wer über die genaue Zahl der deutschen Soldaten zu bestimmen hatte,[78] wollte der Kaiser Fakten schaffen. In einem Gesetzesentwurf ließ er festschreiben, dass die Armeestärke 401.659 Mann (ohne Offiziere) betragen und diese Zahl so lange gleich bleiben sollte, bis die Regierung sie veränderte. Als der Entwurf dem Reichstag vorgelegt wurde, reagierten die Fortschrittspartei, das Zentrum und der linke Flügel der Nationalliberalen mit einem Aufschrei. Die Absicht der Krone, die Festlegung der Truppenstärke an sich zu ziehen und gleichzeitig ein Aeternat, d.h. eine zeitlich unbegrenzte Regelung, durchzusetzen, war für sie unannehmbar. Sie forderten, den Reichstag bei seinen jährlichen Haushaltsentscheidungen auch über die jeweilige Heeresstärke befinden zu lassen. Da die protestierenden Parteien zusammen eine Mehrheit im Reichstag innehatten, drohte der Regierung eine Niederlage. Der Kaiser stand somit vor der Wahl, wieder einen Verfassungskonflikt zu riskieren oder zumindest teilweise nachzugeben, entweder durch Abstriche bei der Armeestärke oder durch die Aufgabe des Aeternats.

Anders als bei der Verfassungskrise der frühen 1860er Jahre handelte Wilhelm I. diesmal taktisch klug. Am 30. März bat er Max von Forckenbeck, den Präsidenten des Reichstages, zu sich und ließ durchblicken, hinsichtlich der Zeitfrage mit sich reden zu lassen. Bismarck setzte gleichzeitig die Nationalliberalen, mit denen er damals noch kooperierte, unter Druck, um bei ihnen Kompromissbereitschaft zu erzwingen. Überdies wurde eine Pressekampagne gegen die unbotmäßigen Parlamentarier in Gang gebracht.[79]

Und nun geschah etwas Bemerkenswertes: Der Reichstag wurde mit zahllosen Petitionen aus allen Bevölkerungsschichten förmlich überflutet. Diese zielten mehrheitlich jedoch nicht darauf ab, die Parlamentarier bei ihrem Kampf um Mitbestimmung zu bestärken – vielmehr lautete der Grundtenor dieser Petitionen, der Reichstag möge seinen Widerstand endlich aufgeben und die Militärvorlage der Krone annehmen. Nach dieser für sie niederschmetternden Botschaft sahen sich vor allem bei den Nationalliberalen führende Kräfte zum Nachgeben gezwungen und gingen auf einen Kompromissvorschlag der Staatsführung ein: Demnach sollte die Heeresstärke zwar so hoch sein wie von der Regierung verlangt, aber nach sieben Jahren durch den Reichstag neu festgesetzt werden. Mit den Stimmen der Nationalliberalen und auch einiger Fortschrittler fand das so genannte Septennat am 14. April 1874 eine Mehrheit von 224 gegen 146 Stimmen im Reichstag.[80]

Seltsamerweise vermochte man sich im Lager der Krone darüber gar nicht zu freuen. General Emil von Albedyll, seit 1871 Chef des Militärkabinetts, war geradezu fassungslos, dass Wilhelm I. überhaupt in einen Teilkompromiss eingewilligt hatte. Ähnlich dachte der Kronprinz, der meinte, dass der Militärkonflikt damit nur momentan beigelegt sei, aber nach sieben Jahren von Neuem ausbrechen werde, und »zwar unter Gott weiß was für unberechenbaren Verhältnissen, an denen die organisirten Schaaren der Ultramontanen u. Social demokraten gewaltigen Antheil haben werden.«[81] Wilhelm I. selbst merkte am 8. Mai 1874 in einem Schreiben an Roon etwas säuerlich an, dass er dem Septennat nur »mit schwerem Herzen« zugestimmt habe. Immerhin aber habe man jetzt »für 7 Jahre die Armeeorganisation intakt, und nach 7 Jahren stehen wir vielleicht vor oder schon nach einem neuen Krieg; wenn nicht, so wächst die Population doch, und dann muß 1 Prozent Wehrpflichtiger doch erhöht werden.«[82]

Aus der Sicht der Krone wäre hinsichtlich des Ausgangs des Konflikts mit dem Reichstag mehr Zufriedenheit angebracht gewesen. Denn in Wahrheit verbuchte Wilhelm I. damit einen doppelten Erfolg. Zum Ersten hatte der Reichstag mit der Zustimmung zum Septennat sein Budgetrecht nur pro forma gewahrt, auf eine wirklich durchgreifende parlamentarische Bewilligungskompetenz im Wehrbereich aber bis auf Weiteres verzichtet. Zum Zweiten hatte das Tauziehen um die Militärvorlage gezeigt, dass die Öffentlichkeit in Armeefragen mittlerweile auf der Seite der Krone stand. Dieses Ergebnis konnte der Kaiser auch als Resultat seiner Bemühungen werten, den Deutschen »Soldatengeist« einzuimpfen.

Wilhelm I. und die »Judenfrage«

Dass Wilhelm I. auch einigen Einfluss auf die Stellung der Juden in Deutschland nahm, springt auf den ersten Blick nicht unbedingt ins Auge. In seiner täglichen Arbeitspraxis war die jüdische Bevölkerung für ihn kein vorrangiges Thema. Fragen der Außen-, Militär-, Finanz-, Wirtschafts- oder Justizpolitik nahmen auf seinem Schreibtisch zwangsläufig weit mehr Raum ein als eine Minderheit, die gerade einmal 1 % der Gesamtbevölkerung stellte. Im Lauf seiner 30 Jahre dauernden Herrschaft kam bei ihm kein durchgehender gesellschaftspolitischer Leitgedanke zur jüdischen Bevölkerung zum Vorschein. Dennoch ist die Bedeutung, die Wilhelm I. für die Entwicklung des Judentums in Deutschland hatte, nicht zu unterschätzen. Entscheidend war dabei nicht immer, was der Herrscher tat, sondern auch, was er unterließ.

Kehren wir zunächst ins Jahr 1858 zurück, als Wilhelm die Macht in Preußen übernahm und die »Neue Ära« begann. Die Juden im damals noch nicht vereinten Deutschland durchlebten damals eine Zeit voller Widersprüche. Einerseits sahen sie sich immer noch mit starken Vorurteilen und Anfeindungen konfrontiert. Vor allem religiös motivierte Animositäten gegen Juden wurden in den Sitten und Gebräuchen der ländlichen Bevölkerung von Generation zu Generation tradiert, Ähnliches fand in adeligen Kreisen statt, und auch politisch fortschrittliche Menschen waren dagegen nicht gefeit. Selbst liberalen Abgeordneten fiel es nicht immer leicht, sich von den überlieferten Vorurteilen zu befreien, mit denen sie aufgewachsen waren. Doch gerade sie gaben den Juden auch Grund zur Hoffnung, denn sie wollten die althergebrachten Diskriminierungen, unter ihnen zahlreiche Berufsverbote, abschaffen – aus Gründen der Humanität, aber auch, um die angepeilte liberale Marktwirtschaft zu voller Entfaltung zu bringen. Da der Liberalismus um die Jahrhundertmitte in diversen deutschen Staaten zu einer bestimmenden Kraft wurde, machte die Emanzipation der jüdischen Bevölkerung ermutigende Fortschritte. In den frühen 1860er Jahren wurden ihre Rechtsbeschränkungen in mehreren deutschen Staaten aufgehoben, so etwa in Baden und Bayern.

Auch in Preußen erweckte Wilhelms Machtantritt einige Hoffnungen,[83] und diese schienen sich rasch zu bewahrheiten. Die Regierung der »Neuen Ära« setzte die Situation der jüdischen Minderheit unverzüglich auf ihre politische Tagesordnung. Innenminister Flottwell erklärte bereits am 8. Dezember 1858, dass die Ausschließung der Juden von der Ausübung ständischer Rechte nicht länger haltbar sei. Eine entsprechende Revision wurde vorbereitet. Am 2. Februar 1859 gewährte das Staatsministerium jüdischen Rittergutsbesitzern die Ausübung ständischer Rechte und hielt überdies fest, dass es rechtswidrig sei, Juden von Kreis- und Provinziallandtagen auszuschließen.

Wilhelm ließ seiner Regierung bei diesen Aktivitäten zunächst recht freie Hand. Das änderte sich auch nicht grundlegend, als alteingesessene Rittergutsbesitzer gegen die rechtliche Aufwertung der Juden massive Proteste erhoben; die neue Regelung wurde trotz der lautstarken Einsprüche aufrechterhalten.[84] Als das Staatsministerium dem König am 6. Januar 1860 nahelegte, über einen entsprechenden Erlass des Innenministers »den Provinzial-Behörden zu eröffnen, daß jüdischen Staatsangehörigen um ihres religiösen Bekenntnisses willen die Zulassung zur persönlichen Ausübung der mit ihrem Gutsbesitz verbundenen polizeiobrigkeitlichen Gewalt oder zur Verwaltung des Schulzenamts nicht versagt werden könne«[85], stimmte Wilhelm zu und erteilte dem Innenminister den entsprechenden Auftrag.[86] Ebenso wenig riss er das Steuerrad herum, als ihm das Staatsministerium am 20. September 1860 über verschiedene Gesetzesentwürfe berichtete und dabei auch eine Reform bei der Eidesleistung jüdischer Justizbeamter vorstellte.

Mit dem Verblassen der »Neuen Ära« kamen auch die Reforminitiativen hinsichtlich der Juden zusehends ins Stocken. Die stärker werdenden konservativen Kräfte im Staatsministerium traten auf die Bremse. Für Kontroversen sorgte insbesondere die Frage, ob man Juden für das Richteramt zulassen sollte. Eine regierungsinterne Abstimmung am 26. Februar 1861 endete mit einem Unentschieden. Wilhelm I., dem nun die endgültige Entscheidung oblag, traf eine solche nicht. Die Debatten im Staatsministerium setzten sich eine Weile ergebnislos fort. Fast ein Jahr später, am 25. Januar 1862, setzten die liberalen Kräfte, angeführt von Justizminister August von Bernuth, schließlich doch eine projüdische Mehrheitsentscheidung durch.[87] Jetzt aber legte der König plötzlich sein Veto ein:»Da ich mit meiner Ansicht über den Gegenstand dieses Berichtes ganz auf Seiten der Minorität des Staats-Ministeriums stehe, so weise ich aus diesem Grunde diese Vorlage zurück.«[88] Es ist wohl kein Zufall, dass der Streit um die Heeresreorganisation zu diesem Zeitpunkt voll entbrannt war und Wilhelms Vertrauen in seine liberalen Minister bereits zu bröckeln begann. Die Majorität des Staatsministeriums versuchte, Wilhelm I. in einem weiteren Bericht von ihrer Auffassung zu überzeugen,[89] doch zeitigte auch dieses Bemühen kein Resultat. Als die liberalen Minister wenig später wegen des Armeekonflikts geschlossen zurücktraten, war die Frage der jüdischen Richter dann überhaupt vom Tisch. In einem Sitzungsprotokoll vom 31. März hieß es nur noch lapidar, das Staatsministerium habe beschlossen, die von Bernuth avisierte»Uebertragung von Richterämtern an Juden, nunmehr ganz auf sich beruhen zu lassen und die diesbezüglichen Verhandlungen als erledigt zu den Acten zu nehmen.«[90]

Wilhelms Vorgehen hinsichtlich der jüdischen Emanzipation wies schon während der»Neuen Ära« ein Muster auf, das sich später wiederholen sollte: Er neigte dazu, dieses Thema anhand der politischen Großwetterlage zu behandeln. Übten die gemäßigten Liberalen Einfluss auf die Regierung, ließ er politische Maßnahmen zur Gleichberechtigung der Juden geschehen. Gewann der Konservativismus im Staatsministerium Oberwasser, wurde er diesbezüglich restriktiver.

Nach der»Neuen Ära« und dem Einsetzen des Verfassungskonflikts wurde die Emanzipation der Juden vom Staatsministerium einige Jahre lang nicht mehr weiterverfolgt. Neuen Schwung bekam das Thema erst wieder nach Preußens Sieg über Österreich 1866 und der Schaffung des Norddeutschen Bundes, als 371 jüdische Gemeinden den neuen Reichstag in einer Petition aufforderten, alle aus religiösen Bekenntnissen abgeleiteten Rechtsbeschränkungen zu annullieren. Ein entsprechender Gesetzesentwurf wurde im Reichstag mehrheitlich angenommen und schließlich auch vom Bundesrat. Bismarck unterstützte diese Entscheidung; wegen seiner nunmehrigen Kooperation mit den Nationalliberalen hielt er es für geboten, deren gesellschaftspolitischen Zielen entgegenzukommen.[91] Ähnlich handelte Wilhelm I. Als er am 22. Juni 1869 im Weißen Saal des Berliner Schlosses vor den Abgeordneten eine Thronrede über die Ergebnisse der abgelaufenen Sitzungsperiode hielt, zählte er das Gesetz zur»Gleichberechtigung der Konfessionen in bürgerlicher und staatsbürgerlicher Beziehung« zu jenen Maßnahmen, die für die»Wohlfahrt Norddeutschlands segensreich sein werden.«[92] Wenige Tage später, am 3. Juli, wurde das bahnbrechende Gesetz erlassen. Darin hieß es ohne Wenn und Aber:

Wir Wilhelm, von Gottes Gnaden König von Preußen etc. verordnen im Namen des Norddeutschen Bundes, nach erfolgter Zustimmung des Bundesrathes und des Reichstages, was folgt: Einziger Artikel. Alle noch bestehenden, aus der Verschiedenheit des religiösen Bekenntnisses hergeleiteten Beschränkungen der bürgerlichen und staatsbürgerlichen Rechte werden hierdurch aufgehoben. Insbesondere soll die Befähigung zur Theilnahme an der Gemeinde- und Landesvertretung und zur Bekleidung öffentlicher Aemter vom religiösen Bekenntnis unabhängig sein.[93]

Damit hatten die Juden auf gesetzlicher Ebene die lang ersehnte Emanzipation erreicht. Wie viel ihnen dies bedeutete, lässt sich an den Worten des Historikers Heinrich Graetz ermessen, der 1870 im letzten Band seiner *Geschichte der Juden von den ältesten Zeiten bis auf die Gegenwart* voller Zuversicht schrieb, dass »der jüdische Stamm endlich in den zivilisierten Ländern nicht bloß Gerechtigkeit und Freiheit, sondern auch eine gewisse Anerkennung gefunden hat, dass ihm unbeschränkter Spielraum gegönnt ist, seine Kräfte zu entfalten«. Nach »langer, düsterer Nacht« sah Graetz nun die »ersten hellen Streifen« sich zu einem »augenerfreuenden Morgenrot« färben und »wie auf den Morgen der Verheißung den Mittag der Erfüllung«[94] folgen.

Diese freudige Erwartungshaltung bestätigte sich in den Folgejahren nur zum Teil. Zwar wurde das Gleichstellungsgesetz im April 1871 auf das ganze Deutsche Reich ausgedehnt und die Emanzipation der Juden allfälligen Revisionsbestrebungen deutscher Einzelstaaten damit entzogen. Allerdings wurde die preußische Regierung ihrem gesetzlichen Anspruch selbst nicht gerecht. Während sich die Juden im Bank-, Rechts-, Gesundheits- und Pressewesen mittlerweile frei entfalten konnten, wurden sie im Staatsdienst weiterhin diskriminiert, so etwa, wenn es um die Besetzung von Spitzenrängen im Justizwesen, der Ministerialbürokratie oder in der Armee ging. Unterschiede wurden zudem zwischen »getauften« und »ungetauften Juden« gemacht. Traten Juden zum Christentum über, konnten sie in vielen Arbeitsbereichen mit besseren Berufsaussichten rechnen als zuvor.

Dennoch gab es berechtigte Gründe, optimistisch nach vorne zu blicken. Jüdische Persönlichkeiten machten beachtliche politische Karrieren. Eduard Simson stieg 1867 zum Präsidenten des Norddeutschen Reichstages und 1871 zum Präsidenten des Reichstages auf. Ludwig Bamberger und Eduard Lasker zählten in den 1870er Jahren zu den namhaftesten Abgeordneten des Reichstages. Zwei Männer jüdischer Herkunft waren langjährige Mitglieder des preußischen Staatsministeriums (Karl Rudolf Friedenthal, Landwirtschaftsminister von 1874 bis 1879, sowie Heinrich von Friedberg, Justizminister von 1879 bis 1889).[95]

Auch das Verhalten des Kaisers ließ die Hoffnung nicht absurd erscheinen, dass manche alten Diskriminierungsmechanismen im Lauf der Zeit verschwinden würden. Wurde er mit Ansuchen jüdischer Gemeinden befasst, handelte er im Allgemeinen nüchtern und korrekt.[96] Manche Juden etwa besaßen die permanente Wertschätzung Wilhelms I. In besonderem Maß galt dies für zwei Männer, die ihm in den Revolutionstagen vom März 1848 hilfreich zur Seite gestanden waren, nämlich den Seidenwarenhändler Julius Wolf Meyer, der mit seinem eigenen Wagen daran mitgewirkt hatte, den Prinzen und dessen Gemahlin vor den aufgebrachten Volksmassen in Sicherheit zu bringen, sowie den Bankier Moritz Cohn, der die Flucht des Prinzen und auch dessen Aufenthalt in England finanziell unterstützt hatte. Diese Loyalitätsbeweise vergaß Wilhelm I. nie. Meyer bekam jedes Jahr Geschenke aus der königlichen Porzellanmanufaktur und stieg zum Kommerzienrat auf, Cohn betraute er 1859 mit der Wahrnehmung seiner finanziellen Angelegenheiten, stattete ihn mit dem Titel eines Hofbankiers aus und behielt ihn bis zu seinem Tod in seinen Diensten. Wilhelm I. war zudem der erste preußische Monarch, der in Einzelfällen ungetaufte Juden in den Adelsstand erhob, was damals als Sensation galt. 1868 adelte er den Bankier Abraham Oppenheim, 1869 seinen Vermögensverwalter Moritz Cohn, 1872 Bismarcks Bankier Gerson Bleichröder.[97] Nobel handelte Wilhelm I. auch, als Landwirtschaftsminister Friedenthal Ende Juni 1879 seinen Rücktritt einreichte, weil er den Regierungskurs kritisiert und so den Hass Bismarcks auf sich gezogen hatte. Wilhelm war über das Abschiedsgesuch des tüchtigen Ministers nicht glücklich. Bismarck versuchte daraufhin Friedenthal beim Monarchen schlechtzumachen, indem er Klatschgeschichten über ihn erzählte und ihm unterstellte, auf einen Posten im voraussichtlich liberalen Ministerium des Kronprinzen zu lauern. Den Kaiser beeindruckte das nur bedingt. Im Juli 1879 akzeptierte er Friedenthals Rücktritt zwar, bot ihm aber gleichzeitig die Erhebung in den Adelsstand an, ein Zeichen, dass dieser sich trotz Bismarcks Anfeindungen weiterhin des allerhöchsten Wohlwollens erfreute.[98] Mediales Aufsehen erregte 1877 zudem eine Stippvisite des Kaisers auf Gerson von Bleichröders Landsitz Gütergotz. Der Anlass des Besuchs war etwas skurril. Bleichröder hatte auf den Schauplätzen preußischer Schlachtensiege zahllose Steine und Felsbrocken sammeln und nach Gütergotz bringen lassen und den Kaiser eingeladen, diese zu besichtigen. Dieser tat ihm nach einer Weile den Gefallen, besuchte den Bankier und wertete damit dessen gesellschaftlichen Status zusätzlich auf.[99] Angesichts solcher sporadischer Signale gab es für die deutschen Juden durchaus Grund zu glauben, dass der alte Kaiser ihnen halbwegs aufgeschlossen gegenüberstand und ein gewisses Maß an Zugänglichkeit für ihre Anliegen in sich trug. Als es jedoch in Deutschland zur ersten Antisemitismus-Welle kam, sollte sich zeigen, dass Wilhelm I. keineswegs frei von Animositäten war.

Im Zuge der 1873 einsetzenden Wirtschaftskrise und der konservativen Wende von 1878/79, die zur Entmachtung der Liberalen führte, verschlechterte sich das gesellschaftliche Klima für die Juden erheblich. Führende jüdische Wirtschaftstreibende wurden zur Zielscheibe von Anfeindungen. Da sie im Bank-, Börsen- und Zeitungswesen überproportional stark vertreten waren (im Jahr 1882 etwa stellten die Juden in Preußen 43,25 %, in Berlin 55,15 % aller Inhaber und Direktoren von Bank- und Kreditunternehmen), stellte man sie als Symbolfiguren des ins Zwielicht geratenen kapitalistischen Systems hin. Frühe Sprachrohre derartiger Polemiken waren die Journalisten Otto Glagau und Wilhelm Marr, die um die Mitte der 1870er Jahre Verschwörungstheorien verbreiteten, wonach die Juden die Weltherrschaft an sich gerissen hätten. Noch mehr Aufmerksamkeit bekam der Historiker, Publizist und Reichstagsabgeordnete Heinrich von Treitschke, der am 15. November 1879 den Aufsatz *Unsere Aussichten* veröffentlichte. Darin bezichtigte er die jüdische Bevölkerung der Überheblichkeit, prangerte ihren angeblich übergroßen Einfluss vor allem in der Presse an und forderte sie auf, ihre religiöse sowie kulturelle Identität aufzugeben und sich vollständig zu assimilieren. Der Aufsatz fand sowohl hitzige Befürworter als auch energische Kritiker und war ein wesentlicher Mitauslöser des so genannten Berliner Antisemitismusstreits, der weit über die Grenzen des Hauptstadt hinaus für Aufsehen sorgte.

Zur selben Zeit ging im Kaiserreich erstmals ein Politiker mit antisemitischen Botschaften gezielt auf Stimmenfang. Im September 1879 hielt der evangelische Geistliche Adolf Stoecker bei einer politischen Veranstaltung den Vortrag *Unsere Forderung an das moderne Judentum*, in dem er die Juden als Bedrohung für das deutsche Christentum und Wirtschaftsleben hinstellte. Sein Auftritt war in gewisser Hinsicht das Produkt eines Fehlstarts. Zuvor hatte Stoecker vergeblich versucht, die Popularität der Sozialisten bei der Berliner Unterschicht mit konservativ-klerikalen Reformideen zu bekämpfen, und damit bei der Reichstagswahl 1878 Schiffbruch erlitten. Nach diesem Fiasko begann er, mit antisemitischen Parolen in der Berliner Mittelschicht zu werben. Auf diese Weise erregte Stoecker prompt weit mehr Aufsehen. Binnen kürzester Zeit avancierte er zu einem ebenso vielbeachteten wie umstrittenen Akteur der Berliner Politik. Besonders brisant war, dass er dem erweiterten Umfeld des Kaisers angehörte. 1874 war er zum vierten Hof- und Kanzelprediger avanciert, seine politischen Aussagen bekamen durch diese gesellschaftliche Sonderstellung noch zusätzliches Gewicht.[100]

Wilhelm I. war von der Entwicklung Stoeckers nicht unbedingt begeistert. Dass sich einer seiner Hofprediger in eine politische Reizfigur ersten Ranges verwandelte, die heftige Auseinandersetzungen und regelrechte Tumulte auslöste, erweckte bei ihm die Befürchtung, dass darunter auch das Ansehen der Krone leiden könnte. Gleichzeitig jedoch bekam er von Vertretern der Aristokratie und des evangelischen Klerus viel Lob über Stoecker zu hören, denn dieser leitete seit 1877 auch die Berliner Stadtmission und entfaltete dabei eine intensive karitative Tätigkeit. Zudem ließ es ihn nicht kalt, dass Stoecker immer wieder seine Verehrung für ihn betonte. Das Resultat war, dass der Kaiser der Agitation seines Hofpredigers zunächst tatenlos zusah.

Dann jedoch griff Stoecker auf einer Massenveranstaltung am 11. Juni 1880 den Reichtum Gerson von Bleichröders an. Der Bankier wandte sich mit einer brieflichen Bitte um Hilfe an den Kaiser. Jetzt ließ sich das Thema nicht mehr gänzlich ignorieren. Wilhelm I. empfing den beunruhigten Bleichröder in Bad Ems und ließ ihn wissen, dass er Stoeckers Auftreten missbilligte. Wenig später erhielt der Kaiser auch einen Brief von seinem Hofprediger, in dem dieser sein Handeln zu rechtfertigen versuchte und ihn ebenfalls um Unterstützung anging. Wilhelm I. sah sich in einer Zwickmühle. Er wollte weder dem Bankier noch dem Hofprediger den Vorzug geben. Bismarck und Kultusminister Robert von Puttkamer wurden mit der Frage befasst, wie man sich Stoecker gegenüber verhalten sollte. Sie waren sich allerdings auch ziemlich uneins und brachten monatelang keinen gemeinsamen Ratschlag für den Kaiser zustande.[101]

Unterdessen türmte sich die antisemitische Welle immer höher auf. In der Reichshauptstadt entstand die so genannte »Berliner Bewegung«, zu deren Anführern Radauantisemiten wie Bernhard Förster und Ernst Henrici zählten. Sie nahmen nicht nur eine radikalere Haltung als Stoecker ein, sondern begannen auch Unterschriften für eine Petition an den Reichskanzler zu sammeln, in der sie forderten, den Juden die gesetzliche Gleichstellung wieder abzuerkennen, sie vom Staatsdienst auszuschließen und die jüdische Zuwanderung aus Österreich-Ungarn und Russland zu beschränken.

Die »Antisemitenpetition« versetzte die Politik in Aufruhr. Am 13. November 1880 fragte die Fortschrittspartei im preußischen Landtag die Regierung, wie sie zu der Unterschriftenaktion stehe und ob sie eine Beschränkung der Rechte der Juden beabsichtige. Das Staatsministerium reagierte am 20. November mit der dürren Erklärung, an der gesetzlich garantierten Gleichberechtigung aller Konfessionen nichts ändern zu wollen. Es kam zu hitzigen Debatten, in deren Verlauf sich zeigte, dass die antisemitische Agitation auch bei einigen Parlamentsfraktionen bereits gegriffen hatte. Mit der »Berliner Bewegung« wollten die meisten etablierten Parteien zwar nichts zu schaffen haben, doch brachten Vertreter der konservativen Parteien, des Zentrums und selbst einige Abgeordnete der nationalliberalen Fraktion in ihren Wortmeldungen Ressentiments gegen die jüdische Minderheit zum Ausdruck. Aber es gab auch andere Stimmen: Im November 1880 veröffentlichten 75 hochangesehene Persönlichkeiten – Politiker, Richter, Universitätsprofessoren – eine gemeinsame Erklärung gegen den Antisemitismus. Und Kronprinz Friedrich Wilhelm ließ es an klaren Meinungsäußerungen ebenfalls nicht mangeln.[102] Mehrfach verurteilte er die Antisemiten in aller Öffentlichkeit, brachte seine Abscheu vor ihren Aktivitäten zum Ausdruck und besuchte demonstrativ Konzerte in Synagogen, um Solidarität mit den Angefeindeten zu zeigen.

Die Reaktion des Thronfolgers wurde sowohl von der jüdischen Bevölkerung als auch dem politisch interessierten Publikum aufmerksam registriert und versetzte den Antisemiten einen Dämpfer.[103] Die Wirkung wäre allerdings noch viel größer gewesen, wenn auch der Chef des Hauses Hohenzollern Stellung gegen antisemitische Hetze bezogen hätte. Das geschah jedoch nicht. Der Kaiser hüllte sich in Schweigen. Seinem Sohn war dies ein Rätsel. Friedrich Wilhelm ging davon aus, dass auch Wilhelm I. den Antisemitismus verabscheute. Dann erfuhr er jedoch von Justizminister Friedberg, dass sein Vater gegen das politische Treiben des Hofpredigers Stoecker gar nicht so viel einzuwenden habe, es sogar gutheiße. Sichtlich schockiert schrieb der Kronprinz seiner Gemahlin am 7. Dezember 1880, dass Stoecker laut Friedberg »nicht ohne Grund sagt, der Kaiser billige seine Schritte; doch kann ich's noch immer nicht glauben!«[104]

Friedberg schoss mit seiner Ansicht etwas über das Ziel hinaus. Völlig falsch lag er jedoch auch nicht. Ein Brief Wilhelms I. vom 19. November 1880, gerichtet an Oberhofprediger Rudolf Kögel, den Vorgesetzten Stoeckers, gibt einigen Aufschluss darüber, wie der Kaiser über den Demagogen und die Stellung der jüdischen Bevölkerung im Allgemeinen dachte. Auslöser des Briefes war Stoeckers Neigung zu impulsiven Äußerungen. Im Zuge der aufgeheizten Parlamentsdebatten um die Antisemitenpetition wollte der Kaiser den streitbaren Hofprediger, der seit 1879 einen Sitz im Abgeordnetenhaus innehatte, an die Kandare nehmen und bat Kögel, ihn zu verbaler Mäßigung anzuhalten. Doch in seinem Brief ließ Wilhelm noch ganz andere Emotionen mitschwingen:

Sie wissen daß morgen im Landtag die Judenfrage vorkommt. Ihr Kollege Stoecker hat leider die Aufregung in derselben mit veranlaßt u. ich glaube es ist nothwendig ihn aufmerksam zu machen, daß er morgen sich nicht von Leidenschaft hinreißen läßt, Leidenschaft, die ihm entgegentreten wird, mit Leidenschaft zu beantworten. Meine

Regierung kann sich nur auf den Rechtsboden stellen, der den Juden (viel zu viel!) Rechte eingeräumt hat, aber er besteht ein Mal! Das Christenthum ist der Feind des Judenthums, aber es lehrt auch auf Frieden halten. Daß mit dem materiellen Wohlstand sich bei den Juden Anmaßung paart, ist nicht zu leugnen. Aber »zu scharf macht schartig« u. das ist, was Stoecker beachten muß. Können Sie ihn darauf noch rechtzeitig aufmerksam machen?[105]

Ähnlich äußerte sich der Kaiser zehn Tage später gegenüber Chlodwig zu Hohenlohe-Schillingsfürst, der nach der Audienz notierte: »Der Kaiser billigt nicht das Treiben des Hofpredigers Stoecker, aber er meint, daß die Sache sich im Sande verlaufen werde, und hält den Spektakel für nützlich, um die Juden etwas bescheidener zu machen.«[106]

Viele Juden, die an die Unvoreingenommenheit jenes Mannes glauben mochten, unter dessen Namen immerhin das Gleichstellungsgesetz von 1869 in Kraft getreten war, hätten diese Worte sehr ernüchtert. Sie zeigten einen Kaiser, der die Kernbotschaften Stoeckers und Treitschkes sowie die Haltung vieler Mitglieder der vorindustriellen preußischen Eliten wiedergab, die den sozialen Aufstieg jüdischer Bankiers und Großunternehmer als dreist empfanden, diesen einen »Dämpfer« und mehr »Bescheidenheit« verordneten.[107] Es war gewissermaßen noch Glück im Unglück, dass Wilhelm I. solche Äußerungen eher sporadisch machte und dann hinter vorgehaltener Hand, etwa im Briefverkehr oder in Gesprächen mit Vertrauten; der Öffentlichkeit gegenüber konnte er auf diese Weise weiterhin als Mann erscheinen, der für Antisemitismus nicht empfänglich war.

Anfang Dezember 1880 einigten sich Bismarck und Puttkamer endlich auf eine gemeinsame Empfehlung für den Kaiser in der Causa Bleichröder–Stoecker. In ihrem Bericht regten sie an, dem umstrittenen Hofprediger »eine ernste Warnung« zu erteilen, nicht »Aergerniß und Zwietracht« zu erregen. Wilhelm I. folgte diesem Rat, wählte für seine Rüge aber relativ milde Worte. Er brachte seine »Mißbilligung« zum Ausdruck, dass Stoecker »durch Hinweise auf einzelne große Vermögen« und »auf die Unzulänglichkeit der von der Regierung zugunsten der Arbeiter beabsichtigten Schritte [...] Begehrlichkeiten [...] mehr erregt als befriedigt« habe. »Ich erwarte, daß Sie [...] auch außerhalb Ihres geistlichen Amtes die dem letztern besonders obliegende Pflege des Friedens unter allen Klassen Meiner Unterthanen unbeirrt im Auge behalten werden«[108], forderte der Kaiser mit schaumgebremster Strenge. Auf den Inhalt von Stoeckers Demagogie ging er mit keinem Wort ein. Im Grunde hielt er die »Judenfrage« für ein Randthema und die Wirkungskraft von Stoeckers Polemik für begrenzt.

Bald darauf zeigte sich jedoch, wie explosiv die antisemitische Agitation war. Die Anführer der »Berliner Bewegung« setzten alles daran, der Antisemitenpetition maximale Schlagkraft zu verleihen. Ernst Henrici weitete, um so viele Unterschriften wie möglich zu beschaffen, seinen Aktionsradius in die nordöstlichen Provinzen Preußens aus. Am 13. Februar 1881 hielt er in Neustettin eine hetzerische Rede, um für die Petition zu werben. Fünf Tage später ging die Synagoge der Stadt in Flammen auf. Während die örtliche jüdische Gemeinde von einem Brandanschlag ausging, behaupteten ihre Gegner, die Juden hätten die Synagoge selbst angezündet, um den Antisemitismus in Verruf zu bringen und eine Versicherungssumme zu kassieren. Im Frühsommer des Jahres setzte Henrici seine Hetze fort. Diesmal kam es gleich in mehreren Orten der Provinzen Pommern und Westpreußen zu Ausschreitungen gegen Juden. Das rüttelte die Staatsmacht auf.

Generell fackelte die Obrigkeit im Kaiserreich nicht lange, wenn es zu Unruhen kam: Beim Frankfurter Bierkrawall vom April 1873 etwa, in dessen Verlauf es wegen Bierpreiserhöhungen zu bürgerkriegsähnlichen Zuständen gekommen war, hatte das harte Durchgreifen der Armee mindestens 18 Todesopfer gefordert. Auch bei den antisemitischen Ausschreitungen von 1881 rückte die Armee aus, um die Ruhe wiederherzustellen. Dermaßen blutig wie in Frankfurt ging es diesmal nicht zu, doch wurden zahlreiche Plünderer und Gewalttäter festgenommen, vor Gericht gestellt und streng bestraft. Die Gemeinden, in denen es zu Ausschreitungen gekommen war, mussten ihren jüdischen Bürgern Entschädigung leisten. Zur Unterbindung weiterer Krawalle untersagte die Regierung in Pommern und Westpreußen hetzerische Agitation gegen Juden. Mit ihrem energischen Vorgehen verabreichte die Staatsmacht den gewaltbereiten Antisemiten einen zwar späten, aber kräftigen Schlag und trug zum Abflauen der ersten Antisemitismuswelle bei.[109]

Einige Symbolkraft gewann das Handeln der preußisch-deutschen Obrigkeit angesichts der Szenen, die sich zur selben Zeit in Russland abspielten. Dort wurden nach der Ermordung von Zar Alexander II. am 1. März 1881 Gerüchte gestreut, das Attentat habe unter jüdischer Beteiligung stattgefunden. Dies sowie die schlechte Versorgungslage führten vor allem in der Ukraine zu einer Serie von Pogromen gegen Dutzende jüdische Gemeinden. Hilfe von der Staatsmacht hatten die russischen Juden nicht zu erwarten, im Gegenteil. Von den regionalen Behörden wurden die blutigen Ausschreitungen geduldet, mehrfach auch mit ausgelöst. Die Regierung schränkte mit den Maigesetzen des Jahres 1882 die Rechte der Juden überdies auch noch gravierend ein.[110] Demgegenüber erschien manchen Juden die Lage in Deutschland geradezu als positiv. Dass hier die Obrigkeit antisemitischen

Gewalttaten entgegentrat und auch an der gesetzlichen Gleichberechtigung festhielt, war für jüdische Bewohner des Kaiserreiches kein geringes Verdienst.[111]

Mochte der Staat als Ordnungsmacht auch eindeutig vorgehen, so blieb er auf gesellschaftspolitischer Ebene gegenüber den Juden weiterhin diffus und ambivalent. So wurde zwar Ernst Henrici, im zivilen Leben Gymnasiallehrer, wegen seiner Hetze aus dem Schuldienst entlassen; auch zeigte Bismarck der Antisemitenpetition, die bis zum Frühjahr 1881 über 200.000 Unterschriften erzielte, die kalte Schulter. Fünf Mitglieder der jüdischen Gemeinde von Neustettin 1883 wurden jedoch von einem regionalen Schwurgericht in erster Instanz wegen Beihilfe zur Brandstiftung zu Haftstrafen verurteilt und erst in zweiter Instanz freigesprochen. Stoecker wurde von der Staatsspitze weiterhin nicht ernstlich eingebremst; er konnte seine Agitation zunächst praktisch ungehindert fortsetzen, dies nicht zuletzt auf Betreiben Bismarcks, der Stoecker als nützlichen Bauern auf dem politischen Schachbrett sah und hoffte, dass dieser den liberalen Parteien und den Sozialdemokraten Wähler abspenstig machen würde. Außerdem beschloss das preußische Staatsministerium im Mai 1881, der durch die Pogrome in Russland stark anwachsenden jüdischen Zuwanderung einen Riegel vorzuschieben.[112]

Das Vorgehen des Staates spiegelte in starkem Maß die Haltung Wilhelms I. gegenüber der »Judenfrage« wider. Einerseits deckte sich das energische Vorgehen gegen die antisemitischen Ausschreitungen vom Frühsommer 1881 mit seinen Auffassungen. Seit jeher ein Verfechter von Recht und Ordnung, hasste er Ausschreitungen, ganz gleich, gegen wen sie sich richteten. Der Kaiser wollte Ruhe im Land. Wurde diese Ruhe gestört, war dagegen unverzüglich vorzugehen. Für den Schutz der jüdischen Bevölkerung trug der Staat insofern durchaus verlässlich Sorge. Andererseits deckte sich aber auch die von Bismarck angestoßene Entscheidung des preußischen Staatsministeriums, die aufgrund der Pogrome im Zarenreich stark anwachsende Zuwanderung russischer Juden einzudämmen, mit der Meinung des Kaisers. Wilhelm I., der schon den teils assimilierten Juden in Berlin nicht vorurteilsfrei gegenüberstand,[113] hegte, wie er in seiner Privatkorrespondenz gelegentlich durchklingen ließ, gegenüber den zumeist orthodox lebenden Juden im Osten Europas noch größere Ressentiments.[114] Ein signifikanter Zustrom russischer Juden entsprach zweifelsohne nicht seinen Wünschen.

Nirgendwo aber zeigte sich die Ambivalenz Wilhelms I. hinsichtlich der jüdischen Bevölkerung deutlicher als im weiteren Verlauf der Daueraffäre Stoecker. Mit seiner milden Zurechtweisung vom Dezember 1880 war die Angelegenheit für ihn zunächst erledigt. Obwohl der Hofprediger weiterhin politische Kontroversen auslöste und mit Verbalattacken gegen prominente jüdische Zeitgenossen für Klagen und Aufsehen erregende Zeitungsberichte sorgte, kam dem Kaiser zunächst kein weiterer Tadel über die Lippen. In der Rangordnung der Geistlichkeit bei Hof rückte Stoecker sogar auf; 1883 wurde er zum zweiten Hof- und Domprediger ernannt. Ein Grund für Wilhelms Zurückhaltung mochte darin liegen, dass sich seine Vermutung, die antisemitische Angelegenheit werde letztlich im Sand verlaufen, zu bewahrheiten schien. Bei der Reichstagswahl vom 27. Oktober 1881 erlitten die Antisemiten eine Niederlage, in Berlin errangen sie kein einziges Reichstagsmandat; lediglich Stoecker selbst ergatterte über einen im Westen Deutschlands gelegenen Wahlkreis einen Abgeordnetensitz.[115]

Langsam fiel Stoecker bei Hof dann aber doch in Ungnade. Die fortgesetzten Tumulte, die er auslöste, strapazierten die allerhöchste Geduld letztlich allzu sehr. Wilhelm I. gelangte immer mehr zur Überzeugung, dass sich ein derart umstrittener Hofprediger mit dem Ansehen der Krone nicht in Einklang bringen ließ. Als Stoecker 1885 in einen spektakulären Beleidigungsprozess gegen den jüdischen Journalisten Heinrich Bäcker geriet, war dies für den Kaiser »der letzte Tropfen in dem übervollen Eimer«, wie dessen Zivilkabinettschef Karl von Wilmowski meinte. Wilhelm I. wollte den Prediger entlassen. Stoecker geriet in Panik. Um seinen Rauswurf zu verhindern, bat er alle potenziellen Unterstützer, ein gutes Wort für ihn einzulegen. Doch der alte Kaiser war dermaßen zornig, dass alle abwinkten. Der Präsident des Evangelischen Oberkirchenrats hob hilflos die Hände, ebenso Robert von Puttkamer, der meinte, dass »ein agitatorisch auftretender Hofprediger Seine Allerhöchste Person in eine Art von Solidarität hineinziehe, von der Se. Majestät nun einmal nichts wissen wolle.«[116] Daraufhin sandte Stoecker dem Kaiser am 31. Juli 1885 ein Bittschreiben, in dem er jammerte, sein Sturz wäre ein Triumph für Umstürzler aller Art und würde obendrein den Status des Christentums sowie der Monarchie in Berlin gefährden, aber auch das nutzte nichts. Am 4. August verlangte Wilhelm I. von ihm, sein Hofpredigeramt in Bälde niederzulegen.

Die Lage schien für Stoecker schon hoffnungslos, da griff der 26-jährige Prinz Wilhelm ein.[117] Am 5. August schrieb er seinem Großvater, »das gesammte Judenthum des Reiches« habe sich »auf den armen Stöcker gestürzt und ihn mit Beleidigungen, Verläumdungen und Schmähungen überhäuft und ihm schließlich den großen Monsterprozeß an den Hals gehängt«. Flammend lobte der Prinz den Hofprediger: »Stöcker – trotz aller seiner Fehler – ist die mächtigste Stütze, ist der tapferste, rücksichtsloseste Kämpfer für Deine Monarchie und Deinen Thron im Volk!«[118]

Das Schreiben seines geliebten Enkels zeigte bei Wilhelm I. Wirkung. Er ließ sich doch noch erweichen und verzichtete auf eine Entlassung des umstrittenen

Hofpredigers. An Stoecker ging die Affäre dennoch nicht spurlos vorüber. Nachdem er nur haarscharf einem Rauswurf entronnen war, sah er sich gezwungen, seine Agitation etwas zu mäßigen, um nicht wieder einen Prozess zu riskieren, der den Zorn des Kaisers abermals erwecken würde. Zudem wurde sein politisches Wirken bald darauf auch für Bismarck unbequem. Im Vorfeld der Reichstagswahl am 21. Februar 1887 schmiedete der Kanzler ein konservativ-nationalliberales Wahlbündnis und wollte den Nationalliberalen nicht durch das umstrittene Polemisieren Stoeckers die Laune verderben; der Hofprediger musste auf Druck von oben schließlich auf eine Kandidatur in Berlin verzichten.

Die späte Zügelung Stoeckers konnte jedoch das zerbrochene Porzellan nicht mehr kitten. Sowohl Stoecker als auch Treitschke hatten mit ihren vermeintlich intellektuell unterfütterten Parolen geschafft, was Radauantisemiten wie Henrici oder Förster alleine nicht gelungen wäre: Judenfeindlichkeit stellte sowohl im liberalen Bildungsbürgertum als auch in höfischen Kreisen kein Tabuthema mehr dar. Sie war salonfähig geworden.[119]

Wie hoch ist der Anteil des Kaisers an dieser Entwicklung zu veranschlagen? Generell war die Rolle, die Wilhelm I. in seinen 30 Herrschaftsjahren hinsichtlich der jüdischen Bevölkerung spielte, zwiespältig. Einerseits war das Gleichstellungsgesetz von 1869, das in seinem Namen alle rechtlichen Diskriminierungen im Norddeutschen Bund beseitigte und in die Reichsverfassung von 1871 übernommen wurde, eine große Errungenschaft. Auf der Habenseite zu verbuchen ist wohl auch der Umstand, dass unter Wilhelm I. Ausschreitungen gegen Juden strikt unterbunden wurden. Andererseits jedoch wurde die im Gleichstellungsgesetz enthaltene Bestimmung, wonach die personelle Besetzung öffentlicher Ämter vom religiösen Bekenntnis unabhängig sein sollte, nicht mit Leben gefüllt; in den Führungsebenen der Ministerialbürokratie, den Universitäten oder der Armee blieben Juden weiterhin wenig bis gar nicht vertreten. Der Staat diskriminierte trotz der gesetzlichen Bestimmung auch weiterhin und leistete damit Diskriminierungen auf anderen Ebenen Vorschub, so etwa im gesellschaftlichen Umfeld.

Versucht man den Grad der Mitverantwortung Wilhelms I. am Aufkommen des Antisemitismus zu analysieren, muss man sich freilich davor hüten, dabei Maßstäbe der Gegenwart anzulegen oder ausschließlich mit aktuellem Wissen zu operieren. Wenn man heute im deutschen Sprachraum von Antisemitismus spricht, hat man dabei zwangsläufig den Holocaust vor Augen. Diese Weisheit des Rückblicks besaß Wilhelm I. natürlich nicht. Was unsere Vorstellungskraft wie unser moralisches Fassungsvermögen stets aufs Neue übersteigt, nämlich die Tatsache des millionenfachen Mordes an Juden in der NS-Zeit, konnte für ihn weder vorstellbar noch gar vorhersehbar sein.

In einer Hinsicht jedoch lud Wilhelm I. Schuld auf sich, die auch aus der Sicht der 1880er Jahre klar erkennbar war. Der alte Kaiser sah es als seine Pflicht an, »wohlwollende Gerechtigkeit gegen jedermann zu üben« und »darauf zu halten, daß in meinen Staaten jedem Glaubensbekenntnis das volle Maß der Freiheit, welches mit den Rechten anderer und mit der Gleichheit aller vor dem Gesetze verträglich ist, gewahrt bleibe.«[120] Kurz: Er nahm für sich in Anspruch, ein gerechter Schutzherr für *alle* seine Untertanen zu sein. Gegenüber den jüdischen Mitbürgern wurde er diesem Anspruch jedoch nur insofern gerecht, als er ihnen das Gefühl gab, sich nicht permanent um die eigene persönliche Sicherheit ängstigen zu müssen. Auf gesellschaftspolitischer Ebene blieb er hingegen untätig. Er setzte keine Akzente, um der Hetze gegen Juden entgegenzutreten, obwohl ihm das mit geringem Aufwand möglich gewesen wäre. Eine öffentlich ausgesprochene Missbilligung der antisemitischen Bewegung hätte deren Strahlkraft geschwächt, denn das Wort des hochangesehenen und außerordentlich beliebten alten Kaisers besaß für Millionen Deutsche immenses Gewicht. Eingefleischte Antisemiten wären dadurch zwar nicht anderen Sinnes geworden. Menschen jedoch, die mit judenfeindlichen Strömungen sympathisierten, dabei aber auch Scham und Skrupel empfanden, wären dem Antisemitismus wohl nicht nähergetreten, hätte Wilhelm I. seine Stimme erhoben. Doch der Kaiser schwieg und vermittelte der Öffentlichkeit auf diese Weise den Eindruck, dass er gegen die judenfeindliche Agitation nichts einzuwenden hatte.[121]

Das Versäumnis Wilhelms I. gegenüber den Juden sticht umso mehr ins Auge, als er in anderen Fällen durchaus imstande war, eigene Vorurteile zugunsten der Staatsräson zurückzudrängen. Das zeigte sich besonders eindrücklich beim bereits erwähnten Frankfurter Vermögensstreit. Während eines Kronrates am 22. Februar 1869 erklärte Wilhelm, er habe gegen die Mainmetropole bis 1866 »einen Stachel gefühlt«. Nun aber, da die Stadt zum Hohenzollernstaat gehörte, sei »Milde und Wohlwollen nötig«, um sie »mit Preußen, mit dem Verlust ihrer Souveränität und des damit zusammenhängenden Glanzes und Wohllebens zu versöhnen«[122]. Das waren Worte eines verantwortungsvollen Staatsmannes, und Wilhelm I. untermauerte sie noch durch seinen tiefen Griff in die Privatschatulle, um den langwierigen Streit mit Frankfurt endlich aus der Welt zu schaffen. Gegenüber den Juden Deutschlands brachte Wilhelm I. dieses staatsmännische Format nicht auf.

Wie bereits dargestellt, spielte Wilhelm I. beim Kulturkampf gegen die – freilich zahlenstarke – katholische Minderheit keine aktive Rolle. Ganz anders verhielt er sich hinsichtlich der Majoritätsreligion in Preußen. Wilhelm besaß als König eine umfassende Leitungsgewalt über die evangelische Kirche in Preußen. Ihm oblag das landesherrliche Kirchenregiment, was bedeutete, dass er in seinem Königreich nicht nur als Monarch und Oberkommandierender der Armee, sondern auch als oberster Bischof (Summus Episcopus) fungierte. Daraus leiteten sich Machtbefugnisse ab, die beträchtliche Auswirkungen haben konnten. Glaube und Kirchenpolitik spielten im späten 19. Jahrhundert noch eine ungleich größere Rolle, als dies heute der Fall ist, und Wilhelm I. verfügte als Summus Episcopus über weitreichende Einflussmöglichkeiten in diesem gesellschaftlich hochrelevanten Bereich: Er konnte auf die kirchliche Gesetzgebung und damit auf die Entscheidung grundlegender Glaubensfragen einwirken. Zudem ernannte er die Mitglieder der Kirchenbehörden, und auch bei den Stellenbesetzungen der Landessynoden fiel ihm eine dominierende Rolle zu.

Wilhelm I. nahm seine Rolle als Summus Episcopus sehr ernst. Er war zwar kein Experte bei theologischen Fragen und auf die Beratung durch ministeriale Fachleute und kirchliche Würdenträger angewiesen. Das hielt ihn dennoch nicht davon ab, in kirchenpolitischen Angelegenheiten eine klare Position zu vertreten, die sich vor allem aus seiner persönlichen Haltung speiste: Seit jeher ein tiefgläubiger Mann, hatte sich seine Überzeugung von der Allmacht Gottes in vorgerücktem Alter noch vertieft. Die militärischen Siege und den Machtzuwachs Preußens führte er auf den Willen Gottes zurück, ja mehr noch: Aufgrund dieser durchschlagenden Erfolge war Wilhelm I. zu der Überzeugung gelangt, die göttliche Vorsehung habe Preußen-Deutschland für eine führende Rolle in der Welt ausersehen und ihn dabei als ihr Werkzeug eingesetzt.

Zu diesem Weltbild passte kein modernistisches Gedankengut. Neuen und liberal gefärbten theologischen Ansichten stand Wilhelm I. negativ gegenüber. Er begriff sich als Hüter der althergebrachten Glaubenslehre und vertrat auf kirchenpolitischer Ebene eine strikt konservative Linie. Seiner Ansicht nach war der gesellschaftliche Einfluss der evangelischen Kirche aufrechtzuerhalten, an den althergebrachten Dogmen festzuhalten und der zunehmenden Verbreitung des Atheismus nach Kräften entgegenzuwirken. Dazu veranlasste ihn nicht nur seine persönliche religiöse Überzeugung, sondern auch handfestes Machtdenken, denn die Kirche leistete einen nicht zu unterschätzenden Beitrag zur Erziehung gehorsamer und loyaler Untertanen, die der Krone treu ergeben waren.

Umso weniger gefiel es ihm, dass die Landeskirche seit der Ernennung Adalbert Falks zum Kultusminister im Jahr 1872 liberale Tendenzen aufwies. Falk, für moderne theologische Ansichten in der evangelischen Landeskirche aufgeschlossen, hatte dafür gesorgt, dass mit Emil Herrmann ein in ähnlichen Bahnen denkender Geistlicher zum Präsidenten des Evangelischen Oberkirchenrates ernannt wurde. Damit befanden sich sowohl das Kultusministerium als auch die oberste Verwaltungsbehörde der evangelischen Landeskirche in liberaler Hand, was die orthodoxen Kräfte dieser Kirche hochgradig irritierte.

Wilhelm I. dachte ähnlich. 1877 begann er mit weitreichenden Interventionen in der evangelischen Landeskirche. Ausgelöst wurde sein Eingreifen durch einige Geistliche, die in ihren Predigten Ansichten propagierten, die von der traditionellen Glaubenslehre teils erheblich abwichen. So hatte der prominente Pfarrer und Schriftsteller Theodor Hossbach bei einer Wahlpredigt in Berlin in Abrede gestellt, dass Jesus Gottes Sohn gewesen sei. Wenig später war bei einer Berliner Kreissynode dann auch noch der Ruf laut geworden, das Apostolikum (Glaubensbekenntnis) solle nicht mehr Teil der sonntäglichen Liturgie sein.

Wilhelm I. betrachtete diese zwei Vorkommnisse als Verrat an der Glaubenslehre. Seiner Ansicht nach musste Hossbach seines Amtes enthoben werden. Dagegen sträubte sich der Präsident des Evangelischen Oberkirchenrates, der eine Entfernung Hossbachs aus dem Kirchendienst für überzogen hielt. Mit seiner abwehrenden Reaktion brachte er jedoch den Kaiser gegen sich auf. Der Groll Wilhelms I. brachte Herrmann zu der Überzeugung, dass er an der Spitze des Oberkirchenrates keine Zukunft mehr hatte. Er reichte seinen Rücktritt ein. Auf Betreiben Wilhelms I. folgte ihm ein Mann konservativeren Zuschnitts, Ottomar Hermes, nach.

Dem Monarchen reichte das allerdings noch nicht. Er wollte die gesamte Behörde stärker in seinem Sinn indoktrinieren und forderte seinen Kultusminister auf, die zwei konservativ gesinnten Hofprediger Rudolf Kögel und Wilhelm Baur in den Oberkirchenrat aufzunehmen. Beide Männer, vor allem Kögel, genossen das besondere Vertrauen des Kaisers und hatten bei ihm gegen liberale Strömungen in der evangelischen Kirche Stimmung gemacht.

Falk sträubte sich gegen den Personalwunsch Wilhelms I., da er seine liberal geprägte Politik gegenüber der evangelischen Landeskirche zu konterkarieren drohte, und fasste ebenfalls seinen Rücktritt ins Auge. Das alarmierte Otto von Bismarck. Bei ihm stand der Kultusminister in hohem Ansehen. Falk war der eigentliche Motor des Kulturkampfes gegen die Katholiken und einer der wenigen Minister, für die Bismarck selbst in seinen Memoiren noch lobende Worte fand.[123] Er und das gesamte Staatsministerium wollten ihn unbedingt im Amt halten. Bei einer vertraulichen Besprechung am 20. Dezember 1878 baten sie ihn inständig, den Personalwünschen des Kaisers nachzugeben. Gleichzeitig versuchten sie seine Befürchtung auszuräumen, das allerhöchste Vertrauen verloren zu haben. Der Kaiser vertrete die Ansicht, Falk habe die »auf kirchlichem Gebiete hervortretenden Gefahren unterschätzt«, und dem müsse nun durch eine »geeignete Zusammensetzung des Oberkirchenrates« begegnet werden, Falk selbst würde aber durchaus noch sein Vertrauen genießen. Der Kultusminister entschloss sich daraufhin, im Amt zu bleiben und der Berufung der beiden konservativen Hofprediger in den Oberkirchenrat zuzustimmen, obwohl er diesen Schritt eigentlich als »Zumutung«[124] empfand.

Das Vorgehen des Kaisers musste Falk allerdings den Schluss nahelegen, dass zwischen ihm und seinem Souverän auf religiös-politischem Feld Welten lagen. Bereits am 7. Dezember 1878 hatte Wilhelm I. bei einer Ansprache an die Berliner Behörden betont, dass bei der »Erziehung der Jugend« darauf zu achten sei, ihr unbedingte Loyalität zur Monarchie einzuimpfen, »und dabei ist das wichtigste die Religion. Die religiöse Erziehung muß noch viel tiefer und ernster gefaßt werden. In dieser Beziehung ist auch in unserer Stadt nicht alles gut bestellt.«

Wie wenig er von alternativen Auslegungen der Glaubenslehre hielt, machte der Kaiser am 17. Juni 1879 bei einer Ansprache im Domkandidatenstift unmissverständlich deutlich: »Der Grund und Fels, an dem ich und wir alle aushalten müssen, ist der unverfälschte Glaube, wie ihn die Bibel uns lehrt!« Die »Erkenntnis Gottes und seines eingeborenen Sohnes Jesu Christi« sei »als die einzige Quelle wahren Heiles« anzusehen und zu fördern. »Es kann ja ein jeder handeln, wie sein Gewissen ihm sagt, aber alle müssen doch aufbauen auf dem einen Grund der Bibel und des Evangeliums. Wenn das nur geschieht, so werden Sie alle eine gesegnete öffentliche Wirksamkeit entfalten können, ein jeder nach seiner Art.«[125]

Wenige Tage nach dieser Ansprache reichte Falk seine Entlassung ein, weil er, wie er dem Kronprinzen unumwunden mitteilte, »den Gang den die Dinge in der evangelischen Kirche nahmen, ferner nicht länger mitmachen könne.«[126] Wilhelm I., auch im Zorn ein Grandseigneur, hielt noch eine versöhnliche Geste bereit und bot dem scheidenden Kultusminister einen Adelstitel an. Dessen Rücktrittsentscheidung war für ihn mittlerweile aber fraglos erwünscht, da sie den Weg für eine religiös-politische Kurskorrektur in seinem Sinn freimachte. Falks Nachfolger Robert von Puttkamer leitete Maßnahmen zum schrittweisen Abbau der Kulturkampfgesetzgebung ein und schlug auch hinsichtlich der evangelischen Landeskirche sogleich die von Wilhelm I. gewünschte Richtung ein.

Der Monarch ging indessen noch einen Schritt weiter. Falk und Herrmann hatten das Zustandekommen einer ersten Generalsynode aller preußischen Provinzen vorbereitet. Diese trat im Oktober 1879 zusammen, als beide nicht mehr in ihren Ämtern waren. Um sicherzugehen, dass auch bei dieser Versammlung seinen religiös-politischen Vorstellungen entsprochen wurde, ließ Wilhelm I. aus deren Mitgliederliste kurzerhand die liberalen Kandidaten streichen und sorgte auf diese Weise dafür, dass sich auch bei der Generalsynode die konservativen Kräfte durchsetzten.[127]

Mit dem Austausch des Kultusministers und des Präsidenten des Evangelischen Oberkirchenrates sowie mit der personellen Besetzung der Generalsynode führte Wilhelm I. parallel zur von Bismarck gestalteten politischen Wende von 1878/79 auch auf kirchlicher Ebene einen konservativen Umschwung herbei. Sein direktes Eingreifen sicherte den lutherisch-orthodoxen Kräften die führende Stellung in der evangelischen Kirche Preußens.

Der greise Kaiser

In den späten 1870er Jahren verschärfte sich das politische Klima im Berliner Machtzentrum erheblich. Otto von Bismarck nahm die beiden Attentate auf Wilhelm I. 1878 zum Anlass dafür, die in der Arbeiterschaft zunehmend einflussreicher werdenden Sozialdemokraten als »Reichsfeinde« zu brandmarken und deren Aktivitäten mit dem am 21. Oktober 1878 erlassenen *Gesetz gegen die gemeingefährlichen Bestrebungen der Sozialdemokratie* massiv einzuschränken, eine Maßnahme, die der Reichskanzler mit dem noch rekonvaleszenten alten Kaiser sorgfältig abstimmte. Bald nach der konservativen Wende von 1878/79 leitete Innenminister Robert von Puttkamer einen Umbau der preußischen Verwaltung ein, der darauf abzielte, liberale durch konservativ gesinnte Beamte zu ersetzen. Vor der Reichstagswahl vom 27. Oktober 1881 schrieb er den Beamten überdies vor, sich für die Wahl jener Kandidaten einzusetzen, die von der Regierung favorisiert wurden.[128] Am 4. Januar 1882 legte Wilhelm I. mit einer von Bismarck konzipierten Verordnung nach, in der es hieß: »Mir liegt es fern, die Freiheit der Wahlen zu beeinträchtigen, aber für diejenigen Beamten, welche mit der Ausführung Meiner Regierungsacte betraut sind und deshalb ihres Dienstes nach dem Disziplinargesetz enthoben werden können, erstreckt sich die durch den Diensteid beschworene Pflicht auf Vertretung der Politik Meiner Regierung auch bei den Wahlen.«[129] Mit derlei Maßnahmen begann sich Wilhelm I. dem Willkürregime Friedrich Wilhelms IV. wieder anzunähern, das er selbst Mitte der 1850er Jahre noch kritisiert hatte.

Mit harten Bandagen wurde bald auch wieder im Feld der Militärpolitik gekämpft. Nach der Fixierung des Septennats 1874 hatte das Thema Armee keine herausragende Rolle zwischen Staatsspitze und Parlament mehr gespielt. 1880 war es Bismarck ohne große Probleme gelungen, ein neues Septennat und eine von der Regierung geforderte Aufstockung der Armee auf 427.274 Mann durch den Reichstag zu bringen. Im Januar 1883 jedoch nahmen das Zentrum und die Fortschrittspartei die Armeeausgaben abermals ins Visier. Besonders beißende Kritik äußerte der wortgewaltige Eugen Richter. Er verlangte exakt da Reformen, wo es für den Kaiser am wenigsten in Frage kam: Nach dem Dafürhalten Richters sollte die Dienstzeit von drei auf zwei Jahre verkürzt werden. Zudem forderte er die Abschaffung aller Garderegimenter, da diese ohnehin nur Paradetruppen und damit sinnlos seien. Wilhelm I. glaubte seinen Ohren nicht zu trauen. Die Existenzberechtigung seiner geliebten Garde anzuzweifeln war für ihn so ziemlich der Gipfel der Frechheit.

Hinter den Kulissen kam nun eine veritable Intrige in Gang. Sie richtete sich gegen den liberal angehauchten Kriegsminister Georg von Kameke. Aus der Sicht Emil von Albedylls, seit 1871 Chef des Militärkabinetts, trat er dem Reichstag zu freundlich und auskunftsfreudig gegenüber. Albedyll wollte Kameke durch einen Mann mit klar konservativer Gesinnung ersetzen und bei dieser Gelegenheit die zumindest formal noch immer bestehende Oberhoheit des Kriegsministers über Führungs-, Personal- und Beförderungsfragen in der Armee an sich ziehen. Einen Bündnispartner fand er in der rechten Hand Helmuth von Moltkes, dem ehrgeizigen Generalquartiermeister Alfred von Waldersee, der dem Generalstab völlige Unabhängigkeit vom Kriegsministerium sichern wollte. Und auch Bismarck konnte der Aussicht, Kameke aus dem Amt zu drängen, einiges abgewinnen, denn ihm war die liberalere Ausrichtung des Kriegsministers ebenfalls ein permanentes Ärgernis. Solchermaßen mit Rückhalt ausgestattet, begann Albedyll Wilhelm I. zu bearbeiten. Entgegen kam ihm dabei, dass die Militärkritik im Reichstag anhielt und nun auch die Steuerfreiheit der Garnisonsstädte aufs Korn nahm. Der ohnehin schon erboste Kaiser war daher leicht zu überzeugen, von Kameke bestimmtes Auftreten gegenüber den Parlamentariern zu fordern. Der Kriegsminister bekam die Order, dem Reichstag in der Steuerfrage ein klares Nein entgegenzuschmettern. Kameke tat wie geheißen, agierte nach allerhöchstem Dafürhalten aber immer noch nicht entschieden genug. Also befahl ihm Wilhelm I., bei der nächsten Reichstagssitzung noch energischer mitzuteilen, wem die Armee in Wahrheit unterstand. Kameke begriff diese Weisung als Beleg dafür, dass er das Vertrauen des Kaisers verloren hatte, und trat zurück. Wilhelm I. ernannte daraufhin den liberaler Tendenzen gänzlich unverdächtigen General Paul Bronsart von Schellendorf zum Kriegsminister und ordnete die Dinge ganz im Sinne Albedylls und Waldersees. Mit einer Order vom 8. März 1883 nahm er dem Kriegsministerium sämtliche Kompetenzen in Armee-Personalangelegenheiten ab und übertrug diese dem Chef des Militärkabinetts. Außerdem gab er am 24. Mai dem Generalstabschef oder seinem Stellvertreter das Recht des institutionalsierten Immediatvortrags. Das bedeutete, der Generalstab konnte fortan unter Umgehung des Kriegsministers und auch des Reichskanzlers Vortrag beim Staatsoberhaupt halten und so militärische Entscheidungen unter Ausschluss des Reichstags durchsetzen. Damit war ein Zustand hergestellt, den Albedyll und Waldersee, letztlich aber auch Wilhelm I. gewollt hatten:[130] Das Militärkabinett und der Generalstab waren fortan jeglicher parlamentarischen Kontrolle entzogen.

Die faktische Entmachtung des Kriegsministers hatte aber noch eine langfristig fatale Konsequenz. Als Wilhelm I. die Autorität des Ministers über das Militärkabinett und den Generalstab endgültig eliminierte, beschädigte er damit auch die organisatorische Einheit der Armee. Statt einer einzigen übergeordneten Behörde gab es fortan drei Dienststellen, die in Konkurrenz miteinander standen. In den ersten Jahren nach der Kompetenzveränderung von 1883 kam diese Rivalität noch nicht voll zum Tragen. In der Ära Wilhelms II. jedoch mündete die organisatorische Zersplitterung immer öfter in hitzige Kompetenzstreitereien. Konkurrenzdenken und wechselseitige Missgunst fraßen sich zusehends tiefer ins Getriebe der Heeresführung ein. Wilhelm II. fehlten die militärische Autorität seines Großvaters und wohl auch der Wille, um ernstlich zu versuchen, die Einheit der Armee wiederherzustellen. So dauerten die Rivalitäten in der Heeresführung fort und belasteten die Leistungsfähigkeit der deutschen Streitkräfte bis in den Ersten Weltkrieg hinein.[131] Die Reorganisation von 1883 war somit der wohl größte Fehler, den Wilhelm I. im Lauf seines Lebens auf militärischer Ebene beging.

Im Jahr 1884 wandte sich Bismarck einem Thema zu, das er bislang sorgfältig gemieden hatte: dem Erwerb von Kolonien. Bald nach dem Sieg über Frankreich war in Deutschland die Forderung lauter geworden, sich nicht mit der Schaffung der deutschen Einheit zufriedenzugeben, sondern dem jungen Reich eine führende Stellung in der internationalen Politik zu verschaffen und vehement am Wettlauf der Großmächte um den Erwerb von Kolonien teilzunehmen. »Unsere großartigen Erfolge in den Jahren 1870 und 1871«, so hieß es in einer forschen Schrift aus dem Jahr 1879, »berechtigen sie uns denn nicht, die alte, bescheidene, schüchterne und bedientenhafte Rolle endlich einmal gründlich beiseite zu legen, uns kühn und stolz unter die drei Bewerber um die künftige Weltherrschaft zu mischen?«[132] Einflussreiche Kreise aus Wirtschaft und Politik stießen ins gleiche Horn. Überzeugt, dass Deutschland beim kolonialen Wettlauf keine Zeit verlieren dürfe, gründeten sie im Dezember 1882 in Frankfurt am Main den *Deutschen Kolonialverein*, um die Staatsspitze unter Druck zu setzen, möglichst rasch möglichst große Landstriche in Afrika oder Asien in Besitz zu nehmen. 1884/85, als die außenpolitische Konstellation für Deutschland relativ günstig war, folgte Bismarck diesem Ruf und gab grünes Licht für das Hissen der deutschen Flagge in Togo, Kamerun, Südwestafrika, Ostafrika und Neuguinea.[133]

Wilhelm I. begrüßte die kolonialen Aktivitäten Deutschlands, legte dabei allerdings wenig sachliche, sondern vor allem rückwärtsgewandte Maßstäbe an. Im Vordergrund stand für ihn, dass Preußen bereits einmal in Afrika Fuß gefasst hatte. 1683 war unter der Herrschaft seines Vorfahren Friedrich Wilhelm von Brandenburg, des Großen Kurfürsten (⌘ 1640 – 1688), im Küstenbereich des heutigen Staats Ghana die Kolonie Großfriedrichsburg gegründet worden. Aus Wilhelms Sicht wurde nun an die vermeintlich weitblickende Initiative des Großen Kurfürsten angeknüpft. Nun könne er dem Denkmal seines Vorfahren, das auf der Langen Brücke gleich neben dem Berliner Stadtschloss stand, gerade ins Gesicht blicken, stellte er zufrieden fest. Dass Großfriedrichsburg nur eine kurze Blütezeit erlebt hatte und im frühen 18. Jahrhundert von Preußen wieder aufgegeben worden war, spielte bei der Einschätzung des alten Kaisers keine maßgebliche Rolle.

Zur Förderung kolonialer Aktivitäten war Wilhelm I. sogar zu großzügigen Zuschüssen aus eigener Tasche bereit. Zur Unterstützung der *Deutsch-Ostafrikanischen Gesellschaft*, die der Kapitalbeschaffung für den Aufbau von Kolonien auf der Höhe von Sansibar dienen sollte, entnahm er seiner Privatschatulle nicht weniger als 500.000 Mark. Ausgelöst wurde sein Schritt durch den jungen, kolonialpolitisch sehr aktiven Bankier Karl von der Heydt. Dieser hatte im Oktober 1886 in einem Brief dringlich für ein Engagement der Staatsspitze plädiert, um bislang zögernde Banken für finanzielle Beteiligungen an der *Deutsch-Ostafrikanischen Gesellschaft* gewinnen zu können. Wilhelm I. wollte zwar als Spender nicht offensiv in Erscheinung treten und ließ seinen Zuschuss als Investition der *Preußischen Seehandlung*, einer dem Finanzministerium unterstellten Staatsbank, deklarieren. Hinter den Kulissen wusste man aber, von wem die stattliche Spende kam. Sie trug nicht unwesentlich dazu bei, kapitalstarke Bankiers und Industrielle zu Investitionen zu motivieren. Letztlich kam ein Kapital in der Höhe von 3.480.000 Mark zusammen, sodass die *Deutsch-Ostafrikanische Gesellschaft*, als sie sich am 23. Februar 1887 in Berlin konstituierte, von einer ernstzunehmenden ökonomischen Basis ausgehen konnte.[134]

Die großzügige Spende für die *Deutsch-Ostafrikanische Gesellschaft* ist umso bemerkenswerter, als der Kaiser ansonsten äußerst sparsam lebte und eine Genügsamkeit an den Tag legte, die in scharfem Kontrast zu seinem Reichtum stand. Er trug »eine leicht abgewetzte Dienstuniform« und »eine niedrige, unscheinbare Mütze, die von den in letzter Zeit extravagant hohen Mützen der eleganten

Offiziere in Berlin bemerkenswert absticht«[135], notierte Jules Laforgue, der als Augustas Vorleser damals im kaiserlichen Palais ein und aus ging. Wilhelm leistete sich in seinem Haus ein zahlenmäßig sehr überschaubares Dienstpersonal und wollte auch über geringfügigste Ausgaben informiert werden. Sein Arbeitszimmer war »vollgepfropft mit Militär- und Familienandenken«, ansonsten aber bescheiden eingerichtet. Der einzige kleine Luxus, den er sich hier gönnte, war »ein täglich erneuerter Strauß Kornblumen«. »In diesem kleinen Winkel seines kleinen Palais' lebt er«, stellte Laforgue verwundert fest. »Am Abend wird ein Vorhang über das Fenster herabgelassen, durch den hindurch die gebeugte Stirn des Kaisers, der beim Schein einer bescheidenen Lampe arbeitet, zu erkennen ist. Gruppen von Menschen stehen gerührt vor diesem Fenster unter den Augen der Polizisten, die das Palais bewachen.«[136]

Auch nach außen mahnte Wilhelm I. wiederholt zu Bescheidenheit. Dem preußischen Offizierskorps trug er mit einer Verordnung vom 2. Mai 1879 strikte Abstinenz gegenüber materiellen Verlockungen auf: »Je mehr anderwärts Luxus und Wohlleben um sich greifen, um so ernster tritt an den Offizierstand die Pflicht heran, nie zu vergessen, daß es nicht materielle Güter sind, welche ihm die hochgeehrte Stellung im Staate und in der Gesellschaft erworben haben und erhalten werden.«[137]

Im aufstrebenden Deutschen Reich nahmen sich derlei noch von altpreußischen Werten geprägte Aufrufe beinahe schon antiquiert aus. Gestützt auf sein hohes Ansehen, übte der alte Kaiser dennoch eine bremsende Wirkung auf die zunehmend selbstbewusster werdende deutsche Gesellschaft aus. Zudem trug er mit seiner Berechenbarkeit und seiner Rechtschaffenheit dazu bei, in der internationalen Staatenwelt Misstrauen gegenüber dem mächtigen neuen Reich etwas abzubauen. Das stellte ein nicht zu unterschätzendes Verdienst dar. Wie viel Porzellan ein Deutscher Kaiser zerschlagen konnte, zeigte sich bald darauf bei Wilhelm II., der mit seinen auftrumpfenden Reden, seinem bombastischen Auftreten und seiner hyperaktiven Betriebsamkeit im Inland lange Zeit Begeisterung erweckte, im Ausland jedoch zunehmend als unberechenbarer Störenfried wahrgenommen wurde und dem Image des Deutschen Reiches im Lauf der Jahre beträchtlichen Schaden zufügte.[138] Wilhelm II. hatte letztlich einigen Anteil daran, dass das Bemühen Wilhelms I., die aufkeimende deutsche Großmannssucht etwas einzudämmen, keinen bleibenden Erfolg zeitigte. Vor allem aber widersprach die Zurückhaltung des alten Kaisers zu sehr dem Zeitgeist, um über das Ende seiner Herrschaft hinaus wirksam zu sein.

Mit dem Kornblumenstrauß in seinem Arbeitszmmer hatte es im Übrigen eine besondere Bewandnis. Es handelte sich um die Lieblingsblumen des Kaisers, in die man sehr viel hineininterpretierte. Oft kolportiert wurde die Geschichte, wonach Königin Luise auf ihrer Flucht vor Napoleon I. ihrem zweitältesten Sohn und dessen Geschwistern einen Kranz aus Kornblumen geflochten habe.[139] Insbesondere zu seinem 90. Geburtstag gab es viele Bemühungen, den Königin-Luise-Mythos zur Mythisierung ihres Sohnes zu nutzen, wobei die Kornblume als Bildträger und Symbol dieser Beziehung fungierte. Eine fatale symbolische Dynamik hatte die Kornblume zu diesem Zeitpunkt bereits in Österreich-Ungarn bekommen. Von den Anhängern des deutschnationalen und antisemitischen Politikers Georg von Schönerer wurde sie in ausdrücklicher Anlehnung an Wilhelm I. zur Parteiblume erkoren;[140] Schönerer selbst, der, wie der österreichische Historiker Wolfgang Häusler treffend bemerkte, »kritiklose Verherrlichung des Deutschen Reichs« mit »Rassenantisemitismus« in Verbindung brachte und so »die Grundlagen für ein chauvinistisches, antidemokratisches Alldeutschtum in weiten Kreisen der akademischen Intelligenz«[141] schuf, schwadronierte über das »kornblumenblaue Deutschtum«[142] und ging so weit, Wilhelm I. als »seinen Kaiser«[143] zu bezeichnen.

Gegenüber dem Reichstag verfolgte der alte Kaiser bis zuletzt eine harte Linie. Im November 1886 ließ er dem Reichstag einen Gesetzesentwurf für das mittlerweile dritte Septennat vorlegen. Demnach sollte die Friedenspräsenzstärke um über 40.000 Mann auf 468.409 Mann erhöht werden. Da die außenpolitische Lage angespannt war – Frankreichs Kriegsminister Georges Boulanger ging auf Aufrüstungskurs und erweckte aus Berliner Sicht einen revanchistischen Eindruck, mit St. Petersburg gab es schwere Differenzen, von denen noch zu sprechen sein wird –, wurde die Armeeaufstockung vom Reichstag nicht ernstlich beanstandet. Widerstand formierte sich jedoch gegen ein neues Septennat. Das Zentrum und das Gros der liberalen Kräfte wollten dem Kaiser nur noch ein dreijähriges Militärbudget zugestehen und setzten sich damit im Reichstag durch. Eine Abstimmung führte zur Ablehnung des Septennats. Auf Empfehlung Bismarcks löste Wilhelm I. daraufhin das Parlament auf.

Den nun folgenden Neuwahlen konnten Kaiser und Kanzler zuversichtlich entgegensehen. Weite Teile der Öffentlichkeit standen auf ihrer Seite. Außerdem schürten sie die in der Bevölkerung grassierende Verunsicherung wegen der prekären internationalen Lage geschickt.[144] Wilhelm I. präsentierte sich der Nation nach der Ablehnung der Gesetzesvorlage als gramgebeugter Landesvater; Bismarck heizte die Stimmung durch Hinweise auf Boulangers Wehrpolitik weiter an. Die Septennatsfrage schlug so hohe Wellen, dass die Wahlbeteiligung am 21. Februar 1887 mit 77 % deutlich höher als bei den vorangegangenen Wahlgängen war. Die Kartellparteien, ein konservativ-nationalliberales Wahlbündnis, das den Regierungskurs unterstützte, landeten einen klaren Sieg und gewannen 220 von 397 Sitzen im Reichstag.[145]

Der Kaiser war begeistert. Er fühle sich »um 20 Jahre verjüngt«, frohlockte er angesichts des Wahlergebnisses, sein Volk »hätte ihm kein schöneres Geburtstags- und Ostereigeschenk machen können.«[146] Ludwig Bamberger, ein prominenter Vertreter der Freisinnigen Partei, lieferte hingegen eine frustrierte Zustandsbeschreibung der deutschen Gesellschaft am Ende der Ära Wilhelms I.: »Die neue Vertretung ist der wahre Ausdruck des deutschen Publikums. Junkertum und katholische Kirche, die sehr deutlich wissen, was sie wollen, und ein Bürgertum, kindlich unschuldig, politisch einfältig und weder des Rechts noch der Freiheit bedürftig.«[147]

Für den alten Kaiser war es die letzte Reichstagswahl, die er selbst noch miterlebte. In gewisser Hinsicht stellte das einen Glücksfall für ihn dar, denn bei der nächsten Reichstagswahl im Jahr 1890, als die Regierung nicht mehr mit dem Faktor Kriegsangst hantieren konnte, schlug das Pendel wieder zurück. Die Bevölkerung bescherte den konservativen Parteien sowie den Nationalliberalen massive Verluste und stellte somit hinlänglich klar, dass sie nicht ganz so willfährig und lenkbar war wie von Bamberger befürchtet und von Wilhelm I. gewünscht.

Wilhelm I., Friedrich III. und Wilhelm II.

Im hohen Alter wurde Wilhelm I. von vielen Wegbegleitern sehr verehrt, ja geliebt. In zahlreichen zeitgenössischen Aufzeichnungen finden sich Äußerungen, die tiefe und ehrliche Zuneigung für ihn erkennen lassen. Louis Schneider pries seine »Herzensgüte und Freundlichkeit in der Rücksichtnahme auf Andere«[148]. Für Baronin Spitzemberg war er »der gute, treue ehrwürdige alte Herr«[149]. Rudolf von Delbrück bekannte, nicht nur dem Monarchen, sondern auch dem Menschen Wilhelm »innig ergeben«[150] gewesen zu sein. Robert Lucius, seit 1879 preußischer Landwirtschaftsminister und ein enger Freund Otto von Bismarcks, berichtete über eine am 1. Januar 1887 gehaltene Neujahrsansprache des Kaisers: »Wir waren alle tief bewegt über diese schlichte Herzlichkeit des Empfangs und seine große geistige Frische. Man möchte immer ein Stenogramm solcher zwanglosen und doch so schönen, würdigen Aussprachen haben. Es ist alles bei ihm Natur, Einfachheit, Wohlwollen – alles echt und gar keine Pose. Jeder Zoll ein Monarch und ein edler Mensch!«[151]

Harmonischer als früher ging es mittlerweile auch in Wilhelms Eheleben zu. Bereits im Juli 1870, vor dem Ausbruch des Krieges mit Frankreich, war Augusta für ihn eine unverzichtbare Vertraute gewesen, der er täglich seine Sorgen mitgeteilt hatte. In den Folgejahren nahm das Streitpotenzial der Vergangenheit weiter ab. Die zusehends hinfällige Kaiserin hatte nicht mehr die Kraft, gegen Bismarcks Einfluss anzukämpfen. 1881 erlitt sie bei einem Sturz schwere Verletzungen, die eine lebensgefährliche Operation erforderten. Zur großen Erleichterung Wilhelms überlebte sie, konnte danach aber nur noch mit Krücken gehen und musste zumeist auf einen Rollstuhl zurückgreifen. Doch sie ließ sich nicht unterkriegen. Sie setzte ihre repräsentativen und karitativen Tätigkeiten fort, obwohl sie ihre Aufgaben oft nur mit größter Mühe durchstand – und sorgte sich gleichzeitig um ihren Gemahl, der ihrer Ansicht nach zu viel arbeitete.[152] In ihrem unbedingten Pflichtbewusstsein glichen Wilhelm und Augusta einander wie eineiige Zwillinge. Gerade in ihren letzten Lebensjahren zeigte es sich mehr denn je, dass sie einander in einigen essenziellen Punkten doch sehr ähnelten.

Weitgehend einig wusste sich der Kaiser mit seiner Gemahlin auch in Familienangelegenheiten. Und gerade hier offenbarte sich, dass der hochbetagte Monarch keineswegs nur noch gütig und altersmilde war. Seinem Charakter wohnte auch etwas Eisernes und Unduldsames inne, und das bekamen in erster Linie der Thronfolger und dessen Gemahlin zu spüren.

Wilhelm I. führte als Familienoberhaupt der Hohenzollern ein strenges Regiment. Das war in gewisser Hinsicht nicht ungewöhnlich. Im 19. Jahrhundert waren auch Prinzen in anderen Staaten der Autorität des Herrschers in einem Ausmaß unterworfen, wie es für normalsterbliche Söhne in der Regel nicht galt. Kronprinz Friedrich Wilhelm musste Reisepläne zur Genehmigung dem Vater vorlegen, und dieser mischte sich auch in Erziehungsfragen ein. Im Oktober 1864 etwa gestattete Wilhelm I. dem Kronprinzenpaar zwar eine Reise an den Genfer See, untersagte es ihnen aber, ihre Kinder mitzunehmen, denn man könne sie »nicht in jener Zeit in ein mildes Klima reisen und in der rauhesten Berliner Periode wiederkehren lassen«. Friedrich Wilhelm und Victoria waren über diese Anordnungen »bei unseren eigenen Kindern, deren Leitung und Erziehung doch ihrer Eltern Aufgabe und nicht der Großeltern ist«[153], aufs Höchste aufgebracht, aber das kümmerte Wilhelm I. wenig. Er setzte seinen Willen durch. An der dominanten Tendenz des Vaters änderte sich auch nichts, als der Kronprinz in die Jahre kam und dessen Kinder schon erwachsen waren. Als der mittlerweile 52-jährige Thronfolger im Jahr 1883 ersuchte, seinen ältesten Sohn auf eine Spanienreise mitnehmen zu dürfen, holte er sich eine Absage. »Mir werden alle meine Wünsche kurz verweigert«, klagte Friedrich Wilhelm hilflos, »wie einem noch ganz jungen Menschen, der sich in Abhängigkeit des Vorgesetzten befindet.«[154]

Wilhelms Strenge gegenüber seinem Sohn ging Hand in Hand mit politischen Differenzen. Wie erwähnt, hatten die 1863 gehaltene Danziger Rede des Thronfolgers und dessen liberale Tendenz, die durch Kronprinzessin Victoria zusätzlich befeuert wurde, beim Monarchen unauslöschliches Misstrauen erzeugt. Während der Kriege von 1866 und 1870/71 war die Beziehung zwischen dem Vater und dem militärisch tüchtigen Sohn phasenweise wieder besser geworden.[155] Nach den Schlachtensiegen des Kronprinzen gegen Frankreich hatte Wilhelm I. im Oktober 1870 sogar mit einer alten Hohenzollerntradition gebrochen, die Prinzen der Dynastie den höchsten militärischen Rang Preußens verwehrte, und Friedrich Wilhelm den Titel eines Generalfeldmarschalls verliehen. »Was mein Vaterherz dabei empfindet, daß ich Dir auf solche Art meinen und des Vaterlandes Dank aussprechen kann und muß, bedarf keiner Worte! Dein Dich herzlich liebender dankbarer Vater Wilhelm«[156], hatte er ihm bewegt geschrieben.

Doch mit solchen Momenten der Harmonie war es nach dem verbindenden Kampf gegen gemeinsame Außenfeinde vorbei, und der permanente Konfliktpunkt Politik rückte wieder in den Vordergrund. Friedrich Wilhelm sah sich immer stärker isoliert, wurde über wesentliche Entschlüsse oft gar nicht in Kenntnis gesetzt. Vieles, was der Vater zusammen mit Bismarck entschieden hatte, erfuhr er erst im Nachhinein über Vertraute oder aus der Zeitung, worüber er des Öfteren bittere Klage führte. Ganz unschuldig war er daran allerdings auch nicht. Nach dem Krieg gegen Frankreich wünschte sein Vater von ihm wieder eine stärkere Beteiligung an den Regierungsgeschäften, namentlich das regelmäßige Erscheinen im Ministerrat. Friedrich Wilhelm verweigerte dies; er nahm weiterhin lediglich an den ohnehin nur noch selten stattfindenden Kronräten teil, nicht aber an den Sitzungen des Staatsministeriums. Wilhelm gab daraufhin im Juni 1871 die Order aus, seinem Sohn künftig alle Sitzungsprotokolle und sonstigen Unterlagen aus dem Staatsministerium und dem Bundesrat zuzuleiten; überdies habe sich jeder Minister für nähere Auskünfte bereitzuhalten. Friedrich Wilhelm machte aber auch von diesem Informationsangebot nur bedingt Gebrauch, wobei vermutlich auch der Umstand mitschwang, dass er, wenn es nicht um militärische Dinge ging, wenig Befähigung zu konzentrierter Arbeit hatte. Statt sich wie sein Vater konsequent mit den Staatsgeschäften auseinanderzusetzen, stürzte er sich von einer halbherzigen Aktivität in die nächste, reiste viel im Land umher und vertrieb sich eher planlos die Zeit.[157] »Er hat keine Interessen, die er mit besonderer Liebe pflegt«, urteilte Friedrich I. von Baden 1872, »und seine ganze Lebensweise besteht eigentlich in einer steten Zeitzersplitterung.«[158]

Ab 1878 kippte das zerrüttete Vater-Sohn-Verhältnis immer mehr ins Tragische. Als Wilhelm I. nach dem Nobiling-Attentat seinen Sohn mit den Regierungsgeschäften betraute, hielt er ihn an extrem kurzer Leine, um zu verhindern, dass dieser liberalere Ansichten in den Regierungskurs einfließen ließ. Wenige Stunden nach dem Attentat schärfte er den um sein Krankenbett versammelten Ministern ein: »Sie wissen genau, wie ich es haben will, und [ich] verlange und ich verpflichte Sie ernstlich, daß fernerhin ganz in meinem Sinne weiter regiert wird, daß alles bleibt, wie es ist.«[159] Damit nicht genug, begann der Kaiser, sich noch während der Rekonvaleszenz in die Staatsgeschäfte einzumischen. Friedrich Wilhelm, der gehofft hatte, gestaltend wirken zu können, sah sich zu einer Marionette degradiert. Als Wilhelm I. am 5. Dezember wieder nach Berlin zurückkehrte, hatte er für seinen Sohn einige anerkennende Worte für dessen stellvertretende Tätigkeit parat[160] – und übernahm dann wieder das Kommando, als hätte es das Attentat und die daraus resultierende Zwangspause nie gegeben. Das alles frustrierte den Kronprinzen zutiefst. Weitere Tiefschläge erlebte er durch den Tod seines Sohnes Waldemar im März 1879 sowie die konservative Wende und den Abstieg der Liberalen. Zusehends versank er in Resignation.[161] Das Leben liege »hinter mir«, notierte er an seinem 50. Geburtstag am 18. Oktober 1881. »Müßiger Zuschauer, an täglicher Entsagung, Selbstüberwindung über ein Menschenalter gewöhnt, verurteilt die letzten Jahre unthätig zuzubringen [...] Ich altere fühlbar, u. hätte ich nicht Frau u. Kinder als mein Alles – längst wünschte ich aus der Welt zu scheiden.«[162]

Mehr denn je wurde Victoria für ihn zum Fels in der Brandung. Seine willensstarke Gemahlin war schon immer das Kraftzentrum in ihrer Ehe gewesen, doch jetzt ordnete sich der Kronprinz seiner Frau praktisch bedingungslos unter. Selbst Zeitgenossen, die ihm relativ nahestanden, hielten ihn immer mehr für einen Schwächling. »Man muß nur sehen, was sie aus ihm gemacht hat«, ätzte der Privatsekretär des Kronprinzen, Gustav von Sommerfeld, im Jahr 1885. »Er hat keine eigenen Gedanken, wenn sie ihm dieselben nicht erlaubt. Er ist gar nichts. ›Fragen Sie meine Frau‹ oder ›Haben Sie schon mit der Kronprinzeß gesprochen?‹ – damit ist alles gesagt.«[163]

Dass Friedrich Wilhelm sich von Victoria dermaßen dominieren ließ, rief auch bei seinem Vater Verachtung hervor. »Ich fürchte, mein Sohn hat gar keine Meinung, er hängt ganz von seiner Frau ab«, äußerte er gegenüber Bismarcks Sohn Herbert Herbert im Dezember 1886. »Vielleicht gibt es bei seinem Regierungsantritt einen Eklat, und er emanzipiert sich mit Gewalt von seiner Frau, wenn er erst auf dem Thron sitzt. Tut er das nicht, so wird er in die vollkommenste Abhängigkeit verfallen und nie mehr einen eigenen Willen haben.« In politischer Hinsicht herrschte zwischen Vater und Sohn ohnehin längst schon Eiszeit. Der Kronprinz habe »immer bedauerliche politische Ansichten gehabt und denselben hinter meinem Rücken gefrönt: er spricht mit mir nie über Politik, auch nicht, wenn ich davon anfange. Kürzlich noch fragte ich ihn, was er denn jetzt von der Situation in Bulgarien halte: er sah schweigend zur Zimmerdecke und antwortete mir kein Wort!«[164]

In seinen letzten Lebensjahren richtete der alte Kaiser seine Hoffnungen nicht mehr auf seinen Sohn, sondern auf seinen Enkel. An Prinz Wilhelm nahm er schon seit geraumer Zeit besonderes Interesse. In den 1870er Jahren drängte er darauf, seinen Enkel zu einem soldatischen Monarchen heranzuziehen, wie er selbst einer war. Dem stemmte sich Victoria mit aller Macht entgegen. Ihrer Vorstellung nach sollte der junge Wilhelm ein gebildeter, anglophiler und progressiv denkender Herrscher werden. Mit entschlossener Beharrlichkeit setzte sie sich zunächst durch. Zum Erzieher des jungen Prinzen avancierte der liberal-bürgerlich orientierte Pädagoge Georg Ernst Hinzpeter. Nach heftigen Auseinandersetzungen mit dem Kaiser gelang es Victoria sogar, Prinz Wilhelm 1874 in ein bürgerliches Gymnasium in Kassel zu schicken. Dem schloss sich von 1877 bis 1879 ein Studium in Bonn an. Auf diese Weise konnte sie ihren Sohn für einige Jahre vom Militärdienst fernhalten – und auch die Kontrolle des Kaisers reduzieren, dem sie völlige Ahnungslosigkeit hinsichtlich moderner Erziehungsmethoden attestierte.[165]

Victoria unterlief bei der Erziehung ihres ältesten Sohnes jedoch ein gravierender Fehler: Sie spendete ihm keinen Zuspruch. War er stolz auf etwas selbst Vollbrachtes, putzte sie ihn herunter. Als er seiner Mutter im Januar 1870 eifrig berichtete, dass er seine Briefe mittlerweile selbstständig schrieb und sie auch selbst siegelte, entgegnete sie nur, man dürfe mit der eigenen Leistung nie zufrieden sein. Einige Wochen später erklärte sie ihm, sowohl seine Schrift als auch seine Rechtschreibung seien schlecht, es gebe in seinen Briefen kaum ein Wort ohne irgendeinen Fehler. »In Deinem letzten Brief, den ich vorgestern erhielt, waren sowohl die Handschrift als auch die Rechtschreibung so nachlässig und der Stil so unzusammenhängend, daß man ihn kaum verstehen konnte«, hielt Victoria ihrem Sohn einmal vor, ein anderes Mal bescheinigte sie ihrem Sohn, beim Zeichnen »äußerst blöd«[166] zu sein. In die gleiche Kerbe schlug auch Hinzpeter. Egal, wie sehr Wilhelm sich auch anstrengte, nie gab es eine Ermutigung oder ein Lob. Sowohl im Unterricht bei Hinzpeter als auch beim Briefverkehr mit seiner Mutter erlebte der Junge stets eine kühle, freudlose und überkritische Atmosphäre.

Angesichts dieser Umstände war es kein Wunder, dass sich der heranwachsende Prinz langsam von seinen Eltern zu distanzieren begann. Und er fand die

24: Kaiser Wilhelm I. mit seinem Sohn, dem späteren Kaiser Friedrich III. (links), mit seinem Enkel, dem späteren Kaiser Wilhelm II. (rechts), und auf dem Schoß der Urenkel Wilhelm, 1882.

Anerkennung, die er vor allem bei seiner Mutter schmerzlich vermisste, bei seinen Großeltern, die instinktiv begriffen, dass ein Jugendlicher dann und wann auch Zuspruch brauchte. Augusta zeigte sich dem Prinzen als liebevolle Großmutter und ließ es an Herzlichkeit nicht mangeln. Besonders anerkennenswert fand sie es, dass der junge Wilhelm trotz seiner Behinderung am linken Arm das Reiten und Schießen lernte, und sie hielt ihn für willensstärker als ihren eigenen Sohn. Wilhelm I. seinerseits trat dem jungen Prinzen als respektgebietender, aber auch gütiger Familienpatriarch entgegen. Oft lud er ihn in sein Palais Unter den Linden ein, um mit ihm eine Mahlzeit einzunehmen. In entspannter Atmosphäre erzählte er ihm Anekdoten aus früheren Zeiten und fand freundliche Worte für seinen Enkel.

Im Haus Hohenzollern begann nun ein Kampf um den Prinzen, der zugleich auch ein Kampf um die politische Zukunft Deutschlands war. Zum Leidwesen Victorias hatten die Kasseler Gymnasialzeit und das Studium in Bonn ihren Sohn nicht zu einem bescheidenen, gebildeten und liberalen jungen Mann geformt. Stattdessen ließ Prinz Wilhelm erste Anzeichen von Ichbezogenheit und Oberflächlichkeit erkennen, und auch ihre Versuche, ihm eine probritische und preußenskeptische Haltung einzutrichtern, waren ziemlich spurlos an ihm abgeperlt.

Noch aber hatte Victoria ihre Hoffnungen nicht völlig aufgegeben, den Sohn nach ihrem Willen zu formen. Ihrer Ansicht nach sollte er nach dem Studium zur Erholung nach Griechenland und Ägypten reisen, dann einen ausgedehnten Bildungsaufenthalt in Italien einlegen, seinen Horizont durch Aufenthalte in Frankreich oder Amerika erweitern und schließlich noch ein Jahr in England weilen. Doch diese Pläne zerschellten am Veto des Kaisers. Wilhelm I. hatte schon die Entsendung des Prinzen in das Kasseler Gymnasium und zur Bonner Universität nur unwillig genehmigt, aber jetzt war für ihn das Ende der Fahnenstange erreicht. Sein Enkel sollte nicht auch noch jahrelang in der Welt umherreisen, sondern endlich wie ein echter Hohenzollernprinz Dienst beim Militär tun. Auf seinen Befehl musste der Prinz sofort nach Studienende nach Potsdam zurückkehren. Victoria hatte das Machtwort des Kaisers zähneknirschend zu akzeptieren. Prinz Wilhelm hingegen reagierte wohlgemut. Er schätzte die Geselligkeit im aristokratischen Offizierskasino, ebenso die dort verbreiteten feudalen Anschauungen, den Kasernenhofton und den Korpsgeist. Auch gefiel ihm, dass die anderen Offiziere leidenschaftlich an Deutschland glaubten und nicht im Traum auf die Idee kamen, in Großbritannien eine moralisch überlegene Macht zu sehen. Freudig folgte der junge Wilhelm dem kaiserlichen Befehl und wandte Victorias Erziehungsprogramm endgültig den Rücken.

Fortan war es Wilhelm I., der über den weiteren Werdegang seines Nach-Nachfolgers bestimmte. Zunächst ließ er ihn von 1879 bis 1882 in Potsdam Armeedienst tun,[167] und der Prinz strengte sich eine Zeit lang sehr an, einen guten Offizier abzugeben. Zu seiner Freude wurden seine Bemühungen diesmal gewürdigt. Im März 1880 präsentierte er seinem Großvater einige Rekruten für die kaiserliche Leibkompanie, die er ausgebildet hatte. Wilhelm I. inspizierte sie genau und fand nichts, was zu beanstanden gewesen wäre. Wenige Tage später beförderte er seinen Enkel zum Hauptmann und spendete ihm das heißersehnte Lob: »Er drückte mir die Hand, sah mich mit seinem freundlich-ernsten Blick an und sagte dann lächelnd: ›Meine Leibkompagnie war gut.‹ Seit dem Augenblick wußte ich, was es heißt, stolz auf eigene Leistung zu sein.«[168]

Immer fester wurde das Band des Enkels mit dem Großvater, auch deshalb, weil er von Kindesbeinen an gesehen hatte, dass in der Familie der Kaiser statt des leiblichen Vaters das Sagen hatte, diesem Befehle erteilte und selbst über dessen finanzielle Belange bestimmte. Nun, da er in Potsdam war, begann er seine Eltern mit Hilfe des übermächtigen Großvaters auszumanövrieren. Schlugen sie ihm einen Wunsch ab, ging er einfach zum Kaiser, gegen dessen Autorität die Eltern nichts tun konnten, und setzte seinen Kopf auf diese Weise durch.[169] Eine inoffizielle Allianz zwischen alter und junger Generation entstand, die sich gegen die mittlere Generation des Hauses Hohenzollern richtete. Für den Kronprinzen war diese Entwicklung doppelt bitter. Nicht nur, dass ihm durch das Vorgehen Wilhelms I. seine eigene Machtlosigkeit besonders krass demonstriert wurde, er musste auch noch miterleben, dass sein Vater durchaus familiäre Warmherzigkeit verströmen konnte – nur eben nicht für ihn. »Es ist mir ein psychologisches Räthsel«, klagte Friedrich Wilhelm am 5. September 1880 in einem Brief an Victoria, »wie mit 83 Jahren man dem einzigen Sohn, der kein Kind u. kein Verschwender ist, u. stets vor Rücksicht gegen den Vater sich opfert, so hart u. lieblos begegnen kann!!«[170]

Im Oktober 1882 unterbrach Wilhelm I. die militärische Ausbildung seines Enkels, um diesen vom einstigen Handelsminister Heinrich von Achenbach in die Zivilverwaltung einführen zu lassen. Doch dieses Intermezzo währte nicht lange. Schon im März 1883 sprach der Kaiser Achenbach seinen abschließenden Dank für dessen Bemühungen aus, er möge seinem Enkel fortan dann und wann weitere wichtige Aspekte der Gesetzgebung und Verwaltung schildern, aber nun müsse der Prinz wieder zum Armeedienst zurückkehren. Ein halbes Jahr zivile Ausbildung schien Wilhelm I. für den späteren König und Kaiser Wilhelm II. ausreichend zu sein.

Im Mai 1884 machte sich das unausgesprochene Bündnis zwischen Großvater und Enkel erstmals auf höchster politischer Ebene bemerkbar. Die feierliche Großjährigkeitserklärung des russischen Thronfolgers Nikolaus stand bevor. Wilhelm I. schien es nicht geboten, das anglophile Kronprinzenpaar nach St. Petersburg zu entsenden, das dem ultrakonservativen Zarenhof bekanntermaßen mit Abneigung gegenüberstand. Stattdessen entschied er sich für seinen Enkel. Der Kronprinz fühlte sich übergangen und zurückgesetzt, als er von der Anordnung des Kaisers erfuhr. Zudem schien ihm sein 25-jähriger Sohn zu unerfahren für einen derartigen Auftrag. Aber Prinz Wilhelm machte seine Sache nicht schlecht. Im Bestreben, bei seiner ersten offiziellen Auslandsreise nur ja keinen Schnitzer zu begehen, hielt er sich ziemlich genau an die Ratschläge Herbert von Bismarcks, der damals als Legationsrat an der Botschaft in St. Peterburg diente. Bei seinen Begegnungen mit Zar Alexander III. (👑 1881 – 1894) agierte er ebenso überlegt wie vorsichtig und hinterließ beim russischen Herrscher einen guten Eindruck. Wilhelm I. war hochzufrieden über das außenpolitische Debüt seines Enkels.

Beobachtern fiel in jener Zeit jedoch zunehmend auf, dass der Arbeitseifer des Prinzen zu wünschen übrigließ. Wie sein Vater unternahm er keine nachdrücklichen Anstrengungen, sein ohnehin begrenztes Wissen über das zivile Staatsleben zu erweitern. Auch seine Begeisterung für die Armee ging nicht in die Tiefe. Der

Prinz fühlte sich unter Offizieren wohl, liebte die Uniform und den schneidigen Kasernenhofton, scheute aber die konsequente Arbeit, die notwendig war, um ein Militärfachmann wie sein Großvater zu werden. Zunehmend ließ er auch einen Hang zu Hochmut und Taktlosigkeit erkennen.[171] In seinen politischen Äußerungen schlug er zuweilen einen vulgären Ton an. 1883 stellte Österreich-Ungarns Kronprinz Rudolf bei einem Berlinbesuch fest, dass aus Prinz Wilhelm »ein hartgesottener Junker und Reaktionär« geworden sei, der das Parlament stets als »Saubude« bezeichne und die Oppositionsmitglieder »Hundekerle« nenne, »die man mit der Peitsche traktieren muß«. Den linksliberalen Parteiführer Eugen Richter habe er gar durch sechs Unteroffiziere »durchhauen«[172] lassen wollen, so Rudolf.

Wilhelm I. bekam von dieser Entwicklung vieles nicht mit. Das lag zum Teil an seinem hohen Alter. Zudem fehlte seiner Umgebung auch der Mut, ihm die ungeschminkte Wahrheit zu sagen, und der Prinz selbst zeigte sich ihm gegenüber stets von seiner besten Seite. Dass sein Enkel in mancherlei Hinsicht das genaue Gegenteil von ihm war, ließ sich jedoch selbst für einen liebenden Großvater nicht völlig übersehen. Wenig erfreut reagierte er, als der junge Wilhelm im Frühherbst 1885 nach einem dienstlichen Aufenthalt in Karlsruhe nicht nach Potsdam zurückkehrte, sondern nach Österreich zur Jagd reiste. Noch weniger gefiel ihm ein Vorstoß des Prinzen gegen den Unionsklub, wo sich führende Vertreter des Adels, des Militärs und der Wirtschaft trafen und gelegentlich dem Glücksspiel frönten. Der Kaiser war über die puritanische Offensive, die in elitären Kreisen Berlins viel Staub aufwirbelte, dermaßen zornig, dass der Prinz schließlich kleinlaut den Rückzug antrat.[173]

Bis zum Frühjahr 1887 hatte die Frage, welche Haltung Prinz Wilhelm zu bestimmten politischen Themen einnahm, noch kein unmittelbar spürbares Gewicht, da sein Herrschaftsantritt nach menschlichem Ermessen noch eine ganze Reihe von Jahren auf sich warten lassen würde. Das änderte sich im Mai 1887 dramatisch. Beim 55-jährigen Kronprinzen, der seit einiger Zeit unter auffallend hartnäckiger Heiserkeit gelitten hatte, wurde Kehlkopfkrebs diagnostiziert. Der niederschmetternde Befund sorgte im Herrscherhaus für heftige Turbulenzen. Friedrich Wilhelm wollte sich in England einer ausgedehnten Behandlung unterziehen, aber auch am 21. Juni als Vertreter des Kaisers an den Feierlichkeiten anlässlich des 50-jährigen Thronjubiläums Königin Victorias in London teilnehmen, wie es seit Monaten geplant gewesen war. Beides stieß auf erheblichen Widerstand. Da Wilhelm I. mittlerweile 90 Jahre alt war und mit seinem Ableben jederzeit gerechnet werden musste, schien manchen seiner Berater ein mehrmonatiger Auslandsaufenthalt Friedrich Wilhelms nicht ratsam. Außerdem preschte auch noch Prinz Wilhelm vor und bat den Kaiser, ihn als seinen Vertreter zu den Jubiläumsfeiern nach London zu entsenden. Wilhelm I. willigte ein, ohne seinen Sohn zu konsultieren. Friedrich Wilhelm war wie vom Donner gerührt, als er davon erfuhr. Doch diesmal wusste er sich zu wehren. Er bat Königin Victoria, ihn weiterhin als Vertreter des Kaisers zu betrachten. Seine Schwiegermutter, die den Vorstoß des jungen Wilhelm äußerst geschmacklos fand, stimmte zu seiner Freude sofort zu. Das Verhalten seines Sohnes, aber auch seines Vaters traf den Kronprinzen dennoch sehr.[174] »Der Kaiser muß […] geglaubt haben ich könne nicht nach England reisen und hat wohl deshalb Wilhelm seine Befehle erteilt«[175], versuchte er die Entscheidung Wilhelms I. gegenüber Königin Victoria herunterzuspielen.

Der alte Kaiser rang sich schließlich doch noch dazu durch, den Wünschen seines Sohnes zu entsprechen. Er schlug mehrere Überredungsversuche in den Wind, dessen ausgedehnten Therapieaufenthalt in England zu unterbinden, und erteilte ihm die ersehnte Genehmigung. Am 13. Juni 1887 reiste Friedrich Wilhelm mit seiner Gemahlin aus Berlin ab.

Wilhelm I. sollte seinen einzigen Sohn nicht wiedersehen.[176]

Der Kriegsrat vom 17. Dezember 1887

U m die Mitte der 1880er Jahre wurde der Kaiser zunehmend hinfälliger. Noch Anfang 1884 zeigte er sich bemerkenswert rüstig. Beim Neujahrsempfang sprach er »mit großer Frische, launig, mit voller Stimme und gut aussehend«, Mitte Januar nahm er »frisch und munter« an einer Jagd im Grunewald teil, Ende Januar beim Fastnachtsball war er »bis zum Schluß anwesend«[177], wie Robert Lucius beobachtete. Ab dem Spätsommer 1884 hatte Wilhelm I. jedoch mehrere leichte Schlaganfälle.[178] Zudem ließen sein Gehör, seine geistige Spannkraft und seine Mobilität merklich nach. Immer schwerer fiel es ihm, seinen gewohnten Arbeitsrhythmus beizubehalten. Seine Tagesform begann zu heftig schwanken. Einmal war er »so munter und gesprächig, wie ich ihn schon lange nicht mehr sah«, ein anderes Mal »entschieden matt, übelhörig und schwer von Verständnis«[179], notierte Baronin Spitzemberg über Begegnungen mit dem Kaiser Anfang 1885. Mitte Mai 1886 gab es einen weiteren gesundheitlichen Einbruch, als der Flügeladjutant des Kaisers bei seinem Herrn eine »Art Lähmungszustand – Verworrenheit und stockende, schließlich versagende Sprache«[180] erlebte.

Doch Wilhelm I. weigerte sich, vor dem Alter zu resignieren. Hartnäckig raffte er sich immer wieder auf und blieb aktiv. Am 18. August 1886 führte er anlässlich des 100-jährigen Todestages von Friedrich II. eine Parade mit gezogenem Degen an. Im September des Jahres fuhr er mit seinem Sohn noch einmal nach Elsaß-Lothringen, musste die Reise dann aber verkürzen, da sie seine schwindenden Kräfte zu überfordern drohte. Weiterhin nahm er Anteil an den Staatsgeschäften und versuchte seinem selbst aufgestellten Tagesplan gewissenhaft gerecht zu werden: zwischen neun und zwölf Uhr Entgegennahme von Vorträgen zu den gerade relevanten politischen Themen, unmittelbar darauf Begutachtung der Wachablöse, ab 14 Uhr dann die Ausfahrt in der offenen Kutsche, bei der er, wie der britische Berlin-Kenner Henry Vizetelly lakonisch schrieb,[181] »genug damit zu tun hatte, seine Lippen zu einem Dauerlächeln zu kräuseln und seine Hand unaufhörlich grüßend zu seinem Helm zu heben.«[182]

Die Bewältigung seines Arbeitspensums fiel dem greisen Kaiser zusehends schwerer. Umso mehr schätzte er die intensiver werdende Hilfestellung seiner Regierungsmitglieder und sonstigen politischen Wegbegleiter. Beim Neujahrsempfang 1887 dankte er »für die treue Unterstützung, welche wir ihm alle gewährten. Er wisse, daß das nicht leicht sei, wir bereiteten die Dinge so vor, daß sie ihm wie die gebratenen Tauben in den Mund flögen«, notierte Robert Lucius. »Er dankte wiederholt und reichte jedem herzlich die Hand.«[183]

Am 22. März 1887 feierte Wilhelm I. seinen 90. Geburtstag im Berliner Stadtschloss. Der Weiße Saal platzte dabei aus allen Nähten. »Da im Saal nur 800 Sitzplätze sind, hatte man eine zweite Serie Gäste zu 10 eingeladen, die, in der Bildergalerie aufgestellt, den ganzen Hof an sich vorüberziehen sahen und dann mitsoupierten«, notierte die ebenfalls geladene Baronin Spitzemberg. »Damit hat man insbesondere eine Menge getreuer Landedelleute befriedigt, die den sehnlichsten Wunsch hatten, ihren Kaiser noch einmal zu sehen.«[184] Neben heimischen Gratulanten befanden sich auch zahlreiche internationale Festgäste im Saal; selbst das ferne japanische Kaiserreich hatte einen Prinzen nach Berlin entsandt. Draußen auf dem Schlossplatz drängten sich Tausende von fackeltragenden Berlinern und brachen in Jubel aus, als der greise Kaiser sich auch ihnen zeigte.[185]

Der Öffentlichkeit erschien Wilhelm I. mittlerweile wie eine »Sagengestalt«[186]. Er zählte zu den letzten noch lebenden Menschen in Deutschland, die im 18. Jahrhundert zur Welt gekommen waren. Die über 70 Jahre zurückliegenden Napoleonischen Kriege, an denen er noch teilgenommen hatte, gehörten für die Zeitgenossen schon zur mythenhaft-entrückten deutschen Vorgeschichte. Er war aus damaliger Sicht ein uralter Mann, der Zahl seiner Lebensjahre haftete fast etwas Unwirkliches an.

Doch immer noch lag es an dem greisen Kaiser, wichtige Entscheidungen zu treffen, von denen das Wohl unzähliger Menschen abhing. Im Jahr 1887 war dies gleich zwei Mal der Fall.

Zunächst ging es um Elsaß-Lothringen. Bei der Reichstagswahl vom 21. Februar 1887 behielten im Reichsland Kandidaten die Oberhand, die aus Bismarcks Sicht Extremisten und Reichsfeinde waren. Der Kanzler fasste daraufhin drakonische Maßnahmen ins Auge. Ihm schwebte vor, den Landtagsausschuss, den Statthalter und die eigenen Ministerien zu beseitigen und stattdessen ein diktatorisches Regime in Elsaß-Lothringen zu errichten. Auch spielte er mit dem Gedanken, das Reichsland aufzuspalten und diese Teile Bayern, Baden und Preußen zu unterstellen. Doch der Kaiser lehnte strikt ab. Er hatte bei seinem Besuch im September 1886 positive Reaktionen der Bevölkerung erlebt und hielt eine derart drastische Neuordnung, wie sie Bismarck vorschwebte, für maßlos überzogen.[187] Sichtlich erregt erklärte er am 20. März 1887 Chlodwig zu Hohenlohe-Schillingsfürst, der damals als Statthalter in Elsaß-Lothringen fungierte: »Der Fürst hat mir von dem Teilungsprojekt und von der Aufhebung der Statthalterschaft gesprochen. Ich habe mich aber entschieden dagegen erklärt. Das hat ja gar keinen Namen, jetzt auf einmal alles wieder umzustürzen, bloß weil die Wahlen schlecht ausgefallen sind.«[188] Das Veto Wilhelms I. fiel so bestimmt aus, dass Bismarck zurückruderte. In einem Gespräch mit dem Großherzog Friedrich I. von Baden tat er kund, er sei ohnehin gegen eine grundlegende Veränderung in Elsaß-Lothringen gewesen. Wenig glaubwürdig fügte er hinzu, der Ausarbeitung eines entsprechenden Gesetzesentwurfes überhaupt nur zugestimmt zu haben, weil er nicht mit seinen Ministern habe streiten wollen, die mehrheitlich gegen die Statthalterschaft eingenommen seien.[189]

Gegen Ende des Jahres 1887 kam dann eine Entscheidung von noch größerer Tragweite auf Wilhelm I. zu. Über einen längeren Zeitraum hinweg hatte sich die außenpolitische Lage für Deutschland zunehmend bedrohlicher gestaltet, und nun tauchte erstmals eine Gefahr auf, die 1914 zur blutigen Realität werden sollte: ein Zweifrontenkrieg gegen Frankreich und Russland.

Das Verhältnis zwischen Berlin und St. Petersburg war seit Jahren immer schwieriger geworden. 1881 hatten Deutschland, Russland und Österreich-Ungarn zwar den Dreikaiserbund geschlossen und diesen 1884 verlängert, doch die Tragfähigkeit der Allianz nahm rapide ab. Die russisch-österreichische Konkurrenz um Einfluss auf dem Balkan führte zu massiven Spannungen zwischen St. Petersburg und Wien. Deutschland und Russland lieferten sich einen Handelskrieg, der vor allem über das Verhängen und Erhöhen von Importzöllen geführt wurde. In Frankreich trommelte der populäre Kriegsminister Georges Boulanger für eine Revanche an Deutschland. An der Wende zum Jahr 1887 war die Lage mehr als beunruhigend: Brach wegen des Balkans ein österreichisch-russischer Krieg aus, würde Deutschland kaum neutral bleiben können und sich schon allein wegen des seit 1882 bestehenden Dreibundvertrages mit Österreich-Ungarn und Italien wohl auf die Seite Wiens schlagen müssen. Setzten sich in Paris die Revanchisten durch, konnte man außerdem eine Neuauflage des Krieges von 1870/71 nicht mehr ausschließen. Im allerschlimmsten Fall würden – selbst diese Möglichkeit musste Bismarck Anfang 1887 mittlerweile einkalkulieren – beide Kriege gleichzeitig geführt werden müssen.[190]

Für Wilhelm I. war die Aussicht, am Ende seines Lebens noch einmal zum Schwert greifen zu müssen, alles andere als reizvoll. Allerdings stufte er dabei ab. Während ein Krieg gegen Russland für ihn ein Horrorszenario darstellte, hielt er einen neuerlichen Waffengang gegen Frankreich für nicht völlig undenkbar.[191] In diesem Fall war er sogar zum größtmöglichen Opfer bereit. Laut Waldersee erklärte er Albedyll Anfang 1887, dass er, sollte es tatsächlich zum Krieg gegen Frankreich kommen, wieder selbst das Kommando über die Armee übernehmen wollte. »Wie weit ich kommen werde, weiß Gott allein«, ergänzte der 90-Jährige fatalistisch. »Weit wird es wohl nicht sein, ich gehe aber mit.«[192]

Bismarck setzte unterdessen alles daran, die Lage Deutschlands durch Bündniskonstellationen abzusichern. Im Februar 1887 brachte er eine fünfjährige Verlängerung des seit 1882 bestehenden Dreibundvertrages mit Österreich-Ungarn und Italien unter Dach und Fach. Gleichzeitig trug er maßgeblich zum Zustandekommen eines Mittelmeerabkommens zwischen Großbritannien, Italien, Österreich-Ungarn und Spanien bei. Als Zar Alexander III. wegen der Spannungen mit Wien eine Verlängerung des Dreikaiserbündnisses verweigerte, gelang es Bismarck dann auch noch, mit St. Petersburg am 18. Juni 1887 ein Separatabkommen zu fixieren.

Der Wert dieses »Rückversicherungsvertrages« war allerdings höchst fraglich, denn im Sommer und Herbst 1887 verschlechterten sich die deutsch-russischen Beziehungen massiv. Während die Spannungen mit Frankreich etwas abflauten – Kriegsminister Boulanger war inzwischen zurückgetreten, und die Regierung sandte versöhnlichere Signale an Berlin –, wurden in Russland jene Kräfte stärker, die einen Bruch mit Deutschland und ein Bündnis mit Frankreich befürworteten. Angesichts der wachsenden Germanophobie im Zarenreich, die durch antideutsche Presseberichte weiter angeheizt wurde, griff Bismarck zur Brechstange. Um St. Petersburg den Wert der Freundschaft Berlins zu demonstrieren, untersagte er dem deutschen Markt am 10. November 1887 mit dem Lombardverbot, russische Wertpapiere als Pfand für Kredite zu akzeptieren, was einen Absturz russischer Wertpapiere an den deutschen Börsen zur Folge hatte.

An noch drastischere Maßnahmen gegen Russland dachten mächtige Militärs, allen voran Moltkes Stellvertreter Alfred von Waldersee, Wilhelms Militärkabinettschef Emil von Albedyll und Kriegsminister Paul Bronsart von Schellendorff. Als sie von russischen Truppenverlegungen an die gemeinsame Grenze hörten, gelangten sie zu der Überzeugung, dass das Zarenreich im Frühjahr 1888 angreifen werde, sich zu diesem Zweck auch mit Frankreich verständigen wolle und Deutschland nun wirklich mit einem Zweifrontenkrieg rechnen müsse. Um der vermeintlichen Angriffsgefahr zuvorzukommen, wollten sie noch im Winter 1887/88 einen Präventivkrieg gegen Russland entfesseln. Einen wichtigen Unterstützer fanden sie in Helmuth von Moltke, der die Ansicht vertrat, dass Deutschland im Fall eines österreichisch-russischen Krieges die Donaumonarchie nicht im Stich lassen dürfe. Entgegen kam den Falken, dass Bismarck wieder einmal fern der Hauptstadt weilte. Am 18. November hatte der Kanzler bei einer Begegnung mit Zar Alexander III. in Berlin den Eindruck gewonnen, einige Spannungen abgebaut und den Frieden gesichert zu haben. Vier Tage später war er nach Friedrichsruh abgereist.[193]

Die Abwesenheit des Reichskanzlers erhöhte die Chancen, beim greisen Kaiser grünes Licht für einen Präventivschlag gegen Russland zu bekommen. Ein erster diesbezüglicher Anlauf scheiterte jedoch. Als Moltke und Waldersee am 26. November 1887 in Audienz beim Kaiser erschienen und auf diesen Themenkomplex zu sprechen kamen, machte Wilhelm I. deutlich, dass er weder einem Präventivschlag gegen Russland noch einer Einmischung in einen russisch-österreichischen Krieg etwas abgewinnen konnte. Stattdessen verlieh er seiner Meinung Ausdruck, dass Deutschland bei einem Krieg zwischen Russland und Österreich-Ungarn neutral bleiben konnte. Auch ein Einspruch Moltkes brachte ihn von dieser Ansicht nicht ab.

Die massive Antipathie des Kaisers gegen einen Konflikt mit Russland gründete sich zum Teil gewiss auf seine bis in die Jugendzeit zurückreichende Sympathie für St. Petersburg. Zu vermuten ist allerdings auch, dass ein eingefleischter Berufsoffizier wie Wilhelm I. auch die militärisch-strategische Komponente und die schiere Größe Russlands im Auge hatte. An seiner Abneigung gegen eine exklusive Anbindung Deutschlands an Österreich-Ungarn hatte sich seit 1879 wenig geändert, auch deshalb, weil er der Donaumonarchie nicht zu Unrecht weniger militärische Schlagkraft zumaß als Russland.

Die Generalstäbler ließen aber nicht locker. Waldersee verfasste eine Denkschrift über die russischen Rüstungen und Truppenverlegungen an die Westgrenze, die er über Moltke dem Reichskanzler zuschickte. Zudem empfahl er dem österreichisch-ungarischen Botschafter und Militärattaché in Berlin am

5. Dezember dringend, dass die Donaumonarchie im Kriegsfall offensiv vorgehen müsse. Daraufhin ertönte ein Donnergrollen aus Friedrichsruh. Bismarck schickte Waldersee einen Brief, in dem er mit Rücktritt drohte, sollte dieser seine Kriegstreiberei fortsetzen. Die Mühsal einer persönlichen Intervention vor Ort scheute der Kanzler jedoch. Er blieb in Friedrichsruh und verließ sich auf seinen Sohn Herbert, der seit 1886 als Staatssekretär des Äußeren amtierte und nun als eine Art Statthalter für den Kanzler in der Hauptstadt fungierte.

Während Bismarck weiter das Landleben genoss, begann Wilhelm I. zu schwanken. Die Denkschrift des Generalstabs über die Rüstungen im Zarenreich brachte ihn ins Grübeln.[194] Vor allem aber drohte der wachsende Druck der Militärs seine Kräfte zu überfordern. Mittlerweile ließen sich Anzeichen von Senilität bei ihm nicht mehr übersehen. Wilhelms Briefe vom Spätherbst 1887 zeigen Konzentrationsschwächen. Einen langen Satz zu einem grammatikalisch richtigen Ende zu bringen fiel ihm zunehmend schwer. Außerdem konnte es mittlerweile passieren, dass er bei einem Vortrag, an dem er eigentlich interessiert war, nach wenigen Minuten einschlummerte.[195] Probleme bereitete es dem gebrechlichen Kaiser auch, die militärische Gesamtkonstellation angemessen zu beurteilen. Nach einem Gespräch mit ihm am 11. Dezember 1887 schrieb Herbert von Bismarck seinem Vater nach Friedrichsruh: »S.M. war sehr kleinmütig heute und meinte, wenn Rußland und Frankreich uns vereint angriffen, wären wir ja verloren […] und wir hätten ja keine Alliierten.« Dass Italien mit Deutschland verbündet sei, »vergißt S.M. immer, und auf Österreich rechnet er wenig.«[196]

Den Kaiser trieb aber noch eine Sorge um: Bei seinem Besuch in Berlin hatte Alexander III. zwar Bereitschaft zur Entspannung erkennen lassen, doch stellte sich die Frage, wie groß seine Autorität in Russland überhaupt noch war. Vor seinem Besuch in der deutschen Hauptstadt hatte der Zar ganze drei Monate ohne seine Minister oder politische Berater bei Verwandten in Dänemark zugebracht. Im Zuge seiner langen Abwesenheit war ein bedenkliches Durcheinander in der Führung der Staatsgeschäfte und vor allem der Leitung der Armee entstanden. Wilhelm I. zog aus dieser skurrilen Situation den Schluss, dass die russische Führung ohne Abstimmung mit dem Zaren Truppen in Marsch gesetzt habe. Angesichts der verworrenen Lage in Russland sah er sich dazu veranlasst, am 17. Dezember mit seinen Spitzenmilitärs einen Kriegsrat abzuhalten. Helmuth von Moltke, Kriegsminister Paul Bronsart von Schellendorf, Alfred von Waldersee und Emil von Albedyll nahmen an der brisanten Besprechung teil, außerdem auch noch der junge Prinz Wilhelm, der Waldersees Ansichten zu Russland teilte. Politische Kräfte waren hingegen nicht anwesend.[197] Selbst Außenminister

Herbert von Bismarck erhielt von Wilhelm I. keine Einladung zu der brisanten Besprechung.

Es war eine fast schon gespenstische Situation. Da hielt der 90 Jahre alte Kaiser einen Kriegsrat ab und stand dabei allein fünf Männern gegenüber, die in unterschiedlicher Intensität ein Losschlagen gegen Russland befürworteten. Einem nur noch bedingt herrschaftsfähigen Monarchen oblag die Verantwortung, über Krieg oder Frieden in Europa zu entscheiden, und er behandelte diese immens wichtige Frage im Beisein von Militärs, die ausnahmslos in die kriegerische Richtung drängten.

Es gibt nur wenige Zeitzeugnisse über den Verlauf des Kriegsrates. Hauptsächlich handelt es sich dabei um eine lückenhafte Schilderung, die Wilhelm I. drei Tage später seinem Sohn übermittelte, sowie um die Tagebuchaufzeichnungen Alfred von Waldersees. Geht es nach Letzterem, kamen die Militärs beim Kriegsrat erst einmal kaum zu Wort. Der aufgewühlte Kaiser sprach zunächst über seine persönlichen Empfindungen zu Russland und die Entwicklung der preußisch-russischen Beziehungen seit 1806. Dann ging er auf die guten Beziehungen zu seinem ermordeten Neffen Zar Alexander II. ein und erinnerte an die Loyalität St. Petersburgs während der Kriege von 1866 und 1870/71. Mehrfach betonte er seine tiefgehende Abneigung gegen einen Krieg mit Russland und hatte dabei Mühe, seine Emotionen in Zaum zu halten. Nach der langen Rede Wilhelms I. mussten die Militärs den greisen Monarchen zunächst einmal etwas beruhigen. Es folgte ein Vortrag des auch schon 87-jährigen, aber geistig hellwachen Moltke über die aktuelle militärische Situation, ergänzt durch einige Wortmeldungen Bronsarts und Waldersees. Der Kriegsrat endete damit, dass der verunsicherte Kaiser einige Vorschläge genehmigte, die erste Feldzugsvorbereitungen ermöglichten – die Verschiebung von Truppen in den Osten, militärische Vorbesprechungen mit Österreich-Ungarn und einen freilich nur langfristig realisierbaren Ausbau des Bahnnetzes im östlichen Teil Preußens. Das war noch keine Entscheidung zum Krieg, eröffnete den Militärs aber doch einigen Handlungsspielraum.

Für Herbert von Bismarck und seinen Vater stellte der Kriegsrat eine böse Überraschung dar. Der junge Bismarck hatte zwar im Vorfeld vom Vortrag Moltkes am 17. Dezember beim Kaiser gewusst, nicht aber, dass sich dies zu einer militärischen Konferenz unter Beteiligung von Bronsart, Waldersee, Albedyll und Prinz Wilhelm auswachsen sollte. Albedyll teilte dem Reichskanzler am 18. Dezember trocken mit, der Kaiser habe die Anbahnung von Gesprächen zwischen Moltke und dem österreichisch-ungarischen Militärattaché in Berlin genehmigt. Dabei sollten den Österreichern mindestens einige Armeekorps für allfällige Kämpfe im Osten zugesichert werden. Otto von Bismarck, hochgradig alarmiert, protestierte vehement gegen die Vorstöße der Militärs und warnte vor den Gefahren, die drohten, wenn man den Österreichern dermaßen offensiv gegen Russland zur Seite stünde.[198]

Zur Erleichterung der Bismarcks bekam Wilhelm I. unterdessen wieder festeres Terrain unter die Füße und fand zu seiner alten Entschlossenheit zurück, keinesfalls Krieg gegen Russland zu führen. Als Herbert von Bismarck am 21. Dezember bei ihm vorsprach, fand er ihn in guter Verfassung vor und bekam diesmal eindeutige Aussagen von ihm zu hören. Der Kaiser erklärte, mit den Auffassungen des Kanzlers voll einverstanden zu sein, und zeigte sich sehr verwundert, »wie Albedyll dazu habe kommen können, so etwas Falsches zu schreiben.« Hoffnungsvoll hakte der junge Bismarck nach: »Ich darf also an den Reichskanzler schreiben, daß Ew. einen Angriffskrieg nicht in Erwägung ziehen?« Bestimmt antwortete Wilhelm I.: »Selbstverständlich; es fällt mir nicht im Traume ein; sagen Sie Ihrem Vater, daß ich absolut seiner Ansicht wäre und daß ich keine Ahnung davon gehabt hätte, daß der Generalstab vom militärischen Standpunkt für Krieg wäre: Mir hat Moltke nie in dem Sinne gesprochen, sonst hätte ich meine Meinung sofort dagegen gesetzt.«[199]

Es sei dahingestellt, ob Wilhelm mit seiner Äußerung über den Generalstab und Moltke sein graduelles Nachgeben während des Kriegsrats kaschieren wollte. Vielleicht trieb ihn auch schlechtes Gewissen an. Jedenfalls machte sein klares Nein zu einem Krieg mit Russland den Weg für den Reichskanzler frei, dem Treiben der Militärs um Waldersee ein Ende zu setzen. Bismarck würgte die militärischen Konsultationen mit Wien bei der erstbesten Gelegenheit ab. Als sich die zu diesen Gesprächen entsandten Offiziere auf Erörterungen einer militärischen Zusammenarbeit im Falle eines österreichischen Angriffs auf Russland einließen, erhob er entschieden Protest und setzte zum Leidwesen der Österreicher ein Ende der Gespräche durch.[200]

Ein sanfter Tod

Beim Neujahrsempfang am 1. Januar 1888 zeigte sich Wilhelm zuversichtlich, dass die Krise mit Russland vorüber sei. Dass es überhaupt so weit gekommen war, führte er auf den mehrmonatigen Aufenthalt des Zaren in Dänemark zurück. In dessen Abwesenheit hätten in St. Petersburg »Herren, welche zum Krieg drängten, auf eigene Faust ihre Maßregeln getroffen«. Der Zar selbst wolle keinen Krieg – »wenigstens jetzt nicht«[201], fügte er düsterer hinzu. Der Schock, an der Schwelle zu einem Krieg gegen Russland gestanden zu haben, ließ ihn nicht mehr gänzlich los.

Noch mehr nahm den alten Kaiser das Drama um seinen Sohn mit. Seit dem Frühsommer 1887 war der schwer erkrankte deutsche Kronprinz in verzweifelter Suche nach Heilung wie ein Irrlicht durch halb Europa gereist. Nach seiner Teilnahme an den Festlichkeiten anlässlich des 50-jährigen Thronjubiläums seiner Schwiegermutter in London hatte er sich mit seiner Gemahlin zunächst auf die Isle of Wight, dann auf ärztliche Empfehlung nach Schottland und schließlich in den Tiroler Kurort Toblach begeben. Die vage Hoffnung, dass ihm das rauere Bergklima guttun würde, hatte sich jedoch bald zerschlagen. Danach war er nach Venedig, an den Lago Maggiore und schließlich nach San Remo gereist. Dort ereilte ihn der ultimative Tiefschlag. Am 11. November 1887 bekam Friedrich Wilhelm von Fachärzten zu hören, dass er definitiv an Kehlkopfkrebs litt. Die letzte Chance, sein Leben zu retten, erblickten die Mediziner in der Entfernung des gesamten Kehlkopfes. Gefasst hörte sich der Kronprinz den niederschmetternden Bericht an und lehnte den hochriskanten chirurgischen Eingriff ab.

Wilhelm I. reagierte auf die Hiobsbotschaft aus San Remo, indem er am 17. November per kaiserlichem Erlass verfügte, dass im Fall seiner krankheitsbedingten Verhinderung Prinz Wilhelm berechtigt sei, Unterschriften zu vollziehen.[202] Damit ging die Stellvertreterfunktion faktisch auf die nächste Generation über. Der Kronprinz war über das Vorgehen empört und verletzt: Er sei »ja nicht unzurechnungsfähig« und »auch nicht dispositionsunfähig, mithin können Fragen jeglicher Art mir vorgelegt werden.« Dass er »seiner Gesundheit wegen 48 Stunden fern von Berlin«[203] weilte, sei jedenfalls kein ausreichender Grund für diese Maßnahme.

Wilhelm I. ging die Reaktion aus San Remo unter die Haut. Er hielt die Maßnahme angesichts seiner eigenen zunehmenden Gebrechlichkeit und der großen geographischen Distanz zwischen Berlin und der Mittelmeerküste zwar weiterhin für gerechtfertigt, wollte aber den Sohn kein weiteres Mal vor den Kopf stoßen, indem er den Enkel noch weiter ins Zentrum der Macht rückte.[204] Als Bismarck anregte, Prinz Wilhelm einen Ziviladjutanten beizustellen, der diesem die Verwaltungs- und Finanzorganisation des Staats näherbringen sollte, wehrte der Kaiser ab. Wie er dem Kanzler am 23. Dezember 1887 mitteilte, hielt auch er diesen Schritt eigentlich für sinnvoll, betonte aber, dass schon die Stellvertreterregelung »den Kronprinzen sehr irritiert hat, als denke man in Berlin bereits an seinen Ersatz! Bei ruhigerer Überlegung wird sich mein Sohn wohl beruhigt haben. Schwieriger würde diese Überlegung sein, wenn er erfährt, daß seinem

Sohn eine noch größere Einsicht in die Staatsgeschäfte gestattet wird u. selbst ein Ziviladjutant gegeben wird«[205].

Das Schicksal seines Sohnes ging dem Kaiser nun viel näher, als manche Beobachter vorher geglaubt hatten. »Aus San Remo sind wieder ungünstige Nachrichten eingegangen«, klagte Wilhelm I. gegenüber dem Hofprediger Rudolf Kögel im Dezember 1887. »Diese fortgesetzten Trauerbotschaften treffen mich und das Land unbeschreiblich hart. Wieviel hoffte ich von meinem Sohn, von der Lauterkeit seines Charakters, von der Reife seiner Erfahrung, von der Liebenswürdigkeit seiner Erscheinung! Und nun! Im Himmel wird mir bald das Rätsel gelöst werden, warum diese Fügung über uns verhängt ward!«[206] Als Wilhelm I. erfuhr, dass der immer mehr unter Atemnot leidende Kronprinz am 9. Februar 1888 einen Luftröhrenschnitt über sich hatte ergehen lassen müssen, der ihn seiner Stimme vollends beraubte, brach er in Tränen aus.[207]

Spürte der Kronprinz, dass Wilhelms Vaterliebe doch nicht gänzlich erloschen war? Wir wissen es nicht mit Gewissheit, auch deshalb, weil es in der Kommunikation zwischen San Remo und Berlin zu Missverständnissen kam. Im November 1887 schickte der Kaiser den jungen Arzt Fritz Bramann nach San Remo, der dort für den Fall des Falles in der Nähe des Kronprinzen weilen sollte. Friedrich Wilhelm ärgerte sich darüber, weil die Maßnahme nicht mit ihm abgestimmt worden war, doch war es dann Bramann, der ihm am 9. Februar mit dem Luftröhrenschnitt das Leben rettete. Hinsichtlich der Frage, ob man Prinz Wilhelm einen Ziviladjutanten beistellen sollte, gab der Kronprinz in einem Brief am 14. Januar 1888 grünes Licht. Erstaunt und verärgert erfuhr er bald darauf jedoch, dass sein Sohn am 27. Januar vom Kaiser gleich auch noch zum General befördert worden war, obwohl er ihn noch für zu unerfahren für so einen Posten hielt. Was er nicht wusste: Sein Vater dachte im Grunde ähnlich. Wilhelm I. hatte Prinz Wilhelm zum General ernannt, weil er irrtümlich glaubte, einem Wunsch seines Sohnes zu entsprechen. Im Grunde war er aber selbst der Ansicht, dass es für seinen Enkel noch zu früh war, um in die Generalität aufzusteigen.

Allem Anschein nach empfand Wilhelm I. mittlerweile einige Vorbehalte gegen Prinz Wilhelm, hielt ihn offenbar für einigermaßen unreif. Zu diesem Eindruck trug bei, dass sein Enkel am 28. November 1887 an einer Versammlung mit dem Antisemiten Adolf Stoecker im Haus Waldersees teilnahm, eine unüberlegte Aktion, die für erhebliches politisches Aufsehen sorgte.[208] Während des Kriegsrates vom 17. Dezember 1887 ließ der alte Kaiser erkennen, dass er seinen Enkel nicht ganz für voll nahm, indem er ihn laut Waldersee »ermahnte, ja nicht über den Vortrag zu sprechen«, und »ihn überhaupt recht als jungen Mann behandelte«[209]. Gegen Prinz Wilhelms Beförderung zum General an dessen 29. Geburtstag sträubte er sich monatelang,[210] und selbst in der Ernennungsordre klangen seine Zweifel noch durch. »Es bewegt Mich warm und tief, daß es mir vergönnt ist, den Eintritt Euer Königlichen Hoheit – Meines lieben Enkelsohnes – in die Preußische Generalität verfügen zu können«, hieß es darin zunächst. Doch forderte Wilhelm I. seinen Enkel ausdrücklich auf, »durch erhöhte Thätigkeit die nach Ihrem Range verfrühte Beförderung auszugleichen und mit höchstem Ernst danach zu streben, schon frühzeitig zu derjenigen ruhigen Ueberlegung zu gelangen, welche die Stellung des Vorgesetzten erfordert und die sonst nur das reifere Alter zu bringen pflegt.«[211] Als Waldersee die Ordre zu Gesicht bekam, stellte er fest, dass sie »im Grunde genommen voller Mißtrauen«[212] war.

Auch eine der letzten Anordnungen, die Wilhelm I. in seinem Leben erließ, betraf seinen Enkel. Am 23. Februar 1888 gab er die Weisung aus, dass dem Prinzen Wilhelm »von sachkundiger Seite Vorträge gehalten werden, welche geeignet, Ihn mit den inneren Einrichtungen und der Verwaltung des Landes eingehend und systematisch vertraut zu machen«[213]. Mit anderen Worten: Der Kaiser ließ seinen schon 29 Jahre alten Enkel noch einmal die Schulbank drücken. Der eigentliche Initiator dieser Maßnahme war Bismarck, der an seiner Anregung vom Dezember 1887, Prinz Wilhelm durch einen hochrangigen Staatsbeamten auf die voraussichtlich sehr bald erfolgende Thronübernahme vorzubereiten, hartnäckig festgehalten hatte. Um den zähen Widerstand des Kaisers zu überwinden, der seinen todkranken Sohn nicht verletzen wollte, war Bismarck dazu übergegangen, den Kronprinzen selbst von der Notwendigkeit dieser Maßnahme zu überzeugen. Dieser hatte den Schritt schließlich in einem Brief an seinen Vater befürwortet und dessen Bedenken zerstreut. Am 23. Februar betraute Wilhelm I. den bekannten Staatsrechtler Rudolf von Gneist mit der Aufgabe, den Prinzen auf ziviler Ebene gründlich einzuschulen. Seine Order war letztlich auch ein unausgesprochenes Eingeständnis, dass es 1882/83 ein Fehler gewesen war, dem Prinzen nur ein halbes Jahr eine intensivere zivile Ausbildung zuteilwerden zu lassen.[214]

Wilhelm I. erlebte rund um diese Order triste Tage. Kaum hatte er von der fatalen Operation seines Sohnes in San Remo erfahren, da erreichte ihn auch noch die Nachricht, dass sein erst 22-jähriger Enkel Ludwig von Baden, der zweite Sohn seiner Tochter Luise, am 23. Februar 1888 plötzlich gestorben war.[215]

Die ausgeprägten Selbstschutzmechanismen Wilhelms I. blieben jedoch bis zuletzt intakt. Zeitgenössische Berichte zeigen einen Kaiser, der sich trotz aller Schicksalsschläge nicht unterkriegen ließ. Zusammen mit seiner Gemahlin lud er auch in seinen letzten Lebenswochen oft ausgewählte Gäste zum Tee und führte dabei angeregt Konversation. Waldersee berichtete am 22. Februar 1888 vom Tee bei den Majestäten:

Der Kaiser war munter, die Kaiserin leidlich wohl, sie zog sich aber früh zurück. Unterhaltung über Gold- und Diamantenfelder, angeregt durch Professor Hofmann, weiterhin über Gold- und Schmucksachen, englische Vermögen und Zustände, englische Familien, wobei der Kaiser auf seine Jugend kam und sehr angenehm erzählte, sodann über den Großfürsten-Thronfolger und natürlich über die Krankheit des Kronprinzen und des Prinzen Ludwig von Baden, die Reise des Großherzogs und der Großherzogin von Baden nach San Remo, Lawinenstürze u. dgl.[216]

Robert Lucius berichtete von einer der letzten Teegesellschaften am 27. Februar: »Se. Majestät waren wie immer und sprach davon, daß er noch nicht habe an seine Tochter schreiben können nach dem Todesfall [Anm.: Ludwig von Baden]. Nachher wurde er heiterer und hörte die Erzählungen der Prinzeß Wilhelm und des Kriegsministers über kleine Schmuggelgeschichten lächelnd mit an.«[217]

Wenige Tage später erkrankte Wilhelm I. Er litt seit Längerem an einer massiven Verkühlung, Blasenbeschwerden kamen hinzu. Am 7. März war seine Verfassung so schlecht, dass die behandelnden Ärzte mit seinem Tod rechneten. Die engsten Familienangehörigen versammelten sich um sein eisernes Feldbett: Augusta, Tochter Luise mit ihrem Gemahl, dem Großherzog von Baden sowie Prinz Wilhelm. Am 8. März ließ der Kaiser Bismarck rufen. In seinem Beisein unterzeichnete er noch einen Regierungsakt. Bismarcks Rat, doch nur mit einem »W.« zu unterzeichnen, schlug er in den Wind und setzte zittrig und kaum leserlich seinen ganzen Namen auf das Schriftstück. Bismarck nahm er noch das Versprechen ab, seinen beiden Nachfolgern zur Seite zu stehen.[218] Am späten Nachmittag versank er in tiefer Bewusstlosigkeit, sein Tod schien nun wirklich unmittelbar bevorzustehen. Prinz Wilhelm holte Hofprediger Kögel zum Krankenbett.

Unterdessen hatte sich die Nachricht vom bevorstehenden Ableben des Kaisers über die amtliche Presse in Berlin verbreitet. Daraufhin strömten Tausende von Menschen zu seinem Palais und harrten trotz unwirtlicher Temperatur und starker Regenfälle aus, um auf Neuigkeiten zu warten.[219]

Doch die Lebenskraft Wilhelms I. bäumte sich noch einmal auf. Am Abend des 8. März gewann er langsam sein Bewusstsein wieder, wurde der vielen Menschen um sein Bett gewahr. Bezug nehmend auf Kögels Gebete meinte er mit einem Anflug von Humor, man halte an seinem Bett offenbar eine Erbauungsstunde ab. Etwas später bekam er Hunger und Durst, verlangte nach etwas Suppe und sogar einem Glas Champagner. Danach fing er an zu sprechen und redete stundenlang. Sein Monolog drehte sich unter anderem auch um die Schreckensvision eines Zweifrontenkriegs gegen Russland und Frankreich, die im Jahr zuvor erstmals schattenhaft aufgetaucht war und 1914 Realität werden sollte. Diese

25: Kaiser Wilhelm I. zeigt sich am 3. März 1888 zum letzten Mal am Fenster.

tiefsitzende Angst ließ Wilhelm I. selbst auf dem Totenbett nicht los. Sorgenvoll äußerte er sich über das deutsch-russische Verhältnis im Besonderen.[220] Schon einige Stunden zuvor hatte er Bismarck, diesen halb phantasierend mit Prinz Wilhelm verwechselnd, gebeten: »Mit dem russischen Kaiser mußt du immer Fühlung halten, da ist kein Streit notwendig.«[221]

Während seines Monologs lieferte Wilhelm I. noch einmal einen später viel-zitierten Ausspruch. Als eine besorgte Angehörige einwarf, dass er jetzt viel-leicht etwas ruhen solle, wehrte er ab: »Zum Ausruhen habe ich hier keine Zeit mehr.«[222] Was danach als Beleg für unermüdlichen Arbeitseifer gewertet wurde, war vielleicht einfach nur ein Ausdruck von Gereiztheit. Bismarck zufolge war dem Kaiser die Fürsorge der in seinem Zimmer anwesenden Damen »lästig« ge-wesen. Seine Antworten auf ihre Fragen, »ob er Schmerzen habe, ob er gut liege, ob er wisse, daß er die Hand der Königin halte«, hätten »Ungeduld verraten«[223].

Wilhelm I. sprach mit Unterbrechungen bis weit nach Mitternacht. Langsam wurden seine Worte wieder undeutlicher und leiser. Schließlich versiegten sie ganz. In den frühen Morgenstunden des 9. März 1888 dämmerte der Kaiser ei-nem sanften Tod entgegen. Anders als seinem Vorgänger Friedrich Wilhelm IV. sowie seinem Sohn und Nachfolger Friedrich III. blieb ihm ein langes quälendes Siechtum erspart. Die Umstehenden hatten den Eindruck, dass er keine Schmer-zen hatte. Als der Tag anbrach, lag Wilhelm I. mit kaum hörbarem Atem be-wusstlos im Bett. Um halb neun Uhr schließlich streckte er sich dem Vernehmen nach noch einmal ein wenig, dann strömte sein Atem deutlich hörbar aus. Der Kaiser war tot. Auf seinem Gesicht lag ein friedlicher Ausdruck.[224]

Schlussbetrachtung

Am achten März gegen Abend verbreitete sich ein Gerücht, das Ende Seiner Majestät sei eingetreten. Dann wurde es widerrufen. Am neunten morgens ging ich auf die
Straße, um etwas zu hören. Als ich die Pferdebahn bestieg, wußte ich plötzlich: es war
geschehen. Verweinte Augen, grenzenlos bestürzte Gesichter – leises trauriges Flüstern
zwischen Unbekannten – schwarze Kleider bei den Frauen, schwarze Schleier um die
Hüte gelegt, schwarze Binden um die Arme der Männer. Ich stieg aus, auch mir ein solches Zeichen der Trauer kaufen, es wäre unmöglich gewesen, im hellen Mantel durch
diese Menge der Leidtragenden zu gehen[1],

so die junge Schriftstellerin Gabriele Reuter über die Reaktionen, die der Tod
des Kaisers in Berlin hervorrief. Schwarz verbreitete sich in Windeseile über
die Hauptstadt. Viele Privathäuser hängten schwarze oder umflorte Fahnen
aus, in den Schaufenstern waren umflorte Kaiserbüsten oder Bilder ausgestellt,
die Droschkenkutscher und Pferdebahnlenker hefteten ihren Rössern und sich
selbst Trauerschleifen an.[2] Als Wilhelm I. einige Tage im Berliner Dom aufge-
bahrt wurde, war der Andrang trotz frostiger Temperaturen »ganz ungeheuer«,
wie Waldersee feststellte. »Leider können nur etwa 40.000 Menschen täglich vor-
beidefilieren, was viel zu wenig ist.«[3]

Diese Szenen markierten den Schlusspunkt eines außergewöhnlich langen
und bewegten Lebens, das trotz diverser Tiefpunkte und Fehlschläge letztlich
eine erstaunliche Erfolgsbilanz aufwies. Denn im Grunde hatte Wilhelm I. im
hohen Alter die ihm wichtigen Ziele weitgehend erreicht: die Festigung und Stärkung des monarchischen Prinzips im Verfassungsstaat, die Bewahrung der immer noch sehr weitreichenden königlichen Machtkompetenzen bei gleichzeitiger
Befugnisbegrenzung des Parlaments, die Militarisierung der Bevölkerung, die
massive Verstärkung der Armee sowie einen gravierenden Machtanstieg Preußens in Deutschland und in Europa.

Dass es gelingen würde, all diese Ziele umzusetzen, ließ sich zu Beginn
seiner Herrschaft nicht unbedingt absehen. Wilhelm I. war zwar als Politiker
keineswegs so unbedarft, wie man es ihm im Nachhinein oft nachsagte; als er
um 1850 sein absolutistisch geprägtes Weltbild modifizierte und der postrevo-
lutionären Situation anpasste, zählte er zu den wenigen maßgeblichen Akteu-
ren am Berliner Hof, die die Fähigkeit aufbrachten, diese politische und auch
geistige Weiterentwicklung zu vollziehen. Bald nach seiner Machtübernahme

in Preußen zeigte sich jedoch, dass er seine alten politischen Überzeugungen nur teilweise abgelegt hatte. Mit Fortdauer der »Neuen Ära« traten seine konservativen Reflexe wieder hervor, vermischten sich mit seinen nach 1848 entwickelten Erkenntnissen und führten zu einem Spagat: Einerseits behinderte er aus wachsendem Misstrauen gegen die Liberalen die Reformvorhaben seiner eigenen Minister, andererseits war die Existenz der Verfassung doch schon so stark in ihm verankert, dass er trotz Staatsstreich-Einflüsterungen ultrakonservativer Berater an der Konstitution festhielt. Als die »Neue Ära« 1862 scheiterte, hatte Wilhelm I. mit der Modernisierung und Vergrößerung der Armee nur eines seiner Wunschziele weitgehend erreicht, um ein weiteres Wunschziel – die Verteidigung der Kronprärogative – kämpfte er mit Zähnen und Klauen, mit ungewissem Ausgang.

Ein Machtzuwachs Preußens lag am Ende der »Neuen Ära« indessen noch in weiter Ferne, ebenso die Erlangung einer Vormachtstellung in Deutschland bei gleichzeitiger Zurückdrängung der österreichischen Konkurrenz – dies nicht zuletzt, weil Wilhelms Konzept der »moralischen Eroberungen« kaum realistische Umsetzungschancen hatte. Es war von ihm zu blauäugig gedacht, durch das Fördern von »Einigungselementen« ein friedliches Zusammenwachsen der deutschen Staaten zu bewerkstelligen und Preußen mit öffentlichkeitswirksamen Maßnahmen dabei die Führungsrolle zu verschaffen. Denn die Fürsten der deutschen Klein- und Mittelstaaten wehrten aus Angst um ihre Souveränitätsrechte selbst minimale Einigungsschritte ab, und Wien dachte nicht daran, auf friedlichem Weg den Rückzug aus Deutschland anzutreten.

Dass die expansiven Ziele in den Folgejahren ebenfalls erreicht wurden, lag letztlich an zwei Tugenden, die Wilhelm I. im Gegensatz zu nicht wenigen anderen Monarchen besaß: Er war imstande, eigene Schwächen zu erkennen und sein Handeln danach auszurichten. Außerdem konnte er delegieren und sich so die besten Köpfe zunutze machen, allen voran Otto von Bismarck. Sein Ministerpräsident war es denn bekanntlich auch, der die Machtexpansion Preußens mit staatsmännischer Raffinesse und ungeheurer Risikobereitschaft vorantrieb und seinen Monarchen, dem diese Fähigkeiten abgingen, zu Dingen trieb, die dieser auf sich allein gestellt kaum gewagt hätte; als auf dem Weg zur deutschen Einheit unter preußischer Führung drei Kriege geführt wurden, entsprach das den ursprünglichen Intentionen des Monarchen ganz und gar nicht. Allerdings wäre es Bismarck wohl unmöglich gewesen, die Kriege gegen die Großmächte Österreich und vor allem Frankreich ernsthaft ins Auge zu fassen, hätte es das umfassende Aufrüstungsprogramm Wilhelms I. nicht gegeben. Mit den Siegen in den Einigungskriegen wurde, gewissermaßen als Nebeneffekt, auch ein weiteres

Wunschziel Wilhelms I. erreicht, nämlich die Popularisierung der Armee in der Bevölkerung.

Ein sehr großer Wermutstropfen für ihn war allerdings der Umstand, dass er mit dem Sieg über Frankreich im Grunde über sein machtpolitisches Ziel hinausschoss. Er hatte stets eine Art Großpreußen im Visier gehabt, das eine Vormachtstellung in Deutschland innehatte, sich aber gleichzeitig seine Unabhängigkeit bewahrte. Mit der Schaffung des Deutschen Reiches schien dieser Zustand oberflächlich betrachtet hergestellt, doch tatsächlich ging damit eine schleichende Schwächung Preußens einher, die Wilhelm I. bis zu einem gewissen Grad vorausahnte, aber nicht verhindern konnte.

Das Ziel, das Wilhelm I. wahrscheinlich am meisten am Herzen lag, nämlich die Stabilisierung und Stärkung der Krongewalt im Verfassungsstaat, wurde durch die siegreichen Kriege und Bismarcks Wirken erreicht, aber auch in starkem Maß durch ein besonderes Talent des Monarchen, das erst in vollem Ausmaß zutage trat, als er seinen 70. Geburtstag bereits hinter sich gelassen hatte: die Rolle des ehrfurchtgebietend würdigen, aber gütigen Landesvaters, der es bei seinen zahlreichen öffentlichen Auftritten mit sicherem Instinkt verstand, dem monarchischen Prinzip, das um die Jahrhundertmitte an Ausstrahlungskraft verloren hatte, wieder viel Kredit in der Bevölkerung zu verschaffen. Die Kaiserfunktion erwies sich, etwas überspitzt formuliert, als die Rolle seines Lebens. Es war eine Ironie der Geschichte, dass ausgerechnet der einst so verhasste »Kartätschenprinz« zum weithin verehrten Pater patriae avancierte.

Retrospektiv gesehen, war Wilhelm I. fraglos auch ein zwiespältiger historischer Akteur. Auf der einen Seite verfügte er über positiv besetzte Eigenschaften wie Bescheidenheit, Bodenständigkeit und Pflichtbewusstsein, die sich über die staatsnahen Zeitungen trefflich in den Vordergrund rücken ließen. Auch erwarb er sich einige Verdienste. Dazu zählen die Abschaffung des unter Friedrich Wilhelm IV. herrschenden Willkürregimes, die endgültige Verankerung des Konstitutionalismus und auch die selten gewürdigte Tatsache, dass er gegen Hybris immun blieb, was angesichts des Faktums, dass er in nur 13 Jahren vom politisch kaltgestellten Thronfolger der kleinsten europäischen Großmacht zum Oberhaupt der stärksten europäischen Kontinentalmacht aufstieg, keine geringe Leistung darstellte. Auf der anderen Seite war Wilhelm I. ein oftmals allzu starrer Bewahrer. Er hielt am schon zu Zeiten der Neuen Ära zunehmend anachronistisch werdenden Gottesgnadentum fest, wollte von einer realen Mitbestimmung des Volkes wenig wissen, zeigte sich als eiserner Verteidiger der Kronprärogative und war bereit, im Bedarfsfall gegen das Parlament zu regieren. Die Zwiespältigkeit der langen Herrschaftszeit Wilhelms I. zeigt sich nicht zuletzt an seinem Umgang mit der so genannten »Judenfrage«, der zwischen dem Zulassen beachtlicher Reformen und mindestens ebenso beachtlichen Versäumnissen rund um den Berliner Antisemitismusstreit schwankte. Außerdem ging der preußisch-deutsche Militarismus ganz wesentlich auf den Monarchen zurück. Zwar entsprangen die Einigungskriege und damit der Hauptauslöser für die deutsche Militärbegeisterung nicht seiner Initiative, doch trug er wesentlich und sehr bewusst dazu bei, militärisch geprägte Leitbilder in das Staatswesen und das Bewusstsein der Bevölkerung einsickern zu lassen.

Die Bedeutung Wilhelms I. für die preußisch-deutsche Geschichte lässt sich auch anhand folgender Frage skizzieren: Was wäre geschehen, wenn er das erste auf ihn verübte Attentat im Jahr 1849 nicht überlebt hätte und statt ihm sein Sohn in den späten 1850er Jahren an die Macht in Preußen gekommen wäre? Diese Fragestellung bietet zweifelsohne Raum für unwissenschaftliche Spekulationen. Zumindest zwei Dinge aber lassen sich mit Sicherheit konstatieren: Die massive, teilweise gegen den Landtag durchgeführte Aufrüstung der preußischen Armee hätte unter dem mit dem Liberalismus sympathisierenden Friedrich III. in diesem Tempo und Ausmaß nicht stattgefunden. Und Bismarck, der für die Liberalen in den frühen 1860er Jahren eine Art Gottseibeiuns darstellte, wäre von Friedrich III. nicht zum Ministerpräsidenten ernannt worden und ein Diplomat der zweiten Reihe geblieben. Schon allein das Ausbleiben dieser beiden Faktoren hätte den Lauf der Geschichte dahingehend verändert, dass die Einigungskriege zwischen 1864 und 1871 und die darauffolgende Gründung des Deutschen Reiches so nicht stattgefunden hätten.

Bemerkenswert an Wilhelm I. ist auch, dass zumindest zwei seiner Wunschziele – die Stärkung der monarchischen Staatsform sowie die Verbreitung von »Soldatengeist«, welche die Loyalität der Bevölkerung zur Krone ausbauen sollte – einem sehr realen Gefühl der Angst entsprangen. Die Ahnung, dass die Monarchie dereinst einmal fallen würde, war Wilhelm alles andere als fremd. Im Juli 1849, wenige Monate nach der Einführung konstitutioneller Einrichtungen in Preußen, hatte er Augusta fatalistisch geschrieben, dass »mit solchen Institutionen nicht auf die Dauer zu regieren ist, d.h. man gräbt sich systematisch seinen Untergang oder man sucht sich zu halten, und dann wird man wie hier und in Paris davongejagt; das ist es, was uns allen bevorsteht, und es kommt nur auf die Frist an, die man sich nach Pflicht und Gewissen zu gewinnen weiß.«[4]

Gegen Ende seines Lebens konnte Wilhelm I. glauben, dass es eine derartige Frist vielleicht doch nicht geben würde. Angesichts seiner immensen Popularität musste die Befürchtung, davongejagt zu werden, geradezu absurd erscheinen. Das Kaisertum schien beim Tod Wilhelms I. gefestigt.

Als der verstorbene Kaiser vom Berliner Dom in einem großen Trauerzug zu seiner letzten Ruhestätte im Charlottenburger Familienmausoleum gebracht wurde, gab es indessen einen kleinen Zwischenfall, der auf »unheimliche und beinahe prophetische« Art in die Zukunft wies, wie die Augenzeugin Gabriele Reuter anmerkte:

Trotz des eisigen Wintertages harrte eine unabsehbare schwarze Menge an den Rändern der Trauerstraße geduldig auf den Zug. Ein riesiges Aufgebot von Schutzleuten sorgte dafür, daß die breite Charlottenburger Chaussee völlig menschenleer lag – des feierlichen Augenblicks gewärtig, da der Leichenwagen, die sterblichen Reste des Monarchen auf dem letzten Wege zur Gruft seiner Väter hier vorübertragen werde. Schon hörte man die Trauermusik näher und näher schallen, schon sah man die ungeheure schwarze Schlange sich langsam näher bewegen, da – niemand wußte, wie es möglich gewesen die Kette der Schutzleute zu passieren – plötzlich stand auf der breiten wartenden Trauerstraße ein Betrunkener, ein armer, abgerissener Stromer und Lump, der widerwärtig hin und her taumelte, die Faust dem nahenden Zuge entgegenballte, laut lachend höhnende Rufe, Flüche und Drohungen ausstieß. Wenige Sekunden nur, dann war der Unglückskerl von Dutzenden von Behelmten ergriffen, wehrte sich verzweifelt, wurde schneller, als dies niedergeschrieben ist, beiseite gewirbelt, verschwand wie ein Staubkorn unter der Menge. Nur seine Mütze blieb auf dem breiten, sonnenbeschienenen Wege liegen. Und die Musikkorps – die prachtvollen Regimenter, der gewaltige Leichenwagen – eine sich hinter den schwarzbehangenen Pferden majestätisch vorwärts bewegende Burg von Schwarz und Silber, von nickenden Federn und Bergen von Blumen, innerhalb deren der Katafalk mit dem mächtigen Monarchen ruhte – das Leibpferd und die gesamte Geistlichkeit in ihren Talaren und Baretten, der kommende deutsche Kaiser und alle die deutschen Fürsten, die Abgesandten sämtlicher Staaten der Welt, die Vertreter von deutscher Kunst und Wissenschaft, und wieder Generale und Militärs – eine endlose Fülle von Glanz und Macht und Ruhm dieser Erde – alles schritt über die armselige Proletariermütze hin. Und als es vorüber war – die ganze große, gewaltige und vornehme Tragik dieses Zuges – da lag noch immer die armselige Mütze auf der Erde. Und der Lump, der Stromer, zerrissen, blutend, ein zitternder Klumpen Elend, kroch hervor zwischen den Schutzleuten, stand wieder allein auf der Trauerstraße, bückte sich und setzte die Mütze auf seinen Kopf. Und dann reckte er sich und blickte triumphierend um sich und ging seines Weges.[5]

Nach dem Tod Wilhelms I. griff im Deutschen Reich eine von oben verordnete, teils gigantomanische Glorifizierung des Gründerkaisers Platz. In Erinnerung an ihn wurden um die Wende zum 20. Jahrhundert kolossale Bauwerke wie die

Kaiser-Wilhelm-Gedächtniskirche in Berlin errichtet. Riesenhafte Denkmäler schossen aus dem Boden, darunter jene am Kyffhäuser und an der Porta Westfalica, beide über 80 Meter hoch. Kaiser Wilhelm II., der derlei Huldigungsmaßnahmen intensiv vorantrieb, nannte seinen Großvater stets »Wilhelm der Große«, obwohl derartige Beinamen im späten 19. Jahrhundert völlig antiquiert wirkten. Selbst langjährige Weggefährten des alten Kaisers schüttelten angesichts derartiger Überhöhungen Kopf. »Es ist traurig zu sehen, wie der Enkel verständnislos das Bild des Großvaters verzerrt, ihm einen falschen Stempel aufdrückt, den weder Volke noch Geschichte anerkennen werden«, schrieb Baronin Spitzemberg im März 1897 in ihr Tagebuch, als Wilhelm II. anlässlich des hundertsten Geburtstages Wilhelms I. bombastische Feiern ausrichtete und taktlose Reden hielt, in denen er Männer wie Otto von Bismarck oder Helmuth von Moltke als bloße Handlanger des Gründerkaisers darstellte. »Der alte Herr in seiner Bescheidenheit würde sich im Grabe umdrehen«, notierte die Baronin dazu und fügte zutreffend hinzu: »Auch der Beiname ›der Große‹, den ihm der Kaiser aufgebracht hat, stimmt nicht; nie wird das Volk ihn so nennen«[6]. Tatsächlich wurde diese Bezeichnung von der Bevölkerung weitgehend ignoriert. Hier hielt man es eher mit dem *Fehrbelliner Reitermarsch*, zu dem man nun sang: »Wir wollen unseren alten Kaiser Wilhelm wieder haben.«

Baronin Spitzemberg hatte mit ihrer Einschätzung, der Beiname »der Große« sei bei dem alten Kaiser nicht stimmig, zweifelsohne recht. Eine historische Randfigur war Wilhelm I. allerdings auch nicht. Dafür hinterließ er in der preußisch-deutschen Geschichte zu tiefe Spuren. Einige davon sind bis heute sichtbar. Dazu gehört nicht zuletzt die Existenz des Staates Deutschland. Zwar unterscheidet sich die heutige Bundesrepublik vom Deutschen Reich des Jahres 1871 in fast jeder Hinsicht grundlegend. Das schiere Bestehen eines deutschen Gesamtstaates ist jedoch ein Faktum, das die Zeit überdauert hat und auch in der Gegenwart unbestritten Gültigkeit besitzt. Wilhelm I. hatte an diesem Faktum beträchtlichen Anteil. Seine oft kolportierten Unmutsäußerungen vor der Kaiserproklamation in Versailles ändern daran ebenso wenig wie der Umstand, dass es ihm vor allem darum ging, Preußen an die Spitze Deutschlands zu bringen. Einige der von ihm ausgehenden Impulse erwiesen sich als entscheidende Voraussetzungen für die Gründung des deutschen Gesamtstaates – der heute freilich völlig anders aussieht, als Wilhelm I. es gewünscht hätte.

Anmerkungen

Einleitung

1   Dies trifft besonders stark auf die von Franz Herre unterhaltsam geschriebene, aber klischeeüberfrachtete Biographie *Kaiser Wilhelm I. Der letzte Preuße* (1980) zu. In abgeschwächtem Ausmaß ist dies auch bei Karl Heinz Börners Werk *Wilhelm I. Deutscher Kaiser und König von Preußen* (1984) der Fall, das überdies die kommunistisch-marxistische Grundtendenz der DDR-Forschung nicht verleugnen kann, allerdings an mehreren Stellen stimmige Analysen historischer Wirkungszusammenhänge präsentiert. An Guntram Schulze-Wegeners Biographie *Wilhelm I. Deutscher Kaiser, König von Preußen, nationaler Mythos* (2015) fiel u.a. negativ auf, dass sie auf dem Buchdeckel für sich in Anspruch nahm, »auf breiten Quellenbeständen« zu beruhen, tatsächlich aber keine archivalischen Materialen und damit keine Primärquellen ausgewertet wurden.

Der Soldatenprinz (1797 – 1840)

1   Neunundsechzig Jahre am Preußischen Hofe. Aus den Erinnerungen der Oberhofmeisterin Sophie Marie Gräfin von Voß, Leipzig 1876, S. 177.

2   Ebd., S. 178.

3   Clark, Christopher: Preußen. Aufstieg und Niedergang 1600 – 1947, München 2007, S. 324 – 326; Schönpflug, Daniel: Luise von Preußen. Königin der Herzen. Eine Biographie, München 2010, S. 86 – 87, 94 – 96.

4   Voß, S. 178.

5   Barclay, David E.: Friedrich Wilhelm II. (1786 – 1797), in: Kroll, Frank-Lothar (Hrsg.): Preußens Herrscher. Von den ersten Hohenzollern bis Wilhelm II., München 2006, S. 179 – 196, hier: S. 183 – 187, 189 – 196; Clark, Preußen, S. 316 – 317, 333 – 344; Willms, Johannes: Napoleon. Eine Biographie, München 2007, S. 137 – 141, 223 – 225.

6   Clark, Preußen, S. 366 – 368, 372; Stamm-Kuhlmann, Thomas: Friedrich Wilhelm III.(1797 – 1840), in: Kroll, S. 197 – 218, hier: S. 200 – 202, 206 – 208; Kleßmann, Eckart: Napoleon und die Deutschen, Berlin 2007, S. 33; Craig, Gordon A.: Die preußisch-deutsche Armee 1640 – 1945. Staat im Staate, Düsseldorf 1960, S. 41 – 52.

7   Haffner, Sebastian: Preußen ohne Legende, Hamburg 1998, S. 215.

8   Schönpflug, S. 117 – 118, 140 – 143; Clark, Preußen, S. 366 – 371; Münkler, Herfried: Die Deutschen und ihre Mythen, Berlin 2009, S. 257 – 258.

9   Die Jugend des Königs Friedrich Wilhelm IV. von Preußen und des Kaisers und Königs Wilhelm I. Tagebuchblätter ihres Erziehers Friedrich Delbrück (1800 – 1809), mitgeteilt von Georg Schuster, 3 Bände, Berlin 1907, hier: I, S. XXX–XXXIII, 199 – 200, 206, 209, 239, 308, 320 – 321, 367 – 368, 390, 423, 430 – 431; Schönpflug, S. 122 – 123; Barclay, David E.: Anarchie und guter Wille. Friedrich Wilhelm IV. und die preußische Monarchie, Berlin 1995, S. 54 – 56; Bönisch, Georg: Der Soldatenkönig, in: Burgdorff, Stephan/Pötzl, Norbert F./Wiegrefe, Klaus (Hrsg.): Preußen. Die unbekannte Großmacht, München 2008, S. 65 – 79, hier: S. 77 – 79.

10 Lonke, Alwin: Königin Luise von Preußen. Ein Lebensbild nach den Quellen, Leipzig 1904, S. 109–110.

11 Delbrück, Friedrich, I, S. 202, 239, 308.

12 Jagow, Kurt (Hrsg.): Der alte Kaiser erzählt. Anekdoten aus dem Leben Kaiser Wilhelms I., Berlin 1939, S. 5.

13 Clark, Preußen, S. 349–357; Willms, Napoleon, S. 448–451; Fesser, Gerd: 1806. Die Doppelschlacht bei Jena und Auerstedt, Jena – Quedlinburg 2006, S. 33–38.

14 Delbrück, Friedrich, I, S. 517–521; Herre, Franz: Kaiser Wilhelm I. Der letzte Preuße, Köln 1980, S. 38.

15 Craig, Die preußisch-deutsche Armee, S. 41–54; Clark, Preußen, S. 357–358.

16 Delbrück, Friedrich, II, S. 4.

17 Jagow, S. 7.

18 Voß, S. 252–268; Jagow, S. 7–8; Delbrück, Friedrich, II, S. 4–87; Craig, Die preußisch-deutsche Armee, S. 54; Clark, Preußen, S. 359–360, 364.

19 »Verzeichnis Meiner militairischen Ernennungen und Verwendungen, am 24ten November 1855 dem K. Hofrath Schneider zu späterer Benutzung übergeben«, in: GSPK, BPH, Rep. 51, D I Nr. 1, n.f.

20 Voß, S. 268–269; Jagow, S. 9–10; Delbrück, Friedrich, II, S. 86–90.

21 Delbrück, Friedrich, II, S. 90.

22 »Verzeichnis Meiner militairischen Ernennungen und Verwendungen«, in: GSPK, BPH, Rep. 51, D I Nr. 1, n.f.; Delbrück, Friedrich, II, S. 90–99, 118–119, 128–129, 148–160, 172, 177; Voß, S. 270–292; Schönpflug, S. 223–226.

23 Clark, Preußen, S. 360–365; Willms, Napoleon, S. 460–467; Voß, S. 280–310; Münkler, S. 260–265.

24 Clark, Preußen, S. 364–365, 373–387, 406, 408; Wiegrefe, Klaus: Aufbruch in die Moderne, in: Burgdorff/Pötzl/Wiegrefe, S. 128–148, hier: S. 129–131, 134–137; Neugebauer, Wolfgang: Die Geschichte Preußens. Von den Anfängen bis 1947, München 2006, S. 87–92; Craig, Die preußisch-deutsche Armee, S. 56–72.

25 »Verzeichnis Meiner militairischen Ernennungen und Verwendungen«, in: GSPK, BPH, Rep. 51, D I Nr. 1, n.f.; Delbrück, Friedrich, II, S. 300, 305, 308–309, 441; Angelow, Jürgen: Wilhelm I. (1861–1888), in: Kroll, S. 242–264, hier: S. 245.

26 Lonke, S. 251.

27 Delbrück, Friedrich, III, S. 131.

28 Ebd., II, S. 425.

29 Ebd., III, S. 140.

30 Ebd., III, S. 140–141. Oft zitiert wurde und wird eine Formulierung Königin Luises, mit der sie Wilhelm in einem Brief vom April 1808 als »einfach, bieder und verständig« bezeichnete (siehe z.B.: Angelow, S. 245). Sie klingt heute allerdings viel abwertender als im frühen 19. Jahrhundert und ist daher missverständlich. »Bieder« bedeutete damals »rechtschaffen«, und mit »einfach« war eher Unkompliziertheit als Einfältigkeit gemeint. An der Echtheit des Briefs, in dem diese Phrase vorkommt, gab und gibt es im Übrigen erhebliche Zweifel (Förster, Birte: Der Königin Luise-Mythos. Mediengeschichte des ›Idealbilds deutscher Weiblichkeit‹ 1860–1960, Göttingen 2011, S. 47–48; Büschel, Hubertus: Untertanenliebe. Der Kult um deutsche Monarchen 1770–1830, Göttingen 2006, S. 64, 66).

31 Vom Leben am preußischen Hofe 1815–1852. Aufzeichnungen von Caroline von Rochow geb. v. d. Marwitz und Marie de la Motte-Fouqué, bearbeitet von Luise v. d. Marwitz, Berlin 1908, S. 73; siehe auch Jagow, S. 5.

32 Börner, Karl Heinz: Wilhelm I. Deutscher Kaiser und König von Preußen. Eine Biographie 1797–1888, Köln 1984, S. 22; Herre, Kaiser Wilhelm I., S. 28, 52–53.

33 Voß, S. 365–368; Kleßmann, S. 129–130, 136–139; Börner, S. 23.

34 Schönpflug, S. 248.

35 Voß, S. 370–380; Schönpflug, S. 250–254; Clark, Preußen, S. 409; Münkler, S. 257–273; Lonke, S. 324–327; Jagow, S. 6.

36 Jagow, S. 11.

37 Clark, Preußen, S. 400–421; Craig, Die preußisch-deutsche Armee, S. 77–81; Jagow, S. 12–14; PBFK, S. 13–15.

38 HBFK, S. 7, 108, 130.

39 PBFK, S. 72; HBFK, S. 108.

40 Jagow, S. 17; siehe auch »Verzeichnis Meiner militairischen Ernennungen und Verwendungen«, in: GSPK, BPH, Rep. 51, D I Nr. 1, n.f.

41 Willms, Napoleon, S. 604–606; Price, Munro: Napoleon. Der Untergang, München 2015, S. 240–248; HBFK, S. 154; Clausewitz, Carl von: Der Feldzug von 1812 in Rußland, der Feldzug von 1813 bis zum Waffenstillstand und der Feldzug 1814 in Frankreich, Berlin 1862, S. 285.

42 PBFK, S. 43; HBFK, S. 197.

43 HBFK, S. 176; siehe auch »Verzeichnis Meiner militairischen Ernennungen und Verwendungen«, in: GSPK, BPH, Rep. 51, D I Nr. 1, n.f.

44 HBFK, S. 180–184; Clausewitz, S. 288–289; Willms, Napoleon, S. 606–607; Price, S. 286–290.

45 PBFK, S. 107.

46 Price, S. 298–299.

47 Thielen, Maximilian Ritter von: Erinnerungen aus dem Kriegerleben eines 82jährigen Veteranen der österreichischen Armee, mit besonderer Bezugnahme auf die Feldzüge der Jahre 1805, 1809, 1813, 1814, 1815, Wien 1863, S. 232.

48 »Verzeichnis Meiner militairischen Ernennungen und Verwendungen«, in: GSPK, BPH, Rep. 51, D I Nr. 1, n.f.; Jagow, S. 23; PBFK, S. 110–112; HBFK, S. 209–210; Oncken, Wilhelm: Unser Heldenkaiser, Paderborn 2015, S. 7–8.

49 HBFK, S. 210.

50 Ebd., S. 214.

51 Price, S. 319–327; Clausewitz, S. 301–305; Jagow, S. 24–28.

52 HBFK, S. 229.

53 Jagow, S. 28–30; HBFK, S. 228–229, 232–234; Herre, Kaiser Wilhelm I., S. 72.

54 PBFK, S. 129–131, 181–183, 194; HBFK, S. 254, 258–272, 288–289, 295, 298, 312–330; Jagow, S. 31–35.

55 HBFK, S. 330.

56 PBFK, S. 42, 181; HBFK, S. 236, 288–296.

57 Zamoyski, Adam: 1815 – Napoleons Sturz und der Wiener Kongress, München 2015, S. 320, 379, 440, 452–453, 458, 461, 590–591; Bleek, Wilhelm: Vormärz. Deutschlands Aufbruch in die Moderne. Szenen aus der deutschen Geschichte 1815–1848, München 2019, S. 16–27; Clark, Preußen, S. 395, 448–451, 457–459, 467–469, 493–495, 531; Nipperdey, Thomas: Deutsche Geschichte 1800–1866, Teil 1: Bürgerwelt und starker Staat, München 2013, S. 90–91; Holtz, Bärbel: Wider Ostrakismos und moderne Konstitutionstheorien. Die preußische Regierung im Vormärz zur Verfassungsfrage, in: Holtz, Bärbel/Spenkuch, Hartwin (Hrsg.): Preußens Weg in die politische Moderne. Verfassung – Verwaltung – politische Kultur zwischen Reform und Reformblockade, Berlin 2001, S. 101–139, hier: S. 101–106; Geisthövel, Alexa: Restauration und Vormärz 1815–1847,

Paderborn 2008, S. 13 – 24; Hosfeld, Rolf/Pölking, Hermann: Die Deutschen 1815 bis 1918. Fürstenherrlichkeit und Bürgerwelt, München 2007, S. 61; Walter, Dierk: Preußische Heeresreformen 1807 – 1870. Militärische Innovationen und der Mythos der »Roonschen Reform«, Paderborn 2003, S. 326 – 332; Neugebauer, S. 92 – 96.

58 PWPC, S. 49. Vor allem in jungen Jahren zog Wilhelm das Unglück manchmal magisch an. Einmal erlitt er eine schwere Fußverletzung, die ihn wochenlang beeinträchtigte. Dann wieder stieß er mit dem Kopf gegen einen Balken und zog sich dabei eine Gehirnerschütterung zu. Ende 1819 mussten ihm nach einem Jagdunfall zwei Glieder am Zeigefinger amputiert werden (PWPC, S. 65, 104; Varnhagen von Ense, K.A.: Aus dem Nachlasse Varnhagen's von Ense. Blätter aus der preußischen Geschichte, 5 Bände, Leipzig 1868 – 1869, hier: IV, S. 356, V, S. 109, 159 – 60, 239 – 240).

59 PWPC, S. 48.

60 Ebd., S. 46 – 48, 65 – 67, 221; Jugendbekenntnisse des Alten Kaisers. Briefe Kaiser Wilhelms I. an Fürstin Luise Radziwill Prinzessin von Preußen 1817 – 1829, herausgegeben von Kurt Jagow, Leipzig 1939, S. 43 – 45, 50 – 52.

61 Rochow, S. 68.

62 Varnhagen, Blätter, II, S. 183, III, S. 42 – 43, 231, IV, S. 153, 271, V, S. 15, 18.

63 Ebd., IV, S. 162 – 163.

64 Ebd., S. 135.

65 PWPC, S. 142.

66 Schneider, Louis: Aus dem Leben Kaiser Wilhelms I. 1849 – 1873, 3 Bände, Berlin 1888, hier: I, S. 125; siehe auch: PWPC, S. 75 – 77, 185, 248.

67 Wilhelm war begeistert von der Entscheidung seines Vaters, ihm Natzmer auch 1817 zuzuteilen, als er selbst Charlotte bei ihrer Hochzeitsfahrt nach St. Petersburg begleitete: »Ich hätte mir keinen angenehmeren Gefährten wählen können, als Sie«. Wilhelm an Oldwig von Natzmer, 24.5.1817, in: GSPK, VI. HA, NL Natzmer, Oldwig von, Nr. 1, n.f.

68 Rochow, S. 68.

69 Ebd., S. 68 – 69; PWPC, S. 30 – 31; Butenschön, Marianna: Die Preußin auf dem Zarenthron. Alexandra Kaiserin von Russland, München – Zürich 2011, S. 60 – 61; siehe auch GSPK, VI. HA, NL Preußen, Wilhelm I. von, Nr. 4.

70 PWPC, S. 238.

71 Rochow, S. 69 – 71; Barclay, Friedrich Wilhelm IV., S. 56 – 65, 69; Baumgart, Winfried: Friedrich Wilhelm IV. (1840 – 1861), in: Kroll, S. 219 – 241, hier: S. 219, 222; Koller an Buol-Schauenstein, 26.10.1857, HHStA, 59 Preußen Berichte 1857 IV–X, fol. 394 – 401, hier: fol. 394; Varnhagen, Blätter, II, S. 223, 274; III, S. 101 – 102, 315 – 316; IV, S. 128, 276.

72 Rochow, S. 91.

73 PWPC, S. 68 – 71, 75 – 82, 97 – 104, 111 – 112; Rochow, S. 132 – 141; Gersdorff, Dagmar von: Auf der ganzen Welt nur sie. Die verbotene Liebe zwischen Prinzessin Elisa Radziwill und Wilhelm von Preußen, Berlin 2015, S. 41 – 46, 50, 83, 93 – 96, 132 – 142, 160 – 162, 171 – 175; Butenschön, S. 112 – 114; Varnhagen, Blätter, II, S. 326, III, 235 – 236, 261, 306 – 307, 422, IV, S. 86 – 87, 151 – 152.

74 »Verzeichnis Meiner militairischen Ernennungen und Verwendungen«, in: GSPK, BPH, Rep. 51, D I Nr. 1, n.f.

75 PWPC, S. 47 – 50; Varnhagen, Blätter, IV, S. 241 – 242; Börner, S. 29 – 30; Herre, Kaiser Wilhelm I., S. 99 – 100.

76 Walter, Dierk: Der Berufssoldat auf dem Thron. Wilhelm I. (1797 – 1888), in: Förster, Stig/Pöhlmann, Markus/Walter, Dierk (Hrsg.): Kriegsherren der Weltgeschichte. 22 historische Portraits, München 2006, S. 217 – 233, hier: S. 219 – 222; Walter, Preußische Heeresreformen, S. 205.

77 Hilgers, Philipp von: Eine Anleitung zur Anleitung. Das taktische Kriegsspiel 1812–1824, in: Board Games Studies. International Journal for the Study of Board Games 3 (2000), S. 59–77, hier: S. 62–63, 69, 71, 73; Hilgers, Philipp von: Räume taktischer Kriegsspiele, in: Martus, Steffen/Münkler, Marina/Röcke, Werner (Hrsg.): Schlachtfelder. Codierung von Gewalt im medialen Wandel, Berlin 2003, S. 249–264, hier: S. 253–255; Pias, Claus: Computer Spiel Welten (Dissertation), Weimar 2000, S. 173–174.

78 Wirtgen, Rolf: Das Zündnadelgewehr. Eine militärtechnische Revolution im 19. Jahrhundert, Bonn 1991, S. 32; siehe auch: Vizetelly, Henry: Berlin under the New Empire. Its Institutions, Inhabitants, Industry, Monuments, Museums, Social Life, Manners, and Amusements, 2 Bände, London 1879, hier: I, S. 255.

79 Trox, Eckhard: Militärischer Konservativismus. Kriegervereine und »Militärpartei« in Preußen zwischen 1815 und 1848/49, Hamburg 1990, S. 68–69; Walter, Der Berufssoldat auf dem Thron, S. 221–222; Börner, S. 42.

80 PWPC, S. 87, siehe auch S. 79.

81 Walter, Preußische Heeresreformen, S. 206, 326–328; Clark, Preußen, S. 469, 509–510; PWPC, S. 67, 72, 173; Börner, S. 31–35.

82 PWPC, S. 60–61.

83 Börner, S. 34.

84 PWPC, S. 62.

85 Ebd., S. 78, 88; Clark, Preußen, S. 474–475, 477–480.

86 PWPC, S. 78.

87 Walter, Preußische Heeresreformen, S. 108–112, 187–195, 331–332.

88 PWPC, S. 57–58.

89 Ebd., S. 83, 84.

90 Wilhelm an Oldwig von Natzmer, 31.3.1824, in: GSPK, VI. HA, NL Natzmer, Oldwig von, Nr. 1, n.f.

91 Jugendbekenntnisse des Alten Kaisers, S. 6–12, 32–33; PWPC, S. 11–17, 21; Varnhagen, Blätter, II, S. 194, III, S. 419, IV, S. 9.

92 Varnhagen, Blätter, IV, S. 55.

93 PWPC, S. 133.

94 Varnhagen, Blätter, IV, S. 128, 135–136, 193, 282, 332–333, V, S. 79, 81, 90; PWPC, S. 115, 118–119, 122–129, 134–137; Gersdorff, S. 106–107, 155, 184–186; Feuerstein-Praßer, Karin: Augusta. Kaiserin und Preußin, München 2011, S. 37–38, 50–55.

95 PWPC, S. 137–140; Feuerstein-Praßer, Augusta, S. 57–63; Gersdorff, S. 204–205, 210.

96 PWPC, S. 141; Varnhagen von Ense, K.A.: Aus dem Nachlasse Varnhagen's von Ense. Tagebücher von K.A. Varnhagen von Ense, 14 Bände, Leipzig – Zürich – Hamburg 1861–1870, hier: I, S. 162; Feuerstein-Praßer, Augusta, S. 77–80, 88, 101, 117.

97 PWPC, S. 144.

98 Feuerstein-Praßer, Augusta, S. 91.

99 PWPC, S. 170–171; Gersdorff, S. 256–264; Feuerstein-Praßer, Augusta, S. 97.

100 Varnhagen, Tagebücher, I, S. 18–19.

101 Aus dem Literarischen Nachlaß der Kaiserin Augusta. Herausgegeben von Paul Bailleu und Georg Schuster, Berlin 1912, hier: I/2, S. 355, 359.

102 Ebd., S. 350.

103 PWPC, S. 191–192.

104 PWPC, S. 151, 170.

105 Feuerstein-Praßer, Augusta, S. 233.

106 PWPC, S. 190 – 191; Feuerstein-Praßer, Augusta, S. 98 – 107.

107 PWPC, S. 195.

108 Feuerstein-Praßer, Augusta, S. 86, 92, 108, 115 – 116.

109 Aus dem Literarischen Nachlaß der Kaiserin Augusta, I/2, S. 349.

110 Hosfeld/Pölking, S. 83 – 95; Oster, Uwe A.: Preußen. Geschichte eines Königreichs, München 2010, S. 264 – 266.

111 PWPC, S. 146 – 147.

112 Walter, Preußische Heeresreformen, S. 341.

113 Walter, Preußische Heeresreformen, S. 338, 345 – 355; Trox, S. 69 – 70.

114 PWPC, S. 173 – 174.

115 Mann, Golo: Deutsche Geschichte des neunzehnten und zwanzigsten Jahrhunderts, Frankfurt am Main 1958, S. 200.

116 Clark, Preußen, S. 451 – 458, 471 – 474, 483 – 484; Nipperdey, Deutsche Geschichte 1800 – 1866, S. 181 – 192; Geisthövel, S. 83 – 86, 119 – 121; Hosfeld/Pölking, S. 96 – 110.

117 Varnhagen, Blätter, IV, S. 258; Barclay, Friedrich Wilhelm IV., S. 83.

118 PWPC, S. 179 – 180; Barclay, Friedrich Wilhelm IV., S. 48, 69, 82, 95; Börner, S. 52 – 53.

119 Jugendbekenntnisse des Alten Kaisers, S. 102.

120 PWPC, S. 196.

121 Ebd., S. 22 – 23; Börner, S. 52 – 54.

122 Blasius, Dirk: Friedrich Wilhelm IV. 1795 – 1861. Psychopathologie und Geschichte, Göttingen 1992, S. 86.

123 Ebd., S. 83 – 84; Börner, S. 54. Wilhelm bekam das Dokument offiziell zunächst nicht zu sehen. Von seinem Bruder wurde er formell erst im März 1841, mehrere Monate nach dem Thronwechsel, davon in Kenntnis gesetzt (PWPC, S. 216). In Anbetracht seiner Kooperation mit Sayn-Wittgenstein ist aber davon auszugehen, dass der eigentliche Testamentsverfasser ihn in der Sache auf dem Laufenden hielt.

124 »Verzeichnis Meiner militairischen Ernennungen und Verwendungen«, in: GSPK, BPH, Rep. 51, D I Nr. 1, n.f.; PWPC, S. 194 – 195; Trox, S. 117; Börner, S. 42.

125 Börner, S. 51; Smitt, Willem: Katechismus der Freimaurerei, Leipzig 1891, S. 46 – 49.

126 Kaiser Wilhelms I. Briefe an seine Schwester Alexandrine und deren Sohn Großherzog Friedrich Franz II., bearbeitet von Johannes Schultze, Berlin – Leipzig 1927, S. 67 – 68; PWPC, S. 204, 215.

127 PWPC, S. 209.

Der Thronfolger (1840 – 1857)

1 Clark, Preußen, S. 500 – 505; Barclay, Friedrich Wilhelm IV., S. 13, 90 – 94, 119; Baumgart, S. 225; Holtz, S. 108 – 112; Mast, Peter: Die Hohenzollern in Lebensbildern, Graz – Wien – Köln 2006, S. 193.

2 Gruner, Wolf D.: Der Deutsche Bund, die deutschen Verfassungsstaaten und die Rheinkrise von 1840. Überlegungen zur deutschen Dimension einer europäischen Krise, in: Zeitschrift für Bayerische Landesgeschichte, Nr. 53 (1990), S. 51 – 78, hier: S. 51 – 55, 61 – 65, 67; Hosfeld/Pölking, S. 114 – 116.

3 PWPC, S. 213.

4 PPS, III, S. 22; Barclay, Friedrich Wilhelm IV., S. 99, 104, 188; PWPC, S. 205 – 211, 215 – 217, 220, 223; Börner, S. 56 – 57.

5 PWPC, S. 208.

6 Clark, Preußen, S. 507 – 508, 512 – 518; Barclay, Friedrich Wilhelm IV., S. 152 – 153, 177 – 181. »Ein gemeines Fleischergesicht« habe der König, meinte beispielsweise Heinrich Grunholzer, ein Mitarbeiter Bettina von Arnims, im Jahr 1843. »Denke ich ihn im Bürgerkleide, mit einer langen Pfeife hinter einer Stange Weißbier in Günthers Lokal, so – Gut Nacht ›von Gottes Gnaden‹.« Barclay, Friedrich Wilhelm IV., S. 180.

7 Clark, Preußen, S. 513 – 518.

8 PPS, III, S. 22; KFWWB, S. 14 – 15, 77 – 80; PWPC, S. 217 – 220, 223, 225 – 226, 240, 252 – 254; Barclay, Friedrich Wilhelm IV., S. 104 – 106, 182 – 189; Börner, S. 63 – 64; Clark, Preußen, S. 525 – 526.

9 KFWWB, S. 130.

10 PPS, III, S. 267 – 268, 272; Holtz, S. 134.

11 PWPC, S. 264; vgl. auch Clark, Preußen, S. 527.

12 PWPC, S. 25, 263 – 265, 280; Holtz, S. 130, 136 – 137.

13 Bleek, S. 276 – 279; PWPC, S. 272 – 273; Clark, Preußen, S. 522 – 523, 532 – 534; Geisthövel, S. 135 – 136; Barclay, Friedrich Wilhelm IV., S. 188; Börner, S. 65.

14 Barclay, Friedrich Wilhelm IV., S. 193.

15 Clark, Preußen, S. 528 – 530; Barclay, Friedrich Wilhelm IV., S. 193 – 198; Geisthövel, S. 56 – 57.

16 PWPC, S. 274.

17 Aus dem Literarischen Nachlaß der Kaiserin Augusta, I/2, S. 367.

18 PWPC, S. 281 – 284; Nipperdey, Deutsche Geschichte 1800 – 1866, S. 402, 595; Clark, Preußen, S. 536.

19 PWPC, S. 284.

20 Barclay, Friedrich Wilhelm IV., S. 202.

21 PWPC, S. 284.

22 Barclay, Friedrich Wilhelm IV., S. 202 – 205; PWPC, S. 285; Clark, Preußen, S. 536 – 537.

23 KFWWB, S. 214; Prittwitz, Karl Ludwig von: Berlin 1848. Das Erinnerungswerk des Generalleutnants Karl Ludwig von Prittwitz und andere Quellen zur Berliner Märzrevolution und zur Geschichte Preußens um die Mitte des 19. Jahrhunderts, Berlin/New York 1985, S. 34, 46, 50, 60, 68, 71, 74, 87 – 88, 104 – 106; Haenchen, Karl: Flucht und Rückkehr des Prinzen von Preußen im Jahre 1848, in: Historische Zeitschrift 154 (1936), S. 32 – 95, hier: S. 39 – 40; Denkwürdigkeiten aus dem Leben Leopold von Gerlachs Generals der Infanterie und General-Adjutanten König Friedrich Wilhelms IV. Nach seinen Aufzeichnungen herausgegeben von seiner Tochter, 2 Bände, Berlin 1892, hier: I, S. 131 – 132; Die Berliner Märztage. Vom militairischen Standpunkte aus geschildert, Berlin 1850, S. 10 – 11, 15, 22 – 23; Kaiser Friedrich III. Tagebücher von 1848 – 1866. Herausgegeben von Heinrich Otto Meisner, Leipzig 1929, S. 4.

24 Barclay, Friedrich Wilhelm IV., S. 205 – 207.

25 Ebd., S. 207; Gerlach, I, S. 144.

26 Clark, Preußen, S. 539 – 541; Barclay, Friedrich Wilhelm IV., S. 208 – 212; Jessen, Hans (Hrsg.): Die Deutsche Revolution 1848/49 in Augenzeugenberichten, Düsseldorf 1968, S. 75 – 83; Boerner, Paul: Erinnerungen eines Revolutionärs. Skizzen aus dem Jahre 1848, 2 Bände, Leipzig 1920, hier: I, S. 121 – 127; Oelrichs, August: Ein Bremer rettet den Kaiser. Die Flucht des Prinzen Wilhelm im Jahre 1848 aus Berlin, nach den Erinnerungen von August Oelrichs, herausgegeben von Dieter Leuthold, Bremen 1998, S. 11 – 13 (Einleitung, Erinnerungen des Augenzeugen Ernst Benda); Prittwitz, S. 117 – 148, 226 – 229, 258 – 259; Gerlach, I, S. 134 – 139.

27 Die Deutsche Revolution 1848/49 in Augenzeugenberichten, S. 92 – 93; Gerlach, I, S. 141; Prittwitz, S. 139, 227, 288 – 290; KWGBRS, I, S. 173 – 176.

28 Varnhagen, Tagebücher, IV, S. 326.

29 Lüttichau, Philipp: Erinnerungen aus dem Straßenkampfe, den das Füsilier-Bataillon 8ten Infanterie-Regiments (Leib-Infanterie-Regiment) am 18ten März 1848 in Berlin zu bestehen hatte, und die Vorgänge bis zum Abmarsch desselben am 19ten Vormittags 11 Uhr, Berlin 1849, S. 14.

30 Virchow, Rudolf: Briefe an seine Eltern 1839 – 1864, herausgegeben von Marie Rabl, Leipzig 1907, S. 134.

31 Die Deutsche Revolution 1848/49 in Augenzeugenberichten, S. 83.

32 Haeckel, Julius: Der Revolutionär Max Dortu, in: Hupfeld, Hans (Hrsg.): Potsdamer Jahresschau. Havelland-Kalender 1932, Potsdam 1932, S. 41 – 57, hier: S. 44 – 45.

33 Barclay, Friedrich Wilhelm IV., S. 214; siehe auch: KFT 1848 – 1866, S. 22.

34 Prittwitz, S. 345.

35 Ebd., S. 347 – 349; Haenchen, S. 44 – 45, 50 – 51; Oelrichs, S. 54 – 55; Gerlach, I, S. 145 – 146; Die Deutsche Revolution 1848/49 in Augenzeugenberichten, S. 94 – 96; Kaiser Wilhelms I. Weimarer Briefe, herausgegeben von Johannes Schultze, 2 Bände, Berlin/Leipzig 1924, hier: I, S. 179.

36 KFWWB, S. 173 – 176; KFT 1848 – 1866, S. 29 – 31; Boerner, I, S. 197 – 200, 207 – 208; Haenchen, S. 50 – 54.

37 Oelrichs an unbekannt, 24.3.1848, in: GSPK, VI. HA, NL Preußen, Wilhelm I. von, Nr. 5, n.f.; Oelrichs, S. 60 – 80; KFWWB, S. 177 – 178; Gerlach, I, S. 146; siehe auch: KFT 1848 – 1866, S. 30 – 31; PWPC, S. 293; KWGBRS, I, S. 173, 190 – 191.

38 PWPC, S. 288.

39 Oelrichs an unbekannt, 24.3.1848, in: GSPK, VI. HA, NL Preußen, Wilhelm I. von, Nr. 5, n.f.; Oelrichs, S. 79, 83 – 84.

40 Der Prinz von Preußen und die Berliner Revolution, Berlin 1848, S. 3 – 5; Trox, S. 117; Haenchen, S. 43.

41 Die Deutsche Revolution 1848/49 in Augenzeugenberichten, S. 98.

42 Boerner, II, S. 24, 198.

43 Gerlach, I, S. 146; Haenchen, S. 58 – 61; Varnhagen, Tagebücher, IV, S. 345.

44 Varnhagen, Tagebücher, IV, S. 344.

45 Oelrichs, S. 85 – 87; Christian Carl Josias Freiherr von Bunsen. Aus seinen Briefen und nach eigener Erinnerung geschildert von seiner Witwe. Bearbeitet von Friedrich Nippold, 3 Bände, Leipzig 1868 – 1871, hier: II, S. 411 – 413; KFWWB, S. 179 – 180, 182.

46 Bunsen, II, S. 412.

47 Oelrichs, S. 86 – 93; KFWWB, S. 180, 182, 184.

48 Haenchen, S. 82 – 83; Varnhagen, Tagebücher, IV, S. 363; Oelrichs, S. 104; Boerner, I, S. 200.

49 Clark, Preußen, S. 560 – 564; Engehausen, Frank: Die Revolution von 1848/49, Paderborn 2007, S. 66 – 69; Barclay, Friedrich Wilhelm IV., S. 222 – 225.

50 Augusta an Wilhelm, 24.3.1848 in: GSPK, VI. HA, NL Preußen, Wilhelm I. von, Nr. 2, Mappe »24.3.48«, fol. 1 – 6, hier: fol. 5.

51 Augusta an Wilhelm, 26.3.1848 in: GSPK, VI. HA, NL Preußen, Wilhelm I. von, Nr. 2, Mappe »26.3.48«, fol. 1 – 2, hier: fol. 1.

52 Augusta an Wilhelm, 29.3.1848 in: GSPK, VI. HA, NL Preußen, Wilhelm I. von, Nr. 2, Mappe »29.3.48«, fol. 1 – 4, hier: fol. 3.

53 Haenchen, S. 64 – 65, 73 – 81; Varnhagen, Tagebücher, V, S. 125; Aus dem Literarischen Nachlaß

der Kaiserin Augusta, I/2, S. 514 – 517; Bismarck, Otto von: Gedanken und Erinnerungen, München 2007, S. 43 – 44.

54 Oelrichs, S. 94 – 95, 98 – 99; Aus dem Literarischen Nachlaß der Kaiserin Augusta, I/2, S. 367 – 368; Herre, Kaiser Wilhelm I., S. 198 – 199; PWPC, S. 300; Börner, S. 82; Angelow, S. 249 – 251.

55 Haenchen, S. 61.

56 KWGBRS, I, S. 176 – 177.

57 KFWWB, S. 196 – 199; Haenchen, S. 86 – 87; PWPC, S. 297; Becker, Gerhard/Hofmann, Jürgen: Proteste gegen die Rückberufung des Prinzen von Preußen. Zur Volksbewegung gegen die Krone und das Ministerium Camphausen im Mai 1848, in: Zeitschrift für Geschichtswissenschaft, 23. Jahrgang (1975), No. 7, S. 795 – 820, hier: S. 796 – 797; Gerlach, I, S. 158 – 159.

58 PWPC, S. 299.

59 Becker/Hofmann, S. 799, 805, 812.

60 Ebd., S. 813.

61 Offener Brief an den Prinzen von Preußen, 18.5.1848 in: GSPK, VI. HA, NL Preußen, Wilhelm I. von, Nr. 14, n.f.

62 Becker/Hofmann, S. 801 – 802; Clark, Preußen, S. 553 – 554. »Tiefgefühlten Dank für die Zurückberufung« des Prinzen von Preußen äußerte eine Adresse aus dem ländlichen Raum und forderte das Staatsministerium auf, »sich in dieser von fast allen unseren Mitbürgern gebilligten und ersehnten Maßregel nicht durch einzelne, wenn auch laute und der Ordnung trotzende Stimmen in der Hauptstadt schwankend machen zu lassen.« Andere wollten zu den Waffen greifen, um die Krone gegen die Revolution zu unterstützen. Vom Magistrat der Stadt Neumark etwa verlautete: »Sollte es einer tatkräftigen Mitwirkung aus den Provinzen bedürfen, so sind Tausende von uns bereit, Weib und Kind zu verlassen und mit dem Säbel in der Faust denjenigen gegenüber zu ziehen, welche den Frieden unsrer Familien, das Glück und den Wohlstand unseres Landes gottlos untergraben und die verfassungsmäßige Regierung des Königs täglich mit frechem Hohne in Frage stellen, verdächtigen und mit Gewalttaten bedrohen« (Becker/Hofmann, S. 810 – 811).

63 Bismarck, S. 35 – 36.

64 Die Deutsche Revolution 1848/49 in Augenzeugenberichten, S. 217.

65 Gerlach, I, S. 161 – 162; Herre, Kaiser Wilhelm I., S. 200 – 201.

66 Varnhagen, Tagebücher, V, S. 40.

67 Die Deutsche Revolution 1848/49 in Augenzeugenberichten, S. 217.

68 Gerlach, I, S. 161; Börner, S. 83 – 84; Haenchen, S. 92.

69 KFWWB, S. 192 – 194, 198, 212 – 213; Haenchen, S. 91.

70 KWGBRS, I, S. 183.

71 KFWWB, S. 214.

72 PWPC, S. 300 – 301; KFWWB, S. 215; Gerlach, I, S. 167.

73 KWGBRS, I, S. 185.

74 Hohenlohe-Ingelfingen, Kraft zu: Aus meinem Leben, 4 Bände, Berlin 1897 – 1907, hier: I, S. 82.

75 PWPC, S. 301 – 302; KWGBRS, I, S. 185.

76 Hohenlohe-Ingelfingen, I, S. 83.

77 Varnhagen, Tagebücher, V, S. 58. Wilhelm erschien am 8. Juni vor der Nationalversammlung. Den Aufzeichnungen Varnhagens zufolge versuchte der Kronprinz bereits tags zuvor, seinen Auftritt hinter sich zu bringen. Die Sitzung der Nationalversammlung vom 7. Juni wurde jedoch so zügig abgewickelt, dass der mit Verspätung eintreffende Thronfolger vor verschlossenen Toren stand.

78 PPS, IV/1, S. 38, 58 – 71; KWBPS, I, S. 72.

79 PWPC, S. 302.

80 Varnhagen, Tagebücher, V, S. 59–60, 66–69; PWPC, S. 302, 307–308; Craig, Die preußisch-deutsche Armee, S. 133–138; Clark, Preußen, S. 548–550; Barclay, Friedrich Wilhelm IV.,
S. 248–255; Prittwitz, S. XVII, 4–5.
81 Gerlach, I, S. 193.
82 PWPC, S. 306–307.
83 KFWWB, S. 217–219, 223–232; Barclay, Friedrich Wilhelm IV., S. 101, 227–233, 255–257;
PWPC, S. 309–311; Gerlach, I, S. 191–199.
84 PWPC, S. 310.
85 Barclay, Friedrich Wilhelm IV., S. 257–264; Clark, Preußen, S. 551–553; Engehausen,
S. 137–144; Textwiedergaben der Charte Waldeck sowie der preußischen Verfassung des Jahres
1848: http://www.documentarchiv.de/nzjh/preussen/1848/preussische-charte-waldeck.html sowie http://www.documentarchiv.de/nzjh/verfpr1848.html (beide abgerufen am 20.10.2017).
86 PWPC, S. 316, 319.
87 Engehausen, S. 206–221; Clark, Preußen, S. 564–565; Barclay, Friedrich Wilhelm IV., S. 278–282.
88 PWPC, S. 328; Aus dem Literarischen Nachlaß der Kaiserin Augusta, I/2, S. 368.
89 KFWWB, S. 234, 237.
90 Barclay, Friedrich Wilhelm IV., S. 283.
91 KWBPS, I, S. 81.
92 PWPC, S. 330; KWBPS, I, S. 82–84; KFWWB, S. 238–239.
93 Hosfeld/Pölking, S. 161–162; Engehausen, S. 231–236; KWBPS, I, S. 86.
94 Wilhelm an Oldwig von Natzmer, 20.5.1849, in: GSPK, VI. HA, NL Natzmer, Oldwig von, Nr. 1,
n.f.
95 Barclay, Friedrich Wilhelm IV., S. 75, 286–289, 292, 298; Clark, Preußen, S. 567; Börner, S. 97–98.
96 Müller, Sabrina: Soldaten in der deutschen Revolution von 1848/49, Paderborn – München –
Wien – Zürich 1999, S. 98–99; Engehausen, S. 239–244.
97 KWGBRS, I, S. 208–210; Die Deutsche Revolution 1848/49 in Augenzeugenberichten,
S. 328–329; Anneke, Mathilde Franziska: Mutterland. Memoiren einer Frau aus dem badisch-pfälzischen Feldzuge 1848/49, Münster 1982, S. 12.
98 Müller, Soldaten in der deutschen Revolution von 1848/49, S. 103.
99 Ebd., S. 100.
100 KFWWB, S. 248–249; PWPC, S. 334; Natzmer, Gneomar Ernst von: Unter den Hohenzollern. Denkwürdigkeiten aus dem Leben des Generals Oldwig von Natzmer, 4 Bände, Gotha
1887–1889, hier: IV, S. 74, 78; Engehausen, S. 244; Schurz, Carl: Sturmjahre. Lebenserinnerungen 1829–1852, Berlin 1973, S. 220–223.
101 KFWWB, S. 249.
102 Feuerbach, Henriette: Ihr Leben in ihren Briefen, Berlin 1912, S. 151–153; Schurz, S. 225–226.
103 KWGBRS, S. 211.
104 Corvin, Otto von: Aus dem Leben eines Volkskämpfers, 4 Bände, Amsterdam 1861, hier: III,
S. 352–353, 365, 376–380, IV, S. 3–4, 18–19, 26–34, 53, 68–70; Schurz, S. 224, 227–235;
Börner, S. 94–95; Nipperdey, Deutsche Geschichte 1800–1866, S. 663; KFWWB, S. 263–266;
PWPC, S. 335–336.
105 KFWWB, S. 273, siehe auch S. 282.
106 Feuerbach, S. 152. »Bis jetzt ist nicht eine einzige Verhaftung hier vorgenommen worden«, zeigte
sich Henriette Feuerbach in einem weiteren Brief am 15. Juli 1849 erstaunt über das Verhalten der
preußischen Besatzer, »ausgenommen die gefangenen Soldaten und Freischärler, die stündlich
truppenweise, aber nicht gebunden und geknebelt wie voriges Jahr, sondern anständig mit kleiner

Bedeckung eingebracht werden. Ganze Züge kommen auch freiwillig, um sich zu unterwerfen. So milde aber kann es nicht bleiben, unser Kriegszustand wäre sonst eine *partie de plaisir*.« Feuerbach, S. 154–155. Siehe auch eine Anmerkung Wilhelms, der am 4. Juli 1849 über die Stimmung im Land schrieb: »Übrigens werden wir überall als Erretter empfangen und nur in den Städten gibt es verbissene Gesichter«. PWPC, S. 334.

107 Engehausen, S. 245–246.

108 KFWWB, S. 280–281; Die Deutsche Revolution 1848/49 in Augenzeugenberichten, S. 343–344.

109 Varnhagen, Tagebücher, VI, S. 340, 377–378, 434, 443–444, 498.

110 KFWWB, S. 298, 303–305, 310; KWGBRS, I, S. 290; Börner, S. 98, 110; Clark, Preußen, S. 532–533.

111 PWPC, S. 347.

112 KFWWB, S. 306–310; Hosfeld/Pölking, S. 166–168; Clark, Preußen, S. 567–568.

113 PWPC, S. 348.

114 KFWWB, S. 314–325.

115 KFWWB, S. 323.

116 Nipperdey, Deutsche Geschichte 1800–1866, S. 671–672; Barclay, Friedrich Wilhelm IV., S. 298–301; Clark, Preußen, S. 567–568; Rumpler, Helmut: Eine Chance für Mitteleuropa. Bürgerliche Emanzipation und Staatsverfall in der Habsburgermonarchie, Wien 1997, S. 312–313, 318–319.

117 KWBPS, I, S. 120.

118 PWPC, S. 354.

119 Varnhagen, Tagebücher, VII, S. 390, 392; siehe auch Gerlach, I, S. 549.

120 PPS, IV/1, S. 165–166, 168–169; Barclay, Friedrich Wilhelm IV., S. 300–301.

121 KFWWB, S. 339, siehe auch S. 337.

122 PPS, IV/1, S. 170–181; Barclay, Friedrich Wilhelm IV., S. 301–303.

123 Barclay, Friedrich Wilhelm IV., S. 304–305, 327–328; Varnhagen, Tagebücher, VIII, S. 107, 243, 332–333, 447, IX, S. 410.

124 Varnhagen, Tagebücher, IX, S. 410.

125 KFWWB, S. 340, 350; PWPC, S. 356; Barclay, Friedrich Wilhelm IV., S. 302, 365.

126 Briefe Kaiser Wilhelms des Ersten. Nebst Denkschriften und anderen Aufzeichnungen in Auswahl herausgegeben von Erich Brandenburg, Leipzig 1911, S. 84–89.

127 Baumgart, S. 233–234; Barclay, Friedrich Wilhelm IV., S. 308–309, 327, 331; Clark, Preußen, S. 580–581; http://www.verfassungen.de/preussen/preussen50-index.htm (abgerufen am 24.07. 2018).

128 KWGBRS, I, S. 223.

129 Briefe Kaiser Wilhelms des Ersten, S. 74.

130 PWPC, S. 342.

131 Ebd., S. 358.

132 Feuerstein-Praßer, Augusta, S. 158–160.

133 Ebd., S. 160.

134 PWPC, S. 373–374; KFWWB, S. 411, 437; Feuerstein-Praßer, Augusta, S. 168–172; Börner, S. 109–110, 129.

135 KFWWB, S. 426–428, 439; Börner, S. 124–125; PPS, V, S. 38.

136 KFWWB, S. 367–368, 391–395, 410, 440–443; KWGBRS, I, S. 289–291; Barclay, Friedrich Wilhelm IV., S. 326–327.

137 PWPC, S. 344, 364.

138 Barclay, Friedrich Wilhelm IV., S. 364–365, 375; Willms, Johannes: Napoleon III. Frankreichs letzter Kaiser, München 2008, S. 103, 108–109, 164–165.

139 PWPC, S. 366, 371.

140 Willms, Napoleon III., S. 10, 159–169; Figes, Orlando: Krimkrieg. Der letzte Kreuzzug, Berlin 2011, S. 39–47, 174–198, 244–259, 278–279; Barclay, Friedrich Wilhelm IV., S. 375, 379–380.

141 PWPC, S. 380.

142 KWGBRS, I, S. 387.

143 KFWWB, S. 471, 473, 479.

144 Barclay, Friedrich Wilhelm IV., S. 376–379; KWGBRS, I, S. 353–362, 366–367; KFWWB, S. 474–477; PWPC, S. 383.

145 KFWWB, S. 510–515; Barclay, Friedrich Wilhelm IV., S. 379.

146 KFWWB, S. 511.

147 http://wafr.lbmv.de/show.php?action=1886-03-05 (abgerufen am 27.07.2018); Kraus, Hans-Christof: Friedrich III. (12. März 1888–18. Juni 1888), in: Kroll, S. 265–289, hier: S. 289.

148 Feuerstein-Praßer, Augusta, S. 108, 115–117; Kraus, S. 266–268.

149 Kraus, S. 268.

150 PWPC, S. 358, siehe auch S. 345.

151 Freimaurer-Zeitung, Ausgabe Nr. 51 (Dezember 1853), S. 1, in: GSPK, VI. HA, NL Gerlach, Leopold von, Nr. 23, fol. 1.

152 Feuerstein-Praßer, Augusta, S. 126–128, 163, 165–166; PWPC, S. 358, 389; Müller, Frank Lorenz: Der 99-Tage-Kaiser. Friedrich III. von Preußen. Prinz, Monarch, Mythos, München 2013, S. 48–50.

153 PWPC, S. 393.

154 PWPC, S. 383, 387, 389; KFWWB, S. 359, 503, 525; Feuerstein-Praßer, Augusta, S. 108, 173–174, 176, 183–184; Müller, Der 99-Tage-Kaiser, S. 48–49.

155 Friedrich Wilhelm IV. an Augusta, 3.6.1855, in: GSPK, BPH, Rep. 51, D I Nr. 10, n.f.; Kessel, Eberhard: Moltke, Stuttgart 1957, S. 211–213; Kolb, Eberhard: Helmuth von Moltke in seiner Zeit. Aspekte und Probleme, in: Foerster, Roland G. (Hrsg.): Generalfeldmarschall von Moltke. Bedeutung und Wirkung, München 1991, S. 1–17, hier: S. 2–5; Thies, Jochen: Die Moltkes. Von Königgrätz nach Kreisau. Eine deutsche Familiengeschichte, München 2010, S. 29–65; Burchardt, Lothar: Helmuth von Moltke, Wilhelm I. und der Aufstieg des preußischen Generalstabes, in: Foerster, S. 19–38, hier: S. 21; Venohr, Wolfgang: Helmuth von Moltke, in: Haffner, Sebastian/Venohr, Wolfgang: Preußische Profile, Berlin 1986, S. 117–139, hier: S. 123–125; Kessel, S. 211.

156 Thies, S. 69.

157 KFWWB, S. 504.

158 PWPC, S. 393.

159 Kessel, S. 223–224.

160 Nipperdey, Deutsche Geschichte 1800–1866, S. 692; Figes, S. 579–580, 587, 608–609; Barclay, Friedrich Wilhelm IV., S. 381–383; Vocelka, Michaela/Vocelka, Karl: Franz Joseph I. Kaiser von Österreich und König von Ungarn 1830–1916. Eine Biografie, München 2015, S. 116–119; Allmayer-Beck, Johann Christoph: Die bewaffnete Macht in Staat und Gesellschaft, in: Wandruszka, Adam/Urbanitsch, Peter (Hrsg.): Die Habsburgermonarchie 1848–1918, Band 5 (Die bewaffnete Macht), Wien 1987, S. 1–141, hier: S. 44.

161 Baumgart, S. 235; Müller, Der 99-Tage-Kaiser, S. 12.

162 Clark, Preußen, S. 583; Barclay, Friedrich Wilhelm IV., S. 380–383, 387–388; KFWWB, S. 519; Figes, S. 587

163 Walter, Preußische Heeresreformen, S. 332, 398 – 399, 402 – 407, 444; Oster, S. 311.

164 KFWWB, S. 517 – 518; KWGBRS, I, S. 398; Börner, S. 122 – 123.

165 Figes, S. 187 – 191, 272 – 273; Vocelka/Vocelka, S. 157; Willms, Napoleon III., S. 168 – 171.

166 KWGBRS, I, S. 281; Varnhagen, Tagebücher, VIII, S. 8.

167 KFWWB, S. 456 – 457, 500 – 501, 505, 522, 534 – 535, 537; Börner, S. 122 – 123; Wirtgen, S. 32 – 38, 69 – 70, 76 – 78, 80 – 83, 145 – 146; MSKWG, II, S. 83 – 86, 91 – 98, 103; Walter, Preußische Heeresreformen, S. 192 – 193, 378 – 380, 587 – 590; Clark, Preußen, S. 614 – 615.

168 KFWWB, S. 537.

169 Ebd., S. 539.

170 MSKWG, II, S. 84 – 85, 296; Walter, Preußische Heeresreformen, S. 399 – 400, 587 – 590; Wirtgen, S. 146.

171 Varnhagen, Tagebücher, XII, S. 14 – 15, 200, 211, 312, 319 – 324, 338 – 339, 395, 411, 418; KFWWB, S. 507 – 509; Barclay, Friedrich Wilhelm IV., S. 357 – 360, 363, 383; Clark, Preußen, S. 579.

172 KFWWB, S. 534, 536, 539 – 540; PWPC, S. 395.

173 PWPC, S. 396.

174 Wie erwähnt, war Wilhelms offizieller Eintritt in die preußische Armee eigentlich erst am 22. März 1807, seinem zehnten Geburtstag, erfolgt. Der Prinz empfand aber den 1. Januar 1807, als sein Vater ihm schon vorab eine Uniform überreicht hatte, als Schlüsseldatum. Obwohl diese Selbsteinschätzung des Thronfolgers nicht ganz korrekt war, wurde ihr dennoch Rechnung getragen, wenn es bei ihm wieder einmal ein Dienstjubiläum zu feiern gab.

175 PWPC, S. 396 – 397; KWGBRS, I, S. 405 – 411.

176 Wilhelm an Oldwig von Natzmer, 20.5.1849, in: GSPK, VI. HA, NL Natzmer, Oldwig von, Nr. 1, n.f.

177 KFWWB, S. 550; Varnhagen, Tagebücher, XIII, S. 297, 326, XIV, S. 89 – 90.

178 KWGBRS, I, S. 411.

179 KFWWB, S. 551.

Machtübernahme und Selbstregierung (1857 – 1863)

1 Gerlach, II, S. 535 – 548; Hohenlohe-Ingelfingen, II, S. 95 – 96; Unter Friedrich Wilhelm IV. Denkwürdigkeiten des Ministerpräsidenten Otto Freiherrn v. Manteuffel. Herausgegeben von Heinrich von Poschinger, 3 Bände, Berlin 1901, hier: III, S. 201 – 208; PWPC, S. 397 – 400; Barclay, Friedrich Wilhelm IV., S. 389 – 392, 396; Baumgart, S. 239; Bismarck, S. 478.

2 Bericht Guido von Usedoms, 14.10.1857 in: GSPK, BPH, Rep. 51, E III Nr. 1, n.f.

3 Bericht Usedoms, 12.10.1857 in: GSPK, ebd., n.f.

4 Bericht Usedoms, 17.10.1857 in: GSPK, ebd., n.f. Über den Zustand des Königs schrieb der Diplomat: »Die körperlichen Functionen gehen ihren Gang, aber die geistigen wollen nicht wiederkommen: wenn er spricht, so ist er meist nicht zu verstehen, bald fällt auch das Haupt ihm wieder auf die Brust herab u. ein Schlummerzustand tritt wieder ein. So geht es fort, Todesgefahr oft nicht da, Hoffnung auf Genesung aber auch nicht.«

5 Bericht Usedoms, 19.10.1857 in: GSPK, ebd., n.f.

6 Bericht Usedoms, 21.10.1857 in: GSPK, ebd., n.f.

7 PWPC, S. 398 – 399; Gerlach, II, S. 548.

8 Friedrich Wilhelm IV. an den Prinzen von Preußen, 23.10.1857, in: GSPK, I. HA, Rep. 89, Nr. 350, fol. 1.

9   GSPK, I. HA, Rep. 89, Nr. 349, fol. 18, 32, 37 – 38.

10 Prinz von Preußen an Staatsministerium, 23.10.1857, in: GSPK, I. HA, Rep. 89, Nr. 350, fol. 2.

11 August von Koller an Österreichs Ministerpräsident und Außenminister Karl Ferdinand von Buol-Schauenstein, 26.10.1857, in: HHStA, PA III, 59 Preußen Berichte 1857 IV–X, fol. 394 – 401, hier: fol. 394.

12 Koller an Buol-Schauenstein, 24.10.1857, in: HHStA, PA III, 59 Preußen Berichte 1857 IV–X, fol. 386 – 391.

13 Koller an Buol-Schauenstein, 13.11.1857, in: HHStA, PA III, 60 Preußen Berichte 1857 XI–XII; Weisungen, Varia 1857, fol. 482 – 485, hier: fol. 482.

14 Koller an Buol-Schauenstein, 2.11.1857, in: HHStA, PA III, 60 Preußen Berichte 1857 XI–XII; Weisungen, Varia 1857, fol. 428 – 431, hier: fol. 429.

15 Gerlach, II, S. 551 – 556; Varnhagen, Tagebücher, XIV, S. 119, 122; PWPC, S. 400.

16 Kaiser Wilhelms I. Weimarer Briefe, I, S. 293.

17 Gerlach, II, S. 557, 566, 569 – 570, 593, 601; Varnhagen, Tagebücher, XIV, S. 178, 198, 201; Briefe Kaiser Wilhelms des Ersten, S. 129 – 131; KWGBRS, II, S. 25.

18 Gerlach, II, S. 605.

19 Koller an Buol-Schauenstein, 3.12.1857, in: HHStA, PA III, 60 Preußen Berichte 1857 XI–XII, fol. 560 – 569, hier: fol. 565; siehe auch Koller an Buol-Schauenstein, 25.2.1858, in: HHStA, PA III, 61 Preußen Berichte 1858 I–IV, fol. 317 – 324.

20 KWBPS, II, S. 116 – 119; Varnhagen, Tagebücher, XIV, S. 233, 281 – 282, 287, 361; PPS, IV/1, S. 443 – 444; Firmenich an unbekannt, 31.5.1858, in: GSPK, BPH, Rep. 51, E III Nr. 1.

21 Thies, S. 29 – 69; Kolb, Moltke, S. 2 – 5; Kessel, S. 95 – 96, 221 – 224, 238; Herre, Franz: Moltke. Der Mann und sein Jahrhundert, Stuttgart 1984, S. 171 – 173, 177; Walter, Preußische Heeresreformen, S. 219 – 221, 501 – 513.

22 Walter, Preußische Heeresreformen, S. 401 – 406; MSKWG, II, S. 296 – 298; Craig, Die preußisch-deutsche Armee, S. 161; Oster, S. 311.

23 Walter, Preußische Heeresreformen, S. 355 – 359, 406; MSKWG, II, S. 133 – 134; Varnhagen, Tagebücher, XIII, S. 148; PPS, IV/1, S. 396.

24 Wirtgen, S. 78, 145 – 146; Walter, Preußische Heeresreformen, S. 43, 587 – 590; MSKWG, II, S. 83 – 86, 97 – 98, 103; Clark, Preußen, S. 614 – 615.

25 Denkwürdigkeiten aus dem Leben des Generalfeldmarschalls Kriegsministers Grafen von Roon. Sammlung von Briefen, Schriftstücken und Erinnerungen, herausgegeben von Waldemar Graf von Roon, 3 Bände, Berlin 1905, hier: I, S. 344 – 345.

26 Nicht jeder ging so weit wie der Roon-Biograph Hanns Martin Elster, der sich zur Behauptung verstieg, die Denkschrift sei »eines der bedeutsamsten Dokumente nicht nur der preußisch-deutschen Heeresgeschichte, sondern der deutschen Geschichte überhaupt, weil mit ihr in gewissem Sinne die Begründung des zweiten, des Kaiserreiches praktisch begann« (Elster, Hanns Martin: Kriegsminister, General-Feldmarschall Ministerpräsident Graf Albrecht von Roon. Sein Leben und Wirken, Berlin 1938, S. 249). Doch auch neutralere Autoren maßen Roons Denkschrift immer wieder allzu große Wirkung bei. So hieß es unter anderem, Roon sei »Chefarchitekt der Heeresreform« (Clark, Preußen, S. 591) gewesen, hätte 1858 »wesentliche Reformvorschläge« (Neugebauer, S. 110) eingebracht und mit der Denkschrift die – wenngleich von Wilhelm überarbeitete – »Grundlage der preußischen Heeresreorganisation« (Börner, S. 145) geschaffen.

27 Roon, I, S. 346 – 354, 357, 373 sowie II, S. 521 – 572; MSKWG, II, S. 377 – 378; Walter, Preußische Heeresreformen, S. 406 – 407, 410 – 413, 437; Elster, S. 244 – 248.

28 Kessel, S. 223, 235 – 236, 243; Burchardt, S. 21; Herre, Moltke, S. 176; Showalter, Dennis: The Wars of German Unification, London 2004, S. 65 – 66.

29 Gerlach, II, S. 609; Varnhagen, Tagebücher, XIV, S. 396, 401 – 402, 404; Koller an Buol-Schauenstein, 28.5.1858, in: HHStA, PA III, 62 Preußen Berichte 1858 V–X, fol. 143 – 147.

30 Varnhagen, Tagebücher, XIV, S. 406.

31 Wilhelm an Staatsministerium, 18.8.1858, in: GSPK, I. HA, Rep. 89, Nr. 350, fol. 10.

32 Staatsministerium an Wilhelm, 7.9.1858, in: GSPK, BPH, Rep. 51, E I Generalia Nr. 1 Bd. 1, Mappe »Regentschaft«, fol. 22 – 31, hier: fol. 24.

33 Leopold von Gerlach an Otto von Manteuffel, 9.9.1858, in: GSPK, VI. HA, NL Gerlach, Leopold von, Nr. 27, fol. 71.

34 Leopold von Gerlach an Otto von Manteuffel, 15.9.1858, in: GSPK, VI. HA, NL Gerlach, Leopold von, Nr. 27, fol. 77.

35 Gerlach, II, S. 608 – 610, 612 – 614; PWPC, S. 404 – 406; PPS, IV/1, S. 444 – 445; Ferdinand von Westphalen an Leopold von Gerlach, 22.9.1858, in: GSPK, VI. HA, NL Gerlach, Leopold von, Nr. 27, fol. 87.

36 Friedrich Wilhelm IV. an Wilhelm, 7.10.1858, in: GSPK, BPH, Rep. 51, E I Generalia Nr. 1 Bd. 1, Mappe »Regentschaft«, fol. 53.

37 PWPC, S. 406 – 407.

38 Varnhagen, Tagebücher, XIV, S. 413; Bismarck, S. 156 – 157; Koller an Buol-Schauenstein, 18.10.1858, in: HHStA, PA III, 62 Preußen Berichte 1858 V–X, fol. 193 – 195, hier: fol. 193.

39 Koller an Buol-Schauenstein, 21.10.1858, in: HHStA, PA III, 62 Preußen Berichte 1858 V–X, fol. 213 – 214, hier: fol. 213.

40 GSPK, I. HA, Rep. 89, Nr. 350, fol. 19; siehe auch Barclay, Friedrich Wilhelm IV., S. 308 – 310, 393.

41 Peiffer, Bastian: Alexander von Schleinitz und die preußische Außenpolitik 1858 – 1861, Frankfurt am Main/Berlin/Bern/Brüssel/New York/Oxford/Wien 2012, S. 58; Koller an Buol-Schauenstein, 18.11.1858, in: HHStA, PA III, 63 Preußen Berichte 1858 XI–XII; Weisungen 1858, fol. 298 – 302, hier: fol. 300.

42 PWPC, S. 409 – 411; Peiffer, S. 57 – 61; Paetau, Rainer: Die regierenden Altliberalen und der »Ausbau« der Verfassung Preußens in der Neuen Ära (1858 – 1862). Reformpotential – Handlungsspielraum – Blockade, in: Holtz/Spenkuch, S. 169 – 191, hier: S. 173 – 175; Koller an Buol-Schauenstein, 16.6.1859, in: HHStA, PA III, 66 Preußen Berichte 1859 VI–IX, fol. 422 – 424, hier: fol. 424.

43 Siehe Ernennungsurkunde vom 6.11. und Mitteilung des eigentlichen Ministerpräsidenten Hohenzollern-Sigmaringen vom 7.11.1858, in: GSPK, I. HA, Rep. 92 Nachlässe, NL Auerswald, Rudolf von, Nr. 2a, n.f.

44 Ansprache des Prinzregenten an das Staatsministerium (Regierungsprogramm), 8.11.1858, in: GSPK, BPH, Rep. 51, Nr. 120, n.f.

45 Koller an Buol-Schauenstein, 26.11.1858, in: HHStA, PA III, 63 Preußen Berichte 1858 XI–XII, fol. 389 – 406.

46 Paetau, S. 173 – 175; PWPC, S. 411; Börner, S. 128, 130, 133; http://www.wahlen-in-deutschland.de/klPreussen.htm (abgerufen am 27.05.2019).

47 PWPC, S. 411.

48 KWBPS, II, S. 121 – 122.

49 Gedrucktes Exemplar der Thronrede des Prinzregenten vom 12.1.1859, in: GSPK, BPH, Rep. 51, E I Generalia Nr. 1 Bd. 1, Mappe »Regentschaft«, fol. 73.

50 Bismarck, S. 109; Walter, Preußische Heeresreformen, S. 215 – 219, 430; Barclay, Friedrich Wilhelm IV., S. 232; Börner, S. 145.

51 Bismarck, S. 157–158; Gall, Lothar: Bismarck. Der weiße Revolutionär, München 2002, S. 210, 215; Kolb, Eberhard: Otto von Bismarck. Eine Biographie, München 2014, S. 60.

52 PPS, V, S. 33–34, 64; Bismarck, S. 164, 478; Paetau, S. 175.

53 KWBPS, II, S. 169, siehe auch S. 173.

54 Willms, Napoleon III., S. 111–112; Hilmes, Oliver: Ludwig II. Der unzeitgemäße König, München 2013, S. 62–63; Clark, Christopher: Die Schlafwandler. Wie Europa in den Ersten Weltkrieg zog, München 2013, S. 236–239.

55 Varnhagen, Tagebücher, XI, S. 405; Hohenlohe-Ingelfingen, II, S. 320; Bismarck, S. 478.

56 So notierte Varnhagen am 21. Februar 1858, Wilhelm sei am Vorabend ohne Begleiter vom Theater nach Hause gegangen: »Daß er so ganz allein ging, ohne Adjutanten, fällt sehr auf. Früherer Sachen eingedenk, vermuthen manche Leute, der Prinz möchte wohl nicht unmittelbar aus dem Theater gekommen, sondern nach demselben noch anderswo gewesen sein.« Varnhagen, Tagebücher, XIV, S. 215. Siehe auch: Feuerstein-Praßer, Augusta, S. 182.

57 Wilhelm ging mit dem heiklen Thema manchmal trotzdem etwas lässig um. Als er eines Tages im Jahr 1861 von Generalfeldmarschall Friedrich von Wrangel, damals Gouverneur von Berlin, einen anonymen Brief zugeleitet bekam, in dem ihm eine Affäre mit der französischen Opernsängerin Zelia Trebelli vorgeworfen wurde, antwortete er Wrangel lakonisch: »Der interessanten Einlage will ich Sie nicht berauben, für mich finde ich nur verletzend, daß man mir so schlechten Geschmack zutraut, mich mit einer Artot [Anm.: die aus Belgien stammende Opernsängerin Désirée Artôt] oder Tribelli [sic!] einzulassen, deren Kunst ich allerdings Gerechtigkeit widerfahren lasse.« KWBPS, II, S. 165.

58 Hohenlohe-Ingelfingen, II, S. 253.

59 Ebd., S. 250.

60 Schneider, I, S. 73–74.

61 Bismarck, S. 483–484.

62 PPS, V, S. 49, 52–54, 57–59, 66.

63 Peiffer, S. 75–77, 80–82, 94, 97–99; Stadler, Peter: Cavour. Italiens liberaler Reichsgründer, München 2001, S. 127–129; Willms, Napoleon III., S. 172–173; Vocelka/Vocelka, S. 147.

64 Koller an Buol-Schauenstein, 13.4.1859, in: HHStA, PA III, 65 Preußen Berichte 1859 II–V, fol. 703–707 sowie 709–712.

65 KWGBRS, I, S. 455–456; Kaiser Wilhelms I. Weimarer Briefe, II, S. 8–9; Peiffer, S. 97–98.

66 Koller an Buol-Schauenstein, 21.4.1859, in: HHStA, PA III, 65 Preußen Berichte 1859 II–V, fol. 776–779.

67 Koller an Buol-Schauenstein, 25.4.1859, in: HHStA, PA III, 65 Preußen Berichte 1859 III–V, fol. 809–814, hier: fol. 810–811.

68 Stadler, S. 130–131; Willms, Napoleon III., S. 172–173; Peiffer, S. 100–103.

69 Figes, S. 614–616; Peiffer, S. 80–82, 91, 98–99, 121–122, 131; Kaiser Wilhelms I. Weimarer Briefe, II, S. 13, 15–16; PWPC, S. 414–415, 417–418.

70 PPS, V, S. 5, 68–69; Peiffer, S. 106–107; Koller an Rechberg, 16.6.1859, in: HHStA, PA III, 66 Preußen Berichte 1859 VI–IX, fol. 422–424.

71 Vocelka/Vocelka, S. 150.

72 Berichte Kollers an Rechberg vom 3., 6., 8. und 24.6. sowie vom 6. und 7.7.1859, in: HHStA, PA III, 66 Preußen Berichte 1859 VI–IX, fol. 331–334, 346–349, 360–361, 487–490, 568–571, 593–595.

73 Noch weniger in Frage kam für Wilhelm und seine Regierung eine radikale Anregung Otto von Bismarcks, ganz Deutschland handstreichartig zu okkupieren, solange Österreich durch die Kämpfe in Norditalien abgelenkt war (siehe Gall, S. 216, 226). Der Prinzregent reagierte aller-

gisch auf jede Andeutung, Preußen würde eine derart drastische Machtpolitik verfolgen. Als gegen Ende des Krieges in Presseberichten die These aufgestellt wurde, die preußische Mobilmachung sei gegen Österreich gerichtet, geriet der Prinzregent dermaßen in Zorn, dass er in aller Öffentlichkeit die Contenance verlor. Bei einem großen Diner für preußische und nichtpreußische Militärs forderte er am 30. Juni jeden auf, demjenigen, der dies behaupten würde, kraftvoll und bestimmt entgegenzutreten, ja »ihm ins Gesicht zu schlagen«. Koller an Rechberg, 1.7.1859, in: HHStA, PA III, 66 Preußen Berichte 1859 VI–IX, fol. 550–553, hier: fol. 551.

74 PWPC, S. 417.

75 PPS, V, S. 72–75; Peiffer, S. 23, 108–115; Willms, Napoleon III., S. 174–175.

76 Koller an Rechberg, 23.6.1859, HHStA, PA III, 66 Preußen Berichte 1859 VI–IX, fol. 462–468, hier: fol. 466.

77 Abdruck von Wilhelms am 16.7. erlassenem Armeebefehl, siehe Koller an Rechberg, 19.7.1859, in: HHStA, PA III, 66 Preußen Berichte 1859 VI–IX, fol. 679–682, hier: fol. 681.

78 Peiffer, S. 133–134; Jansen, Christian: Gründerzeit und Nationsbildung 1849–1871, Paderborn 2011, S. 123; Koller an Rechberg, 14. und 19.7.1859, in: HHStA, PA III, 66 Preußen Berichte 1859 VI–IX, fol. 660–663, 679–682 bzw. Abschrift einer Weisung des preußischen Außenministers Schleinitz an den in Wien tätigen Diplomaten Karl von Werther, 23.7.1859, in: HHStA, PA III, 68 Preußen Weisungen 1859, fol. 447–450.

79 KWGBRS, I, S. 458–459; Wilhelms Zorn deckte sich weitgehend mit den Emotionen, die im Land vorherrschten. Über drei Monate nach dem Ende des Krieges dauerte die preußischen Negativ-Stimmung gegen Österreich zur Bestürzung der kaiserlichen Diplomatie in Berlin immer noch an: »Gegen Oesterreich giebt sich hier seit dem italienischen Feldzuge in Presse und Volksstimmung ein hämischer Geist kund«. Koller an Rechberg, 27.10.1859, in: HHStA, PA III, 67 Preußen Berichte 1859 X–XII, fol. 497–502, hier: fol. 500.

80 Peiffer, S. 138; Briefe Kaiser Wilhelms des Ersten, S. 150–151; Jansen, S. 133–139; KWGBRS, I, S. 494–496; Böhme, Helmut: Deutschlands Weg zur Großmacht. Studien zum Verhältnis von Wirtschaft und Staat während der Reichsgründungszeit 1848–1881, Köln/Berlin 1966, S. 93.

81 Walter, Preußische Heeresreformen, S. 205, 591–592; Frobenius, Hermann: Alfried Krupp. Ein Lebensbild, Dresden – Leipzig 1898, S. 63; Hohenlohe-Ingelfingen, II, S. 61–64, 207–208; Messerschmitt, Manfred: Das preußische Militärwesen, in: Neugebauer, Wolfgang (Hrsg.): Handbuch der preußischen Geschichte, Band 3: Vom Kaiserreich zum 20. Jahrhundert und Große Themen der Geschichte Preußens, Berlin – New York 2001, S. 319–546, hier: S. 393.

82 Walter, Preußische Heeresreformen, S. 406, 413–415, 418–419; Craig, Die preußisch-deutsche Armee, S. 163–164.

83 PPS, V, S. 76.

84 Walter, Preußische Heeresreformen, S. 420–430; Craig, Die preußisch-deutsche Armee, S. 164–166; MSKWG, II, S. 418–441; Koller an Rechberg, 2.12.1859, in: HHStA, PA III, 67 Preußen Berichte 1859 X–XII, fol. 661–666; Roon, I, S. 357, 382–390, 406–407; KWGBRS, I, S. 461–462; Notiz Wilhelms zur Heeresreorganisation, 5.11.1858, in: GSPK, BPH, Rep. 51, D I Nr. 9.

85 Roon, I, S. 409.

86 Walter, Preußische Heeresreformen, S. 430, 444; Walter, Dierk: Roonsche Reform oder militärische Revolution? Wandlungsprozesse im preußischen Heerwesen vor den Einigungskriegen, in: Lutz, Karl-Heinz/Rink, Martin/Salisch, Marcus von (Hrsg.): Reform, Reorganisation, Transformation. Zum Wandel in deutschen Streitkräften von den preußischen Heeresreformen bis zur Transformation der Bundeswehr, München 2010, S. 181–198, hier: S. 183; Craig, Die preußisch-deutsche Armee, S. 167–168; Börner, S. 147; Messerschmitt, S. 392.

87 Paetau, S, 176 – 177; PPS, V, S. 80 – 83, 85, 88; Clark, Preußen, S. 588 – 589; Craig, Die preußisch-deutsche Armee, S. 160 – 161.

88 KWGBRS, I, S. 468.

89 Craig, Die preußisch-deutsche Armee, S. 173 – 175; Bandow, Georg Friedrich: Die Fahnenweihe zu Berlin, am 18. Januar 1861. Ein Gedenkblatt dem vaterländischen Heere gewidmet, Berlin 1861, S. 6 – 7; Clark, Preußen, S. 588 – 590; Hohenlohe-Ingelfingen, II, S. 255 – 256; MSKWG, II, S. 321 – 324; Roon, II, S. 3 – 8; Walter, Preußische Heeresreformen, S. 452 – 455, 462, 464.

90 Paetau, S. 181 – 190; Peiffer, S. 61 – 68.

91 Kaiser Wilhelms I. Briefe an seine Schwester Alexandrine, S. 91 – 93; Barclay, Friedrich Wilhelm IV., S. 396.

92 Wilhelm an Oldwig von Natzmer, 25.1.1861, in: GSPK, VI. HA, NL Natzmer, Oldwig von, Nr. 1, n.f.

93 Walter, Preußische Heeresreformen, S. 450 – 455, 460 – 462; Craig, Die preußisch-deutsche Armee, S. 174 – 175; Bandow, S. 5, 14; Hohenlohe-Ingelfingen, II, S. 255 – 256; KWBPS, II, S. 143, 159; Clark, Preußen, S. 590.

94 Twesten, Karl: Was uns noch retten kann. Ein Wort ohne Umschweife, Berlin 1861, S. 82 – 83.

95 KWGBRS, II, S. 15; Walter, Preußische Heeresreformen, S. 454.

96 Huch, Gaby: Zwischen Ehrenpforte und Inkognito: Preußische Könige auf Reisen. Quellen zur Repräsentation der Monarchie zwischen 1797 und 1871, 2 Bände, Berlin 2016, hier: I, S. 35, 94 – 101; KWGBRS, II, S. 18 – 21; PPS, V, S. 32 – 33, 126 – 127; Hohenlohe-Ingelfingen, II, S. 318; Börner, S. 149 – 150; Barclay, Friedrich Wilhelm IV., S. 403 – 404.

97 Programmabläufe der Krönungsfeierlichkeiten, in: GSPK, BPH, Rep. 51, E I Generalia Nr. 1, Bd. 1, Mappe »Acta betr. die Feier der Krönung Sr. M. des Königs Wilhelm I. von Preußen am 18. Oc- tober 1861 zu Königsberg«, fol. 131 – 136; Huch, I, S. 98 – 100.

98 KWGBRS, II, S. 19.

99 Börner, S. 150.

100 »Programm zur Feier der Krönung Seiner Majestät des Königs Wilhelm zu Königsberg in Preu- ßen am 18. Oktober 1861«, in: GSPK, BPH, Rep. 51, E I Generalia Nr. 1 Bd. 2, S. 12.

101 Paetau, S. 181 – 188; Peiffer, S. 65 – 66, 217; PPS, V, S. 133; http://www.wahlen-in-deutschland.de/klPreussen.htm (abgerufen am 31.05.2018); Craig, Die preußisch-deutsche Armee, S. 177 – 178.

102 Kabinetts-Ordre an das Staatsministerium, 11.3.1861, in: GSPK, VI. HA, NL Heydt, August von der, Nr. 24, fol. 2.

103 PPS, V, S. 155 – 159; KWBPS, II, S. 184 – 186; Roon, II, S. 69 – 70.

104 Kabinetts-Ordre an das Staatsministerium, 17.3.1861, in: GSPK, VI. HA, NL Heydt, August von der, Nr. 26, fol. 2.

105 KWBPS, II, S. 186 – 187; http://www.wahlen-in-deutschland.de/klPreussen.htm (abgerufen am 31.05.2018); Börner, S. 156 – 157.

106 Craig, Die preußisch-deutsche Armee, S. 179 – 181.

107 Gall, S. 242 – 248, 259 – 260; Bismarck, S. 193; PPS, V, S. 25; Roon, II, S. 81 – 82, 86 – 87.

108 Gall, S. 260.

109 Károlyi an Rechberg, 13.1.1860, in: HHStA, PA III, 69 Preußen Berichte 1860 I–VI, fol. 5 – 10, hier: fol. 8.

110 Károlyi an Rechberg, 28.1.1860, in: HHStA, PA III, 69 Preußen Berichte 1860 I–VI, fol. 59.

111 Peiffer, S. 136 – 137, 141, 146 – 154; Clark, Preußen, S. 583 – 586.

112 Károlyi an Rechberg, 28.1.1860, in: HHStA, PA III, 69 Preußen Berichte 1860 I–VI, fol. 59.

113 Károlyi an Rechberg, 4.2.1860, in: HHStA, PA III, 69 Preußen Berichte 1860 I–VI, fol. 75 – 83, hier: fol. 75, 76.

114 PPS, V, S. 91 – 92; Willms, Napoleon III., S. 176, 179 – 180; Peiffer, S. 143 – 146.

115 Peiffer, S. 141, 146 – 148, 160, 166 – 169; Hahn, Hans-Werner: Geschichte des Deutschen Zollvereins, Göttingen 1984, S. 166 – 167; Böhme, S. 94 – 96; Willms, Napoleon III., S. 180; Rumpler, S. 391; Delbrück, Ruldolph von: Lebenserinnerungen 1817 – 1867, 2 Bände, Leipzig 1905, hier: II, S. 199 – 201, 204; KWGBRS, I, S. 485.

116 PWPC, S. 422 – 423; Peiffer, S. 168 – 172; Károlyi an Rechberg, 15.6.1860, in: HHStA, PA III, 69 Preußen Berichte 1860 I–VI, fol. 629 – 638.

117 KWBPS, II, S. 149 – 155; Peiffer, S. 174, 178 – 186, 205 – 212; Hahn, S. 167.

118 Hahn, S. 167 – 169; Delbrück, Rudolph von, II, S. 213 – 219; Böhme, S. 103 – 106.

119 Eigenhändige Erklärung Wilhelms über das Attentat, veröffentlicht am 24.9.1861 in der *Karlsruher Zeitung*, S. 2, in: GSPK, III. HA I Nr. 8913, n.f.

120 Karlsruher Zeitung, 24.9.1861, S. 1, in: GSPK, III. HA I Nr. 8913, n.f.

121 Bericht der preußischen Gesandtschaft in Brüssel, 29.11.1866, sowie Bericht der preußischen Botschaft in Washington, 18.12.1867, beide in: GSPK, III. HA I Nr. 8914, n.f.; siehe auch: Mühlnikel, Marcus:»Fürst, sind Sie unverletzt?« Attentate im Kaiserreich 1871 – 1914, Paderborn 2014, S. 34; Hosfeld/Pölking, S. 191.

122 Hahn, S. 167 – 175; Böhme, S. 94 – 96, 100 – 110, 113, 119 – 121; Briefe Kaiser Wilhelms des Ersten, S. 154 – 155; KWBPS, II, S. 189; Delbrück, Rudolph von, II, S. 213 – 219, 221 – 222, 238 – 239; Die Krisis des Zollvereins urkundlich dargestellt. Beilage zu dem Staatsarchiv von Karl Aegidi und Alfred Klauhold, Hamburg 1862, S. 49, 55; Schäffle, Albert Eberhard Friedrich: Aus meinem Leben, 2 Bände, Berlin 1905, hier: I, S. 95; Rumpler, S. 391.

123 Schäffle, I, S. 95.

124 Wadle, Elmar: Verfassung und Recht. Wegmarken ihrer Geschichte, Wien – Köln – Weimar 2008, S. 153.

125 Ansprache des Prinzregenten an das Staatsministerium (Regierungsprogramm), 8.11.1858, in: GSPK, BPH, Rep. 51, Nr. 120, n.f.

126 Hohenlohe-Ingelfingen, II, S. 35 – 36, 263 – 264, IV, S. 226 – 227; Stoffel, Eugène Georges: Militärische Berichte erstattet aus Berlin 1866 – 1870 durch Oberst Baron von Stoffel in seiner Eigenschaft als ehemaliger französischer Militär-Bevollmächtigter in Preußen, Berlin 1872, S. 58; Meißner, Hans-Reinhard: Preußen und seine Armee, Band 2: Von Waterloo bis Paris 1815 – 1871, Stuttgart 2012, S. 75, 154 – 157.

127 Stoffel, S. 109.

128 Hohenlohe-Ingelfingen, II, S. 318.

129 Hohenlohe-Ingelfingen, II, S. 264 – 265, 318 – 320; Meißner, S. 75 – 77, 154 – 157.

130 Craig, Gordon A.: Königgrätz. 1866 – Eine Schlacht macht Weltgeschichte, Augsburg – Wien 1997, S. 42 – 44.

131 Walter, Preußische Heeresreformen, S. 79; Walter, Roonsche Reform oder militärische Revolution, S. 195 – 196; Vocelka/Vocelka, S. 157, 170.

132 Strafgesetzbuch für das Preußische Heer, Berlin 1845, S. 12; http://www.documentarchiv.de/nzjh/ndbd/einf_pr-milstrrecht.html (abgerufen am 17.10.2018).

133 Boissier, Pierre: Henry Dunant, Genf 1991, S. 12; Bugnion, François: Birth of an idea: the founding of the International Committee of the Red Cross and of the International Red Cross and Red Crescent Movement: from Solferino to the original Geneva Convention (1859 – 1864), in: International Review of the Red Cross, 94/888 (2012), S. 1299 – 1338, hier: S. 1321; Buk-Swienty,

Tom: Schlachtbank Düppel. 18. April 1864. Die Geschichte einer Schlacht, Berlin 2011, S. 70–71, 82–83; Figes, S. 190–191.

134 Burchardt, S. 23; PPS, V, S. 61, 69, 74; Walter, Preußische Heeresreformen, S. 39, 227–230; Walter, Roonsche Reform oder militärische Revolution, S. 191; Moltke an Wilhelm I., 17.1.1861 bzw. Wilhelm I. an Moltke, 18.1.1861, in: GSPK, BPH, Rep. 51, J Nr. 437, fol. 9–11.

135 Hohenlohe-Ingelfingen, II, S. 319.

136 Craig, Königgrätz, S. 44.

137 Varnhagen, Tagebücher, XIV, S. 106, 111, 114–115, 138, 145–146; Börner, S. 132; Feuerstein-Praßer, Augusta, S. 188, 192–193; Gerlach, II, S. 555, 562–563, 591, 595; Manteuffel, III, S. 239; Koller an Buol-Schauenstein, 13.11.1857, in: HHStA, PA III, 60 Preußen Berichte 1857 XI–XII; Weisungen, Varia 1857, fol. 486–490.

138 Bismarck, S. 164.

139 »Er soll ihr zuletzt ganz bestimmte Befehle geschickt haben, Vorschriften, wen sie sehen dürfe, wen nicht«, notierte Varnhagen am 27. November und fügte am 27. Dezember 1857 hinzu, Wilhelm sei »bemüht, die Regierungsgeschäfte ganz für sich allein abzumachen. Es geht schon so weit, daß die Prinzessin selbst sagt, ihr Rath und ihre Empfehlung sei nur schädlich; wenn sie dem Prinzen einen Wunsch äußere, thue er gewiß das Gegentheil!« Varnhagen, Tagebücher, XIV, S. 166–167, siehe auch S. 138, 145–146.

140 Friedrich Wilhelm notierte am 22. Dezember 1857: »Leider gewöhnt sich Mama je mehr und mehr an, jeden kleinen Einwand, namentlich meines Vaters, mit Aufregung u. Leidenschaft anzugreifen; ihr kränklicher körperlicher Zustand kommt dazu, so daß bei dem seltenen Alleinsein à 3, leider wenige gemütliche Gespräche stattfinden«. Müller, Der 99-Tage-Kaiser, S. 32.

141 Die weitverbreiteten Mutmaßungen, Augusta hätte die Regierungsbildung gesteuert, irritierten auch Augusta selbst, so sehr, dass sie eine Niederschrift anfertigte, in der sie ausdrücklich festhielt, das Vorgehen ihres Gemahls nicht beeinflusst zu haben. »Ich erkläre Wahrheitsgemäß, daß ich in allen meinen Briefen während der Zeit vom 1 October bis 15 November 1858, in Betreff der Regentschaft und des Minister Wechsels einen Standpunkt behauptet habe, den ich einfach als den einer treuen Gattin, einer theilnehmenden Freundin und gottergebenen Seele bezeichnen darf.« Sowohl ihrem Ehemann als auch dessen Vertrauten gegenüber habe sie sich »directer Rathschläge enthalten.« Undatiertes Schreiben von Kronprinzessin Augusta, in: GSPK, BPH, Rep. 51, E III Nr. 1

142 Feuerstein-Praßer, Augusta, S. 193, 198–200.

143 PWPC, S. 401–402.

144 Müller, Der 99-Tage-Kaiser, S. 30–31, 65–66; Feuerstein-Praßer, Augusta, S. 190–191, 195; PPS, V, S. 34, 49.

145 Sechs Briefe Wilhelms I. an Kronprinz Friedrich Wilhelm im Zeitraum 8.7. bis 6.9.1861, in: GSPK, BPH, Rep. 51, J Nr. 518, fol. 3–18.

146 PPS, V, S. 155–156; Börner, S. 155.

147 Müller, Der 99-Tage-Kaiser, S. 34.

148 Röhl, John C.G.: Wilhelm II. Die Jugend des Kaisers 1859–1888, München 1993, S. 26–28, 38, 44–45, 63–71, 87, 99; Feuerstein-Praßer, Karin: Die deutschen Kaiserinnen 1871–1918, Regensburg 1997, S. 138–140.

149 Walter, Preußische Heeresreformen, S. 459–461, 465; Börner, S. 157–158; Craig, Die preußisch-deutsche Armee, S. 180–181.

150 PPS, V, S. 175–179.

151 Ebd., S. 177.

152 KFT 1848–1866, S. 159.

153 Staatsministerium an Wilhelm I., 21.9.1862, in: GSPK, BPH, Rep. 51, E spez. Nr. 50, Mappe »1862«, fol. 6 – 9, hier: fol. 6.

154 August von der Heydt an Wilhelm I., 20.9.1862, in: GSPK, BPH, Rep. 51, J Nr. 263, fol. 52.

155 Wilhelm I. an August von der Heydt, 21.9.1862, in: GSPK, BPH, Rep. 51, J Nr. 263, fol. 57.

156 PPS, V, S. 180.

157 Bismarck, S. 202.

158 Pflanze, Otto: Bismarck. Band 1: Der Reichsgründer, München 1997, S. 179 – 180; Kolb, Bismarck, S. 68 – 69.

159 Gall, S. 277.

160 Bismarck, S. 203 – 205.

161 Eine Abdankung »durch menschliche Willkür« würde nicht nur dem Willen Gottes widersprechen, hieß es in der Kollektivnote, sondern es wäre auch »ein Bruch mit der von den Vorfahren ruhmvoll überlieferten Krone; es wäre eine Selbstvernichtung.« Staatsministerium an Wilhelm I., 21.9.1862, in: GSPK, BPH, Rep. 51, E spez. Nr. 50, Mappe »1862«, fol. 6 – 9.

162 KFT 1848 – 1866, S. 159 – 161, 209 bzw. S. 494 – 495 (Immediatbericht des Staatsministeriums vom 21.9.1862); KWBPS, II, S. 199, 202, 211.

163 Siehe Marginalnotiz Wilhelms I. in: KFT 1848 – 1866, S. 497 – 498 (Anhang).

164 KWBPS, II, S. 203; Gall, S. 302; Großherzog Friedrich I. von Baden und die deutsche Politik von 1854 – 1871. Briefwechsel, Denkschriften, Tagebücher. Herausgegeben von der Badischen Historischen Kommission, bearbeitet von Hermann Oncken, 2 Bände, Stuttgart – Berlin – Leipzig 1927, hier: I, S. 333 – 334.

165 »Für die Ehre und Machtstellung unseres Vaterlandes, wenn diese Güter durch einen Krieg gewahrt oder erlangt werden müssen, wird uns niemals ein Opfer zu groß sein«, hieß es im Gründungsprogramm der Fortschrittspartei vom 9.6.1861. Siehe: http://germanhistorydocs.ghi-dc.org/sub_document.cfm?document_id=383&language=german (abgerufen am 17.11.2017).

166 Gall, S. 299 – 300.

167 Bismarck, S. 218 – 220.

168 Clark, Preußen, S. 596 – 597; Pflanze, I, S. 186 – 187; Walter, Preußische Heeresreformen, S. 222.

169 Pflanze, I, S. 187.

170 KWGBRS, II, S. 45.

171 Gall, S. 317 – 321, 327 – 329; PPS, V, S. 184, 194.

172 KWGBRS, II, S. 63.

173 PPS, V, S. 197 – 201; Gall, S. 329 – 331; Pflanze, I, S. 214 – 216; zur Haltung Wilhelms I. gegenüber der Presse siehe auch: Markert, Jan: Der Kaiser und die »Lügenpresse«. Vom problematischen Verhältnis eines Monarchen zum gesprochenen Wort, publiziert am 6.1.2020 unter https://www.bismarck-stiftung.de/2020/01/06/der-kaiser-und-die-luegenpresse-vom-problematischen-verhaeltnis-eines-monarchen-zum-gedruckten-wort/ (abgerufen am 31.01.2020).

174 KFT 1848 – 1866, S. 199; Müller, Der 99-Tage-Kaiser, S. 35 – 39.

175 KFT 1848 – 1866, S. 200.

176 Kronprinz Friedrich Wilhelm an Wilhelm I., 23.6.1863, in: GSPK, BPH, Rep. 52, J Nr. 315, fol. 24.

177 KFT 1848 – 1866, S. 200, 233; Müller, Der 99-Tage-Kaiser, S. 39.

178 KWGBRS, II, S. 65 – 71; Gall, S. 333 – 335; Steinberg, Jonathan: Bismarck. Magier der Macht, Berlin 2012, S. 272 – 274; Bismarck, S. 260.

179 PPS, V, S. 195 – 206.

180 Bismarckbriefe 1836 – 1872. Herausgegeben von Horst Kohl, Hamburg 2013, S. 349.

181 Gall, S. 338–340; Pflanze, I, S. 219–221, 223, 226–229; PPS, V, S. 26; http://www.wahlen-in-deutschland.de/klPreussen.htm (abgerufen am 24.04.2018); KWGBRS, II, S. 74–75.

182 Am 25. April 1860 etwa, nachdem im Gefolge des Italienkrieges Stimmen laut geworden waren, Preußen solle die missliche Lage Österreichs für einen Offensivkurs nutzen, hatte er in einem Privatbrief geklagt: »Während ich öffentlich proklamiert habe, daß ich für Preußen moralische Eroberungen in Deutschland machen will, erwartet man von mir nur territoriale Eroberungen!! Nach solchen Erlebnissen verzweifelt man fast an den Menschen!« KWBPS, II, S. 149.

Der Kriegsherr (1864–1871)

1 Gall, S. 341–346; Steinberg, S. 293–296; PPS, V, S. 206, 210–214; Clark, Preußen, S. 598–601; Showalter, Wars of German Unification, S. 115–117; Pflanze, I, S. 241–248.

2 Pflanze, I, S. 248–251; Showalter, Wars of German Unification, S. 115; Berichte Károlyis an Rechberg vom Januar 1864, in: HHStA, PA III, 83 Preußen; Bericht Ludwig von Biegelebens an Rechberg, 20.4.1864, in: HHStA, PA III, 84 Preußen, fol. 315–320.

3 Károlyi an Rechberg, 30.1.1864, in: HHStA, PA III, 83 Preußen, fol. 393–402, hier: fol. 397.

4 PPS, V, S. 212.

5 Ebd., S. 210, 215.

6 PPS, V, S. 211–215; KFT 1848–1866, S. 234; Gall, S. 350–354; KWGBRS, II, S. 75–87.

7 Károlyi an Rechberg, 30.1.1864, in: HHStA, PA III, 83 Preußen Varia 1863 Berichte 1864 I, fol. 411–421.

8 Károlyi an Rechberg, 3.3.1864, in: HHStA, PA III, 84 Preußen Berichte 1864 II–V, fol. 27–30, hier: fol. 30.

9 Buk-Swienty, S. 165–169, 173–176, 187, 199–200; KFT 1848–1866, S. 237, 241–252, 278; Meißner, S. 180–182, 186–187.

10 Kraft zu Hohenlohe-Ingelfingen an Wilhelm I., 16.2.1864, in: GSPK, VI. HA, NL Albedyll, Emil von, Nr. 2, n.f.

11 Prinz Friedrich Karl von Preußen. Denkwürdigkeiten aus seinem Leben. Vornehmlich auf Grund des schriftlichen Nachlasses des Prinzen bearbeitet und herausgegeben von Wolfgang Foerster, 2 Bände, Stuttgart – Leipzig 1910, hier: I, S. 314–326, 334; KFT 1848–1866, S. 318, 320; KWBPS, II, S. 222; Buk-Swienty, S. 36–37, 211–212, 215–218; Meißner, S. 181, 188–190; Hohenlohe-Ingelfingen, III, S. 145.

12 Prinz Friedrich Karl von Preußen, I, S. 335.

13 Buk-Swienty, S. 222–225; Prinz Friedrich Karl von Preußen, I, S. 338.

14 Prinz Friedrich Karl von Preußen, I, S. 339.

15 Ebd., S. 339–346; Hohenlohe-Ingelfingen, III, S. 154–157.

16 Károlyi an Rechberg, 22.4.1864, in: HHStA, PA III, 84 Preußen, fol. 322–324, hier: fol. 322.

17 Gall, S. 358–362; Pflanze, I, S. 256–257; Showalter, Wars of German Unification, S. 128.

18 Görtemaker, Manfred: Bismarck und Moltke. Der preußische Generalstab und die deutsche Einigung, in: Lappenküper, Ulrich (Hrsg.): Otto von Bismarck und das »lange 19. Jahrhundert«. Lebendige Vergangenheit im Spiegel der »Friedrichsruher Beiträge« 1996–2016, Paderborn 2017, S. 467–493, hier: S. 484; Bucholz, Arden: Moltke and the German Wars, 1864–1871, New York 2001, S. 97–102; Craig, Die preußisch-deutsche Armee, S. 218; Prinz Friedrich Karl von Preußen, I, S. 350–361; KFT 1848–1866, S. 365–366.

19 Helmuth von Moltkes Briefe an seine Braut und Frau und an andere Anverwandte, 2 Bände, Stutt-
    gart – Leipzig – Berlin – Wien 1894, hier: II, S. 169–171.
20 Kolb, Moltke, S. 26; Bucholz, S. 102; Craig, Die preußisch-deutsche Armee, S. 218; Moltke, Briefe,
    II, S. 172, 180.
21 KFT 1848–1866, S. 348, 380; Hohenlohe-Ingelfingen, III, S. 157–161, 193.
22 Siehe GSPK, I. HA, Rep. 93, B Nr. 2367, fol. 1–5.
23 KFT 1848–1866, S. 388.
24 Hohenlohe-Ingelfingen, III, S. 162–165; Walter, Preußische Heeresreformen, S. 592.
25 Gall, S. 386–388, 390; KWGBRS, II, S. 105; PPS, V, S. 8, 233; Engelberg, Ernst: Bismarck. Sturm
    über Europa, herausgegeben und bearbeitet von Achim Engelberg, München 2014, S. 326–327.
26 Pflanze, I, S. 258–267; Bismarck, S. 262–266; Gall, S. 365–382, 390–391; Hahn, S. 178–179.
27 KWGBRS, II, S. 106, 111; PPS, V, S. 235; Pflanze, I, S. 265–268; Krockow, Christian Graf von:
    Bismarck. Eine Biographie, Stuttgart 1997, S. 186–187; Bismarck, S. 289, 293; Steefel, Lawrence
    D.: The Schleswig-Holstein Question, Oxford 1932, S. 259–260.
28 Gall, S. 397–401; Pflanze, I, S. 266–271; Steinberg, S. 322–329.
29 PPS, V, S. 243–244; KWGBRS, II, S. 112; Gall, S. 415; Clark, Preußen, S. 609–611.
30 Bismarck an Wilhelm I., 1.5.1866, in: GSPK, I. HA, Rep. 90 B, Nr. 369, fol. 1–2.
31 PPS, V, S. 247–249; Engelberg, S. 361; Pflanze, I, S. 300; Gall, S. 416; Prinz Friedrich Karl von
    Preußen, II, S. 13; Kaiser Wilhelms I. Briefe an seine Schwester Alexandrine, S. 101; KWGBRS, II,
    S. 124, 142–143.
32 Walter, Roonsche Reform oder militärische Revolution, S. 191; Bremm, Klaus-Jürgen: 1866. Bismarcks
    Krieg gegen die Habsburger, Darmstadt 2016, S. 100, 105, 108, 115; Becker, Frank: »Getrennt mar-
    schieren, vereint schlagen«. Königgrätz, 3. Juli 1866, in: Förster, Stig/Pöhlmann, Markus/Walter, Dierk
    (Hrsg.): Schlachten der Weltgeschichte. Von Salamis bis Sinai, München 2001, S. 217–229, hier: S. 223.
33 Bremm, 1866, S. 115–116; Walter, Preußische Heeresreformen, S. 58–61; Kolb, Moltke, S. 26–27;
    Craig, Königgrätz, S. 51–53; Geng, Denise: Monarch und Militär, Zum Verhältnis von politischer
    und militärischer Führung im 19. Jahrhundert. Preußen – Deutschland im Vergleich, Berlin 2013,
    S. 84; Denkwürdigkeiten des General-Feldmarschalls Alfred Grafen von Waldersee, bearbeitet und
    herausgegeben von Heinrich Otto Meisner, 3 Bände, Stuttgart und Berlin 1922–1923, hier: I, S. 31.
34 Steinberg, S. 344–345; Bremm, 1866, S. 75–76, 103–104; Wawro, Geoffrey: The Austro-Prussian
    War. Austria's War with Prussia and Italy in 1866, Cambridge 1996, S. 56–57.
35 Schneider, I, S. 221, 223.
36 Bremm, 1866, S. 125–132, 148–151, 154–181, 188–190; Waldersee, I, S. 29–31; Wawro, Aus-
    tro-Prussian War, S. 54, 64, 75, 78–81, 128–207; Müller, Klaus: 1866: Bismarcks deutscher Bru-
    derkrieg. Königgrätz und die Schlachten auf deutschen Boden, Graz 2007, S. 42, 44–66, 155–157;
    Aumüller, Peter: Feldzeugmeister Benedek und die Schlacht bei Königgrätz. Anatomie einer Nie-
    derlage, in: Truppendienst, Folge 276, Ausgabe 3/2004 – siehe https://www.truppendienst.com/
    themen/beitraege/artikel/anatomie-einer-niederlage (abgerufen am 13.03.2017).
37 Gesammelte Schriften und Denkwürdigkeiten des General-Feldmarschalls Grafen Helmuth von
    Moltke, herausgegeben von von Leszczynski, 8 Bände, Berlin 1891–1893, hier: III, S. 418–420;
    KWGBRS, II, S. 131–132.
38 Bremm, 1866, S. 191, 194, 198–199.
39 KWGBRS, II, S. 132; Briefe Kaiser Wilhelms des Ersten, S. 190–192; Bremm, 1866, S. 194–195;
    Wawro, Austro-Prussian War, S. 218–226.
40 Wachenhusen, Hans: Tagebuch vom Oesterreichischen Kriegsschauplatz 1866, Berlin 1866, S. 131.
41 Wawro, Austro-Prussian War, S. 226, 229; Showalter, Wars of German Unification, S. 182–183.

42 Loë, Walter von: Erinnerungen aus meinem Berufsleben 1849 bis 1867, Stuttgart und Leipzig 1906, S. 105.

43 KWGBRS, II, S. 132; Jessen, Olaf: Die Moltkes. Biographie einer Familie, München 2010, S. 183.

44 Bremm, 1866, S. 200–206.

45 Wachenhusen, S. 133–134; Keudell, Robert von: Fürst und Fürstin Bismarck. Erinnerungen aus den Jahren 1846 bis 1872, Berlin – Stuttgart 1901, S. 289; Wawro, Austro-Prussian War, S. 269; Bremm, 1866, S. 204; Becker, S. 226–227; Fontane, Theodor: Der deutsche Krieg von 1866, 2 Bände, Berlin 1871, hier: I, S. 608–617.

46 KWGBRS, II, S. 132–134; Keudell, S. 289–291; Tiedemann, Christoph von: Aus sieben Jahrzehnten, 2 Bände, Leipzig 1905–1909, hier: II, S. 31; Schneider, I, S. 242–243.

47 KFT 1848–1866, S. 451.

48 Tuider, Othmar/Rüling, Johannes: Die Preußen in Niederösterreich 1866, Wien 1983, S. 1–3; Müller, 1866, S. 161–162; Prinz Friedrich Karl von Preußen, II, S. 107–109, 113–117; Bremm, 1866, S. 207–212.

49 KFT 1848–1866, S. 468–470, 472–474, 477; Tuider/Rüling, S. 17–21; Gall, S. 428–431; Bismarck, S. 302–304.

50 Engelberg, S. 363.

51 Tagebücher des Generalfeldmarschalls Graf von Blumenthal aus den Jahren 1866 und 1870/71. Herausgegeben von Albrecht Graf von Blumenthal, Stuttgart – Berlin 1902, S. 47.

52 Tuider/Rüling, S. 25; Wachenhusen, S. 200; Blumenthal, S. 46.

53 KFT 1848–1866, S. 472–473.

54 Ebd., S. 475; Blumenthal, S. 47–48; Loë, S. 116–117; Bismarck, S. 311–312.

55 Loë, S. 118.

56 Fontane, Der deutsche Krieg, II, S. 304.

57 Prinz Friedrich Karl von Preußen, II, S. 121; Neuhold, Helmut: 1866. Königgrätz, Wiesbaden 2016, S. 216–217; Loë, S. 118–119; Tuider/Rüling, S. 24.

58 PPS, V, S. 255–256.

59 Clark, Preußen, S. 624; Börner, S. 197–198.

60 Nipperdey, Thomas: Deutsche Geschichte 1866–1918, Teil 2, Band 2: Machtstaat vor der Demokratie, München 2013, S. 35–37; Pflanze, I, S. 332–340; KFT 1848–1866, S. 454, 457–458; Bismarck, S. 328–329; Engelberg, S. 369–378; Provinzial-Correspondenz, Ausgabe 8. August 1866; http://www.wahlen-in-deutschland.de/klPreussen.htm (abgerufen am 14.05.2018).

61 PPS, VI/1, S. 41–42; KWGBRS, II, S. 182–183.

62 Steinberg, S. 383–387; Pötzl, Norbert F.: Bismarck. Der Wille zur Macht, Berlin 2015, S. 49–50.

63 KWGBRS, II, S. 183.

64 Ebd., S. 318.

65 März, Peter: »Genie« im Kanzleramt? Otto von Bismarck als erster deutscher Kanzler und als preußischer Regierungschef, in: Mayer, Tilman (Hrsg.): Bismarck: Der Monolith. Reflexionen am Beginn des 21. Jahrhunderts, Hamburg 2015, S. 37–100, hier: S. 55–56; Börner, S. 162; Hohenlohe-Ingelfingen, II, S. 254.

66 KWBPS, II, S. 168.

67 Siehe PPS, V und VI/1.

68 Bismarck, S. 101, 486.

69 Nipperdey, Deutsche Geschichte 1866–1918, II, S. 49.

70 Schwemer, Richard: Geschichte der Freien Stadt Frankfurt a.M. (1814–1866), 3 Bände, Frankfurt am Main 1918, hier: 3/II, S. 217–220, 257–261, 269, 280–285, 315, 320, 330–346, 356–358, 561;

Malet, Alexander: The Overthrow of the Germanic Confederation by Prussia in 1866, London 1870, S. 286 – 300; PPS, VI/1, S. 136.

71 Schwemer, 3/II, S. 419 – 420, 427, 445 – 446, 455 – 460; Malet, S. 299 – 300, 384.

72 Nipperdey, Deutsche Geschichte 1866 – 1918, II, S. 49 – 51; Pflanze, I, S. 611 – 616; Petersen, Jens Owe: Schleswig-Holstein 1864 – 1867. Preußen als Hoffnungsträger und »Totengräber« des Traums von einem selbständigen Schleswig-Holstein (Dissertation), Kiel 2000, S. 299, 307 – 308, 312 – 313; Goebel, Christine: Die Bundes- und Deutschlandpolitik Kurhessens in den Jahren 1859 bis 1866. Eine Analyse zur Untergangsphase des Deutschen Bundes, Marburg 1995, S. 441 – 443; Franz, Werner: Einführung und erste Jahre der preußischen Verwaltung in Schleswig-Holstein (II. Teil), in: Zeitschrift der Gesellschaft für Schleswig-Holsteinische Geschichte, Band 83 (1959), S. 117 – 242, hier: S. 117 – 120, 126 – 128.

73 KWGBRS, II, S. 163 – 165; Goebel, S. 443 – 444; Schwemer, 3/II, S. 478 – 480; Provinzial-Correspondenz, Ausgaben 31. Juli, 7. und 21. August 1867; Kaiser Friedrich III. Tagebücher 1866 – 1888. Herausgegeben von Winfried Baumgart, Paderborn 2012, S. 87.

74 Schwemer, 3/II, S. 483 – 484; siehe auch Schulthess' Europäischer Geschichtskalender 8 (1867), Nördlingen 1868, S. 138 sowie Huch, II, S. 1373 – 1374.

75 Schwemer, 3/II, S. 548, siehe auch S. 484.

76 Diest, Gustav von: Aus dem Leben eines Glücklichen. Erinnerungen eines alten Beamten, Berlin 1904, S. 368.

77 Ebd.

78 Schulthess' Europäischer Geschichtskalender 8 (1867), Nördlingen 1868, S. 139; KFT 1866 – 1888, S. 87.

79 KWBPS, II, S. 236.

80 Siehe GSPK, I. HA, Rep. 151, I B Nr. 166, n.f. sowie GSPK, I. HA, Rep. 151, I C Nr. 2009, n.f.

81 Provinzial-Correspondenz, Ausgaben 24. Juni, 1. Juli sowie 16. und 23. September 1868; KWGBRS, II, S. 168 – 171; PPS, VI/1, S. 17, 76, 107, 121; Petersen, S. 312; Heinrich Abeken. Ein schlichtes Leben in bewegter Zeit, aus Briefen zusammengestellt, herausgegeben von Hedwig Abeken, Berlin 1898, S. 349; Schwemer, 3/II, S. 524 – 525; Pflanze, I, S. 612 – 616; Franz, S. 126 – 128, 232 – 234, 239.

82 Provinzial-Correspondenz, Ausgabe 24. Juni und 1. Juli 1868; KWGBRS, II, S. 172 – 173; Mlynek, Klaus/Röhrbein, Waldemar R. (Hrsg.): Geschichte der Stadt Hannover, 2 Bände, Hannover 1992 – 1994, hier: II, S. 342.

83 Schulthess' Europäischer Geschichtskalender 9 (1868), Nördlingen 1869, S. 83.

84 Ebd., S. 94; Provinzial-Correspondenz, Ausgaben 16. und 23. September 1868; Abeken, S. 362; Huch, II, S. 1394 – 1405; Tiedemann, I, S. 485 – 486; Petersen, S. 308, 312.

85 Tiedemann, I, S. 485 – 493.

86 Ebd., S. 493 – 503; Provinzial-Correspondenz, Ausgabe 16. und 23. September 1868; Buk-Swienty, S. 147 – 149.

87 Tiedemann, I, S. 502 – 503. Man mag sich bei dieser Aussage über die Wirkung des Schleswig-Holstein-Besuchs vor Augen halten, dass Tiedemann später in Berlin eine steile Karriere machte, bis zum Chef der Reichskanzlei aufstieg und bei der Schilderung der Reise Wilhelms I. vielleicht etwas mit dem Weichzeichner arbeitete. Die *Provinzial-Correspondenz* ging indessen noch weiter und schrieb am 23. September 1868: »Der König selbst, in seiner unvergleichlichen fürstlichen Würde und erhabenen Liebenswürdigkeit, hat die Herzen der Schleswig-Holsteiner vollends erobert.« Nüchterner urteilte der Europäische Geschichtskalender: »Die Aufnahme des Königs ist überall in Schleswig-Holstein keine begeisterte, aber eine entschieden freundliche.« Schulthess' Europäischer Geschichtskalender 9 (1868), Nördlingen 1869, S. 94.

88 http://germanhistorydocs.ghi-dc.org/sub_document.cfm?document_id=1846&language=
    german (abgerufen am 16.01.2019); Schulthess' Europäischer Geschichtskalender 9 (1868), Nörd-
    lingen 1869, S. 94; Provinzial-Correspondenz, Ausgabe 23. September 1868; Huch, II, S. 1399.

89 PPS, VI/1, S. 160; Schulthess' Europäischer Geschichtskalender 10 (1869), S. 109, 128.

90 Huch, I, S. 35, 268–269; Schulthess' Europäischer Geschichtskalender 10 (1869), Nördlingen
    1870, S. 100.

91 Ansprache Wilhelms I. vor dem Reichstag des Norddeutschen Bundes, 22.6.1869, in: GSPK, I.
    HA, Rep. 90 A Staatsministerium jüngere Registratur, Nr. 3253, fol. 37.

92 PPS, VI/1, S. 16, 87–88; Schwemer, 3/II, S. 481, 486–514.

93 PPS, VI/1, S. 136.

94 Kölnische Zeitung, 21.2.1869, S. 1, in: GSPK, I. HA, Rep. 89 Geheimes Zivilkabingett, jüngere
    Periode, Nr. 14590, fol. 321.

95 PPS, VI/1, S. 136.

96 KWGBRS, II, S. 184–185.

97 Schwemer, 3/II, S. 514–523; Schulthess' Europäischer Geschichtskalender 10 (1869), Nördlingen
    1870, S. 55.

98 Pflanze, I, S. 396–397, 409–412

99 Ebd., S. 450

100 Ohnezeit, Maik: Der Deutsch-Französische Krieg 1870/71: Vorgeschichte, Ursachen und Kriegs-
    ausbruch, in: Ganschow, Jan/Haselhorst, Olaf/Ohnezeit, Maik (Hrsg.): Der Deutsch-Französische
    Krieg 1870/71. Vorgeschichte, Verlauf, Folgen, Graz 2009, S. 17–82, hier: S. 31–50, 57; Showalter,
    Wars of German Unification, S. 216–230; Willms, Napoleon III., S. 215–235, 247–248; Engel-
    berg, S. 392–395; Craig, Deutsche Geschichte, S. 32; Gall, S. 469–473; Pflanze, I, S. 302–304,
    374–392, 443–448; Bremm, Klaus-Jürgen: 70/71. Preußens Triumph über Frankreich und die
    Folgen, Darmstadt 2019, S. 24; Hülk, Walburga: Der Rausch der Jahre. Als Paris die Moderne
    erfand, Hamburg 2019, S. 276–278.

101 Kolb, Eberhard: Der Kriegsausbruch 1870. Politische Entscheidungsprozesse und Verantwort-
    lichkeiten in der Julikrise 1870, Göttingen 1970, S. 24–28, 51, 72–99; Lord, Robert Howard:
    The Origins of the War of 1870. New Documents from the German Archives, Harvard 1924,
    S. 16–22; Pflanze, I, S. 454–461, 463–464; Ohnezeit, S. 51–53, 58.

102 Ohnezeit, S. 59.

103 Nipperdey, Deutsche Geschichte 1866–1918, II, S. 58–59; KWGBRS, II, S. 199–204; Kolb,
    Kriegsausbruch 1870, S. 98–108; Steinberg, S. 394–396.

104 KWGBRS, II, S. 204.

105 Spitzemberg, Hildegard von: Das Tagebuch der Baronin Spitzemberg. Ausgewählt und herausge-
    geben von Rudolf Vierhaus, Göttingen 1960, S. 93, siehe auch S. 94.

106 Kolb, Kriegsausbruch 1870, S. 118, 126–128; Nipperdey, Deutsche Geschichte 1866–1918, II,
    S. 58–59; Willms, Napoleon III., S. 250–252; Ohnezeit, S. 65–67.

107 KWGBRS, II, S. 205–207; Lord, S. 220–221, 230; Chappuis, Hermann von: Bei Hofe und im
    Felde, Frankfurt am Main 1902, S. 74; Benedetti, Vincent Graf: Studies in Diplomacy, New York
    1896, S. 290, 303–304, 306, 308–313; Abeken, S. 374–377; Nipperdey, Deutsche Geschichte
    1866–1918, II, S. 59; Leipold, Winfried: Der deutsch-französische Krieg von 1870/71. Die Kon-
    frontation zweier Kulturen im Spiegelbild von Zeitzeugen und Zeitzeugnissen (Dissertation),
    Würzburg 2015, S. 23.

108 Fenske, Hans: Die Deutschen und der Krieg von 1870/71: Zeitgenössische Urteile, in: Pariser
    Historische Studien, Band 29 (1990), S. 167–214, hier: S. 169.

109 http://www.documentarchiv.de/nzjh/ndbd/emser-depesche.html (abgerufen am 25.07.2019).

110 Kolb, Kriegsausbruch 1870, S. 129 – 130, 133 – 136, 138 – 142; Willms, Napoleon III., 253 – 254; Arand, Tobias: 1870/71. Die Geschichte des Deutsch-Französischen Krieges erzählt in Einzelschicksalen, Hamburg 2018, S. 106, 124 – 125; Ohnezeit, S. 67, 69 – 70; Nipperdey, Deutsche Geschichte 1866 – 1918, II, S. 59 – 61, 63.

111 Lord, S. 206 – 209.

112 KWGBRS, II, S. 207, 209.

113 Chappuis, S. 74 – 75.

114 KWGBRS, II, S. 209 – 210; Lord, S. 279 – 282; Abeken, S. 377 – 378; Kaiser Friedrichs Tagebücher über die Kriege 1866 und 1870 – 71 sowie über seine Reisen nach dem Morgenlande und nach Spanien. Herausgegeben von Margaretha von Poschinger, Berlin 1902, S. 103.

115 KWGBRS, II, S. 210, 211.

116 Ansprache Wilhelms I. vor dem Reichstag des Norddeutschen Bundes, 19.7.1870, in: GSPK, I. HA, Rep. 90 A Staatsministerium jüngere Registratur, Nr. 3253, fol. 42.

117 Provinzial-Correspondenz, Ausgabe 20. Juli 1870; Arand, S. 167.

118 Bremm, 70/71, S. 51 – 52.

119 Ohnezeit, S. 61, 73, 77 – 82; Haselhorst, Olaf: Operationen der deutschen Heere im Krieg gegen Frankreich 1870/71, in: Ganschow/Haselhorst/Ohnezeit, S. 83 – 120, hier: S. 84 – 91; Höbelt, Lothar:»Revanche pour Sadowa?«– Österreich und der Deutsch-Französische Krieg, ebd., S. 179 – 180; Waldersee, I, S. 84, 86; Wawro, Geoffrey: The Franco-Prussian War. The German Conquest of France in 1870 – 1871, Cambridge 2003, S. 54, 68 – 72, 85 – 119, 123 – 141, 146; Moltke, Gesammelte Schriften, III, S. 2 – 25; Willms, Napoleon III., S. 257 – 258.

120 Wawro, Franco-Prussian War, S. 145 – 147; Haselhorst, S. 91 – 94; Waldersee, I, S. 89; Moltke, Gesammelte Schriften, III, S. 29 – 34; Abeken, S. 393; Bronsart von Schellendorf, Paul: Geheimes Kriegstagebuch 1870 – 1871. Herausgegeben von Peter Rassow, Bonn 1954, S. 37 – 38.

121 Moltke, Gesammelte Schriften, III, S. 50, 55 – 56; Sheridan, Philip H.: Personal Memoirs of P.H. Sheridan, 2 Bände, New York 1888, hier: II, S. 367, 372 – 373; Verdy du Vernois, Julius von: Im großen Hauptquartier 1870/71. Persönliche Erinnerungen von J. v. Verdy du Vernois, Berlin 1896, S. 88, 91 – 94; Waldersee, I, S. 89 – 90.

122 Wawro, Franco-Prussian War, S. 172 – 177, 183 – 185; Verdy du Vernois, S. 94 – 95, 107 – 108; Sheridan, II, S. 372 – 373; Moltke, Gesammelte Schriften, III, S. 56 – 58; Fransecky, Eduard von: Denkwürdigkeiten des Preussischen Generals der Infanterie Eduard von Fransecky. Herausgegeben und nach anderen Mitteilungen und Quellen ergänzt von Walter von Bremen, Bielefeld – Leipzig 1901, S. 510 – 518; Bronsart von Schellendorf, S. 44 – 45; KWGBRS, II, S. 229, 234 – 235; Abeken, S. 398; Keudell, S. 451; Showalter, Wars of German Unification, S. 261 – 264.

123 Bronsart von Schellendorf, S. 70 – 71; Moltke, Gesammelte Schriften, III, S. 62 – 64.

124 Arand, S. 345, 361 – 365, 371 – 375; Showalter, Dennis E.: Das Gesicht des modernen Krieges. Sedan, 1. und 2 September 1870, in: Förster/Pöhlmann/Walter, Schlachten der Weltgeschichte, S. 230 – 247, hier: S. 233 – 241; Willms, Napoleon III., S. 257 – 259; Wawro, Franco-Prussian War, S. 192 – 193, 201 – 211, 216, 221; Sheridan, II, S. 399 – 400, 402 – 405.

125 David, Saul: Die größten Fehlschläge der Militärgeschichte. Von der Schlacht im Teutoburger Wald bis zur Operation Desert Storm, München 2003, S. 187.

126 Arand, S. 377, 378.

127 KWGBRS, II, S. 236 – 237; Arand, S. 379 – 383; Verdy du Vernois, S. 156 – 157; Waldersee, I, S. 93 – 94; Hohenlohe-Ingelfingen, IV, S. 215 – 216.

128 KWGBRS, II, S. 237.

129 Arand, S. 389.

130 Showalter, Wars of German Unification, S. 281–283; Die Gründung des Deutschen Reiches 1870/71 in Augenzeugenberichten. Herausgegeben und eingeleitet von Ernst Deuerlein, Stuttgart 2011, S. 102–104; Müller, Rolf-Dieter: Militärgeschichte, Köln – Weimar – Wien 2009, S. 199–200; Kolb, Eberhard: Kriegführung und Politik 1870/71, in: Kolb: Eberhard: Umbrüche deutscher Geschichte 1866/71, 1918/19, 1929/33, herausgegeben von Dieter Langewiesche und Klaus Schönhoven, München 1993, S. 139–162, hier: S. 146–149.

131 Förster/Pöhlmann/Walter, Kriegsherren der Weltgeschichte, S. 7. Die Bezeichnung »Oberster Kriegsherr« wurde am 4. Mai 1875 offiziell, als Wilhelm I. eine neue Eidesformel genehmigte, in der alle Angehörigen der Marine »Seiner Majestät dem Deutschen Kaiser Wilhelm I., meinem Obersten Kriegsherrn«, die Treue schworen (Deist, Wilhelm: Militär, Staat und Gesellschaft. Studien zur preußisch-deutschen Militärgeschichte, München 1991, S. 2). Die Bezeichnung »Kriegsherr« wurde in Berlin allerdings schon vor den Einigungskriegen verwendet (siehe z.B. PPS, V, S. 202).

132 Willms, Napoleon III., S. 233–234, 244–245, 256–259.

133 Vocelka/Vocelka, S. 149–153; Wawro, Geoffrey: Warfare and Society in Europe 1792–1914, London 2000, S. 69; Palmer, Alan: Franz Joseph I. Kaiser von Österreich und König von Ungarn, München 1994, S. 153, 157–159, 166, 204.

134 Mommsen, Wolfgang J.: War der Kaiser an allem schuld? Wilhelm II. und die preußisch-deutschen Machteliten, Berlin 2005, S. 227–228; Clark, Christopher: Wilhelm II. Die Herrschaft des letzten deutschen Kaisers, München 2008, S. 292.

135 Machtan, Lothar: Kaisersturz. Vom Scheitern im Herzen der Macht, Darmstadt 2018, S. 38–40, 216–237; Clark, Wilhelm II., S. 289–298; Mast, Peter: Wilhelm II., in: Hartmann, Gerhard/Schnith, Karl (Hrsg.): Die Kaiser. 1200 Jahre europäische Geschichte, Wiesbaden 2006, S. 769–784, hier: S. 782.

136 Siehe Willms, Johannes: Das Primat des Militärischen. Napoleon I. (1769–1821), in: Förster/Pöhlmann/Walter, Kriegsherren der Weltgeschichte, S. 187–201.

137 Moltke, Gesammelte Schriften, III, S. 428, V, S. 298–299; Sheridan, II, S. 371; Hohenlohe-Ingelfingen, IV, S. 323; Bronsart von Schellendorf, S. 54, 209.

138 Hohenlohe-Ingelfingen, IV, S. 371–372.

139 Bronsart von Schellendorf, S. 70–72; Waldersee, I. S. 25–26, 30–32; Bremm, 1866, S. 125–130, 176–177; Walter, Preußische Heeresreformen, S. 542–544; Keudell, S. 452; Spitzemberg, S. 108.

140 KWGBRS, II, S. 214, 220, 237; Briefe Kaiser Wilhelms des Ersten, S. 236–237; Hohenlohe-Ingelfingen, IV, S. 214–217, 323; Verdy du Vernois, S. 141–142; Bronsart von Schellendorf, S. 379–380; Abeken, S. 379; Schneider, II, S. 158, 161, 172–180, 183, 185, 190–191; Die Gründung des Deutschen Reiches 1870/71, S. 64, 82; Keudell, S. 456; Fontane, Theodor: Der Krieg gegen Frankreich 1870–1871, 2 Bände, Berlin 1873–1876, hier: I, S. 336.

141 Hohenlohe-Ingelfingen, IV, S. 215–216; KWGBRS, II, S. 133, 237; Keudell, S. 289; Wachenhusen, S. 134; Fontane, Der deutsche Krieg, I, S. 609; Briefe Kaiser Wilhelms des Ersten, S. 261; Schneider, II, S. 176–177.

142 Die Gründung des Deutschen Reiches 1870/71, S. 119; Haffner, Sebastian: Historische Variationen, München 2003, S. 60.

143 KWGBRS, II, S. 231, 248–250; Die Gründung des Deutschen Reiches 1870/71, S. 213–217; Craig, Die preußisch-deutsche Armee, S. 228–237; Gall, S. 510–511; Thies, S. 89–91.

144 Craig, Die preußisch-deutsche Armee, S. 236–239; Craig, Gordon A.: Deutsche Geschichte 1866–1945. Vom Norddeutschen Bund bis zum Ende des Dritten Reiches, München 1999,

S. 48–50; Bronsart von Schellendorf, S. 212, 234–235, 290, 301, 309; Kolb, Kriegführung und Politik 1870/71, S. 154–161.

145 Kolb, Eberhard: Bismarck und das Aufkommen der Annexionsforderung 1870, in: Kolb, Umbrüche deutscher Geschichte, S. 63–94; Nipperdey, Deutsche Geschichte 1866–1918, II, S. 70–75.

146 KWGBRS, II, S. 238.

147 Keudell, S. 456–457; Gall, S. 504–509; Engelberg, S. 459–460, 463–465; Pflanze, I, S. 487–492; Nipperdey, Deutsche Geschichte 1866–1918, II, S. 70–75; Arand, S. 347–350.

148 KWGBRS, II, S. 237; Hohenlohe-Ingelfingen, IV, S. 216; Schneider, II, S. 158, 190–191; Die Gründung des Deutschen Reiches 1870/71, S. 64, 82.

149 Bronsart von Schellendorf, S. 380.

150 Walter, Der Berufssoldat auf dem Thron, S. 231.

Deutscher Kaiser (1871–1888)

1 Pflanze, I, S. 493–507; Steinberg, S. 419–420; Die Gründung des Deutschen Reiches 1870/71, S. 242; Münkler, S. 17, 33, 35, 41–42, 45–47, 52, 58; Opll, Ferdinand: Friedrich Barbarossa, Darmstadt 1998; S. 169–170, 299–300, 307; Haffner, Historische Variationen, S. 58–68; Hilmes, S. 179–192; Die Gründung des Deutschen Reiches 1870/71, S. 246–247.

2 Aufzeichnung des Kronprinzen Friedrich Wilhelm über Äußerungen des Königs Wilhelm zur deutschen Kaiserfrage, 30.12.1870, in: GSPK, BPH, Rep. 51, Nr. 848, n.f.

3 Wilhelm an Oldwig von Natzmer, 20.5.1849, in: GSPK, VI. HA, NL Natzmer, Oldwig von, Nr. 1, n.f.

4 Steinberg, S. 421–423; Pflanze, I, S. 502, 505–507; Bismarck, S. 363–364; Clark, Preußen, S. 670; Meißner, S. 113; http://www.germanhistorydocs.ghi-dc.org/docpage.cfm?docpage_id=2732 (abgerufen am 05.01.2019).

5 Bismarck, S. 364.

6 Ebd., S. 364–365; Die Gründung des Deutschen Reiches 1870/71, S. 306.

7 Die Gründung des Deutschen Reiches 1870/71, S. 521.

8 KWGBRS, II, S. 251–252.

9 »Tagebuch und Gedenktage S.M. des Kaisers und Königs Wilhelm I. 1797–1876«, Bündel 10 (1871–1872), in: GSPK, BPH, Rep. 51, F III Nr. 3, Bd. 10, n.f.

10 Spitzemberg, S. 114.

11 Die Gründung des Deutschen Reiches 1870/71, S. 11.

12 Münkler, S. 60–61; Müller, Der 99-Tage-Kaiser, S. 124–126.

13 »Tagebuch und Gedenktage S.M. des Kaisers und Königs Wilhelm I. 1797–1876«, Bündel 10 (1871–1872), in: GSPK, BPH, Rep. 51, F III Nr. 3, Bd. 10, n.f.; Schneider, III, S. 176–177, 183, 199, 205; Bronsart von Schellendorf, S. 374–375, 383.

14 »Tagebuch und Gedenktage S.M. des Kaisers und Königs Wilhelm I. 1797–1876«, Bündel 10 (1871–1872), in: GSPK, BPH, Rep. 51, F III Nr. 3, Bd. 10, n.f.

15 Schwemer, 3/II, S. 526–527.

16 Nipperdey, Deutsche Geschichte 1866–1918, II, S. 98–99; Clark, Preußen, S. 637–638; Wehler, Hans-Ulrich: Das Deutsche Kaiserreich 1871–1918, Göttingen 1973, S. 62.

17 Richter, Eugen: Im alten Reichstag, 2 Bände, Berlin 1894–1896, hier: I, S. 1–2; Müller, Der 99-Tage-Kaiser, S. 126; Spitzemberg, S. 123.

18 Richter, I, S. 2, 4, 5.

19 KWGBRS, II, S. 268.

20 Pflanze, I, S. 513 – 516, 520 – 524, 754 – 758, II, S. 12 – 13, 40 – 44, 50 – 79; Nipperdey, Deutsche Geschichte 1866 – 1918, II, S. 369 – 383, 387; Large, David Clay: Berlin. Biographie einer Stadt, München 2002, S. 28 – 32, 35, 42 – 45; Denkwürdigkeiten des Fürsten Chlodwig zu Hohenlohe-Schillingsfürst. Herausgegeben von Friedrich Curtius, 3 Bände, Stuttgart – Leipzig 1906, hier: II, S. 78,
136; Spitzemberg, S. 134 – 135.

21 PPS, VI/1, S. 434 – 436; Tiedemann, II, S. 101 – 103; Hohenlohe-Schillingsfürst, II, S. 222.

22 Pflanze, Otto: Bismarck. Band 2: Der Reichskanzler, München 1998, S. 103.

23 Ebd., S. 103 – 105.

24 KWGBRS, II, S. 329.

25 Steinberg, S. 497.

26 Lucius von Ballhausen, Robert: Bismarck-Erinnerungen des Staatsministers Freiherrn Lucius von
Ballhausen, Stuttgart und Berlin 1920, S. 124; siehe auch Tiedemann, II, S. 220.

27 Pflanze, II, S. 106.

28 Steinberg, S. 501 – 504, 520 – 528; Kolb, Bismarck, S. 142 – 144; Pflanze, II, S. 104 – 106.

29 KWGBRS, II, S. 347.

30 »Tagebuch und Gedenktage S.M. des Kaisers und Königs Wilhelm I. 1797 – 1876«, Bündel
10 (1871 – 1872), in: GSPK, BPH, Rep. 51, F III Nr. 3, Bd. 10, n.f.; Large, S. 49 – 52; Pflanze, I,
S. 772 – 773.

31 Hohenlohe-Schillingsfürst, II, S. 121, 137, 152, 156; KWGBRS, II, S. 307 – 308; KFT 1866 – 1888,
S. 216 – 217; Pflanze, I, S. 780 – 784.

32 Pflanze, II, S. 226 – 233; Engelberg, S. 632 – 634; Nipperdey, Deutsche Geschichte 1866 – 1918, II,
S. 431 – 443.

33 KWGBRS, II, S. 302; Tiedemann, II, S. 94 – 95, 101 – 103; Nipperdey, Deutsche Geschichte
1866 – 1918, II, S. 419; PPS, VI/1, S. 435 und 7, S. 22 – 24; Lucius, S. 70; Steinberg, S. 482; Hohenlohe-Schillingsfürst, II, S. 202; Börner, S. 222.

34 KFT 1866 – 1888, S. 251.

35 Wilhelm I. an Augusta, 11.5.1878, in: GSPK, BPH, Rep. 51, J Nr. 509b, Bd. 23, fol. 3 – 4.

36 Mühlnikel, S. 34 – 35, 51 – 53, 63 – 64, 123 – 130; KWGBRS, II, S. 333 – 334; Spitzemberg,
S. 169 – 171.

37 Wilhelm I. an Augusta, 11.5.1878, in: GSPK, BPH, Rep. 51, J Nr. 509b, Bd. 23, fol. 3.

38 Pflanze, II, S. 121.

39 Hölder, Otto: Briefe an die Eltern 1878 bis 1887. Herausgegeben von Stefan Hildebrandt und Birgit
Staude-Hölder, Leipzig 2014, S. 34.

40 Tiedemann, II, S. 309 – 310; siehe auch Spitzemberg, S. 176.

41 Winkler, Heinrich August: 1866 und 1878: Der Liberalismus in der Krise, in: Stern, Carola/Wink-
ler, Heinrich A. (Hrsg.): Wendepunkte deutscher Geschichte 1848 – 1990, Frankfurt am Main 2001,
S. 43 – 70, hier: S. 68, siehe auch S. 67.

42 Nipperdey, Deutsche Geschichte 1866 – 1918, II, S. 98 – 99; Münkler, S. 42, 60 – 61; Vizetelly, I,
S. 257.

43 Nipperdey, Deutsche Geschichte 1866 – 1918, II, S. 98 – 99.

44 Spitzemberg, S. 146 – 147; Tiedemann, II, S. 103, 114; Pflanze, II, S. 438 – 439; http://germanhis-
torydocs.ghi-dc.org/sub_document.cfm?document_id=484&language=german (abgerufen am
15.10.2018); Hilmes, S. 269 – 270.

45 Hohenlohe-Schillingsfürst, II, S. 357, 413; Lucius, S. 362; Spitzemberg, S. 147, 155, 197; Tiedemann, II, S. 114; Abeken, S. 529.

46 Röhl, Wilhelm II. Die Jugend des Kaisers, S. 220.

47 Hamann, Brigitte: Kronprinz Rudolf. Ein Leben, München 2006, S. 329.

48 Vizetelly, II, S. 134; Pflanze, II, S. 438.

49 Varnhagen, Tagebücher, VIII, S. 107, 332 – 333; IX, S. 311. Über das Image Friedrich Wilhelms IV. in der Bevölkerung schrieb Varnhagen 1851, der König wolle überall »warnen, ermahnen, strafen, das große Wort führen, besonders seine Würde recht eindringlich machen, und überall bewirkt er nur Achselzucken, Lachen, Mißbilligung«. Man habe vor ihm »nicht die geringste Achtung mehr, die Meinung ist ganz wider ihn, der geringste Arbeiter hält sich für klüger, besser.« Varnhagen, Tagebücher, VIII, S. 305.

50 Clark, Wilhelm II., S. 212 – 213, 216 – 218, 221 – 223.

51 Ebd., S. 220.

52 Bronsart von Schellendorf, S. 157.

53 KWGBRS, II, S. 323, 327.

54 Bühler, Johannes: Vom Bismarck-Reich zum geteilten Deutschland. Deutsche Geschichte seit 1871, Berlin 1960, S. 127.

55 Mast, Peter: Wilhelm I. (1871 – 1888), in: Hartmann/Schnith, S. 747 – 760, hier: S. 757.

56 Müller, Der 99-Tage-Kaiser, S. 136 – 137, 146 – 147, 150, 157 – 163.

57 Volz, Berthold: Wilhelm der Große, Deutscher Kaiser und König von Preußen. Sein Leben und Wirken zum Gedächtnis seines hundertjährigen Geburtstages, Berlin 1897, S. 570.

58 Haffner, Preußen ohne Legende, S. 432, 436; Clark, Preußen, S. 677 – 678; Pflanze, II, S. 440; Dönhoff, Marion Gräfin: Preußen. Maß und Maßlosigkeit, München 1987, S. 7 – 10, 65.

59 Als sein Enkel Wilhelm im Juli 1884 zum dritten Mal Vater eines Sohnes wurde, freute sich der alte Deutsche Kaiser über den »3. preussischen Urenkel« (Telegramm Wilhelms I. an Rudolf Kögel, 16.7.1884, in: GSPK, VI. HA, NL Kögel, Rudolf, Nr. 3, fol. 35).

60 Pflanze, II, S. 438.

61 Waldersee, I, S. 221.

62 Angelow, S. 264.

63 Hobsbawm, Eric J.: Das imperiale Zeitalter 1875 – 1914, Frankfurt am Main 1995, S. 181 – 182, 184, 188 – 189, 202 – 203; Bühler, S. 10 – 14; Wette, Wolfram: Militarismus in Deutschland. Geschichte einer kriegerischen Kultur, Frankfurt am Main 2008, S. 13; Förster, Stig: Ein militarisiertes Land? Zur gesellschaftlichen Stellung des Militärs im Deutschen Kaiserreich, in: Heidenreich, Bernd/Neitzel, Sönke (Hrsg.): Das Deutsche Kaiserreich 1890 – 1914, Paderborn 2011, S. 157 – 174, hier: S. 159, 173; Clark, Preußen, S. 680 – 685; Walter, Der Berufssoldat auf dem Thron, S. 217 – 218.

64 Rohrkrämer, Thomas: Der Militarismus der »kleinen Leute«. Die Kriegervereine im Deutschen Kaiserreich 1871 – 1914, München 1990, S. 16; Wette, S. 58, 72.

65 Large, S. 24.

66 GSPK, I. HA, Rep. 76 Kultusministerium I 1, Nr. 90; Provinzial-Correspondenz, Ausgabe 11. Juni 1884; Large, S. 36.

67 Provinzial-Correspondenz, Ausgaben 7. Februar 1877 und 7. November 1883; Weißbrich, Thomas: Trophäen und Tribut. Das Königliche Zeughaus zu Berlin während des Ersten Weltkriegs, in: Kott, Christina/Savoy, Bénédicte (Hrsg.): Mars & Museum. Europäische Museen im Ersten Weltkrieg, Köln – Weimar – Wien 2016, S. 53 – 68, hier: S. 53 – 54.

68 Mühlnikel, S. 75 – 81; KFT 1866 – 1888, S. 444 – 445.

69 Bollmeyer, Heiko: Der steinige Weg zur Demokratie. Die Weimarer Nationalversammlung zwischen Kaiserreich und Republik, Frankfurt am Main 2007, S. 59; KFT 1866 – 1888, S. 456.

70 Walter, Der Berufssoldat auf dem Thron, S. 217 – 219.

71 Hölder, S. 214.

72 Oncken, S. 256.

73 Herre, Kaiser Wilhelm I., S. 487.

74 Rohkrämer, S. 27, 30, 194, 236.

75 Ullrich, Volker: Die nervöse Großmacht 1871–1918. Aufstieg und Untergang des deutschen Kaiserreichs, Frankfurt am Main 1999, S. 398; Richter, I, S. 1; Thies, S. 120–121; Rohkrämer, S. 238.

76 Vizetelly, I, S. 315–316.

77 Laforgue, Jules: Berlin. Der Hof und die Stadt, 1887, Frankfurt am Main 1970, S. 18–19.

78 Während Artikel 60 der Reichsverfassung vorsah, dass »die Friedens-Präsenzstärke des Heeres im Wege der Reichsgesetzgebung«, also über den Reichstag, festzulegen war, hieß es in Artikel 63: »Der Kaiser bestimmt den Präsenzstand, die Gliederung und Einteilung der Kontingente des Reichsheeres«.

79 KWGBRS, II, S. 300; Lucius, S. 50; Spitzemberg, S. 147; Pflanze, I, S. 736–741; KFT 1866–1888, S. 202–203; Craig, Die preußisch-deutsche Armee, S. 243–246; Clark, Preußen, S. 687–688; Wilhelm I. an unbekannt, 8.4.1874, in: GSPK, VI. HA, NL Albedyll, Emil von, Nr. 5, n.f.

80 Pflanze, I, S. 738–740.

81 KFT 1866–1888, S. 202.

82 KWGBRS, II, S. 300.

83 Hamburger, Ernest: Juden im Öffentlichen Leben Deutschlands. Regierungsmitglieder, Beamte und Parlamentarier in der monarchischen Zeit 1848–1918, Tübingen 1968, S. 27–28; Rürup, Reinhard: Emanzipation und Krise. Zur Geschichte der »Judenfrage« in Deutschland vor 1890, in: Mosse, Werner E. (Hrsg.): Juden im Wilhelminischen Deutschland 1890–1914. Ein Sammelband, Tübingen 1998, S. 1–56, hier: S. 23–24, 27–28, 30–31, 43–46.

84 PPS, V, S. 52, 58, 63–64, 81–82, 84. Wie archaisch die Protesthaltung mancherorts angelegt war, geht aus einer an den Prinzregenten gerichteten Protestnote vom April 1860 hervor. Darin wurde u.a. ins Feld geführt, es habe im »Rechtsbewußtsein unseres Volkes stets der Satz für unzweifelhaft gegolten, daß kein Jude eine obrigkeitliche Gewalt über Christen üben könne«, eine Änderung dieses Prinzips würde »das Recht und das Prinzip jedes einzelnen Christen« verletzen. In: GSPK, I. HA, Rep. 89 Geheimes Zivilkabingett, jüngere Periode, Nr. 23684, fol. 107.

85 Staatsministerium an Prinzregent, 6.1.1860, in: GSPK, I. HA, Rep. 89 Geheimes Zivilkabingett, jüngere Periode, Nr. 23684, fol. 91–100, hier: fol. 100.

86 Prinzregent an Staatsministerium, 30.1.1860, in: GSPK, I. HA, Rep. 89 Geheimes Zivilkabingett, jüngere Periode, Nr. 23684, fol. 101.

87 PPS, V, S. 97–98, 112–113, 147, 151–152.

88 Wilhelm I. an Staatsministerium, 22.2.1862, in: GSPK, I. HA, Rep. 84a Justizministerium, Nr. 11947, fol. 199.

89 Staatsministerium an Wilhelm I., 4.3.1862, in: GSPK, I. HA, Rep. 90 A Staatsministerium jüngere Registratur, Nr. 499, fol. 210–213.

90 Sitzungsprotokoll des Staatsministeriums, 31.3.1862, in: GSPK, I. HA, Rep. 90 A Staatsministerium jüngere Registratur, Nr. 499, fol. 216.

91 Hamburger, S. 28–29; Gall, S. 455–457.

92 Thronrede Wilhelms I. vom 22.6.1869, siehe http://www.reichstagsprotokolle.de/Blatt3_nb_bsb000 18292_00687.html und http://www.reichstagsprotokolle.de/Blatt3_nb_bsb00018292_00688.html (abgerufen am 17.12.2017).

93 www.germanhistorydocs.ghi-dc.org/sub_image.cfm?image_id=1349&language=german (abgerufen am 17.12.2017).

94 Brechenmacher, Thomas: Jüdisches Leben im Kaiserreich, in: Heidenreich/Neitzel, S. 125–141, hier: S. 125.

95 Rürup, S. 20, 23; Massing, Paul W.: Vorgeschichte des politischen Antisemitismus, Frankfurt am Main 1959, S. 1 – 3; Pflanze, I, S. 602; Althammer, Beate: Das Bismarckreich 1871 – 1890, Paderborn 2009, S. 107; Stern, Fritz: Gold und Eisen. Bismarck und sein Bankier Bleichröder, München 2008, S. 246 – 249; Strenge, Barbara: Juden im preußischen Justizdienst 1812 – 1918. Der Zugang zu den juristischen Berufen als Indikator der gesellschaftlichen Emanzipation, München 1996, S. 3 – 4, 12; Hamburger, S. 72 – 80.

96 Das Ersuchen einer Gemeinde, das Gehalt des Gemeinderabbiners mit einer Beihilfe aus Staatsmitteln aufzubessern, beschied er ablehnend (Wilhelm I. an die Minister des Innern und der geistlichen gg. Angelegenheiten, 16.7.1873, in: GSPK, I. HA, Rep. 89 Geheimes Zivilkabingett, jüngere Periode, Nr. 23684, fol. 162). Einem Oberrabbiner, dessen 50-jähriges Dienstjubiläum bevorstand, ließ er einen Orden verleihen (Wilhelm I. an den Minister des Innern und die General-Ordens-Kommission, 12.3.1879, ebd., fol. 183). Als »der Vorstand der jüdischen Reformgemeinde zu Berlin« darum ersuchte, wegen ihrer »vermögensrechtlichen Verhältnisse die Rechte einer juristischen Person« verliehen zu bekommen, folgte er der Feststellung eines Ministers, dass nach Artikel 13 der Verfassungsurkunde Religions- und geistliche Gesellschaften »nur durch ein besonderes Gesetz, mithin nur durch ein Zusammenwirken der Krone und der beiden Häuser des Landtages Korporationsrechte erlangen« könnten, und wies das Ansinnen zurück (Puttkamer an Wilhelm I., 1.10.1880 [fol. 189 – 190] sowie Wilhelm I. an die Minister des Innern und der geistlichen Unterrichts- und Medizinal-Angelegenheiten, 14.10.1880, ebd., fol. 189 – 190 sowie 191).

97 Županič, Jan: Der jüdische Adel Preußens, in: Studia Historica Brunensia, 64. Jahrgang (2017), No. 1, S. 237 – 263, hier: S. 247 – 249; Stern, S. 246 – 248, 252; Toury, Jacob: Die politischen Orientierungen der Juden in Deutschland. Von Jena bis Weimar, Tübingen 1966, S. 57, 127; Dr. Blochs Österreichische Wochenschrift, Heft 30 (1918), S. 480; KFT 1866 – 1888, S. 275, 407, 410 – 411.

98 KFT 1866 – 1888, S. 302 – 303, 308 – 309; Steinberg, S. 528 – 530; Pflanze, II, S. 122, 237; Hamburger, S. 77 – 78.

99 Stern, S. 253 – 254. Wilhelm I. konsultierte Bleichröder im Übrigen zuweilen auch zu wirtschaftlichen Themen, so etwa im Februar 1885, als er ihm ein Memorandum über ein Straßenbahn-Projekt zukommen ließ. Dabei demonstrierte er durchaus Langmut, denn Bleichröder bekam das Memorandum mit großer Verspätung und reagierte erst am 9. Mai mit dem Ersuchen um eine Audienz. Am 13. Mai erneuerte er diese Bitte mit dem Hinweis, am Nachmittag des folgenden Tages verreisen zu müssen. Der alte Kaiser reagierte rasch und unkompliziert: »Ich werde Sie morgen den 14.d.M um ¼1 empfangen. Wilhelm«. Bleichröder an Wilhelm I., 9.5.1885, in: GSPK, BPH, Rep. 51, J Nr. 46e, fol. 2.

100 Rürup, S. 27 – 28, 31, 43 – 46; Massing, S. 4 – 13; Brechenmacher, S. 125 – 131; Pflanze, II, S. 20 – 21, 310 – 312; Stern, S. 702 – 705; Treitschke, Heinrich von: Unsere Aussichten, in: Preußische Jahrbücher, Band 44 (1879), S. 559 – 576, hier: S. 572 – 576.

101 Massing, S. 40 – 43; Stern, S. 706 – 710; Reitmayer, Morten: Bankiers im Kaiserreich. Sozialprofil und Habitus der deutschen Hochfinanz, Göttingen 1999, S. 188.

102 Massing, S. 30, 43; Stern, S. 712 – 722; Pflanze, II, S. 310 – 312; Müller, Der 99-Tage-Kaiser, S. 105 – 106; Philippson, Martin: Neueste Geschichte des jüdischen Volkes, 3 Bände, Leipzig 1907 – 1911, hier: II, S. 18 – 19.

103 Müller, Der 99-Tage-Kaiser, S. 105 – 106; KFT 1866 – 1888, S. 373; Gräfe, Thomas: Antisemitismus in Deutschland 1815 – 1918. Rezensionen – Forschungsüberblick – Bibliographie, Norderstedt 2010, S. 194.

104 Röhl, Wilhelm II. Die Jugend des Kaisers, S. 416.

105 Wilhelm I. an Rudolf Kögel, 19.11.1880, in: GSPK, VI. HA, NL Kögel, Rudolf, Nr. 2, fol. 20 – 21.

106 Hohenlohe-Schillingsfürst, II, S. 307.

107 Reitmayer, Morten: Zwischen Abgrenzung und Ausgrenzung: Jüdische Großbankiers und der Antisemitismus im deutschen Kaiserreich, in: Gotzmann, Andreas/Liedtke, Rainer/van Rahden, Till (Hrsg.): Juden, Bürger, Deutsche. Zur Geschichte von Vielfalt und Differenz 1800–1933, Tübingen 2001, S. 147–170, hier: S. 159–160.

108 Stern, S. 722.

109 Philippson, II, S. 25–27; Gräfe, S. 194; Pflanze, II, S. 310–312; Brechenmacher, S. 129–130; Stern, S. 725; Machtan, Lothar/Ott, René: »Batzebier!« Überlegungen zur sozialen Protestbewegung in den Jahren nach der Reichsgründung am Beispiel der süddeutschen Bierkrawalle vom Frühjahr 1873, in: Volkmann, Heinrich/Bergmann, Jürgen (Hrsg.): Sozialer Protest. Studien zu traditioneller Resistenz und kollektiver Gewalt in Deutschland vom Vormärz bis zur Reichsgründung, Opladen 1984, S. 128–166, hier: S. 141–151.

110 Aly, Götz: Europa gegen die Juden. 1880–1945, Frankfurt am Main 2017, S. 78–84; Kappeler, Andreas: Rußland als Vielvölkerreich. Entstehung – Geschichte – Zerfall, München 1992, S. 221–222.

111 So vermerkte der 1885 in Berlin geborene spätere zionistische Politiker Richard Lichtheim in seinen Memoiren: »Später, als ich die Judenfrage in allen ihren Nuancierungen besser verstand, wurde mir klar, worauf das Gefühl der persönlichen Sicherheit beruhte, in dem die Juden Deutschlands zur Zeit des Kaiserreiches lebten und leben durften. Gewiss, Deutschland war damals ein ›Rechtsstaat‹. Aber besser noch als das Gesetz schützte die Juden die strenge Gliederung des ›Klassenstaates‹. Das war eine viel verlässlichere Garantie für Leben und Eigentum […]. In der gottgewollten Rangordnung des preußischen Militärstaates hatte auch der Jude seinen Platz, den ihm niemand streitig machen durfte. Er konnte zwar nicht Offizier oder höherer Beamter werden, aber als Arzt, Rechtsanwalt, Kaufmann oder Bankdirektor stand er unter dem Schutz des Regimes, das keine Unordnung duldete. ›Ruhe ist die erste Bürgerpflicht‹, war die Parole.« Brechenmacher, S. 140.

112 PPS, VII, S. 85, 175; Pflanze, II, S. 310–312; Massing, S. 43–48; Gräfe, S. 194; Philippson, II, S. 22–31.

113 Laut Friedrich von Holstein soll Wilhelm I. im Februar 1884 auf die Frage seines damaligen Außenministers Paul von Hatzfeld, ob Wilhelms Bankier Moritz von Cohn auch in das delikate Projekt einer Finanzhilfe für den hochverschuldeten König Ludwig II. von Bayern eingebunden werden sollte, geantwortet haben: »Hm, ja, er ist zwar ganz Jude, aber meine Sachen besorgt er sehr gut.« Holstein, Friedrich von: Die geheimen Papiere Friedrich von Holsteins. Herausgegeben von Norman Rich und M.H. Fisher, deutsche Ausgabe von Werner Frauendienst, 4 Bände, Göttingen 1956–1963, hier: II, S. 79.

114 Als es um 1870 in Rumänien zu Ausschreitungen gegen Juden kam und die Staatsführung daraufhin neue Diskriminierungen gesetzlich festlegte, protestierten einige europäische Großmächte dagegen. Am 27. April 1872 wandte sich auch Wilhelm I. an Karl I. von Rumänien und verurteilte die Übergriffe im Fürstentum: Wenn »die Schuld der Juden, nach Ausspruch Deines eigenen Gouvernements, gar nicht so groß war, als man anfänglich glaubte, und dennoch die harte Strafe erfolgt ist, so ist allerdings Gnade wohl angebracht, und anderseits die nicht schnell und stark genug angewendete Reprimierung von Aufläufen und Judenverfolgungen zu bedauern.« Einschränkend merkte er jedoch auch an: »Es ist eine schwere Aufgabe, Partei für eine Rasse von Menschen zuweilen nehmen zu müssen, die so sind, wie ich sie aus dem russischen Polen im Übermaß kenne!« (KWGBRS, II, S. 277) Auf wenig Gegenliebe stieß bei Wilhelm auch der Umstand, dass die europäischen Großmächte Rumänien beim Berliner Kongress 1878 die rechtliche Gleichstel-

lung aller Staatsbürger vorschreiben. In einem Brief an Augusta vom 25. Juli 1879 schrieb er, er wisse »aus Erfahrung, was die Juden in jenen Gegenden sind – angefangen mit Posen, Polen, Litauen und Wolhynien – und die rumänischen Juden sollen noch schlimmer sein!« KWGBRS, II, S. 348.

115 Benz, Wolfgang (Hrsg.): Handbuch des Antisemitismus. Judenfeindschaft in Geschichte und Gegenwart, Band 2: Personen, Berlin 2009, S. 800; Hohenlohe-Schillingsfürst, II, S. 307; Philippson, II, S. 27 – 28.

116 Frank, Walter: Hofprediger Adolf Stoecker und die christlichsoziale Bewegung, Berlin 1928, S. 182 – 183; siehe auch Handbuch des Antisemitismus, II, S. 800.

117 Röhl, Wilhelm II. Die Jugend des Kaisers, S. 423 – 424.

118 Ebd., S. 424.

119 Ebd., S. 425; Handbuch des Antisemitismus, II, S. 800; Brechenmacher, S. 131; Rürup, S. 55 – 56; Frank, S. 190 – 194.

120 KWGBRS, II, S. 272. Wilhelm schrieb diese Zeilen dem Kölner Erzbischof am 18. Oktober 1871, also zu Zeiten des Kulturkampfes. In einem anderen thematischen Zusammenhang sagte er einmal: »Ich bin für jeden Preußen da! Keiner soll ein Privilegium haben.« Schneider, I, S. 289.

121 Brechenmacher, S. 140; Pflanze, II, S. 311 – 312.

122 PPS, VI/1, S. 136.

123 Weinhardt, Joachim: Wissenschaftliche Theologie und Kirchenleitung in der altpreußischen Landeskirche des 19. Jahrhunderts. Eine Übersicht, in: Köpf, Ulrich (Hrsg.): Wissenschaftliche Theologie und Kirchenleitung. Beiträge zur Geschichte einer spannungsreichen Beziehung für Rolf Schäfer zum 70. Geburtstag, Tübingen 2001, S. 281 – 326, hier: S. 312 – 315; Pollmann, Klaus Erich: Landesherrliches Kirchenregiment und soziale Frage. Der evangelische Oberkirchenrat der altpreußischen Landeskirche und die sozialpolitische Bewegung der Geistlichen nach 1890, Berlin – New York 1973, S. 19 – 22; Börner, S. 260 – 263; KWGBRS, II, S. 319 – 323, 332 – 333; Bismarck, S. 370 – 371; Steinberg, S. 442 – 443, 481 – 482, 528; Pflanze, II, S. 204 – 205, 215; Stellungnahme des Oberkirchenrates, vertreten u.a. durch Emil Herrmann, gerichtet an Wilhelm I., 20.10.1877, in: GSPK, VI. HA, NL Falk, Adalbert, Nr. 23, fol. 33 – 41.

124 KFT 1866 – 1888, S. 286, 293; PPS, VI/1, S. 503 – 504.

125 KWGBRS, II, S. 339, 346.

126 KFT 1866 – 1888, S. 300; siehe auch Tagebuch Adalbert Falk, in: GSPK, VI. HA, NL Falk, Adalbert, Nr. 75 (Tagebuch Falk), fol. 219 – 220.

127 KFT 1866 – 1888, S. 308, 331 – 333; Weinhardt, S. 314; Börner, S. 264.

128 Pflanze, II, S. 140 – 141, 301 – 302, 312 – 313; Nipperdey, Deutsche Geschichte 1866 – 1918, II, S. 356 – 357; KFT 1866 – 1888, S. 282 – 283.

129 Pflanze, II, S. 302.

130 Craig, Die preußisch-deutsche Armee, S. 247 – 254; Waldersee, I, S. 224 – 226; KFT 1866 – 1888, S. 430 – 432.

131 Craig, Die preußisch-deutsche Armee, S. 254, 265, 277 – 278; Clark, Preußen, S. 687 – 688.

132 Engelberg, S. 677.

133 Ebd., S. 680 – 686.

134 Heyden, Ulrich van der: Die brandenburgisch-preußische Handelskolonie Großfriedrichsburg, in: Gründer, Horst/Hiery, Hermann (Hrsg.): Die Deutschen und ihre Kolonien. Ein Überblick, Berlin – Brandenburg 2018, S. 27 – 44, hier: S. 36 – 43; Barth, Boris: Die deutsche Hochfinanz und die Imperialismen. Banken und Außenpolitik vor 1914, Stuttgart 1995, S. 61 – 62; Herre, Kaiser Wilhelm I., S. 499; Büttner, Kurt: Die Anfänge der deutschen Kolonialpolitik in Ostafrika.

Eine kritische Untersuchung an Hand unveröffentlichter Quellen, Berlin 1959, S. 102–106, 140; Pflanze, II. S. 380, 389–391.

135 Laforgue, S. 9–10.

136 Ebd., S. 28–29; siehe auch Vizetelly, I, S. 256–257.

137 http://germanhistorydocs.ghi-dc.org/sub_document.cfm?document_id=662&language=german (abgerufen am 22.01.2018).

138 Schöllgen, Gregor: Deutsche Außenpolitik von 1815 bis 1945, München 2013, S. 71, 73, 76–77, 91–92, 101–102.

139 So brachte das *Anschaulich-ausführliche Realienbuch, enthaltend Geschichte, Erdkunde, Naturgeschichte, Naturlehre und Chemie. Für die Hand der Schüler,* in 30. Auflage in Bielefeld und Leipzig 1899 erschienen, vielen Schülergenerationen folgende Episode bei: »Die Kornblume war die Lieblingsblume des Kaisers Wilhelm I. An jedem Feste wurde ihm der Tisch mit Sträußen von blauen Kornblumen geschmückt. Als nämlich 1807 vor der Schlacht von Friedland seine Mutter (Königin Luise) sich mit ihm und dem älteren Bruder Friedrich Wilhelm auf der Flucht nach Memel befand, brach mitten im Felde ein Rad am Wagen. Während dieses ausgebessert wurde, saß sie mit den Prinzen auf dem Rande eines Grabens. Bald klagten die Prinzen über Hunger. Die Mutter hatte jedoch nichts, den Hunger der Kinder zu stillen, und um sie zu zerstreuen, pflückte sie einige Kornblumen. Bald halfen die Prinzen, und nun wand die Mutter einen Kranz, auf den hin und wieder Tränen aus ihren Augen herabfielen. Prinz Wilhelm, dadurch gerührt, suchte seine Mutter durch Liebkosungen zu trösten. Unter Tränen lächelnd, setzte sie dann dem zehnjährigen Prinzen, dem nachmaligen Kaiser Wilhelm I., den Kranz aufs Haupt. Diese Begebenheit blieb ihm unvergeßlich, und so wurde die Kornblume seine Lieblingsblume.« Häusler, Wolfgang: Schubumkehr. Von der Tradition der demokratischen Revolution 1848 zu Deutschnationalismus und Antisemitismus, in: Österreich in Geschichte und Literatur, 64. Jahrgang (2020), Heft 1, S. 4–28, hier: S. 7

140 Förster, Königin Luise-Mythos, S. 106–107; Laforgue, S. 23; Retterath, Hans-Werner: Von ›deutscher Treue‹ bis zu ›deutscher Weltgeltung‹. Zur Symbolik der auslandsdeutschen Kulturarbeit in der Zwischenkriegszeit am Beispiel ihrer Institutionsabzeichen, in: Brednich, Rolf Wilhelm/Schmitt, Heinz (Hrsg.): Symbole. Zur Bedeutung der Zeichen in der Kultur, Münster – New York – München – Berlin 1997, S. 408–421, hier: S. 410.

141 Häusler, S. 17

142 Ebd., S. 5

143 Ebd., S. 7

144 Gall, S. 718, 776–781; Pflanze, II, S. 475–481; Ritter, Gerhard A. (Hrsg.): Das Deutsche Kaiserreich 1871–1914. Ein historisches Lesebuch, Göttingen 1975, S. 248–249.

145 Pflanze, II, S. 479, 481.

146 KWGBRS, II, S. 416.

147 Pflanze, II, S. 481.

148 Schneider, I, S. 178.

149 Spitzemberg, S. 196.

150 Delbrück, Rudolph von, II, S. 235.

151 Lucius, S. 362.

152 Feuerstein-Praßer, Augusta, S. 259, 278–279, 289; Lucius, S. 278.

153 KFT 1848–1866, S. 376.

154 Müller, Frank Lorenz: Die Thronfolger. Macht und Zukunft der Monarchie im 19. Jahrhundert, München 2019, S. 54.

155 Kronprinz Friedrich Wilhelm an Wilhelm I., 6.8.1870, in: GSPK, BPH, Rep. 52, J Nr. 319, n.f.

156 KWGBRS, II, S. 243.

157 KFT 1866 – 1888, S. 173, 181, 193; PPS, VI/1, S. 42, 241 – 242, 288, 371, 435, 438 – 439, 444; Waldersee, I, S. 131; Müller, Der 99-Tage-Kaiser, S. 40 – 41, 362.

158 Müller, Der 99-Tage-Kaiser, S. 362 – 363.

159 KWGBRS, II, S. 335.

160 Kronprinz Friedrich Wilhelm an Wilhelm I., 5.12.1878, in: GSPK, BPH, Rep. 52, J Nr. 322, fol. 166.

161 KFT 1866 – 1888, S. 12 – 13; Müller, Der 99-Tage-Kaiser, S. 57; Röhl, Wilhelm II. Die Jugend des Kaisers, S. 553 – 554; Hohenlohe-Schillingsfürst, II, S. 260.

162 KFT 1866 – 1888, S. 391.

163 Müller, Der 99-Tage-Kaiser, S. 67.

164 Bismarck, Herbert von: Staatssekretär Graf Herbert von Bismarck. Aus seiner politischen Privatkorrespondenz. Herausgegeben und eingeleitet von Walter Bußmann unter Mitwirkung von Klaus-Peter Hoepke, Göttingen 1964, S. 403, 414.

165 Müller, Der 99-Tage-Kaiser, S. 40; Röhl, Wilhelm II. Die Jugend des Kaisers, S. 164 – 166, 184 – 185, 217 – 220, 268.

166 Ebd., S. 178 – 179.

167 Kaiser Wilhelm II.: Aus meinem Leben 1859 – 1888, Berlin und Leipzig 1927, S. 24 – 25, 99 – 100, 104, 106; Röhl, Wilhelm II. Die Jugend des Kaisers, S. 268, 281, 379 – 381, 419; Feuerstein-Praßer, Augusta, S. 272 – 274.

168 Wilhelm II., S. 188.

169 Ebd., S. 99; Clark, Wilhelm II., S. 15; Röhl, Wilhelm II. Die Jugend des Kaisers, S. 235, 281, 402.

170 Röhl, Wilhelm II. Die Jugend des Kaisers, S. 402.

171 Ebd., S. 421, 433 – 439; Röhl, John C.G.: Wilhelm II. Der Aufbau der Persönlichen Monarchie 1888 – 1900, München 2010, S. 590; Wilhelm II., S. 240; Clark, Wilhelm II., S. 25; Mommsen, S. 15; Holstein, II, S. 392.

172 Hamann, S. 328.

173 Röhl, Wilhelm II. Die Jugend des Kaisers, S. 481, 508 – 510, 514 – 516; Waldersee, I, S. 267 – 270.

174 Müller, Der 99-Tage-Kaiser, S. 259 – 268; Röhl, Wilhelm II. Die Jugend des Kaisers, S. 652, 673 – 677; KFT 1866 – 1888, S. 539.

175 Röhl, Wilhelm II. Die Jugend des Kaisers, S. 675. Einigen zeitgenössischen Aufzeichnungen zufolge ging der Kaiser mit der schweren Krankheit seines Sohnes emotional distanziert um. Hohenlohe-Schillingsfürst ortete bei ihm diesbezüglich erstaunliche »Teilnahmslosigkeit« (Hohenlohe-Schillingsfürst, II, S. 422). Als ihm drei Monate später über den England-Aufenthalt des Kronprinzen und dessen Gesundheitszustand berichtet wurde, »äußerte Majestät sich erbittert über das viele Geld, was sein Sohn brauche; auf den Krankheitsbericht ging er kaum ein.« (Holstein, II, S. 393)

176 Müller, Der 99-Tage-Kaiser, S. 266, 268 – 271; Röhl, Wilhelm II. Die Jugend des Kaisers, S. 652.

177 Lucius, S. 277, 279, 282.

178 Pflanze, II, S. 439.

179 Spitzemberg, S. 214.

180 Pflanze, II, S. 440.

181 Lucius, S. 352 – 355; Hohenlohe-Schillingsfürst, II, S. 380 – 392; Angelow, S. 262; Vizetelly, I, S. 256 – 257; Herbert von Bismarck an Wilhelm I., 1.7.1887, in: GSPK, BPH, Rep. 51, J Nr. 46a, fol. 1 – 7.

182 Vizetelly, I, S. 200.
183 Lucius, S. 361–362.
184 Spitzemberg, S. 230.
185 Ebd., S. 229–230; Lucius, S. 376–377; Pflanze, II, S. 440.
186 Reuter, Gabriele: Vom Kinde zum Menschen. Die Geschichte meiner Jugend, Berlin 1921, S. 380.
187 Lucius, S. 379–380; Pflanze, II, S. 483.
188 Hohenlohe-Schillingsfürst, II, S. 414.
189 Ebd., S. 418–419; Lucius, S. 379–380; Pflanze, II, S. 483.
190 Pflanze, II, S. 466–469, 473–475, 491–495; Wehler, S. 45–47.
191 Holstein, II, S. 15.
192 Waldersee, I, S. 315.
193 Pflanze, II, S. 496–499, 509–511, 516–517; Ullrich, S. 100–106; Waldersee, I, S. 333–338; Gall, S. 725–736.
194 Waldersee, I, S. 338–343; Pflanze, II, S. 517.
195 Bismarck, S. 493; Röhl, Wilhelm II. Die Jugend des Kaisers, S. 747.
196 Bismarck, Herbert von, S. 490.
197 Röhl, Wilhelm II. Die Jugend des Kaisers, S. 739, 747–749.
198 Waldersee, I, S. 344–348; Wilhelm II., S. 328; Röhl, Wilhelm II. Die Jugend des Kaisers, S. 746–748; Lepsius, Johannes/Bartholdy, Albrecht Mendelsson/Thimme, Friedrich (Hrsg.): Die Große Politik der Europäischen Kabinette 1871–1914. Sammlung der Diplomatischen Akten des Auswärtigen Amtes, 40 Bände, Berlin 1922–1927, hier: VI, S. 56–59.
199 Bismarck, Herbert von, S. 492–493.
200 Pflanze, II, S. 517–518; Waldersee, I, S. 349, 357.
201 Lucius, S. 414.
202 Müller, Der 99-Tage-Kaiser, S. 266, 268–271, 274; Röhl, Wilhelm II. Die Jugend des Kaisers, S. 652.
203 KFT 1866–1888, S. 557.
204 Röhl, Wilhelm II. Die Jugend des Kaisers, S. 756–759.
205 Bismarck, S. 494.
206 KWGBRS, II, S. 423–424.
207 Holstein, II, S. 410.
208 KFT 1866–1888, S. 556–561; Müller, Der 99-Tage-Kaiser, S. 272; Röhl, Wilhelm II. Die Jugend des Kaisers, S. 719–722, 766–768.
209 Waldersee, I, S. 345.
210 Ebd., S. 345; Bismarck, S. 504–505.
211 Röhl, Wilhelm II. Die Jugend des Kaisers, S. 766.
212 Waldersee, I, S. 355.
213 Wilhelm I. an den Minister der geistlichen, Unterrichts- und Medicinalangelegenheiten, 23.2.1888, GSPK, I. HA, Rep. 90 A Staatsministerium, jüngere Registratur Nr. 1950, n.f.
214 Ebd.; Röhl, Wilhelm II. Die Jugend des Kaisers, S. 762–763.
215 Waldersee, I, S. 363; Lucius, S. 423–424; Dohme, Robert: Unter fünf preußischen Königen. Herausgegeben von Paul Lindenberg, Berlin 1901, S. 140; Rudolf Kögel an Wilhelm I., 23.2.1888 und Antwort Wilhelms I. an Kögel, 24.2.1888, in: GSPK, VI. HA, NL Kögel, Rudolf, Nr. 3, fol. 59.
216 Waldersee, I, S. 361.
217 Lucius, S. 424.
218 Ebd., S. 424, 429; Waldersee, I, S. 366–367; Bismarck, S. 475.

219 Fontane, Theodor: »Wie man in Berlin so lebt«. Beobachtungen und Betrachtungen aus der Hauptstadt, Berlin 2012, S. 51.

220 Waldersee, I, S. 368 – 369; Bismarck, Herbert von, S. 508; Spitzemberg, S. 241 – 243.

221 Bismarck, S. 475.

222 Lucius, S. 427. Der genaue Wortlaut wich von Zeitgenosse zu Zeitgenosse etwas ab. »Dazu habe ich jetzt keine Zeit«, sagte der Kaiser laut Alfred von Waldersee (Waldersee, I, S. 368). »Ich habe keine Zeit, müde zu sein!«, hieß es dann in der preußischen Amtspresse (Neueste Mittheilungen, VII. Jahrgang, No. 29, 12. März 1888, S. 3).

223 Lucius, S. 429.

224 Waldersee, I, S. 367 – 370; Bismarck, S. 476.

Schlussbetrachtung

1 Reuter, S. 381.

2 Spitzemberg, S. 242; Reuter, S. 385.

3 Waldersee, I, S. 374; siehe auch Fontane, Theodor/Fontane, Martha: Ein Familienbriefnetz, Berlin – New York 2002, S. 312.

4 Aus dem Literarischen Nachlaß der Kaiserin Augusta, I/2, S. 381.

5 Reuter, S. 387 – 388.

6 Spitzemberg, S. 352 – 353

Abkürzungsverzeichnis

Allgemeine Abkürzungen

Anm.	Anmerkung
BPH	Brandenburg-Preußisches Hausarchiv
fol.	folio
GSPK	Geheimes Staatsarchiv Preußischer Kulturbesitz
HA	Hauptabteilung
HHStA	Haus-, Hof- und Staatsarchiv
n.f.	nicht foliiert
NL	Nachlass
PA	Politisches Archiv
Rep.	Repositur

Abgekürzt zitierte Quelleneditionen

HBFK	Hohenzollernbriefe aus den Freiheitskriegen
KFT 1848 – 1866	Kaiser Friedrich III. Tagebücher von 1848 – 1866
KFT 1866 – 1888	Kaiser Friedrich III. Tagebücher 1866 – 1888
KFWWB	König Friedrich Wilhelm IV. und Wilhelm I. Briefwechsel 1840 – 1858
KWBPS	Kaiser Wilhelms I. Briefe an Politiker und Staatsmänner
KWGBRS	Kaiser Wilhelms des Großen Briefe, Reden und Schriften
MSKWG	Militärische Schriften weiland Kaiser Wilhelms des Großen
PBFK	Prinzenbriefe aus den Freiheitskriegen
PPS	Die Protokolle des Preußischen Staatsministeriums
PWPC	Prinz Wilhelm von Preußen an Charlotte

Quellen- und Literaturverzeichnis

Ungedruckte Quellen

Geheimes Staatsarchiv Preußischer Kulturbesitz Berlin (Dahlem)

Anmerkung: Im folgenden Aktenverzeichnis der verwendeten Archivalien des Geheimen Staatsarchivs Preußischer Kulturbesitz wurden manche der beschreibenden Aktentitel nicht 1:1 von den Findbüchern übernommen, sondern etwas gestrafft (diese Bestände können aber anhand der angegebenen Signaturen rasch in den Findbüchern ermittelt werden).

Brandenburg-preußisches Hausarchiv

Rep. 51: Kaiser (König) Wilhelm I.
- Nr. 120 – Ansprache des Prinzregenten an das Staatsministerium (Regierungsprogramm), 8.11.1858
- Nr. 848 – Aufzeichnung des Kronprinzen Friedrich Wilhelm über Aeußerungen des Königs Wilhelm zur deutschen Kaiserfrage, Versailles, 30.12.1870
- D I Nr. 1 – Aufzeichnungen zu militärischen Themen, 1807 – 1882
- D I Nr. 9 – Notiz zur Heeresreorganisation, 5.11.1859
- D I Nr. 10 – Briefe Friedrich Wilhelms IV. an Augusta betr. Adjutanten für Prinz Friedrich Wilhelm, 1853 – 1855
- E spez. Nr. 50 – Innere Politik, Generalia, 1862 – 1878
- E I Generalia Nr. 1 Bd. 1 – Stellvertretung, Regentschaft, Ministerium der Neuen Ära, Thronbesteigung, Erbhuldigung, Krönung, 1857 – 1861
- E I Generalia Nr. 1 Bd. 2 – Die Krönung in Königsberg am 18.10.1861
- E III Nr. 1 – Krankheit Friedrich Wilhelms IV. und Stellvertretung durch den Prinzen von Preußen, 1857 – 1858
- F III Nr. 3 – »Tagebuch und Gedenktage S.M. des Kaisers und Königs Wilhelm I. 1797 – 1876« (aus dem Nachlass Louis Schneiders, 12 Bündel)
- J Nr. 46a – Bericht von Staatssekretär Herbert von Bismarck an Wilhelm I., 1.7.1887
- J Nr. 46e – Briefe Gerson von Bleichröders an Wilhelm I., 1885
- J Nr. 263 – Korrespondenz Wilhelms I. mit August von der Heydt, 1849 – 1869
- J Nr. 437 – Korrespondenz Wilhelms I. mit Helmuth von Moltke, 1861 – 1871
- J Nr. 509b, Bd. 23 – Briefe Wilhelms I. an seine Gemahlin Augusta, 1878
- J Nr. 518 – Briefe und Telegramme Wilhelms I. an Kronprinz Friedrich Wilhelm und Kronprinzessin Victoria, 1861 – 1886

Rep. 52: Kaiser Friedrich III.
- J Nr. 315 – Briefe an Wilhelm I., 1863

- J Nr. 319 – Briefe an Wilhelm I., 1870 – 1871
- J Nr. 322 – Briefe an Wilhelm I., 1878 – 1882

I. Hauptabteilung

Rep. 76 Kultusministerium I 1
- Nr. 90 – Enthüllung der Berliner Siegessäule am 2.9.1873

Rep. 84a Justizministerium
- Nr. 11946 – Ausschließung der Juden vom Staatsdienst, 1848 – 1860
- Nr. 11947 – Ausschließung der Juden vom Staatsdienst, 1861 – 1865

Rep. 89 Geheimes Zivilkabingett, jüngere Periode
- Nr. 349 – Geschäftsgang bei Abwesenheit oder Krankheit des Kaisers und Königs, 1839 – 1878
- Nr. 350 – Ausübung landesherrlicher Befugnisse bei Abwesenheit oder Krankheit des Kaisers und Königs, 1857 – 1918
- Nr. 14590 – Angelegenheiten der Stadt Frankfurt am Main, 1867 – 1871
- Nr. 23684 – Angelegenheiten der Juden, 1847 – 1898

Rep. 90 A Staatsministerium, jüngere Registratur
- Nr. 499 – Die Anstellung von Juden im Staatsdienste, 1859 – 1862
- Nr. 1950 – Einführung königlicher Prinzen in die Geschäfte der Staatsverwaltung, 1855 – 1891
- Nr. 3253 – Thronreden vor dem Reichstag des Norddeutschen Bundes sowie dem Reichstag des Deutschen Reiches, 1867 – 1914

Rep. 90 B Der preußische Ministerpräsident
- Nr. 369 – Brief Bismarcks an Wilhelm I., 1.5.1866

Rep. 92 Nachlässe
- Nachlass Auerswald, Rudolf von
- Nr. 2 bzw. 2a – Personalia 1833 – 1864

Rep. 93 Ministerium der öffentlichen Arbeiten
- B Nr. 2367 – Errichtung von Siegesdenkmälern in Berlin, in Düppel und auf Alsen, 1865 – 1874

Rep. 151 Ministerium der Finanzen
- I B Nr. 166 – Aufhebung der Spielbanken in den 1866 von Preußen annektierten Ländern, 1866 – 1894
- I C Nr. 2009 – Lotterie in Frankfurt am Main, 1866 – 1873

III. Hauptabteilung

Ministerium der auswärtigen Angelegenheiten
- I Nr. 8913 – Oscar Beckers Attentat auf Wilhelm I., 14.7.1861
- I Nr. 8914 – Begnadigung Oscar Beckers, 1866

VI. Hauptabteilung

Nachlass Albedyll, Emil von
- Nr. 2 – Schreiben Kraft zu Hohenlohe-Ingelfingens an Wilhelm I. über die Zustände im Hauptquartier während des Dänemark-Feldzuges, 16.2.1864
- Nr. 5 – Anfrage Wilhelms I. über die künftige Armeestärke, 8.4.1874

Nachlass Falk, Adalbert
- Nr. 23 – Auseinandersetzungen Wilhelms I. mit dem Evangelischen Oberkirchenrat, 1877–1878
- Nr. 75 – Tagebuch Adalbert Falk, September 1877 – Januar 1880

Nachlass Gerlach, Leopold von
- Nr. 23 – Aufnahme Prinz Friedrich Wilhelms in den Freimaurerbund, 1853–1854
- Nr. 27 – Stellvertretung des Königs durch Wilhelm und Einsetzung der Regentschaft, 1857–1858

Nachlass Heydt, August von der
- Nr. 24 – Kabinettsordre, 11.3.1862
- Nr. 26 – Kabinettsordre, 17.3.1862

Nachlass Kögel, Rudolf
- Nr. 2 – Korrespondenz mit Wilhelm I., 1879–1881
- Nr. 3 – Korrespondenz mit Wilhelm I., 1882–1888

Nachlass Natzmer, Oldwig von
- Nr. 1 – Briefe Wilhelms an Oldwig von Natzmer, 1815–1861

Nachlass Preußen, Wilhelm I. von
- Nr. 2 – Briefe Augustas an Wilhelm, 1848
- Nr. 4 – Briefe Charlottes an Wilhelm, 1847–1848
- Nr. 5 – Brief von August Oelrichs an unbekannt, 24.3.1848
- Nr. 14 – Offener Brief an den Prinzen von Preußen, 18.5.1848

Österreichisches Staatsarchiv Wien

Haus-, Hof- und Staatsarchiv

Politisches Archiv
- III 59 Preußen Berichte 1857 IV–X
- III 60 Preußen Berichte 1857 XI–XII; Weisungen, Varia 1857
- III 61 Preußen Berichte 1858 I–IV
- III 62 Preußen Berichte 1858 V–X
- III 63 Preußen Berichte 1858 XI–XII; Weisungen 1858
- III 64 Preußen Varia 1858; Berichte 1859 I–II
- III 65 Preußen Berichte 1859 III–V
- III 66 Preußen Berichte 1859 VI–IX
- III 67 Preußen Varia 1859; Berichte 1859 X–XII

- III 68 Preußen Weisungen 1859
- III 69 Preußen Berichte 1860 I–VI
- III 83 Preußen Varia 1863; Berichte 1864 I
- III 84 Preußen Berichte 1864 II–V

Gedruckte Quellen

[Abeken, Heinrich], Heinrich Abeken. Ein schlichtes Leben in bewegter Zeit, aus Briefen zusammengestellt, herausgegeben von Hedwig Abeken, Berlin 1898

[Augusta], Aus dem Literarischen Nachlaß der Kaiserin Augusta. Herausgegeben von Paul Bailleu und Georg Schuster, Berlin 1912

Bandow, Georg Friedrich: Die Fahnenweihe zu Berlin, am 18. Januar 1861. Ein Gedenkblatt dem vaterländischen Heere gewidmet, Berlin 1861

[Bismarck, Herbert von], Staatssekretär Graf Herbert von Bismarck. Aus seiner politischen Privatkorrespondenz. Herausgegeben und eingeleitet von Walter Bußmann unter Mitwirkung von Klaus-Peter Hoepke, Göttingen 1964

[Bismarck, Otto von], Bismarckbriefe 1836–1872. Herausgegeben von Horst Kohl, Hamburg 2013

[Blumenthal, Leonhard von], Tagebücher des Generalfeldmarschalls Graf von Blumenthal aus den Jahren 1866 und 1870/71. Herausgegeben von Albrecht Graf von Blumenthal, Stuttgart – Berlin 1902

[Bronsart von Schellendorf, Paul], Geheimes Kriegstagebuch 1870–1871. Herausgegeben von Peter Rassow, Bonn 1954

[Bunsen, Christian Carl Josias von], Christian Carl Josias Freiherr von Bunsen. Aus seinen Briefen und nach eigener Erinnerung geschildert von seiner Witwe. Bearbeitet von Friedrich Nippold, 3 Bände, Leipzig 1868–1871

[Delbrück, Friedrich], Die Jugend des Königs Friedrich Wilhelm IV. von Preußen und des Kaisers und Königs Wilhelm I. Tagebuchblätter ihres Erziehers Friedrich Delbrück (1800–1809), mitgeteilt von Georg Schuster, 3 Bände, Berlin 1907

Der Prinz von Preußen und die Berliner Revolution, Berlin 1848

Die Berliner Märztage. Vom militairischen Standpunkte aus geschildert, Berlin 1850

Die Gründung des Deutschen Reiches 1870/71 in Augenzeugenberichten. Herausgegeben und eingeleitet von Ernst Deuerlein, Stuttgart 2011

Die Krisis des Zollvereins urkundlich dargestellt. Beilage zu dem Staatsarchiv von Karl Aegidi und Alfred Klauhold, Hamburg 1862

Die Protokolle des Preußischen Staatsministeriums 1817–1934/38. Herausgegeben von der Berlin-Brandenburgischen Akademie der Wissenschaften, 12 Bände, Hildesheim – Zürich – New York 1999–2004

[Feuerbach, Henriette], Ihr Leben in ihren Briefen, Berlin 1912

Fontane, Theodor: »Wie man in Berlin so lebt«. Beobachtungen und Betrachtungen aus der Hauptstadt, Berlin 2012

Fontane, Theodor/Fontane, Martha: Ein Familienbriefnetz, Berlin – New York 2002

[Friedrich I. von Baden], Großherzog Friedrich I. von Baden und die deutsche Politik von 1854–1871. Briefwechsel, Denkschriften, Tagebücher. Herausgegeben von der Badischen Historischen Kommission, bearbeitet von Hermann Oncken, 2 Bände, Stuttgart – Berlin – Leipzig 1927

[Friedrich III.], Kaiser Friedrichs Tagebücher über die Kriege 1866 und 1870–71 sowie über seine Reisen nach dem Morgenlande und nach Spanien. Herausgegeben von Margaretha von Poschinger, Berlin 1902

[Friedrich III.], Kaiser Friedrich III. Tagebücher von 1848–1866. Herausgegeben von Heinrich Otto Meisner, Leipzig 1929

[Friedrich III.], Kaiser Friedrich III. Tagebücher 1866–1888. Herausgegeben von Winfried Baumgart, Paderborn 2012

[Friedrich Karl], Prinz Friedrich Karl von Preußen. Denkwürdigkeiten aus seinem Leben. Vornehmlich auf Grund des schriftlichen Nachlasses des Prinzen bearbeitet und herausgegeben von Wolfgang Foerster, 2 Bände, Stuttgart – Leipzig 1910

[Friedrich Wilhelm IV. und Wilhelm I.], König Friedrich Wilhelm IV. und Wilhelm I. Briefwechsel 1840–1858. Herausgegeben von Winfried Baumgart, Paderborn – München – Wien – Zürich 2013

[Gerlach, Leopold von], Denkwürdigkeiten aus dem Leben Leopold von Gerlachs Generals der Infanterie und General-Adjutanten König Friedrich Wilhelms IV. Nach seinen Aufzeichnungen herausgegeben von seiner Tochter, 2 Bände, Berlin 1891–1892

[Hohenlohe-Schillingsfürst, Chlodwig zu], Denkwürdigkeiten des Fürsten Chlodwig zu Hohenlohe-Schillingsfürst. Herausgegeben von Friedrich Curtius, 3 Bände, Stuttgart – Leipzig 1906

Hohenzollernbriefe aus den Freiheitskriegen 1813–1815, herausgegeben von Herman Granier, Leipzig 1913

[Hölder, Otto]: Briefe an die Eltern 1878 bis 1887. Herausgegeben von Stefan Hildebrandt und Birgit Staude-Hölder, Leipzig 2014

[Holstein, Friedrich von], Die geheimen Papiere Friedrich von Holsteins. Herausgegeben von Norman Rich und M.H. Fisher, deutsche Ausgabe von Werner Frauendienst, 4 Bände, Göttingen 1956–1963

Huch, Gaby: Zwischen Ehrenpforte und Inkognito: Preußische Könige auf Reisen. Quellen zur Repräsentation der Monarchie zwischen 1797 und 1871, 2 Bände, Berlin 2016

Jessen, Hans (Hrsg.): Die Deutsche Revolution 1848/49 in Augenzeugenberichten, Düsseldorf 1968

Lepsius, Johannes/Bartholdy, Albrecht Mendelsson/Thimme, Friedrich (Hrsg.): Die Große Politik der Europäischen Kabinette 1871–1914. Sammlung der Diplomatischen Akten des Auswärtigen Amtes, 40 Bände, Berlin 1922–1927

Lord, Robert Howard: The Origins of the War of 1870. New Documents from the German Archives, Cambridge 1924

[Lucius von Ballhausen, Robert], Bismarck-Erinnerungen des Staatsministers Freiherrn Lucius von Ballhausen, Stuttgart und Berlin 1920

[Manteuffel, Otto von], Unter Friedrich Wilhelm IV. Denkwürdigkeiten des Ministerpräsidenten Otto Freiherrn v. Manteuffel. Herausgegeben von Heinrich von Poschinger, 3 Bände, Berlin 1901

[Moltke, Helmuth von], Gesammelte Schriften und Denkwürdigkeiten des General-Feldmarschalls Grafen Helmuth von Moltke, herausgegeben von von Leszczynski, 8 Bände, Berlin 1891 – 1893

[Moltke, Helmuth von], Helmuth von Moltkes Briefe an seine Braut und Frau und an andere Anverwandte, 2 Bände, Stuttgart – Leipzig – Berlin – Wien 1894

Natzmer, Gneomar Ernst von: Unter den Hohenzollern. Denkwürdigkeiten aus dem Leben des Generals Oldwig von Natzmer, 4 Bände, Gotha 1887 – 1889

Prinzenbriefe aus den Freiheitskriegen 1813 – 1815. Briefwechsel des Kronprinzen Friedrich Wilhelm (IV.) und des Prinzen Wilhelm (I.) von Preußen mit dem Prinzen Friedrich von Oranien, herausgegeben von Herman Granier, Stuttgart – Berlin 1922

Ritter, Gerhard A. (Hrsg.): Das Deutsche Kaiserreich 1871 – 1914. Ein historisches Lesebuch, Göttingen 1975

[Roon, Albrecht Graf von], Denkwürdigkeiten aus dem Leben des Generalfeldmarschalls Kriegsministers Grafen von Roon. Sammlung von Briefen, Schriftstücken und Erinnerungen, herausgegeben von Waldemar Graf von Roon, 3 Bände, Berlin 1905

[Spitzemberg, Hildegard von], Das Tagebuch der Baronin Spitzemberg. Ausgewählt und herausgegeben von Rudolf Vierhaus, Göttingen 1960

Stoffel, Eugène Georges: Militärische Berichte erstattet aus Berlin 1866 – 1870 durch Oberst Baron von Stoffel in seiner Eigenschaft als ehemaliger französischer Militär-Bevollmächtigter in Preußen, Berlin 1872

Strafgesetzbuch für das Preußische Heer, Berlin 1845

Twesten, Karl: Was uns noch retten kann. Ein Wort ohne Umschweife, Berlin 1861

[Varnhagen von Ense, K.A.], Aus dem Nachlasse Varnhagen's von Ense. Tagebücher von K.A. Varnhagen von Ense, 14 Bände, Leipzig – Zürich – Hamburg 1861 – 1870

[Varnhagen von Ense, K.A.], Aus dem Nachlasse Varnhagen's von Ense. Blätter aus der preußischen Geschichte, 5 Bände, Leipzig 1868 – 1869

[Virchow, Rudolf], Briefe an seine Eltern 1839 – 1864, herausgegeben von Marie Rabl geb. Virchow, Leipzig 1907

[Voß, Sophie Marie von], Neunundsechzig Jahre am Preußischen Hofe. Aus den Erinnerungen der Oberhofmeisterin Sophie Marie Gräfin von Voß, Leipzig 1876

[Waldersee, Alfred von], Denkwürdigkeiten des General-Feldmarschalls Alfred Grafen von Waldersee, bearbeitet und herausgegeben von Heinrich Otto Meisner, 3 Bände, Stuttgart und Berlin 1922 – 1923

[Wilhelm I.], Briefe Kaiser Wilhelms des Ersten. Nebst Denkschriften und anderen Aufzeichnungen in Auswahl herausgegeben von Erich Brandenburg, Leipzig 1911

[Wilhelm I.], Jugendbekenntnisse des Alten Kaisers. Briefe Kaiser Wilhelms I. an Fürstin Luise Radziwill Prinzessin von Preußen 1817 – 1829, herausgegeben von Kurt Jagow, Leipzig 1939

[Wilhelm I.], Kaiser Wilhelms I. Briefe an Politiker und Staatsmänner, bearbeitet von Johannes Schultze, 2 Bände, Berlin/Leipzig 1930 – 1931

[Wilhelm I.], Kaiser Wilhelms I. Briefe an seine Schwester Alexandrine und deren Sohn

Großherzog Friedrich Franz II., bearbeitet von Johannes Schultze, Berlin – Leipzig 1927

[Wilhelm I.], Kaiser Wilhelms des Großen Briefe, Reden und Schriften, ausgewählt und erläutert von Ernst Berger, 2 Bände, Berlin 1906

[Wilhelm I.], Kaiser Wilhelms I. Weimarer Briefe, herausgegeben von Johannes Schultze, 2 Bände, Berlin/Leipzig 1924

[Wilhelm I.], Militärische Schriften weiland Kaiser Wilhelms des Großen, herausgegeben vom Königlich Preußischen Kriegsministerium, 2 Bände, Berlin 1897

[Wilhelm I.], Prinz Wilhelm von Preußen an Charlotte. Briefe 1817 – 1860, herausgegeben von Karl-Heinz Börner, Berlin 1993

Online-Quellen

http://germanhistorydocs.ghi-dc.org/Index.cfm?language=german: Deutsche Geschichte in Dokumenten und Bildern

https://www.truppendienst.com: Truppendienst. Magazin des österreichischen Bundesheeres

http://wafr.lbmv.de: Online-Archiv für das amtliche Mitteilungsblatt »Wöchentliche Anzeigen für das Fürstenthum Ratzeburg«

http://www.documentarchiv.de: Historische Dokumenten- und Quellensammlung zur deutschen Geschichte ab 1800

http://www.reichstagsprotokolle.de: Verhandlungen des Deutschen Reichstags und seiner Vorläufer

http://www.verfassungen.de: Gegenwärtige und historische, nationale und internationale Verfassungstexte in deutscher Sprache

http://www.wahlen-in-deutschland.de: Wahlen in Deutschland seit 1867

http://zefys.staatsbibliothek-berlin.de/amtspresse: ZEFYS Zeitungsinformationssystem der Staatsbibliothek zu Berlin

Memoiren

Anneke, Mathilde Franziska: Mutterland. Memoiren einer Frau aus dem badisch-pfälzischen Feldzuge 1848/49, Münster 1982

Benedetti, Vincent: Studies in Diplomacy, New York 1896

Bismarck, Otto von: Gedanken und Erinnerungen, München 2007

Boerner, Paul: Erinnerungen eines Revolutionärs. Skizzen aus dem Jahre 1848, 2 Bände, Leipzig 1920

Chappuis, Hermann von: Bei Hofe und im Felde, Frankfurt am Main 1902

Corvin, Otto von: Aus dem Leben eines Volkskämpfers, 4 Bände, Amsterdam 1861

Delbrück, Rudolph von: Lebenserinnerungen 1817 – 1867, 2 Bände, Leipzig 1905

Diest, Gustav von: Aus dem Leben eines Glücklichen. Erinnerungen eines alten Beamten, Berlin 1904

Dohme, Robert: Unter fünf preußischen Königen. Herausgegeben von Paul Lindenberg, Berlin 1901

Fransecky, Eduard von: Denkwürdigkeiten des Preussischen Generals der Infanterie Eduard von Fransecky. Herausgegeben und nach anderen Mitteilungen und Quellen ergänzt von Walter von Bremen, Bielefeld – Leipzig 1901

Hohenlohe-Ingelfingen, Kraft zu: Aus meinem Leben, 4 Bände, Berlin 1897 – 1907

Jagow, Kurt (Hrsg.): Der alte Kaiser erzählt. Anekdoten aus dem Leben Kaiser Wilhelms I., Berlin 1939

Kaiser Wilhelm II.: Aus meinem Leben 1859 – 1888, Berlin und Leipzig 1927

Keudell, Robert von: Fürst und Fürstin Bismarck. Erinnerungen aus den Jahren 1846 bis 1872, Berlin – Stuttgart 1901

Laforgue, Jules: Berlin. Der Hof und die Stadt, 1887, Frankfurt am Main 1970

Loë, Walter von: Erinnerungen aus meinem Berufsleben 1849 bis 1867, Stuttgart und Leipzig 1906

Lüttichau, Philipp: Erinnerungen aus dem Straßenkampfe, den das Füsilier-Bataillon 8ten Infanterie-Regiments (Leib-Infanterie-Regiment) am 18ten März 1848 in Berlin zu bestehen hatte, und die Vorgänge bis zum Abmarsch desselben am 19ten Vormittags 11 Uhr, Berlin 1849

Malet, Alexander: The Overthrow of the Germanic Confederation by Prussia in 1866, London 1870

Oelrichs, August: Ein Bremer rettet den Kaiser. Die Flucht des Prinzen Wilhelm im Jahre 1848 aus Berlin, nach den Erinnerungen von August Oelrichs, herausgegeben von Dieter Leuthold, Bremen 1998

Prittwitz, Karl Ludwig von: Berlin 1848. Das Erinnerungswerk des Generalleutnants Karl Ludwig von Prittwitz und andere Quellen zur Berliner Märzrevolution und zur Geschichte Preußens um die Mitte des 19. Jahrhunderts, Berlin/New York 1985

Reuter, Gabriele: Vom Kinde zum Menschen. Die Geschichte meiner Jugend, Berlin 1921

Richter, Eugen: Im alten Reichstag, 2 Bände, Berlin 1894 – 1896

[Rochow, Caroline], Vom Leben am preußischen Hofe 1815 – 1852. Aufzeichnungen von Caroline von Rochow geb. v. d. Marwitz und Marie de la Motte-Fouqué, bearbeitet von Luise v. d. Marwitz, Berlin 1908

Schäffle, Albert Eberhard Friedrich: Aus meinem Leben, 2 Bände, Berlin 1905

Schneider, Louis: Aus dem Leben Kaiser Wilhelms I. 1849 – 1873, 3 Bände, Berlin 1888

Schurz, Carl: Sturmjahre. Lebenserinnerungen 1829 – 1852, Berlin 1973

Sheridan, Philip H.: Personal Memoirs of P.H. Sheridan, 2 Bände, New York 1888

Thielen, Maximilian Ritter von: Erinnerungen aus dem Kriegerleben eines 82jährigen Veteranen der österreichischen Armee, mit besonderer Bezugnahme auf die Feldzüge der Jahre 1805, 1809, 1813, 1814, 1815, Wien 1863

Tiedemann, Christoph von: Aus sieben Jahrzehnten, 2 Bände, Leipzig 1905 – 1909

Verdy du Vernois, Julius von: Im großen Hauptquartier 1870/71. Persönliche Erinnerungen von J. v. Verdy du Vernois, Berlin 1896

Wachenhusen, Hans: Tagebuch vom Oesterreichischen Kriegsschauplatz 1866, Berlin 1866

Literatur

Allmayer-Beck, Johann Christoph: Die bewaffnete Macht in Staat und Gesellschaft, in: Wandruszka, Adam/Urbanitsch, Peter (Hrsg.): Die Habsburgermonarchie 1848 – 1918, Band 5, Wien 1987, S. 1 – 141

Althammer, Beate: Das Bismarckreich 1871 – 1890, Paderborn 2009

Aly, Götz: Europa gegen die Juden. 1880 – 1945, Frankfurt am Main 2017

Andresen, Karen: Bismarcks fügsamer Monarch, in: Klußmann, Uwe/Pötzl, Norbert F. (Hrsg.): Die Hohenzollern. Preußische Könige, deutsche Kaiser, München 2011, S. 144 – 153

Angelow, Jürgen: Wilhelm I. (1861 – 1888), in: Kroll, Frank-Lothar (Hrsg.): Preußens Herrscher. Von den ersten Hohenzollern bis Wilhelm II., München 2006, S. 242 – 264

Arand, Tobias: 1870/71. Die Geschichte des Deutsch-Französischen Krieges erzählt in Einzelschicksalen, Hamburg 2018

Aumüller, Peter: Feldzeugmeister Benedek und die Schlacht bei Königgrätz. Anatomie einer Niederlage, in: Truppendienst, Folge 276, Ausgabe 3/2004 – siehe https://www.truppendienst.com/themen/beitraege/artikel/anatomie-einer-niederlage (abgerufen am 13.03.2017)

Barclay, David E.: Anarchie und guter Wille. Friedrich Wilhelm IV. und die preußische Monarchie, Berlin 1995

Barclay, David E.: Friedrich Wilhelm II. (1786 – 1797), in: Kroll, Frank-Lothar (Hrsg.): Preußens Herrscher. Von den ersten Hohenzollern bis Wilhelm II., München 2006, S. 179 – 196

Barth, Boris: Die deutsche Hochfinanz und die Imperialismen. Banken und Außenpolitik vor 1914, Stuttgart 1995

Baumgart, Winfried: Friedrich Wilhelm IV. (1840 – 1861), in: Kroll, Frank-Lothar (Hrsg.): Preußens Herrscher. Von den ersten Hohenzollern bis Wilhelm II., München 2006, S. 219 – 241

Becker, Frank: »Getrennt marschieren, vereint schlagen«. Königgrätz, 3. Juli 1866, in: Förster, Stig/Pöhlmann, Markus/Walter, Dierk (Hrsg.): Schlachten der Weltgeschichte. Von Salamis bis Sinai, München 2001, S. 217 – 229

Becker, Gerhard/Hofmann, Jürgen: Proteste gegen die Rückberufung des Prinzen von Preußen. Zur Volksbewegung gegen die Krone und das Ministerium Camphausen im Mai 1848, in: Zeitschrift für Geschichtswissenschaft, 23. Jahrgang (1975), No. 7, S. 795 – 820

Benz, Wolfgang (Hrsg.): Handbuch des Antisemitismus. Judenfeindschaft in Geschichte und Gegenwart, Band 2: Personen, Berlin 2009

Blasius, Dirk: Friedrich Wilhelm IV. 1795 – 1861. Psychopathologie und Geschichte, Göttingen 1992

Bleek, Wilhelm: Vormärz. Deutschlands Aufbruch in die Moderne. Szenen aus der deutschen Geschichte 1815 – 1848, München 2019

Böhme, Helmut: Deutschlands Weg zur Großmacht. Studien zum Verhältnis von Wirtschaft und Staat während der Reichsgründungszeit 1848 – 1881, Köln/Berlin 1966

Boissier, Pierre: Henry Dunant, Genf 1991

Bönisch, Georg: Der Soldatenkönig, in: Burgdorff, Stephan/Pötzl, Norbert F./Wiegrefe, Klaus (Hrsg.): Preußen. Die unbekannte Großmacht, München 2008, S. 65 – 79

Börner, Karl Heinz: Wilhelm I. Deutscher Kaiser und König von Preußen. Eine Biographie 1797 – 1888, Köln 1984

Bollmeyer, Heiko: Der steinige Weg zur Demokratie. Die Weimarer Nationalversammlung zwischen Kaiserreich und Republik, Frankfurt am Main 2007

Brechenmacher, Thomas: Jüdisches Leben im Kaiserreich, in: Heidenreich, Bernd/Neitzel, Sönke (Hrsg.): Das Deutsche Kaiserreich 1890 – 1914, Paderborn 2011, S. 125 – 141

Brednich, Rolf Wilhelm/Schmitt, Heinz (Hrsg.): Symbole. Zur Bedeutung der Zeichen in der Kultur, Münster – New York – München – Berlin 1997

Bremm, Klaus-Jürgen: 1866. Bismarcks Krieg gegen die Habsburger, Darmstadt 2016

Bremm, Klaus-Jürgen: 70/71. Preußens Triumph über Frankreich und die Folgen, Darmstadt 2019

Bucholz, Arden: Moltke and the German Wars, 1864 – 1871, New York 2001

Bugnion, François: Birth of an idea: the founding of the International Committee of the Red Cross and of the International Red Cross and Red Crescent Movement: from Solferino to the original Geneva Convention (1859 – 1864), in: International Review of the Red Cross, 94/888 (2012), S. 1299 – 1338

Bühler, Johannes: Vom Bismarck-Reich zum geteilten Deutschland. Deutsche Geschichte seit 1871, Berlin 1960

Buk-Swienty, Tom: Schlachtbank Düppel. 18. April 1864. Die Geschichte einer Schlacht, Berlin 2011

Burchardt, Lothar: Helmuth von Moltke, Wilhelm I. und der Aufstieg des preußischen Generalstabes, in: Foerster, Roland G. (Hrsg.): Generalfeldmarschall von Moltke. Bedeutung und Wirkung, München 1991, S. 19 – 38

Burgdorff, Stephan/Pötzl, Norbert F./Wiegrefe, Klaus (Hrsg.): Preußen. Die unbekannte Großmacht, München 2008

Büschel, Hubertus: Untertanenliebe. Der Kult um deutsche Monarchen 1770 – 1830, Göttingen 2006

Butenschön, Marianna: Die Preußin auf dem Zarenthron. Alexandra, Kaiserin von Russland, München – Zürich 2011

Büttner, Kurt: Die Anfänge der deutschen Kolonialpolitik in Ostafrika. Eine kritische Untersuchung an Hand unveröffentlichter Quellen, Berlin 1959

Clark, Christopher: Die Schlafwandler. Wie Europa in den Ersten Weltkrieg zog, München 2013

Clark, Christopher: Preußen. Aufstieg und Niedergang 1600 – 1947, München 2007

Clark, Christopher: Wilhelm II. Die Herrschaft des letzten deutschen Kaisers, München 2008

Clausewitz, Carl von: Der Feldzug von 1812 in Rußland, der Feldzug von 1813 bis zum Waffenstillstand und der Feldzug 1814 in Frankreich (Hinterlassene Werke des Generals Carl von Clausewitz über Krieg und Kriegführung, Band 7), Berlin 1862

Craig, Gordon A.: Deutsche Geschichte 1866–1945. Vom Norddeutschen Bund bis zum Ende des Dritten Reiches, München 1999

Craig, Gordon A.: Die preußisch-deutsche Armee 1640–1945. Staat im Staate, Düsseldorf 1960

Craig, Gordon A.: Königgrätz. 1866 – Eine Schlacht macht Weltgeschichte, Augsburg – Wien 1997

David, Saul: Die größten Fehlschläge der Militärgeschichte. Von der Schlacht im Teutoburger Wald bis zur Operation Desert Storm, München 2003

Deist, Wilhelm: Militär, Staat und Gesellschaft. Studien zur preußisch-deutschen Militärgeschichte, München 1991

Dönhoff, Marion Gräfin: Preußen. Maß und Maßlosigkeit, München 1987

Elster, Hanns Martin: Kriegsminister, General-Feldmarschall, Ministerpräsident Graf Albrecht von Roon. Sein Leben und Wirken, Berlin 1938

Engehausen, Frank: Die Revolution von 1848/49, Paderborn 2007

Engelberg, Ernst: Bismarck. Sturm über Europa, herausgegeben und bearbeitet von Achim Engelberg, München 2014

Fenske, Hans: Die Deutschen und der Krieg von 1870/71: Zeitgenössische Urteile, in: Pariser Historische Studien, Band 29 (1990), S. 167–214

Fesser, Gerd: 1806. Die Doppelschlacht bei Jena und Auerstedt, Jena – Quedlinburg 2006

Feuerstein-Praßer, Karin: Augusta. Kaiserin und Preußin, München 2011

Feuerstein-Praßer, Karin: Die deutschen Kaiserinnen 1871–1918, Regensburg 1997

Figes, Orlando: Krimkrieg. Der letzte Kreuzzug, Berlin 2011

Fontane, Theodor: Der deutsche Krieg von 1866, 2 Bände, Berlin 1871

Fontane, Theodor: Der Krieg gegen Frankreich 1870–1871, 2 Bände, Berlin 1873–1876

Förster, Birte: Der Königin Luise-Mythos. Mediengeschichte des »Idealbilds deutscher Weiblichkeit« 1860–1960, Göttingen 2011

Förster, Stig: Ein militarisiertes Land? Zur gesellschaftlichen Stellung des Militärs im Deutschen Kaiserreich, in: Heidenreich, Bernd/Neitzel, Sönke (Hrsg.): Das Deutsche Kaiserreich 1890–1914, Paderborn 2011, S. 157–174

Förster, Stig/Pöhlmann, Markus/Walter, Dierk (Hrsg.): Kriegsherren der Weltgeschichte. 22 historische Portraits, München 2006

Frank, Walter: Hofprediger Adolf Stoecker und die christlichsoziale Bewegung, Berlin 1928

Franz, Werner: Einführung und erste Jahre der preußischen Verwaltung in Schleswig-Holstein (II. Teil), in: Zeitschrift der Gesellschaft für Schleswig-Holsteinische Geschichte, Band 83 (1959), S. 117–242

Frobenius, Hermann: Alfried Krupp. Ein Lebensbild, Dresden – Leipzig 1898

Gall, Lothar: Bismarck. Der weiße Revolutionär, München 2002

Geisthövel, Alexa: Restauration und Vormärz 1815–1847, Paderborn 2008

Geng, Denise: Monarch und Militär. Zum Verhältnis von politischer und militärischer Führung im 19. Jahrhundert. Preußen – Deutschland im Vergleich, Berlin 2013

Gersdorff, Dagmar von: Auf der ganzen Welt nur sie. Die verbotene Liebe zwischen Prinzessin Elisa Radziwill und Wilhelm von Preußen, Berlin 2015

Goebel, Christine: Die Bundes- und Deutschlandpolitik Kurhessens in den Jahren 1859 bis 1866. Eine Analyse zur Untergangsphase des Deutschen Bundes, Marburg 1995

Görtemaker, Manfred: Bismarck und Moltke. Der preußische Generalstab und die deutsche Einigung, in: Lappenküper, Ulrich (Hrsg.): Otto von Bismarck und das »lange 19. Jahrhundert«. Lebendige Vergangenheit im Spiegel der »Friedrichsruher Beiträge« 1996 – 2016, Paderborn 2017, S. 467 – 493

Gräfe, Thomas: Antisemitismus in Deutschland 1815 – 1918. Rezensionen – Forschungsüberblick – Bibliographie, Norderstedt 2010

Gruner, Wolf D.: Der Deutsche Bund, die deutschen Verfassungsstaaten und die Rheinkrise von 1840. Überlegungen zur deutschen Dimension einer europäischen Krise, in: Zeitschrift für Bayerische Landesgeschichte, Nr. 53 (1990), S. 51 – 78

Haeckel, Julius: Der Revolutionär Max Dortu, in: Hupfeld, Hans (Hrsg.): Potsdamer Jahresschau. Havelland-Kalender 1932, Potsdam 1932, S. 41 – 57

Haenchen, Karl: Flucht und Rückkehr des Prinzen von Preußen im Jahre 1848, in: Historische Zeitschrift 154 (1936), S. 32 – 95

Häusler, Wolfgang: Schubumkehr. Von der Tradition der demokratischen Revolutiobn 1848 zu Deutschnationalismus und Antisemitismus, in: Österreich in Geschichte und Literatur, 64. Jahrgang (2020), Heft 1, S. 4 – 28

Haffner, Sebastian: Historische Variationen, München 2003

Haffner, Sebastian: Preußen ohne Legende, Hamburg 1998

Hahn, Hans-Werner: Geschichte des Deutschen Zollvereins, Göttingen 1984

Hamann, Brigitte: Kronprinz Rudolf. Ein Leben, München 2006

Hamburger, Ernest: Juden im Öffentlichen Leben Deutschlands. Regierungsmitglieder, Beamte und Parlamentarier in der monarchischen Zeit 1848 – 1918, Tübingen 1968

Haselhorst, Olaf: Operationen der deutschen Heere im Krieg gegen Frankreich 1870/71, in: Ganschow, Jan/Haselhorst, Olaf/Ohnezeit, Maik (Hrsg.): Der Deutsch-Französische Krieg 1870/71. Vorgeschichte, Verlauf, Folgen, Graz 2009, S. 83 – 120

Herre, Franz: Kaiser Wilhelm I. Der letzte Preuße, Köln 1980

Herre, Franz: Moltke. Der Mann und sein Jahrhundert, Stuttgart 1984

Heyden, Ulrich van der: Die brandenburgisch-preußische Handelskolonie Großfriedrichsburg, in: Gründer, Horst/Hiery, Hermann (Hrsg.): Die Deutschen und ihre Kolonien. Ein Überblick, Berlin – Brandenburg 2018, S. 27 – 44

Hilgers, Philipp von: Eine Anleitung zur Anleitung. Das taktische Kriegsspiel 1812 – 1824, in: Board Games Studies. International Journal for the Study of Board Games 3 (2000), S. 59 – 77

Hilgers, Philipp von: Räume taktischer Kriegsspiele, in: Martus, Steffen/Münkler, Marina/ Röcke, Werner (Hrsg.): Schlachtfelder. Codierung von Gewalt im medialen Wandel, Berlin 2003, S. 249 – 264

Hilmes, Oliver: Ludwig II. Der unzeitgemäße König, München 2013

Höbelt, Lothar: »Revanche pour Sadowa?« – Österreich und der Deutsch-Französische Krieg, in: Ganschow, Jan/Haselhorst, Olaf/Ohnezeit, Maik (Hrsg.): Der Deutsch-Französische Krieg 1870/71. Vorgeschichte, Verlauf, Folgen, Graz 2009, S. 178 – 189

Hobsbawm, Eric J.: Das imperiale Zeitalter 1875 – 1914, Frankfurt am Main 1995

Holtz, Bärbel: Wider Ostrakismos und moderne Konstitutionstheorien. Die preußische Regierung im Vormärz zur Verfassungsfrage, in: Holtz, Bärbel/Spenkuch, Hartwin (Hrsg.): Preußens Weg in die politische Moderne. Verfassung – Verwaltung – politische Kultur zwischen Reform und Reformblockade, Berlin 2001, S. 101 – 139

Hosfeld, Rolf/Pölking, Hermann: Die Deutschen 1815 bis 1918. Fürstenherrlichkeit und Bürgerwelten, München 2007

Hülk, Walburga: Der Rausch der Jahre. Als Paris die Moderne erfand, Hamburg 2019

Jansen, Christian: Gründerzeit und Nationsbildung 1849 – 1871, Paderborn 2011

Jessen, Olaf: Die Moltkes. Biographie einer Familie, München 2010

Kappeler, Andreas: Rußland als Vielvölkerreich. Entstehung – Geschichte – Zerfall, München 1992

Kessel, Eberhard: Moltke, Stuttgart 1957

Kleßmann, Eckart: Napoleon und die Deutschen, Berlin 2007

Kolb, Eberhard: Bismarck und das Aufkommen der Annexionsforderung 1870, in: Kolb: Eberhard: Umbrüche deutscher Geschichte 1866/71, 1918/19, 1929/33, herausgegeben von Dieter Langewiesche und Klaus Schönhoven, München 1993, S. 63 – 94

Kolb, Eberhard: Der Kriegsausbruch 1870. Politische Entscheidungsprozesse und Verantwortlichkeiten in der Julikrise 1870, Göttingen 1970

Kolb, Eberhard: Helmuth von Moltke in seiner Zeit. Aspekte und Probleme, in: Foerster, Roland G. (Hrsg.): Generalfeldmarschall von Moltke. Bedeutung und Wirkung, München 1991, S. 1 – 17

Kolb, Eberhard: Kriegführung und Politik 1870/71, in: Kolb, Eberhard: Umbrüche deutscher Geschichte 1866/71, 1918/19, 1929/33, herausgegeben von Dieter Langewiesche und Klaus Schönhoven, München 1993, S. 139 – 162

Kolb, Eberhard: Otto von Bismarck. Eine Biographie, München 2014

Kraus, Hans-Christof: Friedrich III. (12. März 1888 – 18. Juni 1888), in: Kroll, Frank-Lothar (Hrsg.): Preußens Herrscher. Von den ersten Hohenzollern bis Wilhelm II., München 2006, S. 265 – 289

Krockow, Christian Graf von: Bismarck. Eine Biographie, Stuttgart 1997

Kroll, Frank-Lothar (Hrsg.): Preußens Herrscher. Von den ersten Hohenzollern bis Wilhelm II., München 2006

Large, David Clay: Berlin. Biographie einer Stadt, München 2002

Leipold, Winfried: Der deutsch-französische Krieg von 1870/71. Die Konfrontation zweier Kulturen im Spiegelbild von Zeitzeugen und Zeitzeugnissen (Dissertation), Würzburg 2015

Lonke, Alwin: Königin Luise von Preußen. Ein Lebensbild nach den Quellen, Leipzig 1904

Machtan, Lothar: Kaisersturz. Vom Scheitern im Herzen der Macht 1918, Darmstadt 2018

Machtan, Lothar/Ott, René: »Batzebier!« Überlegungen zur sozialen Protestbewegung in den Jahren nach der Reichsgründung am Beispiel der süddeutschen Bierkrawalle vom

Frühjahr 1873, in: Volkmann, Heinrich/Bergmann, Jürgen (Hrsg.): Sozialer Protest. Studien zu traditioneller Resistenz und kollektiver Gewalt in Deutschland vom Vormärz bis zur Reichsgründung, Opladen 1984, S. 128 – 166

Mann, Golo: Deutsche Geschichte des neunzehnten und zwanzigsten Jahrhunderts, Frankfurt am Main 1958

Markert, Jan: Der Kaiser und die »Lügenpresse«. Vom problematischen Verhältnis eines Monarchen zum gesprochenen Wort, publiziert am 6.1.2020 unter https://www.bismarck-stiftung.de/2020/01/06/der-kaiser-und-die-luegenpresse-vom-problematischen-verhaeltnis-eines-monarchen-zum-gedruckten-wort/ (abgerufen am 31.01.2020)

März, Peter: »Genie« im Kanzleramt? Otto von Bismarck als erster deutscher Kanzler und als preußischer Regierungschef, in: Mayer, Tilman (Hrsg.): Bismarck: Der Monolith. Reflexionen am Beginn des 21. Jahrhunderts, Hamburg 2015, S. 37 – 100

Massing, Paul W.: Vorgeschichte des politischen Antisemitismus, Frankfurt am Main 1959

Mast, Peter: Die Hohenzollern in Lebensbildern, Graz – Wien – Köln 2006

Mast, Peter: Wilhelm I. (1871 – 1888), in: Hartmann, Gerhard/Schnith, Karl (Hrsg.): Die Kaiser. 1200 Jahre europäische Geschichte, Wiesbaden 2006, S. 747 – 761

Mast, Peter: Wilhelm II. (1888 – 1918), in: Hartmann, Gerhard/Schnith, Karl (Hrsg.): Die Kaiser. 1200 Jahre europäische Geschichte, Wiesbaden 2006, S. 769 – 787

Meißner, Hans-Reinhard: Preußen und seine Armee, Band 2: Von Waterloo bis Paris 1815 – 1871, Stuttgart 2012

Messerschmitt, Manfred: Das preußische Militärwesen, in: Neugebauer, Wolfgang (Hrsg.): Handbuch der preußischen Geschichte, Band 3: Vom Kaiserreich zum 20. Jahrhundert und Große Themen der Geschichte Preußens, Berlin – New York 2001, S. 319 – 546

Mlynek, Klaus/Röhrbein, Waldemar R. (Hrsg.): Geschichte der Stadt Hannover, 2 Bände, Hannover 1992 – 1994

Mommsen, Wolfgang J.: War der Kaiser an allem schuld? Wilhelm II. und die preußisch-deutschen Machteliten, Berlin 2005

Mühlnikel, Marcus: »Fürst, sind Sie unverletzt?« Attentate im Kaiserreich 1871 – 1914, Paderborn 2014

Müller, Frank Lorenz: Der 99-Tage-Kaiser. Friedrich III. von Preußen. Prinz, Monarch, Mythos, München 2013

Müller, Frank Lorenz: Die Thronfolger. Macht und Zukunft der Monarchie im 19. Jahrhundert, München 2019

Müller, Klaus: 1866: Bismarcks deutscher Bruderkrieg. Königgrätz und die Schlachten auf deutschem Boden, Graz 2007

Müller, Rolf-Dieter: Militärgeschichte, Köln – Weimar – Wien 2009

Müller, Sabrina: Soldaten in der deutschen Revolution von 1848/49, Paderborn – München – Wien – Zürich 1999

Münkler, Herfried: Die Deutschen und ihre Mythen, Berlin 2009

Neugebauer, Wolfgang: Die Geschichte Preußens. Von den Anfängen bis 1947, München 2006

Neuhold, Helmut: 1866. Königgrätz, Wiesbaden 2016

Nipperdey, Thomas: Deutsche Geschichte 1800–1866, Teil 1: Bürgerwelt und starker Staat, München 2013

Nipperdey, Thomas: Deutsche Geschichte 1866–1918, Teil 2, Band 1: Arbeitswelt und Bürgergeist, München 2013

Nipperdey, Thomas: Deutsche Geschichte 1866–1918, Teil 2, Band 2: Machtstaat vor der Demokratie, München 2013

Ohnezeit, Maik: Der Deutsch-Französische Krieg 1870/71: Vorgeschichte, Ursachen und Kriegsausbruch, in: Ganschow, Jan/Haselhorst, Olaf/Ohnezeit, Maik (Hrsg.): Der Deutsch-Französische Krieg 1870/71. Vorgeschichte, Verlauf, Folgen, Graz 2009, S. 17–82

Oncken, Wilhelm: Unser Heldenkaiser, Paderborn 2015 (Nachdruck)

Opll, Ferdinand: Friedrich Barbarossa, Darmstadt 1998

Oster, Uwe A.: Preußen. Geschichte eines Königreichs, München 2010

Paetau, Rainer: Die regierenden Altliberalen und der »Ausbau« der Verfassung Preußens in der Neuen Ära (1858–1862). Reformpotential – Handlungsspielraum – Blockade, in: Holtz, Bärbel/Spenkuch, Hartwin (Hrsg.): Preußens Weg in die politische Moderne. Verfassung – Verwaltung – politische Kultur zwischen Reform und Reformblockade, Berlin 2001, S. 169–191

Palmer, Alan: Franz Joseph I. Kaiser von Österreich und König von Ungarn, München 1994

Peiffer, Bastian: Alexander von Schleinitz und die preußische Außenpolitik 1858–1861, Frankfurt am Main/Berlin/Bern/Brüssel/New York/Oxford/Wien 2012

Petersen, Jens Owe: Schleswig-Holstein 1864–1867. Preußen als Hoffnungsträger und »Totengräber« des Traums von einem selbständigen Schleswig-Holstein (Dissertation), Kiel 2000

Pflanze, Otto: Bismarck. Band 1: Der Reichsgründer, München 1997

Pflanze, Otto: Bismarck. Band 2: Der Reichskanzler, München 1998

Philippson, Martin: Neueste Geschichte des jüdischen Volkes, 3 Bände, Leipzig 1907–1911

Pias, Claus: Computer Spiel Welten (Dissertation), Weimar 2000

Pollmann, Klaus Erich: Landesherrliches Kirchenregiment und soziale Frage. Der evangelische Oberkirchenrat der altpreußischen Landeskirche und die sozialpolitische Bewegung der Geistlichen nach 1890, Berlin – New York 1973

Pötzl, Norbert F.: Bismarck. Der Wille zur Macht, Berlin 2015

Price, Munro: Napoleon. Der Untergang, München 2015

Reitmayer, Morten: Bankiers im Kaiserreich. Sozialprofil und Habitus der deutschen Hochfinanz, Göttingen 1999

Reitmayer, Morten: Zwischen Abgrenzung und Ausgrenzung: Jüdische Großbankiers und der Antisemitismus im deutschen Kaiserreich, in: Gotzmann, Andreas/Liedtke, Rainer/van Rahden, Till (Hrsg.): Juden, Bürger, Deutsche. Zur Geschichte von Vielfalt und Differenz 1800–1933, Tübingen 2001, S. 147–170

Retterath, Hans-Werner: Von ›deutscher Treue‹ bis zu ›deutscher Weltgeltung‹. Zur Symbolik der auslanddeutschen Kulturarbeit in der Zwischenkriegszeit am Beispiel ihrer Institutionsabzeichen, in: Brednich, Rolf Wilhelm/Schmitt, Heinz (Hrsg.): Symbole.

Zur Bedeutung der Zeichen in der Kultur, Münster – New York – München – Berlin 1997, S. 408 – 421

Rohrkrämer, Thomas: Der Militarismus der »kleinen Leute«. Die Kriegervereine im Deutschen Kaiserreich 1871 – 1914, München 1990

Röhl, John C.G.: Wilhelm II. Die Jugend des Kaisers 1859 – 1888, München 2009

Röhl, John C.G.: Wilhelm II. Der Aufbau der Persönlichen Monarchie 1888 – 1900, München 2010

Rumpler, Helmut: Eine Chance für Mitteleuropa. Bürgerliche Emanzipation und Staatsverfall in der Habsburgermonarchie, Wien 1997

Rürup, Reinhard: Emanzipation und Krise. Zur Geschichte der »Judenfrage« in Deutschland vor 1890, in: Mosse, Werner E. (Hrsg.): Juden im Wilhelminischen Deutschland 1890 – 1914. Ein Sammelband, Tübingen 1998, S. 1 – 56

Schöllgen, Gregor: Deutsche Außenpolitik von 1815 bis 1945, München 2013

Schönpflug, Daniel: Luise von Preußen. Königin der Herzen. Eine Biographie, München 2010

Schulze-Wegener, Guntram: Wilhelm I. Deutscher Kaiser, König von Preußen, nationaler Mythos, Hamburg 2015

Schwemer, Richard: Geschichte der Freien Stadt Frankfurt a.M. (1814 – 1866), 3 Bände, Frankfurt am Main 1910 – 1918

Showalter, Dennis E.: Das Gesicht des modernen Krieges. Sedan, 1. und 2. September 1870, in: Förster, Stig/Pöhlmann, Markus/Walter, Dierk (Hrsg.): Schlachten der Weltgeschichte. Von Salamis bis Sinai, München 2001, S. 230 – 247

Showalter, Dennis: The Wars of German Unification, London 2004

Smitt, Willem: Katechismus der Freimaurerei, Leipzig 1891

Stadler, Peter: Cavour. Italiens liberaler Reichsgründer, München 2001

Stamm-Kuhlmann, Thomas: Friedrich Wilhelm III.(1797 – 1840), in: Kroll, Frank-Lothar (Hrsg.): Preußens Herrscher. Von den ersten Hohenzollern bis Wilhelm II., München 2006, S. 197 – 218

Steefel, Lawrence D.: The Schleswig-Holstein Question, Oxford 1932

Steinberg, Jonathan: Bismarck. Magier der Macht, Berlin 2012

Stern, Fritz: Gold und Eisen. Bismarck und sein Bankier Bleichröder, München 2008

Strenge, Barbara: Juden im preußischen Justizdienst 1812 – 1918. Der Zugang zu den juristischen Berufen als Indikator der gesellschaftlichen Emanzipation, München 1996

Thies, Jochen: Die Moltkes. Von Königgrätz nach Kreisau. Eine deutsche Familiengeschichte, München 2010

Toury, Jacob: Die politischen Orientierungen der Juden in Deutschland. Von Jena bis Weimar, Tübingen 1966

Treitschke, Heinrich von: Unsere Aussichten, in: Preußische Jahrbücher, Band 44 (1879), S. 559 – 576

Trox, Eckhard: Militärischer Konservativismus. Kriegervereine und »Militärpartei« in Preußen zwischen 1815 und 1848/49, Hamburg 1990

Tuider, Othmar/Rüling, Johannes: Die Preußen in Niederösterreich 1866, Wien 1983

Ullrich, Volker: Die nervöse Großmacht 1871 – 1918. Aufstieg und Untergang des deutschen Kaiserreichs, Frankfurt am Main 1999

Venohr, Wolfgang: Helmuth von Moltke, in: Haffner, Sebastian/Venohr, Wolfgang: Preußische Profile, Berlin 1986, S. 117 – 139

Vizetelly, Henry: Berlin under the New Empire. Its Institutions, Inhabitants, Industry, Monuments, Museums, Social Life, Manners, and Amusements, 2 Bände, London 1879

Vocelka, Michaela/Vocelka, Karl: Franz Joseph I. Kaiser von Österreich und König von
Ungarn 1830 – 1916. Eine Biografie, München 2015

Volz, Berthold: Wilhelm der Große, Deutscher Kaiser und König von Preußen. Sein Leben
und Wirken zum Gedächtnis seines hundertjährigen Geburtstages, Berlin 1897

Wadle, Elmar: Verfassung und Recht. Wegmarken ihrer Geschichte, Wien – Köln – Weimar 2008

Walter, Dierk: Der Berufssoldat auf dem Thron. Wilhelm I. (1797 – 1888), in: Förster, Stig/
Pöhlmann, Markus/Walter, Dierk (Hrsg.): Kriegsherren der Weltgeschichte. 22 historische Portraits, München 2006, S. 217 – 233

Walter, Dierk: Preußische Heeresreformen 1807 – 1870. Militärische Innovationen und
der Mythos der »Roonschen Reform«, Paderborn 2003

Walter, Dierk: Roonsche Reform oder militärische Revolution? Wandlungsprozesse im
preußischen Heerwesen vor den Einigungskriegen, in: Lutz, Karl-Heinz/Rink, Martin/
Salisch, Marcus von (Hrsg.): Reform, Reorganisation, Transformation. Zum Wandel in
deutschen Streitkräften von den preußischen Heeresreformen bis zur Transformation
der Bundeswehr, München 2010, S. 181 – 198

Wawro, Geoffrey: The Austro-Prussian War. Austria's War with Prussia and Italy in 1866,
Cambridge 1996

Wawro, Geoffrey: The Franco-Prussian War. The German Conquest of France in 1870 –
1871, Cambridge 2003

Wawro, Geoffrey: Warfare and Society in Europe 1792 – 1914, London 2000

Wehler, Hans-Ulrich: Das Deutsche Kaiserreich 1871 – 1918, Göttingen 1973

Weinhardt, Joachim: Wissenschaftliche Theologie und Kirchenleitung in der altpreußischen Landeskirche des 19. Jahrhunderts. Eine Übersicht, in: Köpf, Ulrich (Hrsg.):
Wissenschaftliche Theologie und Kirchenleitung. Beiträge zur Geschichte einer
spannungsreichen Beziehung für Rolf Schäfer zum 70. Geburtstag, Tübingen 2001,
S. 281 – 326

Weißbrich, Thomas: Trophäen und Tribut. Das Königliche Zeughaus zu Berlin während
des Ersten Weltkriegs, in: Kott, Christina/Savoy, Bénédicte (Hrsg.): Mars & Museum.
Europäische Museen im Ersten Weltkrieg, Köln – Weimar – Wien 2016, S. 53 – 68

Wette, Wolfram: Militarismus in Deutschland. Geschichte einer kriegerischen Kultur,
Frankfurt am Main 2008

Wiegrefe, Klaus: Aufbruch in die Moderne, in: Burgdorff, Stephan/Pötzl, Norbert F./Wieg-
refe, Klaus (Hrsg.): Preußen. Die unbekannte Großmacht, München 2008, S. 128 – 148

Willms, Johannes: Das Primat des Militärischen. Napoleon I. (1769 – 1821), in: Förster,
Stig/Pöhlmann, Markus/Walter, Dierk (Hrsg.): Kriegsherren der Weltgeschichte. 22
historische Portraits, München 2006, S. 187 – 201

Willms, Johannes: Napoleon. Eine Biographie, München 2007

Willms, Johannes: Napoleon III. Frankreichs letzter Kaiser, München 2008

Winkler, Heinrich August: 1866 und 1878: Der Liberalismus in der Krise, in: Stern, Carola/Winkler, Heinrich A. (Hrsg.): Wendepunkte deutscher Geschichte 1848 – 1990, Frankfurt am Main 2001, S. 43 – 70

Wirtgen, Rolf: Das Zündnadelgewehr. Eine militärtechnische Revolution im 19. Jahrhundert, Bonn 1991

Zamoyski, Adam: 1815 – Napoleons Sturz und der Wiener Kongress, München 2015

Župančič, Jan: Der jüdische Adel Preußens, in: Studia Historica Brunensia, 64. Jahrgang (2017), No. 1, S. 237 – 263

Bildnachweis

Archiv des Autors: Abb. 1, 2, 3, 7, 8, 9, 12, 17

© bpk: Coverabb. sowie Abb. 14, 15, 19/adoc-photos, 20/Dietmar Katz, 21/Museum Georg Schäfer Schweinfurt, 22/M. Anzinger, 23, 24/Hermann Selle, 25/Sophus Williams

Wikipedia: Abb. 4, 5, 6, 10, 11, 13, 16, 18

Personenregister

A

Achenbach, Heinrich von 319
Albedyll, Emil von 288, 307, 308, 324–328
Albert, Prinzgemahl (Großbritannien und Irland) 94, 96, 127
Albrecht, Erzherzog (Österreich) 158, 159
Albrecht, Prinz (Preußen) 27, 90, 93, 96, 97, 242, 244
Alexander III., Zar (Russland) 319, 324–326
Alexander II., Zar (Russland) 137, 196, 272, 273, 298, 327
Alexander I., Zar (Russland) 30, 32, 35, 40–42, 44, 45, 55, 62, 63
Alexandrine, Prinzessin (Preußen) 27
Alvensleben, Albrecht von 81, 82
Alvensleben, Gustav von 154, 165, 185, 196
Ancillon, Friedrich 38
Arnim, Bettina von 81, 347
Arnim-Suckow, Heinrich von 102
Auerswald, Rudolf von 103–105, 151, 152, 160
Augusta, Kaiserin (Deutsches Reich) und Königin (Preußen) 14, 16, 64–69, 84, 90, 93, 95, 96, 104, 120–122, 126–128, 136, 138, 186–188, 194, 195, 201, 241, 243, 244, 258, 265, 273, 276, 277, 287, 293, 310, 313, 317, 331, 332, 338, 360, 375
August, Prinz (Preußen) 55

B

Baedeker, Karl 286
Bamberger, Ludwig 292, 312
Bassermann, Friedrich Daniel 108
Baur, Wilhelm 304
Bazaine, Achille 247–249, 253
Beauharnais, Joséphine de 45, 46
Becker, Oskar 180
Beethoven, Ludwig van 24
Benedek, Ludwig von 215–217, 219–221
Benedetti, Vincent 222, 241–243
Bennigsen, Levin August von 32–34
Bennigsen, Rudolf von 270, 271, 274
Bernstorff, Albrecht von 174, 191, 194, 196

Bernuth, August von 291
Bethmann-Hollweg, Moritz August von 121, 151
Bismarck, Herbert von 315, 319, 326–328
Bismarck, Johanna von 199
Bismarck, Otto von 14, 19–21, 66, 154, 175, 186, 191–197, 199–203, 209–212, 215, 220–226, 228–231, 237–240, 243, 244, 250, 252, 257–259, 262–266, 268–274, 283, 284, 288, 291, 293, 295, 297, 299, 301, 304, 306–309, 311–315, 323–326, 328, 329, 331, 332, 334, 336–338, 340, 357
Bleibtreu, Georg 284
Bleichröder, Gerson von 293, 295, 297, 373
Blücher, Gebhard Leberecht von 42–45
Blumenthal, Leonhard von 221
Bodelschwingh, Ernst von 87, 89
Boerner, Paul 93
Bonin, Eduard von 124, 125, 151, 160, 163–165, 187, 209
Boulanger, Georges 311, 323, 324
Bramann, Fritz 330
Brandenburg, Friedrich Wilhelm von 105, 106, 114, 117
Brause, Johann von 53, 56
Brentano, Lorenz 110, 112
Brockhausen, Emilie von 64
Bronsart von Schellendorf, Paul 259, 278, 307, 325–327
Brütt, Adolf 12
Bunsen, Christian Karl Josias von 94, 96, 124
Buol-Schauenstein, Ferdinand von 159

C

Camphausen, Ludolf 95, 97, 101, 103
Camphausen, Wilhelm 284
Carl, Prinz (Preußen) 27, 55, 64, 65, 77, 90, 93, 97
Cavour, Camillo von 157, 158
Charlotte, Prinzessin (Preußen), Zarin (Russland) 27, 33, 44, 45, 49, 53, 58, 61–63, 67, 68,